배제는 비극적 전쟁으로 분단된 한반도를 휘감고 있는 깊은 어두움이요 슬픈 질곡이다. 볼프는 십자가에서 원수를 사랑으로 포용하신 예수님만이 우리를 배제의 질곡에서 해방시켜, 정의와 진실 그리고 평화를 담아내는 화해로 이끄실 수 있는 분임을 심오한 필치로 설파한다. 이 놀라운 책이 널리 읽혀 이 배제의 땅에 포용의 길이 활짝 열리길 눈물로 기도한다.

박득훈, 교회개혁실천연대 공동대표

이 책은 정치 신학 분야에 중대한 기여를 하는 역작이다. 20세기에 최악의 갈등을 경험했던 발칸 반도는 저자가 태어난 땅일 뿐 아니라 이 책이 잉태된 땅이기도 하다. 고통의 현장으로부터 저자는, 용서하시는 하나님, 영원히 기억하지 않으시는 하나님, 적들로부터 새로운 공동체를 창조하시는 하나님에 대해 탁월하게 증언하며, 성경에 근거하여 미래 지향적인 새로운 인류 공동체에 대한 비전을 제시한다. 삶과 죽음이 교차하는 오늘의 현실에서, 이보다 더 나은 신학이 또 있을까?

위르겐 몰트만, 튀빙겐 대학교

그가 겪은 것과 같은 엄청난 문제를 가까이서 바라보며 살아 본 적이 없는 우리로서는, 볼프의 강력한 기독교 지성이, 그런 어마어마한 감정과 개인적인 경험이 개입된 질문과 씨름하며, 그 과정에서 우리 시대의 거대한 문화적, 철학적, 신학적 이슈들을 직면하는 것을 그저 떨리는 마음으로 바라볼 뿐이다.

톰 라이트, 세인트 앤드류스 대학

볼프는 개인적 경험, 도덕적 열정, 방대한 신학적 지식과 신선하고 명료한 문체를 잘 결합하여, '타자'에 대한 배제가 깨어진 세계에서 경험하는 삶의 복잡성을 통과해 어떻게 치명적인 악의 순환을 만들어 내는지 보여 준다. 그는 모더니즘과 포스트모더니즘이 제시한 답에서가 아니라, 복음의 핵심에서 희망을 찾는다. 그것은 바로 예수님의 상처받은 그러나 치유하시는 포용이다.

루크 티머시 존슨, 에머리 대학교 캔들러 신학대학원

발칸 반도의 두려운 전쟁으로부터 심오하고도 새로운 은혜의 증언이 탄생했다. 불타오르는 듯한 신학적 통찰을 가지고 최근의 분쟁 상황을 조명하며, 그 빛으로 인간 분쟁의 장면들을 비춘다. 모더니스트와 포스트모더니스트 모두 직면하여 다루지 못한 문제, 그럼으로써 우리 인류의 공통 조상을 가인으로 잘못 간주하도록 만든 그 이슈와 씨름하면서, 저자는 현재 진행되는 인간 갈등의 현장을, 그리고 그 현장을 그저 개인 경건적 감성이나 진부한 도덕주의를 넘어 제대로 읽어내려는 사람들을 위해 더 깊이 더 멀리 비추는 빛을 제공한다.

크리스토퍼 모오스, 뉴욕 유니온 신학교

오늘날 우리가 직면해야 할 가장 강력한 도전 중 하나는, 현재 전 세계적으로 발생하고 있는 집단들 간의 상호 배척의 문제다. 이러한 배척은, 타자를 이상한 존재로 느끼는 감정과 오래 전에 자행된 악에 대한 종족적 기억에 뿌리를 내리고 있다. 또한 이러한 배척이 낳는 기만적인 집단 정체성은 가해자뿐 아니라 비참한 희생을 당한 쪽도 마찬가지로 지배한다. 「배제와 포용」은 이런 문제에 대해 놀랍도록 명철한 분석을 제시한다. 통찰력 있는 신학 역사에 대한 전망, 저자 자신의 다문화적 정체성에서 나오는 인간적 경험이 탁월하게 혼합된 작품이다.

루이스 스미디즈, 풀러 신학교

배제와 포용

미로슬라브 볼프

IVP(InterVarsity Press)는
캠퍼스와 세상 속의 하나님 나라 운동을 지향하는
IVF(InterVarsity Christian Fellowship)의 출판부로서
생각하는 그리스도인을 위한 문서 운동을 실천합니다.

Exclusion and Embrace: A Theological Exploration of Identity, Otherness, and Reconciliation
Copyright ⓒ 1996 by Abingdon Press
Nashville, Tennessee U.S.A.
All rights reserved.

이 책의 저작권은 미국 테네시 주 내슈빌에 소재한 Abingdon Press에 있으며,
한국어판 저작권은 Abingdon Press와 독점 계약한 IVP에 있습니다.

Exclusion and Embrace

Miroslav Volf

IVP 모던 클래식스를 펴내며

느린 생명의 속도로 가장 먼저 진리에 가 닿다

"참다운 정신으로 참다운 책을 읽는 것은 고귀한 수련"이라고 한 헨리 D. 소로우의 말처럼, 그리스도인에게 독서는 그 어느 수련보다도 평생에 걸쳐 쌓아야 할 영성 훈련이다. 경건한 독서는 성경을 대체하거나 방해하는 것이 아니라 하나님의 말씀을 바르게 사용하도록 하며, 그리스도인의 성품을 영적으로 각성시켜 그분의 나라를 세우도록 도전하기 때문이다.

그러나 '21세기 속도에 발맞춘 생각의 속도'라는 명분으로 독서는 정보 획득의 수단으로 전락해 버리고, 눈과 귀를 자극하며 육감만을 작동시키는 이미지, 온라인 지식 정보로 대체된 읽기 습관, 영상으로 치우쳐 가는 관심은 사고의 획일화와 빈약함, 경박함을 낳고 있다. 거기에다, 새로운 것이라면 더 좋고 진실에 가까울 것이라는 근거 없는 생각이 독서 및 고전에 대한 오해와 무관심은 물론 총체적 지적(知的) 부실이라는 결과를 초래했다.

이러한 상황 가운데 출간하게 된 IVP 모던 클래식스는 복음주의라는 신학적 스펙트럼을 통해 문화, 사회, 정치, 경제, 윤리, 공동체, 세계관, 영성 그리고 신학 등 현대 교회가 직면한 광범위한 주제와 이슈를 다룰 것이다. 이에 대해 단순히 정보를 제공하거나 지적 호기심을 자극하는 데 그치지 않고 주체적이고 적극적인 사고 활동의 기초와 방향을 제시하고자 한다. 이 시리즈는 IVP 모던 클래식스 자문 위원회의 선정 작업을 거쳐 19세기 말에서 20세기까지 출판된 기독교 저작 가운데 선별된다. 고전의 본의를 온전히 담아내면서도 주제, 접근, 기술(記述) 방식 등에 유연성을 부여하여 고전의 대중성 또한 최대한 살리고자 한다. 특별히 독자의 이해를 돕고자 저자와 책 내용에 대한 국내외 전문가의 해설 및 추천 도서를 통해, 분명하고 균형 잡힌 성경적 지혜와 현실 적용 가능한 지식을 한국 교회에 제공하고자 한다.

범람하는 정보들을 무분별하게 채택하고 즉각적인 결과를 기대하는 문화적 흐름 속에서, 거듭난 기독교적 지성과 영성 형성을 위해 생명의 속도에 맞추어 고전 읽기에 헌신하는 반(反)시대적 용기가 더욱 절실하다. IVP 모던 클래식스와 함께하는 느리고 진지한 독서를 통해 오히려 가장 먼저 진리에 가 닿을 수 있게 되기를 간절히 바란다.

—IVP 모던 클래식스 기획편집팀

신학에 대한 나의 열정에 불을 지폈고,
나의 신학의 첫 발걸음을 이끌었으며,
내가 너무 작아 손 닿을 수 없었던 문들을 열어 준
매형이자 친구인
피터 쿠즈미치(Peter Kuzmič)에게 바칩니다.

차례

머리말	13
서론: 십자가, 자아, 타자	17

제1부

1. 거리두기와 소속되기	51
2. 배제	85
3. 포용	155
4. 성 정체성	263

제2부

5. 억압과 정의	305
6. 기만과 진실	369
7. 폭력과 평화	437

해설	489
참고문헌	511
인명 찾아보기	544
주제 찾아보기	548
성구 찾아보기	552
저자 연보	556

머리말

내 강연이 끝나자 위르겐 몰트만(Jürgen Moltmann) 교수가 일어나 예의 구체적이면서도 날카로운 질문을 던졌다.

"하지만 당신은 체트닉(četnik)을 끌어안을 수 있습니까?"

1993년 겨울이었다. 당시 몇 달 동안 '체트닉'이라고 불리던 악명 높은 세르비아 전사들이 나의 고향 땅에 파멸의 씨를 뿌리고 있었다. 사람들을 강제 수용소에 몰아넣고, 여자들을 강간하고, 교회를 불태우고, 도시를 파괴했다. 나는 하나님이 그리스도 안에서 우리를 끌어안으셨듯이 우리도 원수를 끌어안아야 한다고 주장하던 참이었다. 나는 체트닉—궁극적인 타자, 이를테면 악한 타자—을 끌어안을 수 있을까? 무엇이 그러한 끌어안음을 정당화해 줄까? 나는 어디에서 그럴 만한 힘을 얻을 수 있을까? 그것은 한 인간으로서 그리고 크로아티아인으로서 나의 정체성에 어떤 영향을 미칠까? 대답을 하는 데 시간이 좀 걸렸다. 하지만 내가 무슨 말을 하고 싶은지는 즉시 알 수 있었다. "아니오, 못할 겁니다. 하지만 그리스도를 따르는 이로서 나는 그럴 수 있어야 한다고 생각합니다." 어떤 의미에서 이 책은 내 주장에 담긴 진리와 몰트만의 반론이 지닌 힘 사이에서 분투했던 결과물이다.

이 책을 쓰는 과정은 무척 어려웠다. 내 생각은 하나님께 부르짖는 무고한 이들의 피와, 죄인을 위해 바치신 하나님의 어린양의 피로 인해 두 가지 다른 갈래로 나뉘고 있었다. 어떻게 압제당하는 이들의 정의에 대한 요구와 십자가에 달리신 분이 가해자에게 베푸신 용서의 선물 모두에 충실할 수 있을까? 나는 두 가지 배반—고통당하고 착취당하고 배제당한 이들에 대한 배반과 나의 신앙의 핵심에 대한 배반—사이에 갇힌 느낌이었다. 어떤 의미에서 더 불편하게는, 내 신앙이 그 자체로 모순된다는 느낌이었다. 즉, 약한 이들을 구원하시는 하나님과 십자가에 달리신 이를 저버리시는 하나님 사이에서, 희생자들을 위해 정의를 성취하라는 명령과 가해자를 끌어안으라는 부르심 사이에서, 내 신앙 자체가 분열된 것 같았다. 물론, 이 강력한 긴장을 해소하는 쉬운 방법을 알고 있었다. 그러나 동시에, 그것이 틀렸기 때문에 그것이 쉽다는 사실도 알고 있었다. 나는 내 고향 크로아티아뿐만 아니라 세계 전역에서 갈등의 악순환에 사로잡힌 이들의 고통에 들쑤심을 받아 여행을 떠났고, 이 책은 바로 그 여행에 대한 보고서다.

불가피하게도 이 보고서는 가장 추상적이고 어려운 내용을 다루는 부분에서조차도 대단히 개인적인 성격을 띠는데, 이는 내가 감상적인 정서를 공적으로 마음껏 드러내려 했다는 뜻이 아니다. 이 책은 내가 내 정체성의 핵심을 건드리는 문제들과 지적으로 씨름한다는 의미에서 개인적이다. 나는 느슨하고 초연한 태도로 흥미로운 지적 퍼즐을 푸는 데는 관심이 없었으며, 불가능한 것은 시도조차 하지 않았다. 전쟁이 끊이지 않는 세상의 시민이자 예수 그리스도를 따르는 사람으로서 나는 서재에 들어가기 전에 나의 헌신과 욕망, 저항, 분노, 불확실성을 외투처럼 옷걸이에 걸어 두었다가 하루의 작업이 끝나면 다시 집어서 입는 식으로 책을 쓸 수 없었다. 내 동족은 짐승처럼 짓밟히고 있었으며, 나는 십자가에 달리신 메시아를 따르는 사람으로서 나에게 적합한 반응을 생각해 내야만 했다. 어떻게 내가 나의 헌신, 욕망, 저항, 분노, 불확실성으로부터 시선을 회피할 수 있겠는가? 최대한 엄격하게 그것들을 곰곰이 따져 보아야 했다. 십자가의 메시지와 폭력의 세상 사이에 있는 긴장이 나에게는, 십자가에 달리신 이를 따르고자 하는 바람과 다른 이들이 십자가에 못 박히는 것을 지켜보거나 나 자신이 십자가에 못 박히도록 내버려두고 싶지 않은 마음 사이의 갈등으로 다가왔다. 이러한 까닭에 책은 지적 투쟁에 관한 이야기인 동시에 **영적 여정**에 관한 기록이기도 하다. 나 자신을 위해, 그리고 불의와 기만, 폭력의 세상 속에서 복음의 이야기를 자신의 이야기로 삼았기에 십자가에 달리신 이의 명령을 모호한 비이성의 영역으로 몰아넣기도, 정의와 진리와 평화를 위한 투쟁을 포기하기도 원치 않는 이들을 위해 이 책을 썼다.

이 일을 가능하게, 심지어는 즐겁게 만들어 준 수많은 사람과 기관에 감사할 수 있어서 기쁘다. 캘리포니아 주 패서디나의 풀러 신학교는 자료를 조사하고 책을 쓸 수 있도록 두 차례의 안식년과 한 차례의 휴가를 허락해 주었다. 알렉산더 폰 훔볼트 재단(Alexander von Humboldt Foundation)에서는 그중 한 차례의 안식년 동안 나를 지원해 주었다. 풀러 신학교와 독일 튀빙겐 대학교의 개신교 신학부, 크로아티아 오시예크(Osijek)의 복음주의 신학대학에서 내가 가르친 학생들은 이 책에 제시된 주장들에 관해 소중한 의견을 나눠 주었다. (특히 1996년 봄 오시예크의 학부 상급 과정과 대학원 학생들의 열정적이면서도 예리한 주장은 나에게 큰 도움이 되었다.) 캘리포니아 주 프레즈노의 메노나이트 형제교회 성경신학교에서 행한 신학 강연 프로그램(1996년 4월 21-22일)을 비롯해 크로아티아, 독일, 네덜란드, 헝가리, 인도, 뉴질랜드, 스리랑카, 미국에서 열린 학회를 통해 이 책에 수록된 여러 장의 초안을 발표하고 중요한 피드백을 얻었다. (이 책에서는 내용이 크게 수정되기는 했지만) 그중 일부는 "개신교 신학"(Evangelische Theologie), "에큐메니컬 리뷰"(Ecumenical Review), "저널 오브 에큐메니컬 스터디스"(Journal of Ecumenical Studies), "신서시스 필로소피카"(Synthesis Philosophica)에 게재되기도 했다. 엘런 차리 자야쿠마르 크리스천, 클리포드 크리스천스, 필립 클레이턴, 로버트 건드리, 브루스 해밀, 토머스 헤일키, 스탠리 하우어워스, 조지 힐러리, 데이비드 호크마, 서린 존스, 로버트 존스턴, 한스 크발바인, 모리스 리, 데일 마틴, 마리안 메이 톰슨, 위르겐 몰트만, 낸시 머피, 린다 피코어, 에이미 플랜팅가-포우, 클라우디아 레베르거, 후안 세플베다, 마거릿 슈스터, 메디 소터럽, 제임스 테일러, 미하일 벨커, 태미 윌리엄스를 비롯해 많은 친구와 지인들이 각 장 초안에 관해 논평해 주었다.

매튜 콜웰과 리처드 헤이덕은 이 책을 쓰는 동안 연구 조교로 도와주었고, 재니스 세이프리드는 색인 작업을 도와주었다. 피터 스미스, 토드 나이팅게일은 비서 역할로 도와주었으며, 특히 마이클 비틀리는 맡은 책임보다 훨씬 더 많은 도움을 주었다. "북앤컬쳐"(Books & Culture)의 존 윌슨은 상당한 양의 원고를 읽고 귀중한 조언을 해주었다. 마지막으로 나의 가장 날카로운 비판자이며 가장 든든한 후원자인 아내 주디에게 감사한다. 자신의 바쁜 저술 일정에도 불구하고 원고 전체를 읽고 논증 과정의 실수를 찾아내는 탁월한 감각으로 수많은 실수를 막아 주었다. 그렇게 많지는 않기를 바라지만 그래도 남아 있는 실수는 전적으로 나의 책임이다.

서론: 십자가, 자아, 타자

…세 도시의 이미지

1992년 로스앤젤레스에서 폭동이 일어났을 때 근교의 패서디나에 있는 내 책상 위에는 초대장이 놓여 있었다. 나는 '위대한 프러시아'의 도시 포츠담에서 열리는 독일 '개신교 신학 학회'(Gesellschaft für Evangelische Theologie)에서 강연해 달라는 초대를 받았다. 주제는 시의 적절했다. '유럽의 사회 문화적 격변에 처한 하나님의 성령과 하나님의 백성.' 학회 안내장에는 이렇게 적혀 있었다.

유럽에 '새로운 민주주의'가 나타날 것이라는 기대는 동구와 서구의 수많은 사람에게 큰 영감을 주었지만…아직 실현되지 못했다. 그 대신 동구의 많은 구 공산권 국가와 사회에서는 민족 갈등이 점차 과열되고 있으며, 심지어 무장 충돌에 이르기도 했다. 유고슬라비아에는 종교와 기독교 교파가 연루된 전쟁이 치열하게 벌어지고 있다. 동시에 서구에서는 유럽인을 지배하는 무력증이 확산되고 있으며, 신민족주의와 네오파시즘 집단이 이 현상을 이용하고 있다. 통일 독일에서는 최근까지 그 누구도 상상하지 못했던 민주주의에 대한 위협이 급작스럽게 등장하고 있다. 이는 외국인들에게 공격적인 적대감을 드러내는 뻔뻔하고 노골적인 극우파 운동이다.

학회 주최자들은, 예전에는 유고슬라비아의 일부였으며 지금은 독립한 크로아티아라는 나라에서 태어난 나를 초대해, 한때 동유럽권이었으나 여전히 새로운 정체성을 찾고 있는 이 지역인의 목소리를 듣고자 했다.
 내가 무슨 사명감을 가지고 이 초대에 응한 것은 아니었다. 사실 그때는 무슨 이야기를 해야 할지도 몰랐다. 그런데 학회까지 남은 8개월 동안 세 도시의 이미지가 내 머릿속에 파고들어 와 떠나지 않았다. 대개의 경우 나는 이 이미지들을 억누르거나 가끔씩만 생각하려고 노력함으로써 이 침입자들을 통제할 수 있었다. 이 이미지들은 텔레비전 화면과 잡지나 신문 기사로부터 오는 시각적 충동에 의해 자극을 받아, 교수 회의를 하는 중간이나 저녁 식사 대화 도중, 조용한 밤처럼 예기치 못한 순간에 불쑥불쑥 머릿속에 떠올랐다. 너무도 부족한 빵 배급을 끈기 있게 기다리던 한 무리의 사람들 위에 떨어지는 포탄. 저격수를 피해 '죽음의 골목'으로 뛰어가는 사람들. 바로 사라예보의 이미지다. 로드니 킹(Rodney King)이 백인 경찰관들에게 구타당하는 장면, 레지널드 데니(Reginald Denny)가 흑인 갱 조직원들에 의해 자기 차에서 끌려 나오는 장면, 사람들이 약탈한 물건을 들고 거대한 개미들처럼 사방으로 뛰어가는 장면, 구역 전체가 불타오르는 장면. 로스앤젤레스의 이미지다. 그 다음은 베를린. 시내를 행진하는 신(新)나치 스킨헤드. 그들은 히틀러식 거수경례를 하며 "외국인을 추방하라!" (Ausländer raus!)를 외친다.
 내 머릿속을 파고든 이러한 이미지들이 사라예보, 로스앤젤레스, 베를린으로부터 온 것은 결코 우연이 아니다. 이 도시들은 각각 내가 태어난 나라, 내가 살고 있는 곳, 내가 유럽의 문화적·사회적 격변에 관해 강연해야 할 곳이었다. 그러나 이 도시들은 1992년에 내 삶에 일어난 우연 이상의 공통점을 가지고 있었다. 이 도시들이 극심한 문화적·민족적·인종적 투쟁의 역사로 연결되어 있었기 때문이다.

물론 이것만이 이들 도시의 역사 전부는 아니다. 그들의 수많은 교회, 모스크, 회당이 그랬듯이 사라예보에서는 수백 년 동안 가톨릭 크로아티아인, 정교회 세르비아인, 이슬람교인, 유대교인들이 서로 이웃하며 평화롭게 살아 오지 않았던가? "모든 색이 고유하고 생생하며 전체를 이루는 데 필수적인 요소가 되는 모자이크"처럼, 2백 개의 문화 집단과 민족 집단이 "자신들의 인종과 예술, 사상, 기술을 유지하며 하나의 공동체를 이루는 동시에 이 공동체는 다양성을 환영하고 장려하며 그로부터 최선의 것을 취함으로써 더 강해진다"[1] 로스앤젤레스 시가 공식적으로 내세우는 신화 속에는 얼마간의 진실이 담겨 있지 않은가? 베를린은 동구와 서구를 나누던 장벽이 무너진 도시가 아니었나?

이러한 화합의 이야기들에도 불구하고, 내 머릿속을 떠나지 않는 이미지들이 역설하듯, 이들 도시에는 추한 역사도 존재한다. 그리고 이 역사는 이미 오래전에 시작되었다. 이미 1920년대에 크로아티아 출신 노벨상 수상자 이보 안드리치(Ivo Andrić)는 사라예보에서 교회당과 모스크에 붙어 있는 시계가 조금 어긋난 시각에 타종하는 것이 상징적인 의미를 지닌다고 생각했다. 그는 이러한 '어긋남'이 차이를 말해 주는 것이며, 보스니아에서 차이는 "언제나 미움과 가까웠고 심지어 미움과 동의어가 된 적도 많았다"(Neudeck 1993, p. 120)라고 말했다. 로스앤젤레스에서는 1992년 폭동이 일어나기 전에 이미 1965년의 와

---

[1] "L.A. 2000: A City of the Future", Judith Tiersma(Tiersma 1992, p. 17)가 인용.

츠 봉기(Watts uprising)가 있었다. 이 사건은 캘리포니아 고속도로 순찰 경관이 흑인 남성을 단속하는 와중에 시작되기는 했지만, 근본 원인은 수세기에 걸친 인종적 편견과 억압이었다. 마지막으로, 극악무도한 제3제국의 살인마들이 '최종 해법'(final solution: 나치의 유태인 대량 학살 계획-역주)을 계획하고 프러시아 특유의 맹렬함과 규율, 성실함으로 이 계획을 실행에 옮긴 곳이 바로 베를린이었다.[2]

이러한 세 도시의 이미지 때문에 나는 포츠담에서 문화 간의 충돌에 관해 이야기할 수밖에 없다는 생각이 들었다. 이미지의 기원이 다양한 것에서 알 수 있듯이, 문화의 충돌은 결코 근대화의 '축복'을 아직 맛보지 않은 사회들만 지니는 특징이 아니다. 나는 문화의 충돌을 평화로운 근대성의 언저리에서 발생하는 사라져 가는 야만성의 분출이라고 무시할 정도로 어리석지는 않다. 좀더 미묘하지만 그럼에도 불구하고 실제적인 적대적 문화 집단 간의 전쟁은 많은 서구 국가에서 사회적 삶의 구조를 무너뜨릴 수 있을 정도로 위협적이다.

사실 나에게는 세 도시가 특이한 경우이기는커녕 오늘날 세계의 상징처럼 보였다. 동구와 서구를 갈라놓던 이데올로기적·군사적 장벽이 허물어졌을 때, '냉전'이라는 거대 갈등에서 오는 제약이 제거되고 오랫동안 확립되어 온 전 지구적 세력권의 영향력이 약화되었을 때, 그 동안 억압되었던 작은 갈등들이 수많은 '열전'으로 불타올랐다. 1992년 6월 8일자 "로스앤젤레스 타임스"(Los Angeles Times) 특별판에 실린 "신종족주의"라는 제목의 기사에서 로빈 라이트(Robin Wright)는 이렇게 보도했다.

---

2) 괴벨스 및 히틀러와 프러시아 왕들과의 관계에 관해서는 Frischer(1986)와 Schlenke(1993)를 보라.

그루지야에서는 아브하지야와 남 오세티아가 분리 독립을 추구하는 한편, 쿠르드인들은 터키에서 떨어져 나와 독립국을 세우고 싶어 한다. 프랑스어권 퀘벡은 서서히 캐나다로부터 분리하는 방향으로 나아가고 있으며, 힌두교가 지배적인 인도에 대항하는 카슈미르 이슬람교인들의 반란으로 인한 사망자 수는 6천 명을 넘어섰다. 카자흐스탄에서는 카자흐족과 러시아어를 사용하는 코사크족이 대립하는 한편, 영국에서는 스코틀랜드인들이, 르완다에서는 투치족이, 에스파냐에서는 바스크인들과 카탈루냐인들이, 말리와 니제르에서는 투아레그족이 다양한 수준의 자치 혹은 독립국의 지위를 추구하고 있다. 현재 세계에서 가장 복잡한 인종 분쟁 지역들을 보면… 어째서 인종과 종교, 국적에 따라 인류를 나누는 종족 간의 증오가 탈냉전 세계의 특징들 중에서 가장 심각한 문제인지를 분명히 알 수 있다. 인권감시단(Human Rights Watch)의 총무 케네스 로스(Kenneth Ross)는 "집단적 폭력이 폭발적으로 증가하는 상황은 오늘날 인권 운동이 직면한 가장 중요한 문제다. 그리고 인종 집단이나 종교 집단의 이름으로 자행되는 폭력을 억제하는 것이 향후 몇 년 동안 우리에게 가장 큰 어려움이 될 것이다"라고 말했다(Wright 1992, H1).

계속해서 이 기사는 전 세계 50여 곳에서—서구 국가를 비롯해—같은 땅에 살지만 인종이나 민족, 언어, 종교가 다른 사람들 사이에 폭력 분쟁이 발생하고 있다고 보도한다(Kaplan 1996, pp. 7-8 참고).

물론 냉전 종식이 이런 갈등의 직접적인 원인이었던 것은 아니다. 갈등은 전부터 계속 존재해 왔으며, 근대 세계의 핏빛 드라마에서 줄곧 중요한 역할을 해 왔다. 국제적 상황에 따라 이 갈등의 역사에도 부침의 주기가 존재하며, 국제 질서의 대격변은 "민족적 요구가 시의적절하고 현실적인 것처럼 보일 만한 상황을 만들어 낸다"(Horowitz 1985,

p. 3 이하). 민족적·문화적 갈등을 연구해 온 도널드 호로비츠(Donald L. Horowitz)는 적어도 지난 세기 동안은 이런 갈등이 "편재" 했다고 평가했다(p. 5).

나는 세계를 둘러보면서 포츠담에서 열리는 학회에서 행할 강연 주제로 문화적 갈등을 택한 나의 결정이 타당했다는 것을 알 수 있었다. 1992년 가을, 전쟁으로 찢겨 영토는 점령당하고, 도시와 마을은 파괴되고, 사람들은 죽임을 당하거나 쫓겨난 크로아티아에서 6주를 보낸 후에야 이 문제에 대한 더 명확한 진술이 내 머릿속에 떠올랐다. 바로 그곳에서, 어떤 의미에서는 내가 항상 알고 있던 것이 나에게 더 분명해졌다. 즉, 민족적·인종적 갈등의 문제는 정체성과 타자성이라는 더 큰 문제의 일부라는 점이다. 크로아티아의 싸움과 피, 불에 탄 폐허를 통해 정체성과 타자성의 문제가 내 의식 속으로 파고들었다.

...타자 없는 세계

나는 크로아티아가 독립을 선포한 이후 처음으로 크로아티아 국경을 넘고 있었다. '크로아티아로 가는 관문'에 눈에 잘 띄도록 걸려 있던 국가 문장과 국기는 공기 중에서 느꼈던 흥분을 유일하게 가시적으로 드러내 준 표지였다. 나는 헝가리를 떠나 크로아티아 영토로 들어가고 있었다. 나는 안도감을 느꼈다. 그것은 마치 히스패닉이나 한국인이 그들의 것으로 둘러싸인 사우스 센트럴 로스앤젤레스에서 느낄 법한 감정이었다. 혹은 아파르트헤이트가 폐지된 이후 남아프리카공화국의 흑인들이 느꼈을 법한 감정이었다. 예전에 유고슬라비아 시절에는 내가 크로아티아인이라는 점에 대해 사과라도 해야 할 것만 같았지만, 이제 나는 나 자신이 될 자유를 얻었다.

그러나 나는 내 나라에 오래 머물면서 점점 사방이 조여 오는 듯한 느낌이 들었다. 그 당시 나는 크로아티아인으로서 왜 여전히 세르비아에 친구를 두고 있는지, 왜 그들의 비잔틴-정교회 문화의 후진성에 대해 경멸조로 말하지 않는지 설명하라는 무언의 압력을 느꼈다. '혼혈 결혼'으로 태어난 나에게는 체코인, 독일인, 크로아티아인의 '피'가 흐르고 있다. 나는 구 합스부르크 제국이 수많은 민족 집단들의 만남의 장소로 삼았던 도시에서 자랐으며, 로스앤젤레스라는 (갈등으로 가득한) 다문화 도시에서 살고 있다. 그러나 질투심 많은 여신처럼, 새로운 크로아티아는 나에게 모든 사랑과 충성을 요구했다. 나는 철두철미한 크로아티아인이 되어야 했으며, 그렇지 않으면 좋은 크로아티아인이 될 수 없었다.

이처럼 과도한 충성을 요구하는 이유는 쉽게 설명할 수 있었다. 공산당 통치 하의 강제적 동화 정책이 종식된 후였으므로 각 민족은 각자의 민족적 소속감과 문화적 고유성을 재천명할 필요가 있었다. 뿐만 아니라, 크로아티아 영토의 3분의 1을 점령하여 크로아티아인에 대한 인종 청소를 자행했고 몇몇 도시들은 송두리째 파괴해 버렸던 강력하고도 파괴적인 적에 단호히 맞서야 했으므로 분열된 충성이라는 호사를 누릴 여유가 없었다. 이런 설명은 타당하며, 국가적 자아에 사로잡힌 이 우려스러운 현상이 일시적인 것이며 위험이 지나간 후에는 더 이상 필요없을 일종의 방어기제라고 믿을 만한 이유가 되기도 한다. 그러나 여전히 풀리지 않는 의문이 남아 있었다. 나는 억압당하는 크로아티아의 얼굴에서 우리가 경멸하던 세르비아의 특징을 발견하지 않았던가? 우리의 적은 크로아티아의 영토뿐만 아니라 크로아티아의 영혼까지 사로잡았던 것은 아닐까?

크로아티아에 머무는 동안 나는 유럽에 대한 반성이 담긴 자크 데리다(Jacques Derrida)의 「다른 곶」(*The Other Heading*, 동문선)을 읽었다.

그는 자신의 유럽적 정체성에 관해 논평하면서 예의 복잡한 문체로 이렇게 말한다.

> 나는 유럽인이다. 분명히 나는 유럽의 지식인이다. 그리고 이 점을 떠올리기를 좋아한다. 스스로에게 이 점을 상기시키기를 좋아한다. 왜 내가 그것을 부인하겠는가? 무슨 근거로 부인하겠는가? 그러나 내가 모든 점에서 유럽인인 것은 아니며, 그렇게 느끼지도 않는다. 다시 말해, 나는 철두철미한 유럽인이 아니다.…한 부분이 되는 것, '온전히 한 부분으로 속하는 것'은 '모든 부분에서' 속하는 것과 양립할 수 없다. 나의 문화적 정체성은 유럽적이기만 한 것이 아니며, 모든 면에서 유럽과 동일성을 지닌 것이 아니다. 나는 철두철미하게 모든 부분에서 '문화적'이지 않다(Derrida 1992, pp. 82-83).

계속해서 데리다는 유럽이 스스로에게 정체성을 부과하려는 태도는 전체주의적이라고 말한다. 나중에 나는 정체성에 대한 포스트모더니즘적 논의 일부를 가혹하게 비판하겠지만, 데리다의 주된 주장은 타당하지 않은가? 유럽의 과거는 유럽의 정체성이라는 이름으로 (그리고 유럽의 번영이라는 미명 하에!) 자행된 최악의 폭력으로 가득하다. 유럽은 자기 정체성을 확고히 하려고, 그 자신의 절대적인 종교와 우월한 문명이라는 이름으로 다른 문화를 식민화하고 억압하고 파괴했으며, 자신의 종교를 강요했다. 아메리카 대륙을 발견한 후에 일어난 대량 학살에 대해 생각해 보라. 수백만 명을 비인간화하고 약탈하고 파괴한 이 비극적인 이야기는, 츠베탕 토도로프(Tzvetan Todorov)가 자신의 책 「아메리카 정복」(The Conquest of America, Todorov 1984)에서 훌륭하게 분석하고 있다. 그보다 더 최근에는 독일이 독일의 순수성, 그 자신의 확고한 정체성을 추구하여 다른 나라를 정복하고 전멸시키고자 했다. 세르비아에 의한 포격의 상흔이 곳곳에 남아 있는 크로아티아의 도시 오시예크에서 데리다의 글을 읽으며, 나는 오늘날도 자신의 정체성을 확고히 하고자 하는 세르비아로 인해 발칸 지역이 불타오르고 있다고 생각했다. 전 세계에서 일어나고 있는 50여 건의 분쟁 중 상당수는 바로 이러한 정체성에 대한 의지에 자극을 받은 것이 아닐까?

곳곳에서 자행되는 다양한 문화적 '청소'는 우리로 하여금 **정체성과 타자성을 사회 현실에 대한 신학적 성찰의 핵심 주제로 삼도록** 요구한다. 포츠담에서 행한 연설에서 나는 바로 이것을 요청했으며(Volf 1992), 이 책에서도 바로 이 점에 관해 논하고자 한다.

그러나 내가 정체성에 지나치게 큰 의미를 부여하는 것은 아닐까? 내가 태어난 나라와 사는 도시에서 최근에 일어난 몇 가지 사건―발칸 전쟁과 로스앤젤레스 사태―때문에 내가 근시안적인 시각을 갖게 되었다고 주장하는 사람이 있을지도 모른다. 심지어는 내가 문화적 유행, 특히 파리 지식인들의 세미나를 통해 만들어진 지적 사조에 지나치게 매료되어 모든 것이 '타자'(the other)와 '동일자'(the same)를 중심으로 돌아간다고 생각하게 되었다고 주장할지도 모른다. 정체성과 타자성 문제는 논의의 주변부에 남겨 두고, 인권과 경제적 정의, 그리고 새로운 의제인 생태적 행복을 성찰의 중심에 두는 것이 더 현명하지 않을까? 결국 기독교적이든 비기독교적이든 사회적 사유의 유구하고 고귀한 전통이 우리에게 조언하는 바는 그런 것이 아닐까?

하지만 다른 방식으로 생각해 볼 수도 있다. 내 삶의 우연한 요소들이 내 시각을 명료하게 만들어 주었다고, 파리의 지식인들이 비록 몇 가지에 관해서는 완전히 틀렸을지 몰라도 정체성과 타자성에 관한 논의를 통해 중요한 무언가를 알려 준 것이라고 생각할 수도 있다. 혹은 그들이 이런 개념의 도움을 받아 다양한 문화의 사상가들이 수세기에 걸쳐 논의해 온 주제인 '하나'와 '다수'라는 근본적인 철학적·사회적 문제를 제기해 준 것일 수도 있다(Balslev 1991, p. 3). 인권, 정의, 생태와 관련해, 정체성과 타자성이라는 주제는 그런 문제들을 억압할 필요가 없다. 아니, 결코 억압해서는 안 된다. 이런 문제는 우리의 핵심적 관심사가 되어야 한다. (하지만 '인권' '정의' '생태적 행복'이 무엇을 뜻하는지, 이런 문제가 핵심적인 위치를 차지하는 것이 무엇을 뜻하는지는 언제나 그것에 대해 사유하는 개인의 문화에 따라 다를 수밖에 없다.) 그러나 이 셋과 더불어 네 번째 주제, 즉 정체성과 타자성에 대한 자리도 마련되어야 한다. 그리고 네 가지 주제는 모두 상호 관계 속에서 이해되어야 한다.

이 주제에 대한 나의 접근 방식을 제시하기 전에, 최근의 정치철학 논쟁들을 파악하는 더 큰 틀에 대해 나의 자전적인 주석을 짧게 삽입하고자 한다. 최근의 논쟁들은 그 관심이 보편에서 특수로, 전 지구적인 것에서 지역적인 것으로, 평등에서 차이로 이동했음을 볼 수 있다. 그리고 이렇게 관심이 이동한 까닭은, '보편성'이라는 것이 주어진 '특수성' 안에서만 가능하며, 전 지구적 관심은 지역적으로 추구해야만 하고, 평등에 대한 강조는 차이에 주의를 기울일 때만 의미가 있다는 것을 깨달았기 때문이다.

"인정의 정치"(The Politics of Recognition)라는 제목의 중요한 논문에서 찰스 테일러(Charles Taylor)는 전형적으로 근대적인 '평등한 존엄성의 정치'와 최근에 발견된 '차이의 정치'(혹은 정체성의 정치)를 구별한다. 평등한 존엄성의 정치는 "보편적으로 동일한 것, 동일한 양의 권리와 면제"를 규정하고자 한다(Taylor 1994b, p. 38). 그러나 차이의 정치에서는 그렇지 않다. 테일러는 이렇게 말한다.

[차이의 정치는] 우리에게 이 개인이나 집단의 독특한 정체성, 그들을 다른 모든 사람과 구별시키는 특징을 인정하라고 요구한다. 이 정치는, 지금까지 이런 독특성이 무시되거나, 미봉되거나, 지배적인 혹은 다수의 정체성에 동화되어 왔음을 지적한다. 그리고 이러한 동화는 진정성이라는 이상에 대한 가장 심각한 범죄다(p. 38).

차이의 정치는 두 가지 근본 확신에 기초한다. 첫째, 한 사람의 정체성은 필연적으로 그가 태어나고 자란 사회적 환경의 특수성에 의해 특징지어진다. 한 사람이 부모, 또래 집단, 교사, 종교적 권위, 공동체의 지도자와 자신을 동일시할 때, 그는 단순히 인간으로서 그들과 자신을 동일시할 뿐만 아니라, 그들이 특정한 언어, 종교, 관습에 부여하는 가치나 성차와 인종적 차이를 이해하는 방식과도 동일시하게 된다(Bittner와 Ostermann 1988, p. 105 이하; Volkan 1988, pp. 49-50, 90 이하). 둘째, 정체성은 일정 부분 사회적 환경으로부터 받게 되는 인정에 의해 형성되기 때문에, "어떤 사람을 인정하지 않거나 잘못 인정하는 것은 그에게 해를 끼치는 일이며, 일종의 억압이 되어 그 사람을 거짓되며 왜곡되고 축소된 존재 양식 안에 가두는 결과를 초래할 수도 있다"(Taylor 1994b, p. 25).[3]

차이의 정치가 가진 두 가지 전제는 그 내적인 논리를 설명해 준다. 전 세계적 차원의 경제적·기술적 발전에 의해 각종 문화들이 뒤섞이고 있는 현상 때문에, 오늘날 '종족적' 정체성이 강력한 힘을 얻고 있다. 이런 현상은 문화적 이질성이 권력과 부의 극단적 불균형과 결합할 경우 더욱 심각해진다. 우리 세계의 미래가 정체성과 차이의 문제를 어떻게 다루는가에 달려 있다는 주장도 지나친 말은 아닐 것이다. 이것은 긴급한 문제다. 세계 전역의 게토와 전쟁터는—그 장소는 거실이나 도시 빈민가 또는 산지일 수도 있다—이 문제의 중요성을 강력하게 증언한다.

...사회적 구조, 사회적 행위자

정체성과 타자성의 문제, 그리고 그것을 둘러싸고 격화되는 갈등의 문

---

3) 이 시점에서 자아가 나타나는 모판을 제공하는 특수한 문화의 성격에 관해 간략히 세 가지 논평을 해 두는 것이 좋겠다. Michael Walzer의 선례를 따라(Walzer, 1994), 나는 이러한 특수한 문화를 가리켜 '종족'이라고 부를 것이다. 첫째, **복합성**이다. 다른 종족들과의 상호작용을 통해 종족적 정체성이 만들어진다면(Epstein 1978), 종족의 '본질' 같은 것은 존재하지 않으며 '순수한 정체성' 같은 것에 호소할 수 없다. 내가 상호작용하는 개인들('중요한 타자들')이 나의 인격을 이루는 한 부분이 되는 것과 마찬가지로, 나의 집단과 상호작용하는 다른 집단들 역시 내가 속한 집단의 성격을 규정하는 일부가 된다.

둘째, 종족적 정체성의 **강도**다. 갈등 상황에서는 주어진 집단의 정체성이 최종적 정체성이 되어 다른 모든 정체성을 그 아래에 포함시키고 통합할 수도 있다. 그러나 정상적인 상황에서는 주어진 집단의 정체성이 대개의 경우 수많은 대안적, 심지어는 경제적 정체성 중 하나일 뿐이다. 특히 현대 사회에서 자아는 (성차, 국가, 인종, 종교와 같은) 다양한 집단적 정체성 사이에서뿐만 아니라 다양한 사회적 역할 사이에서, 심지어는 다양한 가치 사이에서 파편화되고 분열되어 있다(Bauman 1995). 그 결과 (포스트)모던 종족들은 "**존재**(*essendi*)의 상태에 있다기보다는 끊임없이 **생성되는 상태**(*statu nascendi*)에 있으며, 구성원들의 반복적인 상징적 의례에 의해 반복적으로 탄생되지만 그 의례의 매력이 지속되는 동안만 그 생성의 상태가 유지된다" (Bauman 1992, p. 198). 그러므로 모든 종족적 정체성은 부분적으로 **선택**의 문제다. 갈등 상황 여부에 따라서뿐만 아니라 그 개인과 그의 가족의 선택에 따라서 이 정체성은 약할 수도 있고 강할 수도 있다. 심지어는 그 정체성을 버리고 다른 종족적 정체성을 택할 수도 있다(Maffesoli 1988).

셋째, 종족적 정체성의 **항구성**이다. 문화적 소속감을 역동적으로 해석하다 보면 어떤 시점에서 '종족에 대한' 충성심이 완전히 사라져 버릴 수도 있다는 말인가? **그럴 수도 있다**. 문제는 **그럴 것인가**다. 답은 '그렇지 않을 것이다'이다. 종족적 정체성이 수행하는 심리적·사회적 기능은 너무나 중요하기 때문에, 이런 기능을 수행할 대안적 후보가 나타나기란 매우 어렵다(Walzer 1994, p. 81). '종족'은 계속 생성되고 유지될 것이다. 따라서 근대 사회에서조차도 '자아'는 계속 '종족적' 자아로 자리잡게 될 것이다.

제에 어떻게 접근해야 하는가? 이에 대해 다음과 같은 해법이 제시되어 왔다. (1) **보편주의적 접근**: 우리는 걷잡을 수 없는 차이의 확산을 통제하고, 보편적 가치—종교적 가치나 계몽주의의 가치—의 확산을 지지해야 한다. 그런 가치만이 사람들의 평화로운 공존을 보장할 수 있다. 공동의 가치 없이 차이만 주장할 때는 풍성하고 유익한 다양성이 아니라 혼돈과 전쟁으로 귀결될 뿐이다. (2) **공동체주의적 접근**: 우리는 자신을 더 작은 규모의 토착 문화의 수호자로 여기며, 공동체적 독특성을 기리고 다름을 장려해야 한다. 보편적 가치의 확산은 평화와 번영이 아니라 억압과 권태로 귀결될 뿐이다. (3) **포스트모더니즘적 접근**: 우리는 보편적 가치와 특수한 정체성을 탈피하고, 개인의 급진적인 자율성 안에서 억압으로부터의 도피처를 마련해야 한다. 우리는 사람들이 새 정체성을 획득하고 옛 정체성을 버림으로써 계속해서 '더 크고 더 자유로운 자아', 제멋대로이며 별난 방랑자, 모호하며 분열되어 있고, 언제나 움직이며 움직이는 것 말고는 별다른 일을 하지 않는 자아를 창조할 수 있는 공간을 창조해야 한다.

이 세 가지 '해법'은 많은 점에서 근본적으로 다르지만, **사회적 구조**(social arrangements)에 집중한다는 공통점을 지닌다. 이 해법들은 서로 다른 정체성을 지닌 개인과 집단들을 수용하기 위해 한 사회(혹은 모든 인류)가 어떻게 구조화되어야 하는지에 관한 주장을 제시한다. 즉, 각각은 보편적 가치를 보호하는 사회, 특수한 공동체적 정체성의 복수성을 증진하는 사회, 개개인이 자유롭게 자신의 정체성을 만들고 해체할 수 있는 틀을 제공하는 사회를 제안한다. 이런 제안에는 그 사회 속에서 살아가는 사람들에 관한 중요한 통찰이 담겨 있지만, 그 주된 관심은 사회적 행위자가 아니라 사회적 구조다. 그와 대조적으로, 나는 사회적 행위자(social agent)에 초점을 맞추고자 한다. 나는 개인이나 공동체의 다름을 수용하기 위해 어떤 종류의 사회를 만들어야 하는가에 대해 고민하기보다는, 타자와 조화롭게 살기 위해 **우리는 어떤 종류의 주체가 되어야 하는가**를 탐구하고자 한다. 나의 전제는 자아가 특정한 상황 하에 놓인다는 것이다. 즉, 자아는 여성이거나 남성이고, 유대인이거나 그리스인이고, 부자이거나 가난하다. 대개는 동시에 이 중에서 하나 이상에 해당하며('부유한 그리스인 여성'), 혼종적(混種的) 정체성('유대계 그리스인'과 '남성-여성')을 지니는 경우도 많고, 한 정체성에서 다른 정체성으로 이동하는 경우도 있다. 이러한 상황적 자아(situated selves)에 관해 내가 던지는 질문은 이러하다. 그들은 자신의 정체성에 대해 어떻게 생각해야 할까? 타자와 어떻게 관계를 맺어야 할까? 어떻게 타자와 평화를 유지해야 할까?

나는 왜 사회적 구조에 대한 논의를 삼가려는 것일까? 아주 간단히 말해서, 그런 논의를 매우 선호함에도 불구하고 그에 관해 내세울 만한 독특한 주장이 없기 때문이다. 또 나는 신학자는 그런 주장을 하기에 가장 적합한 위치에 있다고 생각하지도 않는다. 신앙이 사회 구조와 아무런 관계가 없다는 말이 아니다. 명백히 관계가 있다. 사회 구조에 대한 성찰이 중요하지 않다는 것도 아니다. 그런 관점은 올바른 사회적 행위자들이 존재한다면 사회 구조가 스스로 잘 작동할 것이라는 잘못된 가정에 기초한다. 사회 구조에 관심을 기울이는 것은 대단히 중요하다. 그러나 그 문제를 다루어야 할 사람들은 신학자들보다는 그들의 도움을 받는 그리스도인 경제학자, 정치학자, 사회철학자 등이다. 왜냐하면 그들이 그 일을 맡기에 가장 적합한 자격을 갖추고 있기 때문이다. 이 점은 니콜라스 월터스토프(Nicholas Wolterstorff)가 자신의 논문 "공적 신학 혹은 기독교 학문"(Public Theology or Christian Learning)에서 설득력 있게 전개한 논증이기도 하다(Wolterstorff 1996). 경제학자,

정치학자, 사회철학자 등의 조력자로 활동하지 않을 때는(그런 활동은 그들이 맡은 책임 중 일부다), 신학자들은 사회적 구조에 집중하기보다 **정의롭고 진실하며 평화로운 사회를 상상하고 만들어 갈 수 있는 사회적 행위자를 길러 내고 그러한 행위자들이 더욱 많아질 수 있는 문화적 분위기를 조성하는 데** 더 관심을 기울여야 한다.

사회적 행위자에 대한 지속적인 신학적 성찰이 필요한 까닭은 단지 신학자들이 그 일을 잘 할 수 있기 때문만이 아니라, 현대 사회의 중요한 특성이 그것을 요청하기 때문이기도 하다. 지그문트 바우만(Zygmunt Bauman)은 **근대성**의 주요한 특징은 "도덕적 자아에게 묻던 도덕적 책임을 사회적으로 구성되고 관리되는 초개인적 행위 구조로 옮기거나, 또는 관료주의적인 '통치자 없는 통치' 속에서 떠돌게 하는 경향"이 있다고 했다(Bauman 1995, p. 99). 한편 **포스트모더니티**는 도덕적 책임을 회피하는 것이 하나의 삶의 방식이 되는 분위기를 만들어 낸다. 인간관계를 '단편적'이며 '단절적'인 것으로 만듦으로써 "이탈과 책임 회피"를 조장한다(p. 156). 근대성과 포스트모더니티에 관한 바우만의 평가가 옳다면, 사회적 행위자와 그들 간의 상호작용에 대한 성찰은 시급한 과제가 된다. 다시 한 번 말하지만, 사회적 구조의 중요성을 소홀히 여기자는 뜻은 아니다. 사회적 행위자들의 성격과 그들의 상호작용으로부터 생겨나는 현재의 문제는 근대적·포스트모더니즘적 사회 구조라는 맥락에서 발생하기 때문이다. 사회적 구조는 사회적 행위자들에게 영향을 미친다. 그리고 사회적 행위자는 사회적 구조를 만들어 간다.

그러나 사회적 행위자들이 단순히 사회적 구조에 의해 주조되지 않고 건강한 사회적 구조를 형성하는 존재가 되도록 만드는 것은 무엇인가? 우리는 타자와의 상호작용 속에 있는 자아의 특성을 어떤 지점에서 바라보아야 할 것인가?

…십자가의 중심성

약 25년 전에 존 하워드 요더(John Howard Yoder)는 「예수의 정치학」(*The Politics of Jesus*, IVP)을 통해 "복음의 이야기에서 윤리학으로, 베들레헴에서 로마나 워싱턴, 사이공으로 가는 유일한 길은 그 이야기를 뒤로 제쳐 두는 것이라고 전제해 온 근대 윤리학자들"에 대해 반론을 제기했다(Yoder 1972, p. 25). 그의 주장은 타당하다. 그 이야기를 뒤로 제쳐 둔 결과 무익한 말들이 늘 되풀이되었다. 그러나 복음의 이야기를 제쳐 두지 않겠다고 결심한다면, 그 이야기 안에 있는 무엇이 "사회 윤리에 대한 지침이 될 만한 내용"(p. 115)을 제공할까? 요더의 대답은 이렇다. "오직 한 지점에서, 오직 한 주제에서—그러나 일관되고 보편되게—예수님이 우리의 모범이 되신다. 그것은 바로 그분의 십자가다"(p. 97). 그런데 이상하게도, 요더의 이 중요한 책은 십자가에 관해 거의 말하지 않는다. 이 책은 몇 가지 중요한 성경 본문, 특히 누가복음에 대한 통찰력 넘치는 분석으로 이루어져 있다. 내 생각에 요더는, 십자가가 예수님의 삶의 다른 측면을 이해하기 위한 열쇠이기는 하지만, 예수님의 삶에는 그분의 수난 외에도 그리스도인들에게 모범으로 기능해야 하는 다른 측면들이 있다고 생각하는 것 같다. 그러나 우리는 십자가를 어떻게 이해해야 할까? 더 구체적으로, 십자가는 타자와의 관계 안에 있는 그리스도인의 자아의 특성에 관해 무엇을 말해 주는가?[4]

세상 속에서의 삶에 대해 십자가가 갖는 함의를 다룬 최근의 연구 중 가장 중요한 것은 위르겐 몰트만의 작업이다. 그의 책 「십자가에 달리신 하나님」(*The Crucified God*, 1972, 한국신학연구소), 「삼위일체와 하나님의 나라」(The Trinity and the Kingdom, 1980, 대한기독교서회), 「예수 그리스도의 길」(The Way of Jesus Christ, 1989, 대한기독교서회)에 제시된 광범위한 논증을 대체할 수는 없지만, 나는 「생명의 영」(The Spirit of Life, 1991, 대한기독교서회)에 들어 있는 짧은 구절이 이 문제에 대한 그의 가장 발전된 생각을 담고 있다고 생각한다. 십자가에 관한 몰트만 사상의 주요 주제는 **연대**(solidarity)라는 개념으로 요약할 수 있다. 십자가 위에서 그리스도께서 당하신 고통은 단지 그분의 고통이 아니다. 그것은 "가난하고 약한 이들의 고통으로, 예수님은 그들과 연대하시며 자신의 몸과 자신의 영을 통해 그들의 고통을 함께 나누셨다"(Moltmann 1992, p. 130). 그리고 하나님이 그리스도 안에 계셨기 때문에, "그리스도는 자신의 수난을 통해 이 세상의 수난의 역사 안으로 하나님의 영원한 교제와, 신적 정의와, 생명을 창조하는 의가 들어오게 하신다"(p. 131). 십자가 위에서 그리스도는 "하나님을 폭력의 희생자들과 동일화하시는" 동시에 "희생자들을 하나님과" 동일화하심으로써 "그들이 하나님의 보호 안으로 들어가게 하시고 그분과 더불어 그들이 빼앗겼던 권리를 누리게 하신다"(p. 131).

몰트만의 초기 저작을 잘 알고 있는 사람들에게는 '하나님의 수난'을 중심으로 엮어 낸 이러한 기독론적이며 삼위일체론적인 주제가 익숙할 것이다. 그러나 「생명의 영」에서 그는 초기 저작에서 충분히 전개하지 않았던 십자가의 다른 측면을 강조한다. 즉, 가해자들을 위한 속죄(atonement)라는 주제(pp. 132-138)를 희생자들과의 연대라는 주제

---

4) 여기서 내가 타자를 대하는 태도에 있어 십자가와 자아의 관계를 논한다고 해서 십자가가 기독교적 자아의 성품에 대한 **모범**을 제공하는 것 외에 어떤 의미도 갖지 않는다고 주장하는 것은 아니다. 먼저 **토대**로서 기능할 때, 십자가는 모범으로서도 가장 잘 기능할 것이다.

(pp. 129-131)에 덧붙인다. 억압당한 이들이 억압으로 인한 고통으로부터 해방되어야 하는 것과 마찬가지로, 억압하는 이들 역시 억압을 통해 자행된 불의로부터 해방되어야 한다. 몰트만은 자신의 초기 작업에서 전개했던 해방신학적 주제에 충실하면서도 십자가에 대한 전통적인 신학적 해석의 몇 가지 측면을 다시 가져오면서, 십자가는 "죄에 대한, 이 땅 위의 불의와 폭력에 대한 신적 속죄"라고 주장한다(p. 136). 가해자들을 위한 속죄는 희생자들과의 연대와 마찬가지로 그 존재 자체가 사랑이신(요일 4:8) 삼위일체 하나님의 마음으로부터 쏟아져 나온다. 몰트만은 이렇게 말한다.

> 그리스도의 십자가 위에서 이 사랑[즉, 하나님의 사랑]이 타자를 위해, 죄인들과 반역하는 원수들을 위해 쏟아졌다. 삼위일체 안에 있던 상호 내어줌의 관계는, 하나님에게 반역한 세상 속에서 자기를 내어 주신 그리스도에게서 분명히 드러났다. 그리고 이러한 자기 내어줌은 그를 믿는 모든 이를 하나님의 사랑을 경험하는 영원한 생명으로 이끈다(p. 137).

희생자와 연대하시는 하나님이라는 주제를 (거부하지 않는 것은 말할 것도 없거니와) 무시하지 않으면서, **나는 여기서 특별히 원수를 위해 하나님이 자신을 내어 주시며 그들을 하나님과의 영원한 교제 안으로 받아들이신다는 주제를 더 발전시키고자 한다.** 몰트만은 십자가와 삼위일체 신학의 사회적 함의를 주로 하나님의 연대라는 주제에서 도출한다. 즉, 하나님이 희생자들과 더불어 고통당하시고 그들을 보호하시고 그들에게 박탈당했던 권리를 돌려주셨으므로 우리도 그렇게 해야 한다는 주장이다. 반면, 나는 하나님의 자기 내어줌이라는 주제에 담긴 사회적 함의를 제시하고자 한다. 즉, 하나님이 경건하지 않은 이들을 악에 넘겨주지 않으시고, 속죄를 통해 그들을 하나님과의 교제 속으로 받아들이시고자 그들을 위해 자기를 내어 주셨으므로—우리의 원수가 누구이든, 우리가 어떤 사람이든—우리도 그렇게 행해야 한다.[5]

혼 소브리노(Jon Sobrino)가 「해방자 예수」(*Jesus the Liberator*)에서 바르게 주장했듯이(Sobrino 1993, p. 231) 그리스도께서 "경건하지 않은 자를 위하여 죽으셨다"(롬 5:6)라는 주장이 "신약 성경의 근본 주장"이라면, 이 연대라는 주제는 비록 필수적이고 몰트만과 다른 이들이 그 중요성을 복원한 것도 매우 정당하기는 하지만 자기를 내어 주시는 하나님의 사랑이라는 더 중요한 주제의 하위 주제일 수밖에 없다. 특히 연대성이 단지 그들과 "함께 고통당하는 것"을 넘어 그들의 "편에 서서 싸우는 것"을 의미하게 된다면, 연대성은 자기 내어줌이라는 주제로부터 분리되지 않을 것이다. 모든 **고통당하는 사람**은 십자가에 달리신 이와의 연대 안에서 위로를 얻을 수 있다. 그러나 십자가에 달리신 이의 모범을 따라 악에 맞서 싸우는 이들만이 그들 편에 서신 그분을 발견할 것이다. 십자가에 달리신 이의 위로만 취하고 그분의 길은 거부한다면, 그것은 값싼 은총과 기만적 이데올로기를 옹호하는 것에 불과하다. 그러므로 연대의 주제는 '자기 내어줌'이라는 더 포괄적인 주제 안에서 온전함을 드러낸다. 왜냐하면 이 자기 내어줌이야말로 "고생하며 기진한"(마 9:36) 이들을 향한 하나님의 긍휼이 지닌 편파성을 올바르게 강조할 수 있기 때문이다.

그렇다면 죄인을 위해 자신을 내어 주시는 하나님과 서로를 위해 자기를 내어 주는 인간이라는 주제는 과연 어느 정도로 중요한가? 「누가 예수를 부인하는가?」(*The Real Jesus*, CLC)에서 루크 티모시 존슨(Luke

---

5) *The Gifting God*에서 Stephen H. Webb은 '교환'과 '과잉'의 경제를 논하면서 삼위일체를 모범으로 한 내어줌이라는 주제를 발전시킨다(Webb 1996).

Timothy Johnson)은 정경의 복음서들은 "예수의 정체성과 사명의 한 가지 본질적 측면에 관해 대단히 일관된 태도를 견지한다"라고 주장했다. 계속해서 그는 이렇게 말한다.

> 복음서의 근본적인 초점은 예수의 이적이나 그분의 지혜로운 말씀이 아니다. 복음서의 공통된 초점은 그분의 삶과 죽음의 **성격**에 맞춰져 있다. 모든 복음서는 하나님에 대한 철저한 순종과 다른 사람들을 향한 이타적인 사랑이라는 동일한 **본보기**를 보여 준다. 또한 네 복음서 모두는 제자도란 곧 그런 **메시아적 본보기**를 따르는 것이라고 주장한다. 복음서는 특정한 행동을 하거나 특정한 교리를 배우는 것을 강조하지 않는다. 복음서는 예수님이 삶과 죽음으로 보여 주신 바로 그 본보기에 따라 살아야 한다고 주장한다 (Johnson 1996, pp. 157-158).

존슨은 자신을 내어 주시는 그리스도의 사랑이라는 같은 이야기가 복음서만이 아니라 신약 성경 전체의 핵심이라고 본다. 예수님이 수행하신 사역의 의미는 그 마지막 부분에서 찾을 수 있으며, 간략히 요약된 그 마지막 부분의 이야기가 그리스도인들이 따라야 할 본보기다. 존슨은 신약 성경 전체에서 "예수님은 고난받는 종이시며 그분의 죽음은 하나님을 향한 철저한 순종의 행위이자 그분을 따르는 이들을 사랑하고 돌보시는 마음의 표현"이라고 결론내린다(pp. 165-166).

자기 내어줌이라는 주제의 중심성을 확인하는 또 다른 좋은 방법은, 신약 성경에 묘사된 교회의 두 가지 기본적 의식을 살펴보는 것이다. 즉, 그리스도인 삶의 시작을 알리는 표지요 따라서 그 삶 전체를 규정하는 세례와, 그리스도인 삶의 핵심에 놓인 것을 반복하여 축하하고 재연하는 의식인 성만찬이다. 세례는 그리스도의 죽으심과 자신을 동일시하는 것이다(롬 6:3). 그리스도인들은 세례를 통해 "그리스도와 함께 십자가에 못 박히고, 그들을 사랑하시고 그들을 위해 자신을 버리신 하나님의 아들을 믿는 믿음 안에서" 살아간다(갈 2:20). 성만찬에서 그리스도인들은 그분의 형상을 따라 변화되기 위해 "그들을 위해" 자기 몸을 내어 주신 그분을 기억한다.

이 점에 관해서는 더 길게 논할 필요가 없다. 십자가 위에서 드러나고 십자가에 의해 요구되는 자기를 내어 주는 사랑이 바로 기독교 신앙의 핵심이다. 몰트만이 올바르게 강조했듯이, 자신을 내어 주시는 그리스도의 사랑은 궁극적으로 자기를 내어 주시는 삼위일체 하나님의 사랑에 근거한다(Moltmann 1992, p. 137). 죄로 가득한 이 세상에 하나님의 사랑이 성육신했을 때 이는 십자가로 귀결될 수밖에 없었다(Sobrino 1993, p. 229 참고). 역으로, 하나님의 사랑을 완성하는 것이 아니라면 십자가는 아무 의미가 없다(그 자체로는 아무 가치도 없다). 정교회 신학자인 두미트루 스타닐로에(Dumitru Stăniloae)는 "다른 어떤 진리도 견줄 수 없는 두 진리"를 강조함으로써 기독교 전통 전체를 대변했다. 두 진리란 곧 "최고의 사랑이자 인간 사귐의 본보기가 되시는 성 삼위일체와, 이 땅에 오시고 사람이 되시고 희생 제물이 되신 하나님의 아들"이다(Dumitrescu 1992, p. 186).

사회 문제에 대한 진정한 기독교적 성찰은, 그리스도의 십자가 위에 드러난 삼위일체 하나님의 자기를 내어 주시는 사랑에 기초해야만 한다. 그런 성찰의 모든 핵심 주제는 철저히 자기를 내어 주시는 하나님의 사랑이라는 관점을 통해 사유되어야 한다. 이 책에서는 자신을 내어 주시는 하나님의 사랑이 정체성을 구성하는 데, 그리고 적대적인 상황 하에서 타자와의 관계를 맺어 가는 데 어떤 의미를 지니는지를 설명하고자 한다. 내가 추구하는 바를 더 일반적인 방식으로 말해 보자면, 이 책에서 나는 바울이 고린도 교인들에게 복음을 선포할 때 마음에 품었던 바로 그 결심—"예수 그리스도와 그가 십자가에 못 박히신 것 외에는 아무것도 알지 아니하기로 작정하였음이라"(고전 2:2)—을 가지고 사회 문제를 성찰하고자 한다. 니체가 쓴 「이 사람을 보라」(*Ecce Homo*, 책세상)의 마지막 문장을 활용하여 격렬하게 표현하자면, 나의 계획은 포스트모더니티의 성인인 "디오니소스와 십자가에 달리신 이"(Nietzsche 1979, p. 104)의 대결, 근대성의 성인인 "프로메테우스와 십자가에 달리신 이"(Marx 1968, p. 262)의 대결을 보여 주는 것이다.

...스캔들과 약속

아마 독자들은 프로메테우스나 디오니소스 혹은 그 밖의 다른 이교신들에게는 끌리지만, 십자가에 달리신 이는 강하게 거부하고 싶은 마음이 들 것이다. 하지만 자기를 내어 주는 사랑에 대해 내가 이야기하는 바와(3장) 내가 그것을 정의나 진리와 어떻게 관련짓는지(5장과 6장)를 숙고해 보기 전에는 그런 충동에 굴복하지 말라고 당부하고 싶다. 예를 들어, 자신을 내어 준다는 것에 대해 페미니즘 사상가들은 그들 나름대로 의심할 만한 타당한 이유를 가지고 있다. 어머니와 아내로서 여성들이 베푼다는 것은, 아들과 남편으로서 남성들이 전적으로 받는다는 것을 뜻한다. 많은 여성이 자신을 너무 많이 내어 주어, 말 그대로 자아를 잃어버릴 위험에 처하곤 한다. 그러나 그런 의심에 대해서는 '자기를 내어 주는' 것 자체가 문제가 아니라, 남성들이 여성들에게는 자기를 내어 줄 의무를 부과하면서 자신은 제멋대로 그 의무로부터 면제시키는 것이 문제라고 주장할 수 있다. 서로 자기를 내어 주는 세상은 완벽한 사랑의 세상일 것이므로 '상상할 수 있는 그 어떤 세상보다 나은 세상'이 되지 않겠는가? 상호성이라는 조건이 충족된다면 이 답변은 만족스러울 것이다. 그러나 우리가 사는 세상보다 훨씬 더 나은 세상을 꿈꾸게 되는 이유 중 하나는, 이 세상에서 상호성이라는 조건이 충족되는 경우가 거의 없기 때문이다. 사람들은 자기 내어줌에 대해, 자기 내어줌이 아니라 착취와 무자비함으로 대응한다. 일부 페미니즘 사상가들이 반대하는 것은, 자기 내어줌이라는 개념 자체보다 **폭력으로 가득한 세상 속에서** 자기를 내어 주는 것이 그리스도인의 길이라고 주장하는 태도다. 그들만 이렇게 반대하는 게 아니다. 우리가 받는 쪽이 아니라면, 즉 우리가 약하고 착취당하고 희생당한다면 **우리는 모두 그것을 반대할 것이다**. 폭력의 세상 속에서 기독교 신앙의 중심에 자리잡은, 두드러지게 대항 문화적인 상징인 십자가는 하나의 스캔들이다.

그러나 폭력의 세상 속에서 자기 내어줌과 연관된 **위험**이 십자가라는 스캔들의 핵심은 아니다. 예수님이 극심히 괴로워하신 것은 단순히 고난을 견뎌야 한다는 사실 때문이 아니었다. 산고의 경험이 말해 주듯, 고통이 원하던 열매를 맺는다면 고통을 참을 수 있으며 심지어 그것을 끌어안을 수도 있다. 고통의 아픔이 괴로움으로 바뀌는 까닭은 **버려진다는** 사실 때문이다. 예수님은 자신을 믿었던 사람들로부터, 자신이 믿었던 하나님으로부터 버림받으셨다. "나의 하나님, 나의 하나님, 어찌하여 나를 버리셨나이까?"(막 15:34) 나의 하나님, 나의 하나님, 나는 당신의 길에 철저하게 순종했는데 왜 십자가의 고통과 치욕을 당해야 합니까? 십자가의 궁극적인 스캔들은, 자기 내어줌이 긍정적인 열매를 맺지 못하는 경우가 너무나도 많다는 사실에 있다. 당신은 타자를 위해 자신을 내어 주지만, 폭력은 멈추지 않고 당신을 파괴한다. 당신은 당신의 삶을 희생하지만, 가해자의 권력을 안정시켜 줄 뿐이다. 자기 내어줌이 서로에게 기쁨을 가져다주는 경우도 많지만,

실패의 고통과 폭력도 예상해야 한다. 폭력이 몰아칠 때, 자기를 내어 주는 행동은 곧 어둠에 가려진 하나님 앞에서 외치는 부르짖음이 될 뿐이다. 자기를 내어 주는 행동과 정면으로 부딪치는 이 어두운 면이 바로 십자가의 스캔들이다.

십자가의 스캔들은 십자가를 포기하기에 충분한 이유가 되는가? 이에 대해 나는 이 스캔들을 우회하는 진정으로 기독교적인 방법은 없음을 지적하고자 한다. 마지막까지 분석해 볼 때 가능한 선택은, 십자가와 기독교 신앙의 핵심을 거부하거나 자기 십자가를 지고 십자가에 달리신 이를 따르는 것 그리고 그로 인한 어려움 때문에 계속해서 걸려 넘어지는(scandalized: scandal의 어원인 그리스어의 *scandalon*은 '걸림돌'이라는 뜻임—역주) 것뿐이다. 마가복음이 보여 주듯이, 첫 번째 제자들은 그분을 따랐지만 걸려 넘어지고 말았다(14:26 이하). 그러나 그들은 자신들이 십자가에 달리신 그분을 어떻게 저버렸는지를 포함하여 십자가의 이야기를 계속해서 전했다. 왜냐하면 **그들은 바로 스캔들 속에서 약속을 발견했기** 때문이다. 다른 사람을 섬기고 그들을 위해 자신을 내어 주면서(막 10:45), 하나님의 어두운 얼굴 앞에서 슬퍼하고 항변하면서(15:34), 그들은 자신들이 십자가에 달리신 그분과 함께하고 있음을 깨달았다. 그분의 빈 무덤 속에서 그들은 절망의 부르짖음이 기쁨의 노래로 바뀌고 결국에는 하나님의 얼굴이 구속받은 세상 위에 '비칠' 것이라는 증거를 보았다.

처음부터 **여성들**은 스캔들 속에서 약속을 발견하는 능력이 훨씬 더 탁월했던 것 같다. 마가복음에서 예수님은 잡히시기 직전에 제자들에게 "너희가 다 나를 버리리라"(14:27)라고 말씀하셨다. 그때 그분은 **남자** 제자들에게 말씀하고 계셨다. 그들은 '모두' 그분께 자기들은 결코 부인하지 않을 것이라고 장담했다(14:31). 그러나 그들은 **모두** 그분을 부인했다. 그분을 부인하지도 않고 버리지도 않았던 제자들은 **여성들**이었다. 사실 가부장적인 문화 속에 사는 여성이었기 때문에 그들은 예수님의 원수들에게 그다지 중요한 존재가 아니었고, 그렇기 때문에 두려울 것이 없었다. 그러나 단지 그 때문만은 아니었다. 엘리자베스 쉬슬러 피오렌자(Elisabeth Schüssler Fiorenza)가 지적하듯이, 마가는 십자가에 달리신 그분을 "멀리서 바라보는 여자들도 있었는데"(막 15:40)라고 말한 직후, 이 여자들에 관해 예수님의 남자 제자들에 관해서는 우리가 결코 들을 수 없었던 이야기를 한다. 즉, 그들은 사람들을 섬기고 자기 목숨을 내어 주기 위해 이 세상에 오신(막 10:45), 예수님을 "따르며 섬기던 자들"(15:41)이다. 십자가에 달리신 그분 곁에 서 있는 그들은 "예수님의 모범적인 제자"로 묘사된다(Schüssler Fiorenza 1977, p. 119). 이러한 관찰에 근거해 엘리자베스 몰트만-벤델(Elisabeth Moltmann-Wendel)은 페미니즘적 십자가 신학 안에서 자기 내어줌의 주제를 발전시켜야 한다고 주장했다(Moltmann-Wendel 1990, p. 554). 다른 모든 신학 역시 이러한 주장에 마땅히 주의를 기울여야 한다. 그리고 자기 내어줌이 기쁨과 치유를 가져올 뿐 아니라, 내어줌의 오용을 막기 위한 모든 필요한 안전장치를 갖춘 후에도 여전히 위험의 요소가 남아 있을 것임을 철저히 인식해야 한다.

십자가의 길이 고통스럽고 자주 실패한다는 사실은 모든 시대, 모든 사람에게 스캔들이었다. 그러나 십자가는, "인류의 시각이 운명의 제국으로부터, 진보의 대적으로부터 해방되어 진리와 덕, 행복의 길을 따라 단호하고 확고한 발걸음을 내딛는" **근대**에 와서는 더욱 이상한 스캔들이 되었다(Lukes 1995, pp. 29-30). 십자가의 내적 논리는 근대성의 기본 정서와 심층적으로 어긋나는 두 가지 상호 연관된 믿음을 받아들일 것을 요구하기 때문이다. 첫째, 근대성은 세계의 균열을 고칠 수 있으며 **세계는 치유될 수 있다**는 신념에 근거한다. 근대성은 역사의 종말에 낙원을 창조할 수 있으리라 기대하고 인류가 역사의 시초에 낙원으로부터 추방되었음을 부인한다(Lévy 1995, p. 91 이하, p. 199 이하 참고). 그러나 세계의 균열이 만들어 낸 틈 사이에 다리를 놓기 위해 그 균열 가운데 자리잡은 십자가는, 악은 고칠 수 없는 것임을 강조한다. 하나님의 새로운 세상이 밝아 오기 전에는 악을 제거할 수 없으며, 그렇기 때문에 우리에게는 반드시 십자가가 필요한 것이다. 우리는 모든 균열을 바로잡겠다고 약속하는 그 어떤 거창한 해결책도 신뢰할 수 없다. 실제로 어떤 진보를 이룬다 할지라도, 발터 벤야민(Walter Benjamin)이 "역사철학 테제"(Theses on the Philosophy of History)에서 말했듯이, 그 진보란 "계속해서 잔해를 쌓아" 역사의 천사의 "발 앞에 내던지는" 것일 뿐이다(Benjamin 1968, p. 257).

둘째, 근대성은 **사회적 통제**와 **합리적 사고**라는 쌍둥이 전략에 큰 기대를 걸었다. "알맞은 계획과 결정적인 논증을 발견할 수 있고, 있어야 하며, 있을 것"(Bauman 1993, p. 9)이라는 신념이 근대성의 신조다. 그에 반해 '십자가의 지혜'는 궁극적으로 구원이, 알맞은 계획이라는 '기적' 또는 결정적인 논증이라는 '지혜'로부터 오진 않는다고 가르친다(고전 1:18-25 참고). 물론 우리는 '계획'과 '논증' 없이 살아갈 수 없고 그래서도 안 된다. 그러나 '계획'과 '논증'이 치유하고자 했던 상처보다 더 큰 상처를 만들어 내지 않게 하려면, '계획'과 '논증' 자체도 자기를 내어 주는 사랑이라는 '약함'과 '어리석음'에 의해 치유받아야 한다. 이 '약함'은 사회적 통제보다 '더 강하며', 이 '어리석음'은 합리적 사고보다 '더 지혜롭다.'

인도 철학자 아닌디타 발슬레브(Anindita Balslev)에게 보낸 편지에서 리처드 로티(Richard Rorty)는 '인내의 문화'와 '사회적 희망의 문화'를 대조했다. 하나는 근대적이지 않으며, 다른 하나는 전형적으로 근대적이다. 인내의 문화는 "인간 삶의 조건은 절망적이며, 어렵고, 언제나 그럴 것"이라고 가정하는 반면, 사회적 희망의 문화는 "일을 처리하는 방식을 철저히 변화시키자는 주장을 핵심으로 삼는 끊임없는 혁명의 문화다"(Balslev 1991, p. 21). 그렇다면 여기서 내가 옹호하는 '십자가의 지혜'는 '유토피아에 대한 희망'을 포기했으므로 '인내의 문화'를 주장하는가? 로티와 달리, 나는 마르크스주의 역사철학자들이 추구했던 그 희망에 대한 '철학적 필연성'만이 아니라 '유토피아에 대한 희망' 자체를 포기해야 한다고 믿는다. 그렇게 '통제'와 '이성'에 기초하고, '견딜 수 없는 것'과 '치유할 수 없는 것'을 보지 못하는 희망이 죽는다면, '견딜 수 없으며 치유할 수 없는' 세상 속에서 자기를 내어 주는 사랑에 대한 새로운 소망이 나타날 수 있을 것이다. 이 소망은 십자가에 달리신 그분의 부활에 기초한 십자가의 약속이다.

...주제와 단계

마지막으로, 이 책에서 내가 십자가의 약속을 어떻게 규명할지 간략히 이야기하고자 한다. 여기서는 이 책의 내용을 순서대로 소개하기보다 내가 제시하는 논증의 **내적 논리**를 설명하고자 한다. 3장에서 나는 사도 바울이 로마의 그리스도인들에게 주었던 권고를 통해 가장 잘 요약되는 근본 주장을 전개한다. "그러므로 그리스도께서 우리를 받아 하나님께 영광을 돌리심과 같이 너희도 서로 받으라"(15:7). '받아들임'(welcoming)의 과정을 설명하기 위해 나는 '포옹'(embrace: 이 책 전체의 주제를 드러내는 개념어로서 기본적으로 '포용'으로 번역하였으나 끌어안는 행위라는 은유로 사용된 맥락에서는 '포옹'으로 번역했다—역주)이라는 은유를 사용했다. 이 은유는 나의 주장에서 핵심이 되는 세 가지 상호 연관된 주제를 하나로 묶어 내기에 매우 적합해 보인다. 즉, (1) 삼위일체 안에서 자기를 내어 주는 사랑의 상호성(신론) (2) 십자가 위에서 '경건하지 않은' 이들을 향해 팔을 뻗으신 그리스도(기독론) (3) 두 팔을 벌리고 '탕자'를 받아들이는 '아버지'(구원론)이다. 어떤 문화에서는 이 은유가 효과적이지 않을 수도 있다. (내가 강연자로 참석했던 스리랑카에서 열린 한 학회에서 이 은유를 옹호하는 아프리카 주교와 그것이 지나치게 친밀하다고 생각하는 북유럽 신학자 사이에 벌어진 논쟁을 지켜보면서 나는 이 점을 절실히 깨달았다.) 그러나 이 은유를 제거한다고 해도 이 책의 내용은 전혀 변하지 않을 것이다. 나는 이 은유가 유용하다고 생각하지만("포옹의 드라마"라는 소제목을 붙인 곳을 보라) 그것이 꼭 필요하다고 생각하지는 않는다. 중요한 것은 이 은유를 통해 표현하고자 하는 가장 기본적인 사상이다. **우리 자신을 다른 사람들에게 내어 주고, 그들을 '받아들이고', 그들을 위한 자리를 마련하기 위해 우리의 정체성을 재조정하려는 의지는, 그들의 인간성을 인식하려는 목적을 제외한 그들에 대한 그 어떤 판단보다 중요하다.** 포용하려는 의지는 다른 사람들에 관한 그 어떤 '진리'보다, 그들의 '정의'에 대한 그 어떤 판단보다 우선한다. 이 의지는 절대적으로 무차별적이며, 결코 변하지 않는다. 그것은 사회적 세계를 '선'과 '악'이라는 도덕적 범주로 구별하려는 시도를 초월한다.

그러나 진리와 정의는 어떻게 되는가? 어떤 점에서 진리와 정의가 여전히 유효한가? 이것이 2부(5-7장)에서 내가 답하고자 했던 물음이다. 여기서는 사회철학(Foucault 1980, p. 93)뿐만 아니라 성경의 예언서와 서신서에서 두드러지게 나타나는 중요한 세 주제인 진리, 정의, 평화를 다룬다(슥 8:16과 엡 6:14-16을 보라). '포용하려는 의지'의 중요성을 강조하는 동시에 **나는 기만과 불의, 폭력에 맞서는 싸움이 필수적이라고 생각한다.** 그러나 이 싸움을 어떻게 벌여야 하는가? 어떻게 '진리'

와 '정의'를 알 수 있는가? 부정적으로 말하자면, 나의 논증은 거의 니체적이다. 한결같이 진리를 추구하다 보면 거짓이 너무나 많고, 완고하게 정의를 위해 싸우다 보면 불의가 너무나 많다. 그러나 부정적인 주장이 담고 있는 니체적인 분위기는 정확히 '십자가의 지혜'에 기초한 긍정적인 주장이 지닌 이면일 뿐이다. 즉, 사회적 맥락 안에서 타자를 **포용하려는 의지**가 없다면 진리와 정의도 불가능하다. 그러나 곧바로 나는 포용, 즉 온전한 화해는 진리를 말하고 정의를 행할 때 비로소 일어난다고 주장한다. 자기를 내어 주는 '은총'과 진리 및 정의에 대한 '요구' 사이에는 비대칭적 변증법이 존재한다. 은총이 우선한다. 포용하려는 **의지**는 무차별적일지라도, **포용** 자체는 조건적이다. (다른 이유와 더불어) 이러한 비대칭적 변증법으로 인해, 7장에서는 인간의 비폭력을 주장하는 동시에, '거짓 예언자들'과 '짐승들'이 자신들이 십자가에 달리신 그분에게 가한 그 상처에 의해 구속받기를 거부한다면 그들에 대해 폭력을 행사하실 특권을 하나님께 '드려야' 한다고 주장한다.

'포용'의 실천은 그에 수반되는 기만, 불의, 폭력에 맞서는 싸움과 더불어, 내가 '배제'라고 부른 강력하고 전염성 있으며 파괴적인 악을 배경으로 해서만 이해할 수 있다. 그리고 우리 그리스도인들에게 그런 실천이 가능하려면, 타자를 위한 자리를 마련하기 위해(1장), 십자가에 달리신 하나님의 메시아의 이름으로 우리 자신과 우리 문화로부터 스스로 거리를 두어야만 한다. 4장에서 나는 '정체성'과 '타자성' 사이의 가장 포괄적이며 근본적인 관계-젠더 사이의 관계-를 검토하고, '포용의 신학'이 성 정체성과 화해에 어떤 의미를 지니는지 규명하고자 했다.

결론을 대신해 이 책의 두 가지 형식적 특징에 대해 간략히 언급하고자 한다. 첫째는 나의 비신학적 **대화 상대**에 관한 것이다. 이 책 전체에서 나는 두 부류의 사상가들과 대화를 나눈다. 즉, 전형적으로 근대적인 사상가들과 전형적으로 포스트모더니즘적인 사상가들이다. (물론 나는 이 용어 자체에 대해 논란이 분분하다는 점을 잘 알고 있다.) 내가 이들 사상가들을 일차적인 대화 상대로 삼은 까닭은, 현대 사회가 모호함 안에 갇혀 있고, 이 모호함은 무엇보다도 근대성 자체가 계속해서 포스트모더니즘적 조건의 가장 두드러진 특징인 '제도화된 다원주의와 다양성, 우발성, 양가성'(Bauman 1992, p. 187)을 만들어 내고 있다는 사실로부터 기인한다고 확신하기 때문이다. 현대 사회는 (과거 사회가 실제로 그랬는지는 모르지만) 별로 '근대적'이지 않으며, (앞으로 그런 사회가 도래할지도 모르지만) 별로 '포스트모더니즘적'이지도 않다. 그러나 이 두 사유의 형식은 현재의 문화적 논쟁에 뿌리 깊은 영향을 미치고 있다. 그렇기 때문에 나는 이 두 사상적 흐름과 대화하기로 결정했다.

두 번째로 언급할 것은 내가 사용하는 **방법**의 한 측면, 특히 '자기 내어줌과 타자를 받아들임'이라는 신학적 주제와 관련된 성경 본문 사용에 관한 것이다. 대부분의 장에는 몇 개의 핵심 성경 본문에 대한 긴 해석이 포함되어 있다. 이를 통해 나는 조직신학 분야에서 일어나고 있는 '성경신학'의 부흥(Welker 1994, Welker 1995 참고)이라는 환영할 만한 움직임에 동참하고자 했다. 내가 루크 존슨을 따라 주장했듯이, 신약 성경의 중심에는 하나님에 대한 예수 그리스도의 순종 행위와, 그분을 따르는 이들을 위해 자기를 내어 주시는 사랑의 표현인 동시에 그분을 따르는 이들이 모방해야 할 본보기로 이해된, 그분의 죽음과 부활 내러티브가 자리잡고 있다. 역으로 이 내러티브는 기독교 성경 전체에 기록된, 하나님이 인류를 어떻게 대하시는가에 관한 더 큰 내러티브의 일부로 볼 때에만 바르게 이해될 수 있다. 성경 본문의 "비

조직적이며 교리적으로 다채로운(polydox)" 내용을 해석하기 위한 올바른 맥락을 제공하는 것은 바로 전체를 아우르는 이 내러티브다(Levenson 1987, p. 296). 전체를 아우르는 이 내러티브가 없다면 (혹은 그것을 다른 내러티브로 대체한다면) 본문은 "조각이 나 버려" 그리스도인의 신앙과 삶을 규범적으로 안내하기는커녕 "방향이 서로 충돌하는 춤"(Long 1996, p. 288)조차 출 수 없을 것이다. 따라서 나는 전체를 아우르는 내러티브로부터 이끌어 낸 주제('포용')와 다양한 하위 주제들('배제', '회개', '용서', '정의', '진리', '평화' 등)에 관한 성찰과, 이런 주제를 다루는 주요 성경 본문에 대한 자세한 분석을 결합하고자 했다. 그 결과는 전체를 아우르는 내러티브로부터 도출된 주제들과 성경 본문의 내적 풍성함 사이의 복잡하고도 예측 불가능한 역동성이다. 그리고 이 풍성함은 가장 중요한 하나의 내러티브나 하나의 단일한 주제, 혹은 어떤 불변하는 '체계'로 결코 환원될 수 없다.

제1부

1 ● 거리두기와 소속되기

...공모

에드워드 사이드(Edward W. Said)는 「문화와 제국주의」(*Culture and Imperialism*, 문예출판사) 서문에서 그 책을 쓰면서 대단히 당혹스러운 깨달음을 얻었다고 말한다. "인도나 알제리를 지배하던 시기에 관리들은 그 민족이 '지배를 받는' 혹은 '열등한' 인종이라는 관념을 당연하게 여겨 왔지만 내가 존경하는 영국이나 프랑스의 예술가들 중에서 이 관념에 대해 이의를 제기한 사람이 거의 없었다"(Said 1993, xiv). 그는 "칭송하고 존경할 만한 예술 작품과 학문적 성취"가 "명백히 그리고 숨김 없이" 제국의 통치 방향과 연루되어 있었다고 말한다(xiv). 문화의 양심이어야 했을 작가들이, 그들이 내세웠던 고귀한 인문주의적 이상에도 불구하고 그 문화의 비열한 편견을 세련된 방식으로 되풀이했을 뿐이다.

우리는 이런 작가들에 대해 놀라기보다는 사이드가 보인 반응에 대해 놀라야 할지도 모른다. 그는 예술가들의 현란한 인문주의적 자기 표현이 훨씬 더 조악한 현실을 가리기 위한 허울일 뿐임을 처음부터 의심했어야 하지 않았을까?[1] 한 세기 전 프리드리히 니체가 「도덕의 계보」(*The Genealogy of Morals*, 책세상)에서 지적했듯이, 예술가들은 "기득권이나 새로 등장한 권력의 비위를 맞추는 아첨꾼"인 경우가 너무 나도 많다(Nietzsche 1956, p. 236). 예술가들이 제국주의 발전에 공모한 것에 대해 실망하든지 냉소하든지, 그리스도인으로서 우리는 섣불리 그들을 비난하거나 손가락질해서는 안 된다. 우리 역시 나름대로 제국의 팽창에 공모해 왔기 때문이다. 이 문제에 관해 프란츠 파농(Frantz Fanon)이 가장 신뢰할 만한 안내자인 것은 아니지만, 그가 「대지의 저주받은 사람들」(*The Wretched of the Earth*, 그린비)에서 식민지의 교회가 "외국인의 교회"가 되어 "식민화된 사람들의 마음속에 외국의 영향력을" 이식한 것에 대해 꾸짖을 때, 그의 비판이 전적으로 그른 것은 아니었다(Fanon 1963, p. 43). 그는 "그녀는 원주민을 하나님의 길로 이끌지 않고 백인 남성, 주인, 압제자의 길로 이끌었다"고 말한다(p. 42). 물론, 이런 말이 선교 활동이 원주민에게 미친 영향에 관해 우리가 할 수 있는 평가의 전부는 아니며, 가장 중요한 요소도 아니다. 라민 사네(Lamin Sanneh)는, 외국인 선교사들이 복음을 토착 언어로 번역하겠다고 고집함으로써 "외국의 지배에 대해 이의를 제기할 수 있는 토착화 과정"을 확립했던 역설을 지적한 바 있다(Sanneh 1987, p. 332). 그는 기독교 선교를 "서구 문화의 지배를 위한 도구라기보다는, 토착어에 새로운 활력을 불어넣고 종교적 변화와 사회적 변혁이라는 결과를 낳은 번역 운동으로 이해하는 것이 더 적합하다"고 주장했다(p. 334). 그러나 외국 지배가 초래한 이러한 전복적인 결과에도 불구하고, 기독교회가—의식적으로 혹은 무의식적으로—제국주의 발전에 공모했다는

---

1) *Representations of the Intellectuals*(「권력과 지성인」, 창)에서 읽을 수 있듯이, Said는 예술가와 지식인들이 지배적인 의견을 반향하는 경향을 띤다는 것을 알고 있다(Said 1994). 다만 그의 논점은, 훌륭한 예술가와 지식인들이 단순히 지배 담론을 되풀이할 정도로 어리석지 않기를 바라는 우리의 기대가 정당화되어야 한다는 것이다.

것은 여전히 부인할 수 없는 사실이다.

어떤 의미에서 공모 자체보다 더 걱정스러운 것은 그 속에 뿌리 깊게 박혀 있는 행동 양식이다. 우리는 주변의 문화를 너무나 편안하게 느낀 나머지 그 문화가 지닌 많은 악을 보지 못하며, 그 결과 그 악에 대해 의문을 제기하기는커녕 그 악을 우리 나름대로 변형하여—하나님의 이름으로 선한 양심을 가지고—제공한다. 우리와 함께 이런 흉내 내기에 가담하기를 거부하는 사람들에 대해 우리는 종파주의자라는 낙인을 찍는다. 「교회 분열의 사회적 배경」(*The Social Sources of Denominationalism*, 1929, 종로서적)에서 제기한, 인종 문제에 관한 리처드 니버(H. Richard Niebuhr)의 신랄한 비판에 대해 생각해 보라.

> 교회 자체가 인종적 구분선을 너무나 날카롭게 그어 버렸기 때문에 유대인과 헬라인, 노예와 자유인, 백인과 흑인이 형제라고 선포하는 복음이 슬프게도 반어적으로 들리는 때가 적지 않고, 심지어 무의식적인 위선처럼 들리기까지 한다. 그러나 때로는 그 안에 비통한 회개의 목소리가 담기기도 한다(Niebuhr 1954, p. 263).

오늘날까지도 많은 흑인 침례교인과 감리교인들은 백인 그리스도인들보다 흑인 이슬람교인들과 더 가깝다고 느낀다(Berger 1996, pp. 213-214). 혹은 1054년에 고착화되고 오늘날 다시 한 번 그 틈이 더 크게 벌어지고 있는 교회의 대분열(동서방 교회의 분열—역주)을 생각해 보라. 그것은 그리스 문화와 라틴 문화를, 동방과 서방을 가르던 경계선을 종교적으로 다시 확인하고 강화한 것일 뿐이다. 문화의 노예로 전락한 교회는 어리석게도 자신이 주인이라고 생각했다.[2]

갈등 상황에서는 문화에 대한 과도한 헌신이 교회에 최악의 영향을 미친다. 화해를 이루어야 할 교회가 잘해야 무능한 존재로 남고, 최악의 경우에는 반목의 공범자가 된다. 수많은 나라에서 경험적 연구를 진행해 온 랄프 프렘다스(Ralph Premdas)는 "사회 전반에 존재하는 집단 간의 적대감은 교회와 그 교인들의 태도에도 반영된다"는 것을 밝혀냈다(Premdas 1994, p. 55). 성직자에게 판단을 맡기는 경우도 많지만 "화해를 이루기 위한 초기의 노력은 금세 증발해 버리고 만다"(pp. 55-56). 이런 실패의 가장 중요한 원인은, "교회가 문화의 영역과 지나치게 얽혀들어 그 관계가 집단적 증오와 편협한 태도를 부추기는 당파적 정치의 영역까지 들어갔기 때문이다"(p. 56). 교인들과 마찬가지로 성직자들도 "자신의 인종적·문화적 공동체의 주장 안에 갇혀" 화해의 사역이라는 복음의 소명을 진지하게 받아들이고자 하는 진정한 열망을 가지고 있음에도 불구하고 "인종적 갈등을 합법화하는"(p. 56) 역할을 했다.

심지어는 화해에 대한 열망조차 없는 경우도 있다. 문화적 정체성은 종교적 힘을 빌려 몰래 자신을 강화한다. 기독교 신앙에 대한 헌신과 문화에 대한 헌신이 하나로 합쳐진다(Assmann 1992, p. 157 이하). 갈등 상황에 있는 당파에게는 이처럼 문화적 정체성을 신성화하는 것이 대단히 중요하다. 실제로는 살인인 것도 경건의 행위로 바꾸어 놓을

---

2) 만약 문화가 우리에게 그토록 심층적인 영향을 미치지 않는다면, 교회가 우리 문화의 악과 공모하는 현상은 그렇게 쉽게 일어나지 않을 것이다. 우리는 곧 우리가 속한 문화이므로, 그 문화의 다양한 요소를 평가하기 위해 우리가 속한 문화에서 거리를 두기가 어렵다. 그러나 그렇게 어렵기 때문에 우리가 모든 문화의 주인이신 하나님의 이름으로 자신의 문화로부터 거리를 두는 것이 훨씬 더 중요해진다. 물론 언제나 부정적인 판단을 내릴 필요는 없다. 다른 책에서 내가 지적했듯이, 한 문화 전체를 판단하는 단 하나의 올바른 방법이란 존재하지 않는다. 한 문화의 다양한 양상을 안으로부터 수용하거나, 변형하거나, 거부하거나, 대체하는 다양한 방법이 존재할 뿐이다(Volf 1995, p. 317 이하; Volf 1996, p. 101).

수 있기 때문이다. 문화적 정체성을 신성화하고, 이를 통해 잔혹한 행위에 정당성을 부여함으로써 기독교 신앙을 배신하고 있음을 깨닫지 못한 채 (세르비아 전사들이 구 유고슬라비아에서 이슬람교인들을 제거하기 위해 벌인 전쟁에서 볼 수 있듯이) 이 '거룩한' 살인자들은 심지어 자신들이 기독교 신앙의 용맹한 수호자라고 생각한다. 이렇듯, 한 문화의 '소금'이 되어야 할 기독교 공동체가 그 주위의 모든 것과 같이 맛을 잃은 상태가 되는 경우가 매우 많다.

예수님은 "소금은 좋은 것이로되 만일 소금이 그 맛을 잃으면 무엇으로 이를 짜게 하리요?"(막 9:50)라고 물으셨다. 이 물음에는 심판의 분위기가 묻어난다. 맛을 잃은 소금은 맛을 낼 수 없기 때문에 "아무 쓸 데 없어 다만 밖에 버려져 사람에게 밟힐 뿐"이다(마 5:13). 그러나 버려질 것이라는 경고는 곧, 니버의 말처럼 '비통한 회개'에 대한 요청이며 방향을 돌이키라는 당부이기도 하다. 우리가 **무엇으로부터** 돌이켜야 하는지는 분명해 보인다. 바로 자신의 문화에 포로로 잡혀 있는 상태인데, 이는 맹목적인 자기 의와 결합된 경우가 많다. 그러나 우리는 **무엇으로** 돌이켜야 하는가? 오늘날 우리 사회를 분열시키고 사람들과 문화 집단을 갈라놓고 악의적 갈등을 조장하는 '신종족주의'에 직면한 기독교 공동체로서, 우리는 어떻게 살아야 하는가? 교회는 교회가 자리잡고 있는 문화와 어떤 관계를 맺어야 하는가? 나는 이런 물음에 대한 답을, 문화로부터의 거리두기와 문화에 소속되기 사이의 올바른 관계를 만들어 감으로써 찾을 수 있다고 주장한다.

그러나 거리두기란 무엇을 뜻하는가? 소속되기란 무엇을 뜻하는가? 무엇을 위한 거리두기인가? 어느 정도의 소속되기가 필요한가? 이런 물음에 답하려면 심오한 신학적 문제를 다뤄야만 한다. 나는 첫째로 아브라함에 대한 부르심을 통해, 둘째로 그것의 기독교적 전유를 통해 종교적 정체성과 문화적 정체성 사이에 어떤 관계적 함의가 있는지 살펴봄으로써 이 문제를 논하고자 한다. 마지막으로는 기독교적인 문화적 정체성을 구축할 때 '타자'에 대해 어떤 입장을 가져야 하는지, 그런 입장을 뒷받침하고자 할 때 교회는 어떤 종류의 공동체가 되어야 하는지에 관해 논하고자 한다.

…떠나라

기독교 신앙의 기초에는 아브라함이라는 인물이 우뚝 서 있다(Kuschel 1995를 보라). 그는 "믿는 모든 자의 조상"이다(롬 4:11). 무엇 때문에 아브라함은 이런 칭호를 얻을 만한 자격이 있는가? 이에 대한 사도 바울의 대답은 '믿음'이다. 아브라함은 자기 몸이 "이미 죽은 것이나 다름없고 또한 사라의 태도 죽은 것이나 다름없음"을 직시할 때 비존재의 심연을 들여다보았다. 그에게는 소망을 붙들어 둘 만한 아무것도 없었다. 그러나 "죽은 사람들을 살리시며 없는 것들을 불러내어 있는 것이 되게 하시는 하나님"(롬 4:17, 19 새번역) 앞에서 아브라함은 여호와를 믿었다(창 15:6). 그분이 후사를 주실 것임을 믿었고, 이 믿음을 통해 "우리 모든 사람의 조상"(롬 4:16)이 되었다.

그러나 우리는 창세기에서 아브라함이 "믿었다"(창 15:6)라는 말씀을 읽기 전에, 그가 "떠났다"(12:4)라는 말씀을 읽는다. 하나님은 아브라함에게 이렇게 말씀하셨다.

> 너는 너의 고향과 친척과 아버지의 집을 떠나 내가 네게 보여 줄 땅으로 가라. 내가 너로 큰 민족을 이루고 네게 복을 주어 네 이름을 창대하게 하리니 너는 복이 될지라. 너를 축복하는 자에게는 내가 복을 내리고 너를 저주하는 자에게는 내가 저주하리니 땅의 모든 족속이 너로 말미암아 복을 얻

을 것이라(12:1-3).

사라가 임신하지 못하는(창 11:30) 상황에서 "떠나라"는 명령을 들었을 때 아브라함은 어려운 선택을 해야만 했다. 그는 자신의 나라, 자신의 문화, 자신의 가족에 속한 채 중요하지 않은 인물로 편안히 남아 있을 것인지, 모든 것을 걸고 떠나 위대한 인물이 될 것인지, 즉 "이 땅의 모든 가문"(Brueggemann 1977, pp. 15-16)에게 복이 될 것인지를 선택해야 했다. 복이 되고자 한다면 그는 머물 수 없다. 근원적으로 자신을 규정했던 모든 관계를 끊고 떠나야 한다. 이 모험이 뿌리 뽑힌 식물처럼 자신을 말라죽게 하지 않을 것이라는 유일한 보증은 하나님의 말씀, 즉 그의 삶 속에 가차 없이 불편하게 끼어든 신적인 '나'의 약속뿐이었다. 만약 떠난다면 그는 "갈 바를 알지 못한" 채 길을 나서야 했다(히 11:8). 오직 하나님의 약속이 실현되어야만 그가 떠난 조상들의 땅이 추방의 땅, 아담과 하와, 가인, 바벨탑을 세운 사람들이 하나님의 임재로부터 쫓겨나 살아갔던 땅임이 드러날 것이다. 아브라함은 떠나기로 했다. 모든 가문과 모든 문화의 하나님이신 그분께 순종하는 믿음을 통해 자신의 문화적·가족적 관계를 끊고 조상의 신들을 포기할 수 있었던(수 24:2) 용기가 바로 최초의 아브라함 혁명이었다. 아브라함이 우리 모두의 조상이 될 수 있었던 것은, 하나님이 자신에게 후사를 주실 것이라는 믿음만큼이나 본토를 떠날 수 있던 믿음 때문이었다(히 11:8을 보라).

하나님이 아브라함을 부르시는 이야기는, 물려받은 문화적 관계에 빠져드는 대신 거기로부터 빠져나오는 것과 한 분이신 하나님을 믿는 믿음이 서로 밀접한 관계가 있음을 강조한다. 이에 관해 제이콥 뉴스너(Jacob Neusner)는 이렇게 지적했다.

거대한 유일신론 전통은 문화와 인종이 중요하지 않다고 주장하면서 초국가적인 혹은 초인종적인 초월적 공동체를 형성한다.…유대교와 기독교, 이슬람교에서는, 하늘의 시각에서는 하나인 인류를 위해 하나의 메시지를 전해 주시는, 한 분이시며 장엄하신 하나님의 이름으로 다양성을 극복하고자 한다(Neusner 1997).

나중에 주장하겠지만, 내가 볼 때, "문화가 중요하지 않다"거나 "다양성을 극복한다"라는 말은 액면 그대로 받아들이면 지나치게 강한 표현이다. (물론 뉴스너가 강한 표현을 의도하지 않았다고 여길 만한 타당한 이유도 있다.) 하지만 그의 주된 주장은 충분히 공감할 수 있다. 즉, 아브라함이 자신의 조상이라고 생각하는 이들은 특정한 나라나 문화, 가문, 그 지역의 신들이 아니라 "이 땅의 모든 가문"의 하나님께만 궁극적인 충성을 바친다. 하나님의 하나이심은 하나님의 보편성을 내포하며, 보편성은 모든 문화에 대한 초월성을 요구한다. 프란츠 로젠츠바이크(Franz Rosenzweig)의 말처럼, 아브라함은 "집을 가지고 있지만…그 집을 온전히 소유하도록 허락받지 않은" 민족의 조상이다. "이 민족은 '이방인이자 나그네'일 뿐이다. 하나님은 이 민족에게 '이 땅은 내 것이다'라고 말씀하신다"(Rosenzweig 1971, p. 300).[3]

아브라함과 사라의 자녀가 되고 그들의 하나님의 부르심에 응답하는 것은, 탈출하는 것, 여행을 떠나는 것, 이방인이 되는 것을 뜻한다(창 23:4; 24:1-9). 예를 들어, 송천성(Choan-Seng Song)이 자신의 책 「아

---

[3] 나에게 Rosenzweig의 인용문을 소개해 준 사람은 유대교 학자인 Michael S. Kogan이었다. 그는 편지에 Rosenzweig를 인용하면서, "그 어디에도 집이 없지만 언제나 하나님의 품 안에 있다는 말은 유대인 독자들로 하여금 매우 이상한 기분이 들게 한다"라고 말했다.

시아인의 심성과 신학」(*Third-Eye Theology*, 분도출판사) 서문에서 "아시아 세계 속에서" 기독교가 자리한 위치에 관해 비판한 것처럼(Song 1991, p. 9), 나는 주어진 문화 속에서 기독교가 이방인으로 남아 있다는 점에 대해 지나치게 불평하는 것은 실수라고 생각한다. 물론 잘못된 방식으로 이방인이 되는 경우도 있다. 어떤 이질적인 문화(이를테면, 서양 문화들 중 하나)가 또 다른 문화(이를테면, 아시아 문화들 중 하나) 안에서 복음으로 선포되는 우상숭배가 그 예다. 그러나 잘못된 방식으로 이방인이 되는 것에 대한 해결책은 완전히 귀화하는 것이 아니라 **올바른** 방식으로 이방인이 되는 것이다. 유대인, 이슬람교인과 마찬가지로, 그리스도인은 결코 먼저 아시아인이나 미국인, 크로아티아인, 러시아인, 투치족이 된 다음 그리스도인이 될 수가 없다. 그리스도인이 가진 정체성의 핵심은 충성의 대상을 전면적으로 교체하는 것이다. 주어진 문화와 그 신들을 버리고 모든 피조물의 하나님만을 섬기기로 결단하는 것이다. 그 하나님의 부르심에 응답하기 위해서는 모든 충성의 대상을 재조정해야 한다. 예수님이 첫 제자들을 부르실 때처럼, "그물"(경제)과 "아버지"(가족)를 버리고 떠나야 한다(막 1:16-20). 떠남은 그리스도인이 가져야 하는 정체성의 필수 요소다. 아브라함이 우리의 조상이기 때문에, 리처드 세넷(Richard Sennett)이 「눈의 양심」(*The Conscience of the Eye*)에서 말했듯이 우리 신앙은 "머무름과 불화한다"(Sennett 1993, p. 6).

오늘날의 문화적인 분위기 속에서 아브라함 식의 떠남은 서로 대립하는 (그러나 몇 가지 중요한 점에서는 하나인) 양 진영으로부터 비판을 받을 수 있다. 한편에서는 너무 목표 지향적이고, 너무 직선적이며, 충분히 급진적이지 않다고 비판한다. 다른 한편에서는 너무 현실로부터 동떨어져 있고, 너무 초연하며, 어떤 의미에서는 지나치게 급진적이라고 비난한다. 첫 번째 비판은 질 들뢰즈(Gilles Deleuze)와 같은 포스트모던 사상가들로부터 나온다. 그의 사상을 기술하는 한 가지 방법은, 그가 하나의 철학 프로그램을 향해 '떠났다'고 말하는 것이다. 그에게 '유목'이라는 용어는 핵심적인 철학적 범주로서 기능한다. 클레어 파르네(Claire Parnet)는 들뢰즈에 대한 해설서에서 "유목민은 언제나 길 위에 있다"라고 말했다(Deleuze & Parnet 1980, p. 37). 유목민은 고정된 장소를 가지고 있지 않고, 이곳저곳 떠돌아다닌다. 언제나 떠나고, 언제나 도착한다. 들뢰즈는 "도달할 목적지가 없는 것처럼 출발 지점도 없다"라고 강조한다(p. 10). 도착지는 언제나 출발지이기도 하다.[4] 그리고 신이든 인간이든 떠남을 지시할 안정적인 주체조차도 없다. 들뢰즈가 좋아하는 이미지를 사용하자면, 시냇물처럼 순수하고 단순하게 떠날 뿐이다. 그러면서 다른 시냇물과 합쳐지기도 하고 방향이 바뀌기도 하며, 다른 시냇물을 탈영토화하기도(deterritorializing) 하고, 다른 시냇물에 의해 탈영토화되기도(deterritorialized) 한다(p. 57).

이러한 들뢰즈의 사상과 아브라함의 '유목적' 삶을 대조해 보라. 아브라함은 흐름을 따르기를 거부하고 **하나님의 부르심**에 응답해 **앞으로 나아가기**로 작정했다. 부르심과 그에 순종하겠다는 결단은 적극적인 행위자, 안정적인 주체를 전제한다. 그뿐 아니라, 아브라함의 떠남에는 출발점—그의 본토, 친척, 아비의 집—이 있었으며, 명확한 목적—큰 민족을 이루고("내가 너로 큰 민족을 이루고") 영토를 소유하는 것("내가 네게 보여 줄 땅으로 가라")—이 있었다. 여기서 떠남은 일시적 상태

---

4) '부랑자'나 '방랑자'의 이미지가 Deleuze가 전달하고자 하는 생각을 더 잘 표현한다고 볼 수 있다. 유목민이 다니는 경로는 Deleuze가 주장하는 것보다 훨씬 계획적이며 예측 가능하다. *Life in Fragments*에서 Zygmunt Bauman은 포스트모던 문화의 성격을 분석하기 위해 '여행자'와 '놀이하는 사람'의 이미지와 더불어 '부랑자'와 '방랑자' 이미지를 사용한 바 있다(Bauman 1995, p. 94 이하).

일 뿐 그 자체로 목적이 아니다. 떠남은 모든 장소로부터가 아니라 특정한 장소로부터의 떠남이다(Robbins 1991, p. 107의 주장과 달리). 그렇게 이해할 때만 떠남에 관해 명확한 논의가 가능하다. 출발지와 목적지에 관한 지각이 없는 떠남은 떠남이 아니라 끊임없는 방랑일 뿐이다. 동시에 사방으로 흘러가는 물은 시냇물이 아니라 결국 모든 움직임이 죽은 듯 정지된 늪일 뿐이다. 물론 적어도 아직까지는, 사회적 관계가 들뢰즈의 이론이 지시하는 바를 따르지는 않는다. 또한 들뢰즈는 인간 행위자라는 개념을 상정하기 어렵다고 생각했지만, 사람들은 행위자로서 행동한다. 사람들은 목표를 가지고 있으며 일이 일어나게 **만든다**. 그리고 그것은 악한 일인 경우가 많다. 그렇다면 도착하기를 원하지 않으면서 떠나고 싶어 하는 사람들은 악을 행하는 사람들에게 저항하기 위해 무엇을 할 수 있을까? 주체성, 의도성, 목적 지향성 없이 그들은 삶의 흐름에 따라 옮겨질 뿐이다. 자신들의 삶에 어떤 일이 기다리든지 일어나는 모든 일을 '행복하게' 받아들인다. 목적을 지닌 사람들이 저지르기로 작정한 모든 나쁜 짓을 비롯해 모든 것을 언제나 받아들이기만 한다(Frank 1984, p. 404, p. 431). 자신의 의도와 달리(Deleuze 1991, p. 195 이하), 들뢰즈는 니체가 말한 언제나 '예'라고 말하는 '모든 것에 만족하는' 당나귀처럼, '아니오'라고 말할 수 없고 '예'라고 말해야만 한다(Nietzsche 1969, p. 212). 우리 조상 아브라함이여, 앞으로 나아가라는 **들뢰즈**의 부름을 따라 떠날 바에는 당신의 본토에서 당신 가족과 머무는 편이 더 나을 것입니다.

"당신의 관계망 안에 머물라." 이것이 아브라함에게 주는 반대쪽 비판자들의 충고일 것이다. 이런 충고는 「제2의 성」(*The Second Sex*)을 쓴 시몬 드 보부아르(Simone de Beauvoir)와 달리, 분리와 독립은 추구해야 할 선(de Beauvoir 1952)이 아니라 극복해야 할 악으로 보는 페미니스트들로부터 나올 것이다. 그들에게 아브라함은 스스로를 분리하고("떠나") 자신의 독립과 영광을 확보하고("큰 민족") 자신에게 저항하는 이들을 진압하고("저주하리니") 자신을 찬양하는 이들에게 호의를 베풀고("복을 내리고") 마침내 자신의 권력을 세상 끝까지 확장하기("땅의 모든 족속이")를 갈망하는 남성의 전형처럼 보인다. 아브라함은 전적으로 초월만을 강조하고, 내재는 전혀 이야기하지 않는다. 분리되고 정복하는 남성적 '나'의 초월성은 신적 '나'의 위압적 초월성에 의해 승인을 받는다. 페미니스트들은 이러한 초월적 자아가 '남근적'이며 파괴적이라고 주장한다. 모든 아브라함의 아들은 자신의 아버지가 하나님이 양을 제물로 준비하실 것이라는 보증도 없이 자신을 "데리고 모리아 땅으로 가서…번제로 드리라"는 부르심을 받을 가능성에 대해 생각해 보아야 하지 않겠는가?(Lyotard & Gruber 1995, p. 22) '반(反) 남근' 혁명은, 분리되고 폭력적이던 자아를 끌어내려 그것을 관계망 속에 자리잡게 하고, 그 내재성을 회복하도록 도와주어야 한다. 캐서린 켈러(Catherine Keller)는 「깨어진 망으로부터」(From a Broken Web)에서 "내재성은 관계를 내 존재의 일부로 받아들이는 것"이라고 말한다(Keller 1986, p. 18). 켈러는, 새로움은 초월적인 부름("정주하지 못하는 남성들의 방랑")에 응답하는 분리하는 주체들의 영웅적 역사로부터 나오지 않고, "관계의 장과 더불어 그 안에서" 생성되는 것이라고 주장한다(p. 18).

---

5) *From a Broken Web*에서 Keller는 아브라함 이야기를 논하지 않는다. 그리고 나는 그녀가 그에 관해 논하겠다고 생각했다면 무슨 말을 했을지 알 도리가 없다. 아래 논의의 목적은 Keller에 맞서 아브라함을 변호하고자 함이 **아니다**. 과정 사상에 기초한 그녀의 주장은, 초월성을 부인하는 것이 아니라 "우리의 창조적 자발성을 정주하는 여성들의 맴돌기(초월 없는 내재)와 정주하지 못하는 남성들의 방랑(내재 없는 초월)으로 지나치게 양극화하는 것"에 대해 이의를 제기하는 것이다(Keller 1986, p. 45).

아브라함은 "관계의 장" 안에 머물러야 했을까?[5] 첫째로, 아브라함의 떠남은 관계성의 부인을 뜻하지 않는다는 점에 주목하라. 그는 정주하지 못하고 떠도는 외로운 근대적 주체가 아니다. 근대성에서는 "타자에 전혀 구속되지 않는 해방"을 추구한다(Lyotard & Gruber 1995, p. 20). 반면 아브라함은 가장 근원적으로 **하나님께 묶여 있다**. 스스로 위대해지기 원했던, 바벨탑을 건설했던 이들과 분명한 대조를 이루는(창 11:4) 아브라함은 하나님의 부르심에 순종함으로써 그분에 의해 위대해질(12:2) 것이다(Brueggemann 1977, p. 18). 그뿐 아니라, 하나님과 관계를 맺은 아브라함은 니체가 철학자들의 금욕적 이상을 비판하며 이야기했던 "삶을 초월해 날아오르지만 삶 위에 내려앉지는 않는 날개 달린 신적 동물"도 아니다(Nietzsche 1956, p. 243). 오히려 그는 **유랑하는 공동체에 둘러싸여** 있다. 호메로스의 「오디세이」(*The Odyssey*)에 나오는 페넬로페와 달리 사라는 아브라함이 떠돌며 싸우는 동안 베를 짜며 집에서 기다리지 않는다. 아브라함이 "출발 지점"으로 귀환하려는 의도 없이 자신의 본토를 "영원히" 떠났기 때문에(Lévinas 1986, p. 348) 사라 역시 아브라함과 함께 길을 나섰으며, 사라와의 관계는 비록 사라가 아브라함에게 종속적이기는 했지만 아브라함을 규정하는 데 중요한 역할을 했다. 사라는 단순히 아브라함의 유랑하는 초월성에 대비되는 내재적 타자가 아니다. 만약 그녀가 내재성을 상징한다면, 그것은 **그들의 공통된** 초월성이 가지는 내재성이라고 말해야 할 것이다. 마지막으로, 아브라함과 사라는 "조상들과의 관계의 장"으로부터 벗어나야 했다. 그렇게 함으로써 그들은 순례하는 민족, 즉 유대 민족의 **역사의 시작**이 될 수 있었다. 떠남이 없었다면 이러한 **새로운** 시작은 불가능했을 것이다. 새로움, 저항, 역사는 모두 초월을 필요로 한다.

아브라함 같은 떠남이 필수적이며 유익하다는 것을 받아들인다고 해도, 자신들의 기원을 아브라함의 떠남에서 찾는 사람들이 주위의 사람들과 문화와 어떤 관계를 맺어야 하는가 하는 문제는 여전히 남아 있다. 나는 (단순히 아브라함적 신앙을 공유하는 사람으로서가 아니라) 그리스도인으로서 이 문제를 다루고자 하기 때문에, 유대인과 그리스도인, 이슬람교인들의 공통된 조상인 아브라함이라는 탁월한 인물로부터 방향을 돌려 사도 바울을 주목하고자 한다. 사도 바울은 하나님이 아브라함에게 주신 약속이 예수 그리스도 안에서 어떻게 성취되었다고 생각했을까?(갈 3:16) 아브라함의 이야기에서 초기 기독교가 그 이야기를 전용한 방식으로 관심을 돌리는 것은, 아브라함의 떠남에 관한 본래의 이야기가 어떻게 변형되었는지 살펴봄으로써 아브라함의 자손인 그리스도인이 문화와 어떤 관계를 맺어야 하는가를 탐구하겠다는 뜻이다.

…버리지 않고

아브라함과 달리 사도 바울은 "믿음의 자매 된 아내"(고전 9:5)와 함께 다니지 **않았으며**, 한 민족의 선조가 아니었고 땅을 가진 민족의 선조는 더더욱 아니었다. 대신 그는 혈통적 관계가 종교와 무관하며 오직 믿음만으로 충분하다고 주장했다. 그의 지평은 전 세계였으며, 그 자신은 예수 그리스도 – "모든 이방인이 너로 말미암아 복을 받으리라" (갈 3:8)라는 하나님의 약속을 성취한 아브라함의 자손 – 의 복음을 전하고 다인종 공동체의 기초를 놓은, 여행하는 선교사였다.

왜 혈통의 육체성으로부터 믿음의 순전한 영성으로, '민족성'이라는 특수성으로부터 다문화성이라는 보편성[6]으로, 땅의 지역성으로부터 세계의 포괄성으로 이동한 것일까? 유대인 학자 대니얼 보이어린 (Daniel Boyarin)은 「급진적 유대인」(*A Radical Jew*)에서, 회심을 통해 해결된 바울의 곤경을 이렇게 설명한다.

> 그리스어를 사용했던 열정적인 1세기 유대인인 다소의 사울은 매우 불안한 마음으로 길을 걷고 있었다. 그가 그토록 확고히 믿고 있던 토라는 하늘과 땅, 온 인류를 창조하셨으며 온 세상을 다스리시는 오직 한 분이신 참하나님이 주신 문서다. 그러나 그 일차적인 내용은 특정한 민족 — 거의 한 가문 — 의 역사이며, 그것이 규정하는 관습 중 다수는 그 종족, 즉 자신의 종족의 특수성을 분명히 드러낸다(Boyarin 1994, p. 39).

이것이 있었을 법한 이야기인가에 관한 물음은 차치하더라도, 바울이 물려받은 신성한 종교적 전통 때문에 그가 다문화적 세계 속의 이중 문화적 시민이 될 수밖에 없었다는 보이어린의 설명은 옳다. 한 하나님에 대한 믿음은 그 하나님의 축복을 받는 인류의 하나됨에 대한 믿음을 수반하는 반면, 이 하나님의 축복을 온전히 누리기 위해서는 특

---

6) *Children of the Flesh, Children of the Promise*에서 Jacob Neusner는, 이스라엘은 초월적·초자연적 실체이며 "기독교가 인종적 종교가 아닌 것과 마찬가지로 이스라엘도 인종적으로 구분되는 종교가 아니다"라고 주장했다. 이스라엘은 "하나님의 명령과 행위에 의해 형성되므로, 출생에 의해 그 일원이 되든 선택에 의해 그 일원이 되든 상관없이 동질적이며 하나다"(Neusner 1995, xii). 그는, 유대교 언어에서 **이스라엘**은 "기독교 언어의 **교회**나 **그리스도의 신비한 몸**과 정확히 같은 유형의 실체"를 가리킨다고 주장한다(p. 5). 그의 주장은 그럴듯해 보이지만 여전히 의문이 남는다. 랍비는 "(육신적으로) 이스라엘 사람으로 태어났기 때문에 우리는 이스라엘이다"(p. 41)라고 말하는 반면에 기독교 신학자는 "(육신적으로) 기독교 가정에 태어났기 때문에 우리는 그리스도인이다"라고 말할 수 없다는 사실은, 이스라엘과 교회 사이에 중요한 차이가 존재하며 그것이 교회가 이스라엘에 비해 '인종적 집단'과 훨씬 거리가 멀다는 것을 말해 주지 않는가? Neusner는 출생에 의해 일원이 되는 공동체(비록 선택에 의해 일원이 될 수도 있지만)가 어떻게 인종적인 공동체(비록 다양한 언어와 관습을 가지고 있더라도)가 되지 않을 수 있는지 설명하지 않았다.

정한 '종족'의 일원이 되어야 했다는 것이다(Wright 1992, p. 170).

아브라함과 사라의 자손은 생각할 수 없었던 이 딜레마를 극복하는 한 방법은, 헬레니즘 시기의 지식인들 사이에 널리 퍼져 있던 견해처럼, 여러 종교를 한 신성의 다양한 표현일 뿐이라고 간주하는 것이다(Hengel 1974, p. 261). 그렇다면 특수성은 스캔들이 될 필요가 없다. 각 문화에서는 자신의 문화적 자원을 깊이 파고듦으로써 한 분 하나님과 다른 문화와의 심층적인 통일성 모두를 발견할 수 있다. 더 깊이 파고들수록 하나님과 서로에게 더 가까이 다가갈 수 있다. 존 힉(John Hick)이 「종교의 해석」(*Interpreting Religion*)에서 주장한 것과 다르지 않은 견해다(Hick 1989). 그러나 힉의 예가 보여 주듯이, 만약 이 해법이 효과가 있으려면, 언제나 모든 구체적인 문화적·종교적 표현 이면에 있는 알 수 없는 하나님을 상정해야만 한다(pp. 246-249). 문제는, 알 수 없는 신은 너무나 높은 자신의 보좌에 앉아 있어서, 자존심이 있는 신이라면 으레 그러하듯 모든 일을 종족 신들에게 맡겨 버리는 게으른 신이라는 점이다. 그러므로 모든 구체적 표현 이면의 신을 믿는다는 것은 결국 신을 믿지 않는다는 것과 같다. 각 문화는 자신의 종족 신을 숭배할 뿐이며, 이는 결국 바울의 말처럼 "본질상 하나님이 아닌 자들에게 종노릇" 하는(갈 4:8) 것과 다름없다.

그러므로 하나님의 보편성과 하나님의 계시에 내포된 문화적 특수성이 만들어 낸 긴장을 해소하는 방법은 **한 분**이신 동시에 구체적인 종교들의 이면에 **숨어 있지 않으신** 하나님 속에서 찾아야만 했다. 유대인인 바울이 생각할 수 있는 유일한 신은 아브라함과 사라의 하나님이었다. 그런데 본질적인 문제를 만들어 낸 것은 이 한 분, 참 하나님에 대한 믿음이었다. 이 하나님은 유대 민족이라는 구체적인 사회적 실체의 특수성과 연결되어 있었다. 본질적으로 이 구체적인 사회적 실체는

"아브라함과 사라라는 공통의 기원"에 의해 형성되었고, 하나님의 뜻에 대한 계시로서의 토라 역시 이 사회적 실체에게 맡겨졌다(Neusner 1995, xii).

갈라디아서 3:1-4:11에 제시된 것처럼, 그의 종교적 신념의 핵심과 관련된 이 문제에 대한 바울의 해법은 단순하지만 그럼에도 긴밀하게 상호 연관된 세 가지 방법으로 이뤄진다. [나는 이를 톰 라이트(N. T. Wright)가 「언약의 정점」(*The Climax of the Covenant*)에서 제시한 분석으로부터 추론했다.] 첫째, **바울은 한 분 하나님의 이름으로 토라를 상대화한다**. 한 분 하나님에 대한 믿음이 요구하는 하나된 인류의 가족을 만들어 낼 수 없는[7] 토라는 "한 분 하나님 뜻의 최종적이며 영구적인 표현"일 리가 없다(Wright 1992, p. 170). 여전히 중요하기는 하지만 토

---

7) 현재 논의의 맥락을 고려할 때, 여기에서 바울의 관점에서 정확히 왜 토라가 하나의 인류 가족을 만들어 낼 수 없는지에 관한 논쟁까지 다룰 필요는 없다. *Climax of the Covenant*에 실린 '자손과 중재자'라는 장에서 Wright는 모세의 토라는 "유대인에게, 그리고 오직 유대인에게만 주어진" 것이기 때문이라고 주장한 바 있다(Wright 1992, p. 173). 이러한 관점과 달리, Neusner는 토라가 "인류를 위한 하나님의 계시된 뜻"이라고 바르게 강조했다(Neusner 1995, p. 6). 따라서 유대교의 관점에서 "하나님의 은총의 배타적 통로를 형성하는 것은—우리가 그 일원인—하나님의 백성이 아니다. 하나님의 말씀이 살아 있는 현존을 취하신 분은 바로 하나님이다. 하나님이 이스라엘을 택하셨기 때문에 이스라엘이 선택된 민족인 것이 아니다. 토라가 이스라엘을 규정하기 때문에 이스라엘은 선택된 민족이며, 토라는 인류에게 주시는 하나님의 은총의 매개물이다. 기독교에서 그리스도가 아담의 대형(對型)인 것과 마찬가지로 이스라엘도 아담의 대형이다"(p. 62). *Climax of the Covenant*의 다른 곳에서 Wright는, "이스라엘 전체가 완벽한 토라를 지키는 데 실패했기 때문에" 토라가 "[이스라엘이] 그 성원들을 축복의 언약 안에 머물게 하거나…아브라함에게 주신 약속에 따라 세상에 복을 주시는 수단"이 될 수 없다고 주장했다(Wright 1992, p. 146). 더 전통적인 해석을 따르는 Hans-Joachim Eckstein은, 바울의 관점에서는 이스라엘이나 이방인 모두가 토라를 성취할 수 없으며, 토라는 본래부터 구원의 수단으로 주어진 것이 아니었다고 주장했다(Eckstein 1996). 어떤 해석을 따르든지, 아브라함의 축복이 모든 민족에게 전해지기 위해서는 토라가 상대화되어야만 했다.

라는 언약의 일원이 되기 위한 필수 요소가 아니다. 둘째, **바울은 평등을 위해 혈통을 폐기한다.** 약속은 "믿음에 의한 것이어야 하며, 그러므로 은총에 따라 주어질 수 있다. 그렇지 않다면 은총에 의해서가 아니라 법적 권리처럼 인종에 따라 상속받는 사람들이 있는 셈이다"(p. 168). 셋째, **바울은 이 땅의 모든 가문을 위해 그리스도를 받아들인다.** 십자가에 달려 죽으시고 부활하신 그리스도는 아브라함의 "자손"이시며 "유대인이나 헬라인이나 종이나 자유인이나 남자나 여자나 다" 그분 안에서 하나다(갈 3:28). 그리스도 안에서 이 땅의 모든 가문이 "아브라함의 약속된 한 가족" 안으로 받아들여짐으로써 똑같이 복을 받는다(p. 166).

보편성과 특수성 사이의 긴장에 대한 바울의 해법은 독창적이다. 논리는 간단하다. 하나님의 한 분이심은 하나님의 보편성을 요구한다. 하나님의 보편성은 인류의 평등을 함의한다. 인류의 평등은 한 분 하나님의 축복에 모두가 평등하게 접근할 수 있음을 내포한다. 평등한 접근은 혈통에 종교적 중요성을 부여하는 것과 양립할 수 없다. 아브라함의 자손이신 그리스도는 아브라함에게 주어진 혈통적 약속의 성취인 동시에 하나님께 접근하는 특권으로서의 혈통의 마침표다.[8] 그리스도에 대한 믿음이, 탄생에 의해 민족에 속하게 되는 권리를 대체한다. 그 결과 모든 민족은 평등하게 아브라함과 사라의 한 분 하나님께 접근할 수 있게 되며, 그 누구도 권리에 따라 그분께 나아가지 않고 은총에 의해 나아간다. 추상적으로 말하자면, 혈통적 관계가 종교와

---

8) 바울에게 이 말은 이제 이스라엘과 이방인 사이에 아무런 차이도 없다는 뜻이 아니다. 로마서에서 바울은 "하나님의 은총이 이방인에게 확장되었지만" **그와 동시에** "하나님은 이스라엘과의 언약을 파기하지 않으셨다"라고 주장한다(Hays 1996, pp. 582-583).

무관하며 '아브라함의 자손'에 대한 믿음이 반드시 필요하다는 믿음은, 아브라함을 불러 떠나라고 하신 이 땅 모든 가문의 하나님 한 분에 대한 믿음과 서로 연결되어 있다.

바울의 해결책은 독창적일 수 있지만, 그 독창성의 대가는 무엇인가? 그가 우리에게, 조상 아브라함보다도 모든 공동체적·육체적 연관성으로부터 훨씬 더 분리되어 있으며, 초월적인 한 분 하나님께만 연결된 추상적 초월성만을 가진 (남성적?) 주체가 되라고 하는 것은 아닌가? 바울은 평등과 보편성을 확보하기 위해 차이와 특수성을 섣불리 포기해 버렸으며, 그리하여 평등을 공허하게 하고 보편성을 추상적으로 만들어 버린 것은 아닌가? 이것이 바울에 대한 보이어린의 비판이다(비록 보이어린은 바울이 제시한 방식이 **필수적**이었음을 인정하기는 하지만). 공동체적 정체성의 중요성을 알고 있는 보이어린은, 단순히 바울이 평등주의 프로젝트를 끝까지 밀어붙이지 않았다고 문제를 제기하는 대신에,[9] 그가 차이를 희생시키고 평등을 주장했다고 비판한다.[10] 보이어린은 바울의 해법이 "육체와 영혼의 이분법"에 근거한다고 주장한다. 즉, 바울은 "몸은 특수하므로 실천을 통해 유대인이나 헬라인임이

---

9) 최근 몇십 년 동안 제기되는 바울에 대한 표준적인 비판은, 그가 여전히 지나치게 특수주의적이며, 심지어 최선의 경우조차도 — 갈 3:28에서 보듯이 — 그의 평등주의는 기독교 신앙의 테두리 안에 머문다는 것이다. 그는 부당하게 기독교적 구원을 특권화하고, 그렇게 함으로써 급진적인 평등을 부인한다. 이런 식의 비판이 지닌 문제점은, 지금까지 특수주의를 극복할 만한 설득력 있는 대안이 제시된 적이 없다는 것이다. 특수주의적이지 않은 보편주의를 영리하게 고수할 수 있음을 그 누구도 증명하지 못했다. 그리고 그럴 만한 타당한 이유가 있다. 왜냐하면 보편성에 대한 주장은 언제나 하나의 특수한 관점에서 제시되어야 하기 때문이다. 그렇기에 유대인뿐만 아니라 그리스도인에게도 왜 "하나님의 보편적인 아가페의 실천이 특수성을 수반할 수밖에 없는지" 이해할 만하다. Douglas J. Hall이 Rosemary Radford Ruether와의 논쟁에서 바르게 강조했듯이, "특수성은 언제나 '스캔들'이지만, 동시에 보편적인 것에 이르는 유일한 길이기도 하다"(Hall & Ruether 1995, p. 107).

드러나고 해부를 통해 남성이나 여성임이 드러나는 반면, 영혼은 보편적"이라고 가정한다는 것이다(Boyarin 1994, p. 7). 보이어린은 바울적 평등주의와 보편주의의 대헌장인 갈라디아서 3:26-28에 대해 논평하면서, "영적 세례의 과정에서 인종, 성차, 계급의 표지는 모두 소거되어, 몸을 초월하고 몸 외부에 존재하는 인간 본질의 일의성과 보편성으로 상승하게 된다"(p. 24). 바울이 가끔씩 문화적 특수성을 긍정하는 것에 대해서는 신경 쓰지 말라. 그가 이런 것을 긍정하는 근거—몸과 분리된 영혼의 보편성—는 궁극적으로 특수성의 제거로 귀결된다. 왜냐하면 특수성은 전적으로 육체성에 기초하기 때문이다. 바울의 해법은 "종족적 충성을 깨뜨릴 가능성"을 제공하지만 "또한 제국주의적이며 식민주의적 관행의 씨앗도 내포하고 있다"(p. 234). 바울의 "보편주의는 가장 자유주의적이며 관용적인 형태일 때에도 강압적인 동일성 담론을 뒷받침하는 강력한 힘이 되었으며…유대인, 여성, 그리고 그 밖의 다른 사람들이 자신들의 차이를 유지할 권리를 부인하는 논리로 동원되었다"(p. 233).

그러나 보이어린은 바울과 일부 플라톤주의의 문화적 주제들, 특히 "'일자'(the one)에 대한 헌신이 몸에 대한 경멸을 내포하며 몸에 대한 경멸은 '차이'의 제거를 요구한다"라는 믿음 사이의 유사성을 지나치게 강조한다(p. 231). 바울이 그 속에서 온 인류의 통일성을 추구하고자 한 '일자'는 **몸과 분리된 초월성이 아니라 십자가에 달려 죽으시고 부활하신 예수 그리스도**시다. 일치의 '원리'는 이름을 가지고 있으며, 그

---

10) 바울에 대한 Boyarin의 비판은, 평등에 관한 투쟁이었던 1960년 미국의 해방 운동 안에 자리하기보다는, 개별 문화에 대한 존중을 요구했던 1990년대의 '정체성의 정치' 안에서 그 맥락을 찾아야 한다(Menand 1994). 그의 책의 부제는 "바울과 정체성의 정치"다.

이름은 **십자가 위에서 고통당하신 육체**를 지닌 인격체를 가리킨다. 이후의 기독교 신학자들은 그리스도의 몸의 특수성을 플라톤주의적 전통의 재해석의 기초로 삼았다고 말할 수도 있다. 아우구스티누스는 신플라톤주의자들의 글에서 "태초에 말씀이 계셨고 이 말씀이 하나님과 함께 계셨으며 이 말씀이 곧 하나님이심"을 발견했지만, "그 말씀이 육신이 되어 우리 가운데 거하셨음"은 발견하지 **못했다**고 말한다(「고백록」 VII, p. 9). 하나님의 메시아의 고통당하신 몸이라는 특수성의 스캔들에 통일성과 보편성의 기초를 둔 바울의 사상은, 분화되지 않은 보편적 영혼을 가장 중요시하며 "몸을 지니고 있음을 수치스러워하게" 만들고 "자신의 인종이나 부모, 조국에 관해 이야기하는 것을 견딜" 수 없게 만드는 신념들(Boyarin 1994, p. 229)과는 구조상 근본적으로 다를 수밖에 없다.

첫째로, 기독교 공동체의 토대인 **십자가**에 대해 생각해 보라. 그리스도는 여러 다른 '몸들'을 한 몸으로 연합하신다. 그런데 그것은 단지 그분의 인격('한 지도자-한 백성')이나 그분의 비전('한 원리나 법칙-한 공동체')의 단일성을 추구한 결과가 아니다. 그 연합은 그분의 **고난**을 통해 이루어진다. 엘런 차리(Ellen Charry)의 말처럼, 바로 "그리스도의 십자가" 안에서 "유대인과 이방인이 민족, 국적, 성차, 인종, 계급에 관계없이 한몸을 이룬 하나님의 자녀가 된다는 것"은 근본적으로 중요하다(Charry 1995, p. 190). 사실 사도 바울도 이렇게 말한다. "떡이 하나요 많은 우리가 한 몸이니 이는 우리가 다 한 떡에 참여함이라"(고전 10:17). 표면적으로는 빵의 단일성이 몸의 통일성의 토대가 되는 것처럼 보인다. 그러나 이 하나의 빵은 **십자가에 달려 죽으신** 예수 그리스도의 몸, 자기 폐쇄적인 단일성으로 남아 있기를 거부하고 자신을 열어 다른 이들이 자유로이 그 안에 동참할 수 있게 해주신 그 몸을 상징한다. 단일한 인격적 의지와 단일한 비인격적 원리나 법칙—초월적 '일자'의 두 변이형—은 차이를 억압하고 흡수함으로써 통일성을 강요한다. 그러나 십자가에 달려 죽으신 메시아는 자신을 내어 주심으로써 통일성을 만들어 내신다. 십자가는 다자에 맞서 일자를 주장하는 것과는 거리가 멀다. 그것은 **다자를 위해 일자가 자기를 내어 주는 것**이다. 여기서 통일성은, '몸들'의 특수성을 지워 버리는 '신성한 폭력'의 결과가 아니라, 그들 사이의 적대감을 무너뜨리는 그리스도의 자기 희생의 결실이다. 바울의 관점에서 분리하는 벽은 '차이'라기보다 **적대감**이다(엡 2:14 참고). 따라서 해법은 '일자'일 수가 없다. 단일한 의지를 강요하거나 단일한 법에 따라 통치하는 것으로는 적대감을 제거할 수 없다. 적의는 오직 자기 내어줌을 통해서만 "소멸"할 수 있다. 평화는 "십자가"로, 그리고 "피"를 통해 이루어진다(2:13-17).

둘째로, 그리스도께서 자기를 내어 주심으로써 만들어진 공동체를 일컫는 핵심적 명칭인 '그리스도의 몸'에 대해 생각해 보라. "몸은 하나인데 많은 지체가 있고 몸의 지체가 많으나 한몸임과 같이 그리스도도 그러하니라. 우리가 유대인이나 헬라인이나 종이나 자유인이나 다 한 성령으로 세례를 받아 한몸이 되었고, 또 다 한 성령을 마시게 하셨느니라"(고전 12:12-13). 그분 안에서 유대인과 헬라인이 세례를 통해 연합되는, 부활하신 그리스도는 복수적인 육체성으로부터의 영적 도피처, 보편적 인간 본질의 분화되지 않은 동일성만 허용되는 순전히 영적인 공간이 아니다. 오히려 우리는 그리스도 안에서 세례를 받음으로써, 분화된 그리스도의 몸으로서 한 백성을 이룬다. 몸에 새겨진 차이들은 제거되는 게 아니라 한데 모아진다. 그리스도의 몸은 그리스도의 자기 희생에 참여하는 이들의 분화된 몸들—유대인과 이방인, 남자와 여자, 노예와 자유인—이 복합적으로 상호작용하는 삶을 살아간다.

바울은 몸의 특수성으로부터 영혼의 보편성으로 움직인 것이 아니라, 분리된 몸들로부터 상호 연관된 몸들의 공동체 즉 **다수의 개별적인 지체들을 지닌 성령 안에 있는 한몸**으로 움직였다.

성령은 몸에 새겨진 차이를 지워 버리시지 않으며, 차이를 가진 사람들이 똑같이 그리스도의 한몸에 접근할 수 있도록 해주신다. 성령이 지워 버리시는 (혹은 적어도 약화시키시는) 것은, 사회적으로 구성되어 고착화된 '차이'와 '사회적 역할' 사이의 상관 관계. 성령의 열매는 그런 차이와 무관하게 주어진다. 여성은 잠잠하고 남성에게 복종해야 한다는 문화적 기대에 맞서 바울의 공동체에서는 여성들이 발언하고 지도자 역할을 한다. 이는 바로 성령이 그들에게 설교하고 지도하는 은사를 주시기 때문이다. 성령은 차별 없이 세례를 통해 그리스도의 몸을 이루는 지체가 되게 하시고, 차별 없이 영적 은사를 주심으로써 평등을 창조하신다. 몸을 구별하는 것도 의미있는 일이지만, 그것은 구원에 이르는 조건이나 공동체 내에서의 활동과는 아무런 상관이 없다. 따라서 플로티누스와 달리 바울은 자신의 혈통을 부끄러워하지 않는다(롬 9:3을 보라). 그는 단지 혈통에 종교적 의미를 부여하지 않으려 할 뿐이다.

바울이 정체성을 이해하면서, 몸들(내부적 차이가 없으나 차이가 부과된)로부터 그리스도의 몸(내부적으로 분화되어 있으나 하나가 된)으로 초점을 전환한 것은 매우 중요한 의미를 지닌다. 여기서 그 의미를 간략히 검토하기 위해 나는 유대교와 기독교 사이의 관계라는 특정한 맥락으로부터 논의를 이끌어 내고자 한다(Hays 1996). 기독교 신학에서 유대교와 유대 민족은 독특한 지위를 갖는다. 이방인 그리스도인은 "[유대교라는] 참감람나무 뿌리의 진액을 함께 받기" 위해 접붙임을 받은 "돌감람나무" 가지일 뿐이다(롬 11:17). 그러므로 유대교와 유대 민족을 지금 내가 관심을 가지고 있는 주제인 기독교 신앙과 집단적 정체성의 관계에 관한 일반적 사례 중 하나로 취급할 수는 없다.

바울 식의 보편주의는 어떤 함의를 지니는가? 각 문화는 그 자체의 문화적 특이성을 유지할 수 있다. 그리스도인이 "유대인이나 이방인으로서의 자신의 문화적 정체성으로부터 벗어나 그 둘 중 어느 쪽도 아닌 새로운 인간이 되어야" 하는 것은 아니다(Campbell 1991, vi). 그러나 동시에, 어떤 문화도 그 자체의 종족 신을 유지해서는 안 된다. 종교는 탈민족화되어야 하며, 그렇게 할 때 민족을 탈신성화할 수 있다. 바울은 모든 문화를 포괄하는 더 광범위한 가족 안에서 모두가 정당성을 얻게 하기 위해, 각 문화에서 궁극성을 제거했다. 믿음을 통해 그리스도인은 자신의 문화로부터 '떠나야' 한다. 왜냐하면 궁극적인 충성을 모든 문화를 초월하시는 하나님과 하나님의 메시아께 바쳐야 하기 때문이다. 그러나 **모든** 문화의 주인이신 하나님과, 자신의 '몸'을 모든 민족을 위한 집으로 내어 주신 그리스도에 대한 궁극적인 충성이라는 바로 그 이유 때문에, 아브라함의 자손인 그리스도인들은 (자신의 '본토'와 '친척'을 버려야 했던 아브라함과 달리) 자신의 문화를 버리지 않은 채 자신의 문화로부터 '떠날' 수 있다. 떠남은 더 이상 공간적 범주가 아니다. 이제 그것은 **한 사람이 살고 있는 문화적 공간 안에서** 일어날 수 있다. 그리고 이것은 지옥 같은 이 땅 위에 새로운 하늘을 건설하고자 하는 전형적인 근대적 시도나, 집에 도착하기를 두려워하는 전형적인 포스트모더니즘적 불안감과도 무관하다. 참된 기독교적 떠남은 단지 거리두기에 그치지 않고, 언제나 현존의 차원을 지닌다. 노력과 투쟁만 있는 것이 아니라, 언제나 이미 누리고 있는 안식과 기쁨이 있다(Lyotard & Gruber 1995, p. 16에 제시된 주장과 달리).

초기의 기독교 변증가인 아리스티데스가 인류를 이방인, 유대인,

그리스도인으로 나누면서 주장했듯이, 이런 식의 떠남의 결과로 일종의 '제3의 인류'가 출현한 것인가? 그러나 후스토 곤잘레스(Justo L. González)가 「모든 종족과 민족으로부터」(Out of Every Tribe and Nation)에서 지적하듯이, 우리는 "인종주의로 분열된 세상 속에서 하나님이 또 다른 인종을 창조하셨다는 역설적 개념"을 마주하게 된다(González 1992, p. 110). 떠남의 내면성(internality)은, 모든 문화에 대해 똑같이 가까우며 똑같이 거리를 두는 국제적인 제3의 인종 출현 가능성을 배제한다. 한 문화로부터 적절하게 거리를 두고자 할 때 그리스도인은 그 문화를 떠날 필요가 없다. 그리스도인은 새로운 '기독교 문화'로 도피한 내부자가 됨으로써 자신의 문화에 대해 외부자가 되지 않는다. 오히려 그들은 복음의 부름에 응답할 때, 한쪽 발을 자신의 문화 바깥에 두지만 다른 한쪽 발은 그 안에 견고하게 뿌리내리게 한다. 그들은 거리를 두지만 또한 거기에 속해 있다. **그들의 차이는 문화에 내재한다**(Volf 1994, pp. 18-19). 그들의 내면성—그들의 내재성과 소속되기—때문에 몸에 새겨진 특수성들은 지워지지 않는다. 그들의 차이—그들의 초월성과 거리두기—때문에 보편성이 긍정된다.

거리두기와 소속되기는 모두 필수적이다. 거리두기 없는 소속은 파괴적이다. 크로아티아인으로서의 나의 배타적 정체성을 주장한다면, 나는 자신의 이미지에 따라 모든 사람을 규정하거나 그들을 나의 세계로부터 제거하고 싶을 것이다. 그러나 소속 없는 거리두기는 고립적이다. 크로아티아인으로서 나의 정체성을 부인하고 나 자신의 문화로부터 물러난다면, 나는 많은 경우에 반의존성(counter-dependence)의 덫에 걸리고 말 것이다. 크로아티아인으로서의 정체성을 부인하는 것은 어떤 반크로아티아 분파의 일원으로서의 내 정체성을 더 강력히 주장하는 것이 될 뿐이다. 그러므로 고립적인 '소속 없는 거리두기'는 파괴적인 '거리두기 없는 소속'으로 변질된다. 문화에 대한 거리두기는 그 문화로부터의 도피로 퇴보해서는 안 되고, 문화 안에서의 생활방식이 되어야만 한다.

그리고 이것이 바로 바울에 의해 이루어진, 원초적 아브라함 혁명의 창조적 재전용이다. 아브라함의 한 분 하나님의 이름으로 바울은 특정한 한 민족을 개방하여 많은 민족이 참여하는 하나의 보편적인 다문화 가족이 되게 했다. 얼핏 보기에는 중요해 보이지 않지만, 바울이 창세기 본문의 한 단어를 교체한 것은 그가 종교와 문화적 정체성 사이의 관계에 대한 이러한 급진적 재해석을 시도했다는 중요한 증거다. 즉, 아브라함이 받은 **땅**을 상속할 것이라는 약속(12:1)을 바울은 **세상**을 상속할 것이라는 약속(롬 4:13)으로 고쳐 말한다(Wright 1992, p. 174). '땅'을 '세상'으로 바꿈으로써 새로운 의미의 장이 열렸고 그것은, 보이어린의 말처럼, "유대교로 하여금 세계 종교가 되게" 만들었다(Boyarin 1994, p. 230). 본토, 친척, 아비의 집으로부터 떠나라는 아브라함에게 주신 본래의 부르심은 그대로 남아 있다. 바울이 가능하게 한 것은 버리지 않은 채 떠나는 것이다. 따라서 아브라함의 떠남이 유대 민족이라는 한몸 안에서 실천되는 반면, 그리스도인의 떠남은 그리스도의 한몸 안에 자리잡은 다양한 민족의 수많은 몸 안에서 실천된다.

…문화, 보편성, 교회일치

그리스도인이 버리지 않고 떠날 수 있으며, 그들의 거리두기는 언제나 소속을 포함하고, 그들의 소속은 거리두기의 양식을 띤다고 가정해 보자. 이 거리두기는 어떤 긍정적인 공헌을 할 수 있을까? 이에 답하기 위해 그리스도인이 스스로 자신의 문화로부터 거리를 두어야 하는 까닭에 대해 생각해 보자. 아브라함과 그의 후손 예수 그리스도의 이야기가 제시하는 대답은 이러하다. '하나님과 하나님이 약속하신 새로운 세상의 이름으로.' 우리가 속한 문화보다 더 중요한 실재가 존재한다. 바로 하나님과 하나님이 창조하시는 새로운 세상, 모든 민족과 모든 종족으로부터 사람들이 자신의 문화적 산물을 가지고 삼위일체 하나님 주위에 함께 모이고, 그분이 모든 눈물을 닦아 주시고 '더 이상 아픔이 없게 되는' 그런 세상이다(계 21:4). 그리스도인은 하나님과 그분이 약속하신 미래에 궁극적인 충성을 바치기 때문에 자신의 문화로부터 거리를 둔다.

하나님과 하나님의 미래에 대한 충성의 결과로 얻게 된 거리두기ー내재적 차이로서 적절히 실천되어야 할 거리두기ー는 두 가지 중요한 공헌을 한다. 첫째, 그것은 **우리 안에 타자를 받아들일 수 있는 공간을 만들어 낸다.** 한 사람이 그리스도인이 될 때 무슨 일이 일어나는지 생각해 보라. 바울은 "그런즉 누구든지 그리스도 안에 있으면 새로운 피조물이라"(고후 5:17)라고 말한다. 하나님이 오실 때 그분과 더불어 완전히 새로운 세상이 찾아온다. 하나님의 성령은 우리가 살고 있는 자폐적 세상들을 깨뜨리신다. 성령은 우리를 재창조하시고, 우리로 하여금 내가 '보편적 인격'(catholic personality)이라고 부르는 것, 즉 종말론적 새 창조의 개인적인 소우주가 되어 가도록 하신다(Volf 1992a). 보편적 인격은 타자성에 의해 더 풍성해진 인격, 다수의 타자들이 특정한 방식으로 그 안에 반영되었기 때문에 비로소 그 모습을 갖출 수 있게 된 인격이다. 성령에 의한 거듭남의 결과로 나 자신의 문화로부터 거리를 둘 때, 그 거리는 내 안에 타자들이 들어올 수 있는 틈을 만들어 낸다. 성령은 "너는 단지 네가 아니며, 다른 사람들도 너에게 속해 있다"고 말씀하시며 내 마음의 빗장을 벗겨 내신다.

보편적 인격은 **보편적 공동체**(catholic community)를 요구한다. 복음이 많은 민족에게 선포될 때 교회는 많은 문화에 뿌리를 내리면서 그 문화의 심대한 영향을 받는 동시에 그 문화를 변형시켜 왔다. 그러나 삼위일체 하나님이 한 분이시듯, 다양한 문화 속에 자리잡은 수많은 교회도 하나다. 어떤 문화 속에 있는 그 어떤 교회도, 자기 충족적이며 자신의 문화로 충분하다고 선언하면서 다른 문화 속에 있는 다른 교회들로부터 스스로를 고립시켜서는 안 된다. 모든 교회는 다른 모든 교회에 대해 개방적이어야 한다. 우리는 흔히 지역교회가 보편적 교회의 일부분이라고 생각한다. 하지만 동시에 그 주장을 뒤집어 보는 것도 좋다. 모든 지역교회는 보편적 공동체다. 왜냐하면, 심오한 의미에서, 모든 다른 교회들이 그 교회의 일부이며, 모든 교회가 그 교회의 정체성을 규정하기 때문이다. 모든 교회가 함께 하나의 전 세계적 에큐메니컬 공동체를 형성하는 것처럼, 주어진 문화 속에 자리잡은 각 교회는 하나의 보편적 공동체다. 그러므로 각 교회는 반드시 이렇게 말해야 한다. "나는 그저 내가 아니다. 다양한 문화 안에 뿌리내린 다른 모든 교회도 나에게 속해 있다." 각 교회는 진정한 자신이 되기 위해 모든 교회를 필요로 한다.

   보편적 인격과 그것이 근거를 두고 있는 보편적 공동체는 **보편적인 문화적 정체성**을 암시한다. 문화적 정체성을 생각해 보는 한 방식은, 안정된 문화적 정체성을 가진 '그들'에 대비되는 안정된 '우리'라는 정체성을 상정하는 것이다. 이 경우 우리와 그들은 모두 그 자체로 완결되어 있다. 서로 상호작용은 하겠지만 그럴 때에도 자폐적인 통일체 사이의 상호작용일 뿐이다. 둘 사이의 상호 관계는 각각의 정체성에 대해 외재적일 뿐이다. 문화적 정체성에 대한 이러한 본질주의적 이해는 억압적일 뿐만 아니라—외래적인 모든 것을 항구에 묶어 두기 위해서는 힘을 사용할 수밖에 없다—옹호하기도 어렵다. 에드워드 사이드가 지적했듯이, 모든 문화는 "혼종적이며…한때 이질적인 요소로 간주되었던 것들이 서로 얽혀 있거나 겹쳐 있다"(Said 1993, p. 317). 성령에 의한 새로운 창조를 통해 우리가 자신의 문화로부터 거리를 두게 될 때, 우리에 대한 문화의 속박은 약해지며, 우리는 문화적 유동성과 혼종성을 받아들일 수 있게 된다. 다른 문화들은 우리의 문화적 정체성의 때 묻지 않은 순수함에 대한 위협이 아니라, 오히려 그것을 풍성하게 해줄 잠재적 자원이다. 문화들 속에 단순히 소속되는 것에 안주하지 않을 정도로 용기 있는 사람들이 존재한다면, 문화들이 교차하고 겹치는 것은 서로의 역동성과 활력에 기여할 수 있다.

새 창조의 성령에 의해 만들어진 거리두기의 두 번째 기능 역시 중요하다. 이 거리두기는 **모든 문화 속의 악에 대해 심판을 요구한다**. 나는 보편적 인격이 다수의 타자에 의해 풍성해지는 인격이라고 말했다. 하지만 보편적 인격은 모든 타자성을 통합해야 하는가? 우리는 모든 문화 안에 있는 모든 것에 대해 편안함을 느낄 수 있는가? 살인과 강간, 파괴에 대해 편안함을 느낄 수 있는가? 국가주의적 우상과 '인종 청소'에 대해 편안함을 느낄 수 있는가? 통합할 줄만 알고 구별할 줄은 모르는 보편적 인격이라는 개념은 기괴한 것이다. 평화로운 종합으로 결코 용해시킬 수 없는, 도무지 받아들이기 힘든 관점들이 존재한다(Mouw 1987, pp. 114-115). 결코 용인할 수 없는 악한 행위들이 존재한다. '심판'은 반드시 이루어져야 한다(2장을 보라). 심판이 없다면, 마귀와 짐승과 거짓 예언자의 추방이 없다면(계 20:10), 빛이 밤을, 생명이 죽음을 삼키기 않는다면(계 21:4; 22:5), 새로운 창조도 불가능할 것이다(Volf 1991, pp. 120-121).

그러나 심판은 "하나님의 집에서"(벧전 4:17)—자아와 그것이 가진 문화 안에서—시작되어야 한다. 니체는 금욕적 이상에 대해 논하면서,

새롭게 떠나고 싶은 사람은 "무엇보다 먼저 자신 안에 있는 전통과 신들을 정복해야" 한다고 지적했다(1956, p. 251). 이와 비슷하게, 악을 극복하고자 하는 사람은 무엇보다 먼저 자신 안에 있는 악과 싸워야 한다. 성령이 만들어 내시는 거리는 자신의 자기 기만, 불의, 파괴성에 대해 눈을 뜨게 한다. 또한 그것은, 리처드 세넷이 지적했듯이, 집단적 정체성들은 "일관성 있고 완결된 자아들을 확립하는 데 도움이 되지 않으며 될 수도 없음"을 깨닫게 해준다. "그런 정체성들은 더 광범위한 사회 구조의 균열로부터 생겨나며, 그 안에 모순과 불의를 내포한다"(Sennett 1994). 참된 보편적 인격은 **복음적 인격**, 즉 복음에 의해 회개에 이르고, 복음에 의해 형성되며, 세계의 변혁에 참여하는 인격이어야 한다.

자아와 타자 안의 거짓, 불의, 폭력에 맞서는 싸움은 거리두기 없이는 불가능하다. 줄리아 크리스테바(Julia Kristeva)는 "자신의 나라, 언어, 성, 정체성에 대해 이방인이 되지 않고서야 어떻게 상식의 늪에 빠지는 것을 피할 수 있겠는가?"라고 묻는다(Kristeva 1986, p. 298). 물론, 순진하고 단순한 의미에서의 이방인이 되는 것은 미친 짓에 가까운 대단히 딱한 자세다. 만약 나를 구속하는 모든 도덕적·언어적 전통의 끈을 잘라 버린다면, 나는 확정적이지 않은 '자아'가 되어 어떤 임의적인 내용에도 자신을 개방하게 된다. 그 결과 나는 표류할 뿐 어떤 것에도 저항하지 못할 것이다. 어느 곳에도 제대로 서 있지 못하기 때문이다.[11] 그러나 아브라함의 자손들은 순진하고 단순한 이방인이 아니다. 그들의 '이방인 됨'은 모든 관계와의 단절이라는 소극적 행위의 결과가 아니라, 하나님과 하나님이 약속하신 미래에 충성을 바치는 적극적 행위의 결과다. 그들은, 자신의 문화에서 빠져나와 어떤 확정적이지 않은 공간에서 표류하며 어느 곳에서든 세상을 바라보는 사람들이 아니다.

오히려 한쪽 발은 그들 자신의 문화에, 또 다른 쪽 발은 하나님의 미래—내재적 차이—에 디디고 선 자들이다. 그들은 자신과 타자를 인식하고 심판할 수 있는 유리한 지점에 서 있다. 그들은 단순히 자신의 인식틀이 아니라, 하나님의 새로운 세계—"각 나라와 족속과 백성과 방언"으로부터 수많은 사람이 "보좌 앞과 어린양 앞"으로 모이는 세계(계 7:9; 5:9)—의 빛으로 볼 수 있기 때문이다.

악에 대한 싸움에서, 특히 자신이 속한 문화 속의 악과 맞서는 싸움에서, 복음적 인격은 **에큐메니컬 공동체**를 필요로 한다. 나치 정권에 맞서는 투쟁에서 바르멘 선언(Barmen Declaration)은 교회들에게 "다른 모든 주인"—인종주의적 국가와 그 이데올로기—을 거부하고 "우리가 들어야 하며, 살든지 죽든지 신뢰하고 순종해야 할 한 하나님의 말씀이신" 예수 그리스도께만 충성을 바치라고 촉구했다. 이러한 외침은 그때만큼이나 오늘날에도 중요하다. 그러나 이런 주장은 너무 추상적이다. "한 하나님의 말씀"을 뒤틀어 우리 자신의 집단적 이데올로기와 국가적 전략에 봉사하게 만드는 우리의 능력을 과소평가하기 때문이다. 우리 문화가 조장하는 집단적 생존과 번영의 이미지는 너무나 쉽게 하나님의 새로운 창조에 대한 우리의 전망을 흐리게 한다. 예를 들어, 우리는 미국이 기독교 국가이며, 민주주의만이 유일하게 참된 기독교적 정치 체제라고 생각한다. 우리 문화가 우리 신앙을 전복했음을

---

11) Tzvetan Todorov는 "동시에 두 문화에 속하면서 그중 어느 한 문화와도 동일시하지 않을 때만" 망명자로서 좋은 결실을 맺을 수 있다고 올바르게 지적했다. 그는 "한 사회 전체가 망명자로 이루어진다면 문화들 사이의 대화는 중단될 것이다. 그것은 절충주의와 비교주의로, 모든 것을 조금씩만 사랑할 수 있는 능력으로, 그 어떤 것도 결코 포용하지 못하고 각각의 선택에 대해 무기력하게 공감하는 태도로 대체되고 만다. 목소리의 차이를 알아들을 수 있게 해주는 혼재성(heterology)이 필수적이다. 다종성(polylogy)은 무기력할 뿐이다"라고 결론내린다.

깨닫지 못할 때, 우리는 우리 자신의 문화를 심판할 수 있는 위치를 잃어버리고 만다. 예수 그리스도에 대한 우리의 충성을 순수하게 유지하기 위해, 우리는 기독 교회의 다문화적 공동체에 대한 헌신을 더 강화시켜야 한다. 우리는 다른 문화에 속한 그리스도인들의 목소리에 귀를 기울이며 다른 문화에 속한 그리스도인들의 눈으로 우리 자신과 하나님의 미래에 대한 우리의 이해를 바라볼 필요가 있다. 그래야만 우리 문화의 목소리가 예수 그리스도의 목소리, 즉 "한 하나님의 말씀"을 압도하는 것을 막을 수 있다. 그리스도의 주되심에 대한 바르멘의 강조는 그리스도의 에큐메니컬 공동체에 대한 강조로 보충되어야 한다. 둘은 동일하지 않지만 둘 다 필수적이다.

나는 '신종족주의'에 맞서는 투쟁에서 에큐메니컬 공동체의 필요성을 표현한 신앙고백적 텍스트를 하나 제시하고자 한다. 이 텍스트는 바르멘 선언의 형식을 따른다.

"그가 일찍이 죽임을 당하사 각 족속과 방언과 백성과 나라 가운데에서 사람들을 피로 사서 하나님께 드리셨으므로"(계 5:9), "여러분은 유대인이나 헬라인이나 종이나 자유인이나 남자나 여자나 다 그리스도 예수 안에서 하나입니다"(갈 3:28).

다양한 문화 안에 흩어져 있는 예수 그리스도의 교회들은 모두 어린양의 피로 사서 하나님께 드려짐으로 하나의 다문화적 신앙 공동체를 이루었습니다. 그들을 형제와 자매로 묶는 그 '피'는 그들을 분리시키는 '혈통'이나 언어, 관습, 정치적 신념, 경제적 이익보다 귀합니다.

우리는 교회가 다른 문화와 국가에 속한 형제자매, 한 분 예수 그리스도의 종들, 그들의 공통된 주님, 하나님의 새로운 공동체의 지체들에 대한 헌신보다 자신이 자리잡은 문화와 소속된 국가에 대한 충성을 더 우선해야 한다는 거짓 가르침을 거부합니다.

갈등 상황에서 그리스도인들은 평화의 중개자가 아니라 전쟁의 공모자가 되는 경우가 많다. 우리는 우리 자신과 우리 문화로부터 스스로 거리두기가 어려우며, 그저 지배적 견해를 되풀이하고 그 관습을 모방할 때가 많음을 깨닫는다. 하나님의 미래에 대한 전망을 생생하게 유지하고자 할 때, 우리는 전선 너머로 손을 뻗어 반대편에 있는 우리의 형제자매들과 손을 맞잡을 필요가 있다. 우리는 그들로 하여금 우리 자신의 문화와 이 문화가 지닌 고유한 편견의 울타리 너머로 우리를 이끌어 낼 수 있게 해야 한다. 그럴 때 "한 하나님의 말씀"을 다시 한 번 새롭게 읽을 수 있다. 이렇게 함으로써 다시 한 번 갈등에 시달리는 세상에서 소금의 역할을 할 수 있다.

내가 강조했던 문화로부터의 거리두기가 지니는 두 가지 긍정적인 기능에 대해 두 가지 반론이 제기된다. 첫 번째 반론은 '혼종적 정체성'이라는 개념과 관계가 있다. 만약 문을 계속 열어 두면 집이 더 이상 우리 것이 아니게 되고 우리는 더 이상 집과 길거리를 구별할 수 없을 것이므로, 단순히 악한 것에 대해서뿐만 아니라 외래적인 것에 대해서도 문을 닫아야만 하는 시점에 이르지 않겠는가? 더 추상적으로 말하자면, 정체성은—심지어는 혼종적 정체성조차도—울타리 유지를 전제하지 않는가? 반대 방향으로 전개되는 두 번째 반론은 악에 맞서는 투쟁과 관련이 있다. 나의 주장은 문화적 정체성에 대해 지나치게 느슨한 한편, 도덕적 책임에 대해 지나치게 엄격해 보인다. 나는 무슨 권리로 사람들이 어둠과 빛을 구별할 수 있고, 빛의 이름으로 어둠에 맞서 싸워야 한다고 주장할 수 있다는 말인가? 만약 그렇게 엄격하게 어둠과 빛을 구별한다면, 결국 우리가 좋아하지 않는 모든 것을 악마처럼 취급하고 파괴할 위험에 처하고 마는 것이 아닐까? 나는 첫 번째 반론의 배후에 자리잡은 주장에 대해서는 반박하지 않을 것이며, 두 번째 반론에 대해서는 어둠과 빛을 구별하지 않는 것은 불가능하며, 바람직하지도 않다고 주장할 것이다. 다음 장에서는 이런 주장을 더 자세히 설명할 것이다.

2 ● 배제

구 유고슬라비아에서 일어난 최근의 전쟁(1991-1995)은 가뜩이나 많은 악에 관한 어휘에 '인종 청소'라는 말까지 추가했다. 인종적 타자성은 인종 집단에서 씻어 버려야 할 더러움이며, 인종적 공간이라는 생태계를 위협하는 오염원이라는 말이다. 타자는 강제 수용소에 격리시키고 살해한 다음, 무더기로 매장하거나 추방시켜 버린다. 그들의 문화적·종교적 정체성을 상징하는 기념물을 파괴해 버리고, 그들의 집단적 기억을 담고 있는 비문(碑文)은 지워 버린다. 그들이 살던 곳은 약탈한 다음 불태우고 불도저로 밀어 버린다. 추방당한 사람들이 돌아오는 것은 불가능하다. 타자를 추방해 버린 사람들이 땅을 독점적으로 소유한다. 타자는 땅으로부터만이 아니라 그들 스스로 이룬 집단적 정체성으로부터도 추방당한다. 타자를 제거해 낸 땅에는 순수한 '혈통'과 순수한 '문화'를 지닌 사람들만 살아갈 것이다. 한 무리의 정치적·군사적·학문적 '인종 청소부들'은 통신·군사·지성의 걸레와 호스와 긁개를 사용해 '인종적 자아'를 다시 한 번 깨끗하게 만들고 그 공간을 적합하게 재배치한다. 결과는, 타자 없는 세상. 대가는, 피와 눈물의 강. 얻은 것은, 군사 지도자들과 전쟁으로 폭리를 취하는 업자들의 두둑한 지갑. 그 외에는 모두가 잃은 것뿐이다.

이 장에서 나는 '인종 청소'라는 가장 강력한 은유로 나타난 '배제' 행위에 대해 검토할 것이다. 그러나 이 장은 '저기 그들'에 관한 것이라기보다는, 우리가 어느 곳에 있든지 '여기 우리'에 관한 것이다. 타자에 관한 것이라기보다는 자아에 관한 것이다. 또한 이 장은 '인종' 집단이나 다른 종류의 공동체로부터의 배제에 관해 논할 뿐 아니라, 그 안에 자리잡은 **자아**로부터의 배제에 관해서도 논하고자 한다. 그것 없이는 공동체로부터의 배제는 생각조차 할 수 없기 때문이다. 첫 단계로 나는 포함(inclusion)에 관한 근대의 전형적인 내러티브 안에 있는 중대한 긴장을 지적하고자 한다. 이 내러티브는 배제에 대한 동시대적 비판의 배경이 된다.

...포함의 미심쩍은 승리

인종 청소에 대한 서구의 전형적인 반응에 대해 생각해 보라. 마이클 이그내티에프(Michael Ignatieff: 캐나다 자유당 대표를 역임한 정치인—역주)가 지적했듯이, 서구 담론은 "모든 무장 집단을 비유럽적 야만인으로 재기술하는" 경향이 있다(Ignatieff 1994, p. 5). '야만인' 운운할 때의 성인인 체하는 태도는 대단히 당혹스럽지만, 배제하려는 발칸의 의지의 강도와 파괴성을 고려할 때 그런 명칭을 사용하는 것도 이해는 할 수 있다. 이 말이 표현하는 도덕적 분노는 분명히 정당하다. 하지만 '야만인'이라는 명칭에는 어떤 기만이 담겨 있다. 왜냐하면 이 말은 단순히 '그들'과 '우리'가 어떻게 행동해서는 안 된다는 것을 설명하는 데 그치지 않고, 암묵적으로 '그들'을 '우리'와 다른 종류의 사람들로 묘사하기 때문이다. '비유럽적'(비서구라는 의미로 사용되는)이라는 형용사는, '야만인'이라는 명사에 이미 담겨 있는, '그들'과 '우리' 사이의 거리를 강조한다. 우리는 도덕적이며 문명화되었지만, 그들은 사악하고 야만

스럽다. 정당한 도덕적 분노가 자기 기만적인 도덕적 오만으로 변질되었다.

그러나 '유럽'-'서구'와 '근대성'-과 인종 청소라는 행위 사이에 거리를 두고자 하는 욕망은, 악과 야만을 타자의 것으로 취급함으로써 선과 문명을 자신의 것으로 여기려 하는 단순한 대체 기제보다 더 중요한 무언가에 의해 유발된다. 그것은 자신에 대한 우리의 도덕적 자각만큼이나 우리 역사철학의 특정한 양상과도 밀접한 관계가 있다. 인종 청소가 '비근대적'이며 '비서구적'인 것처럼 보이는 이유는, 그것이 우리가 좋아하는 근대적·민주적 서구의 핵심적인 공적 이야기-즉, 진보적 '포함'의 이야기-와 확연히 어울리지 않아 보이기 때문이다. 앨런 울프(Alan Wolfe)는 근대적 자유 민주주의의 내러티브를 이렇게 기술한다.

> 옛날에는 그런 사회들이 특권층 엘리트에 의해 지배를 받았다. 지배층은 올바른 성별, 혈통, 교육, 사회적 독점성을 가지고 있는 사람들만으로 이루어졌다. 그러나 종종 민주주의라는 용어와 동일시되는 다양한 힘 때문에 이 모든 상황이 바뀌었다. 첫째는 중산층, 그 다음으로는 노동자 남성, 그 다음으로는 여성, 그 다음으로는 인종적 소수자에 이르기까지 모두가 경제적 권리뿐만 아니라 정치적·사회적 권리도 획득하게 되었다(Wolfe 1992, p. 309).

조금 달리 표현하자면, 일단 "계급적으로 분할된" 사회가 종식되고 사회학자들이 "기능적으로 분화된" 사회라고 표현하는 것이 도래하자, 포함이 일반적인 규범이 되었다. 즉, 모든 사람은 모든 기능에 접근할 수 있어야 하며, 따라서 모든 사람은 교육, 직업, 정치적 의사 결정 등에 접근할 수 있는 평등한 권리를 지녀야 한다(Luhmann 1977, p. 234 이하를 보라). 근대 민주주의의 역사는 진보하며 끊임없이 확장하는 포함의 역사였다. "배제하기보다는…받아들이고자" 하는 움직임이었다(Wolfe 1992, p. 309). 그와 반대로 인종 청소는 가장 잔인한 형태의 배제이며 받아들이기보다는 쫓아내려는 움직임이다. 따라서 그들은 동구를 '비근대적' '비유럽적' '비서구적'이라고 비난한다.

그러나 포함의 승리라는 근대의 이야기는 얼마나 적절한가? 파괴하고 완전히 대체하기를 원하는 외부자로서가 아니라, 건설하고 개선하는 것을 돕기 원하는 내부자로서 나는 이런 의문을 제기한다. 공산주의 통치의 '모든 축복'을 누렸던 나 같은 사람에게는, 포함이라는 자유주의의 내러티브에 진실이 전혀 없으며 그 결과가 대체로 불행했다는 주장이 설득력이 없을 뿐더러 위험하게 들린다. 마찬가지로 대부분의 여성과 소수자들은 지금 자신이 가지고 있는 권리를 포기하고 싶지 않을 것이며, 자유 민주주의를 비판하는 사람들도 대부분 기존의 다른 대안적 체제보다는 민주주의 체제에서 살겠다고 말할 것이다. '포함'의 진보는 근대성이 이루어낸 중요한 업적이다.

그러나 포함의 내러티브가 중요한 의미에서 진실을 담고 있다고 하더라도, 그것은 마치 그것을 들여다보는 사람의 얼굴을 순간적으로 변형시키는 마법 거울처럼, 앨런 울프가 바르게 지적했듯이 "역사가 인간의 잠재력을 더 긍정적으로 이해하는 것과 관계된 어떤 목적이 있다고 느끼도록 하기 위해" 만들어진 것이기도 하다(p. 309). 하지만 만약 그 거울이 마법을 잃어버린다면 어떤 얼굴을 보여 줄까? 우리가 우리의 허영심을 채우기 위해 만든 거울이 아닌 다른 거울을 들여다본다면 어떤 얼굴이 나타날까? '하위 근대성'(submodernity, Moltmann 1995b)의 작업장에서 만들어 낸, 착취당해 말라 버린 '타자'의 손에 들린 거울 속에서는, 오랫동안 악을 실천함으로써 얻은 추한 주름이 근대성의 얼굴 위에 나타날 것이다. 완벽하게 '행복한 결말'을 방해한다는 이유로 간단히 포함이라는 근대적 내러티브에서 소거된 사람들은, 배제라는 길고도 소름끼치는 대항 내러티브를 요구한다.

「아메리카의 발명」(The Invention of the Americas)에서 엔리크 뒤셀(Enrique Dussel)은 근대성의 탄생 자체가 거대한 규모의 배제를 수반했다고 주장했다. 근대성은 의심의 여지없이 유럽의 획기적인 전환이기는 하지만, 1492년부터 유럽이 비유럽에 대해 저지른 만행이라는 길고도 수치스러운 역사 없이는 근대성을 생각조차 할 수 없다(Dussel 1995). 여기서 그 역사를 다시 이야기할 필요는 없다. 가장 야만적인 취급을 당했던 아프리카계 노예에 관해 짧게 생각해 보는 것으로 충분하다. 뒤셀은 이렇게 말한다.

> 악명 높은 **죽음의 삼각형**을 아는가? 배는 런던이나 리스본, 헤이그, 암스테르담에서 무기와 철제 도구와 같은 유럽의 상품을 싣고 출발해 아프리카 서해안에 이르러 이 상품을 노예와 교환했다. 그런 다음 바히아, 카르타헤나, 아바나, 포르토프랭스에서 그리고 뉴 잉글랜드 남쪽의 식민지 항구에서 이 노예를 금, 은, 열대 상품과 교환했다. 결국 사업가들은 모든 가치를, 마르크스의 비유를 사용하자면 응고된 인간의 피를, 런던의 은행과 저지대 국가의 식품 저장고에 축적했다. 이런 식으로 근대는 문명화, 근대화, 인간화, 기독교화의 길을 추구했다(pp. 122-123).

이처럼 근대성은 비유럽의 타자를 야만적으로 정복하고 식민화하고 노예로 삼았던 과거를 문명의 빛의 확산이라는 신화로 정당화한다. 그리고 이렇게 함으로써 포함이라는 근대적 내러티브는 배제라는 비유럽적 대항 내러티브를 억압한다. 그리고 이 대항 내러티브는, 잘라내기만 하면 포함 내러티브의 진행이나 외형에 아무런 영향을 미치지 않을 불행한 부차적 내러티브가 결코 아니다. 부인할 수 없는 포함의 진보를 가져온 것은 사실 끈질긴 배제의 실행이었다.[1]

우리는 다른 곳에서 일어나는 배제[세 가지만 예를 들자면, 오랜 세월 동안 지속된 인도의 카스트 제도, 중국의 우생학 실험(Dikötter 1996), 기독교 지역과 정령 숭배 지역의 아이들을 강제로 붙잡아 다른 곳으로 이주시켰던 수단의 '문화 청소'와 같은]를 지적하거나, 정복과 식민화, 노예화가 모두 서구의 먼 과거에 일어난 일이라고 주장함으로써 포함이라는 근대적 내러티브를 구속(救贖)하려는 유혹에 저항해야 한다. '인종 차별' '홀로코스트' '아파르트헤이트'는 더 최근에 일어난 발칸의 '인종 청소'에 대한 서구의 등가물이며, 그 비인간적인 정도는 서구의 테두리 바깥에서 만나는 그 어떤 것에도 필적할 만하다. 서구의 역사 속에는 너무나도 많은 '청소'가 자행되었기 때문에, 발칸에서 일어난 인종 청소에 관한 공포는 곧 **우리 자신**에 대한 도덕적 분노의 표현이라고 말할 수밖에 없다. '인종 청소'라는 은유로 표현되는 배제

---

1) 나의 주장은, 배제의 내러티브에 무언가 독특하게 근대적인 것이 존재한다는 것이 아니다. 이를테면 근대성의 '논리'에, 근대에 일어난 배제의 역사를 비근대에 일어난 수많은 배제의 역사들과 질적으로 다른 것으로 만드는 무언가가 있다는 말이 아니다. Frank Dikötter는 *The Discourse of Race in Modern China*에서 "문명이라는 개념을 인간성이라는 개념과 통합시키는 관점, 즉 중국 사회의 경계 바깥에서 살아가는 이방인 집단을 야만성의 경계를 배회하는 저 멀리의 미개인으로 취급하는 태도"에 대한 수많은 증거를 제시한다. "외집단(outgroups)의 이름은 부수가 동물인 한자로 표기했으며, 이런 관행은 1930년대까지 지속되었다. 예를 들면, 북쪽의 부족인 적(狄)은 개에 비유되었고, 남쪽에 사는 사람들인 만(蠻)과 민(閩)은 파충류의 속성을 공유한다는 식이다"(Dikötter 1992, p. 4). 나의 주장은, 배제라는 그림자 내러티브에 주의를 기울이지 않은 채 근대성을 단순히 포함의 진보로만 이야기한다면 심각한 오해를 초래할 수 있다는 것일 뿐이다.

는, '지금'의 문명에 반대되는 '그때의' 야만성, '여기'의 선함에 반대되는 '저기'의 악함을 가리키지 않는다. 배제는 문명 **안의** 야만성이며, 선한 것들 **사이의** 악이고, **자아의 벽 안에 있는** 타자에 대한 범죄다.

문명 안의 야만성, 선한 것들 사이의 악이 비일관성으로부터 기인한다고 주장할 수도 있다. 이렇게 주장하는 사람들은, 마지막 배제 지역을 정복할 때까지 포함의 프로그램을 계속 추진하기만 하면 된다고 말할 것이다. 이 관점에서 배제는 하나의 질병이며 포함은 희석되지 않은 약이다. 그러나 이 약 자체가 환자로 하여금 이 약이 치료하고자 하는 그 질병을 새로운 형태로 앓게 한다면 어떻겠는가? 나는 우리가 바로 이런 상황에 처해 있다고 생각한다. 제대로 된 거울―허영에 찬 눈이 보고 싶어 하는 것을 보여 주기를 거부하는 거울―을 제대로 들여다보기만 해도, 순진한 얼굴에 있는 추한 주름이 드러날 뿐만 아니라, 바로 그 순진함에서 스며 나오는 비열함의 분위기를 느낄 수 있을 것이다. 프리드리히 니체와 (미셸 푸코와 같은) 신 니체주의자들이 지적했듯이, 배제는 '선한 사람들'에 의해 저질러진 악이자 **문명**에 의해 만들어진 야만성인 경우가 많다.

「차라투스트라는 이렇게 말했다」(*Thus Spoke Zarathustra*)에서 니체는 복음서를 심층적으로 읽어 내면서 예수님의 적들이 스스로를 '선하다'고 생각하는 태도와 그분을 죽이고자 하는 태도 사이의 연관성을 강조했다. 예수님을 십자가에 못 박은 것은 흔히 생각하는 것처럼 사악한 사람들의 짓이 아니라 '선하고 의로운 사람들'의 짓이었다. '선하고 의로운 사람들'은 영혼이 '자신의 선한 양심 안에 갇혀 있기' 때문에 예수님을 이해할 수 없었다. 그들은 그분이 선에 대한 자신들의 관념을 거부하신 것을 악으로 이해했기 때문에 그분을 십자가에 못 박았다(Nietzsche 1969, p. 229, Westphal 1993, pp. 262-263). 니체는, '선하고

의로운 사람들'은 이미 선에 대한 지식을 가지고 있기 때문에 대안적인 덕목을 제안하는 사람을 십자가에 **못 박아야만 한다**. 스스로 선하다고 생각하는 그들은 악의 부재를 실현해야 하기 때문에 위선자가 **될 수밖에 없다**. 마치 독침을 가진 벌레처럼 "그들은 사람을 쏘되", 완전히 "순전한 마음으로" 그렇게 행한다(Nietzsche 1969, p. 204). 배제는 '악한 마음'에 의한 죄일 수도 있지만, 또한 '선한 양심'에 의한 죄일 수도 있다. "세상의 악당들이 어떤 해를 입힌다 할지라도 선한 사람이 입히는 피해만큼 해롭지는 않을 것이다"라는 니체의 경고가 완전히 틀린 말은 아닌 것 같다(Nietzsche 1979, p. 100).

'합리적인 사람들'과 '문명화된 사람들'은 어떠한가? 그들은 '선하고 의로운 사람들' 보다 조금이라도 나은가? 미셸 푸코의 작업은 포함이라는 근대성의 역사를 끈질기게 뒤따라온 배제의 그림자를 분석하는 데 초점을 맞춘다. 그의 첫 번째 책인 「광기의 역사」(*Madness and Civilization*, 나남출판)에서는 이성의 시대 안에 있는 비이성의 역사를 추적한다(Foucault 1988a). 푸코가 말한 것처럼, 그것은 "이성이 비이성을 정복한" 이야기며 "이성이 비이성으로부터 광기와 범죄와 질병이라는 진리를 짜내는"(ix-x) 이야기다. 합리적이지 않은 사람들 — "가난한 부랑자와 범죄자, 광인들"(p. 7) — 을 한센병 환자들이 사는 배제된 비인간의 구역에 몰아넣으려 했던 이야기다.

그보다 나중에 출간된 「감시와 처벌」(*Discipline and Punish*, 나남출판)에서 그는 자신의 주장을 이렇게 요약한다. 배제의 기제는 "이분법적 구분"(광인/정상인, 비정상/정상)과 "강제적 배치"(밖/안)라는 이중적 억압 전략을 통해 기능한다(Foucault 1979, p. 199). 그러나 "감옥의 탄생"에 초점을 맞추지만 좀더 일반적이고 사회적인 "정상화의 권력"(power of normalization)을 주제로 삼은 이 책에서, 그는 배제가 단지 억압적인 추방의 문제가 아니라 생산적인 형성의 문제이기도 함을 강조한다. 푸코는 "기독교 신학에서 말하는 인간과 달리" 근대의 개인은 "죄 속에서 태어나 형벌의 운명에 처한 것이 아니라 형벌과 감독과 제약의 수단으로부터 태어난다"고 말한다(p. 29). 사회 전체에서 작동하는 일련의 "감금 기제들"이 "정상화의 권력"을 행사하며(p. 308), 사람들을 유순하고 생산적이며 순종적이고 유용한 존재가 되게 한다. 정상화의 권력을 통해 배제는 우리가 포함의 문명과 연관 짓는 모든 제도―국가 장치, 교육 기관, 언론, 학문―를 지배한다. 이 모든 것이 "정상적" 지식과 가치, 습관을 가지고 있는 "정상적" 시민을 만들어 내며, 그렇게 함으로써 "비정상적" 타자를 동화시키거나 추방한다. 푸코는 자신의 책을 요약하면서 근대적 자아는 타자를 배제함으로써 간접적으로 구성된다고 주장한다(Foucault 1998b, p. 146). 물론 이 점에 관해서는 전근대적 자아도 결코 다르지 않았다. 전근대적 자아 역시 일련의 배제를 통해 구성되었다.

니체가 '선하고 의로운 사람들'을 경쟁자를 죽인 위선적인 살인자로 보았다면, 푸코는 '문명'을, 그것이 야만성으로 이해한 그 자체 안과 밖에 존재하는 요소를 세련되게 파괴해 버리는 체계로 이해한다. 니체와 푸코의 주장이 완전한 설득력을 지니지는 않지만―나 역시 그들의 주장에 완전히 동의하지는 않는다―그들은 '도덕적'이며 '문명화된' 자아가 스스로 '비도덕적'이며 '야만적인' 타자로 이해하는 것을 배제하는 체제에 의존해 있는 경우가 너무나 많다는 사실을 올바르게 지적했다. 포함의 역사 이면은 배제의 역사다. 포함이 승리를 축하하는 바로 그 공간에서 배제의 의기양양한 조소가 울려 퍼진다. 구 유고슬라비아나 르완다 같은 곳에서 일어난 잔인한 배제에 대해 도덕적으로 분노하는 것은 옳은 일이다. 어느 곳에서나―또한 서구의 가장 좋은 관습 속에서도—벌어지고 있는 다양한 형태의 배제를 도덕적으로 비판하는 것 역시 옳은 일이다.

포함이라는 근대적 이야기의 논리에서는 '배제하는 것'은 나쁘고 '받아들이는 것'은 좋다고 주장한다. 그러나 이것이 항상 옳은가? 근대성에 대한 푸코의 비판을 다른 각도에서 생각해 보라. 푸코는 일차적으로 포함이라는 근대적 기획의 비판자가 아니라 그것의 철저한 옹호자라고 주장할 수도 있다. 배제라는 그림자 내러티브에 대한 그의 비판에 담긴 파토스는 포함—그가 주장하는 급진적인 포함—에 대한 깊은 갈망의 이면이기도 하다. "이분법적 구분" "강제적 배치" "정상화의 권력"에 대한 폭로는 모두 내부를 보호하는 벽을 공격함으로써 '내부' 공간을 확장하는 것을 목표로 삼는다. 푸코는 자크 데리다나 질 들뢰즈 같은 포스트모던 사상가들과 마찬가지로 경계를 혐오한다. 포스트모더니즘의 본질에 대해 논평하며 앨런 울프는 다음과 같이 바르게 지적했다.

> 이 접근법의 본질은 집단—기표와 사람들, 종, 텍스트—사이에 존재한다고 여겨지는 경계에 의문을 제기하는 것이다. 얼핏 보기에 차이로 보이는 것을 재해석해 보면 그것이 권력에 근거한 차이이거나 수사학적 게임 전술에 불과하다는 것을 발견할 수 있다. 다시 말해 차이는 결코 그 자체로 하나의 고정된 상태를 갖지 못한다. **이것 혹은 저것**의 양자택일은 존재하지 않으며, 둘 중 어느 것도 아닐 가능성 역시 존재하지 않는다(Wolfe 1992, p. 310).

포함을 향한 일관된 충동은 분리하는 모든 경계를 무너뜨리고, 자아를 형성하고 규정하는 모든 외부 권력을 중성화하고자 한다. 따라서 푸코의 이론적 작업에 형태를 부여하는 사회적 '프로그램'은 엄밀히 말해 **프로그램의 부재**로 구성되며, "사람들이 자신이 느끼는 것보다 훨씬 자유롭다는 사실"을 보여 주겠다는 목표로 표현된다(Martin 1988, p. 10). 부정적인 자유의 급진적인 비규정성은 모든 경계를 무너뜨리고자 하는 포함을 향한 일관된 충동과 짝을 이루는 안정된 대응물이다.

하지만 이런 급진적인 비규정성은 포함이라는 관념을 내부로부터 약화시키지 않는가? 나는 그렇다고 믿는다. 경계가 없다면 우리는 무엇에 맞서 싸우는지만 알 수 있을 뿐 무엇을 위해 싸우는지는 알 수 없다. 배제에 맞서 현명하게 투쟁하기 위해서는, 전복해야 할 억압적 정체성이나 관행과, 긍정해야 할 억압적이지 않은 정체성이나 관행을 구별하게 해주는 범주와 규범적 기준이 필요하다(Weir 1996). 둘째, '경계 없음'이란 '지능을 갖춘 행위자가 없음'을 뜻할 뿐 아니라 결국에는 '생명 없음'을 의미한다. 푸코를 겨냥해 만프레드 프랑크(Manfred Frank)는 「신구조주의」(*Neostrukturalismus*, 인간사랑)에서 이렇게 말한다.

> 모든 질서에 맞서 싸우며 순수하고 추상적인 비질서를 옹호하는 것은 불가능하다(그리고 순전한 환상으로서도 매력적이지 않다). 왜냐하면 신화적인 '토후와보후'(*tohuwabohu*: 창 1:2의 "혼돈하고 공허하며"에 해당하는 히브리어—역주)처럼 비질서는 아무런 속성을 갖지 않는 '피조물', 아무것도 구별해 낼 수 없으며 아무런 행복과 기쁨도, 아무런 자유와 정의도 찾을 수 없는 공간일 것이다(Frank 1984, p. 237).

경계의 부재는 비질서를 만들어 내며, 비질서는 배제의 종식이 아니라 생명의 종식이다.

물론 푸코는 혼돈의 물이 들이닥치는 것은 막을 수 있었을 것이다.

모든 경계를 무너뜨리기를 거부할 수도 있었다. 그러나 푸코의 주장처럼 모든 경계가 자의적이라면, 그리고 그것이 필연적으로 억압을 수반한다면, 이런 움직임은 지배를 사회적 삶의 구조 일부로 받아들이는 것과 다름없으며 억압을 영속화하는 비극적인 결과를 낳는다. **일관되게 포함을 추구하고자 할 때, 우리는 경계 없는 혼돈과 경계가 존재하는 억압 사이의 불가능한 선택에 직면할 수밖에 없다.** 이것이 푸코의 사상이 보여 주는 주요한 교훈 중 하나다.[2]

이쯤에서, 포함을 추구하는 태도가 지닌 내적 모순에 대한 나의 설명은 배제에 대한 투쟁이 두 가지 주요한 위험에 봉착했음을 드러낸다. 첫째는 배제의 관행에 대한 반대가 새로운 형태의 배제를 만들어 낸다는 것이다. 즉, 우리의 '도덕적'이고 '문명화'하고자 하는 열의가 우리가 지금 무슨 일을 벌이는지 볼 수 없게 만들었을 뿐 아니라 새로운 억압적 경계를 세우게 했다는 것이다. 두 번째 위험은 첫 번째 위험을 피해 보려는 시도로부터 기인한다. 모든 경계가 사라진 후 무엇이

---

2) 이 양자택일을 피하기 위해, 푸코가 주장하는 경계의 해체를, 일관된 원칙을 고수하는 철학적 입장이라기보다는 하나의 사회적 전략으로 이해할 수도 있다. "정상성이라는 판단의 잣대가 어느 곳에나 존재"하며(Foucault 1979, p. 304) "정상화의 권력이 정상화된"(p. 296) 세상 속에서 푸코는 그 무엇보다 바로 경계에 맞서 싸우고 있다. 그는 모든 경계와 싸우는 것이 아니라 특정한 경계, 즉 불필요하며 억압적인 경계와 싸우고 있다. 이에 대한 즉각적인 대답은, 너무 많이 판단하는 것보다 **바른** 판단을 하지 못하는 것이 현대 사회에서 더 근본적인 문제가 아닌가 묻는 것이다. Michael Wood의 말처럼, 지금 우리는 "언제나 법정에 대해 편견의 눈으로 바라보며 유죄 판결을 내리는, Kafka의 *Trial*에서 그리는 상황과 흥미롭게도 정서적으로 역전된 세상 속으로" 진입하고 있는 것은 아닐까?(Wood 1989, p. 145) Andrew Delbanco가 *The Death of Satan*에서 주장했듯이, 악의 현란한 가시성과 그것을 명명하지 못하는 우리의 절망적 무능력 사이에 불쾌할 정도로 큰 간격이 벌어진 것은 아닐까?(Delbanco 1995) 우리는 기괴한 것의 역설적 정상화를 목도하고 있는 것은 아닐까? 그래서 "정상적"이라는 말이 금기어가 되어 버린 것은 아닐까?(p. 185)

배제되었는지 혹은 무엇이 배제되어서는 안 되는지를 분명히 말할 수 없게 되었기 때문에, 배제에 대한 투쟁이 스스로 붕괴되어 비질서의 심연으로 빠지고 마는 것이다. 배제의 희생자들을 위해 우리는 두 위험을 모두 피해야 한다. 배제에 대한 올바른 성찰은 두 조건을 충족시켜야 한다. (1) 그것은 확신을 가지고 배제를 악으로 명명할 수 있도록 도와야 한다. 이를 통해 배타적이지 않은 정체성을 규정하는 배타적이지 않은 경계를 상상할 수 있기 때문이다. 동시에 (2) 그것은 우리 자신의 판단과 관행 속에 있는 배타적 경향을 찾아내는 능력을 무디게 만들어서는 안 된다.

이 장의 내용은 배제를 이러한 방식으로 이해하려는 노력이다. 본론으로 들어가서 나는 배제의 구성 요소, 작동 방식, 만연성, 힘에 대해 논할 것이다. 결론에서 나는 성경에 기록된 최초의 규범적 배제 행위, 즉 가인이 자신의 동생 아벨을 죽인 사건을 분석할 것이다. 그러나 먼저 몇 가지 중요한 구별을 해 둘 필요가 있다. 그것이 없다면, 배제에 대한 우리의 분노는 불쾌함이라는 임의적이며 변덕스러운 감정 외에 그 어떤 견고한 기초도 갖지 못할 것이기 때문이다.

...구별, 배제, 판단

모든 경계를 비난하고, 모든 정체성을 억압적이라고 말하고, 모든 안정된 차이에 '배제'라는 꼬리표를 달아 보라. 그러면 명료하게 보는 행위 주체 대신 목적 없이 표류하는 사람들을, 도덕적인 의무와 책임감 대신 두서없는 행위를, 그리고 결국에는 자유의 춤 대신 죽음의 무감각 상태를 얻게 될 것이다. 앞서 이렇게 주장하면서 나는 어떻게 혼돈이라는 악령에게 우리의 영혼을 팔지 않고도 배제에 맞서 싸울 수 있는지는 설명하지 않았다. 나는 **구별**(differentiation)과 **배제**(exclusion)

를 구분함으로써 이 물음에 답하고자 한다. 이 둘 사이의 분간은 **배제와 판단**(judgement) 사이의 구분으로 이어지며, 이는 다시 배제하지 않는 판단을 할 수 있는 주체는 어떤 모습일지 알 수 있게 해준다. 배제에 맞서 싸워 이기기 위해 필요한 것은 바로 타자를 기꺼이 포용하고자 하는 사람들이 내리는 배제하지 않는 판단이다.

구별. 「하나님의 의도를 배반한 인간」(*Not the Way It's Supposed to Be*)이라는 '죄에 관한 기도서'에서 코넬리우스 플랜팅가(Cornelius Plantinga)는 창세기 1장이 하나님의 창조 행위를 "분리하기"와 "결합하기"로 기술하고 있음을 지적했다(Plantinga 1995, p. 29). 처음에는 땅이 "혼돈하고 공허"했다(창 1:2). 플랜팅가는 "우주의 모든 것이 마구 뒤섞여 있었다"고 말한다.

> 그래서 하나님은 일종의 창조적 분리를 시작하신다. 그분은 어둠으로부터 빛을, 밤으로부터 낮을, 땅으로부터 물을, 땅에 다니는 것으로부터 바다 생물을 분리시키신다.…동시에 하나님은 결합하신다. 그분은 청지기이자 돌보는 존재로 사람을 다른 피조물과 결합시키시고, 자신의 형상을 지닌 사람을 자신과 결합시키시고, 서로를 온전케 하는 보완자로서 사람들이 서로 결합하게 하신다(p. 29).

창세기 1장에는 플랜팅가가 언급한 것보다 '분리하기'와 '결합하기'가 더 많으며, 하나님에 의해서만이 아니라 피조물에 의해서도 이루어지지만, 플랜팅가는 분명히 중요한 주장을 하고 있다. 즉, 창세기에서 묘사하는 창조가 '분리되고 또한 결합된' 실체들이라는 복잡한 패턴으로 존재한다는 것이다. 추상적이기는 하지만 더 정확한 표현을 사용하자면, 미하엘 벨커(Michael Welker)의 말처럼 창조는 "상호 의존의 관계망을 형성하고 유지하는 것"을 뜻한다(Welker 1995, p. 24). 인간에 초점을 맞춘 아래의 논의에서 '구별'이라는 용어를 사용할 텐데, 이것은 상호 의존의 패턴을 낳는 '분리하고 결합하는' 창조적 행위를 말한다.

내가 정의한 '구별'은 순수하고 단순한 의미의 '분리'(separaion)와 다르다는 점에 유의하라. 구별이란 '분리하고 결합하기'다. 분리는 자폐적이며 고립된 자기 동일적 존재로 귀결된다. 그리고 페미니즘 사상가들은 하나의 이상으로서의 분리를 정당하게 거부했다. 낸시 초도로우(Nancy Chodorow)와 같은 관계적 페미니스트들은 분리가 언제나 기존 관계(특히 어머니와의 관계)의 억압을 수반하기 때문에, 타자에 대한 지배로 귀결된다고 주장했다(Chodorow 1978). 주디스 버틀러(Judith Butler)나 뤼스 이리가레이(Luce Irigaray)와 같은 포스트모던 페미니스트들은 분리가 자아로부터 비단일적이며 비동일적인 모든 것을 몰아냄으로써만 형성될 수 있는 '단일적'이며 '자기 동일적' 자아로 귀결됨을 강조한다(Butler 1990; Irigaray 1985). 페미니즘 사상의 상이한 두 흐름은 '정체성'이 분리에 기초한다는 이유 때문에 각각의 방식으로 그것을 거부한다. 만약 「희생의 논리학」(*Sacrificial Logics*)에 나타난 앨리슨 위어(Allison Weir)의 분석이 옳다면, 페미니즘 사상의 이 두 흐름을 하나로 묶어 주는 것은, 타자와의 관계나 자아 내부의 차이를 억압하지 않는 '정체성'을 생각할 수 없다는 태도다(Weir 1996). 더 복합적인 정체성 개념, 즉 '순수'하지 않고 타자를 포함하는 정체성 개념이 가능한가?

창조를 단순히 '분리하기'가 아니라 '분리하고 결합하기'로 이야기한다는 것은 '정체성'이 연결, 차이, 이질성을 포함하고 있다고 주장하는 것이다. 인간의 자아는 단순히 타자를 거부함으로써—반대하거나 부정하는 두 가지 논리를 통해서—가 아니라 '들어오게' 하고 **또** '들어오지 못하게' 하는 복합적인 과정을 통해서 형성된다. 우리가 우리 자신인 것은 우리 옆에 있는 타자로부터 분리되어 있기 때문이 아니라, 우리가 분리된 **동시에** 연결되어 있으며, 구별되는 **동시에** 관계를 맺고 있기 때문이다. 우리의 정체성을 표시하는 경계는 장벽인 **동시에** 다리다. 나 미로슬라브 볼프가 나 자신인 것은 주디 건드리-볼프(Judy Gundry-Volf)와 구별되기 때문인 동시에 지난 15년 동안 그녀와의 관계에 영향을 받아 왔기 때문이다. 마찬가지로, 미국에서 '흑인'이라는 것은 '백인들'과 특정한 관계─불쾌한 관계인 경우가 너무나도 많지만─를 맺고 있다는 뜻이다(Appiah 1994, p. 154 이하). 정체성은 타자와의 구별 짓기의 결과이면서 **동시에** 타자와의 관계를 내면화한 결과다. 그것은 자아와 타자가 상호작용을 통해 자신의 정체성을 협상하는, 양쪽 모두가 참여하는 '구별'(differentiation)의 복잡한 역사로부터 나타난다. 따라서 폴 리쾨르(Paul Ricoeur)가 「타자로서의 자기 자신」(*Oneself as Another*, 동문선)에서 주장했듯이, "한 사람의 자아됨은 너무나 친밀하게 타자성을 내포하기 때문에 타자 없이는 그 사람에 대해 생각할 수 없을 정도다"(Ricoeur 1992, p. 3).

배제. 창조의 과정이 '분리하고 결합하는' 활동을 통해 이뤄진다면, 플랜팅가가 주장하는 것처럼, 죄를 "피조물을 속으로부터 혹은 밖으로부터 파괴하여 그 기원이었던 '혼돈하고 공허한' 상태로 되돌리는 파괴적인 회오리바람"으로 이해해야 하지 않겠는가?(Plantinga 1995, p. 30) '혼돈하고 공허한' 상태는 궁극적으로 죄를 억제하지 않고 내버려 두었을 때 초래되는 결과일 테지만, 죄의 더 직접적인 목표는 창조를 원상태로 되돌리는 것이라기보다 그 상호 의존성의 형식을 폭력적으로 재설정하는 것이다. 플랜팅가가 올바르게 주장하듯이, "하나님이 결합하신 것을 나누고, 하나님이 나누신 것을 결합하는 것"이다(p. 30).

'구별'이라는 창조적 행위와 구별하기 위해, 나는 창조를 악하게 재설정하는 이러한 행위를 '배제'라 부르고자 한다.

그렇다면 배제란 무엇인가? 서론적으로는 그리고 다소 도식적인 방식으로는, 배제의 상호 연관된 두 측면을 지적할 수 있다. 하나는 '결합'을 거스르는 요소이며 다른 하나는 '분리'를 거스르는 요소다. 첫째, 배제는 연결된 이음새를 잘라 냄으로써 스스로 상호 의존의 형식을 벗어나 극단적인 독립의 위치를 차지하려는 태도를 수반한다. 그렇게 할 때 타자는 자아가 밀어내고 자기 공간으로부터 쫓아 버려야 할 적이 되거나, 무시하고 내버릴 수 있는 비실체—잉여적 존재—가 되고 만다. 둘째, 배제는 분리를 지워 버리는 것을 수반한다. 타자는 타자성을 유지한 채 상호 의존의 형식에 속해 있는 존재로 인식되지 않는다. 그 결과 타자는, 자아처럼 만들어져 동화되거나 자아에 종속되어야 할 열등한 존재가 된다. 추방이나 동화나 종속화라는 폭력과 내버려두는 무관심이, 주고받음의 상호성과 들어오게 하는 동시에 들어오지 못하게 하는 관계의 역동을 대체할 때 배제가 일어난다.

지금까지 배제를 개략적으로 설명했다. 나중에는 이 뼈대에 살을 붙일 것이다. 여기서는 배제가 경계를 유지하는 것과 어떻게 다른지만 지적해 두자. 앞서 주장했듯이, 경계는 구별이라는 창조적 과정의 일부다. 경계가 없으면 개별적인 정체성도 존재할 수 없으며, 개별적인 정체성이 없으면 타자와의 관계도 존재할 수 없기 때문이다. 엘리 비젤(Elie Wiesel)이 「기억의 나라로부터」(*From the Kingdom of Memory*)에서 말했듯이, 당신이 "언제 물러설지를 알아야만" 낯선 사람과의 만남이 창조적일 수 있다(Wiesel 1990, p. 73). 낯선 사람은 "이방인으로서만 도움을 줄 수 있다. 그래야만 당신이 그의 피상적인 모방이 되지 않고, 그 역시 당신의 피상적인 모방이 되지 않을 수 있다"(p. 65). 서로의 피상적인 모방이 되지 않기 위해, 구별을 지워 버리는 소용돌이에 갇혀 "혼돈과 공허함"으로 되돌아가지 않기 위해, 우리는 경계를 배타적인 것으로 이해하지 않아야 한다. 배타적인 것이란 타자와의 창조적인 만남을 가로막는 통과할 수 없는 장벽이다. 그것은 추방이나 무관심의 결과다.

판단. 대중문화에서는 남을 판단하는 것을 배제의 행위로 간주하는 경우가 많다. 생활 방식이나 종교적 신념 체계, 행동의 과정에 대해 강하게 반대하면—'틀린' '그릇된' '오류의' 같은 형용사를 사용하며 반대 의견을 표하고 그것이 개인적·집단적 선호의 표현 이상이라고 이해하면—배타적이라고 느낀다. 리처드 로티는 "아이러니의 태도"가 "판단의 규칙"을 대체해야 한다고 주장하면서 이러한 대중적인 태도를 지적으로 표현했다. 사람은 무엇이 옳고 그른지 알 수 있다고 믿는 대신, 그가 『우연성, 아이러니, 연대성』(*Contingency, Irony, and Solidarity*, 민음사)에서 말했듯이, "자신의 가장 중요한 신념과 욕망이 우연적이라는 사실" 즉 그것이 "시간과 우연의 범위 너머에 있는 무언가와 관련을 가지고" 있지 않다는 사실을 직시해야 한다(Rorty 1989, xv).

나의 관점에서 보자면, '구별'과 '배제'를 구별하는 이유는 로티의 말처럼 우연성이란 결코 '궁극적이지' 않으며, 따라서 "시간과 변화"에 의해 생겨나지 않았으므로 그것에 의해 변화될 수 없는 가치가 존재함을 강조하기 위해서다. 나는 특정한 사회, 이를테면 사람들이 "사적인 구원을 위해 노력하고, 사적인 자기 이미지를 만들어 내고, 그들이 우연히 만나게 된 새로운 사람과 책에 영향을 받고 그에 따라 신념과 욕망의 망을 다시 짤 수 있는" 사회에 대한 우연한 선호 때문에 배제를 거부하는 것이 아니다(p. 85). 예언자, 복음서 저자, 사도들이 어디에서 누구를 대하든 배제는 잘못된 방식이라고 말하기 때문에, 그리고 그들의 말을 믿는 것이 타당하다고 확신하기 때문에 배제를 거부하는 것이다. 아이러니의 입장은 풍요로움에 도취된 사람들이 욕망하는 것일지도 모른다. 왜냐하면 그것은 "사적인 자기 이미지를 만들고 신념과 욕망의 망을 다시 짜는" 일에 자기 중심적으로 집착하는 것을 정당화해 주기 때문이다. 그러나 분명한 것은, 기아, 박해, 억압으로 고통당하는 사람들은 아이러니의 입장을 취할 여유가 없다는 것이다(West 1995, pp. 163-164). 그들은 자신을 착취하고 박해하고 억압하는 이들이 심판을 받을 때에만 자신들이 살아남을 수 있음을 알기 때문이다. 내가 제안한 어휘에서는 어떤 경우에든 '배제'는 선호의 문제가 아니다. 그것은 객관적인 악을 처리하는 문제다.

그렇다면 배제를 악이라고, 구별을 긍정적인 선이라고 부르는 판단 자체는 배제의 행위가 아니다. 반대로 그런 판단은 배제에 맞서는 투쟁의 시작이다. 물론 우리는 배제하는 판단을 하기도 하며, 사실 너무나 자주 그런 판단을 한다. 유럽에서 온 이주자들은 더 많은 땅을 원했으며, 원주민에 대한 살육과 추방을 정당화하기 위해 그들을 '야만인'이라고 판단했다(Takaki 1993, p. 39). 남자들은 여성들에 대한 지배를 정당화하고자 하며, 그래서 그들을 '비합리적'이며 '불안정'하다고 판단한다. 이런 경우 판단은 배제로 귀결되며 그 자체가 배제의 행위다. 그러나 배제적 판단에 대한 처방은 분명 '아이러니의 입장'을 취하는 것이 아니다. 그 대신 우리는 더 적합한 판단을 내려야 할 필요가 있다. 즉, 정당한 '구별'과 정당하지 않은 '배제'가 차이가 있음을 인식하며 적절하게 판단하고, 배제하려는 욕망 때문에 우리가 잘못 인식하고 판단하는 성향이 있음을 인정하는 겸손한 태도로 판단해야 할 필요가 있다.

...자아와 그 중심

그러나 어떻게 그런 배타적이지 않은 판단을 내릴 수 있을까? 어떤 사람이 그런 판단을 내릴 수 있을까? 어떤 사람이 배제에 맞서 싸우면서도 그 배제를 영속화하지 않을 수 있을까?

'아이러니'에 대한 로티의 주장은 많은 중요한 요소를 지니고 있으며, 그중 하나는 자아의 성격과 관계가 있다. 그는 "자아에 아무런 중심이 없다면, 이전에 존재하던 신념과 욕망의 망에 새로운 신념과 욕망을 엮어 넣는 다양한 방식이 존재할 뿐이다"라고 말한다(pp. 83-84). 아이러니한 태도는 중심 없는 자아의 태도다. 여기서 자아에 중심이 존재하고 따라서 단순히 **선행하거나 후속하는** 신념과 욕망만이 아니라 **옳거나 그른** 신념과 욕망도 존재하며, 단순히 신념과 욕망을 직조하는 **다양한** 방식만이 아니라 신념과 욕망을 직조하는 **옳거나 그른** 방식이 존재한다고 주장함으로써 '아이러니'를 반박하고 '판단'을 옹호하는 것은 매우 매력적으로 보인다. 이것은 많은 위험에도 불구하고 어쨌든 유익한 논증으로 보인다. 이 논증이 자아가 중심을 가지고 있는가에 모든 관심을 집중시키기 때문이다. 하지만 이 논증은 자아가 어떤 종류의 중심을 가져야 하는가 하는 훨씬 더 중요한 물음은 무시한다. 나는 그리스도인의 삶의 성격에 관한 사도 바울의 핵심 주장을 살펴봄으로써 이 두 번째 물음에 집중하고자 한다. "내가 율법으로 말미암아 율법에 대하여 죽었나니 이는 하나님에 대하여 살려 함이라. 내가 그리스도와 함께 십자가에 못 박혔나니, 그런즉 이제는 내가 사는 것이 아니요 오직 내 안에 그리스도께서 사시는 것이라. 이제 내가 육체 가운데 사는 것은 나를 사랑하사 나를 위하여 자기 자신을 버리신 하나님의 아들을 믿는 믿음 안에서 사는 것이라"(갈 2:19-20).

바울은 중심을 지닌 자아를 전제한다. 더 정확히는 십자가에 못 박

힘으로써 중심으로부터 벗어나야 할 필요가 있는 **잘못된** 중심을 지닌 자아를 전제한다. "내가 그리스도와 함께 십자가에 못 박혔나니." 자아에 '객관적'이며 '고정된' 중심이 없을 수는 있지만, 그렇다고 **자아에 중심 자체가 없을 수는 없다**. 자아는 언제나 그 자체의 중심을 만들게 마련이다. '엮다'라는 말은 이처럼 중심을 만드는 과정을 묘사하기에 다소 중립적인 표현이다. 로티의 책을 위해서는 적합한 이미지이겠지만 인간의 자아가 어떻게 형성되는지를 설명하기에는 적합하지 않다. 오히려 '투쟁'과 '폭력'이라는 말이 현실을 더 적합하게 기술하는 것 같다(Volkan 1988). 심리학자들은 인간이 자기 자신을 만들어 내고 재설정하는 방식은, 타인에 대한 동일시나 거부의 과정을 통해, 충동과 욕망을 억압함으로써, 자아와 타자의 이미지를 주입하거나 투사함으로써, 두려움의 원인을 외부로 돌림으로써, 적을 만들어 내거나 적개심을 품음으로써, 충성심을 만들어 내거나 그것을 깨뜨림으로써, 사랑하고 미워함으로써, 지배하려 하거나 스스로 지배당함으로써라고 말한다. 그리고 이 모든 것이 명확히 나눠지지 않고 뒤섞여 있다고 말한다. '덕'은 숨은 '악덕'에 기댄 경우가 많고, '악덕'은 고안된 '덕'으로서 보상받기를 추구한다는 말이다. 이런 뒤얽힌 과정을 통해 자아의 중심은, 때로는 타자에 맞서 자신의 존재를 주장함으로써(전형적인 남성적 자아), 때로는 타자에 지나치게 집착함으로써(전형적인 여성적 자아), 때로는 자극적이며 불안한 쾌락의 유혹에 이끌림으로써, 때로는 엄격하며 냉혹한 법의 지배에 의해 압력을 받음으로써 언제나 스스로를 재생산한다.

어떤 방식으로 '중심'을 만들든지, 그 결과가 어떠하든지, 바울은 자아가 중심으로부터 벗어나야 한다고 주장한다. 이러한 행동을 기술하기 위해 그가 사용한 단어는 "십자가에 못 박힘"이다. 바로 성 금요일과 부활절에서 절정을 이루는 그 이야기다. 라인홀드 니버(Reinhold Niebuhr)는 「인간의 본성과 운명」(*The Nature and Destiny of Man*)에서 '십자가에 못 박음'이라는 바울의 말을 해석하기 위해 '파괴하기'라는 말을 사용한다(Niebuhr 1964, 2:108). 그러나 이 용어는 지나치게 급진적이다. 분명히 바울은 동일한 자아가 '십자가에 못 박힘' 이후에도 계속해서 살아간다고 생각하기 때문이다. '중심으로부터 벗어남'(de-centering)이 더 나은 용어다. 그 다음에는 동일한 자아의 중심을 재설정(re-centering)할 수 있기 때문이다.

바울은 자신이 십자가에 못 박혔다고 말한 다음 "내 안에 그리스도께서 사신다"고 말한다. 이것은 중심을 벗어나는 것이 중심을 재설정하는 것의 이면일 뿐이라는 뜻이다. 자아는 바로 이와 동일한 과정을 거침으로써, 즉 믿음과 세례를 통해 그리스도의 죽음과 부활에 동참함으로써, '중심으로부터 벗어나고 중심을 재설정' 한다. "만일 우리가 그의 죽으심과 같은 모양으로 연합한 자가 되었으면 또한 그의 부활과 같은 모양으로 연합한 자도 되리라"(롬 6:5). "그리스도와 함께 못 박힘"으로써 자아는 새로운 중심을 받았다. 즉, 그리스도는 자아 안에 사시며, 자아는 그분과 더불어 산다. 자아의 새로운 중심이 인간의 심층에 숨겨져 있고 문화와 역사의 침적물 아래에 자리잡은, '시간과 변화'에 영향을 받지 않는 무시간적인 '본질', 발견되고 밝혀지고 해방되기만을 기다리는 본질이 아니라는 점에 주목하라. 또한 그 중심은 내면적 내러티브―공동체의 '최종적 어휘'와 '지배적 이야기'를 되풀이하는 메아리가 자아라는 책에 기록해 놓은, 그리고 경쟁하는 '어휘들'과 경쟁하는 '이야기들'의 침입으로 영향받지 않도록 그 진실성을 보호해야만 하는―도 아니다. 자아의 중심―내부에 있기도 하고 외부에 있기도 한 중심―은 예수 그리스도의 이야기이며, 이 이야기가 곧 자아의 이야기가 된다. 더 정확히, 그 중심은 자아의 구조 자체를 이루는 필수 요소가 된, 십자가에 달려 죽으시고 부활하신 예수 그리스도시다.

중심을 재설정하는 과정에서 자아에 무슨 일이 일어났는가? 자아는 단순히 지워졌는가? 그 자신이 가지고 있던 중심은 낯선 중심-십자가에 달려 죽으시고 부활하신 그리스도-에 의해 그저 대체되기만 했는가? 그렇지 않다. 만약 바울의 말처럼 그리스도께서 '내 **안에** 사신다면', **나**는 '중심이신 그리스도'와 구별되는 하나의 중심을 가지고 있어야 하기 때문이다. 그래서 바울은 계속해서 이렇게 말한다. "이제 **내**가 육체 가운데 사는 것은…." 중심으로부터 벗어나는 과정에서 자아는 그 자신의 중심을 잃어버리지 않았고, 옛 중심을 변화시키고 보강하는 새로운 중심을 얻었다. 중심을 재설정하는 것은 자아를 부인하고 지워 버리는 것이 아니다. 그러므로 그리스도 안에서 자아는 해체되지 않으며, 마찬가지로 '아버지'나 '남편' '국가' '교회' 같은 것 안에서 일어나는 다른 해체도 정당화되지 않는다. 오히려 중심을 재설정함으로써, 자아로 하여금 그것을 질식시키겠다고 위협하는 개인이나 조직에 맞설 수 있게 해주는 가장 적합하고 확고한 중심을 확립할 수 있다.

그러나 더 중요한 점은, 새로운 중심이 **중심을 벗어난 중심**이라는 것이다. 바울은, 믿음과 세례를 통해 자아가 "나를 사랑하사 나를 위하여 자기 자신을 버리신 하나님의 아들"의 형상으로 재창조되었다고 말한다. 자아의 중심에는 자기를 내어 주는 사랑이 자리잡고 있다. 그것은 자아를 폐쇄하고 자신의 정체성을 보호하기 위해 그 순수성을 위협하는 모든 것을 몰아내는 '패권적 중심성'이 아니다. 반대로 새로운 중심은 자아를 개방하고, 자아로 하여금 타자를 위해 기꺼이 자신을 내어 주고 자신 안에 타자를 받아들일 수 있게 해준다. 앞 장에서 나는 바울이 순수하고 보편적인 정신의 육화되지 않은 초월성이 아니라, 하나님의 메시아의 고통당하신 몸이라는 특수성의 스캔들 안에 교회의 하나됨을 놓는다고 주장했다. 마찬가지로 바울은 어떤 단일하며 변하지 않는 '본질' 속에서가 아니라, 고통당하신 메시아에 의해 가능해진 사랑, 즉 그분의 모범을 따르는 자기를 내어 주는 사랑 안에서 자아의 중심을 발견한다.

그리스도인에게, 자기를 내어 주는 사랑이라는 이 '중심을 벗어난 중심' — 가장 확고하게 중심을 잡고 있는 동시에 가장 철저하게 개방적인 — 은 자아의 문턱에서 타자성의 운명에 관해 결정을 내리는 문지기다.[3] 이 중심으로부터 배제에 관한 판단을 내려야 하며 배제에 맞서는 싸움을 수행해야 한다. 그리고 이런 종류의 자아에게 배제에 대한 저항은 곧 포용 실천의 이면과 다름없다. 그러나 포용에 대한 분석(3장)으로 넘어가기 전에 나는 배제를 더 자세히 보고자 한다. 배제란 무엇인가? 그것은 어떤 형태를 취하는가? 무엇이 그것을 유발하는가? 왜 그것은 이토록 널리 퍼져 있는가? 왜 그렇게 저항할 수 없도록 압

---

3) 문이라는 은유는 꼭 필요한 구분선을 암시하는 한 유익하다. 그러나 확연하고 정적인 경계를 암시하는 한 오해를 불러일으킬 수도 있다. 선교학자 Paul Hiebert는 기독교라는 범주를 분석하면서 유계(bounded) 집합, 퍼지(fuzzy) 집합, 중심(centered) 집합이라는 수학적 범주를 사용할 것을 제안한다. 유계 집합은 "이것 아니면 저것"이라는 원칙 하에 작동한다. 사과는 사과이거나 사과가 아니다. 부분적으로 사과이며 부분적으로 배일 수는 없다. 반면에 퍼지 집합은 어떠한 확연한 경계도 없다. 산이 평원과 합쳐질 때처럼 그 구성원은 유동적이며, 어떠한 확고한 준거점도 없고, 그 안에 포함되는 정도도 다양하다. 중심 집합은 중심과 구성 요소가 중심과 맺는 관계에 의해, 그것을 향하거나 그것으로부터 멀어지는 **움직임**에 의해 정의된다. Hiebert는 기독교라는 범주를 중심 집합으로 이해해야 한다고 주장한다. 구분선은 존재한다. 그러나 "경계의 유지"가 아니라 "중심의 재확인"에 초점을 맞춘다(Hiebert 1983, p. 424).

도적인가?

…배제의 구조와 원동력

기독교 신학에는 모든 죄의 기원을 하나의 근본 형태의 죄로 추적해 가는 오랜 전통이 있다. 주요한 후보로는 "관능"[알렉산드리아의 클레멘스,「인간의 창조에 관하여」(*On the Making of Man*), 18, 4], "교만"(Niebuhr 1964, 1:178 이하), 더 최근에는 "폭력"(Suchocki 1995) 등이 있다. 이러한 제안은 각각 인간의 모든 구체적인 죄를 설명하지 못한다는 비판을 받을 수 있다. 예를 들어 "교만"은 대다수 여성들의 경험을 정확히 포착하지 못하는 것처럼 보인다(Hampson 1986; Plaskow 1980). 그리고 죄의 공통 기원을 추적하려는 시도 자체는 지나치게 추상적인 경향을 띨 위험이 있다(Moltmann 1992, p. 127). 거짓 보편성과 추상성의 위험을 염두에 두고, 나는 여기서 가장 근원적인 죄를 찾아내려 하지 않을 것이다. '배제'는 우리가 이웃에 대해 저지르는 상당히 많은 죄에 널리 퍼져 있는 것을 가리킬 뿐 모든 죄 아래에 깔려 있는 것을 가리키지 않는다.[4]

죄를 배제의 행위로 이해하면, 사람들이 흔히, 특히 종교계에서 덕으로 간주하는 것까지도 죄임을 지적할 수 있다. 예수 시대의 팔레스타인에서 '죄인'은 단지 '사악한 사람', 따라서 종교적으로 타락한 사람뿐만 아니라(Sanders 1985), 사회에서 추방된 사람, 천대받는 직업을 가진 사람, 이방인과 사마리아인, 특정 분파에서 해석하는 대로 율법

---

4) '배제'와 '교만'—가장 근원적인 죄로 자주 거론되는—사이의 관계를 탐구하는 데 관심이 있는 사람들을 위해서는, Reinhold Niebubr의 말처럼 배제를 "교만의 이면이자, 다른 사람들의 업적에 자존심이 끊임없이 도전을 받는 세상 속에서 일어나는 교만의 부수물"로 이해할 수도 있음을 지적해 둔다.

을 지키지 못했던 사람까지 아우르는 말이었다(Dunn 1988, pp. 276-280). '의로운' 사람은 자신을 그런 사람들로부터 분리시켜야 했다. 그들이 더럽혀진 사람들이었기 때문에 그들의 존재는 다른 사람까지도 더럽힌다. 예수님은 이런 식의 죄 이해를 정면으로 거스르셨다. "세리와 죄인들"과 나눈 예수님의 식탁 교제(막 2:15-17)는 의심할 여지없이 그분의 사역의 핵심적 특징이다. 무고하고 죄가 없으시며 온전히 하나님께 속한 그분이 추방자들을 배제하는 사회적 경계를 위반하셨다면, 이 경계 자체가 악하고, 죄이며, 하나님의 뜻을 벗어난 것이다(Neyrey 1988, p. 79). '추방자'를 포용하심으로써, 예수님은 그들을 추방한 사람들과 제도가 '죄로 물들었음'을 보여 주셨다.

그러나 예수님이 사회적 경계를 위반한 이들을 향해 긍휼을 베푸셨다는 사실로부터, 그분의 사명이 단순히 사회적으로 용납될 수 없다고 여겨지는 이들을 그릇되게 죄인 취급함으로써 '죄인'을 만들어 내는 기제를 폭로하는 데 그쳤다고 결론내리는 것은 실수일 것이다(Borg 1994, pp. 46-61에 제기된 주장에도 불구하고). 그분은 용납을 최상의 덕이라고, 비관용을 최상의 악이라고 생각하는 '포함'의 예언자가 아니셨다(Johnson 1996, pp. 43-44). 대신 그분은 '은총'을 가져오는 분이셨다. "누구든지" "열린 공동체"의 교제에 받아들이심으로써 스캔들을 일으키시는 분이셨을 뿐 아니라(Crossan 1991, pp. 261-264; Crossan 1994, pp. 66-70), 회개라는 '비관용적' 요구와 용서라는 '거만해 보이는' 제안도 하셨다(막 1:15; 2:15-17). 예수님의 사명은, 그릇되게 '죄'라는 꼬리표가 붙은 행동을 **재명명하시는 것**뿐만 아니라 실제로 죄를 짓거나 불행을 겪은 이들을 **재창조하시는 것**이었다. 추방자와 죄인, 희생자와 가해자 모두에 대한 헌신에 근거한, 이름 고치기와 다시 만들기라는 이중 전략은 배제로서의 죄라는 적절한 개념이 나타날 수 있는 알맞은 배경이 된다.

재명명. 예수님은 정결하지 않은 음식은 없다고 말씀하셨다(막 7:14-23). 정결한 음식과 그렇지 않은 음식을 분리함으로써 그릇된 경계가 만들어지고 그 때문에 불필요하게 사람들이 분리된다. 여자의 몸에서 피가 흘러나오는 것은 부정한 것이 아니다(막 5:25-34의 암시적 의미). 여성들이 지켜야 할 정결 규례는 그들을 소외시키는 잘못된 경계일 뿐이다(Wegner 1988, pp. 162-167). 더 추상적으로 이야기하자면, 재명명이라는 단순한 행동을 통해 예수님은 사회적 삶의 너무나도 많은 부분을 통제하는 경직된 이분법 논리를 무력하게 만드셨다. 이 논리에 의하면, 사회는 X(우월한 내집단)와 X가 아닌 것(열등한 외집단)으로 나뉘며, 무엇이든 X가 아닌 것은 열등한 외집단으로 취급받는다. '부정'하다고 잘못 이름 붙여진 것을 재명명하는 사명은, 생명을 창조하고 지탱하시는 하나님이 '정결하게 만드신' 사물들의 질서에 의거해, 왜곡된 배제의 체제—사람들이 '부정'하다고 일컫는 것—를 폐기하는 것을 목표로 삼았다(행 10:15 참고).

재창조. 예수님은 정결한 것에 붙여진 '부정하다'는 꼬리표를 제거하셨을 뿐만 아니라, 정말로 부정한 것으로부터 정결한 것을 만들어내셨다. 더러운 귀신—사람들을 공동체로부터 단절시키고, 그들로 하여금 자신과 반목하게 만들고, 급기야 스스로 목숨을 끊게 만드는 악한 영들—들린 사람들은 억압으로부터 해방되어 공동체 안으로 재통합되었다(막 5:1-20). 범죄의 덫에 걸렸던 사람들, 즉 세리처럼 자신의 이익을 위해 다른 이들에게 해를 입힌 사람들, 창녀처럼 많은 돈을 벌거나 그저 살아남기 위해 자신을 망가뜨린 사람들, 우리가 대부분 그러하듯 세상을 조금 더 얻기 위해 기꺼이 자신의 영혼을 잃어버리려 하는 사람들이 용서받고 변화되었다(막 2:15-17). 순수하지 않았던 사람들을 순수한 사람으로 재창조하는 사명은, 생명을 구속하고 회복하시는 하나님의 사랑 안에는 아무런 경계도 없기에, 그 하나님의 이름으로 저질러진 악이 만들어 낸 장벽을 무너뜨리는 것을 목표로 삼았다. 재명명과 재창조의 이중 전략을 통해 예수님은 배제의 세상— 죄 없는 사람들에게 악이라는 꼬리표를 붙여 쫓아내는 세상, 죄 있는 사람들을 찾아내 그들과 교제를 나누려 하지 않는 세상— 을 정죄하셨다.

배제와 싸우기 위한 두 전략의 핵심에는, 악의 원천이 한 사람의 바깥에 있는 부정한 것들에 있지 않고, 한 사람의 부정한 마음에 있다는 믿음이 자리잡고 있다(막 7:15). 이 두 전략이라는 배경에 비춰 볼 때, **거짓 순수함의 추구**라는 요소가 죄의 핵심적 양상으로 떠오른다. 이것은 곧 한 개인이나 공동체에 강요된 순수함으로서, 그 위선적 무죄함을 추구하여 더럽혀진 세상으로부터 자신을 분리하고, 자신의 마음과 세계로 경계를 무너뜨리며 들어오는 타자를 배제하는 태도다. 여기서 죄란, 깨끗한 사람을 '부정한' 사람이라 부르고 부정한 사람이 깨끗해질 수 있도록 돕기를 거부함으로써, 마음에서 악을 제거하기보다 세상에서 타자를 제거하고자 하는 종류의 순수성이다. 더 격식을 차려 말하자면, 죄란 베르나르-앙리 레비(Bernard-Henri Lévy)가 「위험한 순수」(*Dangerous Purity*)에서 말했듯이, 자아의 '영적' 생활 대신 타자의 문화적 세계에 초점을 맞추고 영성을 넓은 의미의 '정치'로 변질시키는, "순수에 대한 의지"다(Lévy 1995, p. 72).

'순수성의 정치'의 치명적 논리에 관해 생각해 보라. 피는 순수해야 한다. 독일인의 핏줄 속에는 비(非)아리아인에 의해 전혀 오염되지 않은 독일인의 피만 흘러야 한다. 영토는 순수해야 한다. 세르비아의 영토는 모든 비세르비아계 침입자들을 제거함으로써 오직 세르비아인에게만 속한 것으로 만들어야 한다. 기원은 순수해야 한다. 우리는 우리의 언어적·종교적, 혹은 문화적 과거의 때 묻지 않은 순수성으로 되돌아가서, 우리의 역사 위에 덧붙여진 타자성의 때를 털어 내야 한다(Horowitz 1985, p. 72). 목적은 순수해야 한다. 우리는 이성의 빛이 모든 어두운 구석에 비치게 해야 한다. 혹은 모든 도덕적 노력을 불필요하게 만들기 위해 완전한 덕의 세계를 창조해야 한다. 기원과 목적, 내부와 외부, 모든 것이 순수해야 한다. 다원성과 이질성을 동질성과 통일성으로 바꾸어야 한다. 한 민족, 한 문화, 한 언어, 한 책, 한 목적. 모든 것을 아우르는 이 '하나'에 들어가지 않는 것은 모두 양가적인 것, 오염시키는 것, 위험한 것이다(Kristeva 1982, p. 76). 그것은 제거되어야 한다. 우리는 순수한 세계를 원하며 우리의 세계로부터 '타자'를 밀어내고 싶어 한다. 우리는 순수한 우리 자신이 되고 우리 안으로부터 '타자'를 쫓아내고 싶어 한다. '순수에 대한 의지'에는, 우리 자신의 내적 세계로부터 우리의 가정과 동네, 국가와 같은 외부 세계에 이르기까지, 우리의 사회적 세계를 배열하기 위한 전체적인 프로그램이 포함된다(Lévy 1995). 그것은 환원하고 배제하고 격리하는 논리에 의해 통제되는 전체주의적 프로그램이기 때문에 위험하다.

극단적인 경우, 우리는 살인하고 추방한다. 우리는 죽은 이들의 자손들에게 복수당하지 않기 위해 그들이 사는 곳과 문화적 기념물을 파괴한다. 선한 사마리아인 이야기에 나오는 도적처럼, 사람들을 벗기고 때리고 우리의 공간 바깥 어딘가에 내다 버린다(눅 10:30). 이것은 **제거**에 의한 배제다. 가장 최근에는 보스니아와 르완다 같은 곳에서 파렴치하고도 잔인한 방식으로 이런 배제가 이뤄졌다. 제거에 의한 배제의 더 부드러운 면은 **동화**에 의한 배제다. 우리처럼 되기만 하면 당신은 살아남을 수 있고 심지어 번영할 수도 있다. 정체성을 포기하기만 하면 목숨을 지킬 수 있다. 클로드 레비-스트로스(Claude Lévi-Strauss)가

「슬픈 열대」(Tristes Tropiques, 한길사)에서 사용한 용어를 빌자면, 동화에 의한 배제는 하나의 이상에 기초한다고 말할 수 있다. 우리가 당신을 삼켜 버리도록 내버려둔다면[식인 전략(anthropophagic strategy)], 우리는 당신을 내뱉지 않을 것이다[축출 전략(anthropoemic strategy)](Lévi-Strauss 1955, p. 417 이하).

혹은 우리는 '타자'에게 열등한 존재라는 지위를 부여함으로써 만족을 느끼기도 한다. 우리는 그들이 우리 동네에 살거나 특정한 직업을 갖거나 동등한 임금과 명예를 얻지 못하게 만든다. 그들은 그들만의 공간, 즉 우리가 그들에게 배정한 공간에 머물러야 한다. 윌리엄 포크너(William Faulkner)의 「어둠 속의 침입자」(Intruder in the Dust)에서 루커스 비첨의 이웃들이 말했듯이, 그들은 먼저 '깜둥이'여야 하며, 그런 다음에야 우리가 비로소 그들을 인간으로 대할 수 있다(Faulkner 1948, p. 18, 22). 우리는 그들을 예속시키고, 우리의 부를 증가시키거나 그저 우리의 자아를 부풀리기 위해 그들을 착취한다. 이것은 곧 **지배**에 의한 배제다. 지구 전역에 다양한 형태로 퍼져 있지만, 이는 특히 인도의 카스트 제도와 남아프리카공화국의 아파르트헤이트 정책에서 노골적인 형태로 나타났다.[5]

배제의 세 번째 형태는, 서구와 북부의 부자들이 제3세계의 가난한 사람들과 관계를 맺는 방식뿐만 아니라(Tamez 1993, p. 37 이하), 교외 지역이 도심 지역과 관계를 맺는 방식이나 '고 부가가치를 창출하는' 상류층이 서민을 대하는 방식을 통해 점차 확산되고 있다. 그것은 **유기**에 의한 배제다. 선한 사마리아인 이야기의 제사장과 레위인처럼,

---

5) 공식적인 규정에 의해 명시적이며 공적인 배제가 금지된 곳에서도, 많은 경우 무의식적이기는 하지만 실제적인 혐오감의 형태로 암시적이며 사적인 배제가 여전히 지속되기도 한다(Young 1990, p. 130 이하).

우리는 우리 일에만 신경 쓴 채 반대편으로 지나쳐 간다(눅 10:31). 타자가 우리가 원하는 상품을 가지고 있지 않거나 우리가 원하는 용역을 제공할 수 없으면, 우리는 그들이 안전하고 먼 거리에 머무르게 하고 자신을 그들로부터 격리시킨다. 그렇게 함으로써 쇠약해지고 학대당한 그들의 신체가 우리에게 아무런 극단적 요구도 할 수 없게 한다.

배제의 언어와 인식 작용에 의해 뒷받침되지 않는다면, 대부분의 배제 관행은 제대로 작동하지 않거나 훨씬 덜 부드럽게 작동할 것이다. 타자를 우리의 사회적 세계로부터 배제하기 전에 우리는 우리의 상징 세계로부터 그들을 내쫓는다. 츠베탕 토도로프는 「아메리카 정복」에서 에스파냐인들이 자행한 아메리카 원주민 학살에 대해 논평하면서 이렇게 말한다.

> 부에 대한 욕망과 지배하고자 하는 충동, 분명히 이 두 가지 형태의 권력욕이 에스파냐인들의 행위에 동기를 부여했다. 그러나 이런 행위는 인디언이 열등한 존재, 사람과 짐승 사이의 중간적 존재라는 그들의 관념에 의해서도 부추겨졌다. 이러한 필수적인 전제가 없었다면 파괴는 일어날 수 없었을 것이다(Todorov 1984, p. 146).

16세기에 신세계의 해변에서 일어난 것보다는 좀더 미묘한 방식이지만, 타자를 비하하는 패턴은 오늘날에도 세계 전역에서 되풀이되고 있다.

'왜곡어법'(dysphemism)의 홍수 속에서(Bollinger 1980) 우리는 타자를 차별하거나 지배하거나 추방하거나 파괴하기 위해 그들을 비인간화한다. 그들이 외부자라면, 그들은 '더럽고' '게으르며' '도덕적으로 믿을 수가 없다.' 그들이 여성이라면, 그들은 '창녀'이며 '갈보'다. 그들이 소수자라면, 그들은 '기생충' '해충' '치명적인 세균'이다(Hirsch 1995, pp. 97-108). 지그문트 바우만의 주장처럼 이런 이름이 타자를 '잠재적인 도덕적 책임의 대상이 되는 집단'에서 제외시킨다고만 말한다면(Bauman 1993, p. 167), 어떤 의미에서 그것은 '왜곡어법'의 위험을 과소평가하는 것이다. 왜곡어법은 그보다 더 교활하게, 배제하지 않는 것을 도덕적으로 나쁘게 보이게 하여 배제를 정당화할 뿐만 아니라, 그것을 필수적인 것으로 만듦으로써 남들도 그렇게 행하도록 도덕적 의무를 부과한다. 타자의 비인간성을 말하는 수사는 자아로 하여금 비인간성을 실행하라고 **요구한다**. 투치족은 '타락을 조장하는 사람들'(*agents corrupteurs*)이며, 그러므로 파괴**되어야 한다**. 여성은 '비합리적'이며, 그러므로 통제**받아야 한다**.

만약 배제의 언어와 인식 작용—우리는 이를 '상징적 배제'라고 부를 수 있다—이 배제의 실행을 도덕적으로 뒷받침해 주는 역할을 한다면, 우리는 "무지"에서 원인을 찾거나 그것을 "앎의 실패" "둔감함" "상상력의 빈곤"으로 이해하는 태도를 경계해야 한다(Delbanco 1995, p. 232). 무지로서의 악은 그릇된 순진함을 지나치게 많이 전제하며 헛된 희망을 지나치게 많이 조장한다. 기본적으로 이런 태도는, 악을 행하는 사람들의 타락은 제대로 계몽하기만 하면 극복할 수 있는 지적인 입장에 불과한 것이라는 주장을 암시한다. 기독교 전통을 통해서나 경험을 통해서나, 우리는 실제로 이런 경우가 극히 드물다는 것을 알 수 있다. 상징적 배제는 단순히 타자에 대한 무지가 아니라 타자에 대한 왜곡인 경우가 많다. 그것은 단지 앎의 실패가 아니라 고의적인 오해다. 우리가 타자를 악마나 짐승처럼 취급하는 것은, 잘 몰라서가 아니라 명백한 것을 인식하기를 **거부**하고 우리의 이익에 봉사하는 것만을 알기로 **작정**하기 때문이다. 그럼에도 불구하고 우리가 우리의 왜곡을 명백한 진실로 믿고 있다는 점은 결코 반론이 될 수 없다. 그것은 악이, 자기를 감추고 변성할 수 있는 관념적인 환경을 만들어 낼 능력을 가지고 있음을 보여 줄 뿐이다.

'배제의 실행'과 '배제의 언어'는, 미움으로부터 무관심에 이르기까지 타자에 대한 다양한 **정서적** 반응을 동반한다. 이러한 배제는 정서적 반응을 촉발할 뿐만 아니라 그것에 의해 지탱된다. 1995년에 이츠하크 라빈(Itzaak Rabin)이 암살되기 전에 이스라엘의 우파 시위대는 그를 야세르 아라파트(Yasser Arafat: 당시 팔레스타인해방기구 의장—역주)와 비슷하게 묘사한 대형 포스터를 들고 행진했다. 케피예(*keffiyeh*: 아랍인들이 쓰는 두건—역주)를 두르고 손에서는 피가 뚝뚝 흐르는 모습이었다. 이 이미지는 **증오**, 즉 피해나 부당한 대우를 당했다는 느낌으로부터 시작되어 그것을 막을 수 없었다는 모멸감에 의해 증폭되는, 타자에 대한 혐오감을 유발하기 위한 의도를 가지고 있었다(Vetlesen 1994, p. 252 이하). 가장 잔인한 배제의 행위는 증오에 기초하는 경우가 많다. 그리고 개인과 공동체의 공통된 역사 안에 증오할 만한 충분한 이유가 존재하지 않는다면, 배제의 대가들은 증오를 만들어 내기 위해 역사를 고쳐 쓰고 피해를 조작해 낼 것이다.

이상하게도 **무관심**이 초래하는 폐해는 "느끼고 실천하고 실행한 증오가 초래하는 폐해보다 훨씬 더 크다"(p. 252). 「근대성과 홀로코스트」(*Modernity and the Holocaust*)에서 지그문트 바우만은 유태인들이 대량으로 학살당한 직후의 분위기는 "감정의 격동이 아니라 무관심의 적막한 침묵"(Bauman 1989, p. 74)이었다고 말한다. 특히 타자가 먼 곳에 떨어져 있는 상황에는 무관심이 증오보다 더 치명적일 수도 있다. 증오의 불길이 타자 가까이에서 타오르다 사그라지는 반면, 특히 현대 사회에서 차가운 무관심은 오래도록 지속될 수 있다. 나 자신과 타자 사이에 '체제'—정치적·경제적·문화적 체제—가 서서히 자리를 잡는다. 만약 타자가 배제당하면, 그러한 배제를 실행한 것은 체제다. 나는 살아남아야 하기 때문에 그 체제에 참여하며, 그 체제가 바뀌지 않기 때문에 그에 저항하지 않는다. 나는 눈을 돌려 버린다. (혹은 어떤 색다른 고통의 전형을 카메라로 클로즈업해서 본다. 이 역시 눈을 돌리는 것과 다름없다. 고통을 바라봄으로써 나의 도착적 욕망을 만족시키는 동시에 고통당하는 사람에게서 마음을 돌려 버린 것에 대한 양심의 가책을 달래고자 하기 때문이다.) 나는 나 자신의 관심사에 몰두한다. 내가 협력하기는 하지만 나의 의지와 별개로 배제가 일어나고 있으며, 그것이 불가피하다고 생각하기 때문에, 무감각해진 나는 두려움을 느끼며 내가 거기에 연루된 것도 정상이라고 생각하기 시작한다. 나는 이런 식으로 논리를 만든다. 예루살렘에서 여리고에 이르는 길에는 언제나 매를 맞아 반쯤 죽어 있는 사람들이 널려 있을 것이다. 나는 별 고민 없이 그들을 지나칠 수 있다. 아니 **지나쳐야만 한다**. 무관심은 그런 생각을 만들고 또한 실제로 우리가 그런 생각을 성취하도록 만든다.

우리는 왜 타자를 미워하거나 그들에게서 눈을 돌리는가? 왜 비인간성이라는 수사로 그들을 공격하는가? 왜 그들을 제거하거나 지배하거나 아니면 그저 포기하여 그들의 운명에 따라 살게 내버려두는가? 때때로 타자의 비인간화와 그에 따른 학대는 우리 자신에 대한 개인적·집단적 증오의 투사일 따름이다. 우리는 자신 안에 있는 낯설음에 불편함을 느끼기 때문에 타자를 박해한다(Kristeva 1990). 타자는 우리 죄의 저장소로, 우리 자신의 그늘로부터 만들어진 희생양이 된다. 그렇게 함으로써 우리는 자신이 무죄하며 강하다는 환영을 음미한다(Volkan 1988).

또한 우리는, 기존의 경계를 희미하게 하고, 우리의 정체성을 불안하게 하고, 상징적인 문화적 지도를 교란하는 모든 것에 불편함을 느끼기 때문에 배제하기도 한다(Douglas 1966). 타자는 우리에게 '제자리에 있지 않은' 물건처럼, 우리 세계에 올바름의 감각을 회복하기 위해 제거해야만 하는 '오물'처럼 느껴진다. 바우만에 따르면 타자는,

> 인지적 거리두기에 동반되는 위험과 두려움의 집합점이 된다. 모든 사회적 거리두기는 질서를 열렬히 추구하지만 결국 실패하고 혼돈으로 귀결되는데, 그들이야말로 이 혼돈의 전형이다. 그리고 또한 이와 같은 추구 이면에 있는 규칙의 비신뢰성의 전형이기도 하다(Bauman 1993, p. 62).

우리는 혼돈의 물이 밀려들어옴을 알아차리고, 그 위협을 막아내기 위해 낯선 이들을 동화시키거나 내쫓는다.

배제에 관한 이 두 가지 설명은 모두 중요하다. 그것은 왜 흑인들이 단지 흑인이라는 이유로 사형을 당하고, 유태인들이 단지 유태인이라는 이유로 박해를 받았는지 설명하는 데 도움이 된다. 그러나 두 설명은 모두 충분하지 않다. 우리는 단지 **현재의 상태**(안정적인 외부적 정체성)를 좋아하거나 **우리의 모습**(우리 자신의 정체성의 그늘)을 미워해서가 아니라 **타자가 가진 것**을 욕망하기 때문에 배제한다. 우리는, 자원이 희소하고 권력을 놓고 경쟁하는 세계 속에서 가진 바를 지켜 내고 타자로부터 권력을 빼앗고 싶어 하기 때문에 배제를 자행하는 경우가 많다. 「다른 거울」(*A Different Mirror*)에서 로널드 타카키(Ronald Takaki)는 북미에서 원주민을 악마화하고 추방했던 것은 "땅에 대한 경쟁이라는 경제적인 맥락에서 벌어진 일"이었음을 지적한다(Takaki 1993, p. 39).

식민지 개척자들로 인해 원주민들이 고통당했던 일은 유일한 사례가 아니다. 그것은 한 가지 안정적인 패턴을 지닌 극단적인 사례일 뿐

이다. 수세기 전에 예언자 이사야는 땅을 독점하기 위해 타자의 재산을 빼앗고 내쫓은 사람들을 향해 심판을 선언했다(5:8).

> 가옥에 가옥을 이으며
>   전토에 전토를 더하여
> 빈틈이 없도록 하고
>   이 땅 가운데에서 홀로 거주하려 하는 자들은 화 있을진저!

우리는 중심에 있기 위해, 혼자 남아 독점적으로 '땅'을 지배하고 싶어 하기 때문에 배제를 자행한다. 그러한 '패권적 중심성'을 성취하기 위해 정복하고 또 정복하며, 소유하고 또 소유한다. 우리는 타자의 삶의 공간을 식민지로 삼고 그들을 내쫓는다. 배제하기 위해 침투하며, 지배하기 위해—가능하다면 모든 것을 혼자서—배제를 자행한다.

지배하고자 하는 욕구와 내적·외적 '오물'에 대한 불편함은, 배제를 실행하는 원인을 설명하는 데 크게 이바지한다. 그러나 그렇게 설명을 하고 나서도 '왜'라는 물음이 끈질기게 다시 떠오른다. 왜 우리는 우리의 소유와 권력을 나누고 공동의 살림살이 안에서 타자를 위한 공간을 마련하는 대신에, 모든 것을 혼자서 지배하고 싶어 하는가? 왜 타자를 '장신구'가 아니라 '오물'처럼 느끼는가? 왜 원치 않는 자신의 악을 그들에게 투사하는 대신, 자신의 그늘을 받아들이고 타자를 포용할 수 없는 것일까? 악의 기원에 관한 물음에 완전한 대답이 없는 것과 마찬가지로 이런 물음에 대한 궁극적인 대답은 존재하지 않는다. "모든 경쟁하는 관점에 맞서려는 의지를 강경하게 하는 마음의 욕망"이라는 난처한 미로 안에서, 우리는 처음부터 대답을 잃어버리고 있었다(Plantinga 1995, p. 62).

...조작된 무죄함

충돌로 가득 찬 악의 세계로 내려가 보면, 이상하면서도 끈질기게 지속하는 비정상 상태가 드러난다. 그곳에 사는 사람들이 자신의 적에 관해 이야기하는 내용을 들어 보면, 그 추하고 악함에 압도되고 만다. 그러나 바로 그 적에게 자신에 관해 이야기해 보라고 하면, 그 추함은 아름다움으로, 사악함은 무죄함으로 변한다. 그 정도 또한 우리를 압도할 만하다. 충돌하는 관점들이 명백한 부조화를 일으킨다. 분명히 악에 푹 젖어 있는 세상에 사는 사람들이 스스로를 무죄하다고 생각한다. 비난을 받아들이는 사람조차도 서둘러 똑같은, 혹은 더 큰 비난을 타자에게 퍼붓는다. 그리고 죄에 대한 뒤틀린 셈법에 따르면, 비난을 주고받음으로써 비난이 증가하는 것이 아니라 오히려 상쇄되기 때문에, 비난을 받아들이는 것은 자신의 무죄함에 대한 비밀스런 선언이 된다. 그러나 누군가에게는 죄가 있을 수밖에 없음을 모두가 알고 또 동의한다. 누군가의 눈은 틀림없이 그들을 지독하게 속이고 있다. 그러나 누구의 눈이란 말인가? 가해자의 눈인가 희생자의 눈인가? 나는 양쪽 모두라고 주장하고 싶다. 그리고 그뿐 아니라 무죄함을 조작하는 데 공모한 '제3자'가 있다. 곧 자아가 타자에게 투사한 악의 이면인 자아의 공상적인 선함이다.

샤론 램(Sharon Lamb)은 「비난의 문제」(*The Trouble with Blame*)에서 "가해자가 자신의 행동에 대해 책임을 지는 경우는 거의 없다는 것이 이미 확실히 입증되었다"라고 말한다(Lamb 1996, p. 57). 자신이 저지른 비행이 드러났을 때 가해자는 정면으로 부인하거나('내가 한 짓이 아니다!') 달리 행동할 도리가 없었다고 주장하는 식으로 변명을 늘어놓는다('그럴 수밖에 없었다!'). 때로는 사과한 덕분에 가해자가 희생자로 탈바꿈하기도 한다(Vetlesen 1994, p. 256). 교활하고 잔인하고 악의적인 공격자에 맞서 자신을 방어하고 자신의 필수적인 이익을 보호한 것은 사실 **가해자** 쪽이다('그는 양의 탈을 쓴 늑대다' '나는 늑대의 모습을 한 양이다'). 죄의 핵심에는 "끈질기게 죄에 대한 감각을 용인하지 않으려는" 태도가 자리잡고 있다(Plantinga 1995, p. 99)는 오래된 신학적 지혜를 반복적으로 확증하면서, 가해자들은 지치지도 않고 자신들이 무죄하다는 논리를 만들어 낸다. 그리고 이를 위해 잘못을 부인하고 자기 행동의 도덕적 의미를 재해석하는 이중 전략을 구사한다. 이 이중 전략은, 체제와 국가가 그들이 자행하는 폭력과 억압을 은폐하기 위한 이데올로기를 발전시킬 수 있는 비옥한 토양 역할을 한다. 그리고 바로 이 이중적 부인을 통해 속임수와 자기기만은 독특하게 잘 버무려지고, 개인은 악행에 대한 책임을 교묘히 벗어나고자 한다.

가해자가 유죄라는 점에는 그 누구도 이의를 제기하지 않는다. 가해자는 그 말의 정의에 따라 유죄다. 그러나 희생자의 경우는 어떠한가? **그들은** 무죄하지 않은가? 아무런 잘못도 없이 피해를 입은 사람들이 수없이 많다는 것은 의심의 여지가 없다. 그러나 설령 그들이 입은 피해에 대해 책임이 없다고 하더라도 그들을 무죄하다고 말해야 할까? 그들이 피해를 입기 전에 무죄**했다고** 가정해 보자. 그들은 그 행동 후에도 무죄한 상태로 남아 있을까? 갈등에 얽히고 그 갈등이 점차 첨예해져도, 여전히 무죄한 상태로 남아 있을까? 일부 영웅적인 사람들은 그럴지도 모른다. 그러나 그 나머지도 그럴까? 그뿐만 아니라 사람들은 갈등이 시작될 때 개입한 것이 아니라, 어제의 희생자가 오늘의 가해자가 되고 오늘의 가해자가 내일의 희생자가 되는 기나긴 범죄의 역사 속으로 자신이 빨려 들어와 있음을 종종 깨닫는다. 그런 역사 속에서 과연 무죄함이 존재할까? 크고 작은 사회 집단이 맞서 싸우는 상황에서 '무죄'한 사람들은 바로 그 '무죄함'을 추구한다는 이유 때문에 내동댕이쳐지고 '유죄' 선언을 받지 않을까? 싸움이 치열해질수록 '너와 함께 싸우지 않는 사람은 너에게 맞서 싸우는 사람이다'라는 규칙에 의해 더 많은 지배를 받는다. 폭력의 세상 속에서 희생자는 무죄함을 유지할 수 있을까?

「폭력에로의 타락」(*The Fall to Violence*, 동연출판사)에서 마조리 수하키(Marjorie Suchocki)는 "폭력의 본성 자체가 희생자와 가해자를 뒤얽히게 한다"고 주장한다(Suchocki 1995, p. 147). 폭력은 희생자의 정신이 덫에 걸리게 하며, 방어적인 반응의 형태로 폭력적인 행동을 촉발한다. 그렇게 함으로써 무죄함을 앗아간다. 그는 "세상을 깨끗이 희생자와 가해자로 나누는 태도는 개개인이 문화적 죄에 깊이 관여하고 있음을 무시한다. 순전히 무죄한 사람이란 존재하지 않는다"고 말한다(p. 149). 물론 그가 절대적 무죄가 존재한다는 것을 부인한다고 해서, 희생당하는 것은 희생자 자신에게 책임을 물어야 한다는 뜻은 아니다. 오히려 그는 악이 자행되는 가장 교활한 양상 중 하나에 대해 주의를 환기할 뿐이다. 악을 자행하는 사람은 남에게 해를 입힐 뿐만 아니라, 무죄함 없는 세상을 계속해서 재창조한다. 악은 새로운 악을 만들어 내며, 악을 자행하는 사람들은 자신의 추악한 형상에 따라 희생자들을 만들어 낸다.

우리는 희생자들이 무고하다는 것을 부인하는 데 불편함을 느낀다. 다른 것은 다 제쳐 놓고라도, 그것은 우리의 도덕 의식에 위배된다. 고통이라는 무거운 짐에 죄책이라는 짐까지 올려 놓아서는 안 되는 것 아닐까? '약자들'과 '불우한 사람들'의 좋지 못한 면에 대한 니체의 묘사는 냉혹하고 모욕적으로 느껴진다. 「도덕의 계보」에서 그가 '실패자'와 '희생자'에 관해 했던 말을 생각해 보라.

이러한 자기 경멸이라는 늪에서 모든 유독한 식물이 자란다. 그 모든 것은 너무나 비열하고, 너무나 은밀하며, 너무나 부정직하고, 역겨울 정도로 달콤하다! 그 속에는 복수심과 의심이라는 구더기가 가득하고, 공기는 비밀스러움과 울분이라는 악취를 풍긴다. 바로 이곳에서 악의적인 음모라는, 끊임없이 반복되는 그물이 엮어진다.…이것이 증오라는 것을 들키지 않기 위해 얼마나 위선적인 모습을 보이는가! 얼마나 숭고한 태도를 과시하고 장엄한 말을 늘어놓는가!(Nietzsche 1956, p. 259)

'약자'에 대한 니체의 경멸 자체가 자기 경멸의 부산물로서 철저히 비기독교적이며, 이 유명한 적그리스도(즉, 니체)가 쓴 그 어떤 말보다 비기독교적이다. 그러나 '약자' — 피해를 입고 제도적으로 권리가 부인될 때, 우리는 대부분 이 범주에 속한다 — 를 모욕적으로 희화화하는 그의 말에는 이상하게 정직한 태도가 담겨 있지 않은가? 학대를 당한 사람이 나쁜 쪽이 아니기를 바라는 우리 마음속 깊은 곳의 바람과, 그들이 고통당하는 것은 오직 압제자들의 악덕이라는 죄의 결과라는 잘못된 가정에 의해 지탱되는 희생자들 자신의 보잘것없는 무죄함의 의식 말고는, 그 무엇도 희생자들의 무죄함을 주장하지 않는다(Niebuhr 1964, 1:226).[6]

멀리서 볼 때 세상은 유죄한 가해자와 무죄한 피해자로 깔끔하게

---

6) 희생자를 무죄하다고 생각하는 경향에 대한 위의 두 가지 설명 외에, Merold Westphal이 *Suspicion and Faith*에서 "폰다의 오류"라고 불렀던 잘못을 저지르고자 하는 충동을 덧붙일 수 있다. 이 오류는 "한 쪽이 악이라면 반대쪽은 선이어야 한다"라는 기대를 품는 것을 말한다. [제인 폰다의 유명한 하노이 방문을 기리기 위해 이렇게 부른다. 그는 미국과 남베트남 정부가 자행하는 악이 너무나 명백하기 때문에 호치민 정권의 정당성을 인정하는 것이 당연하다고 생각했다(Westephal 1993, p. 230).]

나뉜다. 그러나 가까이 갈수록 유죄한 사람들과 무죄한 사람들 사이의 경계는 더 희미해지며, 양쪽 모두 타자에게 부과하는 크고 작은 증오, 부정직, 조작, 잔인성이 복잡하게 얽혀 있음을 발견하게 된다. 더 많이 주의를 기울일수록 인간성에 대한 사도 바울의 묘사—모두가 죄인이며 그 누구도 예외가 아니다(롬 3:9, 20)—가 더 정확하게 느껴진다. 시편 기자의 말을 반향하면서 바울은 무죄한 체하는 태도를 들추어내고, 사람들의 목구멍이 "열린 무덤"이며, 그 혀는 "속이고", 그 입술은 "독사의 독"을 숨기고 있으며, 그 입에는 "저주와 악독이 가득하고", 그 발은 "피 흘리는 데 빠르며", 그 길은 "파멸과 비참함"이 있음을 폭로한다(롬 3:9 이하). 서로 잘못을 범하고 피해를 입는 얽히고설킨 관계 속에서 피해자와 가해자는, 비극적이며 스스로를 영속화하는 죄의 연대성 안에 갇혀 있다. 사도 바울은 죄의 목록을 나열한 뒤에 "모든 사람이 죄를 범하였으매 하나님의 영광에 이르지 못하더니"라고 결론내린다(롬 3:21). 남아프리카공화국 교회협의회(South African Council of Churches)의 '화해의 예배'(Rite of Reconciliation, 1996)에서는 죄 안의 연대성이라는 교리를 담대하게 증언한다. "만일 우리가 죄가 없다고 말하면 스스로 속이고 또 진리가 우리 속에 있지 아니할 것이요"라는 요한일서 1:8을 인용한 후, 이 예식서에서는 백인 가해자와 흑인 피해자 모두의 구체적인 죄를 열거하고 고백한다(Bam 1996, pp. 2-3).

'죄 안의 연대'는 불편한 관념이다. 그것이 차이를 지워 버리고, 구별과 분리가 가장 중요한 바로 그곳—존엄성이 부인되고 정의가 짓밟히고 무고한 피가 흐르는 곳—에서 서로를 결합시키는 것처럼 보이기 때문이다. 죄 안의 연대는 **죄의 동등성**을 내포하는 것처럼 보이며, 죄의 동등성은 가해자로 하여금 책임으로부터 벗어나게 해준다. 죄가 동등하게 취급되는 세상은 가해자가 의도한 세상이다. 논리는 단순하다. 만약 모든 죄가 동등하다면 가해자의 행동은 피해자의 반응보다 결코 나쁘지 않다. 모두가 가해자이며 모두가 피해자다. 모두가 똑같이 악하다. 그리고 가해자는 자유의 몸으로 범죄 현장을 떠날 수 있으며 아무런 벌을 받지 않고 같은 행동을 되풀이할 수 있다. 그러나 죄 안의 연대성은 **죄의 동등성**을 내포하는가?

20세기에 죄의 교리를 재천명하는 데 가장 큰 공헌을 한 라인홀드 니버는 그렇게 생각했다. 그는 「인간의 본성과 운명」에서 죄 사이의 모든 구별은 "심판이라는 궁극적인 종교적 차원에 이르면 사라져 버릴 수밖에 없다"고 주장했다(Niebuhr 1964, 1:220). 그러나 그는 죄책의 불균등성으로 죄의 동등성에 대한 균형을 잡고자 했다(p. 221 이하). 죄의 동등성을 주장하고자 한다면 이런 식의 균형 잡기가 필수적이다. 그러나 왜 무엇보다 먼저 죄의 동등성을 주장하는가? '모든 사람이 죄인이다' 라는 말로부터 '모든 죄가 동등하다' 라는 **결론을 이끌어 낼 수는 없다**(Wolf 1956, p. 240). '양쪽 모두 무죄하지 않다' 라는 말로부터 '양쪽의 죄가 동등하다' 는 결론을 내릴 수는 없다. 가해자들이 한 마을을 파괴한 것과 난민들이 트럭 한 대를 약탈해 동료 난민에게 피해를 입힌 것은 똑같이 죄지만, 동등한 죄는 **아니다**. 강간범의 폭력과 피해 여성의 증오는 똑같이 죄지만, 그 둘은 분명 동등한 죄가 **아니다**. 죄의 동등성을 주장하면 구별 없는 죄성의 바다에 모든 구체적인 죄가 용해되어 버린다. 이것은 예언자들과 예수님이 행하신 바가 아니다. 그들의 심판은 일반적이지 않고 구체적이었다. 그들은 모든 사람이 아니라, 약자를 억압하고 가난한 사람을 짓밟는 무자비한 권력자들을 정죄했다. 그들은 한 사람으로부터 재산과 일터와 생계 수단을 빼앗고 내쫓으며 그를 사회의 주변부와 그 너머로 밀어내는 죄를 중하게 여겼다. **이 죄 안에 어떻게 연대성이 존재할 수 있겠는가?** 가해자는 죄인이고, 피해자는 비록 무죄하지는 않지만 그 죄가 자행된 피해자다.

앞서 나는 가해자나 피해자 모두 무죄하지 않다고 주장했다. 그들은 각자의 방식으로 죄를 범한 사람이다. '제3자' — 방관자나 활동가처럼 — 가 무죄한 사람이 될 최선의 후보일까? 그럴 수도 있다. 하지만 그들이 **정말로** 무죄한가? 그들은 무죄함이 존재하지 않는 호전적인 세상을 초월한 어떤 중립 지대에 서서 그 싸움을 자세히 살펴본 다음, 올바른 방식으로 이 싸움에 개입하는가? 아니면 갈등의 당사자들이 살고 있는, 똑같은 더 큰 세상에 파묻혀 있는가? 그들도 역시 가해자 아니면 피해자이고, 많은 경우 가해자인 동시에 피해자다. 그들은 자신이 관찰하거나 해결하려고 노력하는 그 갈등 속에 자신의 투쟁과 이익, 기대를 투사한다.

갈등의 당사자들이 자신은 무죄하고 타자는 유죄하다고 보는 경향은, 제3자가 한쪽은 선하고 다른 쪽은 악하다고 보는 경향과 맞물린다. 샤론 램의 말처럼, 경기장 바깥에 서 있는 사람들은 "피해자는 절대적으로 순수하게, 가해자는 절대적으로 악하게 보고" 싶어 한다(Lamb 1996, pp. 88-89). 혹은 그들은 그 역할을 거꾸로 뒤집을 수도 있다. 즉, 궁극적인 책임은 피해자에게 있으며, 사실 가해자도 피해자라는 식이다. 도덕적으로 순수한 사람과 도덕적으로 타락한 사람을 대조시키려는 경향은 이해할 만하다. 우리에게는 도덕적으로 책임감 있는 개입을 보증해 주는, 도덕적으로 선명한 이야기가 필요하다. 그러나 무죄함이란 없는 이 세상을 '순수' 대 '타락'이라는 배타적인 범주로 구분하려는 행위 자체가 타락을 수반한다. '순수'와 '타락'이라는 개념은 종종 타자를 잘못 해석하게 만든다. 그 이유는 단순히 갈등의 당사자들에 관한 올바른 정보가 부족해서가 아니다. 더 심층적인 이유는 무죄함과 유죄함이라는 관념을 구성하는 행위가 그 시도를 하는 사람의 타락에 의해 영향을 받기 때문이다. 유죄를 탈피하고자 하는 모든 시도는 이미 유죄라는 덫에 걸려 있다. 상대적인 인간이 절대적인 판단을 할 수 있는 절대적인 관점이 존재하지 않는 것과 마찬가지로, 타락한 인간이 순수와 타락에 관해 순수한 판단을 할 수 있는 '순수'한 공간 역시 존재하지 않는다.

때로는, '타락/순수'라는 극단적 이분법을 중심으로 구축된 도덕적 세계에 자신을 끼워 맞추기를 거부하는 사람들도 있다. 이 경우 '제3자'는 그런 사람들에 대해 진저리를 치며 뒤로 물러나는 경향이 있다. 그렇게 함으로써 제3자는 가해자와 피해자 모두를 어두운 세계에 가두는 동시에, 그들이 악의 결과에 고통당하도록 그들을 포기해 버린다. 그러나 이러한 유기 역시, 제3자 역시 무죄함이 없는 세계에 속해 있음을 증명한다. 먼저 그것은, 예상되는 도덕적 양극에 들어맞을 정도로 충분히 '적응'하지 않는 타자에 대한 잘못된 이해에 기초하는 경향이 있기 때문이다. 더 중요하게는, 우리는 그들의 비도덕적 행위 때문에 그들을 우리의 관심에서 배제시켜도 정당하다고 느끼며, 경멸하는 마음 때문에 그들을 유기하기 때문이다. 이렇게 '선'의 이름으로 악을 행하는 사람들을 경멸하는 '경건'한 태도는, '힘'의 이름으로 약자를 경멸하는 '경건하지 않은' 니체의 태도만큼이나 비기독교적이다. 그 사람이 누구이든 그에 관한 관심을 거두는 태도는 악하다. 세계를 '순수'와 '타락'이라는 배타적 범주로 도덕적으로 구분하는 태도나, 우리가 타락이라고 생각하는 것을 경멸하는 태도는, 모두 우리가 무죄하지 않음을 말해 준다.

가해자든 피해자든 제3자든, 무죄하지 않은 상태로부터 벗어날 길은 없다. 그 누구도 때 묻지 않은 순수함으로 되돌아갈 수 없다. 그런 순수함은 태초로 되돌아가거나, 심연으로 파고들어 가거나, 미래로 도

약함으로써 찾을 수 있는 것도 아니다. 모든 사람의 마음은 죄로 더럽혀졌다. 모든 이상과 계획은 타락으로 오염되어 있다. 죄책을 느끼는 것이나 순수하다고 자부하는 것 모두 우리가 무죄하지 않다는 사실과 직결되어 있다. 나는 이것이 바로 원죄 교리가 가르치는 바라고 생각한다. 그런데 진보에 대한 근대성의 신념이 등장함에 따라 이 교리는 점진적으로 해체되었다. 「위험한 순수」에서 베르나르-앙리 레비가 바르게 주장했듯이(Lévy 1995, pp. 91-92, 199 이하), 근대성의 맹목적 낙관론이 근대성의 어두운 그늘을 만들어 냈음을 감안할 때, 원죄 교리에 대한 신중한 복구가 필요하다.

'무죄함이란 없다'는 관점은 우리에게 무엇을 남기는가? 우리는 그저 무기력하게 '옳음이 그름이고 그름이 옳음인' 세상을 응시할 뿐인가? 모든 행동이 가망 없는 시도에 불과하므로, 도무지 개선이란 불가능한 세상으로부터 관심을 끊고 물러나야 하는가? 죄 안의 연대를 인정할 때 무슨 이득을 얻을 수 있는가? 그것은 '우리 자신과 우리의 제도가 완전해질 수 있다는 망상'으로부터 우리를 자유롭게 해줄 뿐만 아니라(Wink 1992b, p. 71), 가해자와 피해자 모두의 자기 의를 깨뜨려 주며, 우리가 임의로 정해 놓은 선의 이름으로 악을 영속화하지 않도록 막아 준다. 죄 안의 연대는 죄책과 순수를 도덕적으로 할당하는 논리에 의존하는 접근 방식으로는 구원을 얻을 수 없음을 강조한다.[7] 문제는, 어떻게 지적 혹은 사회적 지도 위에서 '순수'의 위치를 찾아내고 그곳으로 나아갈 것인가가 아니다. 오히려 문제는, 어떻게 정직하게 살고, 너무나 많은 경우 순수하다고 자부하지만 사실은 결코 무죄할 수 없는 세상을 치유할 것인가이다. 대답은 이것이다. 우리는 유일

---

7) Wolfhart Pannenberg는 *Systematic Theology*에서 죄의 보편성의 교리가 반도덕주의적 기능을 한다는 것을 바르게 강조했다(Pannenberg 1991, 2:238).

하게 참으로 무죄한 희생자이신, 십자가에 달려 죽으신 하나님의 메시아와 그분이 지켜 내신 모든 것의 이름으로, 배타적인 도덕적 양극성—이곳 우리 편은 '의로운 사람' '순수한 사람' '무죄한 사람' '참된 사람' '선한 사람들'이며, 저쪽 상대편은 '불의한 사람' '타락한 사람' '유죄한 사람' '거짓말쟁이' '악한 사람들'이라는— 을 중심으로 구축된 세상이 어쩔 수 없이 죄에 빠져 있음을 폭로해야 하며, **받을 자격 없는 이들에게 주어지는 은총의 경륜이 도덕적 보상의 경륜보다 우월함을** 깨달음으로써 정의와 불의, 선과 악, 무죄와 죄책, 순수와 타락, 진리와 거짓이 엇갈리고 교차하는 세상을 변혁하기 위해 노력해야 한다.[8] 그 누구도 무죄하지 않은 상황에서는, 한 개인의 행위는 비참하며 심지어 악마적이기까지 하지만, **어느 누구도 포용하고자 하는 의지로부터 배제되어서는 안 된다**는 전제 하에 화해의 사역을 추진해야 한다. 왜냐하면 가장 심층적인 차원에서 타자와의 관계는 그들의 도덕적 행적에 의존하지 않으며, 따라서 그들이 도덕적으로 행동하지 않는다고 해서 그 관계가 폐기될 수 없기 때문이다.

일레인 페이절스(Elaine Pagels)는 「사탄의 기원」(*The Origin of Satan*, 루비박스)을 마무리하면서 "기독교 전통 안"에는 "'타자성'이 악이라는 철저하게 인간적인 관점과, 화해가 하나님의 뜻이라는 예수님의 말씀 사이의" 투쟁이 존재한다고 주장했다(Pagels 1995, p. 184). 적어도 기독교 전통 전체에 관해서라면, 나는 이 주장을 반박하고 싶지 않다. 그러나 나는 페이글스처럼(xvii과 pp. 182-183를 보라) 어떤 사람들은 "지옥의 자식"이라는 주장(마 23:15)과 "너희 원수를 사랑하라"는 명령 사이에

---

8) Michael Welker는 *God the Spirit*에서 "하나님의 현실을 도덕적 시장의 구조와 혼동하는" 사회적 도덕주의를 바르게 비판한 바 있다(Welker 1994, p. 48). 「하나님의 영: 성령의 신학」(대한기독교서회).

구분선을 긋기보다는, 왜 이런 주장과 이런 명령이 동일한 복음서 안에 함께 나타나는지, 왜 신약 성경 전체에 비슷한 주장과 명령이 공존하는지 묻는 것이 더 유익하다고 주장하고 싶다. 내가 기대하는 답은, '타자'를 사랑하기 위해서는 그들을 무죄한 사람으로 이해할 필요가 없으며, 오히려 **그들이 악을 행하는 사람임을 알 때조차도** 그들을 포용할 수 있어야 한다는 확신이 기독교 신앙의 핵심에 자리잡고 있기 때문이라는 것이다. 나는 십자가의 이야기는 곧 "지옥의 자녀"를 끌어안고자 하시는 하나님에 관한 이야기라고 생각한다. 바울은 "모든 사람이 죄를 범하였으매…그리스도 예수 안에 있는 속량으로 말미암아 하나님의 은혜로 값없이 의롭다 하심을 얻은 자 되었느니라"(롬 3:23-24)라고 주장한다. 그리스도의 십자가에 근거해 사회 문제를 고찰하고자 할 때, '죄의 보편성'과 '은총의 우선성'이 이처럼 상호 의존적이라는 것이 무엇을 뜻하는지 탐구해야 한다. 즉, 그 상호 의존성을 '구원'의 영역 밖으로 가져와 우리가—우리 중 많은 사람들은 "지옥의 자식"이다—서로 싸우고 전쟁을 벌이는 이 영역에 적용할 때 그것이 무엇을 뜻하는지 살펴보아야 한다(3-7장을 보라).

...배제의 힘

「사라예보의 살인」(*The Killing of Sarajevo*)에서 세르비아 소속 군인은, 세르비아에 의해 폭격을 당하던 사라예보에 사는 자신의 가장 친한 친구에게 이렇게 말한다. "선택의 여지가 없어. 무고한 사람은 하나도 없어"(Vuković 1993, p. 41). 두 주장은 불가분의 관계인 것처럼 보인다. "선택의 여지가 없기" 때문에—바로 그 친구가 나중에 말하는 것처럼, "우리가 아니면 그들"이기 때문에—"무죄한 사람도 없게 된다." 그리고 "무죄한 사람이 없기" 때문에 "선택의 여지도 없다." 일말의 진실을 담고 있는 말이지만 그 논리는 그르다. 무죄함이 존재하지 않는 거대한 공간, 지평선과 함께 그 경계가 점점 멀어지는 공간 속에는 내려야 할 선택들이 있다. 정의와 억압, 진실과 기만, 폭력과 비폭력, 포용하거나 배제하고자 하는 의지에 관한 선택, 궁극적으로는 삶과 죽음에 관한 선택들이다. 사람들의 행동이 사회적 환경과 과거에 입은 피해에 의해 **결정되는** '선택의 여지가 없는' 세상은 우리가 사는 세상이 **아니다**. 그것은 **가해자들이 원하는** 세상이다. 그들은 우리가 그런 세상에서 살고 있다고 믿기를 원한다. 왜냐하면 그런 세상은 그들이 저지르고자 하는 모든 악행을 미리 사죄해 주기 때문이다. 곡사포를 발사한 후 군인들이 '선택의 여지가 없어'라고 말할 때 우리는 의심해 볼 필요가 있다.

'선택의 여지가 있음'을 부인할 수 없는 것과 마찬가지로, 우리의 선택이 내외적 제약, 압력, 속박 아래에서 이루어진다는 것 역시 부인할 수 없다. 우리는 악을 택한다. 그러나 악 역시 우리를 '선택'하며 그 끔찍한 힘을 우리에게 행사한다. 한 가지 극단적인 사례―구 유고슬라비아에서 일어난 전쟁―를 생각해 보라. [르완다 학살(1994년)과 로스앤젤레스 사태(1992년) 역시 나의 주장에 대한 예증이 될 수 있다.] 이를 묘사하기 위해서는 '발발'이라는 말을 쓰는 게 맞는 것 같다. 전쟁이 갑자기 일어났다는 말이 아니라 억누를 수 없는 힘을 행사했다는 말이다. 그 누구도 그 힘을 제어하지 못했다. 물론 전쟁을 시작하고 지속하는 거대한 전략적인 움직임이 있었으며, 그것은 모두 치밀한 계산에 따라 지적·정치적·군사적 권력의 중심부에서 이루어졌다. 그러나 이 모든 것 외에, 보통 사람들 사이에 만족할 줄 모르는 잔인한 욕망이 존재했던 것처럼 보인다. 일단 전쟁이 시작되고 적절한 조건이 유지되면, 통제할 수 없는 연쇄 작용이 진행된다.[9] 대체로 이들은 대부분의 우리처럼 선량한 사람들이다. 엄밀히 말해 약탈과 방화, 강간과 고문을 하겠다고 **선택**하거나 이를 은밀히 즐기는 사람들은 많지 않았다. 불안하게 얕은 잠에 빠져 있던 그들 속의 짐승이 깨어났을 뿐이다. 잔인한 침략자에 맞서 싸우는 사람들의 동기는 자기 방어와 정의였다. 그러나 타자 안에 있던 짐승이 그들 안에 있던 짐승을 격노하게 했다. 그것을 제어하던 도덕적 장벽이 무너지자 이 짐승은 복수에 나섰다. 악에 저항하면서 그들은 악이 놓은 덫에 걸렸다. 칼 구스타프 융(Carl Gustav Jung)은 제2차 세계대전 직후에 쓴 "대재앙 직후"(After the Catastrophe)라는 글에서 "이것은 부인할 수 없는 사실이다. 타자의 사악함은 우리의 사악함이 된다. 왜냐하면 그것이 우리 마음속에 있는 악한 무언가를 불타오르게 하기 때문이다"(Jung 1964a, p. 198)라고 말했다. 악은 악을 만들어 낸다. 그리고 분화구에서 나온 화산재처럼 그것은 침략자와 희생자 모두에게 분출된다.

「사탄의 체제와 예수의 비폭력」(Engaging the Powers, 한국기독교연구소)에서 월터 윙크(Walter Wink)는 그가 '권세'(the Powers)라고 부른 것과 그 권세의 왜곡이 '지배 체제'(Domination System) 안에 편재함을 살펴봄으로써 악이 지닌 힘의 문제를 논한다(Wink 1992, pp. 33-104). 그는 권세가 단순히 인간이 만든 제도나 구조도 아니고 어떤 천사(나 악마) 같은 존재도 아니라고 주장한다. 그것은 제도적인 동시에 영적이다. 그는 그것은 "외적·물리적 형태와…내적 영성 혹은 집단적 문화를 가지고 있다"고 주장한다(Wink 1992a, p. 17). 권세는 본질적으로 선하지만, "지배를 지향하게 될 때" 지배 체제로 전락한다고 윙크는 주장한

---

9) 제2차 세계대전 직전 Carl Gustav Jung은 "독일의 현상에 관해 인상적인 점은, '미친' 것이 분명한 남자 하나가 모든 것을 움직이게 하고, 파멸을 향해 나아가게 만들 정도로 한 나라 전체를 병들게 만들었다는 것이다"라고 말했다(Jung 1964b, p. 185).

다. 이 체제 자체는 단순히 제도적이지도 영적이지도 않다. 오히려 "이 어둠의 세력"(엡 6:2)은 사람들을 억압하는 왜곡된 제도와 구조, 체제의 내면이다.

윙크가 '권세'라는 성경적 개념을 바르게 해석했는지에 관한 문제는 차치하더라도, 그는 사람들을 지배하고 옭아매고 그들로 하여금 타자를 지배하도록 유혹하는 악의 초인격적이며 제도적인 복합적 실체를 바르게 지적하고 있다. 나는 그의 용어를 바꿔 '지배'를 '배제'로 대체할 것이다. 대체로 지배의 목적은, 경제적이든 사회적이든 심리적이든 희소한 재화로부터 타자를 배제하는 것이기 때문이다. 하지만 그의 핵심 사상은 그대로 가져갈 것이다. 즉, 악의 힘은 '제도적인' 동시에 '영적인' 초인격적 '체제'의 작동 방식 전반에 저항할 수 없을 정도로 압도적인 영향력을 행사한다. 사람들은 마치 보이지 않는 덫에 걸린 것처럼 배제의 체제에 갇혀 그 도착된 논리에 따라 행동한다.

이 체제는 어떻게 작동하는가? 먼저 '배경으로 흐르는 악의 불협화음'이라 부를 만한 것에 관해 생각해 보라. 이것은 제도, 공동체, 국가, 전 시대에 파고들어 있으며, 마조리 수코키의 말처럼 "집단적 영향력을 행사하는 미묘하고 다층적이며 반복적인, 어떤 목적을 추구하는 의도성"에 의해 지탱된다(Suchocki 1995, p. 122). 이것은 '사물이 작동하는 방식' 혹은 '사물이 그저 존재하는 방식'이 지닌 강도 낮은 악이다. 제도적·공동체적 문화의 배타적인 분위기 아래서 많은 사람이 고통을 당하지만 그에 대해 누구도 책임지지 않으며, 모두 불평하지만 아무도 그 정체를 알 수 없다. 이처럼 어디에나 침투한 강도 낮은 악은 그것의 불멸성에 대한 신념을 만들어 냄으로써 스스로 활력을 되찾고, 그것의 불가피성에 대한 감각을 만들어 냄으로써 그 영향력을 끼친다.

특별한 상황과 특별한 감독 아래서, '배경으로 흐르는 불협화음'에서 골라낸 특정 주제는 전투적인 뮤지컬로 만들어져 연주된다. '역사가들'—과거에 대한 국가적·공동체적·개인적 해석자—은 예전의 영광과 과거의 피해라는 이중 주제를 연주한다. 그와 더불어 '경제학자들'은 현재의 착취와 위대한 경제적 잠재력을 설명한다. '정치학자들'은 점증하는 권력의 불균형과 계속되는 양보, 우리가 정당하게 소유한 것에 대한 지배력 상실과 같은 주제를 덧붙인다. '문화인류학자들'은 정체성 상실의 위험을 경고하면서 참으로 외부 세계를 풍성하게 해줄 수 있는 우리의 개인적·문화적 재능의 독특한 가치를 찬양한다. '정치인들'은 네 주제를 모두 가져와 그 자체로 악의 구현인 타자가 초래한 필수적 이익에 대한 위협을 노래하는 고음역의 아리아를 엮어 낸다. 마지막으로 '사제들'은 장엄하게 행진하며 부드러운 성가 곡조에 맞춰 이 모든 주제를 노래한다. 그들은 양심에 가책을 느낀 모든 사람에게, 하나님은 우리 편이시며 우리의 원수는 하나님의 원수이고, 따라서 참되고 선하고 아름다운 모든 것에 대한 대적자라고 말하며 그들을 안심시킨다.

이처럼 강력한 주제를 지닌 호전적 뮤지컬이 매체를 통해 선전될 때, 공동체의 문화에 파고들어 울려 퍼지는 악의 불협화음이 공명하며, 공동체는 그 노래를 부르고 그 음악에 맞춰 행진한다. 노래하고 행진하기를 거부하는 것, 스펙터클의 광기에 항의하는 것은 비합리적이며, 무책임하고 순진하며 비겁하고, 자기편을 배반하며 악한 적에 대해 위험하게 감상적인 태도를 지닌 것처럼 보인다. '인종 청소'와 그 유사한 악—개인적인 악뿐만 아니라 공동체적 악—의 '발발'을 위한 무대가 마련되어 있다. 첫 번째 충격을 가하기만 하면 연쇄 반응이 시작될 것이다.

이제 무대를 마련해 준 사건들을 기록한 필름을 되감아 악이 발발하기 이전의 상황을 생각해 보라. 결말을 알고 있다는 것을 잊어버리고, 사악한 감독들이 일하는 것을 지켜볼 수 있는 자리를 떠나 맨 첫 부분으로 되돌아가 보라. 무엇이 보이는가? 역사적 영광에 대한 이야기와 과거의 실패에 대한 그럴듯한 설명이 자신에 대한 믿음을 만들어 낸다. 미래에 대한 소망, 즉 더 이상 불의와 차별을 당하지 않을 것이라는 소망, 우리의 신이 주는 확실한 약속에 의해 보증되는 미래에 대한 소망이 생겨난다. '믿음'과 '소망'은 우리의 열정을 집결시키고, 우리는 경제적인 기적을 행하고 주요한 문화적 성취를 이루기 시작한다. 소속감과 세상에서 중요한 사람이라는 의식이, 목적 없는 유랑과 자기 비하를 대체한다. 참다운 부흥—국가적·공동체적·개인적—이 시작된다! 그러나 이 모든 명백한 선은 비인간적이며 하나님을 부인하는 계획에 의해 만들어지고 그것을 지향한다! 이 분명한 행복의 한가운데 아무도 알아차리지 못하는 타락이 자리잡고 있다!

악의 힘은 '오만한(imperial) 말'의 힘에 의존한다고 지적하는 이들이 많다. 이것은 모든 것이 좋지 않으며 파멸이 임박한 때(렘 6:13-15; 겔 13:8-16 참고)에 '모든 것이 좋다'라는 환영을 만들기 위해 악을 행하는 이들이 사용하는 힘이다(Aukerman 1993, p. 53). 그런데 왜 사람들은 악을 행하는 사람들을 믿는 것인가? 미하엘 벨커의 말을 인용하자면, 왜 그들은 "공적 여론을 결정하는 공동체와 사람들의 허위의식"을 믿는가?(Welker 1994, p. 85) 그들이 "악한 영"에 의해 눈이 가려졌기 때문인가? 이 역시 부분적인 답이 될 수 있다. 하지만 더 중요한 대답은, 악이 행복이라는 환영을 만들어 낼 뿐만 아니라 '행복'에 관한 거짓말이 분명한 진실처럼 보이게 만드는 **현실을 형성할** 수 있다는 것이다. 악의 능력은, **그것이 만들어 내는 왜곡된 행복에 관해 이야기하는 도착된 진리**에 있다. "건강한 자에게는 의사가 쓸 데 없고"(막 2:17)라고 말씀하실 때, 예수님은 심각한 병을 앓는 사람들이 지닌 행복감을 지칭하셨다. 그들의 행복감에 관한 **진리** 때문에 그들은 자신의 병에 관한 거짓말에 사로잡히고 만다(Welker 1995, p. 112 이하).

우리는 왜 이렇게 실제로는 아프면서 행복하다고 느끼는 것일까? 왜 배제의 체제에 이토록 순응하며, 심지어 이 체제의 열정적인 포로가 되는 것일까? 왜 감시와 무력을 사용할 필요도 없는 것일까? 미셸 푸코의 말처럼, 왜 교묘한 훈육 기제가 이토록 효과적일까?(Blancho 1987, p. 38; Foucault 1979) 그것은 우리가 살고 있는 악의 분위기에 의해 우리의 자아가 형성되기 때문이다. 악은 우리의 영혼에 교묘히 파고들어, 악에 맞서 우리를 지키기 위해 세운 바로 그 요새에서부터 우리를 지배한다.

로마서 7:14-20에서 바울은, 인간은 스스로 원하는 선을 행할 수 없고 원하지 않는 악을 행하는 노예 상태에 있다고 말한다. 자아는 선을 알고 원하는 더 약한 자아와, 죄에 지배당하며 악을 행하는 더 강한 자아로 쪼개진다. 그러므로 사람은 옳은 것을 의지할 수는 있지만 행할 수는 없다. 그러나 악에 직면한 우리의 가장 심각한 비극은, 스티븐 루크스(Steven Lukes)의 「카리타트 교수의 흥미로운 계몽주의」(*The Curious Enlightenment of Professor Caritat*)에 등장하는 세네카와 달리, 우리는 우리가 원하는 것이 악일 때만 "우리가 원하는 바를 원하고 싶어 한다"는 점이다(Lukes 1995, p. 238). 개별적인 악은 우리 '안에 거해서' 우리가 미워하는 바를 행하게 만들 뿐만 아니라(롬 7:15), 우리를 너무나도 철저히 식민화한다. 그래서 우리가 원하지만 그것이 악하기 때문에 그것을 미워할 수 있는, 우리 내면의 도덕적 공간을 대부분 앗아가 버린다.[10] 우리는 전적으로 동의할 뿐만 아니라 반대할 생각도 없이, 해방을 기대하는 탄식도 없이 악의 덫에 걸린다. 우리의 의지가 장악

되어 제대로 활동할 수 없기 때문에 악은 무력을 사용하지 않고도 유혹을 통해 지배할 수 있다. 따라서 역설적으로 우리는 인식되지 않은 악이라는 감옥에서만 자유롭다고 느낀다.

왜 우리는 식민화하는 악에 더 적극적으로 저항하지 못할까? 왜 그것이 우리의 의지라는 요새를 함락하도록 내버려두는 것일까? 거부하고 저항한다면, 우리는 배제의 체제 안에 자리잡은 악의 힘을 전복할 수 있을 것이다. 악한 문화가 자아에 영향을 미칠지라도, 구조―제도, 공동체, 국가―가 그것을 구성하는 개인보다 악할지라도(Niebuhr 1960), 체제는 악의 영으로 '호흡'하기 위해 개인들이 필요하다. 사람들이 순응한다면, 그것은 그들이 순응하도록 **강요당해서가** 아니라, 자아의 구조 안에 배제의 논리와 공명하는 무언가가 존재하기 때문이다.

그러한 공명에 대해 제시되는 이유 중 하나는, 죽을 수밖에 없는 우리의 운명에 대한 불안감이다(Moltmann 1996b, pp. 112-113). 그러나 수코키가 지적했듯이, 젊은이들은 죽을 수밖에 없는 운명에 대해 생각하지 않은 채 가장 잔인한 폭력 행위를 할 수도 있다(Suchocki 1995, pp. 83-84). 그렇기 때문에 그는 불안감은 더 근본적인 폭력 성향으로부터 나온다고 주장한다(pp. 82-99). 그러나 왜 폭력인가? 그는 생존을 위한 투쟁에 필수적인 타고난 공격성(혹은 자기 주장)에 주목함으로써 이를 설명한다. 그러나 문제는 왜 자기 주장이 폭력으로 변형되는가다. 볼프하르트 판넨베르크(Wolfhart Pannenberg)는 자신의 책「조직신학」

---

10) 여기서 나는 (바울이 로마서 7장에서 했듯이) 일반적인 죄의 현상과 그 힘을 묘사하는 대신에 악의 구체적인 표현에 관해 성찰하고 있다. 나는 (이를테면 성령이 눈을 열어 주심으로써) 신앙의 관점에서 보지 않는 한, 자아 안에 자리잡게 된 특정한 악을 전혀 진단할 수 없다고 주장하지 않는다. 오히려 그 특정한 악에 의해 자아가 형성된 사람은 그 악을 지각할 수 없는 경우가 많다고 주장할 뿐이다. 이 경우 제3자는 이 악을 지각할 수도 있다.

(*Systematic Theolgy*, 은성)에서 정체성을 향한 욕망—자신이 되고자 하는 본능적 의지—에서 죄의 근원을 찾자고 제안한 바 있다. 자아의 구조 자체에 그런 욕망이 새겨져 있다는 것이다(Pannenberg 1991, 2:260-261). 자신이 되고자 하는 의지는 본질적으로 건전한 것이지만, 그 안에 나름의 병균을 가지고 있다. 판넨베르크는 이 병균을 "사실상 모든 대상에 대한 무한한 기초와 준거점이 되고, 따라서 하나님의 자리를 찬탈하려는" 자아의 경향이라고 설명한다(p. 261). 정체성에 대한 욕망에 관한 그의 설명은 옳다. 그러나 자아는 '무한성'과 '총체성'이라는 생각을 품는 것보다 훨씬 앞선 시점에 시작된다. (**모든** 경계의 침범이 감추어진 형태의 무한성의 추구라고 잘못 이해하지 않는다면 말이다.)

정체성의 형성과 절충은 언제나 경계선 긋기, 즉 자아를 타자와 구별하는 것을 수반한다. 질리언 로즈(Gillian Rose)가 「사랑의 일」(*Love's Work*)에서 말하듯이, "경계가 없는 영혼은 시멘트로 된 경계를 지닌 영혼만큼이나 미친 것이다"(Rose 1996, p. 105). 판넨베르크가 「인간론」(*Anthropology*)에서 주장하듯이, "영혼의 주위에 경계를 만들지" 않고는 자아를 생각할 수도 없지만, 그 과정에서 이미 배제의 죄를 범하게 된다. 단지 자아가 스스로 "실재의 총체"이기를 고집하고 "모든 것"을 자신을 내세우기 위한 수단으로 이용하려고 할 때만 배제가 일어나는 게 아니다(Pannenberg 1985, p. 85). 자아가 타자—특히 멀리 있는 타자—에게 세계의 나머지 공간에서 그들이 원하는 것을 할 온전한 권리를 부여하면서 스스로 자기 영토를 보전하기 위해 노력하는 상황에서도 충분히 배제가 일어날 수 있다. 경계를 긋고 유지하려면 자기를 주장하는 태도가 필요하다(Cahoot 1977, pp. 120-121). 서로 삶이 얽혀 있는 다수의 행위자들이 살고 있으며 재화가 희소한 환경에서, 한 사람의 자기 주장은 타자의 자기 주장과 부딪힌다. 따라서 그 사람은 타자에게, 지각된 혹은 실제적인 위협이 된다. 대개 그것은 타자의 삶에 대한 위협이라기보다 자기 경계에 대한 위협이며, 따라서 자아의 내적 구조에 대한 위협이기도 하다(Härle 1995, pp. 469-470). 바로 이 지점에서 자아의 건전한 자기 주장이 타자에 대한 폭력으로 변질되는 경우가 많다.

뿐만 아니라 폭력 성향은 자아의 불가피한 모호성에 의해 강화된다. 자아는 대화에 의해 구축된다. 이미 처음부터 타자는 자아의 일부다. 나는 타자와의 관계 속에서 내가 된다. 크로아티아인이라는 것은 여러 다른 요소들과 더불어 세르비아인을 이웃으로 두고 있다는 뜻이다. 미국에서 백인이라는 것은 (비록 당신이 최근에 온 이민자라 할지라도) 흑인들과의 관계에 관한 역사 전체에 참여한다는 것을 뜻한다. 그러므로 자신이 되고자 하는 의지가 건전한 것이 되려면, 반드시 타자가 자아 안에 거하도록 허용해야 한다. 내가 나 자신이 되고자 할 때, 타자는 나 자신의 일부가 되어야 한다. 그 결과, 자아와 타자 사이의 긴장은 정체성을 향한 욕망이 된다. 나는 타자에 맞서 자기를 주장해야 하지만, 내가 나 자신이 되고자 한다면 바로 그 타자가 나 자신의 일부로 남아 있어야 한다. 그러나 타자는 내가 원하는 모습이 아닌 경우가 많다. (이를테면, 그는 자기 주장이 강하거나 나보다 재능이 많다.) 그리고 나로 하여금 내가 원하지 않는 자아가 되라고 강요한다(그래서 나는 그에게 침범당하거나 자신이 열등하다고 생각하게 된다). 그러나 나는 나 자신이 되고자 하는 나의 의지에 타자를 통합시키고 싶어 하고, 그래서 폭력에 기댄다. 즉 타자를 위한 공간을 마련하기 위해 나 자신의 모습을 바꾸는 대신, 내가 원하는 자신이 되기 위해 타자를 내가 원하는 모습으로 바꾸려고 노력한다.

타자가 자아의 구조에 위협이 된다는 것과 자신이 되고자 하는 의지에 대립하는 양극성이 존재한다는 것은, 배제가 우리의 인간 본성에 본래 주어진 것이 **아님에도** 불구하고 배제가 왜 이토록 쉬운지를 설명해 준다(Gestrich 1989, pp. 74-75). 타자와의 관계에서 자아의 역동적 정체성을 구축하고 유지하기 위해 필수적인 분리는, 타자를 희생시킴으로써 정체성을 주장하고자 하는 배제로 변질된다. 외부로부터의 죄의 힘─배제의 체제─은 내부로부터의 힘과 무력함, 즉 자신이 되고자 하는 의지의 힘과 타자를 배제하라는 유혹에 저항하지 못하는 무력함에 의해 더욱 강화된다.

또한 정체성에 대한 욕망은 수많은 사람이 그토록 수동적으로 죄에 희생당하는 것을 감수하는 이유─그들이 스스로 배제당하기를 감수하는 이유─를 설명해 준다. 그것은 단순히 자신이 되자고 하는 의지가 충분히 강하지 않아서가 아니라, **타자에게 굴복함으로써** 자신이 되고자 하는 의지를 충족시킬 수 있기 때문이다. 그들의 문제는 자신이 되고자 하는 의지로부터 타자를 배제하는 태도가 아니라, 자신이 되고자 하는 의지로부터 **자신의** 자아를 배제하는 역설적인─페미니즘 신학자들이 "자아의 분산"이라 부른─ 태도다(Saiving 1979, pp. 37-38). 대개의 경우, 자신이 되고자 하는 의지로부터 자아를 배제하는 현상은 우리가 겪고 있는 배제의 결과로 나타난다. 따라서 그것은 죄라기보다는 치료가 절실하게 필요한 악이다. 자신이 되고자 하는 의지로부터 자아를 배제하는 것은 자아에게 해를 끼칠 뿐 아니라, 타자로 하여금 배제의 죄를 범하게 하며, 따라서 훨씬 더 쉽게 자아에게 해를 끼칠 수 있게 한다.

배제의 체제와 자아의 배제적 성향 사이에 끼어 있는 우리는 절망에 빠질 수밖에 없는가? 파라오의 말과 병거가 홍해 **양쪽**에서 기다리는데, 어떻게 '노예된 집'을 탈출해 약속의 땅에 이를 수 있는가? 우리 자신이 배제의 땅을 지배하는 파라오인데 어떻게 그 땅으로부터 해방될 수 있는가? 궁극적으로 새로운 출애굽의 소망은 첫 번째 출애굽의 소망이 있던 바로 그곳에 있다. 즉, 하나님의 "강한 바람"(출 14:21) 속에 있다. 기독교 신앙의 핵심에는 십자가에 달리신 메시아의 영이 파라오가 포위한 바로 그 영토로부터 약속의 땅을 만들어 내실 수 있다는 믿음이 자리잡고 있다. 성령은 자아의 요새로 들어가셔서 자기를 내어 주는 자아를 그리스도의 형상으로 빚으심으로써, 그것의 중심을 해체하시고 그 의지를 자유롭게 하셔서 성령의 힘인 포용으로 배제의 힘에 저항할 수 있게 해주신다. 바로 연약한 자아의 요새 안에서 새로운 포용의 세계가 처음으로 창조된다(고후 5:17). 자아가 무력함으로부터 해방되어 어디에서나—구조 안에서, 문화 안에서, 자아 안에서—배제의 체제에 맞서 싸울 수 있는 것은 바로 무력해 보이는 성령—교회의 벽 바깥에서도 부는 바람처럼 활동하시는 성령—의 힘 덕분이다.

…가인의 공격

가인과 아벨의 이야기(창 4:1-16)만큼 배제의 구조와 역동, 힘을 잘 설명한 성경 본문은 없다. 표면적으로 이것은 한 남자가 자기 형제를 죽이는 이야기다. 그러나 가인은 이스라엘 남쪽에 살던 가인의 후손 그니스 족을 암시하는 것으로 이해할 수도 있다. 그렇다면 가인과 아벨의 이야기는 두 형제 사이의 갈등을 다룬 이야기일 뿐만 아니라 '그들'과 '우리' 사이의 만남의 구조에 관한 이야기이기도 하다. 그니스 족은 다윗 왕의 통치 때에 이스라엘이 받았던 축복을 통해 분명히 드러난, 이스라엘 사람들이 하나님께 받았던 특별한 은총을 기꺼이 받아들이려 하지 않았다(Willi 1983).

만약 '가인'이 그니스 족을 암시한다면, 이 이야기는 오만한 이웃이 자신이 누리는 영광을 자화자찬하면서 타자의 잘못을 질책하려는 상황을 그리고 있다고 해석할 수 있다. 이스라엘은 팔레스타인 남부에서 유목민으로 어렵게 살아가는 그니스 족의 삶이, 무고한 이스라엘에게 저지른 잘못들에 대한 하나님의 심판의 징조라고 말한다. 그러나 발터 디트리히(Walter Dietrich)가 주장했듯이, 이 이야기의 핵심은 바로 자화자찬하는 태도를 약화시키는 데 있다(Dietrich 1977). 이것은 '우리'가 우리와 '그들' 사이의 관계를 이야기하고, 그렇게 함으로써 우리 스스로를 '아벨'로 묘사하는 한편, 그들에게 '가인'의 이미지를 뒤집어씌우는 막연한 우화가 아니다. 이 이야기는 원 역사에 자리잡고 있다. 클라우스 베스터만(Claus Westermann)이 주장했듯이, 원 역사의 의도는 모든 인간이 아담과 하와인 것처럼, **모든 인간이** 가인과 아벨이 될 가능성이 있음을 강조하려는 것이다(Westermann 1984, p. 318). 가인의 시기와 살인은, 어떤 점에서 '그들'(그니스 족, 고전적인 기독교 해석에서는 유대인)이 '우리'(이스라엘 혹은 교회)와 구별되게 행동하는가를 보여주는 이야기가 아니라, **모든 인간이** 이런 식으로 타자를 대하는 경향이 있음을 예시하는 이야기다.

「창세부터 감춰진 것들」(*Things Hidden Since the Foundation of the World*)에서 르네 지라르(René Girard)는, 가해자들의 행위를 정당화하기 위해 가해자의 관점을 취하는 전형적인 신화적 텍스트와 달리, 가인과 아벨의 이야기가 희생자의 관점을 취해 가해자를 정죄하고 있음을 깨달을 때 이 이야기의 온전한 의미가 드러난다고 주장했다(Girard 1987, pp. 146-145). 지라르의 해석이 이 이야기의 가장 중요한 차원 중 하나를 놓치고 있기는 하지만, 그의 주장은 옳다. 원역사에서 살인을 저지르는 '그들'의 이야기는, 곧 살인을 저지르는 '우리'의 이야기다. 가인은 '그들'인 **동시에** '우리'다. 자신의 형제자매와의 관계에서 모든 아담과 하와의 아들딸이 가인이다. 이 이야기가 희생자의 관점을 취한 것은 지라르가 주장하듯이 가해자를 정죄하기 위해서만이 아니라, 동시에 희생자가 가해자로 돌변하는 경향을 깨뜨리기 위해서이기도 하다. 이 이야기의 위대함은, 가해자에 대한 분명한 심판과 '무고한' 희생자의 분노로부터 그를 보호하고자 하는 단호한 의지를 **결합**시키고 있다는 점이다. 하나님은 가인에게 질문하시며 가차 없이 그를 정죄하시는 동시에(6-12절) 은혜롭게 그에게 보호의 표지를 주셨다(15절).

외형적으로 가인과 아벨은 똑같았다. 그들은 같은 부모에게서 태어난 형제다. 그들은 똑같이 존경할 만한 직업에 종사했다. 양을 치는 사람과 땅을 가는 사람으로서 상호 보완적인 직업을 가지고 있었다. 그들은 똑같이 하나님께 적합한 제사로 짐승과 과일을 드렸다. 심지어 문학적 장치까지 동원해 형제의 동등성을 강조한다. 2-5절에서 두 사람의 이름이 네 차례 순서를 바꾸어 언급된다. 아벨, 가인, 가인, 아벨, 아벨, 가인. 이것은 두 사람 중 누구도 무대 중앙을 차지하지 못하게 하는 효과가 있다(van Wolde 1991, p. 29).

그러나 두 사람의 외형적 동등성은, 둘 사이의 관계를 처음부터 규정했던 불균등을 은폐하는 동시에 고조시킨다. 어머니는 맏아들이 태어났을 때 자랑스럽고 기쁜 마음으로 "내가 여호와로 말미암아 득남하였다"라고 외쳤으며(1절), 그 벅찬 기쁨을 맏아들의 이름에 새겨 넣었다. 가인은 '생산하다' '낳다'라는 뜻을 지닌 영예로운 이름이다. 둘째의 탄생은 당연한 일이었고, 그에게는 열등한 존재라는 뜻이 담긴 이름이 주어진다. 아벨은 '숨' '증기' '덧없음' '무가치함' '없음'이라는 뜻이다. 두 사람의 직업은 똑같이 존경할 만한 것이었지만, 가인은 큰 땅을 가진 부유한 농부였던 반면, 아벨은 얼마 되지 않는 양떼를 먹일 수 있을 정도에 불과한 작고 척박한 땅을 가진 가난한 사람이었다.[11] 두 사람은 똑같이 하나님이 받으실 만한 제물을 가져왔지만, '형'인 가인은 그저 "땅의 소산"(3절)을 바친 반면 가난한(하나님께 의지할 수밖에 없음을 절실히 알고 있는?) 아벨은 가장 좋은 동물("첫 새끼")의 가장 좋은 부분("기름")을 가져왔다(4절).[12] 하나님은 그 차이를 아시고 가인의 제물이 아니라 아벨의 제물을 존중하셨다(4-5절). 하나님 앞에서 둘 다 쉽게 동등할 수 있었다. (하나님은 한 사람을 존중하신다고 해서 결코 다른 사람을 배제하지 않으신다.) 그러나 바로 이 지점에서 두 사람 사이의 가장 철저한 불평등이 드러난다. 하나님은 이 불평등을 인정하심으로써 하와와 가인이 세워 놓은 가인과 아벨 사이의 '불평등의 질서'를 역전시키셨다. 즉, 아벨은 하나님께 존중을 받았고, 가인은 그렇지 못했다(4-5절). 이렇게 뒤바뀌어 버린 상황에서 가인이 하나님께 보인 반응이 이 이야기의 핵심을 이룬다.

맨 처음 눈에 띄는 이 이야기의 문제점은, 형식적 평등과 동질감(형제는 상호 보완적인 직업을 가지고 있다)이다. 그에 반해 두 사람은 첫째와 둘째로, 부자와 가난한 사람으로, 영광을 받은 사람과 경멸당한 사람

---

11) 이것은 튀빙겐 대학교의 Hartmut Gese 교수가 창세기에 관한 강연에서 했던 주장이다.
12) 다수의 현대 학자들과 마찬가지로, 나는 전통적인 유대교와 기독교 주석가들의 해석을 따른다(히 11:4; 요일 3:12을 보라). 이들은 아벨의 제물에서 "첫 새끼"와 "기름"을 언급한 것이 중요하다고 생각한다(Aptowitzer 1922, p. 37 이하). 아벨이 자신의 양떼 중에서 가장 좋은 것을 바쳤다는 것은 그가 하나님을 대하는 태도가 가인과 달랐음을 암시하며, 이는 다른 방식으로는 이해하기 어려운 하나님의 행동을 설명해 준다. 왜냐하면 의로운 재판관이신 하나님이 단순히 변덕스럽게 아벨과 그의 제물을 존중하시는 반면, 가인과 그의 제물은 무시하셨을 리가 없기 때문이다(4-5절). 가인과 아벨 사이의 불평등이 그들을 대하는 하나님의 "이해할 수 없는" 행동 때문이라고 봄으로써(Westermann 1984, p. 297) 그 불평등의 "이해할 수 없음" – 삶은 그러기 마련이다 – 을 강조하는 것은 옳다. 그러나 이런 해석은 그 이해할 수 없음을 하나님의 선택 탓으로 돌린다는 점에서 그르다.

으로, 존중받은 사람과 무시당한 사람으로 불가피하게 다를 수밖에 없기 때문이다. 처음부터 모든 인간관계에는 평등과 차이 사이의 긴장으로 가득하며, 바로 그런 맥락에서 자아와 타자 사이의 관계를 협상해 나가야만 한다. 하나님의 동산 바깥에서는 대립 관계가 나타나며, 그 때문에 첫 번째 사람들은 "에덴 동쪽"으로 더 멀리 갈 수밖에 없었다 (3:24; 4:16). 인간의 일은 실패의 위험을 동반하기 때문에, 차이에 대해 불가피하게 가치의 꼬리표가 붙을 수밖에 없기 때문에, 궁극적인 심판자에게 인정을 받을 수도 있고 그렇지 못할 수도 있기 때문에, 자아는 그 정체성을 유지하려 하고 타자를 희생시킴으로써 자기를 내세우려는 투쟁에 임하게 된다. 이런 경향은 배제의 땅으로 나아가는 문을 연다. 이곳은 바로 배제를 자행하는 곳, 배제하는 사람들도 비록 계속되는 하나님의 돌보심으로부터 결코 배제당하지는 않는다 하더라도, 그분 "앞을 떠나" 스스로 배제당한—"추방된"(Rabinowitz 1961, p. 156)—삶을 살아가는 곳이다.

첫 번째 감정은 시기심이었다. 분명 '보잘것없는 사람'이었던 아벨이 존중을 받은 반면, 분명 '중요한 사람'이었던 가인은 무시를 당했기 때문이다. 게다가 그것도 그 심판은 결코 논박할 수 없는 하나님이 하신 일이었기 때문이다. 그런 다음 분노가 찾아왔다. 하나님과 아벨 모두를 향한 "격렬한 반대의 감정"이었다(Plantinga 1995, p. 165). 그 감정이 하나님을 향했던 이유는 하나님이 가인을 불공평하게 대하셨기 때문이 아니라, 가인의 위대함을 경시하셨기 때문이다(Westermann 1984, p. 297에 나타난 해석과 달리). 또한 아벨에 대해서는, 아벨이 잘못을 해서가 아니라 [미겔 데 우나무노(Miguel de Unamuno)의 소설 「아벨 산체스」(*Abel Sánchez*)에서 호아킨 모네그로가 지적하듯이(de Unamuno 1956, pp. 58-59) 무죄하지 않은 방식으로 무죄한 경우가 있기도 하지만] 가인의 제물과 달리 아벨의 제물은 진정으로 하나님이 받으실 만한 것이었기 때문이다. 가인은 진정으로 중요한 것이 무엇인가, 진정으로 위대한 것이 무엇인가에 관한 하나님의 가늠자를 맞닥뜨렸다. 그는 그 가늠자를 바꿀 수 없었으며 그렇다고 자신을 변화시키기도 거부했기 때문에, 하나님과 아벨 모두를 자신의 삶에서 배제했다. 분노는 배제라는 사슬의 첫 고리다. 그는 하나님을 우러러보는 대신, 하나님과의 교제를 단절하고 고개를 떨구었다(5절). 하나님의 음성을 듣는 대신, 하나님의 경고에 귀를 닫았다(6-7절). 들로 나가자고 제안함으로써 공동체를 추방해 공동체가 자신의 행동에 대해 판단을 내리지 못하게 만들었다(8절). 마지막으로 "아우 아벨을 쳐 죽임"으로써 궁극적인 배제의 행동을 저질렀다(8절).

가인의 살인 행위는 "무의미하다"라고 묘사되어 왔다(Zenger 1983, p. 17). 하지만 그렇지 않다. 살인이 무의미한 경우는 거의 없다. 가인의 전제가 옳다고 가정하면, 이 살인은 흠잡을 데 없는 논리에 따라 이뤄진 셈이다.

　전제 1: '만약 아벨이 하나님이 선언하신 바로 그런 사람이라면, 나는 내　　　　　가 이해했던 그런 사람이 아니다.'
　전제 2: '나는 내가 이해하는 그런 사람이다.'
　전제 3: '나는 아벨에 관한 하나님의 선언을 바꿀 수 없다.'
　결　　론: '그러므로 아벨은 더 이상 존재해서는 안 된다.'

가인의 정체성은 처음부터 아벨과의 관계 속에서 구축되었다. 그는 아벨이 '전혀 중요하지 않은 사람'이었기 때문에 위대했다. 하나님이 아벨이 '더 낫다'고 선언하셨을 때, 가인은 자신의 정체성을 근본적으로 재조정하거나 아벨을 제거해야 했다. 배제의 행위에는 그 나름대로 '타당한 이유'가 있다. 죄의 힘은 어떤 결과를 초래하고자 하는 억누를 수 없는 충동에 있다기보다, 도착된 자아가 그 거짓 정체성을 유지하기 위해 만들어 낸 그 타당한 이유의 설득력에 있다. 물론 이 이유는 자아에게만 설득력이 있지 하나님께는 전혀 설득력이 없다. 하나님이 "네가 분하여 함은 어찌 됨이냐?"(6절)라고 물으셨을 때 가인이 침묵했던 것도 그 때문이다. 가인은 하나님께 변명밖에 할 수 없었을 것이다. 토머스 해리스(Thomas Harris)의 소설 「양들의 침묵」(*The Silence of the Lambs*)에 등장하는 훨씬 더 악한 주인공이 스탈링 수사관에게 자신이 그런 끔찍한 범죄를 저지른 까닭을 설명하려 했을 때 했던 것과 똑같은 대답을 할 수밖에 없을 것이다. "나는 악하기 때문에" 분노한다.

가인은 분노에 굴복하지 말라는 하나님의 경고에 전혀 귀를 기울이지 않는다. 이는 죄의 논리가 선을 행하라는 명령보다 훨씬 더 강력하다는 것을 보여 준다. 우리는 이 점을 반드시 염두에 두어야 한다. 죄의 논리는 처음부터 선을 행해야 할 의무를 저버리기 위한 바로 그 목적을 위해 고안되었기 때문이다. 죄 앞에서 죄에 관한 지식은 무력할 뿐이다. 위험한 짐승처럼 죄는 "숨어서 기다리고" "어슬렁거리며 다니고" 공격하고 파괴할 기회를 "노린다"(Hamilton 1990, p. 227). 자신을 지키기 위해서는 그 짐승에 관해 아는 것으로는 부족하며, 가인의 실패가 보여 주듯이 그것을 "다스릴" 수 있어야 한다(7절). 죄에 관한 지식으로는 죄를 극복할 수 없다는 지식조차도 충분하지 않다. 율법을 주시고 조언을 해주시는 분에 불과한 하나님은 무력하다. 죄는 앎의 실패가 아니라 의지의 그릇된 방향 설정이며, 그 자체로 대항하는 지식을 만들어 낸다. 중요한 의미에서 가인만이 죄를 극복할 수 있다. 그러나 그가 자신의 자유로운 의지를 행사해 죄를 범하기로 '자유롭게 선택했다'고 생각하는 것은 실수일 것이다. 죄를 범하는 것은 그저 잘못된 선택을 하는 것이 아니라, 악한 권세에 굴복하는 것이다. 범죄 이전에 가인은 죄의 먹잇감이 될 수도 있었고, '죄'라고 불리는 포식자를 다스리는 지배자가 될 수도 있었다. 가인은 죄를 다스리기를 거부하고 그것의 먹잇감으로 전락했기 때문에 살인을 범했다.

죄를 범하고자 하는 의지는 그 행동에 대한 '타당한 이유'를 제공할 뿐만 아니라, 그 행동을 들키지 않은 상태를 유지하게 해주는 조건을 만들어 내며, 만약 들킨다면 그에 대한 책임을 회피할 수 있는 조건을 만들어 낸다. 첫째, 죄의 **장소**(geography)가 존재한다. 범죄 현장은 공적 영역 바깥에 존재하는 '들'이다(8절). 그곳에서는 어떤 도움도 받을 수 없고, 어떤 증인도 없으며, 어떤 공동체적 심판도 내릴 수 없다. 에마뉘엘 레비나스(Emmanuel Lévinas)를 따라 아르네 베틀레센(Arne Vetlesen)이 주장하듯이, "얼굴을 마주하는 얼굴"은 "헌신의 순간으로 충만하다"(Vetlesen 1994, p. 202). 그러나 인적이 없는 곳에서 자신에게 피해를 입힌 그 얼굴을 마주하는 얼굴은 궁극적인 유혹으로 충만하다. "이제 너에게도 기회가 왔어"라는 말이 타자의 얼굴 위에 쓰인 "살인하지 말라"는 말을 가려 버린다(Lévinas 1985, p. 87, 89). 죄가 선호하는 장소는 아무도 알아차리지 못하게, 아무런 방해도 받지 않고 악행을 저지를 수 있는 '저 바깥'이다.

둘째, 죄의 **이데올로기**가 존재한다. 가인은 "네 아우 아벨이 어디 있느냐?"라는 하나님의 물음에 "내가 알지 못하나이다"라며 거짓말로 대답한다(9절). 은연중에 그는 자신의 범죄를 부인한다. 그런 다음 그는 자신이 "아우를 지키는 자"가 아니므로 자기 아우가 어디에 있는지 알고 있어야 할 책임이 없다고 덧붙인다(9절). 게다가 자신이 "아우를 지키는 자"가 아니라는 그의 말은, 그 물음의 목적을 굴절시키기 위해 미묘하게 물음 자체를 조롱하고자 하는 의도를 담고 있다. "양을 지키는 자에게 따로 지키는 자가 필요한가?"(Wenham 1987, p. 106) 죄의 이데올로기는 그 행위와 그에 대한 책임 모두를 부인하는 기능을 한다. 이때 약간의 익살까지 더하고 있다. 그러나 '죄의 이데올로기'는 비난하는 바깥의 목소리를 잠재우기 위해 만든, 단순히 회피하기 위한 장치에 그치지 않는다. 죄를 범하는 사람들에게는, 죄의 이데올로기가 자기 안에 있는 양심의 목소리를 억누르기 위한 자기 기만의 도구이기도 하다.

어떤 점에서 살인의 결과는 살인 자체에 상응한다. 가인은 자신의 범죄로 인해 스스로 형제를 잃었을 뿐만 아니라 소속의 가능성을 잃어 버렸다(Zenger 1983, p. 19). 형제의 피로 흠뻑 젖은 땅은 살기에 적합하지 않은 땅, 더 이상 열매를 맺지 못하는 땅이 되었다(12절). 그는 살인을 했고, 이제는 그가 살인을 당할지도 모른다(14절). 그는 하나님을 우러러보기를 거부했고(6절), 이제는 스스로 하나님의 얼굴을 피해 숨는다(14절). 그는 자신의 배제 행위를 통해 자신을 모든 관계로부터 — 아래로는 땅으로부터, 위로는 하나님으로부터, 주위의 모든 사람으로부터 — 배제시켰다. 소속되기는 불가능해졌고 거리만 남았다. 여기서 거리두기는 평범한 유목민의 생활 방식을 말하는 것이 아니라, 빗나간 초월("유리하는 자")과 불안한 도망자의 신세("피하며")를 뜻한다. '왜 그가 이런 방랑 생활을 해야 하는가?'라고 물을지도 모른다. 왜 그는 거의 혼돈에 가까운 배제의 관행에 의해 지배되는, 예측 불가능한 두려움의 땅으로 유배당하는가? 왜냐하면 소속은 집이고, 집은 곧 형제이며, 이제는 그 형제가 없기 때문이다.

형제를 갖기 위해서는 형제가 되어야 하고 형제를 '지켜야' 한다. 형제를 가지고 있었지만 형제가 아니었던 가인,[13] '지켜야' 했던 형제를 살해한 가인에게 소망이 존재하는가? 이 이야기에서 소망은 하나님과 가인의 문제에 대한 하나님의 개입 속에 존재한다. 악을 행하기 전 하나님의 개입 – "네가 분하여 함은 어찌 됨이냐?"(6절) – 은 효력을 발휘하지 못했다. 가인은 하나님을 등졌다. 그러나 이 개입은, 비록 가인에게 '타당한 이유'가 있었을지 모르지만, 그에게 화낼 '권리가 없었음'을 강조한다. 악행 이후 하나님의 두 번째 개입 – "네 아우 아벨이 어디 있느냐?"(9절) – 역시 많은 것을 이룬 것처럼 보이지는 않는다. 이것은 자기를 정당화하는 가인의 부인을 이끌어 냈을 뿐이다. 그러나 다시 한 번 하나님의 물음은 공동체 안에서의 삶이란, 공동의 사회적 공간을 공유하고 타자에 대해 책임을 지니는 것을 의미한다는 점을 분명히 보여 준다. 하나님의 세 번째 개입은 분노가 담긴 심판의 말씀이다. "네가 무엇을 하였느냐?"(10절) 여기서 우리는 하나님이 계속 가인에게 질문을 던지신 이유를 깨닫는다. 야웨, 즉 압제당하는 이들의 신음 소리를 들으시는 그 하나님은 살인이 다가오는 것을 보시고 그것에 대해 경고하셨다. 괴롭힘을 당하고 비인간적인 취급을 당하는 이들을 돌보시는 하나님은 무고한 피가 외치는 소리를 들으시고 악을 행한 자를 심판하셨다.

하나님의 심판은 하나님의 물음이 성취하지 못한 것을 성취했다. 즉, 가인의 반응을 이끌어 냈다. 가인이 판결의 가혹함에 대해 불평한 것인지('내가 받을 처벌이 내가 견딜 수 있는 것보다 큽니다'), 자신의 범죄의 중함을 인정한 것인지('내 죄는 너무나 큰 것이어서 용서받을 수 없습니다'), 아니면 둘 다인지에 관해 주석가들의 입장이 갈린다. 어떤 경우이든,

---

13) Ellen van Wolde가 지적했듯이, 아벨은 매번 가인의 아우라고 불리는 반면, 가인은 한 번도 아벨의 형이라고 불리지 않는다. 가인은 형제를 가지고 있었지만 형제가 **아닌** 반면, 아벨은 형제를 **가지고 있지 않았지만** 형제다(van Wolde 1991, p. 33, 36).

가인은 자신의 악행 때문에 자신이 추방되어 갈 혼돈으로 가득한 배제의 땅이 얼마나 위험한 곳인지를 지적하면서 하나님 앞에서 자신의 책임을 인정했다. 하나님의 네 번째, 다섯 번째 개입은 책임의 인정과 그가 받을 처벌의 무게에 대한 응답이었다. 배제의 땅에서 "주님은 가인에게 표를 주셨다." 이것은 그를 행악자로 낙인찍기 위해서가 아니라 이제 잠재적인 희생자가 된 그를 보호하기 위해서였다(Lapide 1994, p. 14). 이 "표"는, 지라르가 주장했듯이 만인에 대한 만인의 "모방적 폭력"으로부터 그를 보호하기 위한 구별 체계를 상징한다고 볼 수 있다(Girard 1987, p. 146). 그러나 구별보다 중요한 것은 그것을 뒷받침하는 **은총**이다. 가인의 충분하지 않은 제물을 존중하지 않으신 바로 그 하나님이, 이제 목숨이 위태로워진 살인자에게 자비를 베푸셨다. 하나님은 가인 자신이 시작한 배제의 순환에 가인을 내어 주지 않으셨다. 하나님의 표를 받은 가인은 비록 "하나님 앞을 떠나서" 먼 곳에 정착했을지라도 하나님께 속했고 그분의 보호를 받았다(16절).

우리는 원 역사에서 가인이 보호받았음을 보았다. 성 금요일에 우리는 그가 속량받는 것을 발견한다. 가인은 포용의 정반대를 실천했고 그의 몸은 "타자의 몸을 죽일…의도로 그것에 정면으로 맞섰지만" (Gurevitch 1990, p. 199), 그는 십자가에 달리신 그분께로 이끌릴 것이며, 그분은 그를 끌어안으실 것이다. 십자가에 달리신 그분의 포옹이 가인의 시기와 증오, 죽이고자 하는 욕망을 치유하실까? 데 우나무노의 「아벨 산체스」에서 호아킨 모네그로는 자신의 아내이며 성인이었던 안토니아에게, 자신이 그녀를 사랑하지 않기 때문에 그녀는 그를 치유할 수 없었다고 말한다(de Unamuno 1956, p. 175). 어떤 의미에서 모든 가인에 대해 똑같은 말을 할 수 있다. 만약 그가 자신을 끌어안으셨던 그분을 사랑하는 법을 배우지 못한다면, 십자가에 달리신 그분의 포옹은 그를 치유할 수 없을 것이다. "자기 아우를 살해한" 반(反)모범인 가인은, 그리스도의 발자취를 따라 걷기 시작할 때에만 "우리를 위해 자기 목숨을 버리신" 모범이신 그리스도에 의해 치유받을 수 있을 것이다(참고. 요일 3:11-17).

3 ● 포용

1992년에 사라예보를 떠나 세르비아 군에 입대한 한 남자가 있었다. 당시 세르비아 군은 사라예보를 폭격 중이었다. 그는 그 폭격에 의해 아파트가 파괴된 자신의 가장 친한 친구와 통화하면서 이렇게 말했다. "선택의 여지가 없어. 그들이냐 우리냐 둘 중 하나야"(Vukovič 1993, p. 42). 그의 말은 '우리가 이곳에서 살거나 그들이 이곳에서 살게 될 것이다. 우리가 그들을 파괴하거나 그들이 우리를 파괴할 것이다. 다른 선택의 여지는 없다'는 뜻이었다.

전쟁이 크든 작든, 전쟁이 벌어지는 곳이 전쟁터이든 도시의 거리이든 거실이든 교수 휴게실이든, 모든 전쟁에는 기본적으로 동일한 배타적 대립이 자리잡고 있다. '그들 대 우리', '그들의 이익 대 우리의 손해', '우리 아니면 그들.' 대립이 강할수록 사회적 세계의 다양한 구성 요소가 주는 풍부함이 사라져 버리고 노골적인 배제의 양극단이 나타나 모든 사고와 실천이 그것을 중심으로 재배열된다. 다른 선택은 없고, 중립은 불가능하며, 따라서 무죄함을 유지할 수 없는 것처럼 보인다. 만약 그 사회적 세계를 탈출하지 않으면, 노골적인 양극성 안으로 빨려 들어가고 만다. 비극적이게도 시간이 흐를수록 이 양극성은 무시무시한 연합의 모습으로 변해 간다. 즉, 서로에 대한 미움과 죽은 이들에 대한 애도가 약하게 결합하여 '우리와 그들 모두'라는 기치 아래 분열된 정파를 하나로 연합시킨다.

"선택의 여지가 없어." 배제로 이어지는 양극성의 내적 논리를 상기시키며 사라예보 출신의 그 남자는 말한다. 그러나 그의 말이 정말 옳은가? 배제로 이어지는 양극성의 논리는 거스를 수 없는 것인가? "선택의 여지가 없는" 상황이 정말로 존재할지도 모른다. 스스로 파괴되기보다는 타자를 파괴하는 것이 **유일한** 선택이 되겠지만 말이다. 그러나 대부분의 경우에 선택은 "우리가 아니면 그들"이라는 조건에 제한을 받지 않는다. 의지와 용기, 상상력이 있다면 노골적인 양극성을 극복할 수 있다. 상호 배제라는 소용돌이에 갇힌 사람들도 그것이 끌어당기는 힘에 저항하고, 공동의 소속감을 재발견하고 심지어 타자의 품에 안길 수도 있다. 상충하는 이해 관계, 충돌하는 관점, 상이한 문화를 가진 사람들도 폭력을 증폭시키는 순환 속으로 미끄러져 내려가는 상황을 피하고, 그 대신 유대 관계를 유지하고 더 나아가 함께 자신들의 삶을 꽃피울 **수 있다**. 이 장에서 나는 "우리가 아니면 그들"이라는 양극성을 극복하고 공동체로 살아가기 위해 어떤 노력이 필요한가에 관해 논하고자 한다. 적대감으로 위협을 받는 세상에서 어떻게 자아와 타자 사이에 평화를 이루고 그 평화를 유지할 것인가 하는, 서로 연관된 문제들을 검토할 것이다. 약간 다르게 표현하자면, 적대감의 위협이 상존하는 세상에서의 삶의 방식을 간략히 그려 보고, 그것을 지칭하기 위해 '포옹'이라는 은유를 사용할 것이다.

이 장의 핵심 논제는, 하나님이 적대적인 인류를 자신과의 교제 안으로 받아들이신 일이 인간이 타자와 어떤 관계를 맺어야 하는가에 대한 모범이 된다는 것이다. 이 논제를 설명하기 위해, 이 장의 중심이 되는 네 개의 단락을 통해, 배제에서 포용으로 이동하고자 할 때 반드시 필요한 네 가지 계기라고 할 수 있는 '회개' '용서' '자신 안에 타자를 위한 공간 마련하기' '기억의 치유'를 분석할 것이다. 그런 다음 성공적인 포용의 핵심 구성 요소를 설명할 것이다. 마지막으로 포용의 정치적 의미를 제시한 후 포용 이야기인 탕자 이야기(눅 15:11-32)를 신학적으로 성찰함으로써 이 장을 마무리할 것이다. 이 주제를 소개하기 위해, '자유'를 중심으로 사회적 삶을 설명하는 전형적인 모더니즘과 포스트모더니즘의 방식이 왜 일방적이며 따라서 부적합하다고 생각하는지 설명해야 하지만, 먼저 내가 이 주제에 접근하는 각도에 관해 한 가지를 말해 둘 필요가 있다.

기독교의 성경을 읽어 보면 그 메시지의 상당 부분이 아래로부터, 즉 어떤 의미에서 힘 있는 사람들의 손에 고통당하는 이들의 관점으로부터 쓰였음을 알 수 있다. 히브리 예언자들은, '작은 백성'이 당하는 불의를 힘 있는 이들을 바라보는 주요한 렌즈로 삼고, 힘 있는 이들이 그들의 방식을 고쳐야 한다고 하나님의 이름으로 요구한다. 복음서 기자들과 사도들은 소외된 동료 그리스도인들에게, 십자가에 달리신 그분을 따르는 사람들로서 서로를 어떻게 대해야 하는지, 그들에 대해 호의적이지 않으며 오히려 적대적인 세상을 어떻게 대해야 하는지 가르친다. 나 역시 이 전통을 따르고자 한다. 왜냐하면 이것이 기독교 신학자가 해야 할 일이라고 생각하기 때문이다. 내가 이 책을 쓰기 시작한 것도 최근에 무자비한 공격을 받았던 민족의 일원으로서 그에 대해 어떻게 반응해야 하는지 나 스스로에게 설명하기 위해서다. 이 장에서는 일차적으로, 복음서 기자와 사도들의 사상에 기초해, 스스로 '희생자'라고 생각하는 이들이 적대적인 세상에서 자신을 내어 주시는 삼위일체 하나님의 사랑을 모방하는 것이 왜 이치에 맞는 일인지 설명할 것이다. 그런 다음 5장과 6장에서는 일차적으로 '가해자'를 염두에 둘 것이다. 이를 위해 진리와 정의에 호소하는 예언자적 전통으로 눈을 돌릴 것이다. 지속적인 평화를 달성하고자 한다면, 속이고 압제하는 이들과 맞서라는 그들의 주장을 무시할 수 없기 때문이다. 그러나 중요한 의미에서 나의 텍스트는 '희생자'와 '가해자'를 나누는 양극성을 지나치게 주장하지 않는 것이 더 낫다는 믿음에 기초한다. 양극성이 존재함은 부인할 수 없으나 그것은 또한 부인할 수 없을 정도로 끔찍한 것이다. 그래서 우리는 가해자가 희생자들에 대해 만들어 놓은 것보다 더 악한 지옥이 존재하는 것이 아닐까 생각해 보게 된다. 이 양극성의 문제는 삼위일체 하나님의 삶을 모범으로 삼아 자기 내어줌을 실천하고, 그런 사랑의 맥락에서 진리와 정의를 위한 싸움에 동참할 때 가장 잘 해결될 수 있다. 그러나 이에 관해서는 나중에 더 자세히 논할 것이다.

...해방의 모호성

최근 몇십 년 동안 사회적 현실에 대한 신학적 성찰의 주요한 범주는 '억압'과 '해방'이라는 상호 연관된 개념이었다. 신학 분야에 익숙한 이들은 이런 용어를 들으면 곧장 여러 가지 해방과 관련된 신학을 떠올릴 것이다. 그러나 다른 방법론을 가지고 보수적인 사회적 의제를 지지하는 신학자들 역시, 다소 다른 방식이기는 하지만, 적어도 암묵적으로는 동일한 범주를 가지고 신학 작업을 한다. 이 범주들을 사용하는 목적은 인간의 존엄성을 존중하고 모든 사람을 위한 정의를 지지하기 위함이다. 오늘날 존엄성과 정의는 모두 지난 3세기 동안 가장 강력한 사회적 이념이었던 자유의 관점에서 해석된다(Taylor 1985b, 2:318 이하).

미국 혁명과 프랑스 혁명을 통해 자유라는 이념은 근대 자유민주주의를 떠받치는 기둥으로 부상했다. 모든 사람은 평등하며, 다른 사람의 자유만 존중한다면 모두 자신의 이익을 추구하고 자신만의 방식으로 개성을 계발할 자유가 있다. 이 자유는 양도할 수 없는 권리다. 그것은 다른 사람들이 준 것이 아니며 그들이 빼앗아 갈 수도 없다. 비록 사회 전체로 볼 때 구성원 개개인의 추구가 서로 모순되는 것처럼 보여도, 자유를 행사함으로써 다른 시민의 자유를 간섭하지 않는 한 자유는 존중되어야 한다. 자유는 가장 신성한 선이다. 이 양도할 수 없는 자유가 전체주의 국가에 의해 부인되거나 주류 문화에 의해 탄압받을 때, 우리는 그것을 억압이라고 말한다. 사람들이 원하는 바를 행하거나 원하는 대로 살지 못하게 가로막는 굴레가 해체되었을 때, 우리는 그것을 해방이라고 말한다.[1] 이것은 많은 서구인(과 점점 더 많은 비서구인)이 억압과 해방에 관해 생각하는 바에 관한 간략한 설명일 것이다.

현재로는 소수 의견이기는 하지만 서구 전통에는 자유에 관한 또 다른 사상이 존재한다. 사회주의 사상가들에 의해 시작된 이 사상은 오늘날 비서구 세계에서 특히 관심을 모으고 있다. 이 전통에서는, '나와 내 가족을 굶어 죽지 않게 해줄 직업이 없다면, 나 자신의 주인이 되고 내 이익을 추구할 자유가 무슨 의미가 있겠는가?'라고 묻는다. 새벽부터 저녁까지 내가 가진 힘을 마지막 한 방울까지 짜내도록 일만 해야 한다면, 나의 개성을 계발할 자유가 무슨 의미가 있겠는가? 그것은 착취당하거나 혼자서 굶어 죽을 자유란 말인가? 따라서 사회주의 사상가들은 자유주의적 자유 개념은 공허하다고 선언했다. 그들은 소

---

1) 'What Is Wrong with Negative Liberty'에서 Charles Taylor는 "외적 장애물의 부재"라는 자유의 관념만으로는 "각 개인이 자신만의 방식으로 자아를 실현할 권리를 확보하는 데 무게를 두는 소극적인 자유라는 근대적 관념"은 충분히 유지될 수 없다는 이론을 설득력 있게 논박한 바 있다(Taylor 1985, 2: 211 이하).

극적인 개념의 자유에 집중하는 것은 자유를 무의미한 것으로 만드는 사회적 역동을 만들어 낼 뿐이라고 주장했다. 그러므로 자유는 결코, 홉스주의적인 전통에서 주장하듯이 개인이 원하는 것을 하거나 하지 않으려는 의지에 대한 외적 간섭의 부재를 의미할 수 없다. 자유는 자신의 운명을 스스로 만들어 가면서 존엄한 삶을 살아갈 수 있는 실질적인 힘을 말한다. 사람들이 비참한 가난과 문맹 속에서 살아가는데 다른 사람들은 그들이 당하는 억압을 대가로 점점 부유해지고 '자신들의 개성을 계발할' 수 있을 때, 우리는 그것을 억압이라고 부른다. 무력함을 영속화하는 구조와 개인을, 사람들로 하여금 자립하고 자신의 목소리를 갖도록 해주는 구조로 대체할 때 우리는 그것을 해방이라고 부른다.[2]

자유주의적 기획과 사회주의적 기획─근대성의 틀 아래에서 사회적 삶을 조직하는 두 가지 주요한 비전─모두 자유라는 관념을 중심으로 삼는다. 지그문트 바우만이 「포스트모던 윤리」(*Postmodern Ethics*)에서 지적했듯이,

근대적 불안의 한가운데 자리잡은 위대한 관념, 근대성이라는 배의 뱃머리를 밝히는 등불은 해방이라는 관념이다. 이 관념은 그것이 거부하고 저항하는 것─그것이 무너뜨리기 원하는 속박, 그것이 치유하기 원하는 상처─으로부터 그 의미를 끌어내며, 그 관념이 매혹적인 까닭은 저항을 약속하기 때문이다(Bauman 1993, p. 225).

---

2) 여기서 간략히 제시한 자유의 두 관념은, Isaiah Berlin의 유명한 논문 "Two Concepts of Liberty"에서 분석한 '소극적' 자유와 '적극적' 자유에 대체로 상응한다 (Berlin 1969, pp. 118-172).

사회에 자리잡은 지하 감옥의 철문은 무너뜨려야 한다. 노예는 자신의 주인이 되어야 한다. 그러므로 자유라는 관념을 중심으로 세워진 모든 사회적 프로젝트는 '억압'과 '해방'이라는 안정적인 짝을 통해 작동되는 경향이 있다. 억압은 부정적인 것이며, 해방은 그것의 거부이고, 자유는 이를 통해 얻는 긍정적인 결과다.

그러나 구 유고슬라비아와 같은 다인종 국가나 로스앤젤레스와 같은 다문화 대도시의 경우처럼 수많은 구체적인 갈등 상황에 억압과 해방이라는 범주를 적용해 보라. 어떤 점에서는 너무나 잘 들어맞는다. 크로아티아인과 이슬람교인과 세르비아인에게, 흑인과 한국인, 라틴계 미국인, 앵글로색슨계 미국인들에게 거의 안성맞춤인 것처럼 보인다. '억압받는 사람들'(희생자들)과 '억압하는 사람들'(가해자들)의 구도로 이야기한다면, 각 집단은 희생자로서 더 우월한 도덕적 근거를 가지고 있다고 주장할 만한 이유를 찾아낼 것이다. 각각 타자에 의해 억압받는다고 생각할 것이며, 모두 저마다 해방을 위한 투쟁에 참여하고 있다고 말할 것이다. 억압과 해방이라는 범주는 줄무늬 정장이나 드레스가 아니라 전투 장비를 제공한다. 적어도 억압하는 이들이 정복당하거나, 갇힌 이들이 풀려나기 전까지, 그것은 협상하거나 축하하기에 적합한 도구가 아니라 싸우기에 적합한 도구다.

이 경우, 만약 우리가 갈등 당사자들의 즉각적인 이익을 초월해 객관적인 입장을 취한다면, 누가 억압받는 희생자고 누가 억압하는 가해자인지 판별할 수 있을 것이라며 반론을 제기하는 사람이 있을 수도 있다. '가해자'는 자칭 희생자가 자신의 적에게 붙이고 싶어 하는 범죄자라는 꼬리표에 불과하다거나, '희생자'는 다른 모든 사람과 마찬가지로 억압적인 사람이 사회적인 이득을 취하기 위해 사용하는 이름일 뿐이라고 주장하는 것은 지나치게 도착적이지 않은가? '억압받는 이'와 '억압하는 이'라는 범주를 흐릿하게 하는 것은 폭력적인 이들의 손에 고통당해 온 수백만 명의 사람들—구타당하는 여성들, 착취당하며 비인간적인 대우를 받는 노예들, 고문당하는 반정부 인사들, 박해받는 소수자들—을 조롱하는 것과 다름없지 않은가? 분명 그럴 것이다. 이 범주는 포기할 수 없다. 그러나 '억압/해방'의 **도식**은 아직 풀리지 않고 있으며 여전히 심히 우려스러운 문제를 안고 있다.

희생과 가해라는 언어가 인간의 주체적인 활동을 약화시키고 희생자를 무력하게 만들며(Bondi 1991, p. 82; Elshtain 1995, pp. 50-51) 스스로를 피해자로 만드는 이야기 안에 그들을 가두어 놓는(Charry 1991) 역설적이며 파괴적인 경향을 띠고 있다는 점은 제쳐놓고, 나는 '억압/해방'의 도식이 지닌 두 가지 추가적인 문제점을 강조하고자 한다. 첫째, 갈등은 혼란스러운 경우가 많다. 실제로 갈등은 대단히 혼란스럽다. 갈등 당사자들 사이의 관계는 단순히 명백하게 선한 쪽과 의심의 여지 없이 악한 쪽 사이의 관계로 묘사할 수가 없다. 너무나 자주 에브라임은 유다를 질투하고, 유다는 에브라임에 대해 적대적이지 않은가?(사 11:13) 사람들이 "서로 학대하며 각기 이웃을 잔해"하는 경우가 많지 않은가?(사 3:5) 전체 문화나 국가의 이야기는 말할 것도 없고, 서로 얽히고설킨 개인들의 역사 속에서 무고한 사람들과 비난받을 만한 사람들을 어떻게 구별해 낼 수 있단 말인가? 갈등이 지속될수록 양측은 서로에게 더 많은 피해를 가하는 소용돌이 속으로 빨려들어갈 것이다. 한쪽이 더 도덕적인 것처럼 보이는 것은 단지 더 약해서 잔인해질 기회가 더 적을 뿐이기 때문이다. 만약 '억압/해방'이라는 범주를 중심으로 우리의 도덕을 구축하고자 한다면, 누가 책임이 있고 누가 무고한지에 관한 명확한 내러티브가 필요할 것이다.[3] 그러나 결국 나무랄 데 없는 희생자를 찾기에 실패한 채, 우리는 똑같이 매력적이지 않은 두 가지 중 하나를 선택할 수밖에 없을 것이다. 즉, 도덕에 대한 혐오감을 가지고 개입에서 물러나거나(그리고 그렇게 함으로써 은연중에 더 강한 쪽을 지지하거나), 편파적인 도덕을 주장하며 경계가 명확한 도덕적 내러티브를 강요하는 것이다(그러므로 한쪽 편의 이데올로기적 자기 기만에 동참할 수밖에 없다).

그러나 제2차 세계대전 당시 나치와 유태인의 관계처럼 갈등 당사자 사이의 공동의 역사 속에 옳고 그름이 분명히 새겨져 있는 경우는 어떠한가? 그럴 때에는 '억압/해방'의 범주를 고수해야 하지 않을까? 우리에게 **필요한** 것은 바로 이 범주가 제공하는 도덕적 전투 장비가 아닐까? 이것은 '억압/해방'의 범주가 지닌 두 번째 문제와 연결된다. 자신의 대의가 옳다는 신념으로 무장한 한쪽 편이 승리할 때 무슨 일이 일어날까? 억압받다가 해방된 사람들은, 자신들을 압제했다가 이제는 정복당한 사람들과 어떻게 살아갈까? '억압/해방'의 도식이 제시하는 해답은 '압제자의 해방'이다. 그러나 이 답은 과연 설득력이 있는가? 이것은 희생자가 **해방자**가 될 때 압제자뿐만 아니라 그들 자신도 바뀌어야 한다는 점을 고려하지 못함으로써 이데올로기적 무지를 드러내지 않는가? '의심의 대가'인 E. M. 치오란(Cioran)은 극악무도한 박해자는 "참수를 면한 순교자 중에서 나오는" 경우가 많다는 도착적인 사실을 예리하게 지적했다(Cioran 1990, p. 4). 이를 좀더 긍정적으

---

3) *Kairos Document*에서는 "기독교 신학"에서 "화해"를 강조하는 것에 대해 반박하면서 "한쪽은 옳고 다른 한쪽은 그른 갈등"이 엄연히 존재한다고 강조한다. "정의와 불의, 선과 악, 하나님과 악마 사이의 투쟁이라고밖에 묘사할 수 없는 갈등이 존재한다"(Brown 1990, p. 38). 나 역시 이 점에 대해서는 이의가 없다. 다만 내가 전개하는 핵심 주장을 예증하고 싶을 뿐이다. 남아프리카의 인종 갈등이 '선'과 '악' 사이의 갈등이라고 주장함으로써, *Kairos Document*는 '억압/해방'의 언어가 이치에 맞는 것이 되려면 그런 식의 명확한 범주화가 필수적임을 강조한다.

로 표현하자면, 해방자는 자신의 군복을 벗지 않는다. 바우만은 「조각난 삶」(*Life in Fragments*)에서 이렇게 말한다.

> 역사가 진보함에 따라, 불의는 역할이 역전된 불의에 의해 상쇄되는 경향이 있다. 오직 승리한 사람들만이, 자신들의 승리가 도전받지 않는 한, 그러한 상쇄를 정의의 승리라고 착각하거나 잘못 표현한다. 우월한 도덕은 우월한 자들의 도덕인 경우가 너무나 많다(Bauman 1995, pp. 183-184).

'억압/해방'의 범주는 사람 사이에 그리고 집단 사이에 화해를 이루고 평화를 유지하는 데 적합하지 못한 것처럼 보인다. 물론 그 범주 자체가 없어서는 안 되겠지만, '억압받는 사람/억압하는 사람'을 우리의 사회적 참여를 규정하는 전반적인 도식으로 삼는 태도에 대해서는 맞서 싸워야 한다. 따라서 우리는 궁극적인 사회적 목표로서의 '자유'를 거부해야 한다(Hauerwas 1991, p. 50 이하).

「카이로스 문서」(*Kairos Document*)에서 주장했듯이, 필요한 것은 화해가 아니며, 적어도 정의가 이루어지기 **전까지는** 그러하다고 주장할 수 있을지도 모른다(Brown 1990, p. 38. 또한 아래의 5, 6장을 보라). 이런 주장이 힘을 가지고 있기는 하지만, 궁극적인 목적이 화해가 아니라면 과연 정의가 이루어질 수 있을까? 결국 화해에 관한 통찰 때문에 아파르트헤이트 체제가 무너진 후에 "진실과 화해 위원회"가 만들어진 것이 아닌가?

자유가 아니라 사랑이 궁극적인 것이라고 주장했던 라틴 아메리카 해방신학의 아버지인 구스타보 구티에레즈(Gustavo Gutiérrez)의 말은 옳다. 그는 자신의 「해방신학」(*Theology of Liberation*, 분도)의 개정판 서론에서 "모든 예속의 가장 심층적인 근원은 하나님과 다른 인간들과의 깨어진 우정이다. 따라서 그것을 뿌리뽑기 위해서는 주님의 조건 없이 주시는 구속적 사랑이 필요하며, 그 주님은 믿음과 서로 간의 사귐 속에서 모셔 들일 수 있다"(Gutiérrez 1988, xxxviii; Wolterstorff 1983, p. 51 이하). 마찬가지로 모든 해방적 신학의 할아버지인 위르겐 몰트만은, 인간의 궁극적 목적은 '자유의 나라'가 아니라고 본다. 오히려 자유의 나라는 **사랑**의 나라인 하나님의 나라로 향하는 **한 과정**일 뿐이다. 「삼위일체와 하나님의 나라」에서 그가 주장했듯이, 삼위일체 하나님의 자유는 단순히 간섭의 부재나 자기 통제가 아니라 "상처받는 사랑"이다(Moltmann 1981, p. 56). 진정한 인간의 자유 역시 그와 다르지 않다. 자유란 곧 하나님의 친구가 되어, 다른 어떤 것이 아니라 바로 순전한 사랑이신 삼위일체 하나님의 영광에 참여하는 것이다(p. 219 이하).

그러나 자유보다 사랑을 우선시한다고 해서 해방 **프로젝트**를 포기한다는 말은 아니다. 이스라엘의 거룩하신 이, 예수 그리스도의 하나님은 압제받고 가난한 사람들의 편에 서신다. 이 하나님은 목소리 없는 이들의 한숨과 힘없는 이들의 울부짖음에 귀 기울이시는 하나님, 그들을 해방시키시는 하나님이다. 그러나 자유보다 사랑의 우선성을 주장한다는 것은, 해방 프로젝트를 변화시키는 것, 사회적 행위자들의 관계를 이데올로기화하고 그들의 반목을 영속화하는 경향으로부터 그 프로젝트를 해방시키는 것을 뜻한다. 해방 프로젝트를, 내가 다른 곳에서 "포용의 신학"이라고 불렀던 더 큰 틀에 끼워 넣을 필요가 있다(Volf 1992).

...거대 내러티브여, 안녕

'자유'의 우선성을 내가 너무 성급하게 거부한 것일까? 범인은 자유의 우선성이라기보다는 해방이라는 거대한 사상이 아닐까? 자유의 우선성에 대해 의문을 제기하는 대신 **보편적** 해방의 추구를 비판해야 하지 않을까? 그들 사이의 불일치에도 불구하고 포스트모던 사상가들은 한목소리로 이런 메시지를 전달하는 복잡한 선율을 노래해 왔다.

예를 들어, 근대성에 대한 장-프랑수아 리오타르(Jean-Francois Lyotard)의 분석과 비판을 생각해 보라(미셸 푸코나 질 들뢰즈 역시 여기서 나의 논지에 부합하는 예가 될 수 있다). 그는 이렇게 말한다.

> 19세기와 20세기의 사상과 행동은 하나의 관념(칸트적인 의미에서)의 지배를 받고 있다. 즉, 해방이라는 관념이다. 이 관념은 역사철학—사건들의 덩어리를 유기적으로 구성할 때 동원하는 거대 내러티브—에 따라 다양한 방식으로 드러난다. 즉, 기독교 내러티브에서는 사랑을 통해 원죄의 상태로부터 구속받는 것으로, 계몽주의 내러티브에서는 지식과 평등주의를 통한 무지와 예속으로부터의 해방으로, 관념적 내러티브에서는 구체적인 것들의 변증법을 통해 보편적 관념이 실현된다는 식으로, 마르크스주의 내러티브에서는 노동의 사회화를 통한 착취와 소외로부터의 해방으로, 자본주의 내러티브에서는 기술 개발을 통한 가난으로부터의 해방 같은 것들이다. 이 내러티브들 사이에는 논쟁이 일어날 부분도 있고 의견 차이가 좁혀지지 않을 부분도 있다. 그러나 이 모든 내러티브가 각각 사건들로부터 끌어낸 '주어진 사실들'은, 역사의 흐름 속에 자리를 잡고 있으며, 그 역사의 목적은, 비록 도달할 수 없는 것으로 남아 있다 하더라도 보편적인 자유 혹은 범인류의 성취라고 불리운다(Lyotard 1993, pp. 24-25).

이들 '거대 관념'이나 '거대 내러티브'의 기능에 주목하라. 그것은 자유를 보편적 역사의 유일한 목표로 삼은 다음, 수많은 역사의 물줄기를 그 목표를 향해 흐르는 거대한 강으로 밀어 넣는다. 이 거대 관념, 곧 자유에 대한 약속은 정당화의 원천인 동시에 진보를 가늠하는 지평이다(pp. 81-82).

근대성이 '거대 내러티브' 안에 포함된 자유의 약속을 원동력으로 삼는다면, 포스트모더니즘은 그러한 이야기에 관한 불신이라고 정의된다(Lyotard 1984, xxiv). 첫째, 모든 거대 내러티브는 **실패**했다. 두 가지 예만 들어 보자면, 지배적인 거대 내러티브는 시장이 의도는 좋지만 머리가 잘못된 사회 개혁자들에게 간섭만 받지 않는다면, 인류를 가난으로부터 자유롭게 해줄 것이라고 말한다. 그러나 계속해서 늘어나는 수백만 명의 빈곤층은 그 반대쪽을 입증한다. 또 다른 거대 내러티브는 모든 무산 계급이 공산주의자이며 모든 공산주의자가 무산 계급이라고 주장한다. 그러나 부다페스트(1956), 프라하(1968), 베이징(1989)에 들어온 탱크는 그 반대쪽을 입증한다. 둘째, 거대 내러티브들은 보편적 해방을 이야기하지만, 언제나 **특수한 관점**으로부터 기술된 것이다. 예를 들어, 인권 선언서는 시민의 보편적 이상을 선언하지만 특정한 문화적 실체의 이름으로("우리 프랑스 국민들은…") 공포된다(Lyotard 1993, p. 31).

리오타르는 거대 내러티브가 실패한 주된 이유는 그것이 내포하는 **보편성** 때문이라고 주장한다. 문화들과 하위 문화들—루드비히 비트겐슈타인(Ludwig Wittgenstein)을 상기시키면서 그는 이것을 "언어 놀이들"이라고 부른다—은 본래부터 다원적이며 이질적이고 비교 불가능하다. 거대 내러티브는 이들 사이에 최종적 화해를 달성하려고 하며, 따라서 "언어 놀이들" 작은 내러티브들의 풍성함을 억압하고 그것을 단일한 틀에 끼워 맞춘다. 언어 놀이들을 "현실적인 단일체"로 "전체화하려는" 이러한 모든 시도는 보편주의적 망상일 뿐이며, 그 끔찍한 대가는 공포에 의한 지배다(Lyotard 1984, p. 81). "전체인 동시에 하나"

인 존재가 지배하는 것에 대한 향수를 부추기는 거대 내러티브를 쓰는 대신에, 우리는 언어 놀이들의 이질성을 보호할 필요가 있다. 즉, "끊임없는 이의 제기"를 통해 모든 합의가 유동적이게 하고, 결코 최종적이며 보편적이지 않게 하며, 언제나 잠정적이고 지역적인 것으로 남아 있도록 만들어야 한다.[4] 리오타르는 「포스트모던의 조건」(The Postmodern Condition, 민음사)에서 "전체성에 대한 전쟁을 벌이자. 드러낼 수 없는 것에 대한 증인이 되자. 차이를 활성화하고 그 이름의 명예를 지키자"라고 말한다(pp. 81-82).

우리가 무엇의 이름으로 전체성에 맞서 전쟁을 벌여야 하느냐고 물으면, 리오타르는 "정의"에 호소한다. 그는 정의가 "유행이 지나가지도 않고 의심을 사지도 않는" 가치라고 주장한다(p. 66). 그러나 우리는 이렇게 이의를 제기할 수 있다. 정의는 이질적인 언어 놀이들을 총괄할 수 없지 않은가? 언어 놀이들의 원칙적인 비교 불가능성은 어떻게 되었는가? 각 언어 놀이는 정의에 대한 그 나름의 설명을 가지고 있지 않은가? 보편적이지 않으며 합의를 추구하지 않는 정의의 관념을 모색하면서 리오타르는 이렇게 주장한다.

서로 뒤엉킨 언어 놀이들의 다양성과 번역 불가능성이 드러내는 개별성과

---

[4] Lyotard는 끊임없는 이의 제기, 혹은 "역리"(paralogy)의 전략을 근대 과학의 작동 방식으로부터 배웠다고 주장한다. 그것은 "그 자체의 진화를 불연속적이고, 파국적이고, 수정불가능하고, 역설적인 것으로" 이론화한다(Lyotard 1984, p. 60). 과학의 모형은 **영구** 혁명의 모형이라고 말할 수도 있다. Richard Rorty는 Lyotard의 주장을 반박하면서 "'과학'이 역리 위에 역리를 쌓는 것을 '목표로 삼는다'고 말하는 것은 '정치'가 혁명 위에 혁명을 쌓는다고 말하는 것과 같다. 현대 과학이나 현대 정치의 문제를 아무리 면밀히 조사해 보아도 이런 식의 현상을 결코 찾아볼 수 없다"고 말했다(Rorty 1984, p. 33).

자율성을 인정하고, 그것들을 환원하기를 거부하며, "놀이하자.…그리고 평화롭게 놀이하자"를 하나의 규칙, 그럼에도 불구하고 일반적인 규칙이 될 수 있는 규칙으로 삼아야 한다(Lyotard 1982, p. 131).

이질성의 자율을 인정해야 한다는 호소를 들을 때, 우리는 삐걱거리고 뒷문이 열리면서 리오타르가 앞문으로 내쫓았던 것이 돌진해 들어오는 소리를 듣는다. 그는 보편적이지 않은 정의라는 이름으로, 자유라는 계몽주의의 거대 내러티브와 대단히 비슷해 보이는 것을 퍼뜨리고 있지 않는가?

「포스트모던의 조건」의 마지막 부분에서 리오타르는 컴퓨터 기술이 "메모리와 데이터뱅크에 대한 자유로운 접근"을 제공하고, 그렇게 함으로써 언어 놀이에 참여하는 모든 사람에게 "어느 순간에나 완벽한 정보"를 줄 수 있기를 꿈꾼다(Lyotard 1984, p. 67). "정보"를 "생산 수단"이라는 말로 대체해 보라. 그러면 진정한 자유 토론을 위한 공공의 장을 만들겠다는 리오타르의 프로젝트는, 외고집의 거대 내러티브 창안자 칼 마르크스가 말한 "자유의 왕국"과도 유사하다는 의혹이 생긴다(Wellmer 1984, p. 358). 모든 해방의 거대 내러티브를 지워 버리고자 했던 리오타르는 결국 자유주의와 사회주의의 기획을 적당히 결합한 것처럼 보이는 일종의 '반(反)거대 내러티브'를 만들어 내는 데 그쳤다.

리오타르의 해방 관념을 둘러싼 더 심각한 문제만 없었더라도, 우리는 이런 변칙—엄밀히 말하자면 변칙이 아니라 비일관성이다[5]—에 신경도 쓰지 않았을 것이다. '억압/해방'의 근대적 도식을 비교 불가능한 '언어 놀이들'이라는 포스트모던 모형으로 대체하려 할 때 무슨

---

[5] 해방의 거대 내러티브가 정당화하는 바로 그 목적을 진작하는 것은, 그 목적을 정당화하는 거대 내러티브의 근거에 의존하지 않고서도 가능하다.

일이 일어나는지 생각해 보라. 위르겐 하버마스(Jürgen Habermas)가 주
장했듯이, 상호 교차하며 순차적으로 일어나는 언어 놀이들은 그중에
서 무엇이 타당한지를 판단하기가 불가능하다는 불행한 특징을 지닌
다(Habermas 1982, p. 29). 우리는 수많은 신에 둘러싸인 채 서로 다른
주장을 하는 그들 중에 누가 옳은지를 알 수 없는 상황에 처하게 된다.
신들은 각각 나름대로 그들이 싸우는 이유를 제시하지만, 그들 모두를
구속하는 판단 기준이 없기 때문이다. 이 점에 관해 리오타르에 동의
하는 리처드 로티의 말처럼, 우리는 "사회가 이 방향이 아니라 다른
방향으로 움직여야 할 아무런 '이론적' 이유도" 제시할 수 없다(Rorty
1984, p. 40).

    추론으로는 차이를 해소할 수 없기 때문에 신들은 반드시 싸울 수
밖에 없다. 언어 놀이의 비교 불가능성을 감안할 때, 리오타르가 "말하
기는 싸우기"라고 주장하고 발화 행위를 "대체로 싸움의 영역"이라고
말하는 것도 결코 놀라운 일이 아니다(Lyotard 1984, p. 10). 그러나 그는
이 싸움을 "놀이"로 해석하며, 모든 놀이는 "평화롭게" 이루어져야 한
다는 일반적인 규칙하에 둔다(Lyotard 1982, p. 131). 문제는 아이들이 각
자의 방 안에 머물러 있지 않으려 한다는 것이다. 그들은 함께 놀며 싸
운다. 놀이가 심각해질 때, 한쪽이 공정한 놀이의 규칙이라고 생각하
는 것을 다른 한쪽이 깨뜨리고, 놀이에 참여하는 사람들이 운동장에서
쫓겨날 때, 계속해서 "평화롭게" 놀이하는 것은 결국 불의를 영속화하
는 것과 같지 않은가? 불의로 고통당하는(그들 자신의 관점에서) 놀이 참
가자들에게 어떻게 계속해서 "평화롭게" 놀이하라고 설득할 수 있겠
는가? 왜 그들을 설득**해야 하는가**? 차이들을 가지고 평화롭게 노는 것
은 '작은 차이들'을 집어삼키는 '큰 차이들'로 귀결되지 않는가? "평
화롭게 놀이하라"는 호소는, 현 상황 즉 강자가 만들어 놓은 상황을

찬양한다는 점에서, 니체적인 삶 곧 강자에게 낙원이지만 약자에게는 지옥인 삶을 긍정하는 데 너무 가깝지 않은가?

리오타르는 거대 내러티브가 작은 내러티브에 가한 폭력을 극복하고자 했지만, 결국 크고 작은 독재자들이 그들의 수많은 희생자에게 폭력을 가하는 것을 막을 수단을 다 잃어버리고 말았다. 놀이에 참가하는 모든 사람에게 "어느 순간에나 완벽한 정보"(Lyotard 1984, p. 67)를 주는 것은 분명 그런 수단이 될 수 없다. 완벽한 정보는 영원히 달성할 수 없는 목표로 남아 있을 것이며, 설령 달성한다 할지라도 자신의 이익을 위해 그런 정보를 사용할 수 있는 능력의 불균형이 여전히 존재할 것이기 때문이다. 따라서 강자와 약자 사이의 투쟁은 계속될 것이며, 투쟁에 적용할 포괄적인 기준도 없기 때문에 약자는 여전히 패자로 남아 있을 것이다. 리오타르의 뜻과 달리, 그가 해방이라는 거대 내러티브를 해체하고 난 후 거꾸로 된 해방, 즉 힘 있는 사람들이 아무런 처벌도 받지 않고 힘없는 사람들을 억압하는 해방이 그 추한 머리를 쳐들었다.

그러나 체계적인 전체화에 기초해 최종적 화해를 이루려는 태도가 지닌 문제점을 폭로한다는 점에서 리오타르는 옳다. 문화와 하위 문화의 복수성, '권력/담론 형성'과 '언어 놀이'의 복수성은 환원 불가능하다. 그러나 이것은 그가 주장하는 것처럼 언어 놀이가 원칙적으로 비교 불가능하기 때문이 아니다. 언어 놀이는 비교 불가능하지 않다. 사회적 행위자들은 하나의 공통된 세계에서 살고 있기 때문에, 그들의 언어 놀이는 침투성이 있으며 그들 사이의 소통이 가능하다(Reese-Schäfer 1989, p. 96). **비교 불가능성**은 보편적이지 않으며, 비교 가능성과 마찬가지로 언제나 지역적·임시적·부분적이다. 화해를 가로막는 것은 어떤 내재적 비교 불가능성이 아니라 훨씬 더 불편한 사실이다. 즉 새로운 이해와 평화 협정이 이루어지는 순간 또 새로운 갈등과 불일치가 일어난다는 것이다.

그러므로 핵심적인 문제는 어떻게 최종적인 화해를 이룰 것인가가 아니다. 메시아가 해결할 문제를 하나님의 손에서 떠나게 해서는 안 된다. 해방을 말하는 여러 근대적 거대 내러티브의 실패보다 나쁜 것은 그것이 혹시라도 성공하는 것이다! 단순히 메시아적 과업을 성취하려고 노력한 것만으로도 이 거대 내러티브는 이미 너무 많은 적그리스도의 일을 행했다. 리오타르는 보편적 구원을 제공하려는 반(反)메시아적 프로젝트의 정체를 폭로함으로써 우리로 하여금 바르게 묻도록 도와준다. 그리고 바른 물음은, 어떻게 최종적 화해를 이룰 것인가가 아니라, **최종적 화해의 부재 속에서도 평화롭게 살기 위해서 우리에게 어떤 자원이 필요한가**이다.

해방에 대한 포스트모더니즘의 비판('거대 내러티브여, 안녕')으로부터 우리는, 억압에 맞서는 투쟁에 동참해야 하지만 최종적 화해를 이루려는 모든 시도는 거부해야 하며, 그렇게 하지 않으면 결국 억압을 영속화할 뿐임을 깨달을 수 있다. 해방 프로젝트가 지닌 내재적 한계(해방의 모호성)를 통해 우리는, 압제받는 이들과 압제하는 이들 사이의 화해라는 비전이 억압에 맞서는 투쟁을 이끌어야만 하며, 그렇지 않으면 그 투쟁은 '역할이 뒤바뀐 불의'로 귀결될 것임을 배울 수 있다. 근대적 해방 프로젝트와 그에 대한 포스트모더니즘의 비판은, 책임 있는 신학이라면 **억압에 맞서 투쟁하는 가운데 최종적이지 않은 화해 추구를** 목표로 삼아야 한다는 것을 보여 준다. 다른 모든 것은 그 해방을 선전하는 명분이 되는 사람들이나 그 해방을 가장 필요로 하는 사람들에게 전혀 도움이 되지 않는, 거짓 해방을 선전하는 미혹의 이데올로기에 불과할 것이다.

그렇다면 만약 최종적 화해의 **프로젝트** 자체가 명백히 잘못되었다면, 최종적 화해에 대한 **희망**을 포기해야 하는가? '어린양의 성대한 만찬'에 관한 '거대 내러티브'는 전체주의적 몽상을 부추겨 전체주의적 관행을 뒷받침하는 위험한 환영에 불과한가? 하지만 '하나님 나라' '새로운 피조물' '새 하늘'과 같은 은유가 없다면, 어떻게 기독교 신앙이 살아남을 수 있겠는가? 또한 그런 은유가 보편적이며 영원한 평화와 행복—샬롬—을 말하는 것이 아니라면, 다른 어떤 것을 뜻할 수 있겠는가? 영원한 평화와 행복이 불가능하다면, 그것은 이런 은유가 파렴치할 정도로 터무니없는 '거짓 주장'이라는 최종 증거가 아니겠는가? 기독교 신앙이 최종적 화해—더 나은 것이 존재할 수도 되돌려질 수도 없는 화해—에 대한 **희망**을 포기한다면, 그것은 그 자신을 포기하는 것과 다름없다. 그러므로 모든 것은 우리가 최종적 화해를 어떻게 이해하는지, 즉 적의로 가득한 세상에서 그것이 삶에 대해 지니는 의미를 어떻게 이해하는지에 달려 있다. 나는 여기서 세 가지 간단한 단서만 제시하고자 한다. 첫째, 최종적 화해는 인간이 하는 일이 아니라 삼위일체 하나님이 하시는 일이다. 둘째, 그것은 묵시적 파국이 아니라 이 세계의 종말론적인 새로운 시작이다(Moltmann 1996b, p. 11 이하). 셋째, 최종적 화해는 완벽한 사랑이신 하나님께 의존하기 때문에 자폐적 '전체성'이 아니다. 이러한 '전체주의적이지 않은' 최종적 화해에 대한 소망을 배경으로 그리스도인들은 적대감과 억압이라는 조건하에서 평화를 위해 싸운다.

나는 여기서 예수님이 선포하신 하나님의 다스림과 십자가 위에서의 죽음, 삼위일체 하나님의 성품 속에서 얻어 낸 자원을 활용해, **되돌려질 수 없는 화해라는 전망에 기초한 최종적이지 않은 화해**를 위한 투쟁을 옹호하고자 한다. 나는 자아가 삼위일체 하나님의 이야기에 이끌려 타자를 자신 안으로 기꺼이 받아들이고 타자의 타자성에 비추어 자신의 정체성을 재조정할 준비가 되어 있기만 하다면, 타자와의 화해에 성공할 수 있다고 주장할 것이다. 이때 '재조정'(readjustment)이라는 개념은 모든 정체성을 동등하게 수용하고 그 정체성 사이의 권력이 모두 대칭적이 되어야 한다는 제안을 내포할지도 모른다. 그러나 이런 보편적인 수용성과 대칭성을 당연한 것으로 생각하면 파괴적인 이데올로기의 포로가 될 수 있다. 그러므로 나는 만연한 불평등과 명백한 악이라는 조건 아래서 역동적 정체성을 재조정함으로써, 최종적이지 않은 화해를 이루기 위해 투쟁하는 데 무엇이 필요한지를 탐구하고자 한다.

...청결한 마음의 정치

구 유고슬라비아에서 일어났던 전쟁은 끔찍한 이야기들을 남겼다. 그중에서도 가장 비참한 이야기라 할 수 있는 한 이슬람 여인의 이야기를 들어보자.

> 나는 무슬림이며 서른다섯 살이다. 나는 갓 태어난 둘째 아들에게 '지하드'라는 이름을 지어 주었다. 아이가 자기 어머니의 유언, 즉 복수를 결코 잊지 않도록 하기 위해서다. 아기를 처음으로 가슴에 안았을 때, 나는 아기에게 "네가 내 말을 잊으면 젖이 목에 걸리게 될 거야"라고 말했다. 세르비아인들은 나에게 증오를 가르쳐 주었다. 지난 두 달 동안 내 안에는 아무것도 없었다. 고통도, 쓰라림도 없었다. 오직 증오뿐이었다. 나는 아이들에게 사랑하라고 가르쳤다. 정말 그랬다. 나는 문학 교사다. 나는 일리야시에서 태어났으며 그 도시에서 죽을 뻔했다. 내 이웃의 외아들이었고 내 제자였던 조란은 내 입속에 오줌을 누었다. 턱수염이 덥수룩한 불량배들이 구경

하며 웃을 때, 그 아이는 나에게 "넌 아무짝에도 쓸모가 없어, 냄새나는 이슬람 년…"이라고 말했다. 내가 비명을 먼저 질렀는지, 주먹으로 맞는 것을 먼저 느꼈는지 모르겠다. 물리 교사였던 나의 동료는 미친 듯이 "우스타샤, 우스타샤…"라고 소리지르며 계속 나를 때렸다. 때릴 수 있는 모든 곳을. 나는 고통에 무감각해졌다. 그러나 영혼은? 영혼은 아팠다. 나는 그들에게 사랑하라고 가르쳤지만, 그러는 동안 그들은 정교회 신앙이 아닌 모든 것을 파괴할 준비를 하고 있었다. 지하드— 전쟁. 이 길밖에 없다….

이 이야기는 세르비아 언론인 젤리코 부코비츠(Zeljko Vuković)의 책 「사라예보의 살인」(*The Killing of Sarajevo*)에서 인용한 것으로, 그는 이렇게 논평한다. "보스니아에서 얼마나 많은 어머니가 자녀들에게 미워하고 복수하라고 가르치겠다고 맹세했던가! 얼마나 많은 어린 무슬림, 세르비아인, 크로아티아인이 그런 이야기를 들으며 그런 교훈을 배우며 자라겠는가!"(Vuković 1993, p. 134) 계속해서 우리는 전 세계에서 얼마나 많은 어린이가 '지하드' '전쟁' '십자군' '복수' '증오'와 같은 말을 이름에 새기고 삶의 경험 속에 엮으며 자라고 있는지 물어 볼 수 있다! 화해를 이루기 위해서는 삶에 새겨진 증오를 주의 깊게 지워 내고 폭력의 올을 부드럽게 제거해야 한다. 이것이 바로 예수님이 선포하신 하나님의 통치의 중요한 한 교훈이다. 이를 더 자세히 설명해 보자.

예수님이 메시지를 전하신 대상은 팔레스타인 사회 최하층의 가난하고 힘없는 대중만이 아니었음은 분명하지만, 그들 대부분이 스스로를 억압의 무고한 '희생자'라고 생각할 타당한 이유가 있었다(Theissen 1978, pp. 31-76). 정치적으로, 팔레스타인 주민들은 로마인들에게 국가적 주권을 잃어버리고, 유대 귀족과 헤롯왕 체제, 그리고 로마 점령 권력 사이의 긴장 관계 아래서 고통받았다. 경제적으로는, 무거운 과세로 주민 대부분을 착취하면서 경쟁적으로 재산을 축적하던 로마와 자국의 엘리트로 인해 고통받았다. 마지막으로 로마인들의 정치적 지배 때문에 외국 문화와 동화해야 한다는 압력에 시달렸다. 고결한 종교적 전통을 자랑하며 장차 모든 이방인의 회심을 기대했던 유대인들은 헬라 문화가 자신들의 종교적·문화적 공간 안으로 강제로 유입되는 상황에 대해 분노했다. 길들여지고, 이용당하고, 문화적 정체성에 대해 위협을 받던 대다수의 팔레스타인 주민들은 하층 계급에 속했든 중간 계급에 속했든 고통당할 수밖에 없었다.

억압이 만연한 현실이라는 점을 감안할 때, 하나님 나라에 대한 예수님의 선포가 큰 반향을 불러일으킨 것은 놀라운 일이 아니다. 정치적·경제적·문화적 환멸이 결합되어 하나님 나라라는 개념에 놀라운 사회적 잠재력을 불어넣었다. 하나님은 외국에서 온 점령 세력과 국내의 엘리트들을 그들의 보좌에서 끌어내리실 것이다. 하나님은 모든 억압으로부터 그 민족을 해방시키고 모든 지상의 지배를 종식시키실 것이다. 지배와 착취, 문화적 억압이라는 고된 현실은 오직 하나님만이 진리와 정의로 다스리실 미래에 대한 꿈을 부추겼다. 예수님은 '하나님 나라'를 자신의 메시지의 핵심으로 삼으시고 '가난한 사람들'을 복음의 주된 수용자로 삼으심으로써(Jeremias 1971, pp. 103-121), 그분의 사역 전반이 정치적 양상을 띤다는 점을 분명히 보여 주셨다. 예수님이 "주의 성령이 내게 임하셨으니 이는 가난한 자에게 복음을 전하게 하시려고 내게 기름을 부으시고 나를 보내사 포로 된 자에게 자유를, 눈 먼 자에게 다시 보게 함을 전파하며 눌린 자를 자유롭게 하고 주의 은혜의 해를 전파하게 하려 하심이라"(눅 4:18-19)라고 주장하실 때, 그분의 말씀을 듣는 사람들이 그분의 계획에 따른 설교가 지닌 정치적 색채를 어떻게 알아차리지 못할 수 있겠는가?

그러나 예수님의 사역에서 정말로 놀랍고 새로웠던 점은 그분의 메시지가 지닌 정치적 색채나 '가난한 사람들'에 대한 그분의 각별한 관심이 아니었다. 그런 관심은 소외 계층 출신인 무능한 정치 지도자들에게서도 기대할 수 있다. 지도자가 되기 위해서는 사회적 권력이 필요하며, 사회적 권력을 갖기 위해서는 추종 세력이 필요하고, 추종 세력을 갖기 위해서는 불만을 가진 사람들의 대의를 취해야 한다. 예수님의 경우 이들은 바로 사회에서 가장 밑바닥을 이루는 대다수의 사람들이었을 것이다. 그러나 예수님은 정치 지도자가 되려는 야망을 전혀 품지 않으셨다(Theissen 1987, p. 95). 그리고 우리가 정치인에게 기대하는 것보다 훨씬 많은 일을 하셨다. 분명히 그분은 억압당하는 이들의 마음속에 희망을 밝히셨으며, 압제자들을 향해 어떤 사회 개혁가들이 요구하는 것보다 급진적인 변화를 요구하셨다. 그러나 또한 그분은 하나님의 무조건적인 사랑과 사람들의 회개의 필요성을 자신의 '공약' 메시지의 핵심으로 삼으셨다.[6] 지금의 서구적 감수성에서 볼 때, 희생자들에게 말씀하신 이 두 가지 주제―하나님의 사랑 **그리고** 인간의 회개―는 예수님의 메시지 중에서 가장 놀라우며, 정치적인 주장으로서는 가장 도발적이고 (동시에) 가장 희망적이다.

물론 우리를 불편하게 만드는 것은 우리가 기대하는 무조건적 사랑

---

6) E. P. Sanders는 "회개"가 예수님이 원래 선포하신 메시지에 속하지 않으며 그분의 메시지 "안에 끼워 넣은 것"이라고 주장한 바 있다(Sanders 1985, p. 111). Bruce Chilton과 J. I. H. McDonald는 "회개와 포기"는 "하나님의 나라가 최고의 가치를 지닌다고 응답하는 태도에 암시되어 있다"고 답했다(Chilton & McDonald 1987, p. 41). 그러나 회개의 중요성에 관한 나의 신학적인 주장은 역사적 예수의 설교에서 회개가 차지하는 위치에 의존하지 않는다. **복음서의 청중**을 '억압받는 사람들'이라고 볼 수 있다면, 후대의 편집자들이 예수의 선포에 회개라는 주제를 끼워 넣었다는 점에서도 똑같은 신학적 함의를 찾아낼 수 있다.

이 아니라 **회개**하라는 촉구다.[7] 일부에서 회개에 대해 생각하는 것처럼 만약 예수님이 "삶의 진로와 방향, 그 근원적인 동기, 태도, 목적을 급진적으로 바꿀 것"을 요구하셨을 뿐이라면(Dunn 1992, p. 20), 우리는 그분이 약자들이 아닌 권력자들에게 도전하셨어야 했다고 주장은 하겠지만 그분의 말씀에 반대하지는 않을 것이다. 그러나 그분은 급진적인 변화 이상의 것을 요구하셨다. 회개란 심층적인 도덕적·종교적 의미를 지닌 전환을 의미한다. 회개는 그저 나쁜 실수를 했음을 인정하는 것이 아니라 **죄를 범했음**을 인정하는 것을 뜻한다. 예수님은 자신이 "의인을 부르러 온 것이 아니라고"(막 2:17) 분명히 말씀하셨고, 복음서 기자들은 그분이 사람들의 "죄를 사하셨다"(막 2:5)고 전한다.

하나님의 나라가 오직 가난한 이들의 것이라는 예수님의 주장에도 불구하고, 그들이 죄인이라는 그분의 말씀은 우리에게 의심을 불러일으킨다. 그분은 '가난한 이들'을 죄인이라고 부르심으로써 그들을 모욕하기보다 그들을 위로하는 더 건설적인 말씀을 할 수 없으셨을까? 니체가 「도덕의 계보」에서 말했던, "병든 양떼"에게 그들의 고통은 그들 자신의 책임이라는 유해한 신념을 주입시킴으로써 스스로 그들의 치유자로 자처하는 "금욕적 사제"와 그분은 어떻게 다른가?(Nietzsche 1956, p. 262 이하) 이 양떼를 치유하기 위한 올바른 첫 단계는 이 양떼가 다른 원인으로 인해 아프게 되었다는 메시지가 아니었을까? 죄인들에게 회개하라고 말씀하시는 대신, 예수님은 "가난한 이들"을 죄인으로 이해하는 이데올로기적 설명의 허구성을 폭로하고 이러한 설명이 정당화해 주는 억압적인 관행에 도전하셨어야 하지 않을까?

---

7) 회개하라는 촉구는 20세기 말을 사는 우리를 불편하게 하는 것만큼 예수님의 동시대인들을 불편하게 하지는 않았다. 회개는 "초기 유대교의 전형적인 신학의 한 양상"이었기 때문이다(Chilton & McDonald 1987, p. 41).

예수님이 그렇게 하지 않으셨던 것이 아님에 주목하라. 그분은 죄인이 전혀 없는 곳에서 죄인을 만들어 내는 종교적 장치에 맞서 채찍을 드셨다. 예를 들어, 정결 규례를 거부하심으로써(막 7:1-23) 예수님은 "의로운 사람과 죄인을 나누는 종파적인 구분법의 핵심을 도려내셨다"(Dunn 1992, p. 75). 예수님은 무죄한 것을 죄라고 부르는 잘못된 종교적 신념이 그어 놓은 상징적 경계선은 무너져야 한다고 주장하셨다. 더욱이 그분은, 사람들이 고통받는 까닭은 그들이 죄를 범하기 때문일 뿐만 아니라 남들이 그들에게 죄를 행하기 때문이라는 사실에 대해 비상한 감수성을 보여 주셨다. 예를 들어, 그분은 자신의 계획에 따른 설교에서 (잘못된 이유로 감금되어 있었기 때문에) 해방시켜야 할 "포로 된 자"와 (부당한 대우를 당하고 있었기 때문에) 자유롭게 해야 할 "눌린 자"를 명확히 언급하신다. 그분은 고통받는 사람들에게 고통이 그들 자신의 책임이라고 말씀하심으로써 그들의 짐을 더 무겁게 하지 않으셨다. 니체의 용어를 사용하자면, 예수님은 다른 이들의 불행을 착취하는 교활한 "금욕적 사제"가 아니라, 억압과 그것의 이데올로기적 정당화를 비판하신 예언자이셨다(마 23장 참고). 제한적이지만 중요한 의미에서, 예수님이 선포하신 복음은 "죄의 피해자인 사람들"을 위한 좋은 소식이었다(Fung 1980, p. 85 이하).

하지만 예수님은, 무죄한 것을 죄라고 선언하고 죄로 남을 괴롭히는 이들뿐 아니라, **억압받는 희생자들에게도** 회개하라고 말씀하셨다. 예수님의 청중을 두 집단으로 명확하게 나눠, 억압받는 이들에게는 회개가 새로운 소망인 반면 억압하는 이들에게는 급진적인 변화를 의미한다고 주장하는 것으로는 문제가 해결되지 않는다. 다양한 사람들이 다양한 종류의 죄에 대해 회개해야 하지만, 예수님의 사역은 어떤 면에서도 사람들을 그런 식으로 구분하는 태도를 암시하지 않는다. 예수님의 선포에서 진정으로 혁명적인 특징은 **억압받는 이들에게 주신 소망과 그들에게 요구하신 급진적 변화 사이의 관계** 속에서 찾을 수 있다. 몇몇 죄는 그들에게 전가된 것이지만, 다른 죄는 정말로 그들의 것이다. 비록 그들이 죄인들의 손에 고통당하기는 하지만, 그들 역시 스스로 죄를 범했다. 예수님은 하나님의 죄사함을 무엇보다 먼저 **그들에게 주**셨다. 또한 그분이 제공하시는 죄사함에 응답한 사람들은 기득권을 가지고 스스로 의롭다고 주장하는 사람들이 아니라 바로 그들이었다. 대체로 하나님 나라는 주인들이 사는 저택의 대문을 통해서가 아니라 노예들이 머무는 오두막의 뒷문을 통해 들어갈 수 있는 세상이기 때문이다.

왜 회개하라는 부르심의 대상이 (비교할 수 없을 정도로 더 큰 죄인인 압제자들뿐만 아니라) 억압받는 이들을 포함하는가? 왜 **그들의** 죄와 용서를 말씀하시는가? 왜냐하면, 어린 '지하드들'과 그들의 어머니와 아버지들은 물질적·심리적인 도움도 필요하지만, 그들의 마음을 사로잡고 있는, 이해할 수 있지만 그럼에도 비인간적인, 증오로부터 해방될 필요도 있기 때문이다. 더 일반적이고 신학적으로 말하자면, 희생자들이 회개해야 하는 까닭은 **그들의 마음과 태도의 변화** 없이는 하나님의 다스리심―하나님의 새로운 세상―이라는 전망에 걸맞은 사회적 변화가 일어날 수 없기 때문이다. 물론 많은 거짓 예언자는 억압의 질서를 안정화하기 위해 회개의 메시지를 사용했다. 즉, '영혼의 죄를 말하는 종교'가 '더러운 거래의 경제와 무자비한 권력의 정치'로부터 사람들의 주의를 분산시키는 역할을 했다. 그러나 이런 터무니없는 남용 때문에 희생자의 회개라는 메시지가 지닌 대단히 중요한 사회적 의미를 이해하지 못한다면 이는 어리석은 일일 것이다. 만약 그렇다면 우리는 거짓 예언자들과 똑같은 죄를 범하는 셈이다. 즉, 우리는 억압의 옛 질서를 영속화하면서도 자기 의에 빠져 자유라는 새로운 질서의 선봉자로 자처하는 것과 다름없다. 그렇다면 '청결한 마음의 정치'라고 부를 수 있는 것에 관해 더 자세히 설명해 보겠다.

예수님이 그분의 말씀을 듣는 이들에게 무엇으로부터 돌이켜 회개하라고 말씀하신 것인지는 알기가 쉽지 않다. 그분은 죄인에 관해 자주 말씀하시지만 그들의 죄에 관해서는 거의 말씀하지 않으신다. 무엇이 죄인가에 관해 그분의 동시대인들이 가지고 있던 사회적 합의 역시 큰 도움이 되지 않는다. 우리는 그분이 널리 퍼져 있던 죄의 개념을 공유하셨다고 전제할 수도 없다. 왜냐하면 그분이 바로 그 문제에 관해 자신의 동시대인들에게 이의를 제기하셨음을 알고 있기 때문이다. 그러므로 그분이 사람들이 어떻게 살기를 원하셨는지 살펴봄으로써 사람들이 무엇으로부터 돌이켜 회개하기를 원하셨는지 유추해 내야 한다. 여기서 죄란 산상수훈에서 설명하신 제자도의 삶을 살지 못한 것을 뜻하는 것처럼 보인다(Gnilka 1993, p. 212). 여기서 예수님이 암묵적으로 말씀하신 죄의 신학을 본격적으로 다룰 수는 없다. 하지만 그분의 메시지에 나타난 두 가지 두드러진 주제—부와 폭력에 관한 그분의 가르침—는 회개의 사회적 연관성을 잘 예증해 준다. 예수님은 "너희가 하나님과 재물을 겸하여 섬기지 못하느니라"라고 말씀하셨고, "너희 원수를 사랑하며 너희를 박해하는 자를 위하여 기도하라"고 말씀하셨다(마 6:24; 5:44). 부와 원수에 대한 미움에 몰두하는 태도는 예수님을 따르는 이들이 회개해야 할 죄다. 특히 억압에 무력하게 희생된 자들—아무것도 가지고 있지 않기 때문에 부를 축적하기 위한 제한된 수단밖에 없으며, 주변에 검이 충분히 없기 때문에 검을 거의 사용할 수 없는 이들—에 관해서는 이 두 가지 명령이 곧 **시기**와 **적대감**에 대한 비판이라고 해석할 수 있다. 이렇게 반론을 제기할 수도 있다.

가난하고 힘없는 이들이 가지고 있는, 사적인 것처럼 보이는 이런 태도가 도대체 어떤 정치적 의미를 지니고 있단 말인가? 정신과 의사는 자신의 불편한 감정을 털어놓으며 이 불행한 사람들이 '더 건강해질' 수 있다고 말할지도 모른다. 그러나 어째서 예언자들은 약자들의 그런 태도에 대해 **회개**하라고 촉구했을까? 더 구체적으로 그런 회개는 어떤 사회적 영향력을 가지고 있을까?

자기를 영속화하는 근대성의 특징을 비판하면서, 지그문트 바우만은 강자들에게 질투를, 약자들에게 시기를 일으키는 불평등의 조건 아래서 나타나는 갈등의 경향을 지적한다. 그는 「포스트모던의 윤리」에서 **시기**의 사회적 의미에 관해 논평하며 이렇게 말한다.

> 시기의 가장 중요한 영향력은… '지배자들의 사상'을 '지배적인 사상'으로 바꾸어 놓는다는 점이다. 일단 특권적인 지위와 특정 가치 사이의 연관성이 사회적으로 구축되고 나면, 특권을 갖지 못한 사람들은, 암묵적인 부추김을 받아 자신들도 그런 가치를 요구함으로써 자신이 당하는 모욕에 대해 보상받기를 원한다. 그리고 그렇게 함으로써 그런 가치의 유혹하는 힘은 더욱 강화된다(Bauman 1993, p. 216).

시기에 관한 바우만의 예리한 통찰은 **적대감**에도 똑같이 적용된다. 우리는 바우만의 용어를 사용해, 적대감의 가장 중요한 영향력은 지배자들의 폭력적 관행을 지배적인 관행으로 바꾸어 놓는다는 점이라고 주장할 수 있다. 일단 폭력과 사회적 지위 사이의 연관성이 확립되고 나면, 희생자들은 폭력적 수단으로 자신의 억압에 대해 보상받으라는 부추김을 받는다. 시기와 적대감의 사회적 영향력은 단독으로, 그리고 서로 결합해서, 애초에 억압을 일으킴으로 영속화된 지배적 가치와 관행을 강화시키는 데 있다. 시기와 적대감은 특권을 갖지 못한 사람들과 약자들이 지배 **질서**를 무너뜨리는 데 성공했을 때조차도 그들을 지배 질서의 사슬에 묶어 둔다! 물론 그들조차 지배 질서를 무너뜨리고 싶어 하지 않는 경우가 너무나 많다. 바우만이 말한 것처럼, 그들은 "게임을 새로 시작하는 게 아니라 카드만 다시 섞으라고 요구한다. 그들은 게임 자체를 비판하지 않고, 상대가 더 좋은 패를 가지고 있다는 탓만 한다"(p. 216).

지배적 가치와 관행은, 그 아래서 고통당하는 이들의 마음을 장악하는 그 힘이 깨어질 때만 바뀔 수 있다. 회개가 필요한 곳은 바로 이 지점이다. 회개한다는 것은, 죄된 가치와 관행의 유혹하는 힘에 저항하고 자기 마음속에 하나님의 다스림이라는 새로운 질서가 확립되게 하는 것을 뜻한다.[8] 희생자가 회개한다는 것은, 사회적 갈등이 일어나는 조건, 갈등의 원인이 되는 가치, 싸우는 수단을 압제자가 결정하도록 내버려두지 않는 것을 뜻한다. 따라서 회개는 희생자에게 능력을 주고 압제자에게서 능력을 빼앗는다. 회개는 희생자들이 압제자들을 모방하거나 비인간화하는 것을 막아 줌으로써 희생자들을 '인간화' 한다. 회개는 결코 지배 질서에 대한 묵인이 아니며, 옛 세계 안에서 하나님의 새로운 세계라는 피난처를 만들어 내고, 그렇게 함으로써 옛 세계의 변혁을 가능하게 만든다.

---

8) 초대교회는 부와 권력에 대한 집착과 같은 지배적 가치에 저항하는 일에 놀라울 정도로 성공적이었다. Gerd Theissen은 초대교회에서 나타난 고대적 자선 관행의 "민주화"를 지적했다. 즉, 가난한 이들 중에서 가장 가난한 이들은 단순히 자선의 수혜자가 아니라 자선의 주체로 활동했다(Theissen 1995). 그들은 **다른 사람들**의 필요를 충족시키기 위해 열심히 일했고, 심지어 금식까지 했다. 이것은 부의 유혹으로부터 온전한 자유를 얻지 못했다면 불가능한 일이다. 오늘날 전 세계의 수많은 가난한 기독교 공동체에서도 이와 똑같은 하나님의 다스리심의 놀라운 표지를 확인할 수 있다.

그렇다면 희생자들은 어떤 죄로부터 구원을 받아야 할까? 자기 아들의 이름을 '지하드'라고 지은 이슬람 여인은 무엇에 대해 회개해야 할까? 물론, 그는 잔인하게 폭행당하고 끔찍한 수치를 당한 것이 마치 자신의 잘못이기라도 한 것처럼 자신이 당한 폭력과 치욕에 대해 회개해서는 안 된다. 그런 끔찍한 짓에 대해서는 **가해자들만** 회개해야 한다. 혹시라도 그 이슬람 여인에게 도움이 필요하다면, 대부분의 희생자들과 마찬가지로 **자신을 탓하는** 경향에 저항하는 법을 배우기 위한 도움이 필요할 것이다. 그러나 그와 다른 많은 희생자들 — 우리가 희생자일 때 **우리** 대부분 — 은 가해자가 우리 영혼에 입힌 상처의 결과에 대해 회개할 필요가 있다. 희생자들은 자신들이 너무나 자주 압제자들의 행동을 모방하고, 스스로 원수의 거울 이미지가 되도록 내버려두었다는 사실에 대해 회개해야 한다. 또한 그들은 자신이 그런 반응에 대해 책임이 없다거나, 그런 반응이 해방의 필수 조건이라고 주장함으로써 자신의 반응에 대해 변명하고자 했던 마음에 대해서도 회개해야 한다. 이런 죄에 대해 회개하지 않으면, 희생자의 온전한 인간적 존엄성은 회복될 수 없으며 필요한 사회적 변화 역시 일어나지 않을 것이다.

희생자는, 가해자가 그들 몸에 상해를 가한 것에 대해 회개하지 않는 것처럼 가해자가 그들 영혼의 도덕적 구조에 가한 상해에 대해서도 회개할 수 없다고 반론을 제기할지도 모른다. 그녀의 말처럼, "세르비아인들이" 그 이슬람 여성에게 미워하는 법을 "가르치지" 않았던가? 중요한 의미에서 그들은 정말로 그렇게 했다. 그녀가 당한 그런 식의 폭력과 치욕은 증오를 **만들어 낸다**. 하지만 심지어 극단적으로 잔인한 살육이라는 상황하에서도, 자아를 형성할 자유라는 내적 영역은 한 사람의 인간성의 성역으로 보호받아야 한다. 증오가 솟구쳐 오르는 것은 막을 수 없을지 몰라도, 희생자는 자신을 위해 증오 키우기를 거부하고 그것을 제거할 수 있으며, 그렇게 해야 한다. 만약 오늘 희생자가 회개하지 않는다면, 내일은 그들이 가해자가 되어 자기 기만 속에 스스로 희생당했다는 이유로 자신의 비행에 대한 책임을 면하려고 할 것이다(Lamb 1996, p. 54).[9]

물론, 지배 질서가 변하려면 특권을 갖지 못한 이들의 마음속에서 일어나는 변화보다 훨씬 많은 일이 일어나야 한다. 마르크스주의 전통이 발견했으며 이제는 사회적 지혜로 널리 인정받는, 죄의 구조적 차원에 관한 교훈을 우리가 어떻게 잊을 수 있단 말인가? 그뿐 아니라 강고한 지배적 가치와 관행은 특권을 가진 이들의 마음속에서도 깨져야 한다. 분명히 그들도 회개해야 한다. 그러나 이 점은 너무나도 명백해 보이므로, 특권을 가진 이들이 이데올로기적 장치를 활용해 책임을 회피하기 위한 이야기를 써 내려가지 않는 한 굳이 언급할 필요도 없을 정도다. 복음서는, 압제자들에게 회개가 꼭 필요할 뿐만 아니라 그들에게 회개는 욕망을 정화하고 길을 바로잡는 것 이상을, 심지어는 그들이 잘못을 저지른 사람에게 보상하는 것 이상을 뜻한다고 주장한다. 삭개오의 이야기에서 볼 수 있듯이, 회개할 때 그들은 "네 갑절이나" 갚아야 하며 자기 재산을 가난한 이들에게 주어야 한다(눅 19:8). 압제자들의 진정한 회개는 과다한 보상이라는 '부당함'으로 이어지며, 이는 애초에 일으킨 부당함을 상쇄하고자 하는 시도다.

---

9) 전체적으로 Sharon Lamb의 책 *The Trouble with Blame*에서는, 내가 강조하는 것처럼 가해자의 폭력이 희생자의 도덕적 성품에 어떤 영향을 미치는가가 아니라, 가해자와 희생자 모두가 어떻게 책임질 수 있는 능력을 회복할 것인가에 초점을 맞춘다. 그는 "가해자가 입힌 피해에 대해 그들에게 충분히 책임을 지게 할 수 없다"는 신념을 전제로, "우리가 가해자들에게 그들의 행동에 대해 책임을 묻기 시작할 때(그리고 그들이 스스로 책임지기 시작할 때), 희생자들은 자신을 현실적으로 바라볼 수 있으며, 우리는 희생자들 역시 자기 주장과 자유 의지, 책임에서 자유롭지 않다는 것을 인정할 수 있게 된다"고 주장한다(Lamb 1996, p. 8).

여기서 제시한 관점에 따르면, 희생자의 죄인됨과 회개에 관한 이야기는, 희생자를 탓하고 그렇게 함으로써 그에 상응하는 정치적 행위를 정당화하는 태도와는 전혀 무관하다. 예를 들어, 이 이야기에서는 (마치 경제적·정치적 구조가 빈곤의 사슬과 무관하다는 듯이) 가난한 사람들을 계속해서 가난의 노예로 묶어 두는 것은 단순히 '나쁜 가족 가치관' 때문이라거나, (마치 사람들이 자신의 우수한 성품을 통해 살아남을 자격이 있음을 입증해야 한다는 듯이) 가난한 사람들을 도우려 할 때 도와줄 가치가 있는 사람과 도와줄 가치가 없는 사람을 구별해야 한다고 말하지 **않는다**. 오히려 희생자가 회개할 필요가 있다는 이야기는, **하나님 나라의 가치에 의해 형성되고 따라서 참된 사회적 변혁의 기획에 동참할 능력을 갖춘 사회적 행위자를 만들어 내는 것**과 관계가 있다.[10] 사회 구성원의 성품이 중요하다는 점은, 예수님의 신학적 주장으로부터 우리가 배울 수 있는 중요한 정치적 교훈이다. 예수님은 다가오는 하나님 나라에 대한 첫 번째 반응은 자신의 마음의 정결함을 얻는 것이라고 주장하셨다. 이런 반응이 정치적으로 건전한 효과를 낳을 수 있지만, 더 중요한 것은 그 반응이 하나님의 구원하시는 은혜라는 심오한 원인에서 기인한다는 점이다.

르네 지라르는 「희생양」(*The Scapegoat*, 민음사)에서, 복음서에서 희생자를 무고한 희생양과 동일시한 것은 계시적 의미를 지닌다고 주장했다(Girard 1986).[11] 압제자들이 희생양 만들기에 개입하는 경우가 많다는 깨달음의 중요성을 최소화하고 싶지는 않지만, 나는 복음서의 관

---

10) 잘잘못을 가리고 책임 소재를 가리는 것보다 사람들을 변화시키는 것이 회개의 핵심이라는 생각은, 회개에 대한 예수님의 선포가 다가오는 마지막 심판에 대한 두려움이 아니라 하나님의 통치가 가까워졌다는 기쁨에서 우러나온 것이라는 사실과 짝을 이룬다(마 13:44을 보라. Stuhlmacher 1992, p. 95).
11) 또한 5장을 보라.

점에서 희생자의 무죄함에 관한 지라르의 일반적인 주장이 모호한 의미를 가지고 있음을 지적하고자 한다. 참된 계시적 의미를 지닌 말은, **압제하는 이와 압제받는 이들 모두가** 회개해야 한다— 적어도 현대 사회에서는 그분의 주장이 이런 의미를 지닌다—는 예수님의 주장이다. 예수님은 "압제받는 이들이 자유로워지는" 것을 간절히 보고 싶어 하시는 마음과, 압제받는 이들도—우리도!—회개해야 한다는 인식을 모두 가지고 계셨다. 그분이 염두에 두신 것은 하나님의 구원에 응답해 기본적인 태도와 행위를 급진적으로 재정향하는 것이었다. "가난한 자는 복이 있나니"와 "마음이 청결한 자는 복이 있나니"는 뗄 수 없이 연결되어 있다(마 5:3, 8). '청결한 마음의 정치'가 없다면 모든 해방의 정치는 제 발에 걸려 넘어지고 말 것이다. '지하드'라는 이름이 붙은 그 아들은 또 다른 어머니에게 너무나도 순수한 증오를 불어넣을 것이며, 그 결과 그녀 역시 자기 자손의 정체성 안에 '복수'를 새겨 넣게 될 것이다(Müller-Fahrenholz 1996, p. 129 이하).[12]

...용서의 실천

참된 회개는 공동체는 물론이고 개인이 행할 수 있는 가장 어려운 행동 중 하나일 것이다. 여러 타당한 이유 때문에 기독교 전통에서는 참된 회개를 인간의 가능성이 아니라 하나님의 선물이라고 생각한다. 우리는 그르다고 인정하는 것을 좋아하지 않을 뿐만 아니라, 거의 언제나 다른 사람들도 완전히 옳지는 않기 때문이다. 칼 구스타프 융이 제2차 세계대전 이후 말했듯이, 대부분의 고백은 회개와 자기 방어, 심지어는 복수의 열망이 뒤섞인 것이다(Jung 1964, pp. 240-241). 우리는 잘

---

12) Müller-Fahrenholz는 나처럼 회개의 필요성을 지적하기 위해서가 아니라 용서의 필요성을 지적하기 위해 이 이야기를 사용한다.

못을 인정하는 동시에 자신을 정당화하고, 또 남을 공격한다.

우리의 잘못이 얼마나 큰지에 상관없이 우리가 분명히 가해자일 때는—우리가 그 사실을 단순히 인정하는 경우— 우리가 피해를 입힌 상대편의 무죄하지 않음을 지적하고, 그들을 구별되지 않는 공통의 죄성이라는 늪으로 끌어들여 그들에게 상호 간의 공평한 죄 고백을 요구하고 싶어 할 것이다. 그 좋은 예는, 제2차 세계대전 이후 독일 개신교회(Evangelical Church in Germany)가 보여 준 다소 어설픈 고백(1945년 10월 18-19일에 채택된 이른바 '슈투트가르트 선언')이다. 우리가 스스로를 특권을 갖지 못한 무력한 희생자라고 생각한다면, 회개에 대한 저항은 훨씬 더 클 것이다. 어떻게 자신을 정당화하지 않으면서도 자신의 악행을 고백할 수 있을까? 우리도 그들의 악행으로 피해를 입었고 그들의 악행이 우리가 저지른 악행의 의미를 축소시켜 주며 그렇게 할 만한 이유를 충분히 제공해 준다. 그럼에도 우리가 가해자이든 희생자이든 참된 회개를 하기 위해서는 우리의 사회적 상호작용을 특징짓는 크고 작은 악의 그물망으로부터 우리 자신을 끌어내고, 자신의 행동에 대해 변명하면서 남을 비난하기를 거부하고 자신의 잘못에 대해 책임을 져야 한다. 「공동 기도서」(*Book of Common Prayer*)에서 말하는 것처럼, "**나**는 생각과 말과 행동으로 죄를 지었다."

'슈투트가르트 선언'에 대해 논평하면서 위르겐 몰트만은 참된 고백의 고통과 그것이 주는 약속을 지적한다.

> 따라서 자신의 죄책과 공모를 인정하는 사람은 무방비 상태가 되어 공격받을 수 있고 상처받기 쉽다. 그는 진흙투성이에 축 처진 어깨로 서 있다. 모든 사람이 그를 향해 손가락질하고 그를 경멸할 것이다. 그러나 그는 소외와 다른 사람에 의해 그의 행동이 결정되는 상황으로부터 자유로워진다.

그는 자기 자신이 되고, 그를 자유롭게 하는 진리의 빛으로 걸어 들어간다 (Moltmann 1987, p. 43).

고백을 통한 해방—몰트만의 말처럼, "죄책의 억압과 운명에 대한 완고한 신념"으로부터의 해방, "우리가 스스로를 가두어 놓은 무감각함과 반항이라는 방어 장치"로부터의 해방(p. 43)—은 모든 해방 중에 가장 고통스러운 해방일지도 모른다. 그러나 이 어려운 회개의 첫걸음을 내딛는다면, 화해로 이르는 여정에서 이미 먼 길을 걸어간 셈이다. 그 다음 단계는 용서다.[13]

그러나 용서는 쉬운가? 모든 희생자의 마음속 깊은 곳에는 가해자를 향한 분노가 부풀어 오르며, 보상받지 못한 고통 때문에 노여움이 불타오른다. 희생자에게는 십자가 위에서 예수님이 하신 기도보다 저주 시편을 말하는 것이 훨씬 쉬울 것이다. 혹시라도 기도를 한다면, 그들은 "아버지, 저들을 용서하지 마소서. 저들은 자기들이 하는 일을 잘 알고 있습니다"라고 기도할 것이다. 그러나 복수에 대한 강력한 감정적 끌림이 우리가 용서에 저항하는 유일한 이유는 아니다. 우리의 냉정한 정의감 역시 동일한 메시지를 보낸다. 가해자는 용서받을 **가치가**

---

13) 나의 주장은 회개와 용서 사이에 반드시 시간적인 순서가 존재한다는 것이 아니다. 이를테면, 먼저 회개를 하고 나서 용서해 주거나 용서를 받는다는 말이 아니다. 사실 신학적으로는 용서가 우선한다고 주장하는 것이 당연하다. Kyle A. Pasewark이 Shriver의 *An Ethic for Enemies*에 대한 서평에서 주장했듯이, 회개가 일어나기 전에 용서가 이미 작동하고 있어야 한다(「적을 위한 윤리」, 이화여자대학교 출판부). 여기서 나의 관심은 화해의 과정 각 단계의 순서를 분석하는 것이 아니라 이 순환을 이루는 여러 요소를 설명하는 것이다. 그뿐 아니라, '단계'라는 용어 때문에 회개와 용서가 일회적인 행위, 단 한 번에 모든 것을 해결하는 행동이라고 잘못 생각해서도 안 된다. L. Gregory Jones는 *Embodying Forgiveness*에서 "기술", "삶의 방식"으로서의 용서를 주장한 바 있다(Jones pp. 1-95).

없다. 용서한다면 그것은 불의한 일일 것이다. 루이스 스미디즈(Lewis Smedes)가 「우리 용서하며 삽시다」(*Forgive and Forget*, 예찬사)에서 말하듯이, 용서는 "받은 대로 갚아 주라는 식의 도덕률"에 대한 도전이다(Smedes 1984, p. 124). 가해자가 회개한다면, 용서는 더 쉬워질 것이다. 그러나 그렇지 않은 경우가 너무나 많다. 그리고 희생자와 가해자 모두 상호 배제라는 자동 작용에 갇혀, 용서하거나 회개하지 못하고 서로에 대한 미움이라는 악한 교류 속에서 하나가 된다.

우리는 용서하기를 바라기는커녕 본능적으로 복수를 추구한다. 악한 행위에 대해 오랫동안 그 빚을 갚지 않고는 참을 수가 없다. 오히려 그에 합당한 즉각적인 보복을 해야 한다. 그러나 복수의 문제점은 그것이 우리를 노예로 만들어 버린다는 것이다. 한나 아렌트(Hannah Arendt)가 「인간의 조건」(*The Human Condition*, 한길사)에서 지적했듯이 복수는,

> 최초에 행해진 범죄에 대한 반작용으로 이루어지는 행위로서, 첫 번째 악행의 결과를 종식시키기보다 악행들 속에 내재된 연쇄 반응을 촉발하여 끝없이 진행하게 함으로써 모든 이가 그 과정에 갇혀 버리게 만든다…[복수는] 그러한 행동이 가져오는 맹목적인 자동 반응 안에 피해를 입힌 사람과 고통받는 사람 모두를 가두어 두며, 이 과정은 스스로는 결코 종식될 수가 없다(Arendt 1959, p. 216).

끊임없이 돌아가는 복수의 회오리 — "폭력은 복수를 지속시키며, 복수는 폭력을 지속시킨다"(Shriver 1995, p. 19) — 는 나름대로 그럴 만한 이유를 가지고 있으며, 그 이유는 사회적 현실의 구조 자체와 얽혀 있다. 한 가지 이유는 사회적 행위자들의 관점이 서로 불일치한다는

점이다. 한쪽이 자신은 정의를 추구하거나 정의에 미치지 못하는 상황을 바로잡고 있다고 생각할 때, 다른 쪽은 바로 그 행동이 복수의 행위이며 불의를 영속화하는 것이라고 생각할 수도 있다. 한쪽에서는 정의를 이루고자 했던 행동을 다른 쪽에서는 실질적인 불의라고 이해할 수도 있으므로, '정의로운' 복수가 그저 보복에 지나지 않는 것이 된다. 복수의 회오리가 나타나는 이 첫 번째 이유를 '편파성의 곤경'이라고 부를 수 있다. 즉, 갈등 상황에 갇혀 있는 양측은 자신들이 취하는 행동의 도덕적 의미에 대한 동의에 이를 수가 없다.

복수의 회오리가 나타나는 다른 이유는 행동의 필연적인 배경이 되는 시간적 순서와 연관된다. 한나 아렌트는 이것을 "불가역성의 곤경"이라고 불렀다. 이것은 "자신이 무엇을 하는지 알지 못했고 알 수 없었다고 해도 이미 한 일은 취소할" 수 없음을 뜻한다(Arendt 1959, pp. 212-213). 행동과 그 행동의 결과를 취소할 수 있다면 복수가 필요하지 않을 것이다. 취소하고자 하는 의지가 있다면, 취소하는 것만으로 충분할 것이다. 그러나 행동은 되돌릴 수가 없다. 하나님조차도 그 결과를 바꾸어 놓으실 수 없다. 그러므로 복수의 충동은 결코 억누를 수 없는 것처럼 보인다. 아렌트는 불가역성이라는 곤경으로부터 빠져나오는 유일한 방법은 **용서**라고 주장한다. 나는 용서는 편파성의 곤경으로부터 빠져나오는 유일한 방법이기도 하다고 덧붙이고 싶다. "단순한 반작용이 아닌" 진정으로 자유로운 행위(p. 216)로서의 용서는, 기억에 남은 과거가 지닌 힘을 깨뜨리고 정의에 대한 확신에 찬 주장들을 초월한다. 그렇게 함으로써 복수의 회오리가 멈추게 만든다. 이것이 용서의 사회적 의미다.

한나 아렌트는 "인간의 삶에서 용서가 어떤 역할을 하는지 발견한 사람이 바로 나사렛 예수다"라고 주장했다(pp. 214-215). 적합하든 그렇지 않든, '발견자'라는 명칭은 용서가 예수님의 선포의 중심을 이루고 있음을 바르게 강조한다. 그분이 하나님 나라를 선포할 당시 상황은 만연한 억압 때문에 복수에 대한 욕망이 온 사회에 가득했다. "누가 너를 때리면 맞받아쳐라. 누가 네 겉옷을 빼앗거든 그의 집을 불태워라"라는 원리는 생존의 유일한 방법처럼 보였다(Theissen 1987, p. 88). 라멕처럼 한 대를 맞으면 일흔일곱 대를 되받아치는 복수가, 역설적이지만 불의를 뿌리 뽑는 유일한 방법처럼 보였다(창 4:23-24). 하지만 예수님은 라멕의 논리를 뒤집으면서, 그분을 따르는 이들은 단순히 복수를 삼가야 할 뿐만 아니라 라멕이 복수하려 했던 정도만큼 용서하라고 명하셨다(마 18:22). 억압이라는 불의에 대해서는, 복수라는 모방적 불의가 아니라 용서라는 창의적 '불의'(즉, 정의가 아닌 것)로 맞서 싸워야 한다.

불의한 재판관에 의해 십자가에 달리신 예수님은 자신이 전한 가르침의 궁극적인 모범이 되셨다. 그분은 "아버지, 저들을 사하여 주옵소서"(눅 23:34)라고 기도하셨다. 이 기도에 관해 논평하면서 위르겐 몰트만은 이렇게 말한다.

> 그리스도의 이 기도를 통해 복수라는 보편적 종교가 극복되며, 보복이라는 보편적 법률이 폐기된다. 십자가에 달리신 이의 이름으로, 이제부터는 용서만이 지배한다. 그분의 권위에 의존하는 기독교는 화해의 종교다. 자신에게 악을 행한 이들을 용서하는 것은, 최고의 주권과 위대한 내적 자유를 드러내는 행위다. 용서하고 화해할 때 희생자는 가해자보다 우월해지며 악을 행하려는 충동으로부터 자신을 해방시킨다(Moltmann 1995a, p. 29).

그러나 몰트만은 잘못된 대안을 세우고 있지 않은가? 복수와 용서

외에는 선택의 여지가 없는가? 왜 그저 둘 모두를 삼가고 **정의**—가해자에게 그들이 가한 피해보다 (복수에서 원하는 것처럼) 더 많이 갚아 주지도 않고 (용서에서 요구하는 것처럼) 더 적게 갚아 주지도 않는 길—를 택하라고 말하지 않는가? 왜 정확한 양의 '되갚음'을 부과함으로써 갈등을 제어하고자 하는 동해복수법(*lex talionis*)이 말하듯이 눈에는 눈, 이에는 이로 갚아 주지 않는가? 하지만, 용서라는 생각 자체가 정의에 대한 긍정임을 주목하라. 주기도문에서는 이 점을 명확히 한다. "우리가 우리에게 죄 지은 자를 사하여 준 것 같이 우리 죄를 사하여 주시옵고"(마 6:12)라는 기도는, 우리가 하나님께 무언가를 **빚지고** 있으며 다른 사람들이 우리에게 무언가를 **빚지고** 있음을 의미한다. 정의의 원칙을 적용해야만 우리가 무엇을 빚지고 있는지, 또 다른 사람들이 우리에게 무엇을 빚지고 있는지 분명히 알 수 있다. 따라서 정의가 없으면 용서도 없다.

하지만 정의가 있다면, 왜 용서가 필요한가? 원래의 상태를 정확히 회복시켜 주는 정의가 불가능하기 때문이다. 편파성의 곤경이 그런 정의의 관 뚜껑을 닫는다면, 불가역성의 곤경은 그 뚜껑을 나사못으로 조인다. 니체가 말했듯이 "어떤 행위도 영으로 돌려놓을 수 없기" 때문에 적어도 최초의 악행은 그대로 남아 있다. 정의의 틀 안에서 죄책은 영원하며, 따라서 니체는 "모든 형벌도 역시 영원해야 한다"라고 결론내린다(Nietzsche 1969, p. 162). 그러나 도스토옙스키가 예리하게 파헤쳤듯이(Dostoevsky 1990, p. 245), 설령 니체의 논리가 요구하는 대로 괴롭힘을 가한 이들이 영원한 지옥의 벌을 받더라도, 괴롭힘을 당한 이들을 위해 모든 것을 바로잡을 수는 없다. 그 어떤 것으로도 원래 가해진 피해를 바로잡을 수 없다. 그뿐 아니라, 순수한 생각의 영역을 벗어나 구체적인 사회적 상호작용의 영역으로 발을 내딛자마자, 우리는 원래 가해진 피해보다 훨씬 많은 것이 고쳐지지 않은 채 그대로 남아 있음을 깨닫게 된다. 이 영역에는 도저히 보상할 수 없는 피해가 존재하며, 보상을 할 수 있을 때도 어떤 종류의 보상이 적절한가에 관한 논쟁이 일어나 보상 자체를 불가능하게 만들고 보상의 공정함을 논쟁하게 만든다. 엄격한 복원을 추구하는 정의의 틀에서는 화해가 불가능하다. 그러한 정의를 추구할 때 오히려 갈등은 심화되고 '악행을 향한 충동'이 회복되게 만들 뿐이다. 그렇기 때문에 용서가 필요하다.

다시 한 번 말하지만, 용서는 정의를 대체하지 않는다. 용서는 단순히 희생자의 분노를 배출하는 행위도 아니고, 가해자의 변화나 잘못의 시정을 요구하지 않은 채 그저 뉘우치는 가해자의 비통한 마음을 달래는 행위도 아니다. 반대로, 모든 용서의 행위는 정의를 드높인다. 오히려 용서는, 정의가 권리를 요구하지 않겠다고 말함으로써 정의가 침해되었음을 분명히 각인시킨다(Welker 1994a, p. 246). 게다가 용서는 정의에 대한 올바른 이해를 추구하고, 이를 통해 좋은 결실을 거둘 수 있는 틀을 제공한다. 디트리히 본회퍼(Dietrich Bonhoeffer)는 「나를 따르라」(*The Cost of Discipleship*, 대한기독교서회)에서 "예수님께 자신의 죄를 고백함으로써 진실한 상태에 있는 이들만이, 진리를 말해야 하는 곳에서 부끄러움 없이 진리를 말할 수 있다"라고 주장했다. 용서받고 기꺼이 용서하고자 하는 이들만이, 정의를 불의로 왜곡시키려는 유혹에 빠지지 않고 치열하게 정의를 추구할 수 있다고 덧붙여 말할 수 있다.

그러나 어떻게 용서할 능력을 얻을 수 있는가? 용서는 정신적·영적 건강에 좋은 일이고 복수심은 그렇지 않다고 스스로를 설득해야 하는가? 이 세계의 성격을 생각할 때 복수의 회오리에 사로잡히는 것보다 용서하는 것이 더 현명하다고 스스로에게 말해야 하는가? 설령 이런 말이 옳다고 하더라도, 이런 주장이 복수하려는 욕망만큼이나 강력한 감정을 불러일으킬까? 더 중요한 질문은 이것이다. 이런 주장은, 수잔 재코비(Susan Jacoby)가 「야만의 정의」(*Wild Justice*)에서 올바르게 주장했듯이, 복수를 향한 욕망이 단순히 병자나 정신적으로 장애가 있는 사람의 비합리적 열정이 아니라 "'잃어버린 무언가' — 폭력에 의해 부서진 육체적·정서적 완전함—를 회복시키고자 하는 마음으로부터" 흘러나온다는 사실에 충분히 주의를 기울이는가?(Jacoby 1983, p. 298) 어떻게 정의에 대한 갈증을 해소하고 복수에 대한 열정을 가라앉혀 용서를 실천할 수 있을까?

저주 시편은 분노의 물길이 자유롭게 흐르는 것을 허락하되, 예전적 기도라는 튼튼한 구조를 통해 흐르게 한다(Barth 1966, p. 43 이하). 이상한 방식이지만, 저주 시편은 복수의 노예가 되는 데서 벗어나 용서의 자유로 나아갈 길을 보여 주는 것일 수도 있다. 하지만 이런 주장은 저주 시편이 직접 맞설 수 없는 강력한 적에 대한 간접적인 저주를 공적으로 선언하는 것에 지나지 않는다고 본다면 설득력을 잃는다. 제럴드 셰퍼드(Gerald T. Sheppard)처럼 "시편 기자가 전적으로 개입되어 있는, 흥미로운 말들과 행동들의 더 큰 망 속에" 존재하는 순간들일 뿐이라고 본다면 말이다(Sheppard 1992, p. 74). 이 시편들이 "실제로 보복하거나 처벌하거나 다른 사람에게서 권력을 빼앗으려는 욕망을 분산시키고 중화시킬지도" 모른다는 잘못된 염려 때문에(p. 71) 셰퍼드는 이 시편들이 마치 담화인 것처럼 오독한다. 그러나 이 시편은 담화가 아니라 **기도**다. 하나님이 중요하지 않다고 생각하는 현대인들을 제외하면 모든 사람은 기도의 일차적 대상을 하나님이라고 생각한다. 이 시편들이 듣는 사람들에게 어떤 영향을 미쳤든지 상관없이(나는 그런 수준의 기능이 있었음을 의심치 않는다), 일차적으로 이것은 압제받는 이들의 불의에 대한 당혹스러움과 분노를, 압제받는 이들의 하나님이신

공의의 하나님의 임재 안으로 가져오는 시편들이다(Miller 1994, p. 106 이하).[14]

십자가에 달리신 메시아를 따르는 이들에게 저주 시편의 중심 메시지는 이것이다. 분노를 꺼내 놓아야 할 자리는 하나님 앞이다(Janowski 1995, p. 173). 심사숙고해서 다듬고 꾸민 고백이 아니라 생각에 앞서 영혼의 깊은 곳으로부터 쏟아내는 것이어야 한다. 이것은 단순히 해결의 책임을 져야 할 전능하신 분 앞에서 울분을 토로함으로써 정화를 얻으려는 것이 아니다. 훨씬 더 중요한 것은, 하나님 앞에 꾸밈없는 분노를 꺼내 놓음으로써, 불의한 적과 복수심에 불타는 자신을, 정의를 사랑하시며 정의를 행하시는 하나님과 마주하게 한다는 것이다. 마음의 어두운 방에 숨어 어둠의 체제에 의해 강화된 미움은 모든 것을 그 무시무시한 배제의 의지로 가득 채우며 자라난다. 그러나 하나님의 공의와 사랑의 빛 아래서는 미움이 물러나고 용서라는 기적의 씨앗이 심겨진다. 용서가 어려운 것은 원수를 인류 공동체로부터 배제함과 동시에 나 자신도 죄인의 공동체로부터 배제하려 하기 때문이다. 하지만 이 이중적인 배제를 극복하지 않으면—원수를 기괴한 비인간성의 영역으로부터 공유된 인간성의 영역으로, 자신을 교만한 무죄함의 영역으로부터 공통된 죄인됨의 영역으로 옮겨 놓지 않으면—그 누구도 십자가에 달리신 메시아의 하나님 앞에 오래 머물 수 없다. 가해자가 피해자에 대해 영원히 승리할 수는 없음을 안다면(7장), 우리는 가해자의 인간성을 재발견하고 그를 향한 하나님의 사랑을 흉내낼 수 있다. 또, 하나님의 사랑이 모든 죄보다 크다는 것을 안다면, 하나님의 공의에

---

14) Bernd Janowski는 시편의 "적"은 "개인적 반대자"가 아니라 "혼돈의 세력을 대표하는 인물"이라는 설득력 있는 주장을 한 바 있다(Janowski 1995, p. 163 이하). 따라서 저주 시편은 개인적 복수라기보다 정의의 추구에 가깝다고 보아야 한다.

비추어 자신을 바라보고 자신의 죄인됨을 재발견할 수 있다.[15]

하나님 앞에서 불의에 대한 우리의 분노는 용서로 바뀌며, 용서는 다시 모두를 위한 정의를 찾아가는 것을 가능하게 할 것이다(5장을 보라). 정말로 용서가 일어난다면 그것은 의로우시고 사랑하시는 하나님이 베푸시는 용서의 메아리다. 하나님의 용서만이 궁극적인 의미를 지니는 유일한 용서다. 왜냐하면, 우리도 용서를 해야 하지만, "오직 하나님 한 분 외에는" 그 누구도 진정한 의미에서 죄를 용서하거나 계속 기억할 수 없기 때문이다(막 2:7).

...타자를 위한 공간: 십자가, 삼위일체, 성만찬

'용서'는 십자가의 의미를 상당 부분 요약해 준다.[16] 십자가는 그리스도인들에게 인간의 죄가 얼마나 파괴적인지와 하나님의 사랑이 얼마나 위대한지를 동시에 드러내는 궁극적 상징이다. 예수님이 실제로 "아버지, 저들을 사하여 주옵소서. 자기들이 하는 것을 알지 못함이니이다"(눅 23:34)[17]라고 기도하지 않으셨을지도 모르지만, 이 기도는 그분의 수난 이야기에, 또한 결국 십자가에 이르는 그분의 삶 전체에 지울 수 없도록 새겨져 있다. 이 기도가 분명히 드러내듯이, 그리스도의

---

15) 물론 하나님 앞에 나아가기만 한다고 용서하는 법을 배울 수 있는 것은 아니다. 우리는 용서의 공동체, 우리로 하여금 용서의 기술을 배울 수 있도록 돕는 공동체로도 나아가야 한다(Jones 1995). 사실 시편의 기도는 개인을 이러한 공동체 안에 옮겨 놓는 역할을 한다. 시편은 하나님의 백성의 예전적 기도이기 때문이다.
16) 여기서 십자가 신학을 본격적으로 논할 수는 없다. 나는 단지 그리스도의 죽음에 대한 신약 성경의 증언이 보여 주는 몇 가지 특징만 가져왔다. 특히 나는 구속의 '논리'를 설명하려는 모든 시도를 회피하고자 한다(7장을 보라). 여기서 나는, 십자가에서 일어난 일이 왜 그리고 정확히 어떻게 일어났는지를 논하는 것이 아니라, 그 사건의 몇 가지 측면이 어떤 사회적 의미를 지니는지를 설명하는 데 관심이 있다.
17) 중요한 고대 사본들은 이 기도를 포함하고 있지 않다.

십자가 죽음은 무고한 한 사람이 고통받았다는 것 이상의 큰 의미를 가지고 있다. 무고한 사람의 고통 그 자체는 고통받는 사람 자신을 위해서도 다른 누구를 위해서도 구속의 가치를 갖지 못한다. 그것은 인간 역사 전체에서 넘쳐흐르는 피와 눈물의 강을 불어나게 할 뿐이기 때문에 구속하는 힘은 갖지 못한 채 비극적일 뿐이다. 그리스도의 수난은, 한 무고한 사람의 수동적인 고난을 넘어, 고문당하는 영혼과 찢겨진 몸을 **가해자를 위한 용서의 기도**로 바치셨던 사건이다. 그러한 기도가 수난의 고통에 더해졌음은 의심할 나위가 없다. 디트리히 본회퍼가 분명히 파악했듯이, 용서 자체가 하나의 고통이다(Bonhoeffer 1963, p. 100). 용서할 때 나는 권리를 침해당하는 고통을 받을 뿐만 아니라, 엄격한 보상적 정의에 대한 정당한 요구를 억누른 것이다. 그러나 십자가 아래에서 우리는, 행동의 불가역성과 판단의 편파성으로 특징지워지는 이 세상에서 희생자가 되는 수동적 고난으로부터의 구속은 용서라는 능동적 고난 없이는 일어날 수가 없음을 배운다.

용서는 필요하다. 하지만 용서로 충분한가? 용서는 배제와 포용 사이의 경계선이다. 그것은 배제가 만든 상처를 치유하며 적의라는 분리하는 담을 허문다. 그러나 용서를 하더라도 사람들 사이의 거리, 즉 중립성의 공간은 그대로 남아 있다. 이 공간에서 그들은 각자의 길을 갈 수도 있고(때로 사람들은 이것을 '평화'라고 부른다), 서로의 품에 안겨서 깨어진 사귐을 회복할 수도 있다. '제 갈 길을 가는 것'은 폭력의 소용돌이 안에 갇힌 많은 사람이 남은 힘을 끌어 모아 바랄 수 있는 가장 대담한 꿈이다. '친구가 되기에는 너무나도 많은 불의가 자행되었다. 더불어 살기에는 너무나도 많은 피가 쏟아졌다.' 이런 말들은 갈등으로 무너진 지역에서 흔히 들을 수 있다. 선명한 선이 '그들'과 '우리'를 분리시킨다. 그들은 '그들'로 남아 있고 우리는 '우리'로 남아 있을 것이다. '우리'라는 말에 '그들'을 포함시키지 않을 것이다. 서로 안전한 거리를 유지하면서 살아가는 이런 '깔끔한' 정체성은 역사의 어떤 시점에서는 가능한, 혹은 심지어 바람직한 유일한 선택일 수도 있다. 그러나 각자의 길을 가는 것은 아직 평화가 아니다. **평화**란 단순히 접촉의 부재에 의해 지탱되는 적대감의 부재를 훨씬 넘어서며, **전에는 원수였던 사람들 사이의 사귐**을 뜻한다. 그리스도의 수난은 용서하는 것을 넘어 그런 사귐을 – 심지어 화해하기를 끈질기게 거부하는 원수들과의 사귐까지도 – 회복하는 것을 목표로 삼는다.

십자가의 핵심에는, 타자가 적으로 남아 있도록 내버려두지 않을 것이며 자신 안에 가해자가 들어올 수 있는 공간을 마련하겠다는 그리스도의 태도가 자리잡고 있다. 하나님이 인류를 어떻게 대하시는지 말해 주는 더 큰 이야기의 정점으로서 십자가는, 하나님을 향한 인류의 명백한 적의에도 불구하고 인류가 하나님께 속해 있다고 말한다. 인류가 없다면 하나님은 하나님이 아니실 것이다. 사도 바울은 "우리가 원수 되었을 때에 그의 아들의 죽으심으로 말미암아 하나님과 화목하게 되었은즉"(롬 5:10)이라고 말한다. 십자가는 인류를 포기하지 않기 위해 하나님이 자신을 내어 주신 사건이다. 그것은 폭력에 의존하지 않고서 인간의 적의가 지닌 힘을 깨뜨리고, 인간을 하나님과의 교제 안으로 받아들이고자 하시는 하나님의 바람의 결과물이다. 십자가의 목적은 인간으로 하여금 '성령 안에서' '그리스도 안에서' '하나님 안에서' 살게 하는 것이다. 그러므로 용서는, 그리스도와 죄를 범한 타자 사이의 관계의 절정이 아니다. 그것은 포옹에 이르는 통로다. 십자가에 달리신 이는 두 팔을 벌리고 계신다. 하나님은 자신 안에 공간을 마련해 두고 원수에게 들어오라고 초대하신다.

원수를 포용하고자 하는 의지의 표현인 십자가는 적대감으로 가득한 세상에서 분명 하나의 스캔들이다. 우리는 방패와 칼에 본능적으로 손을 뻗지만, 십자가는 우리에게 활짝 펼친 두 팔과, 창에 찔린 옆구리와, 벌거벗은 몸을 내놓는다. 우리는 뱀의 교활한 지혜가 필요하다고 생각하지만, 십자가는 순진한 비둘기의 어리석음으로 우리를 초대한다(고전 1:18 이하). 이런 십자가의 약함과 순진함은, 비록 스캔들이 되기는 하지만, 니체가 「안티크리스트」(*Anti-Christ*, 이너북)에서 말한 "적대감을 느끼지 못하는 **무능함**"을 의미하지는 않는다(Nietzsche 1990, p. 153). 오히려 그것은 모든 적대감의 결과들을 거부하는, 적대감을 향한 **적대감**을 드러낸다. 원수의 폭력과 거부의 행위를 모방하는 대신, 가해자에 의해 규정되기를 거부한 희생자 그리스도는 원수를 용서하고 자신 안에 그들을 위한 공간을 만드신다. 따라서 그리스도께서 참된 심판자가 되시는 것은 바로 희생자로서다. 가해자를 끌어안겠다고 제안하심으로써 그분은 애초에 가해자가 저지른 잘못과, 그에 대한 반작용으로 많은 희생자가 저지르는 잘못 모두를 심판하신다. 적대감을 향한 적대감은, 적대감 자체나 적대감을 느끼지 못하는 무능함이 이루지 못한 것을 성취한다. 그것은 희생자와 가해자 사이의 관계를 **변화시킨다**. 반면 적대감은 그 관계를 그저 역전시킬 뿐이며, 적대감을 느끼지 못하는 무능함은 그 관계를 건드리지 않은 채 그대로 내버려둘 뿐이다(Williams 1982, p. 11 이하).

그러나 적대감에 대한 심판이라 할지라도 폭력의 세상에서 십자가는 여전히 걸림돌이다. 그러한 평화로운 투쟁이 그리스도를 따르는 이들에게 도저히 견딜 수 없는 고통을 안겨 주지 않을까?[18] 십자가의 육중한 무게가 약한 이들—자신 안에 원수를 위한 공간을 마련하기 위한 전략이 실패했을 때, 딛고 설 권력의 발판을 가지지 못한 이들—을 짓눌러 버리지는 않을까? 이런 식의 '십자가의 말씀'이 가해자에게 지나치게 좋은 소식인 것은 아닐까? 이 책의 다른 곳에서 나는 이처럼 대단히 불편한 문제에 관해 논할 것이다(5-7장을 보라). 여기서는 십자가가 세상에서 불러일으키는 불편함이 십자가의 신학보다 심층적이라는 점을—그리고 십자가가 불편함이 **아니라고** 생각하는 이들은 모두 십자가에 달리신 이를, 골고다는 말할 것도 없고 겟세마네까지도 따르지 못하고 있음을—강조하고자 한다. 만약 십자가에 달리신 이의 운명과 자신의 발자취를 따라 걸으라는 그분의 명령이 우리를 불편하게 한다면, 우리는 십자가에 달리신 이의 **하나님**에 대해서도 불편함을 느낄 것이다. 그리스도의 십자가에 삼위일체 하나님의 본성 자체가 반영되어 있기 때문이다. 역으로 그리스도의 십자가는 삼위일체 하나님의 마음속에 선명하게 새겨져 있다. 그리스도의 수난은 하나님의 수난이다(Moltmann 1981, p. 21 이하). 로완 윌리엄스(Rowan Williams)의 말처럼, "성 금요일과 성 토요일의 사건을 통해 보여 주신 상상조차 할 수 없는 하나님의 자기 비우심은 하나님의 본성의 우연한 표현이 아니다. 그것은 세상 속으로 옮겨진 삼위일체의 삶이다"(Williams 1979, p. 177). 그러므로 십자가의 삼위일체 신학은 우리로 하여금 세상에 물들지 **않은** 본래의 '삼위일체의 삶'은 무엇인지, 어떻게 그것이 타자와 우리의 관계를 규정해야 하는지 묻게 한다.

먼저 그리스도의 수난이 보여 주는 두 가지 차원에 주목하라. 그것은 인간의 적대감을 극복하는 자신을 내어 주는 사랑과, 소외된 인류를 받아들이기 위해 자신 안에 공간을 만드신 것이다. 자신을 내어 주는

---

18) "상처입기 쉬움"이라는 주제에 관해서는 Sarah Coakley의 중요한 논문 *"Kenosis and Subversion"*을 보라. 그는 "'자신을 내세우지 않는' 인성과 남을 못살게 굴지 않는 신적 '능력'이 그리스도 안에서 규범적으로 결합했다"고 주장한다(Coakley 1996).

것과 타자를 받아들이는 것은 삼위일체의 내적 삶에 있어 가장 중요한 두 요소다. 완벽한 사랑이신 삼위일체 하나님께 이 둘은 동일하다. 전통을 따라 삼위일체의 관계에 대한 위계적 견해를 지지하는 이들이나 삼위일체의 관계의 비위계적 견해를 옹호하는 최근 경향을 따르는 이들 모두, 하나님의 삶이 자신을 내어 주고 타자를 받아들이는 사랑의 삶이라는 데 동의한다. 따라서 삼위일체 각 위격의 정체성은 다른 위격과 별개로 정의될 수 없다. 요한복음에서 예수님은 "아버지께서 내 안에 계시고 내가 아버지 안에 있다"(요 10:38)라고 말씀하신다. 하나님의 한 위격은 그 위격만이 아니라, 그 안에 다른 신적 위격들을 포함한다. 그 위격은 타자의 내주함을 통해서만 그 위격이 된다. 성자는 성부와 성령이 그분 안에 내주하시기 때문에 성자이시다. 성부와 성령의 이런 내주하심이 없다면 성자도 없을 것이다. 하나님의 모든 위격은 서로 다른 위격들이지만, 하나님은 자신만의 특별한 방식으로 다른 위격들이 되신다. 이것이 바로 하나님의 '페리코레시스'(perichoresis) — "융합이나 혼합 없이 서로 안에 함께 내재(co-inherence)하심"(Prestige 1956, p. 298) — 라는 교부들의 사상이 표현하고자 했던 바다.

페리코레시스 — 나는 '상호 내재성'(interiority)이라는 표현을 선호한다 — 라는 관념에 들어 있는 모든 것은 순수한 정체성으로 후퇴하기를 거부하는 데 성공하는가에 달려 있다. 삼위일체의 위격을 관계로 보는 아우구스티누스적·토마스주의적 이해에 입각해, 요제프 라칭거(Joseph Ratzinger)는 위격은 **순수한** 관계 안에 존재한다고 주장한 바 있다(Ratzinger 1970, p. 131). "위격은 관계다"(persona est relatio: Aquinas, Summa Theologica I, 40, 2). "내 교훈은 내 것이 아니요 나를 보내신 이의 것이니라"(요 7:16)와 같은 예수님의 말씀에 기대어, 라칭거는 성자 안에는 "오직 그분만 독점하는 속성은 하나도 없고, 담을 만들어 아무도 들어오지 못하게 하는 사유지 같은 것도 전혀 없다"고 주장한다(Ratzinger 1970, p. 134). 그 대신, 그분의 존재 전체가 자신을 완벽히 투명하게 만드심으로써 그분을 통해 성부를 볼 수 있게 한다고 주장한다. 그렇기 때문에 예수님은 "나를 본 자는 아버지를 보았거늘"(요 14:9)이라고 말씀하실 수 있다. 그러나 이러한 성부를 위한 성자의 철저한 투명성은 성부 안에 성자가 해체되는 것과 어떻게 다른가? 더 나아가, 만약 어떤 위격도 자신만의 것은 전혀 갖고 있지 않다면, 세 신적 위격은 서로 구별되지 않는 하나의 신적 본질로 환원되며, 세 위격의 '상호 내재성'은 상실되고 만다(4장을 보라). '위격'과 '관계'를 동일시하기보다는, 위르겐 몰트만처럼 그들을 '상호 관계 속에서' (Moltmann 1981, p. 172) 이해하는 것이 낫다. 그렇게 본다면 성자는 이제 성부를 위해 완벽히 투명하지 않고, 성자와 성부 모두 서로의 '안'에 계시는 것으로 이해된다. "아버지께서 내 안에 계시고 내가 아버지 안에 있다"(요 10:38). 이처럼 사랑으로부터 나온 상호 내재성—"나는 그저 내가 아니며, 타자 역시 나에게 속해 있다"—이 영원부터 영원까지 신적 위격의 정체성과 관계를 설명해 준다(Moltmann 1981, pp. 191-192; Moltmann 1991; Volf 1997, 5장).

이레나이우스가 사용한 아름다운 이미지를 동원하자면, 삼위일체가 세상을 향할 때 성자와 성령은 하나님이 인류를 만들고 끌어안으시는 하나님의 두 팔이다「이단 논박」(*Against Heresies*) 5권 6장 1을 보라]. 삼위일체의 자기 폐쇄적이지 않은 정체성을 지탱해 주는 바로 그 사랑이 '하나님 안에' 인류를 위한 공간을 마련한다. 그러나 인류는 하나님께 그저 타자가 아니라 원수가 된 사랑받는 타자다. 하나님이 원수를 끌어안으려 하실 때의 결과는 십자가다. 하나님은 십자가 위에서 자신을 내어 주시며, 상호 내주하시는 하나님의 위격들의 춤추는 원이 원수를 위해 열린다. 수난의 고통 속에서 짧은 순간 동안 춤추는 움직임이 멈추고 틈이 생겨서 죄인인 인류가 그 춤에 참여할 수 있게 되었다(요 17:21을 보라). 서로를 사랑하시는 바로 그 사랑으로 우리를 사랑하셔서, 자신의 영원한 포용 속에 우리를 위한 공간을 마련하신 하나님의 위격들이, 타자인 우리―원수인 우리―를 끌어안으신다.[19]

성만찬은 이처럼 하나님이 '우리를 위해 공간을 만드시고 우리를 그곳으로 초대해 들이신' 것을 기념하는 예전적 시간이다. 떡을 먹고 잔을 마시면서 하나님의 원수였던 '우리를 위해' 찢기신 그 몸과, 언약을 깨뜨린 우리와 '새 언약'을 세우기 위해 흘리신 그 피를 기억한다(고전 11:24-25). 그러나 성만찬이 하나님의 포용의 성례전이며 우리는 운좋게 그 은혜를 입었다고만 생각한다면, 성만찬을 심각하게 오해하는 것이다. 하나님의 은총의 중심에 새겨진 규칙은, 우리가 은총의 실행자로 재창조되기를 거부하지 않을 때에만 그 수혜자가 될 수 있다는 것이다. 우리에게 일어난 일을 우리도 행해야 한다. 하나님의 포용을 받은 우리는 우리 안에 다른 이들을 위한 공간을 마련하고 그들을―심지어 우리의 원수까지도―초대해 들여야 한다. 성만찬을 행할 때 우리는 바로 이것을 재연한다. 그리스도의 찢긴 몸과 흘린 피를 받으면서 어떤 의미에서 그리스도께서 고통받음으로써 받아들이신 모든 이를 받아들인다.

가톨릭 신학과 정교회 신학에는 성만찬의 신비를 둘러싼 이른바 '보편적 인격'(catholic personality)에 관한 성찰이라는 오랜 전통이 있

---

19) 여기서 복수형은 절대로 다신론으로의 전락이 아니다. 요 17:21에서 사용하는 복수형("그들"―하나님을 믿는 이들―도 "우리"―성부와 대제사장의 기도를 하시는 주체―안에 있게 하사)이 보여 주듯이, 단수형만으로는 삼위일체 하나님에 관해 이야기할 수 없다!(물론 기독교의 하나님에 관한 언어의 기본 원리 중 하나는 복수형만으로도 삼위일체 하나님에 관해 이야기할 수 없다는 것이다)

다. 한스 우르스 폰 발타자르(Hans Urs von Balthasar)와 같은 이들의 이론을 살펴볼 수도 있겠지만(von Balthasar 1975, p. 8), 이 개념에 대한 존 지지울라스(John Zizioulas)의 설명을 살펴 보자. 성만찬에서 만찬을 받는 개개인이 "온전한 그리스도"—머리와 몸—를 받기 때문에 각 사람은 **교회적 개인**이 되며 모든 사람이 **각 사람의 존재 안에 내재하게** 된다 (Zizioulas 1970, p. 69; Zizioulas 1973, p. 142; Zizioulas 1985, p. 58). 지지울라스 사상의 유기체론적 성격—머리와 몸으로 이루어진, 하나인 동시에 전체이신 그리스도께서 각 지체 안에 계시다는 주장[20]—에 대해 반대할 수도 있겠지만, **교회적 개인**이나 (지지울라스가 선호하는 표현을 사용하자면) **보편적 인격**이라는 사상은 심오하고도 유익하다. 떡을 뗌으로써 우리는 십자가에 달리시고 부활하신 주님의 몸에 참여할 뿐 아니라 교회라는 수많은 지체를 가진 몸에도 참여한다. 성만찬은 우리에게 각 지체가 다른 지체에 대해 외부적이지 않다고 말해 준다. 구별되는 개개인은 또한 고유한 꼭지점(nodal point)들, 즉 그리스도의 몸의 다른 지체들과 맺는 내면화된 관계의 침전물이기도 하다. 앞서 주장했듯이 (2장), 올바르게 이해했을 때 보편적 인격이라는 개념은 우리로 하여금 교회라는 경계까지도 초월하게 한다. 성령에 의해 우리는 세례를 받고 한몸 안에 받아들여졌을 뿐만 아니라 '새로운 피조물'이 되었다. 따라서 성령은 우리로 하여금 마음을 열고 하나님의 새 세상에서 하나님의 백성이 마침내 모이게 될 그때를 고대하게 하며, 우리로 하여금 진정한 보편적 인격—종말론적 새 창조의 인격적 소우주—으로 조금씩 변화되게 하신다. 그러므로 성만찬은 자아를 타자에게 내어 주고 타자를

---

20) 가톨릭과 정교회 전통에서 이 주제를 어떻게 다루는지에 관한 광범위한 논의와, 그것을 개신교 사상의 틀 안에서 전용하려는 시도는 나의 책 *Trinity and Community*(Volf 1997)를 보라.

자아 안으로 받아들이는 것, 바로 삼위일체 하나님이 그리스도의 수난을 통해 이루신 일이며 그리고 우리 역시 행하도록 요청받는 그 일을 경축하는 것이다. 성만찬을 통해 우리는 갈등으로 얼룩진 이 세상에서 그런 내어줌과 용납함을 실행하도록 능력을 부여받는다.

정교회의 예전적 삶의 절정, '축제 중의 축제'인 부활절 아침기도의 마지막 부분, 성찬 예배의 시작 직전에 찬양대는 이런 노래를 부른다.

> 아름다움의 부활절
> 주님의 부활절
> 모든 영광을 받기에 합당한 부활절이 우리에게 밝았다.
> 부활절!
> 기쁘게 우리 서로 끌어안자.
> 오 부활절, 고통에 대한 속전.

그리고 "성부, 성자, 성령께 지금부터 영원까지 세세무궁토록"이라고 삼위일체 하나님께 영광을 돌린 후 찬양대는 다시 이렇게 노래한다.

> 이 날은 부활의 날이네.
> 이 축제를 통해 우리 마음이 밝아지네.
> 우리가 서로를 끌어안자.
> 우리를 미워하는 이들까지도 '형제'라고 부르고
> 부활의 능력으로 모두를 용서하자. (Erickson & Laraz 1990)

"우리가 서로를 끌어안자"라는 권면에는 그리스도의 죽음과 부활의 의미가 요약되어 있다. 찬양대가 분명히 주장하듯이, "모든 영광을 받기에 합당한 부활절"이 그들에게 밝혔다. 그리고 그들이 포용해야 할 타자는 교회 공동체 안의 '형제'와 '자매'에 국한되지 않고 외부의 원수— "우리를 미워하는 이들"과 "모두"— 까지도 포함된다. 우리가 이들을 용서하고 '형제'와 '자매'라고 **부를** 때 그들도 이 포용 안으로 받아들여진다.

어떤 의미에서, 이처럼 서로를 포용하라는 예전적 요청은 부활절 예전의 시공간과 일상생활의 시공간 사이의 경계를 표시한다. '서로를 포용하라'는 부르심에 순종하면서 우리는 세상 속에서 부활의 신비를 살아낸다. 십자가에 달리신 하나님의 두 팔에 끌어안긴 우리는 원수를 향해서도— 우리 안에 그들을 위한 공간을 마련하고 그들을 초대해 들이기 위해— 팔을 벌린다. 그렇게 함으로써 우리도 삼위일체 하나님의 영원한 포옹 안에서 더불어 기뻐할 수 있다.

…낙원, 그리고 기억의 고통

회개하고 원수를 용서한 후에, 자신 안에 그들을 위한 공간을 마련하고 문을 열어둔 후에, 정말로 그들을 끌어안고 화해의 과정이 완결되기 바란다면, 마지막 한 가지, 어쩌면 가장 어려울지도 모르는 행동을 하겠다고 결단해야 한다. 그것은 바로 자신이 당한 악을 잊어버리는 것이다. 그 잊어버림은 **특정한 종류의 잊어버림**이라고 서둘러 덧붙일 필요가 있다.[21] 그것은 '진리'와 '정의'의 문제를 하나님이 이미 처리하셨으며(5장과 6장을 보라), 가해자가 누구인지 밝혀졌고 심판을 받았

---

21) 망각을 비인간적인 것으로 여기며 그저 거부해 버리지 않은 몇 안 되는 현대의 작가 중 하나인 Lewis B. Smedes는 *Forgive and Forget*에서 우리가 왜 그리고 어떻게 잊어야 하는가에 관해 현명한 목회적 통찰을 제시했다(Smedes 1984, pp. 38-40, p. 108, pp. 134-137).

고 (바라건대) 변화되었고, 희생자들이 안전하고 그들의 상처가 치유되었다고(7장) 가정하는 망각이다. 그러므로 이것은 궁극적으로는 '만물을 새롭게 하시는' 창조의 완성과 **함께** 일어날 수 있는 망각이다.

정말로 '잊어버리기'가 **구속**의 마지막 행위라고 주장할 수 있을까? 희생자들에게는 자신이 당한 불의와 자신이 견뎌 온 상처를 **절대로 잊지 않을** 전적으로 타당한 이유가 있지 않은가? 조금만 살펴보아도 그 이유를 쉽게 찾을 수 있다. 가해자는 기억의 상실을 은밀히 기뻐하므로 그들의 악행을 돌에 새겨 두어야 한다는 주장은 충분히 납득할 만하다. 나는 부분적으로 엘리 비젤의 작품에 기초해, 이 책의 뒷부분에서 알아야 할 의무, 기억해야 할 의무, 침묵하지 말아야 할 의무를 강력히 주장할 것이다(6장을 보라). 희생자가 올바르게 기억한다면, 과거의 비인도적 행위에 대한 기억은 그들과 우리 모두를 미래의 비인도적인 행위로부터 보호해 줄 것이다. 가해자가 올바르게 기억한다면, 악행의 기억은 그들로 하여금 과거의 죄로부터 회복하도록 돕고, 그 과거를 더 희망찬 미래가 자랄 수 있는 토양으로 바꾸어 놓을 것이다 (Williams 1982, pp. 28-51를 보라). 안전하지 않은 세상에서 안전하기 위해 악행을 기억해야 할 필요가 있지만, 온전한 구속을 얻기 위해서는 그 기억을 놓아 주어야만 한다. 여기서 나는 결국에 가서는 잊게 되기를 바라는 이들만 올바르게 기억할 수 있다고 주장하고 싶다.

'기억하는 것'은 언제나 좋고 '기억하지 않는 것'은 언제나 나쁘다는 선입관을 포기할 때만 나의 주장을 파악할 수 있을 것이다. 기억은 망각이 결코 할 수 없는 일을 날마다의 우리 삶 속에서 행한다는 점에서, 이런 선입관은 이해할 만하다. '기억 못해?'라는 말은 정당한 질책인 반면, '잊지 못했니?'라는 말은 상식에 맞지 않게 들린다. 친구의 전화번호 같은 것을 생각해 보면 이 점은 더 분명해진다. 하지만 오래

사귀어 온 친구와의 복잡한 관계를 생각해 보면, 과거를 완벽히 복구하는 것은 불가능할 뿐만 아니라 생각하는 것만도 끔찍한 일일 수 있다. 기억은 단순한 보존보다 훨씬 복잡하다. 기억의 반대말은 망각이 아니다. 오히려 보존과 망각은 기억이라는 더 큰 현상의 상호 연관된 두 양상이라고 말할 수 있다. 어떤 것들을 기억하기 위해서는 다른 것들을 잊어버려야 한다. 우리는 우리에게 중요한 것을 기억하고 그렇지 않은 것을 잊어버린다. 기억하는 것만 우리에게 중요한 반면, 잊어버리는 것은 중요하지 않다. '기억하기'와 '기억하지 않기'는 역사적 기억이라는 틀 안에서 과거를 재구성하고 그렇게 함으로써 우리의 정체성을 만들어 가는, 서로 얽혀 있는 두 방식이다(Assmann 1992, pp. 29-86). 그러므로 잊기 그 자체가 우리의 적은 아니다. 오히려 우리가 무엇을 잊을지, 무엇을 기억할지, 또 언제 그렇게 할지 결정할 권리를 우리에게서 빼앗으려는 이들이 우리의 적이다(Todorov 1996, p. 326).

우리가 당한 악을 '잊어버리는 것'이 어떻게 우리의 정체성과 타자와의 관계를 규정할 수 있을까? 어떤 식으로 망각이 구속적인 것이 될 수 있을까? 나는 악에 대한 기억이 악을 막아 주는 보호막이라고 말했다. 그러나 이 보호막의 이중적 기능에 유의하라. 그것은 나와 적 사이에 끼어듦으로써 나를 폭력으로부터 보호한다. 동시에 그것은 자아와 타자 사이에 있는 경계선을 강화함으로써 자아를 보호한다. 악행에 대한 기억은 타자의 이미지 위에 죄의 이야기를 덧붙인다. 그의 죄가 잊히지 않았다면, 용서받은 죄인조차도 **여전히 과거의** 죄인이다. 그 악행이 다시 일어나지 않는다면, 죄의 이야기는 배경으로 후퇴하고 타자가 지닌 사람의 얼굴이 나타날 것이며 이로써 과거에 있었던 죄의 이야기도 새로운 시각에서 바라볼 수 있을 것이다. 그러나 새로운 악행이 일어난다면, 그 즉시 죄의 이야기가 전면에 굵은 글씨로 튀어나와 타자가 지닌 사람의 얼굴을 덮어 버릴 것이다. 생생하든지 흐릿하든지, 자신이 당한 배제의 기억은 그 자체로 배제의 한 형태다. 물론 방어적인 배제이긴 하지만 그럼에도 불구하고 여전히 배제다. 타자의 죄에 대한 나의 기억 속에서 타자는 구속받지 못한 채 갇혀 있으며, 우리 역시 화해를 이루지 못한 관계 안에 매여 있다.

내가 당한 악에 대한 기억은 나 자신이 구속받지 못하는 원인이기도 하다. 과거는, 기억되는 한 단순한 과거가 아니다. 그것은 현재의 한 양상으로 여전히 남아 있다. 기억되는 상처는 경험되는 상처다. 토니 모리슨(Toni Morrison)이 「빌러비드」(*Beloved*, 들녘)에서 말했듯이, 과거에 입은 깊은 상처는 현재를 너무나 아프게 하기 때문에 미래를 모두 "과거를 묶어 두기 위한" 시간으로 만들어 버린다(Morrison 1991, p. 52).[22] 기억 속에서 어제의 '모든 일과 모든 방식'이 좋지 않았다면, 오늘도 좋을 리가 없다. 구속받지 못한 과거가 기억의 문을 통해 구속받은 현재로 침투해 들어오는 것을 막지 못한다면, 설령 온 세상을 개조하고 모든 고통의 원인을 제거한다 해도 구속을 이루지 못할 것이다. 기억이 현재의 정체성을 규정하기 때문에, 기억하는 과거를 구속하지 못한다면 나도 타자도 구속받을 수 없다. 니체는 「차라투스트라는 이렇게 말했다」(*Thus Spoke Zarathustra*)에서 "과거를 구속하는 것…오직 그것만을 나는 구속이라 부른다"라는 심오한 말을 남겼다(Nietzsche 1969, p. 161).

그러나 '시간을 되돌릴 수 없는' 상황에서 어떻게 과거를 구속할 수 있을까? 어떻게 **과거의** 상처를 지우고 깨어진 자아를 온전하게 변

---

22) L. Gregory Jones는 Toni Morrison의 *Beloved*에 나타난 기억의 정치학에 대한 유익한 신학적 분석을 제시한다(Jones 1995, p. 279 이하). 하지만 짧은 한 순간(p. 147)을 제외하고는 망각이 부정적인 기능만 한다고 말한다.

화시킬 수 있을까? 어떻게 악을 행한 이들을 그들의 **과거의** 악행으로부터 분리시켜 그들과 화해할 수 있을까? 니체의 이미지를 사용하자면, "이미 벌어진 일에 대해 아무런 힘이 없는" 우리는 어떻게 "이미 있었던 일"이라고 불리는 돌을 굴려 버릴 수 있을까?(p. 161) 니체는 과거의 구속을 이루기 위해 "창조적 의지"의 힘으로 "과거에 있었던" 모든 것을 "내가 그렇게 의지했던 것"으로 변화시키는 초인적인 행동을 제안했다(p. 163). 그러나 의지에게 "과거로 거슬러 올라가 의지하게 하고" "시간과 화해하는" 법을 가르치기 위해 니체가 수행해야 했던 식의 형이상학적 기적은, 마술사의 실패한 속임수처럼 보일 뿐이다. 의지로 하여금 "시간과 시간의 욕망을 깨뜨릴" 수 있게 하기 위해 (p. 161) 그는 만물의 영원 회귀라는 대단히 어두운 이론을 만들어 내야 했다(p. 331 이하). 그리고 이것은 차라투스트라조차도 "극단적 공포에 사로잡힌 사람처럼" 보이게 만든다!(p. 163) 의지—심지어 니체가 칭송하는 "창조적 의지"조차도—에게 과거는 영원히 "가장 외로운 고통"으로 영원히 남아 있을 것이다(p. 161).

 과거를 구속하는 더 통상적인 방식은 의지를 통해서가 아니라 생각을 통해 이루어진다. 즉 과거의 비극을 비극적이지 않은 미래의 선행 조건으로 해석하는 것이다. 여기서 과거의 구속은 신정론을 모형으로 삼는다. 예를 들어, 아우구스티누스적 전통을 따라 이런 식으로 추론해 볼 수 있다. 창조주의 궁극적 관점에서 전체를 바라볼 때, 세상의 어두운 그늘은 대체로 빛이 비추는 구역과 '조화'를 이루며 세상의 아름다움에 기여한다. 그러므로 내 삶의 모든 추악함까지도 어떤 이해할 수 없는 방식으로 미래의 아름다움에 기여한다. 아우구스티누스가 「고백록」(*Confessions*, 대한기독교서회)에서 말했듯이, 악은 더 큰 선에 기여하며, 우리는 "더 나은 세상을 바라지 않는다"(7권 13장). 그러나 생각을 통해 과거를 구속하려는 그 어떤 시도도 결코 모든 고통을 구속할 수 없으며, 대부분의 시도는 성공적일수록 고통 자체를 정당화하는 (혹은 적어도 용인하는) 듯 보이는 혐오스러운 결과를 낳는다(Lévinas 1991; Surin 1986; Tilley 1991). 더 중요한 점은, 설령 생각으로 악을 부인할 수 있다 해도, 고통을 제거할 수는 없다는 것이다. 폴 리쾨르의 말처럼, 생각으로는 "실질적인 악을 이길 수 없으며, 감각적 환영을 이길 수 있을 뿐이다"(Ricoeur 1974, p. 312). 과거의 것이든 현재의 것이든, 사변적인 문제로만 취급된다면, 고통의 문제는 제대로 해결될 수 없다. 위르겐 몰트만이 「삼위일체와 하나님의 나라」에서 말했듯이, 이 세상에서의 삶은 고난에 대해 "열린 질문"을 가지고 사는 삶이다. 그 질문은 "이 세상에 살면서 겪는 열린 상처"로부터 나온다. 또한 이 삶은 "하나님을 향한 갈망이 성취되고, 고난이 극복되고, 잃어버렸던 것들을 되찾을 미래를 추구하는 것"을 의미한다(Moltmann 1981, p. 49). 고난을 대하는 적합한 반응은 오직 **행동**뿐이다.

그러나 행동이 현재의 고난과 관련해 많은 것을 할 수 있을지 몰라도, 과거에 경험한 고난에 관해서는 아무것도 할 수가 없다. 눈물이 말라 버리고 죽음과 고통이 더 이상 없을 때, 자신이 입은 상처와, 자신에게 상처를 입힌 이들의 비인간성에 대한 **기억**에는 무슨 일이 일어날까? 하나님이 잃어버린 것을 회복시키실 때 상실의 **경험**도 회복될까? 불의와 고통을 기억하는 한, 우리는 온전해질 수 없을 것이며, 우리를 괴롭히는 대답할 수 없는 "열린 질문"이 계속해서 다시 떠오르며 불가능한 조화를 요구하면서 해결책을 찾으려 할 것이다. 과거의 고통이라는 문제에 행동으로 대응하고자 할 때는, 설령 그 행동이 종말론적 변혁이라 할지라도 그것으로는 부족할 것이다. 하나님의 새로운 세상에서조차도, 우리는 뒤를 돌아보며 모든 고통이 정당화된다는 불가능한 주장을 함으로써 '의미'를 찾거나, 악의 '무의미함' 때문에 크게 괴로워할 것이다. 우리는 '의미'를 발견할 수 있을까? 아니다. 적어도 어떤 고통의 '무의미함'은 영원할 것이다. 모든 '사고의 행위'는 결국 실패하고 악은 '영구적인 난제'로 남을 것이다(Ricoeur 1985, p. 644). 그러나 하나님의 새로운 세상의 영광 속에서도―특히 그곳에서는!―과거의 고통의 '무의미함'은 도저히 견딜 수 없을 것이다. 그 '의미'만큼이나 견딜 수 없을 것이다.

'무의미함'과 '의미'가 모두 지적으로 받아들일 수 없는 것이라면, 현재의 고난의 경험을 극복하는 유일한 방법이 재창조라는 비이론적 행위인 것처럼, **과거의 고난이라는 문제를 '푸는' 유일한 방법도 기억하지 않기라는 비이론적 행위가** 아닐까?[23] "악, 철학과 신학에 대한 도전"(Evil, a Challenge to Philosophy and Theology)이라는 글에서 폴 리쾨르는 "악에 관한 생각은 난제로 남을 수밖에 없으므로" "악의 도전에는 행위로 대응"해야 한다고 주장한다. 그리고 곧 이어서 "행위만으로는 충분하지 않다"라고 덧붙인다. 왜냐하면 고통은 "왜?" "왜 나란 말인가?" "왜 내 사랑하는 아이란 말인가?"라는 물음을 계속 불러일으키기 때문이다. 이 끈질긴 질문들에 답하기 위해 그는 "애도의 일"을 수행해야 한다고 주장한다(Ricoeur 1985, pp. 646-648).

이런 제안은 유익하지만 충분히 멀리 나아가지는 않았다. 애도의 일을 수행한 후에도, 기억이 남아 있는 한 물음도 그대로 남아 있을 것이다. 애도의 단계를 거친 후에는 궁극적으로 기억하지 않기의 단계에

---

23) 자신이 당한 고통을 용서하고, Dostoevsky의 이반 카라마조프가 "전적으로 거부했던" "더 높은 차원의 조화"를 이룬다 할지라도(Dostoevsky 1990, p. 245), 과거 고통의 '무의미함'과, 따라서 현재의 "부조화"는 그대로 남아 있을 것이다. 이 부조화는 생각으로도, 행동으로도, 용서로도 해결될 수 없다. 왜냐하면 그 어떤 것도 이미 일어난 일을 원래로 돌이킬 수 없기 때문이다.

이르러야 한다. 바로 하나님의 품 안에서 말이다. 그러나 리쾨르에게 애도의 마지막 단계는 잊어버리기가 아니라 "아무 이유 없이 하나님을 사랑하기"다. 그는 "희생자가 자신의 운명의 불의함에 대해 애도하는 한 그 애도는 여전히 보복의 순환에 사로잡혀 있는데, 만약 애도의 마지막 단계에 도달한다면, 보복의 순환을 완전히 벗어날 수 있다"고 주장한다(p. 647). 하지만 우리가 온전히 구속받게 될까? "아무 이유 없이 하나님을 사랑하는 것"은 과거로부터의 고통을 제거하거나 이미 자행된 불의를 바로잡을 수 없기 때문에 — 천국조차도 아우슈비츠를 **바로잡을** 수는 없다(Soelle 1975, p. 149) — 우리는 그런 고난과 불의에도 **불구하고** 하나님을 사랑하는 셈이다. 만약 고난이 과거에 그대로 남아 있다면, 고난에 대한 애도 역시 적어도 되돌릴 수 없는 불의에 대한 구속받지 못한 슬픔의 형태로 남아 있을 것이다. 오직 기억하지 않기를 통해서만, 어떤 생각으로도 떨쳐버릴 수 없고 어떤 행동으로도 지울 수 없는 고난에 대한 애도를 종식시킬 수 있다.[24]

요약하자면, 나의 주장은 이것이다. 과거에 대한 구속 없이는 최종적 구속이 불가능하기 때문에, 그리고 지금까지 어떤 신정론도 성공하지 못했으므로 성찰을 통해 과거를 구속하려는 모든 시도도 실패할 수밖에 없기 때문에, 어떤 종류의 망각이 없다면 최종적 구속은 불가능하다. 더 분명하게 말하자면, 대안은 천국 아니면 공포의 기억 중 하나

---

24) 이미 벌어진 일을 취소하고 원 상태로 되돌리는 행위는 불가능하지만, 설령 가능하다 해도 그런 행동으로도 최종적 구속을 이루기에는 부족할 것이다. 이미 벌어진 일에 대한 기억은 지워지지 않는 한 그대로 남아 그 사람을 괴롭힐 것이기 때문이다. '이미 벌어진 일을 **일어나지 않은 것으로** 만드는' 훨씬 더 급진적인 행동만이 최종적 구속을 이룰 수 있다. 왜냐하면 이미 벌어진 일을 일어나지 않은 것으로 만들 수 있다면, 기억되는 것을 **기억되지 않는 것**으로 만들 수 있을 것이기 때문이다. 다시 말해, 최종적 구속을 얻기 위해서는, '세상의 변화와 고통의 기억 잃어버리기' 그 이상을 원할 수는 있지만 그 이하를 원할 수는 없다.

를 택하는 것이다. 천국에는 공포의 기억이 계속 살아 있게 해주는 기념물이 전혀 없거나, 그렇지 않다면 우리가 흔히 생각하는 것보다 지옥에 훨씬 더 가까운 모습일 것이다. 만약 천국이 아우슈비츠를 바로잡을 수 없다면, 아우슈비츠에 대한 기억이 천국의 경험까지도 폐기시킬 것이기 때문이다. '만물이 새롭게' 창조될 때 '옛것'이 다 지나가되 그것에 대한 기억까지도 폐기될 때에야 비로소 구속이 완성될 것이다. 새 하늘과 새 땅에 관한 요한계시록의 말씀에는 이처럼 구속을 가능하게 하는 망각이 암시되어 있다. "애통하는 것이나 곡하는 것이나 아픈 것이 다시 있지 아니할" 것인데, 그 이유는 "다시는 사망이 없기" 때문이며 또한 "처음 것들이 다 지나갔기"(21:4) 때문이다. 다 지나간다는 것은 경험뿐 아니라 기억으로부터도 사라진다는 의미인데, 이 점은 요한계시록이 인용하고 있는 이사야서 본문에 다음과 같이 명시적으로 언급된다. "이전 것은 기억되거나 마음에 생각나지 아니할 것이라" (65:17; 43:17 참고).[25]

그러나 하나님의 기억은 어떤가? 하나님은 기억하지 않으실까? 로

---

25) 자신이 당한 악이나 악행에 대한 기억이 없다면 그는 그 자신일 수 없다는 반론을 제기할 수도 있다. 그러나 우리의 역사가 우리의 정체성의 한 부분을 이룬다는 사실에도 불구하고, 이것은 이상한 주장이다. 왜냐하면 분명히 우리는 우리에게 일어난 모든 일을 기억하지도 못하고 우리에게 일어났다고 한때 기억했던 모든 것을 다 기억하지 못하지만, 여전히 우리 자신이라고 말할 수 있기 때문이다. 사실 모든 것을 기억하지 못하고 이것이나 저것을 이런 방식이나 저런 방식으로 기억하기 때문에 우리는 지금 우리 자신이다. 그렇다면 우리가 당한 악행과 악의 기억이 망각으로 후퇴한다고 해서 왜 우리가 우리 자신이 될 수 없겠는가? 우리의 정체성이 그런 기억하지 않음에 의해 '재구성'되겠지만, 우리의 정체성이 날마다 재구성되는 것처럼 그렇게 재구성된 것도 **우리의** 정체성이다. 예를 들어, 나의 어머니는 지금도 내 남동생 대니얼의 목숨을 앗아간 사고가 일어나지 않았으면 하고 간절히 바란다. 그 사고에 대한 기억이 사라진다고 해서 어머니가 어머니가 아닌 다른 사람이 된다고 주장하는 것은 이상하지 않겠는가?

완 윌리엄스가 「부활」(Resurrection)에서 말했듯, 하나님의 기억은 비록 그것이 "가해자를 정죄하지 않는 희생자"의 기억이기는 하지만 역시 오래 지속되는 희생자의 기억이 아닌가?(Williams 1982, p. 23) 부활하신 주님이 베드로를 만나시는 이야기를 주석하면서 윌리엄스는, 하나님이 가해자들 특유의 망각에 저항하시면서 그들의 죄악된 과거를 회복시키신다고 말한다. 그것은 그들을 정죄하기 위해서가 아니라 회복된 과거를 "새롭고 확장된 정체성의 기초"로 삼으시기 위해서다(p. 35). 그러나 하나님이 은총의 맥락에서 가해자의 죄의 역사를 언급하시고(Jones 1995, p. 147) 가해자에게 새로운 정체성을 주신 후에는 무슨 일이 일어나는가? 그 답은 너무나 단순하고 우리에게 너무나 익숙해서 그 깊은 뜻을 놓칠 때가 많다. 즉, 만물을 꿰뚫어 보시는 하나님은 용서하신 죄를 **잊어버리실** 것이다. "새 일을 행하시고" 그분의 백성에게 "이전 일을 기억하지 말라"고 말씀하시는 이스라엘의 하나님은 자신의 기억에서 그들의 잘못을 완전히 지워 버리겠다고 약속하신다(사 43:18-19, 25; 65:17 참고). "내가 그들의 악행을 사하고 다시는 그 죄를 기억하지 아니하리라"(렘 31:34).

하나님이 어떻게 기억을 폐기하시는지에 관해서는 이 단락의 마지막에서 다시 이야기하도록 하겠다. 여기서는 왜 하나님이 '잊어버리시는지'와, 하나님이 죄를 '잊어버리시는' 것이 인간이 악과 악행을 잊어버리는 것에 어떤 함의를 지니는지에 관해 논하고자 한다. 하나님이 죄를 잊어버리시는 것이 어떤 의미를 갖는가 하는 물음에 대한 답을 찾기 위해 우리는 하나님의 기억하심과 기억하지 않으심의 복잡하고 다층적인 역동에 주의를 기울여야 한다. 하나님은 죄악을 기억하시며, 그것도 너무나 잘 기억하신다(계 18:5). 하지만 하나님은 또한 그것을 잊어버리신다. 하나님은 그것을 죄악이라 부르시고 용서하신 후,

잊기 위해서만 죄악을 기억하신다. 왜 하나님은 기억하시는 동시에 잊어버리시는가? 범죄에 대한 기억보다 훨씬 중요하고 강력한 하나님의 또 다른 기억, 이스라엘의 하나님의 정체성을 규정하는 기억 때문이다. 여인이 자신이 젖을 먹여 기른 아이를 잊을 수 없는 것처럼 하나님은 절대로 이스라엘을 잊으실 수 없다. 이스라엘은 하나님의 손바닥에 새겨져 있기 때문에, 이스라엘이 하나님을 거스르고 그분을 잊어버릴 때도 하나님은 이스라엘을 결코 잊지 않으신다(사 49:15-16). 회개와 변화를 위해 필요하기에, 죄의 기억은 잠시 동안 생생하게 살아 있어야 한다. 그러나 어머니와 같으신 하나님과 너무나도 인간적인 그분의 자녀 사이의 깨어진 관계가 온전히 치유되기 위해서는, 죄의 기억을 죽게 내버려 두어야 한다. 회개 이후에도 남아 있는 범죄의 기억은 과거의 사랑에 대한 기억과 장차 이룰 화해에 대한 소망 모두를 흐릿하게 만든다. 이 기억—죄악의 기억—의 상실은, 그들을 끌어안았던 기억을 잊지 않고 이미 두 팔을 활짝 벌리고 있는 어머니의 품 안으로 그 자녀를 되돌아가게 해준다.

하지만 우리는 어떻게 하나님이 잊으실 수 있냐고 항의할지도 모른다! 하나님이 당하신 모욕을 '용서하고 잊으시는' 것은 괜찮지만, 하나님이 무슨 '권리'로 그렇게 많은 희생자가 당한 모든 잔인한 일을 잊어버리신다는 말인가? **이** 기억의 상실은 가해자와 하나님 사이의 끌어안음—가해자의 짧은 기억과 하나님의 재빠른 망각 사이의 공모를 통해—에 도움이 되겠지만, 결국 고통과 죽음을 희미하게 만들고 희생자는 망각에 내버려두는 것이 아닌가? 만약, 십자가에서 하나님이 우리에게 보여 주셨듯이 하나님이 희생자들의 하나님이라면, 하나님은 희생자들이 기억하는 한 잊어버리실 리가 없다. 살육당한 이들의 영혼은 큰 소리로 계속해서 하나님께 외친다. "거룩하고 참되신 대주재여, 땅에 거하는 자들을 심판하여 우리 피를 갚아 주지 아니하시기를 어느 때까지 하시려 하나이까?"(계 6:10) 하지만 희생자들은 얼마나 오래 기억해야 하는가? 희생자들은 니체가 "복수의 영혼"이라 부른 것에게 영원히 포로로 남아 있어야 하는가?(Nietzsche 1969, p. 162) 그들 자신도 구속받고, 가해자였던(회개한) 이들도 흰 옷을 입고, 모두가 서로 화해하기 위해서는 결국 **그들도** 잊어야 하지 않는가? 물론 희생자의 망각에 대해 그토록 소리 높여 반대하는 까닭은 '가해자였던 이들에게 흰 옷을 입힌다'라는 끔찍한 생각 때문이다. 나는 이 말을 의롭다 하심을 입은 **죄인**이라는 바울의 통찰에서 가져왔지만 즉시 이 말을 지워 버렸다. 나의 조국 크로아티아의 최근 역사가 보여 주는 불타 버린 마을, 파괴된 도시, 강간당한 여자들의 이미지가 내 머릿속에 가득 차올랐다. 유태인이 나치를 끌어안을 수 없을 것처럼 보이고, 개를 풀어 자신의 아들을 갈기갈기 찢어 놓는 고문을 자행한 사람을 어머니가 끌어안을 수 없을 것처럼 보이듯이(Dostoevsky 1990, p. 245), 나는 손이 피로 물든 체트닉을 끌어안지 못할 것 같다. 가해자—아무리 심판을 받고 변화된 가해자라고 할지라도!—가 흰 옷을 입고 있는 구속받은 미래는 도저히 상상할 수가 없다. 우리 안에 있는 모든 것이 그런 이미지에 저항한다. 하지만 십자가의 하나님에 관해 우리가 알고 있는 모든 것이 이것을 진지하게 생각해 보라고 요구한다. 그렇게 한다면, 더 이상 '어떻게 하나님이 잊으실 수 있는가?'라고 묻는 대신 '어떻게 하나님이 희생자를 잊지 않고 그들의 기억을 치유하실 수 있는가?'라고 묻게 될 것이다.

첫째, 이 대답의 종말론적 측면을 생각해 보라. 우리에게 일종의 '반신정론'—고통의 문제에 대한 모든 사변적 해결책의 포기—처럼 보이는 주장을 펼치면서 사도 바울은 이렇게 말한다. "생각하건대 현재의 고난은 장차 우리에게 나타날 영광과 비교할 수 없도다"(롬 8:18). 이 논리는 단순하면서도 심오하다. 만약 무언가가 비교할 가치가 없다면 비교되지 않을 것이고, 비교되지 않는다면 기억되지 않을 것이다. 고난을 당하는 동시에 영광을 경험한다면 어떻게 고난과 영광을 비교하지 못할 수 있겠는가?[26] 우리가 반대편에 이른 후에 옛것이 다시는 새것을 침략하지 못하도록 새것과 옛것을 잇는 다리를 무너뜨린다면, 사라져야 할 다리의 마지막 부분은 옛것에 대한 **기억**일 것이다. 우리는 하나님의 영광에 둘러싸여, 결코 되돌려질 수 없는 구원의 경험에 의해 이제는 쉬운 일이 된, 가장 어려운 은총의 마지막 행위—즉, 기억하지 않기의 은총—를 행함으로써 우리 자신과 우리의 원수를 구속할 수 있을 것이다. 분노로부터 생겨나지 않았다면, 비인간성의 기억은 비인간성을 막아 주는 방패가 된다. 하지만 칼이 없는 곳에는 방패도 필요가 없다. 전에 원수였던 이들이, 오직 자기 정체성의 경계선에 의해 분리되고 현재의 매순간을 구속받지 못하게 막는 구속받지 못한 과거의 기억을 잃어버림으로써 자유롭게 되어, 삼위일체 하나님의 포옹 안에서 서로를 끌어안을 것이다. 니체의 말처럼 "오직 그것만을 나는 구속이라 부른다"라고 말할 수 있지만, 우리가 말하는 구속은 니체와는 전혀 다른 의미다(Nietzsche 1969, p. 161).

'기억하지 않기'가 **마지막 행동**이 되는 **최종적** 구속—"체계적 전체화"(Ricoeur 1985, p. 635)를 통한 화해와는 전혀 무관한 구속—의 비전은 칼이 넘쳐 나고 방패가 반드시 필요한 세상에서 살아가는 우리 삶

---

[26] 나는 "우리가 알거니와 하나님을 사랑하는 자, 곧 그의 뜻대로 부르심을 입은 자들에게는 모든 것이 합력하여 선을 이루느니라"(롬 8:28)라는 바울의 주장을, '모든 것'을 정당화함으로써 하나님을 정당화하려는 시도가 아니라 '하나님을 사랑하는 이들'의 삶에서 '정당화할 수 없는' 것들이 어떤 기능을 하는지 설명하는 것으로 해석한다.

에 어떤 의미가 있는가? 그렇다. 아직 메시아가 영광 중에 오시지 않았기에, 희생자들을 위해 우리는 그들의 고난의 기억을 계속 살아 있게 해야 한다. 우리는 알고 있어야 한다. 기억해야 한다. 그리고 모두들을 수 있도록 크게 외쳐야 한다(6장을 보라). 하지만 이처럼 중요한 기억하기는, 언젠가 우리가 받은 상처와 당한 악행에 대한 기억을 잊게 할 바로 그 구속의 소망에 의해 통제되어야 한다. 궁극적으로 고통을 잊는 것이 기억하는 것보다 낫고, 온전함이 깨어짐보다 나으며, 의심으로 거리를 두는 것보다 사랑의 교제가, 부조화보다는 조화가 낫기 때문이다. 지금 기억하는 것은 그때 잊을 수 있기 위함이다. 그리고 망설임 없이 사랑하기 위해 그때 우리는 잊을 것이다. 새로운 시대가 밝아 오기도 전에 손에서 기억의 방패를 내려놓는 것은 현명하지 않은 일이지만, 우리가 타자를 그리고 과거에 원수였던 이들까지도 팔을 벌려 끌어안기 위해 신중하게 기억의 방패를 옆으로 옮겨 두는 것은 가능할 것이다.

창세기의 잘 알려진 이야기에서 요셉은 자신을 노예로 팔아 버린 형들과의 화해에 이르는 어려운 여정을 기꺼이 택했다. 왜냐하면 그의 말처럼 "하나님이 내게 내 모든 고난과 내 아버지의 온 집 일을 잊어버리게 하셨기" 때문이다(41:51). 그러나 이 여행이 끝나기까지는 많은 기억하기가 필요했다. 요셉은 형들이 자신에게 가한 고통을 기억했으며, 형들도 미묘하지만 강력한 방식으로 그것을 기억하게 만들었다 (42:21-23; 44:27 이하). 그러나 멀리 집에서 새어 나오는 희미한 빛처럼 그가 돌아오는 여정을 안내한 것은 그가 아직도 기억하는 것을 잊어버리게 하실 수 있는 하나님의 은총—기억을 '배경으로 후퇴시키기'라는 말이 올바른 용어일지도 모른다[27]—이었다. 자신이나 자신의 후손이 이 소중한 선물을 간직하게 하고 싶었기에 요셉은 그 소원을 자신의 아들 므낫세— '잊어버리게 하신 이' —의 이름에 새겨 넣었다. 잊어버리기에 대한 기억이라고 부를 만한 므낫세의 존재는, 고통을 상기시킴으로써 고통에 대한 기억의 상실에 주목하게 한다. 필수적인 기억하기와 함께 섞여 있는 이 이상한 잊어버림 덕분에 희생자인 요셉은 가해자인 형들을 끌어안고(45:14-15) 형들과 자신의 구원자가 될 수 있었다(46:1 이하).

결론으로서 하나님의 '잊기'에 대해, 그리고 그것과 인간의 잊기 사이의 관계에 대해 간단히 생각해 보겠다. 하나님은 어떻게 인간의 악행을 잊으실 수 있는가? 모든 것을 포용하시는 하나님의 기억의 핵심에는 잊어버림에 대한 역설적인 기념비가 자리잡고 있다. 그것은 그리스도의 십자가다. 하나님은 인류의 죄를 용서하신 것과 같은 방식으로 인류의 죄를 잊으신다. 즉, 하나님은 인류로부터 죄를 취하셔서 하나님 자신에게 두셨다. 인간은 어떻게 역사에서 일어난 공포를 잊어버릴 수 있을까? "처음 것들이 다 지나간" 후에 나타날 새로운 세상의 한가운데 보좌가 세워질 것이며, 그 보좌에는 "세상 죄를 지셨고" 또한 그 기억을 지워버리신 어린양이 앉아 계실 것이다(계 22:1-4; 요 1:29).

---

27) 이 용어를 나에게 제안한 사람은 Philip Clayton이다. 이 단락 전체에서 내가 추구해야 하는 것은 공포의 기억을 '배경으로 후퇴시키기' 혹은 '지양하기'(*Aufhebung*)라고 주장할 수도 있다. '배경으로 후퇴시키기'와 '지양하기'는 공포의 기억을 계속 살아 있게 하며, 따라서 최종적 화해를 취소하고 싶지 않다면 성공적인 신정론이 반드시 필요하다. 그러나 나는 신정론이 성공할 수 없다고 생각하기 때문에, 천국을 원하는 모든 사람은 공포의 기억을 원할 리가 없다고 믿는다. 그러나 '배경으로 후퇴시키기'와 '지양하기'는 역사 안에서 공포의 기억을 다루는 적합한 방식이다. 이것은 종말론적인 기억하지 않기를 종말 이전에 실행하는 방식이다. 뒤집어 이야기하면, 종말론적인 기억하지 않기는 공포를 완전한 망각으로 후퇴시키는 것이다.

…포옹의 드라마

그리스도의 고난과, 하나님이 만드실 새 세상의 영광스런 결실인 종말론적 잊기는, 마침내 온전한 포옹의 마지막 걸림돌인 상처의 기억을 제거한다. 그러나 포옹이란 무엇인가? 그것은 어떤 의미에서 화해의 은유 역할을 하는가? 뒤로 돌아가서, 특히 '타자를 위한 공간'을 다시 살펴봄으로써 나는 '포옹의 현상학'을 간략히 설명하고자 한다. 이를 통해 적대적인 상황에 있는 타자와의 관계에서 정체성—개인적인 그리고 공동체적인—에 관해 생각하는 한 가지 방식을 제안하고자 한다. 이를 위해 포옹의 필수적 구성 요소에 주의를 기울인 다음 그 주요 특징을 설명할 것이다. 하지만 먼저 두 가지 서론적 해설이 필요하다.

첫째, '포옹의 드라마'를 써 내려가며 나는 헤겔이 "타자 안에 있는 자신을 인정하는 첫 번째 기초적인 모형"으로 제시하는 「정신현상학」(*The Phenomenology of Spirit*, 한길사)의 "주인"과 "노예" 사이의 "상호 인정의 드라마"에 끊임없이 (대개는 이의를 제기하는!) 시선을 보냈다(Taylor 1975, pp. 152-153). 헤겔의 유명하고 영향력 있는 이 책에서 "주인"과 "노예"에 관한 은유적인 언어가 비은유적인 영역을 넘나드는 것처럼, 아래에 제시된 '포옹'을 중심으로 한 자아와 타자에 대한 분석에서는 은유와 개념이 서로 얽혀 있다.[28] 둘째, 포옹을 자아와 타자 사이의 상호작용이 발생하는 인간관계의 전 영역에 대한 '환유'로 사용하고자 하는(Gurevitch 1990)[29] 나의 결정에 대해 (아시아나 북유럽과 같은) 일부 문화에 속한 사람들은 지나치게 친밀한 표현이라고 생각할지도 모른다. 그들에게는 악수 정도가 더 적절할지도 모르지만, 이것은 (아프리카나

---

28) 내가 사용하는 '포옹'이라는 말과 달리, Hegel이 사용하는 "주인"과 "노예"는 순전히 은유적인 것은 아니며, 정신의 발전을 역사적으로 재구성하려는 그의 시도—내가 보기에는 불가능한—에 의해 조건지워져 있다.

아메리카와 같은) 다른 문화에서는 너무 차갑고 거리감이 느껴질 수도 있다. 하지만 포옹에 관해 내가 말하는 모든 내용은, 구레비치가 '축소된 포옹'이라고 적절히 이름 붙인(p. 192) 악수에도 똑같이 적용될 수 있다. 사실 "손가락과 손가락을 맞잡기, 손바닥과 손바닥을 맞잡기, 손과 팔을 맞잡기에서부터 걷거나 앉아 있거나 나란히 누워 손으로 어깨를 감싸기에 이르기까지" 다양한 형태의 포옹이 존재한다(p. 194). 어떤 경우든, 나는 여기서 신체적인 포옹 자체가 아니라 그것이 상징하고 실행시키는 자아와 타자 사이의 역동적 관계에 관심이 있다.

포옹의 움직임을 구성하는 네 요소는 팔 벌리기, 기다리기, 팔 모으기, 다시 팔 벌리기다. 포옹이 일어나기 위해서는 네 요소가 모두 있어야 하며, 네 요소가 끊어지지 않고 차례로 이어져야 한다. 첫 두 단계에서 멈춘다면(팔을 벌리고 기다리기) 포옹은 실패할 것이며, 세 번째 단계에서 멈춘다면(팔 모으기) 사랑의 행위인 포옹이 억압의 행위가 되고 역설적으로 배제의 행위로 변질될 것이다. 그러므로 네 요소는 하나의 통합된 움직임의 네 가지 필수 단계다.

1막: 팔 벌리기. 팔을 벌리는 것은 타자에게 손을 내미는 몸짓이다. 그것은 나 자신의 자기 폐쇄적 정체성에 대한 불만족의 표시요, 타자를 **원한다**는 신호다. 나는 단지 나 자신이기를 원하지 않는다. 나는 타자가 나의 일부가 되기를, 내가 타자의 일부가 되기를 원한다. 자아의 불충분함, 자기 폐쇄적이지 않음을 말해 주는 팔 벌리기는 타자의 부재가 주는 고통과, 기대하던 타자의 존재에 대한 기쁨을 뜻한다. 부재의 고통과 기대하던 현재의 기쁨은 모두 자아가 팔을 벌리기 전부터 타자가 이미 자아의 일부라는 사실을 강조한다. 「정신현상학」의 '자의

---

29) 이 책을 쓴 것은 내가 Z. D. Gurevitch의 중요한 논문 "The Embrace"에 주목하기 전이었다(Gurevitch 1990).

식'과 달리, 자아는 처음부터 "자신으로부터 다른 모든 것을 배제함으로써 자기 동일성을 확보하지" 않는다(Hegel 1977, p. 113). 처음부터 자아에는 다양한 타자들이 내재하며, 자아를 상실하는 대가를 치르지 않는 한 자아로부터 이들을 배제할 수 없다(Taylor 1994, p. 32 이하). 타자에 대한 욕망이 생겨나는 것은, 어떤 의미에서 자아를 구성하는 요소로 이미 존재하던 것, 즉 타자의 부재로 생겨난 공허함 때문이다.

팔 벌리기는 욕망을 나타내는 행위일 뿐만 아니라 자신 안에 타자가 들어올 공간을 이미 만들어 두었으며, 타자에 의해 만들어진 공간으로 들어가기 위해 내가 나 자신의 밖으로 나왔음을 알리는 신호다. 타자를 향해 팔을 뻗기 위해 자아는 동시에 자신으로부터 물러서야 한다. 이를테면, 자신의 경계선으로부터 물러나야 한다. '자신으로 가득 차 있는' 자아는 타자를 받아들일 수 없고 진정으로 타자를 향해 나아갈 수도 없다. 팔을 벌림으로써 자아는 타자를 위한 공간을 만드는 동시에 타자를 향한 여정에 나선다. 셋째, 팔 벌리기는 자아 안에 **균열**이 있음을 암시한다. 자아의 경계선에 틈이 있으며 이를 통해 타자가 안으로 들어올 수 있음을 나타낸다. 경계선을 통과할 수 있어야만 타자를 향한 욕망이 충족될 수 있고, 자기를 비움으로써 만들어 낸 타자를 위한 공간이 채워질 수 있다.

마지막으로, 팔 벌리기는 **초대**의 몸짓이다. 친구가 올 것을 기대하고 문을 열어 두는 것처럼, 팔 벌리기는 안으로 들어오라는 초대다. 문을 두드릴 필요도 없으며, 들어갈 수 있느냐고 물을 필요도 없다. 그저 도착했음을 알리고 문지방을 넘으면 된다. 우정이 깨졌다면, 더 나아가 적대감으로 변했다면, 초대는 조건적일 것이다. 즉, 초대하기 전이 아니라 '들어오기' 전에 특정한 조건이 충족되어야 한다. 사실 초대는 제한적인 의미에서 **언제나** 조건적이다. 더러운 신발은 바깥에 벗어 두어야 한다! 그리고 친구들만이 그 조건을 충족시키는 경향이 있다. 그러나 열린 문과 달리 벌린 팔은 타자를 향해 들어오라고 말하는 초대의 몸짓 이상이다. 그것은 타자의 문을 **부드럽게 두드리는** 것이기도 하다. 타자가 들어올 수 있도록 자아가 스스로를 개방하는 바로 그 행위는 타자의 공간에 들어가고자 하는 욕망을 드러내는 것이기도 하다.

    2막: **기다리기**. 팔을 벌려 뻗은 다음에는 타자를 만지기 전에 멈추어야 한다. 기다린다. 팔을 벌림으로써 자아는 타자를 향한 움직임, 타자로부터의 초대가 없어도 타자의 대응이 없어도 정당화되는 움직임, 그 자체로 타자에 대한 초대이며 타자가 없어서는 안 된다는 자아의 단순한 욕망만으로도 정당화되는 움직임을 시작했다. 그러나 이렇게 시작된 포옹의 움직임은, 바우만이 도덕에 대한 은유로서의 "포옹"에 관해 이야기한 것처럼, "침략 행위"가 아니다. 심지어 "잠정적이며 예비적인" 침략 행위도 아니다(Bauman 1993, p. 93). 자신 안에 공간을 만들고 자신의 밖으로 나간 후에 자아는 욕망을 "지연"시키고 타자의 경계선에서 멈춘다. 더 나아가기 전에 자아는 타자 안에 욕망이 생겨나기를, 타자가 팔을 벌리기를 기다려야 한다. 이것을 "억제된 욕망"으로 이해한 헤겔의 표현을 사용하자면(Hegel 1977, p. 118), 기다림을 욕망하는 자아가 타자의 통합성을 위해—타자는 포옹보다는 혼자 남겨지기를 원할 수도 있다(Suchocki 1995, pp. 146-147)—스스로에게 부과한 일이라고 말할 수 있다. 제2차 세계대전이 끝났을 때 자유를 얻자마자 해방군에 의해 강간당하고 만 여성들의 경우처럼, 포옹으로 시작된 행위가 강간으로 이어진 고통스러운 기억이 있을 수도 있기 때문이다.

    타자를 향해 뻗은 팔을 멈추었을 때도 그 움직임은 물론 그 나름대로 힘을 가진다. 헤겔의 주장처럼, 이 일방적인 행동은 "쓸모없지" 않다(Hegel 1977, p. 112). 기다리는 자아는 타자로 하여금 자아를 향해 움직이게 **만들 수 있다**. 그러나 그렇게 할 수 있는 힘은 신호로 드러난 욕망이 지닌 힘, 창조된 공간이 지닌 힘, 자아의 열린 경계선이 지닌 힘일 뿐, 타자의 경계선을 무너뜨리고 욕망을 강요하는 힘이 아니다. 타자에게 포옹하라고 강요하거나 조작할 수는 없다. 폭력은 포옹의 정반대이며 오히려 포옹을 무력화시킬 뿐이다. 포옹이 발생한다면, 그것은 언제나 자아가 타자를 욕망하듯이 타자가 자아를 욕망했기 때문이다. 바로 이 점에서 포옹이 타자를 힘으로 붙들어 두는 것과 구별된다. 기다림은 포옹이 일방적으로 시작될 수는 있어도(자아가 타자를 향한 최초의 움직임을 개시한다) 상호성(타자가 자아를 향해 움직인다) 없이는 그 목표를 결코 달성할 수 없음을 말해 주는 신호다.

3막: **팔 모으기**. 이것은 **상호성** 없이는 상상조차 할 수 없는 포옹의 목표, 포옹 자체다. "각 사람은 타자를 안고 타자에게 안긴다. 양쪽 모두 능동적인 동시에 수동적이다"(Gurevitch 1990, p. 194). **한 번** 끌어안기 위해서는 **두 쌍의 팔**이 필요하다. 한 쌍으로는 그저 (자아가 타자를 존중한다면) 포옹으로 초대하거나 (그런 존중이 존재하지 않는다면) 움켜잡을 수 있을 뿐이다. 포옹에서 주인은 손님이고 손님은 주인이다. 자아가 타자보다 많이 받거나 줄 수 있기는 하지만, 각 사람은 타자의 공간 속으로 들어가 자아 안에서 타자의 존재를 느끼고 자신의 존재가 느껴지게 만들어야 한다. 이런 상호 관계가 없다면 포옹도 없다. 헤겔은 이 점을 다음과 같이 정확히 설명한다. 이 행위는 "자아의 행위인 동시에 타자의 행위"이기 때문에 "양면적"이다(Hegel 1977, p. 112).

이처럼 대가를 바라지 않는 상호적인 주고받기가 일어나기 위해서는 상호 관계 외에도 **부드러운 접촉**이 꼭 필요하다. 타자를 팔로 너무 꽉 안아서 그를 무너뜨리거나 동화시켜서는 안 된다. 만약 그렇게 한다면 배제라는 은폐된 권력 행위에 가담하는 것과 마찬가지다. 포옹은

'강압에 의한 포옹'으로 변질되고 만다. 마찬가지로 나는 나 자신의 경계선을 굳건히 지키며 저항해야 한다. 그렇지 않으면 자기를 부정하는 자기 파괴적 행동을 하는 것과 다름없다. 이 과정에서 그 어떤 순간에도 자아는 타자나 자신을 부인해서는 안 된다. 포옹은 자기 고립으로 후퇴하지 않으면서도 동시에 능동적이거나 수동적인 동화에 의해 구별이 없어져 버리는 소용돌이에 저항할 수 있느냐에 성공 여부가 달려 있다. 포용에서 자아의 정체성은 보존되는 동시에 변형된다. 타자의 타자성을 타자성으로 인정하는 동시에, 그 일부를 계속해서 변화하는 자아의 정체성 안으로 받아들인다.

포용에서 타자의 타자성을 보존하기 위해서는 타자를 이해하지 **않을 수 있는** 이상한 능력을 획득하는 것이 필수적이다. 구레비치는 "이해하지 않는 능력"(The Power of Not Understanding)이라는 중요한 논문에서 "이해할 수 있음"과 "이해할 수 없음"을 나누는 단순한 도식에 반대했다. 이 도식은 "이해할 수 없음"이 타자를 자아의 관점에서, 자기 반영성의 틀 안에서 이해하려는 욕망에 암묵적으로 기초하고 있지만, 타자는 타자라는 바로 그 이유 때문에 자아의 틀 안에서는 이해될 수 없다는 점을 보지 못하게 만든다. 역설적으로, 이해하지 **않는** 능력이 없을 때 그것은 이해를 가로막는 걸림돌이 될 수 있다. 따라서 구레비치는 "이해하지 않는 능력" – '타자(나 자아)를 타자 그 자체로 인정하고 바라보는 능력"(Gurevitch 1989, p. 163) – 이 반드시 필요하다고 말했다. 타자와의 구체적인 만남에서 타자를 "이해하지 않을 때", 자아는 타자에 관해 이해해야 할 것이 있다면 그것은 "물음으로밖에 표현될 수 없음"을 깨닫게 된다(p. 168). 포용의 한가운데서 **물음으로서의 타자의 등장은 타자의 불투명성을 감추어 두는 것을 생산적으로 거부하는 태도를 나타낸다.** 즉, 이 거부는 곧 새롭고 더 나은 이해의 가능성을 열어 준다. 자아는 그 자신과 타자를 새로운 관점에서 바라본다. 포용의 움직임 안에서는, 패배처럼 보이는 이해하지 않음이 사실은 작은 승리를 의미한다. "그러나 이것은 자아의 승리가 아니라 자아와 다른 타자의 승리다"(p. 172). 포용의 틀이 없다면 이해하지 않는 능력은 무익할 뿐이다. 그러나 이해하지 않는 능력이 없다면 참된 포용은 불가능하다.

4막: **다시 팔 벌리기**. 포용은, 바우만이 사랑의 욕망에 관해 말하는 것처럼 "몸 사이의 경계를, 결합시키는 솔기로 변형시킴"으로써 "두 몸을 하나로" 만드는 것이 아니다(Bauman 1993, p. 94). 포옹에서 몸을 하나로 묶어 주는 것은 잘 결합된 봉합선이 아니라 타자를 둘러싸는 팔이다. 그리고 포옹을 스스로 취소하지 않고 싶다면, 팔을 다시 풀어야 한다(Gurevitch 1990, p. 194). 포옹이 상징하는 자아들의 상호 내주(內住)는, 헤겔이 정신에 대해 논하며 말했던 "대립 속에서 완벽한 자유와 독립을 누리는 개별적이며 독립적인 자의식들이 연합한 절대적 실체"로 귀결되지 않아야 한다. "'내가' '우리'이고 '우리'가 '나'"여서는 안 된다(Hegel 1977, p. 110). 만약 이런 일이 벌어진다면, 포용은 결국 "'내가' '우리' 속으로 사라져 버리는" 상황을 상징할 뿐이다. 그리고 이런 상황은 "전체주의 체제의 특징일 뿐 아니라 많은 문화 운동과 가족 관계의 특징이기도 하다"(Todorov 1984, p. 251). 포용의 마지막 행동인 팔 벌리기는, 비록 타자가 자아 안에 새겨져 있더라도, 자아와 타자를 병합하여 분화되지 않은 '우리'로 만들어 버림으로써(아마도 '구별하지 않기'는 헤겔의 의도가 아닐 테지만) 타자의 타자성을 없애 버려서는 안 된다고 말한다. 타자의 타자성─그의 참된 역동적 정체성─이 보존될 수 있도록 타자를 놓아주어야 한다. 그리고 타자의 존재가 남긴 흔적에 의해 더 풍성해진 자신의 정체성이 보존될 수 있도록 자아는 자신 안으로 스스로 물러나야 한다.

마지막으로, "결코 최종적인 타결"을 이루지 못하는 "차이의 협상"이 지속될 수 있도록 타자를 놓아 주어야 한다(Walzer 1994, p. 83). 마지막 단계의 타자를 놓아 주는 그 팔은, 타자의 존재에 대한 욕망을 드러내고, 자아의 경계를 열어젖히고, 타자에게 들어오라고 초대하는 첫 번째 단계를 실행하는 바로 그 팔이다. 두 번째 단계에서 타자가 대응하기를 기다리고, 세 번째 단계에서 타자의 몸을 둘러싸는 바로 그 팔이다. 비록 새로운 포옹은 두 자아 모두가 한동안 자신의 일에 몰두한 후에야 일어나지만, 어떤 의미에서 포옹의 마지막은 이미 다른 포옹의 시작이다. 포옹 자체는 종료가 되는 행동이지만, 타자를 향해 떠났다가 되돌아오는 자아의 움직임은 끝이 없다. 이 움직임은 순환적이다. 자아와 타자의 행동과 반응은 서로에게 영향을 미치며 이 움직임에 의미와 활력을 부여한다(Stierlin 1976, pp. 67-68).

이 단계들은 포옹의 필수적인 구성 요소다. 이 요소들이 없다면 참된 포옹은 있을 수 없다. 이제 나는 성공적인 포옹의 네 가지 주목할 만한 특징을 살펴보고자 한다. 그중 일부는 포옹의 논리 자체에 내재되어 있으며, 일부는 십자가 위에서 인류를 끌어안으시는 하나님의 모습 속에 새겨져 있다. 따라서 그 네 가지 특징은 적대적 조건 아래서 타자를 포용하고자 하는 우리의 갈망이 되어야 한다. 첫째는 **유동적인 정체성**이다. 「문화와 제국주의」에서 에드워드 사이드는 "모든 문화는 혼종적이며…한때 이질적인 요소로 간주되었던 것으로 가득 차 있거나 그것과 얽혀 있다"라고 지적한다(Said 1993, p. 317). 문화 속에서 살아가는 개개의 자아들 역시 마찬가지다. 자아들은 그들이 수행하는 다양한 역할, 그들이 동일시하는 공동체들, 그들이 지지하는 원리와 규칙을 통해 내적으로 구별된다(Walzer 1994, pp. 85-86). 우리의 개인적·

공동체적 문 안에는 언제나 이방인들이 존재하며, 우리 자신은 결코 주어진 집단에 전적으로 속하지 않고 부분적으로만 속한다. 개인과 공동체로서 우리는 중첩되는 사회적 영토에서 살아간다. 우리의 자아와 공동체는 우리가 편안함을 느끼는 집과 같지만, 우리는 계속 그 집을 개조하고 재배열하며, 옛것을 꺼내고 새것을 들여놓는다. 가까운 곳, 먼 곳을 방문해서 무엇인가를 얻기도 하고, 집을 벗어나는 모험을 감행한 후, 우리 자신이 결코 전과 같은 사람일 수 없으며 우리가 '바깥'에서 만난 것들이 우리 '안'의 일부가 되었음을 상징하는 어떤 것을 얻기도 한다.

둘째, **비대칭적 관계**다. 포옹은 단순히 모든 자아와 공동체에서 일어나는, 다양한 흐름의 실제적이거나 바람직한 '병합'과 '나뉨'에 대한 은유로만 이해해서는 안 된다. 그것은 또한, 단지 '합쳐지거나' '갈라지는' 것을 넘어, 강자가 약자를 억압하고 약자가 강자의 권력을 전복하려고 노력하는 끊임없는 갈등에 삽입된 자아들의 **도덕적** 입장을 기술하는 것이기도 하다. 에마뉘엘 레비나스는, 엄밀히 말해 도덕적 입장은 대칭성을 회피한다는 점을 강조했다. 그는 「존재와 다르게」 (*Otherwise than Being*, 인간사랑)에서 이렇게 말한다.

> 주체성의 핵심은 타자가 나에게 다가올지 염려하지 않으며 그에게 다가가는 것이다. 또는 더 정확히 말하면 그것은, 나와 그 이웃 사이에 세워지는 모든 상호적인 관계 위에서, 그리고 그것을 넘어서서, 내가 그를 향하여 언제나 한 걸음 더 내딛는 식으로 다가가는 행위다(Lévinas 1981, p. 84).

이웃을 향해 "한 걸음 더" 나아가기, 그리고 원수를 향해 첫 걸음— 어쩌면 두 번째, 세 번째 걸음까지도— 떼기! 은유로서의 포옹은 자아와 타자가 그들의 상호적 타자성에 함께 속해 있음을 암시한다. 그러나 그리스도의 십자가와 삼위일체 하나님의 삶에 의해 형성된 자아는, 친구인 타자뿐만 아니라 원수인 타자까지도 끌어안는다. 그런 자아는 타자가 칼을 들고 있을 때도 타자를 향해 팔을 벌리려 할 것이다. 물론, 실제로 포옹이 일어나기 전에 타자는 칼을 떨어뜨려야 한다. 어쩌면 그의 손에서 칼을 빼앗아야 할지도 모른다. 그러나 칼에 대한 투쟁까지도 타자를 끌어안고 그에게 안기려는 의지에 의해 뒷받침될 것이다.

적대적인 상황에서 자아와 타자 사이에 상호 관계가 세워진다면, 그것은 헤겔의 생각처럼 동등한 사람들 사이의 상호 인정으로 귀결되는 "주인"과 "노예" 사이의 "인정 투쟁"(struggle for recognition)을 통해서가 아닐 것이다. 다시 나의 용어를 사용하자면, 동등한 사람들의 상호 포용은 자아와 타자가 인정을 획득하려는 투쟁이 아니라 **타자에 대한 인정을 이미 전제하는** 자기 내어줌의 결과다. 단순한 역사철학의 경우를 제외하면, 투쟁은 투쟁으로 이어지며 관계를 평등화하기보다 계급화한다. 왜냐하면 투쟁은 새로운 "주인"과 "노예"의 대립을 만들어내기 때문이다. 계급은 단순히 평준화될 수 없으며, 투쟁을 통해서는 더더욱 평준화될 수 없다. 계급은 역전되어야 한다. 양이 목자가 되고(계 7:17), 왕이 종을 섬긴다(계 22:1-5).[30] 비록 자기 희생이 적극적인 선이 아니라 상호 포용이 주는 기쁨에 대한 무관심과 적의가 만연한 세상 속에서 택할 수밖에 없는 고난의 길(via dolorosa)이기는 하지만, 포용의 핵심에 자리잡고 있는 평등성과 상호성은 자기 희생(막 10:41-45)을 통해서만 달성할 수 있다. 그러한 자기 희생은 그리스도의 자기 희생을 모범으로 삼는다. 그리고 그리스도의 자기 희생은, 곧 원수와의

---

30) Daniel Boyarin은 "주인은 없고 노예만 있는" 정체성의 개념, 즉 "결국은 그 자체로 서구의 제국주의적 강요에 불과한 자기 결정의 모형에 대한 대안"을 주장한다.

만남에서 삼위일체적으로 자기를 내어 주는 상호성이다.[31]

셋째, **결과의 비결정성**(underdetermination)이다. 포옹의 구조 안에는 체계적으로 결과가 결정되어 있지 않음에 기인하는 '다중종결성' (multifinality)이 자리잡고 있다. 기다림이라는 구조적 요소를 포함하고 있기에, 포옹이 일어날 수 있도록 보장해 주는 것은 아무것도 없다. 포옹이 일어나게 하기 위해 사용할 수 있는 유일한 힘은 포옹 자체의 매력이다. 각 사람은 타자를 향해 팔을 벌릴 수 있지만, 각 사람은 포옹을 거부할 권리, 자신을 닫아 버리고 서로 주고받는 교환의 외부에 머무를 권리를 가지고 있다. 그리고 일단 포옹이 일어났을 때도, 아무것도 특정한 결과를 보장해 주지 못한다. 부드러움이라는 구조적 요소 때문에 우리는 포옹을 통해 자아와 타자의 변화가 어떻게 일어날지를 결코 미리 알 수가 없다. 비록 자아는 타자를 바꾸려고 노력할지도 모르지만, 어떤 결과를 낳도록 미리 프로그램을 짤 수도 없으며(예를 들어, 양쪽 모두 같은 가치의 상품을 주고받도록 고안된 물물교환 거래처럼), (좋은 지적 교환의 경우처럼) 원칙적으로는 모든 결과가 일어날 가능성이 있다. 자아의 예전 역사를 감안할 때 비록 대부분의 결과가 일어날 가능성이 없어 보이는 경우라도 말이다. 단 하나의 결과만 나오는 것은 가능하지 않다. 참된 포옹이 이루어지면 양쪽 혹은 어느 한쪽이 전혀 변하지 않는 법은 없다.[32]

마지막으로, **포옹에는 위험**이 존재한다. 이 위험은 비대칭성과 구조적 비결정성에서 비롯된다. 나는 팔을 벌리고, 타자 즉 원수를 향해 자

---

31) Anthony C. Thiselton은 *Interpreting God and the Postmodern Self*에서 삼위일체 교리에 대한 최근의 해석과 대화하면서, 자기를 내어 주는 삼위일체의 태도를 자아와 타자의 관계에 대한 모형으로 삼아야 한다고 주장한 바 있다(Thiselton 1995, p. 153 이하).

아를 움직이지만, 내가 오해를 받을지 경멸을 당할지 심지어 괴롭힘을 당할지, 아니면 타자가 나의 행동을 이해하고 지지하고 화답할지 알 수가 없다. 나는 구원자가 될 수도 있고 희생자—어쩌면 둘 다—가 될 수도 있다. 포용은 은총이며, "은총은 언제나 도박"이다(Smedes 1984, p. 137).

…계약, 언약, 포용

일종의 '도박'—'은총'에 근거한 도박—이 없다면 참된 인간의 삶은 불가능할 것이다. 하지만 '도박 잔치'는 사회적 삶 전체에 대한 은유로서 매우 부적절할 것이다. 우발성의 바다에 잠겨 있으며 적대감에 의해 위협받는 인간들에게는 불안정한 주사위 놀이가 제공하는 것보다 훨씬 큰 예측 가능성이 필요하다(Arendt 1959, p. 219 이하). 그렇다면 (최초의) 비대칭성과 결과의 체계적인 비결정성이 결합될 때, 포용은 무모한 시도가 되며 결국 포용의 정치적 유용성은 없어지게 되는가? 그렇지 않다. 하지만 기본적인 예측 가능성은 필요하기 때문에, 우리는 포용의 무모한 '은총'을 어떤 형태든 상호 구속적인 '율법'으로 보충해야 한다. 혹은 사회적 관계를 규제하는 '율법'에 포용의 '은총'을 끼워 넣어 '율법'을 인정하는 동시에 그것을 안에서부터 계속 변화시켜 나가야 한다. 이제 나는 예측 가능성을 확보하려고 하는 현대 사회라는 맥락에서, 사회적 삶에서의 규제와 관련된 두 가지 주요한 은유—'계약'과 '언약'—에 대해 논할 것이다. 그런 다음, 앞서 제시한

---

32) 예를 들어, 문화의 상대적 가치에 관한 논쟁에서 우리는 모든 문화를 똑같이 존중해야 한다고 말할 수도 없고 어떤 문화를 동등하게 존중받을 후보에서 제외시키겠다고 말할 수도 없다. 만남, 즉 처음에 우리가 가지고 있던 의심을 바꾸어 놓을 뿐만 아니라 우리의 판단 기준까지도 변화시킬 수 있는 만남 이후에야 책임 있는 판단이 가능할 것이다(Taylor 1994b, pp. 66-73).

포용에 관한 성찰이 사회적 언약에 대한 일반화된 이해를 어떻게 풍성하게 할 수 있는지 이야기하고자 한다.

오늘날, 높은 예측 가능성―심지어는 엄밀한 계산 가능성―을 보장하기 위해 사용되는 사회적 삶에 대한 강력한 은유 중 하나는 '계약'이라는 은유다. 정치적 자유주의는 삶을 본질적으로 개인들이 자신의 이익을 추구하는 활동이라고 이해하며, '계약'이 사회적 삶의 중심 은유가 되어야 한다고 주장한다. 개인들은 피해에 대한 두려움과 안락함에 대한 욕망 때문에 그들에게 "안전과 이익"을 제공하는 "계약"을 맺는다(Sullivan 1982, p. 13). 계약은 각 사람이 다른 이들의 도움을 받아 혼자서는 성취할 수 없는 것을 성취할 수 있게 해준다. 이러한 계약적 상호작용의 산물로 시민 사회가 출현한다. 하지만 '계약'의 어깨는 자신에게 부과된 사회적 짐을 짊어질 만큼 충분히 넓은가?

아래에 제시한 계약의 중요한 특징 세 가지에 관해 생각해 보라. 첫째, 계약은 **성과 지향적**이다. 비록 유쾌한 우호적 관계를 부산물로 얻을 수도 있지만, 계약의 일차적인 목적은 과업을 달성하는 것 혹은 상품을 생산하거나 용역을 공급하는 것이다. 과업을 종료하면 관계도―그것이 계약에 의해 규제되는 한― 해체된다. 둘째, 계약의 특징은 **제한된 헌신**이다. 필립 셀즈닉(Philip Selznick)은 계약 관계의 이러한 특징을 강조하면서 이렇게 말한다.

> 계약의 항목과 조건을 구체적으로 명기하고, 불이행으로 인한 비용을 미리 계산한다. 그뿐 아니라 몇몇 예외가 있기는 하지만, 도덕적·법적 의무도 합의를 반드시 이행하게 만들지는 못하며, 정당하지 않은 불이행이 발생할 경우 입게 된 손실을 보상해 줄 뿐이다(Selznick 1992, p. 479).

계약은 그것이 명시적 혹은 암묵적으로 진술한 것에 대해서만 강제력을 지닌다. 그 이하도 그 이상도 아니다. 마이클 런틀리(Michael Luntley)는 자신이 '상업적 소속감'이라고 부른 것에 관해 논하면서, 계약은 "다른 곳에서 더 나은 이익을 얻을 수 없을 동안에만" 구속력을 가진다고 말한다(Luntley 1995, p. 190). 셋째, 계약은 엄밀하게 **상호적**이다. 양측이 동의해야만 양측 모두에게 구속력이 있다. 표면적으로 한쪽이 계약을 위반하면 다른 한쪽도 더 이상 계약을 이행할 의무가 없어진다. 중요한 의미에서 계약의 의도는 계약 당사자들이 서로의 행동을 반영하게 하는 것이다. 바우만의 말처럼, "각자 '의무를 이행해야 할 의무'는 상대가 어떻게 하느냐에 달려 있다. 나는 상대편이 똑같이 하는 한 그리고 그렇게 할 때에만 계약을 지켜야 할 의무가 있다"(Bauman 1993, p. 59).

계약의 엄격한 상호성과 제한된 헌신, 성과 지향성을 감안할 때 왜 계약이 현대 사회에서 사회적 관계의 핵심 은유로 떠올랐는지를 쉽게 이해할 수 있다. 전형적인 근대적 방식에 따라 우리 삶은 우리가 수행하는 역할을 중심으로 조직된다. 그리고 우리는 어떤 역할을 수행할지, 얼마나 오래 그 역할을 수행할지 자유롭게 선택할 수 있다고 생각한다. 우리는 용역을 공급받는 대가로 용역을 제공하지만, 더 좋은 거래나 더 바람직한 혜택을 위해 선택의 가능성을 열어 둔다. 계약은 관계를 구속력이 있는 것으로 만들지만, 변경할 수 없는 것으로 만들지는 않는다. 노예처럼 예속시키지 않고도 계약을 맺을 수 있다. 자신을 분리된 개체로 바라보며, 가장 신성한 선은 자신이 무엇을 원하는지 그것을 얼마나 오래 원하는지를 결정할 자유라고 생각하는 사회적 행위자들 사이의 상호작용에 꼭 맞게 설계된 계약은, 사람들의 참여를 안정화하는 동시에 유동성을 유지하게 해준다. 계약은 현대 사회의 전형적인 질서, 즉 언제나 '지역적이며 새로우며 변화하는' 질서를 위한 완벽한 구성 원리인 것처럼 보인다(Bauman 1992, p. 189).

계약의 사회적 유용성은 이론의 여지가 없다. 계약이 없다면 전통에서 벗어나 있으며 분화된 사회 속에서의 삶이 거의 불가능할 것이다. 하지만 '계약'이 사회적 삶 전체에 대한 핵심 은유로서 과연 효과적일까? 그것은 우리 삶의 중요한 한 부분에서 우리가 무엇을 해야 하는가에 관한 '서술적 규범' 이상의 무언가를 제공할 수 있을까? 그것은 우리가 어떻게 **살아야 하는가**에 관한 비전, 즉 좋은 삶에 대한 비전을 제시하는가? 전혀 그렇지 않다. 계약적 사회 모형에서, 계약의 세 가지 두드러진 특징은 인간의 삶을 잘못 이해하는 세 가지 중요한 방식일 뿐이다. 첫째, 인간은 자신의 이익에 도움이 되는 과업을 수행하기 위해서만 서로 관계를 맺는 '자율적 개인'이 아니다. 다른 사람과의 관계는 자아의 표면 아래까지 파고든다. 한 가지 예만 들어 보자면, 환자는 자신이 계약 관계를 맺고 있음을 알지만 의사에게서 유능한 전문직 수행 이상의 것을 원한다. 그들 사이의 기능적 관계는, '비합리적'이며 구체적으로 명시할 수 없는 정서적 유대에 의해 지탱된다(Stierlin 1976, p. 24 이하). 둘째, 여러 차원에서 서로에 대해 관여하는 경우는 명확히 명시된 항목과 조건에 의해 제한될 수 없다. 사람들은 단지 상호적 유용성만이 아니라 공동의 '운명'과 같은 것에 의해서도 구속을 받는다. 이혼(심지어는 '성공적인' 이혼까지도)의 예가 보여 주듯이, 그런 친밀한 관계의 파기로 초래된 '손실을 보상하는 것'은 엄밀히 말해 불가능하다. 마지막으로, 이웃에 대해 이행해야 할 의무 중에는 이웃이 나에 대해 상응한 의무를 이행하지 않았다고 해서 무효화되지 않는 것도 있다. 우리의 관계는 엄격하게 상호적이지는 않다. 이웃이 제공하지 않은 용역에 대해 돈을 지불하지 않아도 되지만, 그렇다고 해서 이웃이 신뢰를 깨뜨렸을 때 나 역시 그렇게 해도 되는 게 아니다. 사회적 관계에 대한 핵심적 은유로서 '계약'은 심각한 결점을 가지고 있다. 사람들은 사회 안에 자리잡고 있으며, 그들의 삶은 서로 뒤엉켜 있고, 그들의 상호작용은 도덕적인 의미를 지니기 때문이다.[33]

"모든 관계를 불안정하게 만들고"(Bellah 외 1985, p. 130) 공동체를 약화시키는 현대 사회에서, 계약 관계가 우세해진 상황에 대해 우려하는 일부 사회 철학자들은 사회적 삶에 대한 핵심 은유의 대안으로 '언약'을 복원해야 한다고 주장해 왔다(Bellah 1975; Sullivan 1982). 상거래가 아니라 종교적 헌신이라는 영역에서 기원한[34] 언약이 인간 삶의 공동체적·도덕적 차원을 더 잘 표현한다는 것이다. 셀즈닉은 「도덕적 공동체」(*Moral Commonwealth*)에서 "언약"을 "계약"과 대조하면서 이렇게 말한다.

> [언약]은 파기할 수 없는 헌신과 지속적인 관계를 암시한다. 유대는 상대적으로 무조건적이며, 상대적으로 해체 불가능하다.… 유대는 제한이 없으며, 광범위한 의무를 상정하며, 인간과 집단 전체를 포함시키고, 두드러진 지위를 만들어 낸다(Selznick 1991, p. 479).

"공동체주의적 자유주의자"인 셀즈닉은 근대적인 "자율적 개인"(p.

---

33) Colin Gunton은 *The One, the Three and the Many*에서 "계약의 언어가 사회적인 것을 논하는 은유적 방식"이라는 근거로 "사회적 계약"의 은유를 지지한다(Gunton 1993, p. 222). 그에 대해서 나는 "계약"이 나쁜 은유라고 대답할 것이다.
34) 그러나 David Zaret은 *The Heavenly Contract*에서 16, 17세기 청교도 신학에서 언약이 중요한 주제로 떠오른 것은 1500년부터 1640년까지 "이익을 추구하는 계약적 상호작용이 일상의 경제적 삶의 낯익은 특징이 되었던" 사실과 밀접한 관련이 있다고 주장했다(Zaret 1985, p. 165).

482 이하)도 "상대적으로 무조건적인" 유대와 사회적 삶의 "도덕적 질서"(p. 477)도 포기하려 하지 않는다. 그는 "언약"이 두 가지 모두를 고수할 수 있게 해준다고 주장한다. 언약에는 자율과 소속감, 개인적 참여와 사회 안에 자리잡고 있는 개인이 모두 공존한다. "언약"은 "자발성과 동의라는 핵심 요소"를 아우르며, "관계의 본질과 역사로부터 도출되며" 결코 "미리 구체적으로 명시할" 수 없는 의무를 만들어 낸다(p. 480). 제한적이며 상호적인 참여를 규정하는 계약과 달리, 언약은 끝이 열려 있으며 도덕적으로 규정된 관계를 만들어 낸다.

그러나 언약이 구축하는 '관계의 본질'이란 무엇인가? 그것은 어떤 종류의 공통적 역사를 만들어 내는가? 왜 이 관계는 배타적이지 않아야 하는가? 예를 들어, 심각하게 **비도덕적인** 방식을 통해 도덕적으로 규정된 '운명 공동체'의 이익을 증진하게 되지는 않을까? 아파르트헤이트 역시 언약 사상에 기초하지 않았는가? 언약이 공동체의 삶을 도덕적으로 구축할 수도 있지만, 그 언약을 억압이 아니라 정의의 언약으로, 기만이 아니라 진실의 언약으로, 폭력이 아니라 평화의 언약으로 만들기 위해서 **무엇이 그 언약 자체를 도덕적으로 구축해야 하는가** 하는 결정적인 질문을 던져야 한다. 셀즈닉은 "모든 사람이 평등하게 창조되었다"라는 원칙을 핵심적인 "언약적 전제"로 삼는다. 그러나 그는 사상을 통해서가 아니라 "신앙의 도약" "자기 규정적 헌신" "헌법 제정의 모험"을 통해 이 원칙에 도달한다. 다시 말해, 언약 이론이 "도덕적 질서에 관한 이론"으로 유효한 까닭은, 그가 사회적 관계의 형식으로서의 언약이라는 구조에 어떤 "자명한 원칙"에 대한 헌신을 덧붙였기 때문이다(pp. 482-483). 언약 그 자체는 아무런 도덕적 기반을 갖지 않으며, 다른 곳에서 오는 본질적 가치에 의존해야 한다. 따라서 언약이라는 형식적 개념보다는 이런 본질적 가치가 훨씬 더 많은 사회적 기능을 수행한다.

현재의 정치 담론에서 언약이라는 개념은 미국이 "언약에 의해 형성된 국가"라는 사실에 크게 의존한다(Schaar 1981, p. 291). 물론 '언약'이 '국가'를 형성할 수도 있다. 물론 이것은 이른바 칼뱅주의적 '왕권제한론자'(monarchomachians: 국왕의 권력에 엄격한 제한을 가해야 하며 인민은 폭군에게 저항할 권리와 의무를 가진다고 주장했던 사람들–역주)가 처음으로 **언약적 국가관**을 만들어 냈기 때문이다(McCoy & Baker 1991, p. 45 이하, p. 94 이하). 그러나 그들에게 인간 상호 간의 언약은 "하나님이 그들과 맺으신 언약에 기초하며 그 언약에 의해 보존된다"(Moltmann 1994, p. 25). 언약의 도덕적 기반은 언약을 만드신 하나님에 의해 제공된다. 하나님과 언약을 맺는 당사자로서 인간의 의무는 언약 신학자들이 보편적 구속력을 지닌다고 간주한 '도덕법', 즉 십계명에 표현되어 있다. 그것은 한 분 하나님의 통치가 다다르는 곳이라면 어디에나 적용되는 도덕적 질서를 나타낸다. 그것은 모든 인간 공동체를 아우른다. 언약은 먼저 그것이 **도덕적** 범주이기 때문에 유용한 정치적 범주가 될 수 있으며, 그 핵심에 있어서 **신학적** 범주이기 때문에 도덕적 범주가 될 수 있다. 가정과 이웃에서 국가에 이르기까지 모든 개별적인 인간의 언약은 인류 전체를 아우르는 포괄적 언약에 종속되어야 하며, 본질적 가치–즉, 연대성 안에서 보편적으로 "서로를 붙잡는" 태도–에 의해 통제된다(Griffioen 1991, p. 534 이하). 물론 그 전제를 이루는 이러한 보편적인 본질적 가치가 없어도 언약이 정치 공동체를 결속하는 기능을 잘 수행할 수 있다. 그러나 정치 공동체는 그것이 지지하는 가치보다 더 좋은 공동체가 될 수 없다. 언약 그 자체는 정치 공동체가 자신을 판단할 수 있는 적합한 기준을 제공하지 못하기 때문이다.[35]

언약의 보편성과 하나님이 인류와 맺으신 언약으로부터 유래한 본질적 가치를 강조하는 것 외에, 신학은 사회적 삶의 중심 은유로서의 언약에 관한 성찰에 무엇을 기여할 수 있을까? "언약 혹은 리바이어던"(Covenant or Leviathan)이라는 글에서 위르겐 몰트만은 초기의 언약적 "정치 신학자들"을 따르며 하나님 아래서 언약에 의해 연합한 사람들이 자유를 얻었고, 그 때문에 "그 거대한 리바이어던" — 전제적인 정부 — 에 저항할 수 있음을 강조한 바 있다(Moltmann 1994). 그는 국가와 언약을 맺는 국민들 사이의 수직적 관계를 분석했고, 동의의 성격과 정치 권력의 한계에 관심을 기울였다. 나는 언약을 맺는 사람들 사이의 수평적 관계를 살펴봄으로써 그의 분석을 보충하고자 한다. 나는 헌신의 성격과 공동체가 번영하는 조건에 관심을 기울일 생각이다.[36]

현대 사회는, 전제적인 정부가 국민과의 언약을 어기는 경향만큼이나 서로 간의 언약을 지키지 못하는 사람들의 무력함 때문에도 위협을 받고 있다. 두 위협은 관계가 있다. 만약 우리가 사람들이 서로 언약을 지키는 능력에 주의를 기울이지 않으면, 우리는 곧 정부가 국민과의 언약을 어기는 경향과 씨름하게 될 것이다. 이것이 홉스의 정치 철학의 부정적인 교훈이다. 즉, 사회가 자기 중심적인 이기주의자들로 구성될수록, 리바이어던 — 엄격하게 조직되고 중앙 집권적인 국가 장치 — 의 필요성이 더 커진다(Sullivan 1982, p. 20). 개인주의와 절대주의

---

35) John Schaar의 말을 믿을 수 있다면, Abraham Lincoln의 언약 개념은 원래의 연방 전통에 속한 무언가를 반향한다. 왜냐하면 그것은 보편적 헌신 — "우리들 사이와 전 세계에서 어떤 헌신들을 지지해 주고 진척시키는" 언약 — 에 중심을 두고 있으며, 따라서 단순히 "정치 공동체를 결속하는 기능"을 하는 데 그치지 않고 "그 나라가 스스로를 판단하는 기준"으로서의 역할을 할 수 있기 때문이다(Schaar 1981, p. 291).
36) 더 최근에 Moltmann은 "약속"이라는 범주의 도움을 얻어 언약의 수평적 차원에 관해 논한 바 있다(Moltmann 1996a).

의 밀접한 연관 관계(Milbank 1990, p. 12 이하)는 다른 방향으로 작동하기도 한다. 즉, 이 거대한 리바이어던에 저항할 권리를 제대로 주장하지 못할수록, 사람들은 더욱더 스스로를 자기만의 이익을 추구하는 데 몰두하는 자율적 개인으로 바라보려 한다.

토머스 홉스(Thomas Hobbes)는 「리바이어던」(Leviathan, 나남)에서 국민이 "상호 간에 맺은 언약에 의해" "권위"를 국가에 이전하고, 그렇게 해서 "이 거대한 리바이어던(혹은 더 경건하게 말하자면…**죽을 운명의 신**)"을 탄생시킨다고 말한다. "그리고 우리는 **영원한 하나님** 아래에서 살면서도 우리의 평화와 보호를 리바이어던에게 맡기고 있다"(Hobbes 1967, 2부 17장). "만인이 만인과" 더불어 만장일치로 권력을 이전하는 것은 "만인에 대한 만인의" 끈질긴 전쟁을 종식시키는 데 필수적이다. 자기들끼리 언약을 만들고 지킬 수 없는 사람들은 리바이어던—성경의 증언에 따르면 이것은 누구와도 언약을 맺지 않는다(욥 41:4)—이 필요하다. 그렇게 해서 리바이어던은 자신의 권력과 힘에 대한 "두려움"을 통해 "만인의 의지"를 만들어 내고, 이로써 "국내의 평화와 국외의 적에 대항하는 상호 원조"를 보장해 준다. 이렇게 부정적 인간론이라는 어둡고 혼란스러운 물로부터 리바이어던이 출현한다. 반대로 언약은 더 긍정적인 인간론을 전제한다. 몰트만이 주장했듯이, 인간과 언약을 맺으시는 하나님에 대한 신뢰는 언약을 맺는 인간의 능력에 대한 신뢰의 기초가 된다(Moltmann 1994, p. 25).

그러나 언약을 맺을 수 있는 인간의 부인할 수 없는 능력은, 그것을 깨뜨릴 수 있는 명백한 능력과 짝을 이룬다. 성경의 언약적 전통이 주는 메시지는, 이 두 '능력'이 사실 공동체적 삶에 늘 등장하는 두 가지 방식이라는 것이다. 인간은 끊임없이 언약을 만들고, 또 깨뜨린다. 그리고 '만들고' '깨뜨리는' 소동의 이면에는 한 가지 불변하는 인간 조건이 자리잡고 있다. 즉, 인간은 **언제나 이미 언약을 깨뜨린** 존재로서 **언제나 이미 언약 안에** 있다. 그러므로 언약을 맺고 깨뜨리는 복잡한 역동에 관한 성찰이, 부정적 인간론과 긍정적 인간론 사이의 양자택일에 대한 관심을 (대체하는 것이 아니라!) 보충해야 한다.

사회적 문제에 관한 신학적 성찰에서, 열두 지파 연합 전통의 기초가 되는 '본래의 언약'보다 훨씬 중요한 것은, 정치 사상을 위한 자료로서 아직까지도 거의 완벽히 무시당하고 있는 '새 언약'이다. 새 언약의 사회적 함의는 무엇인가? 새 언약도 언약을 맺을 수 있는 인간의 능력을 전제한다. 그러나 새 언약은, 갈등의 역사라는 맥락에서, 이 능력을 단순히 국민과 국가 사이가 아니라 언약을 맺는 사람들의 내면에 위치시킨다. 첫째, 새 언약은 언약을 깨뜨리는 끈질긴 패턴에 대한 응답으로 주어진 것이다. 사회적인 용어로 말하면 새 언약은 적대감이라는 배경에서 나타나며, 이 적대감은 어떤 추상적인 '언약'으로 바로잡아야 할 추상적 '본성의 상태'가 아니라, 언약에 이미 속해 있지만 그것을 지키지 못하는 사람들 사이에 널리 퍼져 있는 사회적 역학으로 이해해야 한다. 둘째, 새 언약은 '돌판'에 쓰인 언약의 약속을 어떻게 '마음'에 새겨 놓을 수 있는가 하는 근본적인 문제를 제기한다(렘 31:31 이하). 우리에게 주어진 핵심적인 정치적 과제는, 사람들에게 언약을 맺고 지킴으로써 폭군에게 저항하라고 설득하는 것을 넘어서, 자신이 세운 언약에 의해 자신의 정체성이 형성되는 사람들을 길러 내고, 그렇게 함으로써 그들이 서로를 배신하고 서로에게 군림하지 못하게 하는 것이다.

기독교 신학자가 새 언약을 사회 문제에 대한 신학적 성찰의 핵심으로 삼는다는 것은, **십자가와 언약** 사이의 관계를 탐구한다는 뜻이다. 십자가를 통해 우리는 인류가 깨뜨린 언약을 갱신하기 위해 하나님이 무슨 일을 행하셨는지를 깨닫는다. 앞의 논의("타자를 위한 공간: 십자가, 삼위일체, 성만찬")를 끌어와서 나는 십자가를 통해 언약을 어떻게 갱신 ― 부서지기 쉬운 언약을 강화하고, 깨어진 언약을 고치고, 언약이 완전히 폐기되는 것을 막는다는 삼중적 의미의 갱신 ― 할 것인가에 관해 그리고 무엇을 배울 수 있는가에 관해 간략히 지적하고자 한다.

첫째, 십자가에서 하나님은, 하나님의 자아 안에 인류를 위한 **공간을 마련하심**으로써 언약을 갱신하신다. 십자가 위 그리스도의 벌린 두 팔은, 하나님이 타자 ― 인류 ― 가 없는 하나님이 되기를 원치 않으시며 인류를 끌어안기 위해 인류의 폭력을 당하신다는 것을 보여 주는 상징이다. 이처럼 하나님이 '자신 안에 공간을 마련하셨다'는 것은 사회적 언약에 어떤 함의를 갖는가?

앞서 나는 계약적 사회관에 대한 비판자들의 입장에 동의하면서, 계약과 달리 언약은 상호적 유용성의 관계가 아니라 도덕적 헌신의 관계라고 주장했다. 그러나 여기서 한 걸음 더 나아가야 한다. 언약 당사자들은, 오래 지속되는 관계의 틀 안에서 서로에게 특정한 의무를 지니는, 단순한 도덕적 주체가 아니다. 언약이 지속된다는 바로 그 이유 때문에, 우리는 언약 당사자를 서로의 정체성이 연결되지 않은 개인들로, 오직 그들의 도덕적 의지와 도덕적 실천에 의해서만 서로 관계를 맺는 개인들로 이해할 수 없다. 오히려 각 사람의 **정체성**은 다른 사람들과의 관계를 통해 형성된다. 타자의 타자성이 각 사람의 정체성 안으로 침투한다.

이런 상황에서 언약을 갱신한다는 것은 "한쪽의 **관점**을 초월해 다른 쪽의 보완적 경향을 고려하는" 것을 뜻한다(Assmann & Assmann 1990, p. 36). 더 나아가 언약을 갱신한다는 것은 타자의 **정체성** 변화에 주의를 기울이고, 변화하는 타자를 위해 자아 안에 공간을 마련하고,

타자의 유동적 정체성과 서로 영향을 주고받으며 자신의 정체성을 기꺼이 재협상한다는 것을 뜻한다(Welker 1995a, p. 54 이하를 보라). 언약의 각 당사자는 자신의 태도와 정체성을 상대편의 태도와 정체성에 대해 상호 보완적인 것으로 이해해야 한다. 그러한 상보성과 역동적 정체성의 지속적인 재조정이 없다면, 도덕적 구속력만으로는 다원주의적 맥락에서 언약에 대한 압력을 충분히 다 막아 낼 수 없을 것이며, 결국 리바이어던이 되돌아올 수 있는 문이 열릴 것이다. 개인과 집단 사이에서 언약을 지탱하고 갱신하기 위해서는 서로가 "자아 안에 타자를 위한 공간을 만들고" 타자의 존재에 비추어 자아를 재조정해야 한다.

둘째, 언약을 갱신하기 위해서는 **자기를 내어 주어야** 한다. 십자가에서 새 언약은 "피로" 세워졌다(눅 22:20). 새 언약의 피는, 언약 당사자 사이에 상상을 통한 피의 관계를 세우고 그것을 어겼을 때의 결과를 극적으로 재현하기 위해 제3자(동물)가 흘린 피가 아니라는 점에 주목하라. 이 점에 관해 새 언약은 하나님이 아브라함과 맺으신 첫 번째 언약과 근본적으로 다르다(창세기 15장).[37] 아브라함은 제물이 된 동물을 둘로 쪼갰고, 그 사이로 "연기 나는 화로가 보이며 타는 횃불이"— 둘 다 신적 현현의 상징이다—지나갔다(15:17). 하나님이 행하신 독특한 의례적 행위는, 하나님이 지나가신 그 동물이 죽었던 것처럼, 언약을 어길 바에는 차라리 하나님 자신이 '죽겠다'는 맹세를 뜻한다 (Ratzinger 1995, pp. 205-206; Westermann 1981, p. 271). 살아 계신 하나님이 죽는다는 생각은, 신실하신 하나님이 언약을 어기신다는 생각만큼이나 이해하기 어렵다. 그러나 십자가 아래에서 이 생각에 관한 진리의 심연이 열린다. 십자가의 이야기는 언약을 어겼기 때문에 '죽으셨

---

37) 현재의 논의에서는 창세기 15장이 '언약(covenant)'을 이야기하는지 '서약(oath)' 을 이야기하는지는 별로 중요하지 않다(Westermann 1985, p. 215).

던' 하나님의 '자기 모순적인' 이야기가 아니라, 하나님이 하실 수도 없고 하실 의도도 없으셨던 일을 행하신 놀라운 이야기, 너무나도 인간적인 **언약의 상대편**이 언약을 깨뜨렸기 때문에 하나님이 죽으셨던 이야기다.

새 언약을 맺을 때의 그 '피'는 단순히 언약을 깨뜨리지 못하게 하는 위협을 뒷받침하거나 공동의 소속감을 묘사하는 피가 아니다. 그것은 **자기**를 내어 주는 피, 심지어는 **자기** 희생의 피다. 언약의 한쪽 당사자가 언약을 어겼고, 다른 쪽은 언약의 불이행으로 고통을 당한다. 왜냐하면 한쪽이 언약을 불이행해도 그 언약은 폐기되지 않기 때문이다. 만약 무고한 쪽이 당하는 고통이 불의하다고 생각된다면, 중요한 의미에서 그것은 정말로 불의하다. 그러나 언약을 갱신하기 위해서는 바로 이 '불의'가 필요하다. 깨어진 언약을 고치는 데 가장 큰 걸림돌 중 하나는, 언약이 깨질 때는 언제나 불이행이 무엇을 뜻하는지, 그것이 누구의 잘못인지에 관해 심각한 불일치가 존재한다는 것이다. 부분적으로는 잘못을 인정할 때 져야 할 책임을 축소하고 싶은 마음 때문에, 언약을 깨뜨린 사람은 자신이 그것을 깨뜨렸다고 인정하지 않는다(혹은 인정하지 않을 것이다). 여러 관점이 충돌하고 자기를 정당화하기 위해 온 힘을 다하는 세상에서는, 자신의 관점에서 언약을 어기지 않은 사람들이 깨어진 언약을 회복하기 위해 기꺼이 노력하고자 할 때에만 언약이 유지되고 갱신될 수 있다. 그런 노력은 자기 희생적이다. 이런 노력을 위해 개인적 혹은 공동체적 자아의 일부가 죽는다. 그러나 자아는 절대 소멸하지 않으며, 오히려 참된 공동체적 자아로 갱신되고 타자 없이 홀로 있지 않으시는 삼위일체 하나님의 이미지로 빚어진다.

셋째, 새 언약은 **영원하다**. 십자가에서 하나님이 자기를 내어 주신 결과로 언약은 '영원성'을 얻는다. 이것은 다시 언약을 깨뜨린 언약 당사자를 포기할 수 없는 하나님의 '무능력'에 의존한다. "긍휼이 온전히 불붙듯" 하시는 호세아서의 하나님은 "내가 어찌 너를 놓겠느냐? 이스라엘이여"(11:8)라고 반어적으로 물으신다. 왜냐하면 하나님은 "사랑의 줄"(11:4)로 이스라엘과 단단히 연결되어 있기 때문이다. 하나님의 참여는 철회할 수 없으며 하나님의 언약은 파괴할 수 없다 (Assmann 1992, pp. 256-257). 그와 비슷하게, 모든 특정한 정치적 언약은 "**상대적으로 무조건적**"이기 때문에(Selznick 1992, p. 479) 폐기될 수 있지만, 더 광범위한 사회적 언약은 **절대적으로 무조건적**이며 따라서 '영원하다.' 그 언약을 어길 수는 있지만, 그것을 폐기할 수는 없다. 모든 언약의 불이행은 그 언약 **안에서** 여전히 자리를 차지한다. 그리고 깨어진 언약의 피해자를 위해 정의와 진리를 이루려는 모든 싸움 역시 언약 **안에서** 일어난다. 그리고 한 사람을 그 언약의 외부에 자리하게 하는 행동은 생각할 수조차 없다.

상호 보완적인 정체성의 재조정, 언약을 깨뜨리지도 않은 사람에 의한 언약의 회복, 언약이 폐기되도록 내버려두기를 거부하는 태도 등은 새 언약에 관한 기독교 신학과 유비를 이루는 사회적 언약의 주요 특징들이다. 이 세 가지 특징은 내가 이 장에서 말하는 "포옹"(Volf 1992)의 의미와 밀접하게 상응한다. 이것은 화해라는 관념과, 역동적이며 상호적으로 조건 지워지는 정체성이라는 관념을 결합하고자 하는 은유다. 새 언약이란 곧 계속해서 언약을 깨뜨리는 인류를 **하나님이 끌어안으신다**는 것이다. 사회적인 측면에서 볼 때 새 언약은 적대감이라는 조건 아래서 **우리가 서로를 끌어안는 방식**이다. 새 언약('포옹')의 관점에서 사회적 관계를 성찰한다는 것은, 내가 앞서 이야기한 옛 언약의 관점에서의 성찰을 대체하는 것이 아니라 보충한다는 뜻이다. 둘 사이에는 어떤 관계가 있는가? 포용은 언약의 내적 양상이며, 언약

은 포용의 외적 양상이다.[38]

...두 팔을 벌리신 하나님 아버지

애초에 '포용의 신학'이라는 사상을 촉발시킨 것은 탕자에 관한 심오하고도 대단히 풍성한 이야기(눅 15:11-32)였다. 이 장―그리고 어떤 의미에서는 이 책 전체―은 이 이야기의 사회적 의미를 끌어내고자 하는 시도나 다름없다. 이 책에서 지금까지 나는 먼 나라가 아니었기를 바라는 곳으로 긴 여행을 다녀왔다. 이제 결론에 이르러 내가 결코 떠나지 않았던 그 이야기로 다시 돌아와 이 이야기가 탄생시킨 신학의 관점에서 이 이야기를 다시 읽어 보고자 한다.

이 이야기의 두 가지 주요한 특징은 이 장 전체의 핵심 주제이기도 하다. 즉, 아버지가 소원해진 아들에게 자신을 내어 주는 것과 그 아들을 다시 자기 집으로 받아 주는 것이다. 나는 이 두 주제를 택해, **깨어진 관계를 회복하고자 한다면 정체성이 어떻게 구성되어야 하는가에 관한 문제를 파고듦**으로써 이 장의 기본적 주장에서 한 걸음 더 나아가고자 한다. 이 글의 행간에서는 "분리된" 자아에 대한 관계적 페미니스트들의 비판과 "안정된 정체성"에 대한 포스트모더니즘적 비판에 관한 집중적인 대화가 이루어질 것이다(Weir 1996). 해석학적으로 나는 다음과 같은 방향으로 나아갈 것이다. 나는 그 이야기를, 먼저 하나님과 길을 잃은 죄인과 그다지 길을 잃지 않은 것처럼 보이는 죄인에 관한 하나의 신학적 원리로 번역하고, 그런 다음 그 원리를 다시 사회적 관계의

---

38) 나는 Charles S. McCoy와 Jürgen Moltmann이 조직했던, '언약'을 주제로 한 튀빙엔 학회(1995년 10월 20-22일) 기간 동안 "계약, 언약, 포용"이라는 주제에 관해 중요한 자극을 받았다. 나는 특히 Amitai Etzioni, Dieter Georgi, Walter Groß, Philip Selznick, Wolfgang Graf Vitzthum과 나눈 대화에서 많은 것을 배웠다.

맥락으로 번역하기보다는 단도직입적으로 이 이야기를 사회적 수준에서 읽으면서 주요 등장인물을 한 사람씩 주목하며 그들의 관계와 정체성의 특징을 살펴볼 것이다.

둘째 아들. 유산을 미리 받아 집을 떠나려고 하는 둘째 아들의 욕망을 해석하는 전형적인 근대적 방식은, 그가 자신의 진정한 자아를 찾고 개인이 되기 위해 가부장적인 집이라는 한계를 탈피하는 것으로 보는 것이다. 그렇게 볼 때 떠나는 것은 죄가 아니다. 반대로, 다른 사람들이 만들어 낸 세상 속에 그대로 머무는 '착한' 아들은 자신의 진정성을 배반하는 **나쁜** 개인이다. 이런 식의 근대적 해석에서 볼 때, 이 이야기는 자신으로부터 무언가를 만들어 내는 것에 실패하고 부당하게 다른 사람들을 그 실패에 끌어들이는 젊은이에 관한 이야기가 된다. 배경에서 들리는 독백은 그의 비참함이 어리석음("허랑방탕하여", 13절)과 불운("크게 흉년이 들어", 14절) 때문이었다고 말한다. 따라서 둘째 아들의 귀환은 단지 먹을 것("양식", 17절)을 얻기 위해 일자리("품꾼", 19절)를 찾으러 되돌아오는 것일 뿐이다. 프란츠 카프카(Franz Kafka)의 "귀향"(Heimkehr, 1920)에 등장하는 아들과 마찬가지로, 그는 '가족'이 아니라 '집'—아버지의 집—으로 돌아온다. 자기 가족에게 돌아왔지만 그의 자아는 여전히 먼 나라에 남아 있다(Brettschneider 1978, p. 53 이하; Pfaff 1989 참고).

그러나 이 이야기를 자아가 자신의 기원에 맞서 타자성으로서의 자신을 구축함으로써 정체성을 만들어 내고자 하는 근대적인 불안한 '청소년기'를 배경으로 읽기에는 들어맞지 않는 부분이 많다.[39] 오히려 우리는 이미 '성인기'에 도달한 (혹은 결코 우리가 '성인기'라고 부르는 독립 상태에 이르지 못할) 자아를 전제해야 한다. 전근대적 논평자(Brettschneider 1978, pp. 19-40, p. 62)와 비서구의 논평자(Bailey 1992, p.

112 이하)가 볼 때, 둘째 아들은 유산을 요구하고 떠나기로 결정함으로써 이미 잘못을 범했다. 첫째, 그는 나누고 줄이는 것이 아니라 지키고 늘리는 것이 기본 정신이었던 고대의 가족 유대를 깨뜨렸다(Pöhlmann 1993, p. 186). 마찬가지로 중요한 점은, 그가 자신의 정체성 자체를 구성하는 관계로부터 스스로를 단절시켰다는 것이다. 각 등장인물은 그 관계적 명칭 — '아버지' '아들' '형제' — 에 의해 규정된다. 그리고 모든 명칭은 소유격 — '그의 아버지'(11절)와 '당신의 동생'(27절)처럼 — 을 통해 서로 관련을 맺는다. 타자가 없이는 각 등장인물의 정체성을 생각조차 할 수 없다.

둘째 아들은 가족과의 언약을 전적으로 불이행했다. 그는 "재물을 **다** 모아 가지고 **먼** 나라에" 갔다. 그의 재산 중 그 어느 것도 가족에게 남겨서는 안 된다. 왜냐하면 그가 가진 것을 가족에게 남기는 한, 어떤 의미에서 그는 여전히 가족과 함께 머무는 것이고 가족도 그와 함께 머무는 셈이기 때문이다. 그리고 먼 나라에서 그는 좋은 집안 출신인 사람이 해야 하는 것과 정반대의 일을 했다. "허랑방탕하여 그 재산을 낭비"했다(13절). 집에서 배운 모든 모범적인 행동은 제쳐 두어야 했다. 왜냐하면 아들처럼 행동하는 한 그는 아들이고, 집이 그와 함께 있는 것이며, 어떤 의미에서 여전히 집에 머무는 셈이기 때문이다. 그의 계획은 스스로 '아들이 아닌 사람이 되는' 것이었다. 그에게는 집이라고 불리는 장소를 위한 공간이 전혀 없었다. 아버지가 그를 '잃어버렸다고', 심지어는 '죽었다고' 생각했다(24절)는 점이 이를 확인시켜 준다.

---

39) 자아에 대한 독백 내용을 배경으로 탕자의 귀환을 이해하는 또 다른 방식은, 그것을 자아가 자신에게로 귀환하는 것으로 보는 것이다(Robbins 1991). 그렇다면 떠남은 자아의 상실을 뜻하고, 귀환은 자아의 재획득을 의미한다. 이런 독해의 근본적인 문제점은, 이 이야기에서 들려주는 독백의 내용이 그런 자아와 상관이 없다는 점이다.

떠남은 개별적 정체성을 형성하기 위해 필요한 분리 행위가 아니라, 그것 없이는 자아가 자아일 수 없는 관계로부터 스스로를 끄집어내고, 자신을 다른 사람들에 대한 책임으로부터 단절시키며, 스스로를 그들의 원수로 만드는 배제 행위다.

자아에게 전면적인 언약의 불이행, 철저한 타자됨보다 어려운 것은 없다. 둘째 아들의 실패는 떠남의 급진성 안에 이미 프로그램화 되어 있었다. "크게 흉년이 들었다"라는 말은, 이야기의 논리가 우리로 하여금 그를 찾아보도록 요구하는 바로 그곳으로 그를 밀어 넣는 내러티브적 장치 역할을 한다. 그는 자신의 책임을 저버리고 자신의 정체성을 구성하는 관계로부터 자신을 단절시켰기 때문에, 외국 사람에게 매달려("그 나라 백성 중 한 사람에게 붙여 사니" – 역주) 돼지를 쳐야 했다(15절). 그는 배가 고팠고(16절) 자신의 참된 자아로부터 소외되었다(들에서 돼지와 함께 있었다: 15절). 자신에게서 다른 사람들을 밀쳐낸 결과 역설적이게도 **자신**으로부터도' 멀어지고 말았다.

따라서 '자신에게 돌아왔을 때'[40] 그는, 자신의 세계로부터 밀어내고자 했지만 여전히 자신에게 속해 있는 타자를 기억한다. "내 아버지에게는 양식이 풍족한 품꾼이 얼마나 많은가?"(17절) 떠남을 통해 그는 '아들이 아닌 사람'이 되고 싶었다. 그의 귀환은 회개로부터가 아니라 회개를 가능하게 한 무언가—즉, 아들이라는 신분에 대한 기억—로부터 시작된다. 소속감에 대한 기억 없이는 자신에게 돌아오는 것이 불가능하다. 자아는 다른 사람들과의 관계 속에서 구축되었으며, 다른 사람들과의 관계를 통해서만 자신에게 돌아갈 수 있다. 깨어진

---

40) 나의 주장은, '자신에게 돌아간다'(coming to himself)라는 말이 단순히 관용적인 의미로 사용되어 "제정신이 들었다"라는 뜻일 뿐인지(Nolland 1993, p. 783), 참된 자아의 재발견을 암시하는 것인지와는 상관이 없다.

관계라는 먼 나라에서도 타자와 연결되는 첫 번째 고리는 기억이다.

스스로 '아들이 아닌 사람'이 되고자 했고 아직 먼 나라에 있는 그에게 '아들이라는 신분'은 단지 기억일 수밖에 없다. 그러나 그것은 그의 현재를 규정하는 기억이었고, 그렇기 때문에 그로 하여금 집으로 되돌아갈 수 있게 해주었다. 아들이라는 신분에 대한 기억은 소망을 주지만, 동시에 자신의 실패를 되새기게 해준다. 기억이 만드는 다리는 떠남이 만들어 낸 간격에 대한 증언이기도 하다. 아들로서의 신분을 **기억하는** 사람은 더 이상 순수하고 단순한 아들일 수가 없다. 그는 결코 지워지지 않는 떠남의 역사에 의해 규정되었다. 둘째 아들이 두 차례 주장했듯이―한 번은 자신에게, 또 한 번은 아버지에게―그는 이제 더 이상 아들이라고 불릴 자격이 없다(19, 21절). 그는 자신을 품꾼의 하나로 대해 달라고 요청할 것이다. 이 아들의 관점에서 관계가 다시 확립되어야 하지만, 배신의 역사는 정체성을 바꾸어 놓았고 의무와 기대를 재편해 놓았다. 아들이라는 본래적 정체성의 껍질을 벗어나 '아들이 아닌 사람'으로서의 정체성을 구축하려다 실패한 결과로 구축된 정체성을 가지고 탕자는 집으로 돌아가는 여정을 시작한다.

아버지. 이 이야기의 첫 번째 놀라움은 유산을 요구한 둘째 아들의 대담함이다. 두 번째 놀라움은 그 아들이 "재물을 다 모아 가지고" 떠나도록 아버지가 허락했다는 점이다(13절). 건전한 이성과 존경할 만한 전통(집회서 33:19-23을 보라)에 따르면 아버지는 그렇게 하지 말았어야 한다(Fitzmyer 1985, p. 1087). 그러나 이 이야기의 가장 중요한 국면은, 아들이 떠나도록 허락한 아버지가 **그들 사이의 관계를 놓아 버리지 않는다**는 점이다. 아버지가 아들을 찾다가 마침내 '저 멀리 있는' 아들을 발견했다는 이야기는, 아버지의 마음이 '먼 나라'에 있던 아들과 여전히 함께 있었음을 말해 준다. 아버지는 자신이 당한 악행과 수치 때문에 아들을 밀쳐내라고 부추기는 힘에 맞서, 예전에 같이 있던 기억이 만든 부재로서의 아들을 자기 마음속에 계속 품고 있었다. 그는 떠난 아들을 포기하려 하지 않았기 때문에 '잃어버린' 아들, '죽은' 아들의 아버지가 되었다(24절). 스스로 '아들이 아닌 사람'이 되려고 했던 아들의 시도가 그 아들의 정체성을 바꾸어 놓은 것처럼, 아버지 역시 아버지로서 자신의 정체성을 재교섭해야 했다.

그 기억 속의 아들을 붙들고 기대에 찬 시선으로 먼 곳을 바라보던 아버지는 아들이 돌아오는 것을 보면서 측은한 마음이 넘쳐났다. 그래서 아버지는 달려가 두 팔로 아들을 끌어안고 입을 맞춘다(20절). 마음속에 아들을 품고 있지 않았다면 아버지는 두 팔로 탕자를 안아 주지 않았을 것이다. 포용이 일어나기 위해 아무런 고백도 필요하지 않았다. 관계는 도덕적 공적에 기초하지 않으며, 따라서 비도덕적 행위에 의해 파괴될 수 없다는 단순한 이유 때문이다. 아들이 '먼 나라'에서 돌아왔다는 사실과 아버지가 아들을 자신의 마음에서 떠나 보내기를 거부했다는 사실, 그것으로 충분했다.

아들은 '귀환 전략'을 세우며 이와는 다른 순서를 예상했다. 즉, 아버지에게 돌아감—고백—일꾼으로 받아들여짐의 순서였다(18-19절). 그러나 아들을 맞이하는 아버지가 그 순서를 뒤바꾸었다("그러나", 20절). 아들은 **용납받은 후**에 고백했다(21절). 그러나 용납은 중단 없이 고백으로 이어졌다. 관계는 도덕적 올바름에 기초하지 않지만, 아들이 떠난 후 관계는 죄에 의해 상처를 입었고 고백에 의해 치유되어야 했기 때문이다. 포용이 완성되기 위해서는—축제가 시작되기 위해서는—악행에 대한 고백이 이뤄져야 한다.

아버지는 아들의 귀환 전략을 두 번째로 가로막았다. 첫 번째 방해는 무조건적 용납을 실현했으며, 두 번째는 변화를 가능하게 만들었다. 먼 나라에서 실패한 후 아들은 자신의 정체성을 '아들이라고 불릴 자격이 없는 아들'로 재구성했다. 그러나 아무런 말도 없이 자기를 끌어안으시는 아버지 때문에 순전한 기쁨을 맛본 아들의 정체성이 다시 변하기 시작했다. 아들이 자신의 전략에 따라 아버지에게 자신의 죄에 비추어 스스로 구축했던 새로운 정체성("품꾼의 하나", 19절)을 말씀드린 바로 그 순간, 아버지는 다시 한 번 그의 전략을 중단시킨다("그러나"와 "어서", 22절: 두 단어를 생략한 개역개정판 대신 새번역을 따름—역주). 자신을 끌어안은 아버지에게 했던 고백 때문에 아버지와의 관계에서의 그의 정체성은 그의 손을 떠나 아버지의 손으로 옮겨졌다. 아버지는 하인들에게 명령을 내림으로써 탕자의 정체성을 재구성했다. 아버지는 가장 좋은 옷을 가져와 그에게 입히고, 그의 손에 가락지를 끼우고, 발에 신을 신기라고 명했다. 그런 다음, 탕자가 우리 눈 앞에서 변화되었을 때, 그를 "내 아들"이라고 불렀다. '아들이라고 불릴 자격이 없는 아들'을 '그가 자랑스러워할 수 있는 아들'로 상징적으로 **재창조한** 다음, 그를 '내 아들'이라고 **불렀다**. 아들의 변화의 비밀은 아버지의 무조건적 용납의 비밀과 동일하다. 즉, 아버지는 아들—"잃어버렸고 죽었던" 아들(24, 32절)—이 자신의 마음의 포용으로부터 떠나도록 내버려두지 않았다.

소속감에 대해 언제나 의심을 품고 있는 현대인들은 이렇게 물을 수도 있다. 하지만 만약 둘째 아들이 자신의 정체성이 아버지의 포용에 의해 재구성되기를 원하지 않았다면 어떻겠는가? 실제로 아버지는 아들에게 묻지 않았고, 그에게 말을 시키지도 않았다! 아버지는 행동하기만 하고 소통은 전혀 하지 않았다. 이것은 독재적인 아버지가 아들의 약함을 착취하는 억압적인 행동이 아닐까? 그런 행동을 아버지만 참된 사랑으로 착각하는 것은 아닐까? 라이너 마리아 릴케(Rainer

Maria Rilke)가 「말테의 수기」(The Notebooks of Malte Laurids Brigge, 민음사) 에서 주장했듯이, 부모의 집에서의 사랑이란 차이를 지워 버리는 위험에 둘러싸인 "이해하고" "용서하는" 사랑이 아닐까?(Rilke 1982, p. 252 이하) 하지만 원래의 독자들이 의심하지 않았을 것을 우리는 왜 의심하는 것일까? '차이'와 '길들이기' 그리고 '자기 구성적' 정체성과 '강요된' 정체성이라는 양극 사이에서 동요하기를 멈출 수 없기 때문에, 차이를 지워 버리는 것에 대해 우려하는 것은 아닐까? 관계 속에서 정체성을 유동적으로 조율하는 방법을 잊어버렸기 때문에 의심스러워하는 것이 아닐까? 우리가 첫째 아들과 너무 많이 닮았고 아버지와는 너무 닮지 않았기 때문은 아닐까?

첫째 아들. 첫째 아들은 탕자의 귀환을 축하하는 음악과 춤을 좋아하지 않았다. 그는 화를 내며 들어가려고도 하지 않았다(28절). 공간적 거리두기는 내적 배제의 외적 신호다. 탕자는 더 이상 **그의 동생**이 아니다. 그는 "당신의 이 아들"(this son of yours: 대부분의 한국어 성경에서는 어법상, 원문에 있는 '당신의'를 생략하고 있다— 역주)일 뿐이다(30절). 경멸적인 뜻을 담은 '이'(Fitzmyer 1985, p. 1091)라는 말을 붙이고 '동생'이 아니라 '아들'이라는 말을, '내'가 아니라 '당신의'라는 말을 사용한 것은 배제가 얼마나 철저한 것인지를 보여 준다. 아버지와 달리, 첫째 아들은 동생이 먼 나라에 있는 동안 그를 마음속에 품고 있지 않았다. 그는 죄에 의해 더럽혀진 동생을 위한 공간을 마련하기 위해 자신의 정체성을 재조정하기를 거부했다. 예전에 동생과 함께 있던 기억 대신, 동생의 잘못이 그가 떠남으로써 비게 된 공간을 차지하고 말았다. 첫째 아들은 '탕자의 형'이 되려 하지 않았고, 따라서 그에게 탕자는 '내 동생'이 아니다. 그 결과, 아버지가 탕자를 끌어안으신 후에 첫째 아들은 스스로 '아들이 아닌 사람'이 되어야 했다. 첫째 아들이 자신이 화가 난 까닭을 설명할 때, 이 이야기 전체에서 처음으로 아버지는 '아버지'라고 불리지 않는다. 그는 그저 '당신'일 뿐인 사람이 되고 말았다(29-30절: 대부분의 한국어 성경에서는 어법상, 원문에 나오는 주어 '당신'을 생략하고 있다-역주). 둘째 아들과 아버지가 관계를 유지하는 한, 첫째 아들은 아버지와의 관계("당신의 이 아들")로부터 자신을 배제할 것이다. 둘째 아들은 '형제가 아닌 사람'이 되었다. 그가 형제로서 마땅한 처신을 하지 못했기 때문이다. 아버지는 아버지로서 그래서는 안 되는 방식으로 처신했기 때문에-반항했던 아들과 인연을 끊지 못했기 때문에-'아버지가 아닌 사람'이 되었다(신 21:18-21; Bock 1996, p. 1319).[41]

왜 이렇게 관계가 깨어졌는가? 첫째 아들은 그저 자신이 더 바르게 행동했는데도 더 좋은 대우를 받지 못했기 때문에 모욕을 느낀 것이 아니다(29-30절). 단순히 자신이 받을 유산을 이제 동생과 나눠야 할 것이라는 두려움 때문에 그렇게 반응하는 것도 아니다(Bailey 1992, p. 184). 오히려 그는 몇 가지 기본적인 규칙-삶을 파괴하는 억압적 규

---

41) 분노, 집으로 들어가 축하하기를 거부하는 태도, 아버지를 '아버지가 아닌 사람으로 대하는' 모습. 그러나 이 모든 것은 그의 정체성 전체가 아니라 첫째 아들의 이야기에서의 한 순간일 뿐이다. 이제 그는 '바깥'(28절)에 있지만, 그가 바깥에 있다는 사실은 그가 더 근본적으로 '안'에 있다는 점-'항상 아버지와 함께 있으며' 아버지의 것이 '다' 그의 것이라는 점-을 배경으로 삼을 때에만 이해할 수 있다(31절). 그는 들어가기를 거절해야 했다(28절). 왜냐하면 이미 안에 속해 있기 때문이다. 그는 아버지를 '아버지가 아닌 사람으로 대해야' 했다. 왜냐하면 정말로 그의 아들이기 때문이다. 첫째 아들은 둘째 아들처럼 모험으로 가득한 이야기를 갖지 않을지도 모르지만, Jill Robbins가 *Prodigal Son/Elder Brother*에서 주장했듯이, 그는 "황량한 현재 속에 존재"하는 것이 아니라, 어떤 '시간적 운명'도, '어떤 이야기'도 없는 그저 이야기 바깥의 이야기에 존재한다(Robbins 1991, p. 36). 반대로, 첫째 아들이 '바깥'에 있다는 것까지도, 그가 아버지와 둘째 아들과 공유하는 이야기의 '안'에 속한 한 부분이다.

칙이 아니라 그것 없이는 사회적 삶이 불가능할 그런 규칙들―이 깨어졌기 때문에 화를 냈다.[42] 일을 하는 사람(29절)은 허랑방탕한 사람보다 더 인정받을 자격이 있다. 낭비를 축하하는 것 역시 낭비다. 마땅히 순종해야 할 때 순종하는 사람(29절)은, 무책임하게 명령을 어긴 사람보다 더 영광을 누릴 자격이 있다. 무책임한 사람이 영광을 누리게 하는 것은 무책임한 일이다. 충실하게 남아 있는 사람이 다른 사람들을 배제한 사람보다 더 나은 대우를 받아야 한다. 배제하는 사람을 더 좋아하는 것은 충실한 사람에 대한 암묵적인 배제다. 낭비가 노동보다 나은 것이 되고 관계를 깨뜨린 것이 충실한 것보다 나은 것이 될 때, 정의는 왜곡되고 가족은 무너질 것이다. 탕자가 떠날 수 있는 장소도, 탕자가 돌아올 장소도 없어질 것이다. 우리 모두 돼지가 먹는 "쥐엄 열매"로 야윈 몸을 채우길 꿈꾸며 "먼 나라"에 있게 될 것이다(16절). 강력한 논리로 다른 사람들을 배제하는 사람은 배제받아야 하며, 불순종한 사람은 참회해야 하고, 낭비한 사람은 보상해야 한다고 주장한다. 탕자는 아들로서가 **아니라** "품꾼의 하나"로 받아들여야 한다. 모든 차이에도 불구하고, 두 형제―먼 나라에 있는 한 사람과 집에 있는 다른 한 사람―는 너무나 닮았다. 한 사람의 예상과 다른 한 사람의 요구는 동일한 논리를 따른다.[43]

누가 이런 논리에 반대할 수 있겠는가? 하지만 포용과 배제에 관한 분명한 규칙이 필요하다는 논리 자체에 반론을 제기할 수 있다. 첫째 아들은 사회적 유대를 보존하기 위해 규칙이 필요하다고 말한다. 그러

---

42) John Nolland는 '첫째 아들'을 가능한 최악의 관점에서 바라보고자 하는 경향을 바로잡으려고 노력했다(Nolland 1993, p. 787 이하). "첫째 아들에 대해 대단히 비판적인 해석들은 이 구절[31절]의 의미를 제대로 전달할 수가 없다"는 그의 지적은 옳다(p. 788).

나 규칙 위반에 대한 그의 분노는 아버지와 동생으로부터 그를 분리시킬 뿐만 아니라 **그로 하여금** 몇 가지 중요한 규칙을 어기게 만든다. 그는 자신이 **아버지를 위해** 노예처럼 일했다고 주장하지만(29절), 자신이 재산의 3분의 2를 상속받는 사람으로서 **자신을 위해** 일한 것이기도 하다는 점은 언급하지 않는다. 동생이 아버지의 재산을 삼켜 버렸다고 주장하지만(30절), 동생이 '삼켜 버린' 것이 동생에게도 **속한** 것이었음은 말하지 않는다. 더 중요한 점은, 동생이 저지르지 않은 악까지 동생에게 투사한다는 것이다. 즉, 원문에서는 부도덕을 암시하지 않는 것으로 보이는(Bailey 1992, p. 124) 동생의 '방탕한' 삶에 대해 그는 '창녀들과 함께 재산을 삼켜 버렸다'고 몰아붙인다(30절).

규칙에 대한 집착―나쁜 규칙이 아니라 유익한 규칙!―은 자기 의와 다른 사람들을 악마로 취급하는 태도를 부추긴다. 규칙이 계속 작동할 수 있기 위해서는, 도덕의 모호함과, 사회적 행위자와, 그들의 상호작용의 복잡성을 축소시켜야 한다. 규칙을 준수해야 한다는 주장은, 양극성이 존재해서는 안 되는 곳에서 양극성을 조장하고, 양극성이 실제로 존재하는 곳에서 양극성을 고조시킨다. 그 결과, 한 사람은 (만약 아무 규칙도 어기지 않았다면) 전적으로 '안에 있거나' (만약 규칙을 어겼다면) 전적으로 '바깥에' 있게 된다. 둘째 아들은 분명히 규칙을 어겼기 때문에 관계로부터 배제받아 '바깥에' 있다.

모호성과 복잡성을 고려하지 못하기 때문에 부적절하고 억압적인

---

43) Jill Robbins는, 탕자가 돌아오려고 할 때의 의도가 아니라 실제로 집으로 돌아온 것이 "떠남과 귀환"이라는 구도를 중심으로 이뤄졌기 때문에 "궁극적으로 교환의 체계 내의 손실과 이득에 관한 경제적인 판단에 의한 것이었다"고 주장한다(Robbins 1991, p. 72). 그러나 그런 해석은 지나치게 도식적이며 추상적이고, "떠남과 귀환"이라는 형식적 구조에만 초점을 맞춰 이 이야기에서 말하는 떠남과 귀환의 구체적인 성격이 지닌 복잡한 짜임새를 무시한다.

배제를 초래한다는 사실은, 첫째 아들의 강력한 자기 방어가 표현하는 사회적 관계에 대한 설명에 심각한 비판이 된다. 그러나 아무리 설득력이 있어도 그럴듯한 대안적인 비전이 없다면 그 비판도 무력할 뿐이다. 그 대안적 비전은 바로 아버지의 태도 안에 새겨져 있다.

다시 아버지. 이 이상한 아버지는 누구인가? 자신의 '베냐민'을 모질게 대하지 못하고 갈등을 견디지 못하는 감상적인 늙은이인가? 탕자를 끌어안고(20절) 화가 난 그의 형을 달래려는(28절) 비합리적인 충동과, 자기가 가진 모든 것을 허비한 둘째를 다시 '아들'로 만들고, 화가 나서 자신을 '아버지'라고 부르지도 않는 첫째를 다정하게 "애야"라고 불러야 할(31절) 필요에 포로가 된, 불행하고 심지어 불쌍하기까지 한 인물일 뿐인가? 그의 행동으로 가정이 파괴될 것이 분명했기 때문에 책임감 있는 가정의 보호자로서는 미쳤다고 볼 수밖에 없는 행동을 했던 대표적 인물인가? 이런 이미지는 분명히 틀렸다. 이런 이미지는, 첫째 아들의 비뚤어진 관점을 취해 아버지를 그의 상대역으로 이해할 때만 이치에 맞는 것처럼 보인다. 하지만 아버지는 첫째 아들의 거울 이미지가 아니다. 만약 그랬다면, 적어도 '하나님 나라가 영광 중에 임할 때까지는' 첫째 아들이 이기고 있을 것이다. 왜냐하면 아버지는 지상과 무관한 '천상의' 안전한 영역에 갇혀 있을 것이고, '첫째 아들들'이 세상의 일들을 양도받을 것이기 때문이다.

아버지가 둘째 아들에게 예전에 누리던 모든 특권을 회복시켜 주지는 **않았다는** 점에 주목하라. 분명히, 아버지가 첫째 아들에게 "내 것이 다 네 것"이라고 말했다면(31절), 둘째 아들은 유산을 다시 받지 못할 것이다. 그가 준 가락지는 아들이 모든 재산에 대한 권리를 얻었다는 상징이 아니라 아버지의 너그러움의 상징일 뿐이다(Fitzmyer 1985, p. 1090; Nolland 1993, p. 785). 아버지가 탕자를 다시 아들로 받아들이기는 했지만, 탕자는 떠나기 전처럼 단지 아들인 것이 아니라 "죽었다가 다시 살아난 아들"이다(32절). 적어도 얼마 동안은. 아들로 변화된 그는 '다시 아들이 된 사람'이다. 단순히 포옹과 살진 송아지를 나누는 식사로 과거가 무효화되는 것은 아니다. 마찬가지로 만약 아버지가 가정의 질서를 전적으로 제쳐 두었다면, 이 이야기의 후반부에서 그 질서를 대변하는 사람으로 떠오르는 첫째 아들을 '아들이 아닌 사람'으로 만들어야 했다(Pöhlmann 1993, pp. 188-189). 첫째 아들이 아버지를 '아버지가 아닌 사람'으로 만들기는 했지만, 아버지는 (탕자가 먼 나라에 있을 동안에 탕자를 붙잡았듯이) 그를 붙잡을 뿐 아니라 그들의 관계가 깨어지지 않았다고 분명히 밝힌다. 탕자의 포옹도, 첫째 아들의 분노도, 첫째 아들이 '항상' 아버지와 있으며, 그가 아버지의 사랑하는 '아이'이고, 아버지에게 속한 것이 '다' 그에게도 속한 것이라는 사실을 바꾸지는 못한다(31절). 아버지는 '가정'의 질서를 전적으로 폐기한 것이 아니라 오히려 그 질서를 계속해서 떠받치고 있다. 아버지가 한 일은 질서를 '다시 질서 있게 하는 것'이었다! 그는 그 질서의 '의무' 안에 또 다른 '의무' — 돌아온 위반자를 가족의 유대로부터 추방하는 대신 그를 끌어안고 그를 다시 아들로 삼아야 할 '의무' — 를 집어넣었다!(32절) 우리에겐 유익한 규칙을 따라야 할 '의무'가 있다. 그러나 그 규칙을 깨뜨린 사람을 다시 받아들여야 할 '의무'도 있다. 이미 '안에' 있는 이들("친구들", 29절)과 더불어 기뻐할 뿐만 아니라 돌아오고 싶어 하는 이들과도 더불어 기뻐해야 한다.

아버지의 '새 질서'가 그토록 근본적으로 다른 점은, 그것이 첫째 아들이 규정한 양자택일을 중심으로 구축되지 않았다는 것이다. 즉, 규칙을 엄격히 지키는가 무질서와 분열을 택하는가, 혹은 규칙을 어겼는가 그렇지 않은가에 따라 당신이 '안에' 있거나 '바깥에' 있다는 식

3. 포용 259

의 태도를 거부한다. 아버지는 이러한 양자택일을 거부했다. 그의 태도를 지배한 것이 하나의 근본적인 '규칙', 즉 관계가 모든 규칙보다 우선한다는 믿음이었기 때문이다. 어떤 규칙이든 그것을 적용하기 전에, 그는 아들들에게 아버지이고 아들들은 서로에게 형제다. 잔치를 베푼 이유는, "이 내 아들"(24절)과 "이 네 동생"(32절)을 찾았고 그가 살아서 돌아왔기 때문이다. 아버지와 첫째 아들이 "먼 나라"에서의 탕자의 삶을 해석하는 방식 사이에 범주와 관련된 차이가 존재한다는 점을 주목하라. 첫째 아들은 **도덕적 범주**를 사용해 '선/악'의 행동이라는 축에 따라 동생의 떠남을 해석한다. 동생은 "아버지의 살림을 창녀들과 함께 삼켜 버렸다"(30절). 아버지는 둘째 아들의 행동에 담긴 도덕적 의미를 정확히 알고 있었지만 **관계적 범주**를 사용해 '잃어버린/찾은' 그리고 '(그에게) 살아 있는/(그에게) 죽은'이라는 축에 따라 아들의 떠남을 해석한다. 관계가 도덕적 규칙보다 우선한다. 도덕적 공적은 관계에 영향을 미친다. 그러나 관계는 도덕적 공적에 기초하지 않는다. 따라서 '회개'와 '고백', '행동의 결과'가 모두 그 나름의 자리를 차지하기는 하지만, 포용하고자 하는 **의지**는 행동이 얼마나 훌륭한가에 영향을 받지 않는다. 아버지가 두 아들 모두에게 베푼 '낭비'는 어떤 격한 감정에 의한 무모함이 아니라 관계의 우선성에 관한 심오한 지혜로 인한 것이다.[44]

아버지에게 관계의 우선성은 도덕적 규칙이 '배제'와 '포용'을 통제하는 최종적 권위가 되도록 내버려두는 것에 대한 거부일 뿐만 아니라, 아들들로부터 고립된 채 자신의 정체성을 구축하지 않겠다는 거부이기도 한다. 그는 아들들의 변하는 정체성에 따라 자신의 정체성을 재조정하며, 그에 따라 그들의 깨어진 정체성과 관계를 재구축한다. 그는 두 아들 모두에 의해 '아버지가 아닌 사람' 취급을 당했으며, 이런 고통을 통해 (만약 첫째 아들을 설득할 수 있다면) 그는 두 사람 모두를 아들로 회복시키고 그들이 서로를 형제로서 재발견하도록 도울 수 있었다. '자기 구성적' 정체성과 '강요된' 정체성, 차이와 길들이기라는 양자택일을 거부함으로써 아버지는 그들의 변하는 정체성에 따라 자신도 그들과 더불어 여행할 수 있었고, 그 결과 그는 계속해서 그들의 아버지가, 그들은 형제가 될 수 있었다. 어떻게 그는 이 여행에서 자신을 잃어버리지 않을 수 있을까? 그것은 바로 파괴할 수 없는 사랑이 그를 이끌어 주고, 유연한 질서가 그를 지탱해 주기 때문이다.

유연한 질서? 변하는 정체성? 고정된 규칙과 안정적인 정체성의 세계는 첫째 아들의 세계다. 아버지는 이 세계를 불안정하게 만든다. 그리고 그 때문에 첫째 아들은 아버지에게 화를 낸다. 근본적으로 아버지는 규칙과 주어진 정체성에 집착하지 않고 자신의 아들들에게 관심을 집중한다. 그리고 두 아들의 삶은 너무나 복잡해서 고정된 규칙

---

44) 아버지는 도덕적 공적을 관계의 기초로 삼지 않기 때문에 단순히 첫째 아들의 도덕적 범주를 역전시키는 잘못을 피할 수 있다. 아버지에게는 죄를 고백하는 사람이 순종하고 일하는 사람보다 더 낫지 **않다**(Pöhlmann 1993, p. 141). 아버지의 관점에서 이런 식의 주장은 비상식적이다. 이런 태도가 바로 아버지가 첫째 아들에게 했던 대답을 이끌어 냈을 것이다(31-32절). 이상하게도, Pöhlmann은 결론적으로 "이 비유가 제시하는 가정과 하나님 나라"를 재구성하면서 이 구절을 언급하지 않는다(pp. 183-189). 비슷하게 아버지는 "의무를 저버린 후에 되돌아오는 이들을 편애하지" 않는다(Sanders 1993, p. 198). 그런 주장을 하기 위해서는 **첫째 아들의** 관점을 취한 다음 **첫째 아들이 부인하는 것을 긍정해야** 한다. 아버지는 아들들에게 도덕적 잣대를 들이대지 않는다. 따라서 그는 돌아온 탕자는 잘못을 고백했기 때문에 더 낫고 용납받을 수 있다고 선언하지만, 첫째 아들은 더 나쁘며 용납받을 수 없다고 선언한다. 방탕하지 않은 아들은 남아서 일을 하고 순종했기 때문에 **선하지만**, '규칙'에만 관심이 있었고 동생을 다시 받아들이고 기뻐하지 않았기 때문에 **악하다**. 탕자는 떠났기 때문에 **악하지만**, 돌아와 잘못을 고백했기 때문에 **선하다**. 그러나 두 사람은 그들이 선하고 악한 것과 상관없이 사랑받는다. 따라서 각자의 선함과 악함은 도식적이지 않으며 서로 다른 방식으로 평가될 수 있다.

에 의해 규제될 수 없으며, 그들의 정체성은 너무나 역동적이어서 단번에 최종적으로 규정될 수 없다. 하지만 그는 규칙과 질서를 포기하지 않는다. 아버지는 질서를 파괴하기보다 계속 재조정함으로써 그 질서가 배제의 질서가 아니라 포용의 질서가 되도록 지켜 나간다. 그것이 가능했던 이유는, 자아 안에 타자의 타자성을 위한 공간을 만들고 범죄한 타자에게 돌아오라고 초대하며 그들로 하여금 고백할 수 있도록 환대의 조건을 이루고 그들의 존재 자체를 기뻐하는, 결코 파괴할 수 없는 사랑이 그를 이끌었기 때문이다.

4 ● 성 정체성

아래의 두 가지 보편적인 주장에 대해 생각해 보라. 첫째, 모든 인간은 남성이나 여성으로 존재하며, 남자들과 여자들이 없다면 어떤 인간도 존재하지 않을 것이다. 둘째, (그 존재 여부가 확실하지 않은) 초기의 모계 중심적 문화를 제외하면, 인류 역사를 통틀어 모든 사회는 남자가 여자보다 우월하다고 생각했다(Van Leeuwen 1991, p. 113 이하). 이 두 주장을 묶어서 (그리고 구체적으로 명시하지 않은 몇 가지 전제를 더해) 뤼스 이리가레이는 젠더의 문제가 인류가 직면한 가장 중요한 도전이며, 종교적·경제적·정치적·인종적 차이와 갈등보다 중요하다고 주장했다(Irigaray 1996, p. 35 이하). 그러나 다른 페미니스트들은 젠더의 문제가 가장 중요하다는 주장을 반박한다. 예를 들어, 엘리자베스 존슨(Elizabeth A. Johnson)은 "[성 정체성이라는 의미에서] 성이 언제 어디서나 다른 모든 상수(常數)보다 구체적인 역사적 실존에 더 근본적인 문제라고 주장하는 것은 근시안적"이라고 주장했다. 성 정체성 자체가 중요한 의미에서 종교적·경제적·정치적·문화적 차이에 의해 형성되기 때문이다(Johnson 1993, p. 155). 그러나 이 문제에 관해 이리가레이의 편을 들든 존슨의 편을 들든, 성 정체성과 차이의 문제는 여전히 중요한 문제로 남아 있다. 분명히, 인류의 절반(여성들)이 계속 열등한 존재라는 취급을 받고 학대를 당하는 상황은 우리에게 매우 중요한 문제를 제기한다. 이 장에서 나는 앞 장들에서 제시한 몇 가지 핵심적인 신학적 통찰이 이 문제를 해결하는 데 도움이 될 수 있는지 살펴보고자 한다. 어떤 의미에서 성 정체성은 이 책의 주제인 정체성, 타자성, 화해에 관한 탐구를 위한 좋은 사례가 될 것이다.

…"남자의 하나님의 갈빗대로부터"

프리드리히 니체가 젠더 문제에 관해 믿을 만한 안내자라고 생각하는 사람은 많지 않을 것이다. 여성에 대한 그의 언급 중 일부는 어리석으며, 노골적으로 여성 혐오적인 경우도 많다. "여성의 본질은 수면, 즉 변화무쌍하고 종잡을 수 없는 얕은 물 위에 뜬 얇은 막과 같다"고 믿었던 사람에게서 젠더에 관한 어떤 지혜를 기대할 수 있겠는가? "남자들은 전쟁을 위해 훈련을 받아야" 하는 반면, 여자들은 "전사의 휴식을 위해" 훈련을 받아야 한다고 주장하면서 오만하게 "다른 모든 시도는 어리석을 뿐"이라고 덧붙였던 사람에게 주목할 이유가 있을까?(Nietzsche 1969, pp. 91-92; Nietzsche 1974, p. 122 이하) 하지만 잘못된 견해를 가지고 있었던 것에 관해서조차도 심오한 글을 남기지 않았다면 니체는 니체가 아닐 것이다. 「우상의 황혼」(*Twilight of the Idols*, 책세상)의 첫머리에 등장하는 일련의 경구 중에는 "남자는 여자를 만들었다. 하지만 무엇으로부터? 그의 신, 그의 '이상'(理想)의 갈빗대로부터"라는 말이 있다(Nietzsche 1990, p. 33). 이 경구가 지닌 힘은 여자의 창조에 관한 성경 이야기(창 2:18-25)를 전도시켰다는 데 있다. 니체는 하나님이 아니라 **남자**가 여자를 창조했다고 말한다. 그리고 여자가 창조된 것은 남자의 갈빗대가 아니라 **하나님의 갈빗대**로부터였다.

이 경구는 단순히 재치 있고 전복적인 말장난에 지나지 않아 보이지만, 두 가지 중요한 방식으로 약 1세기 후에 발전된 몇 가지 핵심적인 페미니즘적 통찰을 미리 보여 준다. 첫째, 이 경구는 우리가 '여자'라고 말할 때 의도하는 뜻이 단순히 자연적으로 주어진 것이 아니라 문화적으로 구성된 개념이며, 그 일차적인 행위 주체는 남자들임을 강조한다. 뤼스 이리가레이의 말처럼, "여성의 정체성은 여전히 남성으로부터 기원하는 경우가…적지 않다"(Irigaray 1996, p. 64). 예를 들어 여성의 몸과 같은, 분명히 생물학적으로 부여된 것처럼 보이는 것조차도 부분적으로는 남자들의 기대와 남성 중심적 문화의 가치에 의해 규정되고 형성된다. 둘째, 이 경구는 '여성성'의 내용은 남자의 신, 남자의 이상과 관계가 있다고 지적한다. 정말이지 남자는 스스로를 위해 자신의 최고의 이상을 보유한다. 여자는 무언가 더 고귀한 부분이 아니라 남자의 신의 갈빗대로부터 만들어졌다. '여성성'이라는 부차적인 이상을 환기시키는 것은 바로 '남성성'이라는 높은 이상이다. 모이라 게이튼스(Moira Gatens)는 "완전한, 남근적, 남성적 몸"이라는 이상은 "반드시 그 반명제를 취해야 한다. 바로, 이를 보충해 주는 모자라고 거세된 여성적 몸이다"(Gatens 1996, p. 38). 그러므로 이 점에 관해 니체와 후대의 페미니스트들은 동의한다. 남자들은 계속해서 자신의 신의 갈빗대로부터 여자들을 재창조해 낸다.

아래에서 나는 니체의 경구에 나타나고 있으며 페미니즘에서 탐구했던 두 주제, 즉 성 정체성의 구축과 이를 구축하는 데 하나님이 어떤 역할을 하시는지에 관해 논하고자 한다. 내가 다루고자 하는 주제는 하나님과 젠더, 더 정확히는 삼위일체와 성 정체성이다. 하지만 한 가지 근본적인 방식으로 나는 니체와 철저히 의견을 달리한다. 그가 창세기 이야기를 뒤집어 놓은 것은 루드비히 포이어바흐(Ludwig Feuerbach)의 종교 이론에 크게 빚을 진 비유에 의존한다. 즉, 하나님은 인간의 이상으로부터 만들어 낸 하나의 이미지에 지나지 않으며, 인간은 창조자들이며, 하나님은 그들의 피조물인 동시에 그들이 그것으로부터 자신을 재창조하는 '재료'다. 그러나 니체와 달리 나는, 포이어바흐의 종교 이론이 주변적인 문제에 관해서는 뛰어난 통찰을 보여 주지만, 그 핵심에 관해서는 잘못 판단하고 있다고 믿는다. 우리는 계속해서 우리의 이익과 이상을 하나님께 투사하지만, 하나님은 단지 우리가 만든 투사 이미지가 아니다.

포이어바흐의 이론의 중심부를 폐기할 때 하나님과 젠더 간의 관계가 어떤 중요성을 갖게 되는지에 주목하라. 그렇다 해도 우리는 주변부를 그대로 유지할 것이기 때문에, 남성과 여성이 젠더를 어떻게 구축하고 하나님에 대한 그들의 관념이 이 과정에서 어떤 역할을 하는지, 이를테면 성 정체성에 대한 문화적 이해를 정당화하고 안정시키는 데 하나님의 투사된 남성성(혹은 여성성)이 어떻게 사용되는지에 관해 여전히 논할 수 있다. 그러나 포이어바흐 이론의 중심부는 더 이상 유지될 수 없으므로─하나님은 우리의 투사 활동과 별개로 존재하는 실체이므로─우리는 현상학적인 묘사나 종교적 상징의 기능에 대한 규범적 재구성에 만족한 채 머물러 있을 수 없을 것이다. 만약 하나님이 특정 사회 집단의 문화적 이상을 짜맞춰 놓은 존재가 아니라 정말로 하나님이시라면, 그리고 인간이 그들의 부인할 수 없는 문화적 활동에도 불구하고 바로 그 하나님의 피조물이라면, 결정적인 물음은 **하나님의 본성이 남자와 여자 사이의 관계와 그들이 구축하는 '여성성'과 '남성성'에 어떤 영향을 미치는가**일 것이다. 바로 이것이 내가 집중하고자 하는 물음이다.

지금까지 내가 정의한 대로, 이 주제의 윤곽은 단순하다. 나는 하나님의 본성, 특히 삼위일체의 위격들 사이의 관계를 논한 다음, 그러한 삼위일체에 관한 성찰이 젠더의 구성과 젠더로 규정된 개인들 사이의 관계에 어떤 의미를 갖는지 살펴볼 것이다. 하지만 삼위일체의 세계로 들어가기 전에, 먼저 하나님에 관한 언어에 표현된 젠더가 이 주제에 어떤 의미를 갖는지 물을 필요가 있다.

...젠더—신적인가, 인간적인가?

삼위일체와 성 정체성의 관계를 논하는 좋은 방법은 하나님에 관한 언어에 표현된 젠더에 초점을 맞추는 것이라고 생각할지도 모른다. 말하자면 이런 식의 논리다. 첫 번째 단계는, 하나님에 관해 남성적인 은유만 사용하는 것은 여성들에게 "신적 차원"의 발전 가능성을 제공하지 않는다는 이유로 이에 대해 의문을 제기하는 것이다(Irigaray 1986). 두 번째 단계는, 엘리자베스 몰트만-벤델이 「성령의 여성성」(Weiblichkeit des Heiligen Geistes)에서 말했듯이(Moltmann-Wendel 1995), 삼위일체의 한 구성원—성령—의 여성성을 강조하는 것이다. 혹은 삼위일체를 여성적 위격과 남성적 위격으로 나누는 것에 대해 불만을 가지고 있다면(Williams 1992, 32 이하)—이를테면, 이런 태도가 성령을 "성부와 성자를 돕는 일종의 여비서"로 축소시킨다는 이유로(Plantinga Pauw 1996, p. 49)—엘리자베스 존슨이 「여성으로서의 하나님」(She Who Is)에서 말했듯이, 삼위일체의 세 위격 모두에 대해 여성적 은유를 사용해야 하며 여성적 은유와 남성적 은유가 동등성을 지닌다고 주장할 수도 있다(Johnson 1993, pp. 42-57). 세 번째 단계는, 삼위일체 각 구성원의 여성성과 남성성 혹은 삼위일체 모든 구성원의 여성적 은유와 남성적 은유의 동등성이, 여성과 남성의 정체성과 차이를 구성하는 데 어떤 의미를 지니는지 탐구하는 것이다. 과연 이런 식의 접근 방법이 효과적일까?

여성신학자들은 하나님에 관한 언어가 표현하는 젠더가 남성과 여성의 **평등**이라는 문제에 큰 영향을 미친다는 점을 대단히 강조해 왔다. 메리 데일리(Mary Daly)는 "하나님이 남성이라면 남성이 하나님이다"라고 직설적으로 말했으며, 그의 말은 옳았다(Daly 1973, p. 19). 그러므로 만약 최고의 실체에 관해 그저 남성적 은유로**만** 이야기한다면 남성이 하나님과 더 닮았고 따라서 여성보다 우월하다고 말하는 셈이다. 비슷하게 만약 하나님에 관한 여성적 은유가 남성적 은유보다 본질적으로 부적합하거나 열등하다면, 여성은 하나님과 덜 비슷하고 따라서 남성보다 열등하다는 말이다. 존슨이 강조하듯이, "여성의 동등한 존엄성" 때문에 우리는 여성적 은유로 하나님에 관해 이야기할 수 있어야 한다(Johnson 1993, p. 211). 그러나 여기서 내가 문제 삼고자 하는 것은 평등이 아니다. 나는 남자와 여자 사이의 평등, 그리고 하나님에 관한 남성적 은유와 여성적 은유 사이의 근본적 동등성을 전제로 삼기 때문이다. 메리 스튜어트 밴 르우윈(Mary Stewart Van Leeuwen)의 말을 인용하자면, 나는 남자와 여자가 "**평등하게** 구원받았고, **평등하게** 성령으로 충만하며, **평등하게** 보내심을 입었음"을 당연한 것으로 여긴다(Van Leeuwen 1991, p. 36). 내가 문제 삼는 것은 **성 정체성과 차이**다. 남성과 여성이 열등한지, 우월한지, 평등한지에 관해 많은 것을 말해 주는 하나님에 관한 언어는 **남성 혹은 여성이 되는 것의 의미에 대해 무엇을 말해 주는가**?

대부분의 신학자들은 하나님이 성적 구별을 초월한 존재라는 데 동의할 것이다. 우리는 하나님이 남성이거나 여성 혹은 남성인 동시에 여성이기 때문이 아니라, 하나님이 "인격적"이시기 때문에 하나님에 관한 남성적 혹은 여성적 은유를 사용한다(Jewett & Shuster 1991, p. 44 이하). 젠더로 규정된 방식을 제외하고는 인격체에 관해 이야기할 수 있는 방법이 없다. 우리가 아는 유일한 인격적 피조물인 인간은 남성과 여성이라는 이원성으로만 존재하기 때문에, 우리는 하나님에 관해 이야기할 때 남성적 혹은 여성적 은유, 혹은 남성적인 동시에 여성적인 은유를 사용해야 한다. 이것은 단순한 정보지만 우리가 다루는 주제에 중요한 의미를 갖는다. 하나님이 성적 구별을 전적으로 초월한 존재이시지만 하나님에 관해 이야기하는 우리의 언어가 필연적으로 젠더에 의해 규정될 수밖에 없다면, 하나님에 관한 언어가 지닌 **구체적으로 남성적이거나 여성적인** 내용은 다 **오로지 피조물의 영역에서 유래한 것**이다. 하나님의 본성은, 여성과 구별된 남성으로 혹은 남성과 구별된 여성으로 사는 것이 무엇을 뜻하는지에 관해 아무것도 말해 주지 않는다. 우리는 하나님에 관한 우리의 관념 속에서 우리 스스로 끼워 넣었던 여성성 혹은 남성성에 관한 내용들만 찾아볼 수 있을 뿐이다. 젠더에 의해 규정된 하나님에 관한 언어는 우리가 여성성과 남성성을 이해하는 방식을 규정할 것이다. 그러나 그것이 여성성과 남성성에 대한 특정한 구성 방식을 정당화하는 데 동원되어서는 안 된다. 성 정체성을 구축하는 데 하나님의 언어를 사용하는 것은 다 정당하지 않으며, 우리는 그런 태도에 저항해야 한다. 칼 바르트(Karl Barth)의 "신적 아버지"와 뤼스 이리가레의 "신적 여성"을 간략히 살펴봄으로써 이런 주장을 자세히 설명하고자 한다.

「교회 교의학」(Church Dogmatics, 대한기독교서회)에서 칼 바르트는, 인간 아버지를 관찰하는 것만으로는 하나님이 아버지이심이 무엇을 뜻하는지 알 수 없고, 그 반대 방향으로 나아가야 한다는 유명한 주장을 전개한다. 즉, 하나님 아버지를 관찰함으로써 한 남자가 아버지라는 것이 무엇을 뜻하는지 알 수 있다는 말이다(Barth 1975, p. 389). 이 주장이 담고 있는 반(反)포이어바흐적 주제는 올바르다. 우리는 "아래로부터의 유비를 통해" 인간의 이미지를 가진 하나님을 만들어 내서는 안 된다. 우리는 "위로부터의 유비를 통해", 즉 하나님이 어떤 분인지를 생각함으로써 인간이 어떤 존재가 되어야 하는지 배워야 한다. 그러나 바르트의 신학적 전개 자체는 상당 부분 이러한 통찰을 약화시킨다(Janowski 1995). 바르트에게 하나님은 영원 속에서 성자를 "낳으셨기" 때문에, 그리고 시간 속에서 예수 그리스도를 "낳으셨기" 때문에 가장 근원적인 의미에서 아버지시다. 그가 「교회 교의학」 3부 3권에서 말했듯이, 하나님은 "최초의, 참된, 그리고 실로 유일한 **인간**(man)"이시다(Barth 1960a, p. 358, 저자 강조). 남성인 인간들은 하나님 안의 남성성을 반영한다. 그들은 시작하고, 낳고, 이끌고, 지배한다(Barth 1960b, p. 287). 이 유비는 위로부터—하나님으로부터 인간에게로—내려온다. 그러나 이것은 바르트가 가부장적인 남성성의 관념을 하나님께 투사한 다음 그것이 이미 처음부터 존재했다고 암묵적으로 선언한 후에야 가능한 일이다! 이것은 포이어바흐를 반박하는 가장 설득력 있는 방식이 아닌 것이다! 하나님이 남성성의 본보기가 되기 위해서는, 먼저 남성성을 하나님께 투사하고, 그런 다음 그 투사를 이용해 이른바 구체적인 남성적 특징과 활동을 정당화해야만 한다.

하나님은 젠더를 초월한 분이기 때문에, 하나님 안에는 인간이 자기 자손과 맺는 **구체적으로 부성적인** 관계에 상응할 만한 것이 아무것도 없다. 인간 아버지는 **아버지로서의** 자신의 책임을 하나님 아버지로부터 절대로 읽어 낼 수 없다. 아버지가 하나님으로부터 배울 수 있는 것은, 어쩌다 아버지가 되어 자신의 딸과 아들, 그리고 그들의 어머니와 특별한 관계를 맺게 된 **한 인간으로서의** 자신의 책임이다. 한 사람이 하나님 아버지로부터 인간 어머니라는 것이 무엇을 뜻하는지에 관해 아무것도 배울 수 없는 것과 마찬가지로, 인간 아버지라는 것이 무엇을 뜻하는지에 관해서도 배울 수가 없다. 역으로 하나님 어머니로부터, 한 사람이 아버지라는 것이 무엇을 뜻하는지에 관해 아무것도 배울 수 없는 것과 마찬가지로 인간 어머니라는 것이 무엇을 뜻하는지에 관해서도 배울 수가 없다. 하나님에 관해 남성적 은유를 사용하든지 여성적 은유를 사용하든지 관계없이, 하나님은 우리의 특정한 젠더에 대한 모범이 아니라 우리의 공통된 인간성에 대한 모범이시다.

그러나 이것은 바르트의 주장보다 설득력이 떨어지는 주장이 아닐까? 하나님의 특징과 역할은 어머니와 여성보다 아버지와 남성에 더 부합한다고 주장하는 사람이 있을 수도 있다. 그러나 이것은 **하나님의 부성성**과 **하나님의** 남성성으로부터의—위로부터의—논증이 아니라는 점에 주의하라. 그것은 아래로부터의, 즉 **인간** 아버지와 **인간** 남성의 특징으로부터의 논증이다. 논증은 이런 식으로 전개될 것이다. 성경에 묘사된 하나님은 **우리가** 모성과 여성성이라고 **알고 있는 것**보다는 부성과 남성성이라고 **알고 있는 것**과 더 비슷하다. 여기서 '부성'과 '모성', '여성성'과 '남성성'은 다 피조물의 영역에서 가져온 개념이며, 따라서 문화적 조건에 제한을 받으며 변화하는 개념이다. 이 논증의 틀 안에서는 방향을 돌려 하나님이 이러이러하므로(우리가 알고 있는 남성과 더 비슷하므로) 아버지로서 혹은 남성으로서 인간은 이러이러해야 한다고 주장할 수 없다. 다시 한 번 말하거니와, 하나님은 성 정체성의 모범이 아니시다.

반대편 끝에서부터, 다시 말해, 근원적인 신적 남성성의 주장에 대한 비판에서부터가 아니라 여성적 신성의 요구에 대한 비판에서부터도 비슷한 주장을 전개할 수 있다. 포이어바흐의 종교 이론을 뒤집으려 했던 칼 바르트와 달리, 뤼스 이리가레이는 "신적 여성"에 대해 이런 주장을 펼친다. 그는 "투사된" 신의 필요성을 인정하면서, 성부와 성자, 성령에 관해 이야기하는 고전적 삼위일체 교리에는 여성이 부재함을 지적한다. 어머니는 나타나지 않으며, 어머니와 딸의 관계는 언급되지 않는다. 따라서 그는 그런 삼위일체 교리에는 "그녀"로 하여금 여자로서 어떤 사람이 되도록 자극하는 "지평"이 전혀 존재하지 않는다고 말한다(Irigaray 1986; Irigaray 1989). 그 대신 여성은 "율법을 만드시는 하나님 아버지 등"의 "남성적 초월"에 대해 부재함으로써 억압당한다(Irigaray 1996, p. 67).

내가 생각하기에 이런 반론에 대한 적절한 대답은, (여성적 은유로 표현된 삼위일체 교리에 '그녀'로 하여금 **여자로서** 어떤 사람이 되도록 자극하는 지평이 존재하지 않는 것과 마찬가지로) **남성적** 은유로 표현된 삼위일체 교리에는 '그'로 하여금 **남자로서** 어떤 사람이 되도록 자극하는 '지평' 역시 존재하지 않는다는 것이다. 그런 젠더에 명백한 신적 '지평'이 존재하기 위해서는 남신과 여신이 있어야 한다. 그리고 이리가레이는 사실상 그렇게 제안한다. 엘리자베스 그로스(Elizabeth Grosz)가 지적하듯이, 이리가레이에게 하나님이란, 주체를 "완벽한 인물, 그 주체 특유의 이상적 자아상, 다함이 없는 자아 완성의 본보기"에 투사한 것이다 (Grosz 1993, p. 207). 그리고 주체는 본질적으로 젠더에 의해 규정되기 때문에 신적 '투사' 역시 젠더에 의해 규정되어야 한다. "남자"가 "독특한 남성적 하나님"—성부, 성자, 성령—을 구축함으로써 "자신을 무한자와 관계를 맺은 유한자로 자리매김하는" 것처럼, 여자 역시 "**그녀의 완벽한 주체성을 상징하는**" "여자 하나님", "여성적 삼위일체, 즉 어머니, 딸, 성령"이 필요하다(Irigaray 1986, pp. 3-6). 하지만 우리는 이리가레이가 제안하는 젠더에 의해 규정된 신을 받아들여야 하는가? 만약 우리가 남자들과 여자들 모두의 하나님이신 기독교 전통의 한 분 하나님을 믿는다면 그럴 필요가 없다. 이 한 분 하나님—만약 "율법을 만드시는 하나님 아버지"로 축소한다면 그분의 정체성을 잘못 이해하는 셈이 되는 하나님(3장을 보라)—이 남성과 여성 모두의 성 정체성과 무슨 관계가 있는지에 관해서는 이 장의 뒷부분에서 더 자세히 논할 것이다. 여기서는 '남성 신'이나 '여성 신'을 특정 성 정체성을 계발하기 위한 '지평'으로 삼는 태도의 중요한 문제점 하나를 간략히 강조하고자 한다.

하나님에 관한 언어가 성 정체성의 구축에 관한 지침을 제공할 수 있는 유일한 길은, 우리가 먼저 하나님을 젠더의 존재론적 근거로 삼은 다음, 즉 여성성이나 남성성에 대한 특수한 이해를 취해 그것을 하나님께 투사한 다음, 그 투사가 우리의 사회적 관행을 형성하게 하는 것이다. 이리가레이는 교묘하게 이런 식의 존재론적 근거 설정을 피할 수 있었다. 그는 여성적 하나님을 상정하지만, 이 하나님은 다른 어떤 의무도 갖지 않으며 여성으로 하여금 "신이 되고 완벽해지도록" 돕는 것 외에는 여성에 대해 어떤 책무도 부여하지 않는다고 주장한다(Irigaray 1986, p. 9). 하나님을 여성과 연관시키기 위해 하나님의 여성성을 주장하는 것이다. 그러나 하나님의 여성성은 아무런 구체적인 내용도 갖고 있지 않기 때문에 어떠한 실질적인 역할도 하지 못한다. 신적 여성성의 공허함에는 그럴 만한 타당한 이유가 있다. 만약 그것에 구체적인 내용을 부여한다면, 젠더에 대한 특정한 문화적 양식을 고정시켜 그 안에 신적 권력과 주장을 주입시키는 일을 피할 수 없을 것이기 때문이다. 물론, 이것은 이리가레이가 신적 여성성의 보충물이라고 주장했던 신적 남성성에 대해서도 똑같이 적용된다.

젠더에 대한 존재론적 근거 설정은 하나님이라는 관념에도 젠더에 대한 이해에도 도움이 되지 않는다. 하나님 안에 있는 그 무엇도 구체적으로 여성적이지 않다. 하나님 안에 있는 그 무엇도 구체적으로 남성적이지 않다. 하나님에 대한 우리의 관념 속에 있는 그 어떤 요소도 한쪽 성에 한정된 의무나 특권을 요구하지 않는다. 나는 이것이, 필리스 버드(Phyllis Bird)가 보여 준 것처럼, 젠더의 구별이 창세기 1장에서 이야기하는 하나님의 형상과 무관하다는 사실이 지니는 의미라고 생각한다(Bird 1981; Bird 1991). 남성과 여성은 남성성과 여성성을, 하나님이 아니라 동물과 공유한다. 그들은 공통의 인간성 안에서 하나님의 형상을 반영한다. 따라서 우리는, 하나님과 여성성 혹은 남성성 사이의 관계를 구축하고, 남성으로서의 성질 때문에 남성이 여성보다 더 적합하게 하나님을 재현한다고 주장하거나(LaCugna 1993, p. 94 이하) 여성이 본성적으로 더 관계적이므로 관계성과 사랑의 힘으로서의 신적인 것에 더 가깝다고 주장함으로써 한쪽 성에 특권을 부여하려는 모든 시도에 대해 저항해야 한다.

성 정체성의 내용이 초월적 근거를 갖지 않는다면, 그 내용이 신적 청사진에 따라 결정되지 않는다면, 그것은 어디에 근거를 두는가? 동물과의 유사성이 우리에게 실마리를 제공한다. 인간이 동물과 공유하는 것은 **성으로 구별되는 몸**(sexed body) — 남성 혹은 여성에 속하는 지울 수 없는 표지를 가지고 있는 몸 — 이다. 사실, 그 표지가 섞여 있는 경우도 있다(Fausto-Sterling 1995). 그러나 그런 모호성은 규칙을 증명하는 예외라고 말할 수 있을 뿐이다. 남성과 여성의 성 정체성은 성으로 구별되는 그들의 몸이 지닌 구체성을 근거로 삼는다.

여기서 성으로 구별되는 몸이 성 정체성의 **내용**이 아니라 **근거**라고 말하고 있다는 점에 주목하라. 나는 성으로 구별되는 몸의 중요성을 강조함으로써, 최근 몇십 년 동안 너무나도 중요해진 (유전자, 호르몬, 외부와 내부의 생식기 등과 연관된) 생물학적 범주로서의 '성'(sex)과 (학습된 특징, 개성, 행동 양식 등과 연관된) 사회적 범주로서의 '젠더' 사이의 구별을 단순히 폐기하려는 것이 아니다(Stoller 1968). 이러한 구별은 유용하다. 개인의 연령대에 따라 그리고 시공간에 걸친 각 문화에 따라 '남성성'과 '여성성'의 관념이 크게 다른 까닭을 설명하는 데 도움이 되기 때문이다. 이러한 차이는 성 정체성이 단순히 생물학적으로 주어진 것이 아니라 사회적으로 구성되는 것임을 분명히 보여 준다. 그것은 주어진 문화 안에서 발생한 남성과 여성 사이의 상호작용의 결과다. 젠더에 의해 규정된 개인들 사이의 상호작용의 형식은 역사적으로 퇴적되고 세대에 걸쳐 전달된다. 그것은 경제적·정치적·문화적 실천 안에서 구현된다(Aronowitz 1995, p. 315 이하). 그러므로 어떤 의미에서 성 정체성은 미리 조정되어 있으며 개인은 거기에 맞춰진다. 하지만 문화와 하위 문화가 변하는 것처럼, 젠더와 사회적 실천 안에서 그것이 구현되는 방식에 대한 사람들의 이해 역시 변한다. 성 정체성은 작위적이지는 않더라도 유동적이며, 성으로 구별되는 몸의 안정적인 차이와 뚜렷한 대조를 이룬다.

젠더의 유동성은, 성-젠더의 구별을 지지하는 이들 중 일부가 주장하는 것처럼, 성이 젠더의 구성과 무관하다는 것을 결코 암시하지 않는다. 그와 반대로, 젠더의 유동성은 성으로 구별되는 몸의 안정성에 의해 제한을 받는 동시에 그것에 의해 가능해진다. 첫째, 성으로 구별되는 몸이 성 정체성의 형성에 **제한**을 가한다는 점에 주목하라. 「허구적 몸」(*Imaginary Bodies*)에서 모이라 게이튼스(Moira Gatens)는 '성'과 '젠더' 사이의 구별을 통해 작동하는 여러 이론에 반대하면서, 몸이 젠더의 구성에 관해 중립적이거나 수동적이지 않다는 것을 설득력 있게 논증했다. 예를 들어, 남자가 "여성적인" 경우가 가능하기는 하지만, "여성이 '살아내는' 여성성과 남성이 '살아내는' 여성성 사이에는 질적인 차이가 존재할 수밖에 없다"는 주장이다(Gatens 1996, p. 9). 남성적·여성적 몸에 대한 사회적 가치 부여와 더불어 여자와 남자의 몸의 차이가 그런 차이를 만든다. 젠더 교차적 정체성 때문에 몸에 새겨진 차이가 타당성이 없다는 생각은 착각일 뿐이다(Irigaray 1996, p. 61).

여기서 내가 옹호하는 관점에 따르면, 성으로 구별되는 몸은 여성성과 남성성의 **내용**을 결정하는 역할을 하지 않는다. 이를테면, 여성들의 '부드러운 손'이 그들의 보호하고 돌보는 특성을 미리 규정한다거나 그들의 '가슴'이 모성이 여자로서의 성취임을 말해 주지 않는다는 뜻이다(Neuer 1990, p. 33). 단순히 성으로 구별되는 몸으로부터 성 정체성의 내용을 읽어 낼 수 있는 방법은 없다. 이런 식의 해석은 다 특수한 문화적 해석이다. 성으로 구별되는 몸은 그 자체로서 언제나 사회적으로 해석되고 협상되고 재협상되는 성 차이의 기초다. 이 점은 나로 하여금 다시 성으로 구별되는 몸이 젠더의 유동성에 기여하는 긍정적인 측면으로 되돌아가게 한다.

성으로 구별되는 몸의 안정성은 성 정체성의 구성에 제한을 가하기만 하는 것이 아니라 성 정체성의 **유동성**을 가능하게 해주기도 한다. 「급진적 유대인」에서 대니얼 보이어린은 "신체적 지시 대상을 지닐 때만 그 집단은 스스로 그 본질을 재창조할 수 있다"라고 말했다(Boyarin 1994, p. 239). 그런 신체적 지시 대상이 없다면 한 집단은 변하지 않는 본질을 고집할 수 없으므로 언제나 소멸의 위협을 당할 수밖에 없을 것이다. 젠더에 적용하면 이것은, 남성과 여성이 그들의 성 정체성이 변하는 중에도 언제나 남성과 여성이라는 이원성 속에서 존재하는 것은 바로 성으로 구별되는 그들의 몸 때문이라는 것을 의미한다. 우리가 두 젠더를 이야기하고 그들의 변하는 정체성에 관해 고찰할 수 있는 것은 바로 성으로 구별되는 몸 때문이다.

만약 젠더의 유동성이 성으로 구별되는 몸에 의해 제약을 받는 동시에 그것에 의해 가능하다면, 우리는 남성과 여성의 차이는 환원될 수 없다고 주장해야 하며, 이런 차이가 무엇을 뜻하는지 미리 규정하려는 태도를 거부해야 한다. 남성과 여성이 존재하며 언제나 존재할 것이지만, 그들의 성 정체성에는 아무런 '본질'도 없으며 변하지 않는 '여성성'과 '남성성' 같은 것도 없다. 오히려 메리 스튜어트 밴 르우윈이 「신앙의 눈으로 본 남성과 여성」(Gender and Grace, IVP)에서 말했듯이, 우리는 "성 역할"과 성 정체성의 "끊임없는 창조와 재창조"에 직면해 있다(Van Leeuwen 1991, p. 69). 이렇게 젠더의 환원 불가능성과 정의 불가능성 모두를 주장함으로써 일레인 그레이엄(Elaine L. Graham)이 공식화한 "성 차이에 대한 비판적 연구의 어려운 과제"를 적절하게 수행할 수 있다. 그것은 곧 "몸의 존재론적·인식론적 의미를 재평가하고, 어떻게 형태적·생물학적 특징이 '우리를 우리의 차이 안에 가두지' 않게 하면서도 젠더에 따라 다른 경험을 진술할 수 있도록 도울 수 있는가 하는 문제를 재검토하는 것이다"(Graham 1995, p. 353).

지금까지 나의 주장은 이중적이었다. 첫째, 우리는 하나님에 비추어 성 정체성의 내용을 도출해 내려 해서는 안 된다. 왜냐하면 우리가 하나님 안에서 찾아내는 모든 여성성이나 남성성은 하나님께 투사된 것이기 때문이다. 둘째, 성 정체성의 내용은 성으로 구별되는 몸에 기초해 있으며(자연), 그처럼 성으로 구별되는 몸을 지닌 사람들 사이의 사회적 상호작용의 역사에 의해 만들어졌다(문화). 이렇게 성 정체성의 생물학적·문화적 토대를 감안할 때, 하나님에 관한 성찰이 성 정체성에 관한 논의에 과연 도움이 될 수 있을까? 나는 한 분 하나님이 아니라 한 분 하나님의 세 위격에 초점을 맞추고, 세 위격 사이의 관계와, 그분들의 '젠더'가 아닌 그분들의 정체성의 구성에 집중한다면 도움이 될 수 있다고 믿는다. 그러므로 이제 삼위일체의 정체성이라는 이

슈로 넘어가겠다.

포스트모던 사상가들이 일관되게 제기해 온 자기 폐쇄적 정체성에 대한 비판은 아래 나의 논의에 대한 중요한 배경을 제공한다. 포스트모던 사상가들의 주장에 전적으로 동의하는 것은 아니지만,[1] 나는 자기 폐쇄적 정체성이 폭력적인 경향을 띤다는 그들의 신념에는 공감한다. 사람들은 생존, 인정, 지배를 위한 투쟁에 불가피하게 연루될 수밖에 없으며, 이 투쟁은 사람들로 하여금 자기 폐쇄적 정체성을 만들도록 부추긴다. 그리고 이런 자기 폐쇄적 정체성은 바로 이 투쟁을 영속화하고 고조시킨다. 이것은 문화 사이의 관계뿐만 아니라 젠더 사이의 관계에도 그대로 적용된다. 평화를 찾기 위해서는, 자기 폐쇄적 정체성을 지닌 사람들이 자아를 상실하거나 타자를 지배하지 않으면서 서로를 위해 자신을 개방하고 서로에게 자신을 내어 주어야 한다. 나는 삼위일체적 정체성의 본질과 그것이 성 정체성과 젠더의 관계에 대해 갖는 함의를 살펴봄으로써 이런 생각을 더 자세히 설명하고자 한다.

…삼위일체적 정체성

서린 존스(Serene Jones)는, 뤼스 이리가레이가 스스로 "동일자의 남성적인 대립 논리" — 특정한 정체성이 점령한 개념적 공간으로부터 다른 모든 정체성을 내쫓아 버리는 "논리" — 라고 부른 것에 대한 비판에 응답하면서, 삼위일체 교리가 성 정체성에 대한 사유에 어떤 자원을 제공할 수 있는지 실마리를 제시한다. 칼 바르트를 따라서 존스는 "하나님의 실체는 철저하게 다층적이며, 철저하게 관계적이며, 무한히 활동적"이라고 주장한다. 따라서 피조물 차원에서 논하는 "순수한 정체성"

---

[1] 여러 포스트모던 사상가들에 대한 비판으로는 이 책의 각 장을 보라.

이라는 관점에서 하나님을 생각해서는 안 된다고 주장한다(Jones 1993, p. 132).

존스의 주장은 타당하며 더 발전시킬 가치가 있다. 그러나 칼 바르트의 삼위일체 사상은 "동일자의 논리"에 대한 가능한 대안으로 기능할 수 있는 복합적인 정체성 개념을 발전시키는 데 최선의 자원을 제공하지 못한다. 바르트는 자기를 계시하시는 하나님이라는 형식적 개념을 삼위일체론의 근거로 삼는다(Barth 1975, p. 312). 그리고 삼위일체 하나님을 "해체될 수 없는 주체"이자 "삼중적 반복 속의 한 하나님"으로 이해한다(p. 384 이하). 이러한 삼위일체의 모형은 "자의식을 지닌 절대자의 모형과 구조적으로 동일"하며(Pannenberg 1991, p. 296), 따라서 하나님의 삼중적 성격은 삼위일체가 아니라 "거룩한 동어반복"인 것처럼 보일 뿐이다(Moltmann 1981, p. 141). 바르트의 삼위일체는 "동일자의 논리"와 너무나 가까워서 그 논리에 대한 적절한 대안을 제공할 수 없다. 「교회 교의학」의 다른 곳에서 하나님의 형상으로 창조된 인간에 관해 논의하면서 바르트는 삼위일체에 대한 좀더 "사회적인" 접근법을 사용한다. 인류를 남성과 여성으로 나누는 것은, 하나님의 "존재와 영역 자체에 짝이 존재한다"라는 사실을 반영한다. "참되지만 조화로운 자기 대면과 자기 발견, 자유로운 공존과 협력, 개방적 대면과 상호성이 존재한다"(Barth 1958, p. 185). 나는 이것이 올바른 방향으로 한 걸음 나아간 것이라고 생각한다. 그러나 바르트가 이런 삼위일체론을 활용한 것은 바로 남성에 대한 여성 종속의 근거를 찾기 위해서였다. 성자를 낳으신 성부가 여자에 대한 남자의 관계의 본보기다(Janowski 1995, p. 28 이하). 그러므로 나는 복합적인 성 정체성 관념을 계발하기 위한 자원을 다른 곳에서 찾아야 한다고 주장한다. 서로 상당히 다르며 많은 점에서 대립하는 사상가, 즉 요제프 라칭거와 위르겐 몰트만의 삼위일체 사상을 함께 살펴보는 것이 우리의 논의에는 더 유익할 것이다.

라칭거에게 삼위일체 교리의 출발점은 계시 안에 있는 하나님의 자기 정체성이다. "하나님은 그분이 자신을 **보여 주신** 그대로이시다. 하나님은 자신이 아닌 것을 자신의 것으로 보여 주지 않으신다"(Ratzinger 1970, pp. 116-117). 라칭거의 이론은 하나님의 자기 정체성에서 출발했으므로 바르트처럼 삼위일체를 신적 주체의 '자기 반복'으로 이해하는 것으로 끝날 수도 있었다. 그러나 라칭거는 신적 '자기 계시'에 지나치게 많은 의미를 부여하고자 하는 유혹에 저항한다. 그는 이 관념에서부터 출발했지만, 하나님 안에 일어나는 **대화**라는 현상을 삼위일체 교리의 근거로 삼는다. 즉, 하나님이 삼위일체이신 까닭은, 우리가 하나님 안에서 일어나는 대화를 관찰할 수 있기 때문이다. 그러나 우리는 이 대화의 '당사자들', 전통적인 삼위일체 신학에서 말하는 '위격들'을 어떻게 이해할 수 있을까? 아우구스티누스를 따라서 라칭거는 위격을 "관계"로, 더 정확히는 "관계됨"(relatedness)으로 정의한다(p. 131). 하지만 "관계됨"이란 무엇이며, 그것은 어떤 방식으로 위격을 규정하는가? 관계로서의 위격이라는 아우구스티누스적 관념에 대한 그의 재해석을 이해하는 가장 좋은 방법은 삼위일체의 두 번째 위격인 성자의 정체성에 초점을 맞추는 것이다.

요한복음에 나타난 예수님의 말씀을 주석하면서 라칭거는 "성자는 스스로는 아무것도 할 수 없으시다(5:19, p. 30). 성자는 아들로서, 아들인 자신으로부터 비롯되지 않으며 그렇기 때문에 성부와 완전히 하나이시다"라고 말한다. 성자에게는 자신의 것이 아무것도 없으며, 그러므로 "성부와 일치를 이루시며 그분과 '하나'이시다"(p. 134). 뿐만 아니라 성자는 전적으로 "성부로부터" 나오셨기 때문에 전적으로 "다른 이들을 위하는"—구속이 필요한 인류를 위하는—분이기도 하다. 그러므로 성자는 "누군가로부터" 나오셨으며 "누군가를 위하는" 분이다. 이러한 이중적 의미에서 그분의 실존은 "전적 개방성"이다(p. 136). 자신의 주장을 요약하면서 라칭거는 이렇게 말한다.

> 이제 그리스도로서 예수의 존재가 전적으로 개방된 존재, "누군가로부터 나오셔서" "누군가를 향하는" 존재, 어느 곳에서도 자신에게 집착하거나 자신의 힘으로 서 있으려 하지 않는 존재임이 분명해졌다면, 그와 동시에 이 존재가 (본체가 아니라) 순전한 관계이며, 순전한 관계로서 순수한 일치라는 점 역시 분명하다(p. 134).

성자의 존재를 정의하는 "전적 개방성"의 두 가지 상호 연관된 양상은 현재 우리의 논의 목적과 관련해 중요하다. 첫째, 전적 개방성은 **전적으로 자기를 내어 주는 것**을 요구한다. 성자는 자신의 존재 전체를 성부께 드린다. 그리고 그들과 성부 사이를 중재하는 인류에게 자신을 내어 주신다. 둘째, 전적 개방성을 위해서는 **자아 안에 타자가 전적으로 들어와 있어야 한다**. 성부께서 성자 안에 너무나 철저히 임재해 계시기 때문에 성자는 "성부와 일치를 이루신다"(p. 134). 성자는 어느 곳에서도 자신의 힘으로 서 있지 않으신다. 그분의 '나'는 아버지의 나다. 따라서 성자를 바라볼 때 보이는 것은 곧 아버지이시다. 라칭거에 따르면, 요한복음에서 예수님이 "나를 본 자는 아버지를 보았거늘"이라고 말씀하실 수 있는 까닭은 바로 성자 자신의 것은 하나도 보이지 않기 때문이다(요 14:9).

올바르게 이해했을 때, '타자에게 자아를 내어줌'과 '자아 안의 타자의 존재'라는 쌍둥이 개념은 심오하고 중요하다. 개인이 결코 그저 자신일 수 없으며, 사랑 안에서 자신을 내어 주어야 하는 다른 사람들이 자신 안에 거하고 있다고 주장함으로써 이 두 개념은 '동일자의 논리'에 대한 실현 가능한 대안을 제공하는 복합적이며 역동적인 정체성 이해를 제시한다. 그러나 라칭거는 **전적인** "자기 내어줌"과 **전적인** "타자의 존재"를 고집하느라 자신이 얻은 이익을 낭비해 버린다(Volf 1997, 1장). 첫째, 그는 성자의 고유한 정체성을 지켜 내지 못한다. 만약 전적인 자기 내어줌이 성자의 자아를 구성한다면, 내어줌을 행하는 주체는 누구인가? 어떻게 성자는 아버지와 '일치'를 이루며, 성부와 성자가 '연합'하여 하나가 되는 것은 성자가 성부 안에서 해체되는 것과 어떻게 다른가? 어쨌든 요한복음에서 예수님은 성자가 '어느 곳에서도 자신의 힘으로 서 있지 않다'는 주장을 뒷받침할 만한 말씀을 하지 않으신다. "아들이…아무것도 스스로 할 수 없나니"라고 주장하신 다음 성자는 아버지가 하시는 것을 "보고 들은" 대로 행한다고 말씀하신다(5:19, p. 30). "보고 듣는다"는 말씀은, 자신에게 속한 무언가를 가지고 성부를 대하는 자아를 전제한다. 둘째, 라칭거의 주장은 삼위일체 내의 가장 근본적인 서열을 이야기하는 것으로 귀결된다. 만약 성자가 성부와 '일치'를 이룬다면, 성부와 성자 사이에는 일종의 평등한 관계가 확립된다. 그러나 역설적으로 이런 식의 평등의 대가는 가장 철저한 불평등이다. 성자는 아무것도 아니고, 성부는 전부다. 라칭거가 그랬듯이 성부를, "낳고, 자기를 내어 주고, 밖으로 흐르게 하는 행위"로 정의하는 것은 상황을 더 악화시킬 뿐이다. 성자가 아무것도 아니고 성부가 전부라면, 자신을 내어 주시는 성부의 행위는 성자의 자아를 '식민화'하는 것과 다름없다. 말하자면, 성자는 자신의 밖으로 밀려남으로써 해체되고 만다.

라칭거는 하나님 안에서 일어나는 대화를 설명하는 대신, 그분의 존재 전체를 "성부의 말씀"으로 환원시킴으로써 성자를 침묵하게 만든다. 이 대화는 독백으로 변질되었다. 왜냐하면 성자는 대화에 참여하는 분이 아니라 복화술사이기 때문이다. 세상 속에서의 그분의 사명에서만이 아니라, 성부와의 삼위일체 내적 관계에서도 말이다. 라칭거가 '자기 내어줌'과 '자아 안의 타자의 존재'라는 개념을 그토록 급진적으로 주장함으로써 두 개념에 손상을 입힌 것을 고칠 수 있는 방법이 있을까? 자아를 상실하지 않으면서 자아를 내어 줄 수 있으며, 불평등으로 전락하지 않고도 자아 안에 타자가 존재할 수 있다고 주장할 수 있다면 가능하다. 이 두 가지를 주장하는 데 위르겐 몰트만이 도움을 줄 수 있다. 그는 위격을 관계로 해체해 버리기를 거부하는 동시에 그들 사이의 평등을 주장하고자 하는 삼위일체 사상을 대표하는 가장 주목할 만한 신학자다.

몰트만이 볼 때, 삼위일체 교리는 "신약 성경의 이야기가 성부와 성자와 성령의 관계를 선포하며, 그 관계는 교제의 관계이고 세상에 대해 열려 있다"는 사실에 기초한다(Moltmann 1981, p. 64). 이러한 "하나님의 이야기"에서 우리는 행위 주체로서의 성부와 성자, 성령을 만난다. 삼위일체 교리는 곧 "성경 이야기 자체의 삼위일체적 기원"(p. 64)에 대한 해석이므로, 위격을 "의식과 의지를 지닌 하나의 공통된 신적 본질의 주체"로 이해해야 한다(p. 171). 몰트만은 신적 위격들이 자기 폐쇄적인 개인이 아니며 다른 위격들에 의해 그들의 특수한 위격적 정체성 안에서 규정되는 점을 강조하지만, 위격을 관계로 환원하기를 거부한다. 관계로서의 위격 개념은 "위격의 삼위일체적 관념을 해체하며" "관계의 상호 인격적 관념을 제거한다"라고 그는 주장한다(p. 173). '위격'과 '관계' 모두를 보존하기 위해 우리는 그 둘을 상호적 관계 속에서 이해해야 한다. "관계 없이는 위격도 없다. 하지만 위격이 없으면 관계도 없다"(p. 172). 위격은 관계가 아니다. 위격은 그 정체성을 규정하는 관계 속에 서 있다.

하지만 신적 위격 사이의 관계는 비대칭적이며 불평등하고 계층적인가? 성부가 첫 번째, 성자가 두 번째, 성령이 세 번째인가? 만약 성부가 '기원'이고, 성자가 '나셨고', 성령이 '나오셨다'면 이 말이 맞는 듯하다. 하지만 몰트만은 삼위일체 안에서 "구성"(constitution)의 차원과 "생명"의 차원을 구별해야 한다고 주장한다. 하나는 위격들이 어떻게 구성되는가에 관한 이야기이고, 다른 하나는 그들이 서로 어떻게 관계를 맺는가에 관한 이야기다. 신적 위격의 **구성**의 차원에서, 성부는 신성의 근원이시기 때문에 '첫 번째'다. 이 근원이 없다면 세 위격을 구별하는 것은 불가능할 것이다. 그들은 분화되지 않은 하나의 신적 본질로 전락하고 합쳐지고 말 것이다(Zizioulas 1985, p. 45). **관계**의 차원에서 성자는 성부로부터 '나오셨을' 뿐만 아니라 그분께로 '돌아가신다.' 그러나 성부는 '모든 것을 성자의 손'에 맡기셨고 '성자를 영화롭게 하신다'(요 13:1 이하; 17:1). 내재적 삼위일체에 관한 진술과 더불어 경륜적 삼위일체에 관한 이러한 진술은, 성자의 구성에서 성부는 모든 신적 권능과 모든 신적 영광을 성자에게 주신다는 것을 말해 준다. 그러므로 신성의 근원으로서 **성부는 위격 사이의 상호 관계를 위계적 관계가 아니라 평등한 관계로 구성하신다.** 모든 위격은 권능에 관해 평등하며 영광에 관해 평등하다. 삼위일체의 생명의 차원에서 성부는 "첫째"가 아니라 "위격들 중 하나"다(Moltmann 1992, p. 308).

해체와 불평등이라는 이중 위협으로부터 신적 위격들을 지켜 냈기 때문에, 이제 '자아를 타자에게 내어 준다'라는 관념과 '자아 안에 타자가 존재한다'라는 쌍둥이 관념으로 되돌아갈 수 있다. 자신을 내어 주고 타자를 받아들인 후에도 그 자신으로 남아 있을 수 있는 자아를 생각해 볼 수 있다. 이제 '자기 내어줌'과 삼위일체 위격들의 '상호 내주'라는 개념을 통해, 대립적인 '동일자의 논리'에 의해 지배당하지 않는 정체성 관념의 윤곽이 드러난다. 신적 위격이 **자기를 내어 줄** 때도 이제 더 이상 (라칭거가 설명하는 성자처럼) 자신을 해체하지 않아도 된다. 그 대신 자기를 내어 주는 것은 각 신적 위격이 다른 위격들의 '영광'을 구하고 다른 위격들을 위해 자신 안에 공간을 마련하는 방식이 된다. 한 신적 위격이 다른 위격 안에 **내주**할 때도 역시 (라칭거가 설명하는 성부처럼) 다른 위격을 식민화할 필요가 없다. 그 대신 내주는 타자의 타자성—타자의 정체성—이 자기 폐쇄적이며 고정적인 '순수한 정체성'으로서가 아니라, 개방적이며 역동적인 '비정체성을 지닌 정체성'으로서 보존되는 것을 전제한다.

다마스쿠스의 요한 이래로 '페리코레시스'는 '자기를 내어 주는' 데서 기인한 신적 '상호 내주'를 지칭하는 전문 용어가 되었다. 전통적으로 페리코레시스는 주로 신적 일치를 설명하는 데 사용되었다(Prestige 1956, p. 298). 다마스쿠스의 요한은 "[세 위격은] 뒤섞이기 위해서가 아니라 서로 붙어 있기 위해 하나가 된다. 그리고 그들은 전혀 융합되거나 뒤섞이지 않은 채 서로 안에 자신의 존재를 둔다"(*de fide*, I, viii). 페리코레시스는 정체성에 관한 사유를 위해서도 중요한 자원이다(Plantinga Pauw 1993, p. 14). 페리코레시스는 '비정체성'이 '정체성' 안에 내주하고 이러한 내주에 의해 구성되는 역동적 정체성을 암시한다. 성부는 성자나 성령과 구별될 뿐만 아니라, 자신을 내어 주는 능력을 통해 성자와 성령이 그분 안에 내주하시기 때문에 성부이시다. 성자와 성령도 마찬가지다.

'자기 내어줌'과 '상호 내주'라는 쌍둥이 관념에 기초한 이런 복합적인 정체성을 하늘로부터 땅으로 가지고 내려올 수 있을까? 어떤 의미에서 이것을 '가지고 내려오는 것'이 구속사 전체의 목표다. 신적 위격들이 더불어 살아가시는 그런 교제 안에서, 하나님은 하나님의 형상으로 창조하신 인간들이 서로 그리고 하나님과 살아갈 수 있게 하시려고 세상에 오셨다. 하지만 하나님의 '자기 내어줌'과 '상호 내주'에 부합하는 인간의 반응이란 무엇을 뜻하는가? 이 문제를 논하기 위해 나는 위격 사이의 관계와 그들의 정체성에 관한 삼위일체적 이해가 성 정체성의 문제에 어떤 의미를 갖는지 묻고자 한다.

...성 정체성

지금까지 성 정체성에 관한 나의 주장은 두 가지 기본적인 주장과 하나의 제안으로 이루어져 있었다. 나는 (1) 성 정체성의 내용이 성으로 구별되는 몸에 근거를 두고 있으며, 특정한 문화적 맥락에서 남성과 여성 사이의 사회적 교환을 통해 정해지고, (2) 하나님에 대한 묘사는 남성이나 여성이라는 것이 무엇을 뜻하는지에 관한 모범을 결코 제공하지 않는다고 주장했다. 그 대신, 삼위일체 위격 사이의 관계가 '남성성'과 '여성성'의 내용이 사회적 과정 속에서 어떻게 정해져야 하는가에 관한 모형이 되어야 한다고 제안했다. 어떤 의미에서 신적 위격 사이의 관계가 모형으로서의 역할을 할 수 있는지 살펴보기 전에, 일어날 수 있는 반론에 주의를 기울일 필요가 있다.

이러한 나의 주장이 용인할 수 없을 정도로 형식적이라는 반론이 제기될 수 있을 것 같다. 나는 성으로 구별되는 몸 그리고 남성과 여성 간의 상호작용을 성 정체성의 근거로 삼았고, 이제 이 상호작용이 어떻게 일어나야 하는지 제시할 참이다. 그런데 성 정체성의 내용은 아직도 명시되지 않았고, 어떤 식으로 규정해도 되는 것처럼 보인다. 반론을 제기하는 이들은 이렇게 말할 것이다. 그 내용이 **하나님이 어떤**

분인가로부터 유래할 수 없다면, 그리스도인은 **성경이 무엇을 말하는가**에 귀를 기울임으로써 그것을 결정하려고 노력해서도 안 되는가? 우리는 남성과 여성에 관한 성경의 진술을 분석하지도, 성경적 '남성상'과 '여성상'을 재구성하려고 노력하지도, 그것을 현대 상황에 적용하지도 말아야 하는가? 물론 나는 성경에 등장하는 남성과 여성들로부터 많은 것을 배울 수 있음을 부인하지 않지만, 그런 식의 접근법이 잘못된 것일 수 있다고 주장한다. 성경적 '남성성'과 '여성성' – 우리가 성경에서 만나는 남성과 여성들 그리고 그들의 역할의 다양성을 고려해 볼 때, 혹여 그런 것이 존재하기라도 한다면 – 은 하나님이 인정하신 모형이 아니라 문화적 맥락에 자리잡고 있는 사례들이다. 그것은 남자들과 여자들이 그들의 구체적인 상황 속에서 어떻게 그들의 삶에 대한 하나님의 명령을 실천하기를 성공하고 실패했는가에 관한 이야기다. 이것은 남성과 여성이 무엇을 해야 하는가 혹은 하지 말아야 하는가, 그들이 어떤 사람이 되어야 하는가에 관한 성경적 이해가 틀렸다는 말이 아니라, 그것이 필연적으로 성 정체성과 역할에 관한 특정한 문화적 신념에 큰 영향을 받고 있기 때문에 다른 문화적 맥락에서는 제한적인 규범의 가치를 지닐 수밖에 없다는 말이다.

만약 하나님의 모형도, 여성성과 남성성에 관한 성경의 명시적 진술도 성 정체성의 내용에 관해 규범적이지 않다면, 무엇이 그 규범이 되어야 할까? 규범 같은 것이 있기는 한 것일까? 나의 제안은 신적 위격의 정체성의 특징과 그 관계의 성격 안에 규범성을 위치시켜야 한다는 것이다. 여성성과 남성성의 이상(理想)을 세우려 하는 대신에, 성으로 구별되는 몸을 각각의 근거로 삼고, **신적 위격의 정체성과 관계에 대한 비전에 통제받는 상태에서 젠더에 대한 사회적 구성이 일어나도록 해야 한다.** 규범이라는 것은, 여성성과 남성성의 어떤 '본질'이 아니라,

삼위일체 하나님의 삶을 모형으로 남성과 여성이 특정한 문화적 배경 속에서 그들의 관계와 여성성과 남성성에 대한 그들의 구성 관념을 정해 나가는 절차다. 성 정체성의 내용에 대해 더 확고한 정의를 내리는 것은 불필요할 뿐만 아니라 유해하다. 그것은 성 정체성에 관한 특정한 문화적 이해를 용인할 수 없을 정도로 동결시키고 부적절한 방식으로 그것을 변화하는 상황에 적용하려고 하기 때문이다. 이런 주장은, 이리가레이와 달리 남성과 여성 모두의 한 분 하나님을 포기하지도 않으며, 그들이 하나의 인류에 속해 있다는 생각을 무시하지도 (혹은 전적으로 거부하지도?) 않는다(Irigaray 1996, p. 35 이하). 환원 불가능하지만 변화하는 성 정체성을 지닌 남성과 여성 사이의 평화의 약속을 지탱해 주시는 분은, 바로 모든 인간이 그분의 형상으로 창조된 한 분이신 삼위일체 하나님이다.

이 장의 나머지 부분에서는 이 약속을 자세히 설명하고자 한다. 이를 위해 나는 젠더에 관한 성경의 세 가지 핵심적 진술을 신학적으로 성찰할 것이다. 세 진술 모두 암시적 혹은 명시적으로 남성에 대한 여성의 종속을 말하는 것처럼 보인다(창 1, 2장; 고전 11:2-16; 엡 5:21-33). 나는 종속적 관점을 문화적으로 조건 지워진 것으로 보아 무시할 것이며, 이 진술들을 삼위일체의 관계에 대한 평등주의적 이해라는 틀에서 그리고 "남자나 여자나 다 그리스도 예수 안에서 하나이니라"라는 갈라디아서 3:28과 같은 성경의 핵심적 주장이 담고 있는 평등주의적 주제의 관점에서 이 진술들을 해석하고자 한다.

'**남자와 여자**.' 창세기 1장에서는 "하나님이 자기 형상, 곧 하나님의 형상대로 사람을 창조하시되 남자와 여자를 창조하시고"라고 말한다 (27절). 인간은 남성과 여성이라는 환원할 수 없는 이원성 속에서 존재한다. 더 일반적인 인간이란 없으며, 오직 남성과 여성이 있을 뿐이다.

창세기 2장은 이 이원성이 성에 따라 구별되는 그들의 몸에 근거를 두고 있음을 말해 준다. 아담은 깊은 잠에서 깨어나 하나님이 그에게 데리고 오신 하와를 보고 그 즉시 ― 아마도 그녀의 몸을 보고 ― 그들의 근본적인 하나됨과 부인할 수 없는 차이를 알아차린다. "아담이 이르되 이는 내 뼈 중의 뼈요 살 중의 살이라. 이것을 남자에게서 취하였은즉 여자라 부르리라"(23절). 남성성과 여성성의 내용은 문화에 따라 다를 수 있으며, 둘 사이의 경계도 흐릿할 수 있지만, 남성과 여성의 표지는 인간의 몸에 지울 수 없게 새겨져 있다. 그러므로 성 차이는 인간 실존의 빼앗을 수 없는 특징이다. 이것이 여성성과 남성성에 관해 창세기 1장과 2장이 가르쳐 주는 가장 기본적인 교훈이다.

하지만 갈라디아서 3:28은 반대의 교훈을 담고 있지 않은가? 이 구절은 지울 수 없는 것을 삭제하고 떼어낼 수 없는 것을 제거하지 않는가? 그것은 그리스도 안에서 창조 질서가 초월되었고, 따라서 창세기 1장에서 인류가 '남자와 여자'로 창조되었지만 이제는(갈 3장에서는) 더 이상 남자도 없고 여자도 없다고 주장하며 분명히 창세기 1장을 암시하면서 그것을 부인하지 않는가? 대니얼 보이어린은 부분적으로는 웨인 믹스(Wayne A. Meeks)를 따르면서(Meeks 1973), (종말의 여명이 이르기 전에는 온전히 실현될 수 없는) 바울의 이상이 "이중 성 정체성의 상태, 젠더와 성의 폐지"라고 주장한 바 있다(Boyarin 1994, p. 195). 바울은 "차이와 서열을 초월해 보편적 인간 본질의 이상을 만들어 내는 일자에 대한 헬레니즘 욕망의 영향을 받았다"(p. 181). 그리고 젠더의 통일을, 언제나 특수한 몸과 달리 보편적인 "영혼에" 위치시켰다(193, p. 7).

그러나 보이어린의 주장은 설득력이 없다(1장을 보라). 바울에게 통일의 근원은 특수성과 차이를 지워 버리는 추상적인 "일자"나 "영혼"이 아니라, 모든 사람을 위해 내어 주신, 십자가에 달려 죽으시고 부활하신 그리스도의 유일하며 구별되는 몸이다(고전 10-12장; 엡 4:11-18 참고). 뿐만 아니라, 인간론에 있어서 바울은, 몸에 새겨진 차이를 없앨 수 있게 해주는 '영혼'과 '몸'의 이원론적 분리를 이야기하지 않는다. 따라서 히브리 성경이 결코 원초적인 이중의 성 정체성이나 '남성과 여성'이 갈라져 나온 성적으로 분화되지 않은 인류에 대해 이야기하지 않는 것과 마찬가지로(Gundry-Volf 1994, 102-03; Trible 1978, 18), 그리스도 안에서 '더 이상 남자도 여자도 없다'는 바울의 주장 역시 종말론에 이르면 젠더의 뚜렷한 두 가지 형태가 사라질 것이라는 논리를 수반하지 않는다. 그리스도 안에서 지워지는 것은, 성으로 구별되는 몸이 아니라 (결혼과 출산의 의무나 여성이 교회 안에서 특정한 기능을 수행하지 못하게 하는 금지 조항처럼) 그것과 결부된 몇몇 중요한 문화적으로 코드화된 규범이다. 그리스도 안에서 하나 되는 것은, 순수한 영혼 혹은 젠더가 제거된 '개인들'의 추상적 통일이 아니라 성으로 구별되는 몸과 분명한 성 정체성을 지닌 사람들이 공동체를 이루는 것이다.

앞서 나는 삼위일체 교리에서 위격이 관계로 환원되어서는 안 된다는 점을 지적한 바 있다. 만약 그런 환원이 발생한다면, 한 위격은 다른 위격 안으로(예를 들어, 성자 성부 안으로) 사라져 버리고, 궁극적으로는 하나의 공통이자 구별되지 않는 신적 본성 안에서 모든 위격이 사라지고 말 것이다. 그와 유사하게, 한 젠더가 다른 젠더로(여성성이 남성성으로) 변형되어서는 안 되며 두 젠더가 하나의 새로운 종합으로 바뀌어서도 안 된다. 첫 번째 가능성―한 젠더가 다른 젠더로 변형되는 것―을 옹호하는 경우는 (어떤 형태의 영지주의에서 '남성이 됨'으로써 구원을 성취한다고 보기는 했지만) 거의 없다. 그러나 대부분의 문화에서, 특히 공적 영역은 남성 중심적이며 여성은 배제당하거나 철저한 **차별과 억압**을 통해 순응을 강요받는다. 여성에 대해 가혹한 불의를 행하지 않는 경우조차도, 모호하지만 영속적인 **집 없음**의 느낌 때문에 여성들이 고통당하는 경우가 많다. 그들이 살아가는 사회적 세계는 '그들의 기준'에 따라 구성되지 않았다. 그것은 남성의 사회이며 그들은 그 안에서 이방인인 듯한 느낌을 받는 때가 많았다. 두 번째 가능성—두 젠더를 하나의 새로운 종합으로 변화시키는 것—은 최근 로즈메리 래드포드 류터(Rosemary Radford Ruether)가 옹호한 바 있다. 자유주의적 일원론(남성성의 지배에 대한 위장으로서의 일반적인 인간성)과 젠더 간의 낭만적 이분법(여성스러운 여자와 대비되는 사내다운 남자) 모두에 대해 불만을 가지고 있었던 그는 여성성과 남성성의 "변형된 종합"을 제안했다. 반대편에서 온 남성과 여성은 공동의 전인성을 향해 여행을 떠나야 한다(Radford Ruether 1996, p. 251). 그러나 만약 우리가 젠더의 영속성을 가정한다면(나는 그래야 한다고 생각한다), 전인성은 양쪽 모두에게 동일할 수가 없다. 양쪽 모두 함께할 때만 온전해질 수 있지만, 전인성은 각각에 대해 특수하다. 이 말은 결코 젠더의 변하지 않는 '본질'을 인정해야 한다는 뜻이 아니다. 오히려 그것은 성에 따라 구별되는 몸에 기초한, **역동적으로 구성된 젠더의 환원할 수 없는 이원성**을 인식한 결과다.

환원할 수 없는 이원성과 성 정체성의 역동적 구성을 강조할 때, 남성과 여성 사이의 근본적인 평등을 시야에서 놓치지 않는 것이 중요하다. 이원성을 지지할 때 언제나 불평등을 인정하는 오류에 빠질 위험이 다분하기 때문이다. 특히 이것은 남성과 여성의 차이가 과거에는 대개 한쪽의 우월함과 다른 한쪽의 열등함을 뜻하는 것으로 해석되었기 때문이다. 놀라울 것도 없이, 평등을 성취하려고 노력하는 이들은 때때로 동질성 안에서 피난처를 찾는다. 우리는 동질성을 거부하면서 남성과 여성 사이의 평등을 긍정하는 동시에, 여성과 남성의 평등이 공식적으로 보증되는 때조차도 여성의 열등함을 포함시키면서 그것을 영속화시키는 사회적 관행을 변화시키려 노력해야 한다.

남자 없이 여자만 있지 않고 여자 없이 남자만 있지 아니하니라. 젠더의 이원성을 감안할 때 각각의 전인성의 추구는 타자와 상관없이 독립적으로 이루어져야 하는가? 때때로 한 젠더의, 대개는 여성의 정체성이 위협을 받는다. 그런 상황에서는 '경계 유지하기'와 '정체성 형성하기'가 필요할지도 모른다. 예를 들어, '밀라노 여성 서점'(Libreria delle donne di Milano)을 중심으로 활동한 페미니스트들은 현대 문화 속에서 여성의 집 없음에 대해 저항하면서, 어떤 여성적 본질로의 회귀를 통해서가 아니라 여성을 중심에 놓는 방법으로 "어머니들의 상징적 질서", "여성의 계보", "여성적 권위"를 강조함으로써 여성의 정체성을 함양할 필요가 있다고 강조했다(*Wie Weibliche Freiheit Entsteht*). 그와 비슷하게, 남자들도 점차 자신들의 남성성을 장려해야 할 필요성을 느끼고 있다. 개리슨 케일러(Garrison Keillor)가 「사내들의 책」(*The Book of Guys*)에서 지적했듯이, 발달한 산업 사회에서 남자들은 어려움에 처해 있다. 몇 해 전만 해도 "남성성이 성취를 위한 기회였지만" 이제는 그저 "극복해야 할 문제"가 되고 말았다(Keillor 1994). '사내들의 문제'는 가부장제의 쇠퇴—가부장제의 쇠퇴 논제를 지지하는 바버라 에렌라이히(Barbara Ehrenreich)가 지적하듯이(Ehrenreich 1995, p. 284), "남녀 차별주의나 여성 혐오, 심지어 남성 지배"의 쇠퇴가 아니라—와 그 결과 남자들이 배우자와 아버지로서 자신의 역할에 대해 확신하지 못하는 상황에서 기인했다.

내부로 눈을 돌려 각 젠더의 정체성을 강화하는 것이 전략적으로 중요할 수는 있지만, 그것 자체를 목표로 삼는 것은 잘못된 태도다. 첫째, 자신의 정체성에만 배타적으로 관심을 기울이는 것은 우월함이라는 파괴적인 이데올로기를 만들어 내는 경우가 많다(비록 과거에는 항상 어디에서나 스스로 우월하다고 생각했던 남성들이 이따금씩 등장하는 여성의 우월함에 관한 수사에 대해 지나치게 우려해서는 안 되기는 하지만). 더 중요하게는, 내부로 눈을 돌리면 성 정체성의 성격을 제대로 파악하지 못한다. 우리는 "처음부터" 남성적이지도 여성적이지도 않다(Irigaray 1985, p. 212). 우리는 다른 젠더와의 관계를 통해 그렇게 만들어진다. 여성의 정체성이 여성들만의 문제가 아니며 그럴 수도 없는 것처럼, 남성의 정체성은 남성들만의 문제가 아니며 그럴 수도 없다. 성 정체성은 본질적으로 관계적이며, 따라서 각 젠더의 개별적 전인성은 다른 젠더와의 관계, 즉 두 젠더를 중성화하거나 종합하지 않고 각 젠더를 다른 젠더에 맞춰 재조정함으로써 협상하는 관계를 통해서만 성취될 수 있다.

고린도전서 11장에서 바울은 "주 안"에서의 남성과 여성 사이의 관계를 설명하면서 이렇게 말한다. "남자 없이 여자만 있지 않고, 여자 없이 남자만 있지 아니하니라"(11절). 보이어린은 갈라디아서 3:28을 해석하는 방식과 똑같은 방식으로 이 구절을 해석한다. 즉, "영혼의 차원에서 존재하는 이중 성 정체성을 표현하는" 것으로 본다(Boyarin 1994, p. 194). 이런 해석에 따르면, 주 안에서 "여자는 남자와 **다르지 않고**, 남자는 여자와 **다르지 않다**"(Kürzinger 1978). 그러나 사도 바울이 다음 구절에서 어떤 근거로 한 젠더가 다른 젠더 없이 존재하지 않는다고 주장하는지에 주목하라. 그는 그 근거를 '순수한 영혼'의 차원이 아니라 **육체적 창조**로부터 가져왔다. "이는 여자가 남자에게서 난 것 같이 남자도 여자로 말미암아 났음이라"(12절). 주디스 건드리-볼프가 보여 주듯이, 바울은 고린도전서 11장에서 창조에 대한 **두 가지** 해석을 보여 준다(Gundry-Volf 1997). 즉, 창조 안에서 위계를 찾아내는 가부장적 문화의 관점에 따른 해석(8-9절)과 창조 안에서 평등을 찾아내는 그리스도 안의 새로운 삶의 관점에 따른 해석이다(12절). 창조에 대한 바울의 두 번째 해석은 젠더 간의 평등을 강조하며, 보이어린의 주장처럼 젠더 간의 차이를 결코 없애 버리지 않는다. 여자는 남자에게서 났고 남자는 여자로 말미암아 났기 때문에 바울은 그들이 서로가 없이 존재할 수 없다고 주장한다(12절). '-에게서'와 '-로 말미암아'라는 조사는 창세기 2장에 대해 주의를 환기하는 동시에 낳음('-에게서')과 태어남('-로 말미암아')이라는 생각을 암시한다. '주 안'에서 성에 따른 몸의 차이는 없어지지 않는다. 그와 반대로, 이 차이는 남성과 여성이 서로 의존하는 근거가 된다.

상호 의존을 표현하는 이중 부정("~없이 ~없다")은 중요하다. 성 정체성의 구성에 있어 이것이 무엇을 뜻하는지 설명해 보겠다. 흔히 '대립의 논리'를 사용해 젠더를 정의하곤 하는데, 「희생의 논리학」에서 앨리슨 위어는 페미니즘 사상조차도 "정체성과 차이 사이의 비대립적·비억압적 관계를 이론화하는" 데 실패했음을 지적했다(Weir 1996, p. 3). 잘 알려져 있듯이, 시몬 드 보부아르는 「제2의 성」에서 "정체성은 필연적으로 주체와 객체 간 대립의 산물"이라는 근본 가정으로부터 출발한다. 따라서 여성은 "자신을 객체/타자와 대립시킴으로써만" 자신의 정체성을 주장할 수 있다(p. 4). 하지만 관계적 페미니스트들(낸시 초도로우)과 포스트모던 페미니스트(뤼스 이리가레이)들처럼 차이의 억압을 통한 정체성 형성을 전복하고자 하는 페미니즘 사상가들조차도 결국에는 암묵적으로 대립의 논리를 주장한다고 위어는 말한다. 왜냐하면 그들은 여전히 "정체성이 필연적으로 주체와 객체 간 대립의 산물"이라는 생각에 기초한 논증을 전개하며, 따라서 "자아/동일자에 의한 타자의 배제"를 요구하기 때문이다(p. 7). 위어는 "차이와 타자성을 배제하지 않고 포함하는" 대안적인 정체성 이론을 주창한다(pp. 7-8). 나는 바울이 말하는 "~없이 ~없다"라는 논리ㅡ남자 없이는 여자도 없고, 여자 없이는 남자도 없다—가 삼위일체 교리에서 만나는 정체성의 본질에 부합하는 복합적이며 역동적인 성 정체성 이해를 정확히 제시한다고 주장한다.

앞서 지적했듯이, 삼위일체 안에서 구별되는 위격은 자신 안에 거하는 다른 위격의 내주에 의해 내적으로 구성된다. 각 위격의 정체성은 다른 위격 없이는 생각조차 할 수 없다. 다른 위격의 존재는 각 위격의 정체성에 있어 필수적 구성 요소다. 타자에 대한 순수한 대립을 통해 구성되는 자기 폐쇄적 정체성은 생각조차 할 수 없다. 성부는 성자와 성령과의 관계라는 역학 속에서만 성부이시다. 그와 비슷하게, 바울이 말하는 "~없이 ~없다"라는 논리 역시 다른 젠더가 '없다면' 한 젠더의 정체성도 생각할 수 없음을 암시한다. 여성은 단순히 '남성이 아닌 존재'로 정의할 수 없다. 그런 대립적인 '동일자의 논리'는, "우리 자신에 대한 (사회적) 이미지의 필연적인 상호 연관성"으로부터 형성된 남성과 여성 모두의 정체성에 폭력을 가할 뿐이다(Gatens 1996, p. 38). 한 사람이 여자라는 말은, '남자 없이는 존재하지 않는' 여성의 성을 지닌 인간이라는 뜻이다. 한 사람이 남자라는 말은, '여자 없이는 존재하지 않는' 남성의 성을 지닌 인간이라는 뜻이다. 이것은 남성과 여성이 이성애적 관계 속에서 사는지와 무관하게 유효하다.[2]

성 차이를 삭제함으로써 중성을 만들어 내는 '이쪽도 아니고 저쪽도 아니라는' 관념과 달리, 그리고 성 차이를 종합함으로써 역시 중성을 만들어 내는 '이쪽과 저쪽 모두'라는 관념과 달리, '저쪽이 없으면 이쪽도 없다'는 관념은 성 차이를 긍정하는 동시에 하나의 성 정체성을 언제나 다른 성 정체성의 내부에 위치시킨다. 환원할 수 없는 이원

---

[2] Carole S. Vance가 지적했듯이, 많은 점에서 서로 얽혀 있기는 하지만 "성과 젠더는 분리된 체계다"(Vance 1995, p. 39).

성은 보존되며, 각각이 그 나름의 방식으로 언제나 이미 타자를 포함하는 복합적인 정체성의 일부가 된다.

'그리스도께서…교회를 위하여 자신을 주심같이.' 각 성 정체성의 역동적 특수성이 보존되는 것과 성 정체성이 부분적이고 상호적으로 내재성을 지니는 것은, 지금까지 삼위일체적 정체성의 본질과 남성과 여성에 관한 몇 가지 핵심 성경 구절에 대한 성찰을 통해 얻은 성 정체성 구성의 두 가지 측면이다. 성 정체성의 구성을 위한 일반적인 지침으로 이 두 가지면 충분한 것일까? 무엇보다도 젠더 사이에서 투쟁하며 심지어 직접적인 폭력까지 발생하는 세계에서 이 두 가지 원리가 과연 유효하겠는가? 한 젠더는 다른 젠더를 식민화한 다음 그을린 땅을 버리고 물러나려 한다. 한 젠더는 다른 젠더를 지배하고, 다른 젠더에 경멸적인 이미지를 덧씌우고, 다른 젠더를 조작하려 한다. 한 젠더의 개인은 다른 젠더로부터 자신을 단절시키며 강요된 순수성을 유지하려고 하는데, 이것은 결국 공격성으로 변질되고 만다. 대개의 경우 두 젠더의 개인들이 모두 이런 일을 행하며, 심지어는 모두가 동시에 이런 일을 행하기도 한다. 일반적인 인간관계와 마찬가지로 젠더 사이의 관계도 존경과 사랑을 결여한 경우가 너무나 많으며, 적대감으로 가득한 경우도 적지 않다.

의심할 바 없이, 독특한 정체성을 보존하는 동시에 타자를 아우르는 복합적인 정체성을 구성하고자 하는 쌍둥이 전략은 도움이 될 것이다. 이 전략은 젠더 간의 긴장을 일으키는 가장 중요하고 상호 연관된 원인 중 몇 가지—정체성에 대한 위협과 대립적인 정체성 추구—에 대한 해결책이 된다. 그러나 왜 우리는 특히 적대적인 상황에서 이러한 쌍둥이 전략을 추구해야 하는가? 왜 한쪽의 순수한 정체성을 고집해서는 안 되는가? 왜 다른 사람들의 정체성에 대한 요구를 그저 무시해서는 안 되는가? 이런 물음에 답하기 위해서는 성 정체성 사이의 관계에 대한 문제에서, 젠더에 의해 규정된 사람들 사이의 관계에 대한 문제로 초점을 옮겨야 한다.

앞서 나는 삼위일체의 삶의 특징은 자신을 내어 주는 사랑이라고 주장했다. 성자는 성부께 '영광을 돌리기'를 추구하고 자신 안에 성부를 위한 공간을 마련하심으로써 영원히 성부께 자신을 내어 드린다. 이는 성부와 성령께도 똑같이 적용될 것이다. 사랑의 하나님이 인류의 적대감으로 가득한 세상에 들어오실 때, 영원히 자신을 내어 주시는 신적 위격의 사랑은 다른 이들을 희생시키는 데 혈안이 된 사람들을 구원하기 위한 예수 그리스도의 역사적인 자기 희생으로 표현되었다(3장 참고). 에베소서 5장에서는 인류를 위해 자신을 내어 주신 그리스도의 희생을 젠더에 의해 규정된 사람들 사이의 관계를 위한 모범으로 삼는다. "남편들아, 아내 사랑하기를 그리스도께서 교회를 사랑하시고 그 교회를 위하여 자신을 주심같이 하라. 이는 곧 물로 씻어 말씀으로 깨끗하게 하사 거룩하게 하시고"(25-26절). 본문에서는 남편들에게만 이야기한다. 그러나 더 광범위한 성경 이야기는 이 명령이 남성과 여성 모두에게 적용된다고 말한다(가부장제 사회에서 여성이 억압받는 상황을 감안할 때 여기서는 남편들을 향해 이야기하는 것이 적절했지만).

'자기 내어줌'이라는 관념은 잘못 사용되는 경우가 많으며, 그것이 유익을 주기보다는 해를 입히지 않기를 바란다면 신중하게 그 미묘한 차이를 구별해 낼 필요가 있다. 분명히 그것은 자아의 상실과 아무런 관계가 없다. 오히려, 에베소서 본문과 그 본문을 해석하기 위한 틀로 사용했던 삼위일체 교리에서는 자아의 긍정을 전제한다. 삼위일체에서 위격은 관계 이상이며, 에베소서는 "누구든지 언제나 자기 육체를 미워하지 않기" 때문에 자기를 사랑하는 것처럼 타자를 사랑해야 한다고 말한다(29절). 하지만 적극적인 의미에서 자기 내어줌이란 무엇을 뜻하는가? 첫째, 그것은 자아에 몰두하기를 포기하고, 타자를 "양육하고 보호하기" 위해, 그들을 "흠이 없게" 만들고 "영광스러운" 모습으로 세우기 위해 그들을 향해 나아가는 것을 뜻한다(29, 27절). 둘째, 자기 내어줌은 타자를 위해 자아를 열어젖히고 타자가 자아 안에서 공간을 찾을 수 있게 하는 것을 뜻한다. 이를 철저히 실천함으로써, 여전히 타자로 남아 있으며 자아의 비본질적 연장으로 변질되지 않는 타자를 위한 사랑이 자아에 대한 사랑처럼 경험될 수 있다(28절). 이리가레이는, 자기 내어줌으로써 "나의 물러남을 당신에게 바치듯이, 당신의 후퇴는 나의 실존을 드러낸다"는 아름다운 말로 「내가 사랑하는 너」(I Love to You)를 끝맺는다(Irigaray 1996, p. 150). 타자가 풍성한 삶을 살 수 있도록 노력하고, 타자를 위해 자아 안에 공간을 만든다는 이중적인 의미에서, 여성과 남성은 제인 윌리엄스(Jane Williams)의 말처럼 "자기를 내어 주시는 하나님의 사랑이라는 그 위대한 원을 닮은 모습으로" 자라날 것이다(Williams 1992, p. 43).

적의가 넘치는 세상에서 자기를 내어 주는 것은 위험하고도 어려운 사랑의 일이다. 자기를 내어 준다고 해서 적대감을 극복할 것이라는 보장이나, 악을 행하는 이들이 자아가 만들어 놓은 공간을 침범하지 않을 것이라는 보장이나, 타자의 유익을 위해 자신을 기꺼이 내어 주고자 하는 이들을 짓밟지 않을 것이라는 보장은 전혀 없다. 그럼에도 우리는 자기를 내어 주겠다는 다짐을 배반하지 않은 채 그처럼 악을 행하는 이들에 대해 저항해야 한다. 자기 내어줌에 있어 결코 성공을 확신할 수는 없어도 그렇게 함으로써 우리는 영원의 약속을 소유한다. 왜냐하면 자기 내어줌은 삼위일체 하나님의 성품을 반영하기 때문이다. 하나님의 위격들이 다른 위격들이 각각의 위격 안에 내주함으로써

만 그 자신이 될 수 있는 완벽한 공동체를 이루며 존재하는 것은 바로 자기 내어줌 때문이다. 그리고 타자 없이는 존재할 수 없는, 구별되지만 역동적인 성 정체성이 평화롭게 만들어지고 다시 만들어지는 남성과 여성의 새로운 공동체가 출현할 수 있는 것도 바로 자기 내어줌이 지닌 힘을 통해서다.

…누구의 갈빗대?

결론적으로 서론에서 인용한 니체의 경구로 되돌아가 보자. 니체는 "남자는 여자를 만들었다. 하지만 무엇으로부터? 그의 신, 그의 '이상'의 갈빗대로부터"라고 말했다. 여자는 남자가 지닌 이상으로부터 만들어 낸 남자의 창조물이다. 이것이 니체가 원했던 바였다. 그는 「차라투스트라는 이렇게 말했다」에서 "온전히 남자인 사람만이 여자 안에 있는 여자를 구속해 낼 수 있으며"(Nietzsche 1969, p. 189), 여자는 "모든 사랑을 바쳐 순종할 때"에만 그에게 세상이 완벽해진다고 말했다(p. 91). 남자는 창조주이자 구속주, 명령하는 자다. 반면에, 여자는 질서의 강요를 간절히 바라는 혼돈, 구속을 기다리는 죄의 본성, 명령을 받아야만 하는 비합리성이다. 젠더의 구성은 언제나 한 방향으로만 진행된다. 즉, 남자의 온전함과 긍정성으로부터 여성의 결핍이라는 부정성으로 움직인다.

앞서 지적했듯이, 니체의 경구는 여자의 창조에 관한 창세기 이야기를 뒤집어 놓은 것이다. 그는 성경과 기독교 전통에서 여성 혐오적인 태도를 가져왔는가? 그는 남자와, 부족하며 종속적인 존재인 여자를 만든 남자의 하나님 사이의 공모를 세속화시켜 설명했을 뿐인가? 니체는 많은 그리스도인이 젠더에 관해 사랑이라는 수사로 포장하고 하나님의 명령으로 은폐시켜 말하는 것과 동일한 이야기를 노골적이고 불경하게 말했던 것은 아닐까? 가장 급진적인 무신론자와 가장 경건한 근본주의자가 의견을 같이하는 듯하다. 여성에 대해 적대적이라는 점에서! 하지만 이 이상한 동료들의 생각이 정말로 옳은가?

지금까지 나는 기독교 전통의 핵심—삼위일체와 십자가의 교리—에는 니체 식의 여성 혐오에 대한 급진적인 대안을 제공할 수 있는, 성 정체성에 관한 사유를 위한 자원이 존재한다는 것을 보여 주려고 노력해 왔다. 첫째, 인간은 평등한 존엄성을 지닌 환원할 수 없는 젠더의 이원성 속에서 존재한다. 남자는 온전하지 않으며 여자는 부족하지 않다. 여자는 순종하는 한편, 남자는 명령하는 것이 아니다. 둘 다 명령하고 둘 다 순종한다. 둘 다 온전하면서 둘 다 부족하다. 둘째, 성으로 구별되는 몸에 기초한 성 정체성의 구성은 양방향으로—남성에서 여성으로, 여성에서 남성으로—이루어진다. 니체의 용어를 사용하자면, 각각의 정체성은 그 자체의 '창조'와 '구속'을 위해 타자의 정체성이 필요하다. 셋째, 각 성 정체성은 그 자체로 '타자의 정체성이 없이는' 존재할 수 없다. 각 정체성은 그 나름의 방식으로 타자의 정체성을 아우르며, 두 정체성 모두 서로의 관계 속에서 만들어지고 다시 만들어진다. 마지막으로, 이 모든 것—젠더 간의 평등한 존엄성에 대한 긍정, 성 정체성을 구성할 때의 대칭성, 자아 안의 타자의 존재—은 자기를 내어 주는 사랑에 의해 작동한다. 자기 내어줌의 목표는 완벽한 사랑의 상호성이지만, 적의가 넘치는 세상에서 이 목표를 향해 나아갈 때 타자를 위해 일방적으로 자아를 내어 주는 좁은 길을 통과해야 하는 경우가 많다. 이 목표를 위한 모범은 신적 위격들의 영원한 포용이다. 이 목표에 이르는 험로의 모범은 십자가 위에서 죄에 빠진 인류를 끌어안으신 그리스도의 사랑이다.

니체는 여자가 "남자의 신, 그의 '이상'의 갈빗대로부터" 만들어졌다고 주장했다. 반대로, 지금까지 나는 남성과 여성이 삼위일체 하나님의 '갈빗대'와 십자가에 달리신 이의 '상처 난 옆구리'로부터 '창조되었다'고 가정한다면 그들의 상호적인 '창조'의 과정이 어떤 모습일지를 그려 보았다.

제2부

5 ● 억압과 정의

...정의에 맞서는 정의

1843년 찰스 네이피어(Charles Napier) 장군이 신드(Sind)를 정복하고 영국 식민지 지배 질서를 수립했을 때, 그는 '열등한 인종들'에게 문명의 혜택이 돌아가리라 확신했다. 영국인들은 이곳에 들어와 식민 통치의 일환으로 사티(sati) – 남편이 죽었을 때 과부를 함께 순장하는 풍습 – 를 금지했다. 그들은 원주민들의 수많은 독특한 관습을 용인할 정도로 영리했지만, 과부를 순장하는 것은 허용하지 않았다. 하지만 신드의 브라만들은 사티가 예로부터 내려오는 관습이라고 항변했다. 네이피어 장군의 대답은 단순하면서도 오만했다. "나의 나라에도 남자들이 여자들을 산 채로 불태울 때 그들을 교수형에 처하는 관습이 있다. 우리 모두 자기 나라 관습에 따라 행동하자!"(Berger 1992, p. 71)

때때로 이 이야기는 특정한 관습이 다른 관습보다 분명히 도덕적으로 우월함을 강조하는 논쟁적 도구로 사용된다. 그러나 이것을 서로 다른 정의관들이 경쟁하거나 충돌하는 극단적인 사례로 볼 수도 있다. 과부를 순장하는 것이 아무런 문제가 없다는 브라만의 정의가 존재한다. 여성은 날 때부터 남성 – 아버지나 남편, 그리고 경우에 따라서는 아들 – 에게 속한 존재다. 남편이 죽었을 때도 아내는 계속 그의 소유이며, 따라서 남편과 함께 화장될 수 있다. 사트(sat)의 힘이 그녀에게 내려왔기 때문에 그녀는 아마도 아무런 고통도 느끼지 않을 것이다. 그 피해를 상쇄하기 위해 그녀는 여신으로 숭배를 받을 수도 있다(Van den Bosch 1990, p. 174 이하를 보라). 이 관습에 대한 또 다른 변론은 이런 식이다. "화장터의 불꽃에서 죽은 남편을 뒤따름으로써 그녀는 남편과 자신을 모든 죄로부터 자유롭게 하며, 부부는 천국에서 영원한 행복을 누릴 것이다"(Pederson 1991, p. 68). 사티는 불의한가? 브라만의 기준에 따르면 그렇지 않다.

하지만 네이피어 장군의 정의는 다른 문화에 내재하는 전혀 다른 기준에 따라 작동했다. 네이피어가 속한 서구 민주주의 문화의 가장 근본적인 신념에 따르면, 모든 인간이 고유한 가치를 지니며, 개인의 생명보다 신성한 것은 없다. 당신이 한 사람의 생명을 잔인하게 짓밟는다면, 당신의 생명도 짓밟힐 것이다. 정의의 논리는 교수형이나 그와 유사한 처벌을 요구한다. 1779년 인도에서 살던 영국 여성 엘리자 페이(Eliza Fay)가 반박했듯이(Herman 1996, p. 29), 네이피어 장군도 여자였다면 사티에 대한 변호를 "남편에게 아내의 돌봄과 봉사를 보장해 주려는 전적으로 정치적인 제도"에 불과한 관습을 합리화하는 것으로 여겨 더 쉽게 물리칠 수 있었을 것이다. 신드 브라만과 영국인 장군 사이의 대결은 우리에게 무엇을 말해 주는가? 문화에 맞서는 문화? 정의에 맞서는 정의? 만약 그렇다면 제국의 장군이 신봉하는 정의가 언제나 현자와 제사장들의 정의에 대해 승리할 것이다. 적어도 얼마간은 말이다.

그로부터 한 세기 반이 지난 지금, 탈식민주의적 감수성으로 인해 우리는 상황을 신드의 브라만이나 네이피어 장군과는 사뭇 다르게 바라본다. 한편으로, 네이피어처럼 우리는 과부를 순장해서는 안 된다고 확신한다. 사티는 비인간적이므로 불의하다. 어떤 사람이 이 관습을 비난하지 않는다면, 우리는 그가 여성 차별을 문제시하지 않을 정도로 미개한 상태라고 주장할 것이다! 우리는 소름끼치지만 강력한 논리로, 과부를 태워 죽인다면 홀아비도 태워 죽여야 한다고 주장할 것이다. 그것만이 공평한 처사다. 다른 한편으로, 브라만처럼 우리는 대부분 식민지 권력이 피지배민들에게 자신들의 지배와 가치를 강요했던 폭력이 대단히 불의하다고 주장할 것이다. 이른바 '열등한 인종들'의 '야만성'이 에스파냐의 잔인한 아메리카 정복에 대한 변명이 될 수는 없지 않은가? 우리는 츠베탕 토도로프가 「아메리카 정복」에서 말했던 식민화의 "도덕적 역설"에 쉽게 공감할 수 있다. "그리스도인들은 식인 풍습을 보면서 혐오감을 느낀다. 기독교가 들어오면서 이 풍습이 억제되었다. 그러나 이러한 억제를 위해 사람들을 산 채로 불태웠다!" (Todorov 1984, p. 179) 토도로프는 냉담한 어투로 이렇게 말한다. "산 사람을 불태우는 것과 죽은 사람을 먹는 것 사이에서 '문명 수준'의 차이를 발견하기는 어렵다."

  탈식민주의적 감수성은 우리에게 네이피어와 브라만 모두가 그들 나름대로 불의하다고 말한다. 우리는 왜 그렇게 생각하는가? 우리는 우리 나름의 관습과 가치 구조를 지니고 있으며, 우리의 정의 관념도 그 일부다. 19세기 인도의 최고층 사제 계급을 대표하는 이들과 달리, 그리고 빅토리아 시대의 제국주의자들과 달리, 우리는 개인 생명의 불가침성과 문화의 다원성 **둘 다**를 가치로 인정한다. 하지만 이런 태도는 우리를 어디로 이끄는가? 그들의 문화에 맞서는 우리의 **우월한 문화**? 그들의 정의에 맞서는 우리의 **우월한** 정의? 우리는 우리의 민주주의적, 탈식민주의적 감수성이 은폐된 형태의 식민주의로 비춰질 것이 두렵기 때문에 이런 식의 기술을 주저할지도 모른다. 하지만 과연 이런 식으로 **생각**하는 것도 주저하는가?

오늘날 구체적인 타자를 마주할 때 우리의 정의가 우월하다는 은밀한 가정은 도전을 받는다. 브라만이나 식민지의 장군과 달리 우리의 타자는 우리에게 대꾸하면서, 우리의 정의가 우리가 생각하는 것만큼 정의롭지는 않다고 주장한다. 다른 많은 상황도 동일한 결론을 낳겠지만, 최근에 보스니아에서 일어난 전쟁에 관해 생각해 보라. 외부인들은 크로아티아인, 이슬람교인, 세르비아인들의 이야기를 분명한 옳고 그름의 이야기로 풀어 낼 수 없기 때문에 당혹스러워한다. 그리고 마이클 이그내티에프(Michael Ignatieff)의 말처럼, "감정을 이입할 수 있는 결백한 희생자를 찾을 수 없을 때…양심은 피상적인 인간 혐오를 붙잡으려 한다"(Ignatieff 1985, p. 68). 결론은 강력해 보인다. 왼쪽과 오른쪽 모두에서 정의가 짓밟혔다. 그들은 모두 제정신이 아니다. 그들은 모두 야만인이다. (물론 이렇게 말함으로써 서구인들은 정의롭고, 양식이 있고, 개화되었음을 간접적으로 주장한다.)

하지만 보스니아에서 전쟁을 벌이는 당사자 누구에게라도 물어 보라. 그러면 그들은 누가 진짜 야만인인지 말해 줄 것이다. 하지만 놀랍게도 세르비아인들이 말하는 야만인에는 크로아티아인과 이슬람교인뿐만 아니라 서구 전체가 포함되어 있을 것이다. 수백만 명의 원주민과 식민지의 문화를 파괴하고 '최종 해결책'을 고안해 낸 바로 그 타락한 문명이, 자신의 정당한 소유를 빼앗으려는 살인자 크로아티아인과 이슬람교인에 맞서 집과 아내와 자녀를 지키려고 한 죄밖에 없는 우리 세르비아인들에게 제재를 가하며 다시 한 번 그 추악한 얼굴을 드러내고 있다. 혹은 이런 고발은 다음과 같이 변형될 수도 있다. 이번에는 이슬람교인들이 말한다. "어떻게 서구 기독교인들은 우리가 수천 명씩 살육당하는 것을 앉아서 지켜보기만 할 수 있는가? 어떻게 그들은 우리가 최소한의 무장을 하는 것까지도 가로막을 수 있는가?" 세르비아인과 이슬람교인들이 보기에는, 문명과 정의를 내세우는 서구와 기독교의 수사는 야만과 불의를 은폐할 뿐이다. 서구와 보스니아의 전쟁 당사자들 사이의 **이러한** 의견 교환은 우리를 어디로 이끄는가? 서구의 야만성에 맞서는 이슬람의 정의? 세르비아의 야만성에 맞서는 서구의 정의? 혹은 서구의 야만성에 맞서는 발칸의 야만성?

정의에 관한 인도와 보스니아의 대화를 살펴봄으로써 내가 주장하고자 하는 바는, 모든 당사자가 똑같이 옳거나 똑같이 그르며 어느 쪽의 정의에 대한 설명도 다른 쪽의 설명보다 낫지 않다는 것이 아니다. 분명히 그렇지 않다. 적어도 내가 볼 때는 그렇지 않다. 사티에 관한 신드의 브라만은 틀렸다. 서구에 대한 세르비아의 비판은 초점을 벗어나 있으며 자기 정당화의 선전일 뿐이다. 오히려 이 사례들은 무엇이 정의로운지, 혹은 정의가 무엇을 뜻하는지에 관한 경쟁적인 설명들이 충돌할 때, 한 사람의 정의는 다른 사람의 야만성이 되고 사회는 폭력의 혼돈에 의해 위협을 받는다는 사실을 예증한다. 예언자 미가의 이미지를 사용하자면, 정의에 관한 합의가 존재할 때에만 사람들이 "자기 포도나무 아래와 자기 무화과나무 아래에 앉을 것"이라는 희망을 꿈꾸고 평화롭게 노동의 열매를 누릴 수 있을 것이다(4:4). 그렇지 않으면, 그들의 포도나무가 군인들의 군화에 짓밟히고, 과수원은 피로 물들고, 노동의 결실은 재로 변하고 말 것이다. 이 말은 정의에 관한 합의가 없으면 '질서'와 '안정'이 불가능하다는 뜻이 아니다. 하지만 그런 상황에서의 질서와 안정이란 과연 어떤 것일까? 그것은 폭력으로 생겨난 것이리라. 정의 없이 '평화'를 이루기 위해서는 계속 "활을 꺾고, 창을 끊으며, 수레를 불살라야"(시 46:9) 한다. 평화가 자유로운 선택의 결과가 되기 위해서는—즉, 사람들이 "칼을 쳐서 보습을 만들고 창을 쳐서 낫을 만들기" 위해서는(미 4:3)—정의에 관한 합의가 필요하다. 정의는 공동체 전체가—피지배자뿐 아니라 지배자도, 약하고 가난한 자뿐 아니라 부유하고 강한 자도, 한 문화만이 아니라 모든 문화가—받아들이는 상호 의무의 공간을 만들어 낸다. 정의는 통합과 연대를 위한 토대를 형성한다(Assmann 1992, pp. 232-233). 정의가 없다면, 의미는 어리석음으로 대치되고 말 것이며, 질서는 무질서에 의해 위협받을 것이고, 평화는 폭력에 의해 위태로워질 것이다. 하나의 정의가 다른 정의에 맞서고 따라서 정의의 이름으로 불의가 자행되는 혼돈의 땅을 벗어날 길이 과연 존재하는가?

장군들을 제쳐두고 철학자들에게 귀를 기울이면 충돌하는 정의라는 문제에 대한 해답을 찾을 수 있을 것이라고 생각할지도 모른다. 그러나 오늘날 철학자에게 '무엇이 정의로운가?'라고 묻는다면 그는 '누구의 정의 말인가?' '어떤 정의 말인가?'라고 되물을 것이다. 미셸 푸코처럼 '정의'는 '진리'와 마찬가지로 "수많은 제약 속에서 만들어진…이 세상의 것"(Foucault 1980, p. 131)이라고 주장하는 급진적인 포스트모던 사상가들만 이렇게 반문하는 게 아니다. 보수적인 공동체주의자들 역시 겉모양은 다르지만 유사한 반문을 할 수 있다. 그들은 모든 정의에 대한 설명은 각각의 도덕적 탐구 전통에 자리잡고 있으며, 따라서 도덕적 탐구 전통의 숫자만큼 많은 수의 "정의"가 존재한다고 말할 것이다(MacIntyre 1988). 포스트모던 사상가와 공동체주의자 모두, 충돌하는 정의라는 이 곤경을 어떻게 탈출할 것인가에 관해 하고 싶은 말이 많을 것이다. 하지만 그들의 조언 역시 충돌할 것이다. 장군들의 세계와 마찬가지로 철학자들의 세계도 정의가 서로 경쟁하는 세계다.

우리는 무쇠로 된 절망의 삼단논법에 갇힌 것 같다. 전제 1: 정의의 관념은 특정한 문화와 전통에 달려 있다. 전제 2: 평화는 문화와 전통

사이의 정의에 달려 있다. 결론: 문화 사이의 폭력은 결코 멈추지 않을 것이다. 그러나 정말로 가장 유능하고 잘 무장한 장군들이 지지하는 정의, 혹은 가장 효과적인 선전에 의해 내세워지는 정의가 지배할 것이라는 불편한 생각을 용인해야 하는가? 지배자의 정의가 지배적인 정의임을 인정해야 하는가? 평화를 위해 '차이'의 억압이라는 대가를 치러야 한다고 생각해야 하는가? '평화'라는 이름 아래 폭력의 지배는 피할 수 없는 것인가? 불의한 정의의 폭력을 벗어나는 길, 정의와 정의가 맞설 때 의로운 판단이 가능한 곳으로 나아갈 길이 존재하는가?

나는 먼저 충돌하는 정의라는 문제를 다루는 주요한 세 가지 방식을 검토할 것이다. 즉, 정의가 하나라는 보편주의적 주장, 정의는 많은 이름을 지닌다는 포스트모더니즘적 주장, 정의를 전통 안에 위치시키는 공동체주의적 주장이다. 이 입장들에 대한 비판에 기초해, 나 자신의 입장을 제안할 것이다. 나는 정의에 대한 합의는 타자를 포용하고자 하는 의지에 달려 있으며, 정의 자체는 그것이 상호 포용이 되지 않는 한 불의로 남는다고 주장할 것이다. 그리고 바벨의 불의를 배경으로 오순절의 '정의'를 성찰하는 것으로 이 장을 마무리할 것이다. 나의 의도는 정의가 무엇인지 명확히 규명하는 것이 아니라, 다원성과 적대감이라는 상황 속에서 정의를 추구하고 이루기 위해 어떻게 노력해야 하는지 보여 주려는 것이다.

...하나의, 그리고 유일한 정의

정의가 정의와 맞설 때 적어도 한쪽은 거짓일 수밖에 없다. 어떻게 둘, 셋, 혹은 그 이상의 정의가 존재할 수 있단 말인가? 무엇이 정의로운가에 관해 수많은 **설명이** 존재할 수 있으며, 실제로도 존재한다는 것은 의심의 여지가 없다. 그러나 그것들 중 하나만이 옳다. 진리처럼 정의는 하나이며 보편적이고 모든 시대와 장소를 초월한다. 그렇지 않으면 정의가 아니다. 하나의 정의가 지배하게 하라. 그러면 평화를 누릴 것이다. 유일한, 그리고 진정한 문제는 어떻게 하나의 정의가 지배하게 할 것인가의 문제인 듯하다. 하지만 정말 그런가?

전통적으로 기독교 신학자들은 하나님에 관한 믿음을 하나의 보편적 정의에 대한 신념의 기초로 삼았다. 다음 세 가지 신념을 함께 생각해 보라. 하나님은 모든 것을 아신다. 하나님은 완벽히 의로우시다. 하나님은 한 종족만의 신이 아니시다. 세 가지 모두를 받아들인다면, 하나님이 의롭다는 것은, 누가 정의를 어떻게 이해하는지와 별개로, 모든 인간과 모든 문화에 대해 의로워야 한다는 말이다. 하나님이 모든 민족의 하나님이시라면, 하나님의 정의는 모든 민족을 위한 정의여야 한다. 보편적 평화는 보편적인 신적 정의의 결실이 될 것이다. 예언자 미가가 제시한 유명한 비전의 이면에는 이러한 신학적 추론이 깔려 있다(미 4:2-4; 사 2:2-4 참고). 평화는 정의에 기초하며, 정의는 모든 민족의 하나님에 의해 지탱된다. 하나님은, "많은 민족들 사이의 일을 심판하시며 먼 곳 강한 이방 사람을 판결하실" 것이다(3절). 국가들은 스스로 자신의 최종 법정이 될 수 없다. 정의에 대한 각 문화의 이해를 초월하는 정의가 존재한다. 그리고 이 정의가 다스릴 때, 전쟁은 그치고 테러는 사라지고 군수산업은 평화산업으로 바뀌고 군사학교는 해체될 것이다(3절).

고전적 기독교 신앙의 관점에서는, 하나님의 속성으로부터 보편적 정의와 보편적 평화로 나아가는 논증은 이론의 여지가 없다. 예수 그리스도를 따른다는 것은, 하나님의 정의가 모든 문화의 정의에 대한 이해를 초월한다고 주장하는 동시에, 그 정의를 추구하는 것을 뜻한다(마 6:33). 하지만 하나님의 정의를 추구함으로써 과연 정의들 사이의 투쟁을 종식시킬 수 있는가? 오히려 그렇게 함으로써 그 투쟁을 강화하지 않는가? 정의로운 평화에 대한 미가의 비전은 현재에 대한 묘사가 아니라, **미래**에 "그날이 왔을 때"(4:1)를 예견하는 것임을 주목하라. 미가 시대의 현실은 어느 시대의 현실과도 크게 다르지 않았다. 그는 이렇게 말한다.

> 만민이 각각 자기의 신의 이름을
> 　의지하여 행하되
> 오직 우리는 우리 하나님 여호와의 이름을 의지하여
> 　영원히 행하리로다. (5절)

각 민족은 자신들의 신의 이름으로 행하며, 각각 그 나름대로 정의와 야만성에 대한 이해를 가지고 있다. 그들 사이에 판결을 내릴 수 있는 이는 없다. 이스라엘의 하나님조차도! 이스라엘이 다른 민족들과 나란히 서 있으므로, "그날이 오면" 민족들 사이에서 판결을 내릴 이스라엘의 하나님 역시, 지금은 다른 신들과 나란히 서 있다. 하나님의 신성에 대해 이의가 제기되며, 따라서 하나님의 정의 역시 논란이 되고 있다.

이스라엘과 더불어 그리스도인들은 그들의 하나님이 유일하게 참된 하나님이며, 이 하나님의 정의가 유일한 정의라고 주장한다. 이것은 그날이 올 때, 즉 모두가 이를 인정할 때뿐만 아니라, 그것에 대해 이의가 제기되는 지금도 그렇다. 하지만 그들만 이렇게 주장하는 게 아니다. 다른 신들을 믿는 이들과 아무 신도 따르지 않는다고 하는 이들까지도 비슷한 주장을 한다. 문제는 기독교의 관점에서 하나님의 정의가 보편적인가, 하나님이 문화들 사이의 차이를 넘어서 항상 무오한 판결을 내리실 수 있는가가 아니다. 문제는 하나님의 보편적 정의를 내세우고 싶어 하는 **그리스도인들**이, 문화들 사이에서 하나님처럼 무오한 판결을 내릴 수 있는가다.

첫째, 그리스도인들은 문화 안에, 전통 안에, 이익집단 안에 서 있다. 하나님의 지식과 달리 그들의 지식은 제한적이며 왜곡되어 있다. 구체적인 상황에서 **무엇이 정의로운가**에 관한 그들의 판단은 특수할 수밖에 없다. 따라서 특정한 정치적 입장이나 군사 행동이 정의로운가를 놓고 크로아티아의 그리스도인들은, 이슬람교인들과의 의견 차이만큼 세르비아의 그리스도인들과도 의견이 다를 수 있다. 둘째, 선의를 품은 그리스도인들 사이에서도 **정의의 본성**에 관해 심각한 의견 불일치가 존재한다. 서구의 기독교 근본주의자들은 정의의 관념에 관해 해방신학자들과 의견이 다르지만, 그들은 정의에 대한 그들의 설명이 곧 하나님의 정의이므로 옳다고 주장한다. 그리고 비서구의 보수적 그리스도인들은 서구의 근본주의자들보다는 해방신학자들의 의견에 더 공감할지도 모른다. 그러므로 우리는 **하나님의 정의에 대한 우리의 관념**과 **하나님의 정의 자체**를 구별해야 한다. 기독교 전통 안에서조차 정의와 정의가 맞선다. 그리고 모든 사람이 "그리스도의 심판대 앞에 설"(고후 5:10) 그날이 오기 전에는 최종 법정도 없다.

하나님의 정의와 하나님의 정의에 대한 인간의 관념 사이의 기본적인 구별로부터, 정의에 대한 모든 기독교적 설명은 특수하며 그리스도인은 무엇이 정의로운지에 관해 잠정적으로만 판단해야 한다는 결론을 얻을 수 있다(Mouw & Griffioen 1993, p. 158 이하). 그러나 17세기 유럽의 그리스도인들은 잠정적인 태도를 전혀 보여 주지 않았다. 그들은 하나님이 직접 계시하신 것이라고 믿었던 신념을 놓고 격렬히 싸웠다. 그리스도인들이 하나님께 호소함으로써 평화롭게 차이의 문제를 해결할 수 없었던 상황이 일부 배경이 되어, 계몽주의 사상가들은 유일하게 불편부당한 항소법정은 전통의 무게에서 자유로워진 **이성**이라고 주장했다(Toulmin 1990). 20세기 말의 상황에서도, 비록 많은 갈등의 종교적 원인을 무시할 수는 없지만, 종교 전쟁은 더 이상 중대한 위협이 아니다. 존 롤스(John Rawls)가 「정치적 자유주의」(*Political Liberalism*, 동명사)에서 말했듯이, 오늘의 문제는 이런 다원성이라는 조건 아래서 "자유롭고 평등한 시민으로 구성된 사회가 안정되고 정의로운 상태로 오래 지속되게 하는 것이 어떻게 가능한가?"(Rawls 1993, xvii)이다. 17세기와 마찬가지로 오늘날에도 주요한 해법으로 **합리주의적** 정의론이 제시된다. 이성에 기초해 정의를 보편적으로 설명하는 것을 거부하는 아이리스 영(Iris Young)은, 이런 식의 설명이 그토록 매력적인 까닭을 설명한다. "실제 사회 제도와 관계로부터 독립적"이라고 주장하는 합리주의적 이론이 없다면, "정의에 대한 합법적 주장과, 사회에 따라 달라지는 편견이나 권력을 쥐려는 이기적인 주장을 구별할" 수 없기 때문이다(Young 1990, p. 4). 이성에 기초한, 그리고 오직 이성에만 기초한 정의라는 원리는, 모든 합리적인 사람이 일정 수준의 초연한 객관성을 가지고 문제를 성찰하려고만 한다면, 결국 그들을 무엇이 정의로운지에 관해 동의하도록 이끌 것이다.

이성에 기초한 보편적인 정의론에 대한 가장 위대한 옹호자인 임마누엘 칸트(Immanuel Kant)는, "영구 평화론"이라는 논문에서 정치적 격률은 "도덕적 의무라는 순수한 개념으로부터, 순수 이성에 의해 선험적으로 주어진 원리인 **당위**로부터" 도출될 때만 정의로울 것이라고 주장했다(Kant 1963, p. 127; Kant 1965, pp. 33-34 참고). "선험적으로"와 "순수 이성"이라는 용어가 암시하듯이, 칸트의 정의는 모든 문화로부터 독립적인 무언가에 기초하기 때문에 문화적 차이를 가로지른다. 정의는 인간 사이의 차이를 고려하지 않는다. 그것은 선택의 자유와 자율성을 지닌 **모든** 인간이 어떻게 행동해야 하는가를 규정한다. 그리고 칸트가 설명하는 정의론의 핵심은, 자율적인 인간은 다른 인간을 자율적 인간으로, 객체가 아니라 주체로, 수단이 아니라 목적으로 대해야 한다는 것이다. 이렇게 할 때 정의가 실행될 것이다.

최근 한동안 '순수 이성'이라는 관념은 평판이 좋지 못했다. 「정치적 자유주의」에서 존 롤스는 칸트의 순수 이성을 대신해 '합리성'(reasonableness)이라는 관념을 제안했다(Rawls 1993, pp. 48-66). 이렇게 제안함으로써 롤스는 「정의론」(A Theory of Justice, 이학사)에서 제시했던, 이성의 명령만을 정의의 근거로 삼고자 했던 자신의 중요한 시도를 포기할 수밖에 없었다(Rawls 1971). 그에게 합리성이란 "협력을 위한 공정한 조건을 제안하고 다른 이들이 그렇게 하는 한 자신도 그것을 지꺼이 지키고자 하는" 태도를 뜻한다(Rawls 1993, p. 54). 합리적이고자 하는 이들이 공정하게 판단하게 하기 위해, 롤스는 그 유명한 "무지의 베일"을 제안했다(Rawls 1971, p.136 이하). 무지의 베일 뒤에 "합리적으로 자리한" 개인은 남성이든 여성이든, 흑인이든 백인이든, 북경어를 말하든 타밀어를 말하든, 부유하든 가난하든, 자신이 언제 어느 곳으로 세상에 들어갈 것인지 알지 못하므로 공정한 조건을 제시할 것이다. 합리적인 사람들이 "모든 사람의 관점"에서 판단을 내릴 때 무엇이 정의로운지를 결정할 수 있다(Okin 1989, p. 248). 그런 "절차"가 적절히 이루어질 때 롤스는 그가 "합리적이고 포괄적인 체계"를 지지하는 사람들 사이의 "중첩되는 합의"라고 부른 것이 비로소 생겨날 것이라고 기대한다. 이것이 바로 사회 전체를 위한 정의를 보장하는 합의다(Rawls 1993, p. 133 이하).

이성에 기초한 보편적 정의(칸트)와 정의에 관한 모든 합리적인 사람들의 합의(롤스)가 주는 이점은 상당히 클 것이다. 그러나 이런 제안들이 과연 유효할까? 나는, 칸트의 가정과 달리 정의에 대한 그의 설명이 역사적, 문화적 특수성으로 가득 차 있다고 보고, 여기서는 롤스의 주장에 대해서만 논하고자 한다. 비판자들은, 모든 합리적인 사람들이 공유할 수 있는 정의에 대한 설명이 중립적인 것처럼 보이지만 사실은 하나의 '삶의 방식'을 구성하는 일부라고 지적해 왔다. 이에 관해 마이클 왈저(Michael Walzer)는 「두터운 논증과 얇은 논증」(*Thick and Thin*)에서 이렇게 말한다.

> 서로의 평등을 인식하고 의사 표현의 자유를 주장하며, 관용과 상호 존중의 덕을 실천하는 남자들과 여자들은 제우스의 머리에서 태어난 아테나처럼 철학자의 머릿속으로부터 튀어나오지 않는다. 그들은 역사의 피조물이다. 말하자면, 그들은 많은 세대에 걸쳐 만들어졌다. 그리고 그들은 자신의 품성에 '적합한' 사회에서 살고 있으며, 그러므로 그들과 매우 유사한 사람들을 지지하고 보강하고 재생산한다(pp. 12-13).

롤스의 주장을 특징짓는 삶의 방식을 지지하는 사람도 있을 테고 그렇지 않은 사람도 있을 것이다. 그것을 중립적이라고, 즉 특정한 문화와 관련이 없으며 그저 '합리적'인 것이라고 착각해서는 안 된다(Fish 1996 참고). 롤스 자신도 그렇게 말했다. 정의에 대한 그의 설명은 현대 자유민주주의 체제 속에서 사는 시민들에게 합리적이다.

샹탈 무페(Chantal Mouffe)는 '합리성'과 '비합리성'을 구별하는 롤스의 태도는 자유주의를 받아들이는 이들과 그렇지 않은 이들 사이에 임의로 구분선을 긋는 데 기여할 뿐이라고 주장했다. '자유주의자들'만 '합리적'이라는 말이다(Mouffe 1995, p. 183). 무페는 자유주의자가 아닌 이들을 '비합리'라는 모호한 영역에 몰아넣는 태도의 이면에서 '전체주의'의 유령이 출현한다고 보는데(p. 186), 이는 과장된 면이 있다. 그러나 그런 과도한 반대도 올바른 통찰을 품고 있다. 찰스 테일러가 지적했듯이, 자유주의적 정의관은 "인간 존엄성의 본질이 자율성, 즉 각 개인이 스스로 선한 삶에 대한 견해를 결정하는 능력이라는" 인생관을 체계적으로 선호한다"(Taylor 1994b, p. 57; Taylor 1994a 참고).[1] "심층적으로 대립하는 합리적이고 포괄적인 체계들"(Rawls 1993, xviii)을 하나로 묶어 내는 정의론을 제시하겠다던 롤스의 제안은 그 자체로 특수한 포괄적 체계에 속한 정의 관념으로 귀결되고 만다. 하지만 이런 반론이 자유주의적 정의 이해를 몰아내지는 못한다. "자유주의 사회의 우발적인 특징들을 지적하며, 주어진 상황 속에서 적어도 우리가 접할 수 있는 최선의 사회로 간주하고" 자유주의적 정의론을 고수하는 것도 가능하다(Stout 1988, p. 227). 그러나 이 반론은 (그것이 옳다면) 자유주의적 정의가 다른 이론들을 공정하게 판단할 수 있는 정의에 대한 보편적 이론이 아니라, 다른 정의론과 경쟁하는 정의에 대한 하나의 특수한 설명에 불과하다고 말한다.

정의는 차이의 특수성을 털어 내는 데 그다지 성공하지 못했다. 이성은 정의가 특수성을 극복하는 데 도움을 줄 수 없다. 왜냐하면 이성은 허공에 매달려 살아남을 수 없으므로 언제나 정의를 선한 삶에 대한 특수한 비전 속에 위치시키기 때문이다. 정의에 대한 하나님의 비전도 도움을 줄 수 없다. 왜냐하면 하나님이 말씀하실 때조차도 우리

---

[1] *Liberalism and the Limits of Justice*에서 Michael Sandel은, 정의에 대한 자유주의적 관념은 "본질적 목적과 애착을 품을 수 없는" 자아, "옳음을 **구성하고** 선을 **선택하는** 주체로서, 스스로 의미를 형성할 수 있는" 자아들의 세계와 그 안에서 살아가는 "자아"를 전제해야 한다고 주장했다(Sandel 1982, pp. 175-176). 「정의의 한계」(멜론).

는 그 말씀 속에 우리 자신의 말을 몇 줄 끼워 넣는 것을— 적어도 아직까지는— 피할 수 없기 때문이다. 우리는 특수성을 피할 수 없기 때문에 정의에 대한 우리의 설명도 보편적일 수가 없다. 특수성을 초월할 수 없기 때문에 한 정의는 다른 정의와 계속 투쟁할 수밖에 없다. 언제까지? 나팔 소리가 들리고 죽은 이들이 썩지 않을 몸으로 부활할 때까지? 포스트모던 사상가들은 정의에 대한 정의의 투쟁이 더 일찍 종식될 수 있다고 믿는다. 우리가 하나의 유일한 정의를 찾기 위한 불가능한 노력을 포기하는 위험을 기꺼이 감수하기만 한다면 말이다.

…많은 이름, 많은 정의

냉소가의 눈에는 '보편적 정의'를 얻기 위한 처방이 이렇게 보일 것이다. 정의에 관한 특수한 관점을 취하라, 자신과 다른 이들을 향해 그것이 특수하다는 점을 부인하라, 경건하고 분별 있는 사람이라면 누구든지 당신의 의견에 동의할 것이라고 우기라, 이 절차를 다 마쳤다면 일은 다 끝난 셈이라는 식으로 비칠 것이다. 하지만 최근 몇 년 동안 이 절차를 다 마치는 것이 점점 더 어려워졌다. 문화적 다원성에 대한 인식이 높아졌고 무엇보다도 포스트모던 사상이 유행하기 때문에 우리는 정의의 보편성을 비롯해 '보편적인' 것을 불신하게 되었다.

포스트모던 사상가들의 주장은, 정의에 대한 모든 설명이 특수하다는 것이라기보다, 스스로 보편성을 주장하는 모든 정의론이 본질적으로 억압적이라는 것이다. 단 하나의 정의만 남기기 위해서는 정의를 모든 경우에 적용될 수 있는 법칙으로 이해해야 한다. 정의는 맹목적이다. 정의의 요구는 사람들 사이의 차이를 고려하지 않는다. 하지만 「윤리학에 반대한다」(*Against Ethics*)에서 존 카푸토(John Caputo)는 그런 정의가 사람들 사이의 차이를 인정하지 않는다는 바로 그 이유 때문에 정의의 법칙은 "불가피하게, 구조적으로, 개인에게는 영향을 미치지 못한다"고 주장했다(Caputo 1993, p. 87). 그 결과 "법은 아무리 작은 것이라도 항상 어디에선가 누군가를 침묵시키거나 억압하거나 착취하거나 균일화한다"(p. 87). 정의를 평등한 대우로 이해한다면 그것은 불의의 그늘 아래서만 꽃을 피울 수 있다. 그렇다면 "최악의 불의, 가장 지독하고 정당화하기 어려운 정의의 위반이…정의라는 이름으로, '정의'라는 이름의 보호 아래 날마다 자행된다는" 점도 놀라울 것이 없다(p. 86). 정의가 더 거대하고 강력할수록 더 많은 불의가 새어 나간다.

정의에 대한 포스트모더니즘적 비판이, 합리성에 대한 비판과 마찬가지로, 잘못된 기대를 만들어 낸 다음 그것이 실현되지 못했을 때 스스로 실망감을 끌어안는 자기 우매화 경향으로부터 파토스를 끌어온다는 주장은 설득력이 있다(Taylor 1994a, p. 36). 포스트모더니즘적 비판은 정의라는 관념에 불가능한 요구를 부과하며, 그것이 충족되지 않는다고 절망하고, 결국 정의에 대한 모든 일반적인 관념이 불가능하며 바람직하지 않다고 선언한다. 정의가 차이에 대해 맹목적이라는 비판을 생각해 보라. 체계적 맹목성에 대한 포스트모더니즘적 비판이, 전형적인 근대적 정의관의 동질화하는 경향을 지적하는 것이라면 어느 정도 정확하다고 볼 수도 있다. 하지만 그 비판이 모든 보편적 정의 관념들을 무너뜨리는가? 사실 정의와 관련된 탁월한 전통들은 늘 차이를 제거하기보다 차이를 인정해 왔다[아리스토텔레스의 「니코마코스 윤리학」(Nicomachean Ethics, 서광사)을 보라]. 하지만 포스트모더니즘적 비판을 일거에 무시하기 전에, 우리는 "정의를 추구하는" 많은 사람이 차이를 약화시키고 정의에 맹목적 적법성이라는 잘못된 기대를 부과하는 경향이 심하다는 점을 깨달을 필요가 있다. 더 나아가 올바른 정의 관념이라면 포스트모더니즘적 비판의 두 가지 니체주의적 주장을 무시하지 않을 것이다. 첫째 "모든 판단"은 "불완전하고" "미숙하고" "불순하며" 따라서 "불공정하다"(Nietzsche 1996, p. 35)는 주장과, 둘째로 "재판관으로 가장한" "앙심을 품은 인물들"의 입에는 "정의라는 말이 독한 침처럼" 가득하다는 주장이다(Nietzsche 1956, p. 259).

그래서 이와 같은 부당한 보편적 정의에 대해 포스트모던 사상가들은 어떤 대안을 내놓았는가? 자크 데리다가 자신의 사상의 잠정적인 '윤리적 전환'을 드러낸 최근 저서에서 한 말을 생각해 보라. "정의 자체는, 만약 그런 것이 존재한다면, 법의 바깥에 혹은 그것을 초월해 있으며 해체될 수 없다. 만약 그런 것이 존재한다면, 그것은 해체와 다르지 않다. **해체가 곧 정의다**"(Derrida 1990, p. 945, 저자 강조). 어떻게 해체가 정의일 수 있는가?(Demmerling 1995, pp. 124-126) 데리다의 주장을 따르는 카푸토는 이렇게 설명한다. 해체는 정의다. 왜냐하면 그것은 정의의 이름으로 억압하는 "크고 고결하고 오래된 법의 비문"을 부수고 "작은 고유명사들"의 명예를 확립하기 때문이다(Caputo 1993, p. 87; Lyotard 1984, p. 82 참고). 그 이름에 합당한 정의는, "그러나 이 경우는 다르다!"고 법에 항변하는 개인의 목소리에 귀를 기울인다. 여기에는 초연한 공명정대함이 개입할 여지가 없다. 그것은 체계적 맹목성을 조장하지 않는다. 중요한 것은 당신이 눈을 크게 뜨고 있느냐, 모든 크고 작은 차이에 주목하고 그것을 존중하느냐 하는 것이다. 올바른 정의의 책이 있다면 그것은 "모든 사람의 이름을 거론해야 하고…나타내는 지역과 똑같은 크기를 가진 완벽한 지도여야 한다"(p. 88)라고 카푸토는 말한다. 정의롭기 위해서는 정의가 각 경우에 따라 개별적이어야 한다. 따라서 정의 자체는 "하나가 아니며, 하나의 이름이 아니라 통제할 수 없을 정도로 많은 이름을 가졌다"(p. 89). 정의에 그토록 많은 이름을 부여함으로써 얻는 이득은 "차이를 극대화함으로써…많은 꽃이피어난다는 것이다"(p. 92).

하지만 수많은 꽃들 옆에 동시에 수많은 잡초들이 자라는 것을 보면, 정의에 그렇게 많은 이름을 부여함으로써 생기는 **문제점**이 분명해진다. 만약 차이를 극대화하는 것이 목표라면, 잡초들을 뽑아 버릴 이유가 있는가? **모든 것**이 꽃피도록 내버려두면 되지 않겠는가? 카푸토는 이런 식의 논리에 **유혹을 받았다**. "배나 해변을 때리는 파도가 아무리 많은 파괴를 초래해도 죄가 있다고 말할 수 없듯이, 삶도 무고한 것이다.…불의가 존재하지 않으며 그 어떤 것도 정말로 '부당'하지 않다는 것을 이해할 때 이런 주장이 정당화된다"(p. 138). 하지만 그는 '불의가 존재하지 않는다'고 말함으로써 억압의 문제를 해결하려는 시도—니체가 「안티크리스트」에서 말한 "더 이상 대립은 없다"는 '좋은 소식'과 비견되는 해결책(Nietzsche 1990, p. 156)—에 굴복하지 않는다. 대신 카푸토는 정의가 차이의 극대화뿐 아니라 고통의 최소화를 요구한다고 주장한다(Caputo 1993, p. 92). 왜 고통의 최소화인가? 왜 그저 모욕을 용서하고 범죄를 잊는 것으로 끝내지 않는가? 결국 카푸토의 용서는 그의 정의의 이면이다. 정의와 마찬가지로 용서는 "타자의 심연에서 솟아나는 부름에 답하기 위해 법을 물리치고, 보류하고, 허공에 매단다"(p. 112). 그렇다면 잡초들의 심연에서 솟아나는 부름에는 왜 답하지 않는가? 잡초에게는 연민을 느끼지 않기 때문인가?[2] 그럴지도 모른다. 그러나 다른 대답이 있다. 잡초들은 살인자다. 그들은 차이를 극대화하기보다 **최소화한다**. 차이를 극대화하기 위해서는 타인

---

2) Caputo는, 의무는 "타자가 우리의 도움을 필요로 할 때, 그들이 도움이나 지원, 자유, 혹은 무엇이든 그들이 필요한 것을 요청할 때 우리에게 나타나는 감정에서 생겨나며, 타자가 처한 상황이 절망적일수록 그 감정도 강해진다"고 주장한다. "의무가 지닌 힘은 도움을 요청하는 사람의 무력함의 정도, 즉 무력함의 힘에 따라 다르다"(Caputo 1993, p. 5).

에 대한 존중을 긍정해야 하며, 타인을 존중하기 위해서는 "타인을 존중하지 않는 사람들"을 존중하지 말아야 한다고 카푸토는 주장한다(p. 119).

분명히 잡초들은 이런 논리가 인간이 꽃이라고 부르는 식물들에게 압도적으로 유리한 방향으로 기울어 있다고 반대하겠지만, 이런 식의 논리는 설득력이 있어 보인다. 만약 다른 사람들을 존중하지 않는 이들을 존중한다면, 결국 존중하지 않는 태도가 지배하게 될 것이다. 하지만 여기서 우리가 한 바퀴를 거의 돌아 다시 자유주의적 정의의 원칙에 이르렀음을 주목하라. 즉, 모두가 모두를 존중해야 하며, 그 누구도 모두를 존중하지 않는 사람을 존중해서는 안 된다는 원칙이다. 한 포스트모던 사상가가 보편적 정의에 대한 보편적 관념을 해체하고 있었다. 그리고 그 과업을 마칠 무렵에는 자신이 해체한 것을 은근슬쩍 다시 조립한다. 그런데 갑자기 어디에선가 지배로부터의 **보편적 자유**를 축하하는 노래가 들려온다(Taylor 1989, p. 504를 보라). 모든 근원적 차이에도 불구하고, 대부분의 포스트모던 사상가 안에는 자기 주인의 작품을 조용히 전복하는 보편적 헌신을 지닌 해체되지 않은 자유주의자가 도사리고 있다. 결국 무너지는 것은 해체로서의 정의다.

이와 같은 포스트모던 정의론의 비일관성은 불의에 맞서 **싸우기**가 어렵다는 점과도 연결되어 있다. 포스트모던 사상은 일반 법칙에 반대하며 구체적인 이름의 중요성을 강조한다. '이름들'에 대한 강조는 정의를 위해 싸우는 행위자와 불의로부터 보호받아야 할 주체를 안전하게 지키는 것처럼 보일 것이다. 그러나 포스트모더니즘의 관점에서 '이름'이란 안정적 정체성을 가진 행위자라는 의미에서 '인격'이 아니다. 고유명사를 가진 사람으로서 개인은 "또한 그 자체로 더 많은 사건의 복잡한 조합, 복수성, 또는 뭉치다.…개인이란 하나의 관점, 이곳,

지금, 이 시점에서의 관점을 말한다"(Caputo 1993, p. 95). '개인'이나 '주체'라는 관념은 너무나 획일적이며 안정적이라는 것이다. 그것은 전복되어야 한다. '주체'라는 개념을 포기할 때 생겨나는 불행한 부작용은, 사회적 행위자의 안정적 정체감이 사라지면서 불의에 맞서는 싸움이 어려워진다는 점이다(1, 6, 7장을 보라). 누가 이 싸움을 할 것인가? 누구를 위해 싸움을 지속해야 하는가? "사건들의 복잡한 조합"을 위해? 헨리 루이스 게이츠(Henry Louis Gates Jr.)가 「느슨한 규범」(Loose Canons)에서 지적하듯이, 급진적인 포스트모더니즘적 자아 이해의 아이러니는 "우리(그리고 제3세계 사람들)가 우리의 흑인적 주체성을 정의할 복합적인 무엇을 획득하는 바로 그 순간…우리의 이론적 동료들이 주체 같은 것은 없다고 선언하면서 그런 것에 신경 쓰지 말라고 한다는 점이다"(Gates 1992, p. 36).

보편적 정의에 맞서 차이를 옹호하고, 근원적 차이만이 유일하게 타당한 정의라고 주장하는 운동은 어떤 결과를 가져오는가? 정의는 차이에 의해 전복되지 않을 것이다. 포스트모던 사상가들은 자기 모순에 빠지지 않으면서 정의에 관해 생각하는 데, 그리고 자신들의 인간관을 토대로 불의에 맞서는 싸움이 어떻게 가능한지를 설명하는 데 어려움을 겪는다. 그렇다면 우리에게는 수용하기 어려운 보편적 정의 이해를 대신할 만한 대안이 남아 있지 않다는 말인가? 특수성과 차이를 정의와 연결하는 또 다른 방법이 있는데, 그것을 제시하는 철학은 스스로를 모더니즘과 포스트모더니즘 모두에 대한 대안이라고 생각한다. **일관성 있는 전통**은 대단히 특수한 무엇이며, 정의는 그런 전통에 의존하는 것으로 볼 수 있다. 이런 방식의 접근이 정의들 사이의 갈등에서 생겨나는 문제를 해결할 수 있을까?

...전통 안에 있는 정의

다원주의적인 사회에서 정의와 관련된 문제들에 대해 논쟁할 때 어떤 어려움이 있을지 생각해 보라. 정의에 관한 이론은 주어진 전통의 한 양상이라는 관점을 옹호하는 대표적 인물인 알래스데어 매킨타이어(Alasdair MacIntyre)는 「누구의 정의? 어떤 합리성?」(*Whose Justice? Which Rationality?*)에서 이 문제를 이런 식으로 설명한다. 경쟁하는 사회 집단은 "정의의 본성에 관해 합리적으로 정당화할 수 있는 동의된 결론에 이를" 수 없기 때문에, 자기 신념을 합리적으로 정당화하려는 노력조차 하지 않은 채 그저 상대편 신념을 향해 호소할 뿐이다.

> 정의와 실천적 합리성에 관한 질문들이…공적 영역에서 다루어질 때, 합리적 탐구의 과제로서가 아니라 대안이나 서로 다른 전제에 대해 각자의 주장을 단언하는 식으로 다루어진다(MacIntyre 1988, pp. 5-6).

따라서 근대 민주주의에서는 정치적 권력을 더 많이 가진 이들의 주장이 승리한다. 「덕의 상실」(*After Virtue*, 문예출판사)의 유명한 마지막 구절에서 그는 이렇게 말한다. "근대의 정치는 다른 종류의 수단을 가지고 벌이는 시민 전쟁이다"(MacIntyre 1984, p. 253). 우리는 장군들에게로 되돌아간다. 더 정확히 말해, 민주주의 내에서 그 장군들에 해당하는 것을 붙드는 것이다.

이 전쟁을 종식시키기 위해 매킨타이어는 그가 '전통'이라 부르는 것을 되가져오라고 요청한다(p. 221 이하를 보라). 정의에 대한 모든 설명은 주어진 전통 안에 놓인다. 그는 이렇게 설명한다.

> 정의와 실천적 합리성에 대한 이론은 전통의 한 측면으로서 우리를 대면한

다. 전통은 어느 정도 체계적으로 구현된 인간 삶의 형태를 살아내도록 요구하는데, 각 전통은 저마다 특정한 유형의 사회적 관계와, 타인의 행동을 해석하고 설명하는 고유한 규범과, 고유한 평가 관행을 가지고 있다(MacIntyre 1988, p. 391).

이런 주장은 문제를 해결하지는 못한 채 재진술할 뿐이라고 반론을 제기할 수도 있다. 이런 경우, 서로 경쟁하는 전통 및 경쟁하는 담론 공동체 사이에서 다시금 정의가 대치하지 않겠는가? 물론이다. 하지만 매킨타이어는 전통이 논쟁을 해결할 수 있는 자원을 제공하기도 한다고 믿는다. 참된 지적 대결은, 계몽주의 사상가들이나 많은 근대 문화의 가정과 달리, 어디에도 발을 딛고 서 있지 않은 사람들 사이에서 일반화된 방식으로 일어날 수 없다. 아무런 결실도 없이 그저 주장과 반론을 교환하는 것을 넘어 합리적 토론을 하려고 한다면, 사람들은 전통 안에 있어야 한다(Walzer 1987, pp. 8-18 참고). 전통 안에서 같은 전통의 동료 구성원들뿐만 아니라 경쟁하는 전통에 속한 이들과도 합리적인 토론을 수행할 수 있을 것이다(MacIntyre 1988, pp. 349-369; MacIntyre 1990, p. 146 참고).

나는 여기서 전통의 상대적 적합성을 판단하기 위한 매킨타이어의 기준이 얼마나 설득력을 갖는지를 논하기보다(Milbank 1990, p. 345 이하를 보라), 원칙적으로 전통 사이의 갈등이 그가 주장하는 대로 합리적으로 해결될 수 있음을 인정하고 들어가겠다. 그런데 그렇게 갈등이 **해결될** 가능성은 얼마나 되는가? 매킨타이어는 「도덕적 탐구의 세 가지 경쟁적 입장들」(*Three Rival Versions of Moral Enquiry*)의 서론을 마무리하면서 자신의 제안에 대해 우울한 예측을 내놓는다. "바랄 수 있는 최선은 우리의 불일치를 더 건설적인 것으로 만드는 것이다"(MacIntyre

1990, p. 8). 매킨타이어 자신은 그 정도의 전망에 만족하지 못했겠지만, 어떤 사상가들에게는 그 정도로도 충분했다. 물론, 삶을 그럭저럭 괜찮게 살아가는 사람들에게는, 다른 전통과 건설적 불일치가 일어나는 상황 속에서 자신의 전통을 미세 조정하는 것이 최악의 상황은 아니다. 하지만 그렇게 미세 조정된 지적 불일치가 지금 당장 전쟁을 벌이고 있는 사람들과, 배제되어 고통을 겪고 있는 이들에게는 어떤 의미일까? 그것은 그들을 파괴하는 이데올로기적 무기를 더 정교하게 만듦으로써 그들의 비참한 운명을 더욱 굳게 봉인해 버릴 수도 있다.

어쩌면 매킨타이어는 너무 많은 것을 성취하려 한 나머지 너무 작은 성취를 이룬 것일지도 모른다. 그는 특정한 문제와 관련된 갈등을 해결하기 위해서는 그 문제의 틀을 제공하는 **더 큰 전통 사이의 갈등을 해결**해야 한다고 주장한다(MacIntyre 1993). 더 나아가 그는 이 더 큰 전통을 체계로 이해한다. "정의와 실천적 합리성이라는 독특한 관념은…그 전체를 구성하는 부분이다"(MacIntyre 1988, p. 390). 그렇다면 서로 경쟁하는 일관되고 포괄적인 체계들이 부딪칠 때 무슨 일이 일어나는가? 각 체계를 지지하는 사람들은 자신이 속한 전통에 대한 내부적 미세 조정을 시도하거나 전통을 변화시킬 것이다(pp. 166-167). 이미 존재하는 전통들을 창조적으로 결합함으로써 새로운 전통을 만들 수 있는 (토마스 아퀴나스와 같은) 천재들의 경우를 제외하면, 특정한 이슈와 관련해 전통들이 충돌하는 문제는 한 전통이 다른 전통에 대해 **승리**함으로써만 해결될 수 있다. 나는 이런 경쟁적인 관계가 매킨타이어의 **일관성과 포괄성에 대한 과도한 관심**에서 기인한다고 생각한다(Stout 1988, pp. 218-219; Stout 1989, p. 230 이하). 전통들이 더 통합적일수록 그 사이의 관계는 더 적대적으로 변한다.[3] 스스로의 합리적 우월성을 증명함으로써 상대를 물리칠 때까지, 한 전통이 다른 전통에 맞서, 그 정의가 다른 전통의 정의에 맞서 싸우는 것이다. 하지만 매킨타이어 자신이 인정한 대로, 한 전통이 승리할 가능성은 희박하다.

나는 정의의 문제에 관한 갈등에서 시선을 낮출 것을 제안한다. 우리는 전체적인 승리 대신 점차적인 수렴과 합의를 추구해야 한다. 만약 전통을 일관되고 잘 통합된 체계에 끼워 맞추려는 유혹에 저항할 수 있다면, 매킨타이어의 전통에 기초한 정의 관념이 우리의 겸손한 시도에 도움이 될 것이다. 하지만 우리는 꼭 이런 유혹에 저항해야 하는 상황에 있어야 하는가?

...중첩된 영토, 기본적 헌신

두 가지 간단한 명제로 나의 대안을 제시하고자 한다. 첫째, '어디에도' 서 있지 않은 사람은 없다. 둘째, 우리는 대부분 하나 이상의 지점에 서 있다. 최근 몇 년 사이에 첫 번째 명제는 자명한 공리의 지위를 획득했다. 오늘날 우리는 혼란한 사회적 충돌을 초월해 허공에 매달려 있는, 몸을 갖지 않은 비사회적인 '자아'로서 정의(혹은 무엇이든지)에 대한 논쟁에 참여하지 않는다. 사회적 위치는 우리의 신념과 실천을 깊숙이 형성한다. 우리는 '영향을 받는 자아'로서 생각하고 행동한다 (Sandel 1982, pp. 179-183). '전통'은 불가피하다. 매킨타이어가 지적했듯이, "전통의 폭압으로 느껴지는 것에 맞서 이른바 공유된 합리성의 원리에 호소함으로써 시작된 자유주의의 역사 자체도 하나의 전통으로 변형되었다"(MacIntyre 1988, p. 335). 모든 전통을 뒤로하고 떠나는

---

3) John Milbank는 MacIntyre 사상의 경쟁적인 측면을 비판한 바 있다(Milbank 1990, p. 326 이하). Milbank와 달리 나는 변증법적 투쟁을 단순히 수사학적 매력으로 대체하기를 원치 않으며, 투쟁이 항상 한쪽 편의 죽음으로 끝나는 방식으로 형성되지는 않음을 분명히 해두고 싶다.

것은 합리성의 필요조건이 아니라 광기에 이르는 지름길일 뿐이다.

기독교 신앙을 고백하는 이들은 모든 전통을 제거한 정신의 피난처에 살고 싶은 충동을 느껴서는 안 된다. 그리스도인이 된다는 것은 한 공동체의 일원이 되고 그 공동체의 신념과 실천에 의해 형성된다는 것을 뜻한다. 기독교 신학자는 정의가 무엇인지 배우기 위해 데카르트처럼 "온종일 난로로 데운 방에 갇혀서" "자기 자신의 생각"에 관해 성찰할 필요가 없다(Descartes 1968, p. 35). 그가 정의에 관해 배울 장소는 교회라 불리는 공동체다. 그의 성찰 대상은 성경적 전통과, 성도와 죄인들이 지녀 왔던 신념들과 실천들일 것이다. 정의에 대한 기독교적인 생각은 예언자들의 불꽃 같은 저항과 사도들의 실천적 성찰에 뿌리내리고 있다. 그것은 하나님이 인류를 다루시는 이야기 전체로부터 나온다. 그리고 이 이야기는 예수 그리스도께서 로마에게 점령당한 그 작은 나라에 찾아오셔서 다가오는 하나님의 통치를 선포하고 시행하며, 로마인들에 의해 십자가에 달려 죽으시고 하나님에 의해 다시 살리심을 받은 그 부분에서 절정을 이룬다.

그리스도인들은 어떤 장소에 서 있다. 그들이 그들의 자리에서 **어떻게** 서야 하는지, 어떻게 그들의 특수한 비전을 더 광범위한 공적 논쟁으로 가지고 들어와야 하는지에 관해서도 많은 말을 해야 한다. 하지만 여기서는 이 모든 논의를 제쳐두겠다(Mouw & Griffioen 1993, p. 158 이하를 보라). 여기서 더 중요한 문제는, 그리스도인이 발을 딛고 선 곳이 한 장소인지 여러 장소인지, 그리고 그들이 하나의 '일관된 전통' 속에 있는지 여부다. 앞서 1장에서 나는 거리두기와 소속되기를 동시에 행해야 한다고 주장했다. 그리스도인은 두 세계에서 살 수밖에 없다. 즉 '하나님 안에' 있는 동시에 '세상 안에' 있는 그들은, 성경적 전통의 세계와 자신이 속한 문화적 세계에서 살아간다. 결과적으로 기독교 '전통'은 순수하지 않다. 그 전통은 언제나 성경으로부터 나온 흐름과 특정한 교회가 속한 문화로부터 나온 흐름이 합류하여 형성되는 것이다(Volf 1996, p. 99 이하). 여기서 이 문제를 좀더 복잡하게 설명해 보자면 다음과 같다.

그리스도인들이 살고 있는 첫 번째 세계, 즉 **성경의 세계**에 관해 생각해 보라. 이 세계는, 예를 들어 토마스주의가 일관된 전통이라고 말하는 것과 같은 의미에서, '일관된 전통'이라고 생각해야 하는가? (MacIntyre 1990) 나는 그렇게 생각하지 않는다. 성경 본문들은 근본적으로 다른 상황들에서 나온 중첩되는 증언들(그리스도의 죽음과 부활에서 절정에 이른, 하나님이 인류를 다루시는 역사에 대한)을 정경으로 묶어 놓은 것이다. 성경은 여러 가지 전통의 형식으로 우리에게 다가온다. 이렇듯 성경 본문들과 그들을 하나로 묶어 주는 배경이 되는 '역사 이야기'는(서론을 보라) 하나의 일관된 전통을 제공하지 않는다. 대신 그것은 일련의 상호 연관된 기본적 헌신들, 즉 신념들과 실천들을 요구한다. 이 헌신들은 전통으로 **발전할 수도** 있지만, 이런 전통들은 언제나 부차적인 현상이며 우리는 늘 기본적 헌신들과 변화하는 문화적 상황에 비추어 그 전통을 점검하고 재형성해 가야 한다. 기독교 신학자들은 「우상의 황혼」에서 니체가 "체계를 향한 의지는 곧 성실성의 결여다"(Nietzsche 1990, p. 35)라고 했던 말에 얼마간의 진실이 담겨 있음을 인정해야 한다.

둘째, 그리스도인들이 살고 있는 **문화적 세계**에 대해 생각해 보라. 중요한 의미에서 이 세계 역시 단일한 세계가 아니다. 그리스도인들이 살았던 세계는 처음부터 다원적이었다. 팔레스타인에서는 헬레니즘과 유대교가 섞여 있었으며(Hengel 1974), 로마의 평화(*pax romana*)가 이루어진 곳도 다문화 제국이었다. 마찬가지로 오늘날 우리도 다양한 사회적 전통과 관습의 강이 만나는 세계에서 살고 있다. 서구에서 살고 있는 우리의 동시대인들은 "이쪽도 저쪽도 아닌 중간에서 살아가는 경향이 있다"는 매킨타이어의 말에 쉽게 동의할 수 있다(MacIntyre 1988, p. 397). 하지만 우리가 상황에 대한 그의 평가에 동의해야 하는가? 그가 제안한 해법을 지지해야 하는가? 그는 '이쪽도 저쪽도 아닌 중간'에 있는 것이 일관성을 결여한 불안정한 상태라고 생각한다. "이쪽도 저쪽도 아닌 중간"에서 사는 사람은, 훌륭한 자유주의자라면 마땅히 그래야 하는 것처럼 "어느 곳의 시민도 아닌 사람"도 아니고(p. 388), 현명한 사람이라면 그러기를 바라는 것처럼 전통을 "집으로 삼지도" 않는다. 하지만 우리는 그런 집을 만들려고 노력해야 하는가? 만약 성경적 전통들이 보여 주는 세계의 성격에 관한 나의 주장이 그럴듯하다면, 기독교 신앙에는 우리로 하여금 기본적인 기독교적 헌신들로부터 하나의 "일관된 전통"을 세우도록 강요하는 것은 없다고 보아야 할 것이다. 중요한 것은 이런 헌신들이다. 또한 중요한 것은 그런 헌신들이 사회적 실재들에 영향을 미치도록 끌어오는 것이다.

일관된 전통을 발전시키는 것이 꼭 필요하지 않다 하더라도, 그렇게 하는 것이 **바람직한** 것은 아닐까? 이것은 좀 복잡한 문제다. 나는 여기서 그런 전통이 **사회적**으로 바람직한지만 살펴보고자 한다. 만약 우리가 동시대인들에게 기본적인 기독교적 헌신들로부터 세워진 일관된 전통 안에 있는 모든 것을 아우르는 집을 제공한다면, 그것은 과연 우리가 살고 있는 사회적 세계에 도움이 될까? 나는 그렇지 않다고 생각한다. 사실, 나는 현대 사회에서 그런 집은 **상상할 수조차 없다**고 믿는다. 지그문트 바우만은 「포스트모던의 윤리」에서 이렇게 말한다.

구성원을 어느 정도의 지속적인 결과 속에 "위치시킬" 수 있는 공동체란 삶의 실제라기보다는 방법론적 가설인 것처럼 보인다. 상대적으로 안정된 개념들의 영역으로부터 그 개념들이 가리키는 구체적 대상에 대한 기술로 내려올 때마다 우리는 그저 남자와 여자의 유동적 집합을 발견할 뿐이다(Bauman 1993, p. 44).

현대 사회에서 문화와 전통은 통합된 전체가 아니며, 그렇게 만들 수도 없다. 그렇게 만들 수 있다는 신념은 "신화적 사고의 도움을 받아 복잡성을 환원하려는 태도의 분명한 사례"라고 스티븐 루크스는 주장한다(Lukes 1995a, p. 108). 우리는 "이쪽도 저쪽도 아닌 중간"에 살면서 "전통이 만들어 낸 다양한 사고와 행동의 자원을 계속해서 활용"할 수밖에 없다(MacIntyre 1988, p. 397). 그 이유는 바로 우리가 중첩되어 있으며 빠르게 변하는 사회적 공간에서 살 수밖에 없기 때문이다. 현대 사회에서 일관된 선의 체계를 추구하는 것은 불가능하다. 그 대신 우리는 기본적인 헌신들을 고수하는 것으로 만족해야 한다. 초대교회의 그리스도인들은 체계가 제공하는 안정적 공간 없이도 잘 살았고 번성했다. 우리도 그렇게 못할 이유가 없다.

중첩되어 있으며 빠르게 변하는 사회적 공간 때문에 현대 사회는 많은 부분이 파편화되어 있다. 우리는 다른 환경 속에서 다른 합리성을 용인하며, 부분적으로 일관성을 결여한 도덕적 원칙을 가지고 살아간다. 하지만 파편화와 일관성의 결여를 제거할 때 어떤 결과가 생길지 생각해 보라. 전통을 순수하고 일관되게 만들기 위해 전통에서 이질적인 요소를 없애 버리려 할 것이다. 매킨타이어가 잘 지적했듯이, 이것은 그저 신념의 변화를 통해서는 일어날 수 없다. 그는 "철학적 이론들은 **이미 실천이라는 형태와 공동체라는 형식에 구체화되어 있는** 개념과 이론을 조직적으로 표현한 것"이라고 말한다(MacIntyre 1988, p.

390, 저자 강조). 따라서 하나의 일관된 전통 속에서 살기 위해서는 하나의 통일된 공동체에 속해야 한다. 파편화를 벗어나기 위해서는, 개인으로서 우리가 생각하는 방식뿐만 아니라 우리 사회 전체가 살아가는 방식까지도 바뀌어야 한다. 반근대적, 반다원주의적 사회 혁명에 미치지 못한다면 그 어떤 것도 파편화를 제거하지 못할 것이다. 하지만 이처럼 새로운 형태의 신념과 사회적 실천의 일원론이 바람직한가? 그런 혁명은 기대했던 성과를 거둘 수 있을까? 당연히 그렇지 않다. 이것이 아마도 매킨타이어가 "이미 우리에게 닥친 새로운 암흑시대를 살아가는 가운데 공민성과 지적·도덕적 삶을 유지할 수 있는 지역적인 형태의 공동체"로 후퇴하는 편을 선호한 이유일 것이다(MacIntyre 1984, p. 263). 나는 이러한 '분파주의적' 선택이 실행 가능한지 혹은 바람직한지에 대해 심각한 의문을 지니고 있다. 나는 '일관된 전통'을 포기하고, 기본적인 기독교 헌신들로 무장한 채 계속 변화하는 현대 문화의 세계 속으로 과감하게 들어가는 편이 더 낫다고 생각한다.

문화적으로 중첩된 영역에서 살아가는 우리가 견뎌내야 할 저주는, 우리의 의견이 일치하지 않을 뿐만 아니라 우리의 불일치가 고통스러운 사회적 갈등을 반영하기도 하고 초래하기도 한다는 사실이다. 이 점에 관해 매킨타이어는 옳았다. 하지만 저주는 축복을 동반한다. 우리가 사회적 영역을 공유할 때, 우리는 부분적으로 서로의 '전통' 속에서 살아가며, 서로의 신념을 나눈다. 파편화의 원인 자체―우리 관점의 혼종성―가 우리의 신념과 실천을 유동적으로 만들며, 변화와 풍성함에 대해 개방적인 태도를 갖게 하고, 정의와 같은 중요한 문제에 관해 부분적인 일치를 이룰 수 있게 해준다. 하지만 우리의 교차하는 삶과 밑바탕에 깔린 일치들에 의해 힘을 얻으며 불일치는 계속된다. 그리고 그 불일치는 깊은 곳까지 내려간다. 우리는 총의 힘이나 민주주의적 대중의 야만적 힘에 의존하지 않고 그 불일치를 해결할 수 있는 방법을 모색해야 한다.

...정의, 헌신들, 차이들

매킨타이어의 주장에 동의하면서, 그리고 전형적인 근대 사상가들에 반대하면서, 나는 우리 중에 어느 장소에도 서 있지 않은 사람은 아무도 없으며 우리 모두 '전통' 안에 서 있다고 주장했다. 그런 다음 나는 근대 사상가들도, 포스트모던 사상가들도, 매킨타이어도 부인하지 않는 점, 즉 우리는 대부분 한 장소 이상에 서 있으며 우리의 전통은 혼종적이라는 점을 주장했다. 하지만 나는 매킨타이어에 반대하면서, 기독교 신학자가 '혼종성'을 제거하기를 반드시 원해야 하는 것은 아니라고 주장했다. 기독교 신학자는 일관된 전통을 만들어 내는 것보다 **기본적인 기독교적 헌신들을 문화 속에 자리잡은 방식으로** 주장하는 데 더 관심을 둘 것이며, 혼종적 전통은 일관된 전통보다 이런 헌신들에 의해 형성되는 것에 대해, 더 나아가서 다른 전통에 의해 풍성해지는 것에 대해 더 개방적일 것이라고 생각한다. 그러나 이처럼 서로에 의해 풍성해지는 과정은 어떻게 일어나는가? 나의 제안은 신학적 토대에 기초하겠지만, 나는 에드워드 사이드와 세일라 벤하비브(Seyla Benhabib)의 연구를 간략히 논함으로써 이 제안을 설명하고자 한다.

「문화와 제국주의」에서 에드워드 사이드는 문학 작품의 해석과 관련해서 자신이 **대위법적** 독해라고 부른 것을 제안했다. 그는 이렇게 말한다.

> 우리는 서로 일치하지 않는 경험들을 함께 생각하고 해석할 수 있어야 한다. 각각의 경험은 모두 특수한 의제와 발전 속도를 지니고, 그 나름의 내

적 형성 과정이 있으며, 외부와의 관계에서 일관성과 체계를 가지고 있다. 이 모두는 다른 것들과 공존하며 상호작용한다(Said 1993, p. 32).

이 촘촘한 문장에서 사이드는 복잡한 그림을 그린다. 간단히 말해서, 그는 각자 다양한 목소리를 같은 공간에 투사하는, 서로 부조화하는 세계들이 서로를 향해 개방하는 데 관심이 있다. 어떻게 이런 일이 이루어질 수 있는가? 그는 이렇게 제안한다. 우리는 그 세계들을 서로 마주하도록 하고 서로 겨루게 하여, "그들의 관점들과 경험들—이념적으로나 문화적으로 서로에 대해 닫혀 있고, 다른 관점들과 경험들로부터 거리를 두거나 그것들을 억누르려 하는—을 합류하게" 해야 한다(p. 33).

여기까지는 좋다. 서로 풍성해지는 과정이 일어나기를 바란다면, 합류—'서로 충돌하며 만난다'는 의미에서의—는 필수적이다. 하지만 그것으로 충분할까? 사이드가 제안했던 문학의 세계에서는 가능할지도 모른다. 하지만 실제적인 사회적 교환의 세계에서 "이데올로기적으로, 문화적으로 서로에 대해 닫혀 있는 관점들의 합류"는 충돌하는 관점을 풍성하게 하기보다 배제하는 태도를 강화하는 경우가 많다. 단순히 합류하는 것을 넘어, 실제로 합류하며 충돌하는 사회적 세계들이 **서로를 향해 개방**하는 것이 필수적이다. 만약 마주하게 하는 것으로써 이것을 성취하지 못한다면 어떻게 될까?

갈등하는 당사자들은 한나 아렌트가 "확대된 사고"(enlarged thinking)라 부른 것을 실천할 필요가 있다. 그는 도덕적 판단은 "엄격한 고립이나 고독의 상태에서 제대로 작동할 수 없다"고 주장한다. "'그들의 입장에서' 생각해 보아야 하고, 그들의 관점을 고려해야 하는, 상대편이 필요하다"(Arendt 1968, p. 221). 「자아의 위치」(*Situating the Self*)

에서 세일라 벤하비브는 한나 아렌트의 입장을 따르며 도덕에 관한 대화 모형을 제안했다. 이 모형에서는 "관점을 뒤집을 수 있는 능력, 즉 다른 사람들의 관점에서 기꺼이 추론해 보려는 태도와 그들의 목소리를 들을 수 있는 감수성이 가장 중요하다"(Benhabib 1992, p. 8). 다른 이들이 자신의 입장을 이야기할 때 그들에게 귀를 기울임으로써 우리는 "결론이 열려 있는 도덕적 대화를 통해 어떤 합리적인 합의"에 이를 것이라는 기대를 품을 수 있다(p. 9).

내가 생각하기에 벤하비브가 그러하듯이 만약 우리가 너무 많은 것을 기대하지 않는다면, '확대된 사고'는 정의의 문제를 성찰하는 데 유익할 것이다. 그는 확대된 사고가 도덕적 신념을 **정당화**하고 그것에 **타당성**을 부여하는 역할을 한다고 본다. 그는 '확대된 사고'를 소통적 윤리의 주춧돌로 삼는다. 그리고 이 윤리의 핵심 사상은 "결론이 열려 있는 도덕적 대화를 통해 그 과정 속에서 도덕적 원칙에 관한 합리적인 합의를 만들어 낸다"는 것이다(p. 37). 하지만 어떻게 "합리적인 합의"를 통해 **도덕적 타당성**을 만들어 낼 수 있을까? 만약 "도덕적 타당성"이 "모두에게 철저히 개방되어 있으며 공정한 절차"를 통해 "우리가 합의에 이른 것"과 동일하다면(p. 9), 도덕적 타당성을 정치적 합법성과 어떻게 구별할 수 있겠는가? "합리적이며 공정한 과정"에만 호소해서는 이를 구별해 낼 수 없다(p. 37). 그 스스로 지적하듯이, "합리적이며 공정한 과정"은 도덕적 이상으로서 "유토피아적 삶의 방식"을 **전제한다**(p. 38). 그런 삶의 방식 자체가 "도덕적 직관"이므로 그에 기초한 합리적이며 공정한 절차는, 그가 제안하듯이 도덕적 직관을 판별하는 데 알맞은 "실질적 시금석"의 역할을 할 수가 없다.

그러나 만약 도덕적 신념의 **정당화**와 그것의 **교정**을 신중하게 구별한다면, 도덕적 타당성을 정치적 합법성으로 축소하는 태도를 피할 수 있다. 첫째, 정당화의 문제에 대해 생각해 보라. 만약 '무엇이 정의로 운가에 대한 우리의 도덕적 신념을 우리는 어떻게 정당화하는가?'라고 묻는다면, 우리는 "결론이 열려 있는 도덕적 대화를 통해 어떤 합리적인 일치"에 도달함으로써(p. 9) 그것이 가능하다고 대답하지 않을 것이다. 오히려 우리는 "(다면적인) 우리의 각 전통과 그 전통이 제공하는 자원에 호소함으로써"라고 답할 것이다. 그리스도인들에게 이것은 성경적 전통 안에 계시된 정의를 관찰함으로써ㅡ이를테면, 우리아를 대신해 나단이 다윗에게 맞선 이야기를 들음으로써, 이사야와 같은 궁정 예언자나 아모스와 같은 외부인들의 판단을 들음으로써, 그리고 궁극적으로는 피조물을 대하시는 삼위일체 하나님의 역사 전체를 탐구함으로써ㅡ정의가 무엇인지를 배운다는 것을 의미한다. 우리에게는 그것이 바로 정의가 뜻하는 바이며, 우리는 이것이 모두에게 정의가 뜻하는 바가 되어야 한다고 믿는다. 왜냐하면 이것은 모든 백성을 위한 한 분 하나님의 정의이기 때문이다(Ritschl 1984, p. 284 이하). 하나님의 정의를 가리키는 것 외에 우리의 정의 관념을 정당화할 수 있는 방법은 없다(이런 방식으로 우리의 정의 관념을 정당화하는 것에 대해 이의를 제기하는 것은 가능하지만).

'확대된 사고'를 통해 우리의 정의 관념을 정당화할 수는 없지만, 그것은 우리의 정의 관념과 무엇이 정의로우며 무엇이 불의한가에 관한 우리의 인식을 **풍성하게 하고 교정하는** 데는 필수적이다. 하나님의 정의에 대한 우리의 이해는 불완전하며, 우리는 그것을 추구하는 동안에도 정의를 왜곡하는 경우가 많다. 풍성하게 하고 교정하는 과정은 어떻게 작동하는가? 6장에서 나는 '확대된 사고', 혹은 내가 '이중적 보기'(double vision)라고 부르는 기술에 대해 자세히 분석할 것이다. 여기서는 우리가 다른 이들, 특히 우리와 갈등 관계에 있는 이들의 목소리와 관점이 우리 자신 안에서 공명하게 하고, 그들로 하여금 우리가 그들(특히 우리와 갈등 속에 있는)의 관점에서 우리 자신뿐만 아니라 그들을 이해하고, 또 필요하다면 그들의 관점을 고려함으로써 우리의 관점을 재조정하도록 돕게 함으로써 우리의 사고를 확대할 수 있음을 지적하는 것으로 충분하다.[4] 궁극적으로 관점들이 결합되고 합의에 도달할 수 있으리라고 미리 보증해 주는 것은 아무것도 없다. 우리는 타자의 관점을 거부해야 할지도 모른다. 하지만 우리는 경쟁하는 정의가 수렴하는 정의가 되고 마침내 합의에 이를 것이라는 기대를 가지고 그들의 관점에서 사물을 바라보려고 노력해야 한다.

관점을 뒤집음으로써 우리는 타자로부터 무언가를 배울 수 있을 뿐만 아니라 자신의 전통을 새롭게 바라보고 그 전통에서 무시되거나 심지어 거의 잊혔던 자원을 재발견할 수 있다. 사회주의 전통과의 만남과 해방신학에 의한 그것의 전용이 정의에 관한 더 광범위한 기독교계의 논쟁에서 어떤 역할을 해 왔는지 생각해 보라. 그것은 우리로 하여금 성경의 메시지에 대한 우리의 해석을 재조정하게 만들었다. 하나님을 안다는 것은 (이것이 다른 어떤 의미를 갖든지 상관없이) 정의를 행함을 의미한다. 정의는 가난한 이들을 위한 정의다. 하나님의 정의는 고통받는 이들에 대한 하나님의 긍휼을 포함한다(Lebacqz 1986, p. 103 이하). 우리는 전에는 이해하지 못했던 것을 이해할 수 있다. 왜냐하면 타자와의 만남을 통해 우리 자신 안에 타자의 관점을 위한 공간을 만들었을 뿐만 아니라, 타자의 도움으로 우리 자신의 전통에서 억압당하던 목소리를 위한 공간을 만들었기 때문이다.

'이중적 보기'라는 것이 합리적인 것처럼 보이기는 하지만, 그것을

---

4) 내가 여기서 주장하는 "이중적 보기"의 실천은 우리가 **주어진 전통 안에 서 있는 동시에 다른 전통으로부터 배울 수 있다**는 것을 전제한다(Wolterstorff 1993을 보라).

지지할 만한 **신학적 근거**가 있는가? 성경적 모범이 존재하는가? 타자의 눈으로 바라보고, 그들의 관점을 받아들이고, 자신의 기본적 헌신들이 지닌 새로운 의미를 발견하는 '이중적 보기'의 실천에 대한 최선의 성경적 모범은 바로 예수님일지도 모른다. 수로보니게 여인과 그분의 만남—이따금 너무 성급하게 기독론적 결론을 도출해 내는 본문(Brock 1988, p. 50 이하)—에 관해 생각해 보라. 예수님은 갈릴리 농부들을 착취하는 지역에서 온 이 이방 여인의 딸을 고쳐 주기를 거부하신다(Theissen 1989, pp. 36-84). 왜냐하면 그분은 "이스라엘 집의 잃어버린 양"에게 보내심을 받았을 뿐이기 때문이다. 주디스 건드리-볼프는 이 여인이 "여자가 가정을 돌볼 때 적용하는…자비"의 원리를 통해 "의무에 매여 이방인에게 기적을 베풀기를 꺼리시는 예수님"께 도전했다고 주장한다. 여자가 가정을 돌보듯이, 하나님의 자비에도 "아무런 인종적 편견이 없다"(Gundry-Volf 1995, p. 519). 이것이 바로 예수님이 그토록 칭찬하신 그의 "믿음"이다. 그리고 복음서 이야기를 보면, 이 믿음에 감동을 받으신 예수님은 그 딸을 고치실 뿐 아니라, 더 폭넓게 이야기하자면 자신의 사명을 이방인에게까지 확장하셨다. 건드리-볼프는 이렇게 말한다.

> [수로보니게 여인은] 하나님의 자비에는 편견이 없다고 믿는다. 그리고 그는 예수님이 그런 자비를 보여 주실 것이라고 믿는다. 그가 그분에 대한 이런 믿음을 표현하자 예수님 역시 그것을 믿기 시작하셨다. 이스라엘 집의 잃어버린 양에게 보내심을 받은 분이 이방인 여인을 위해서도 기적을 베푸실 수 있다. 그분은 자신과 자기 백성의 압제자 무리에 속했던 수로보니게의 헬라인에게도 도움을 베푸실 수 있다. 자비는 경계가 없기 때문이다(p. 519).

이 이름 없는 여인과의 만남 직후 예수님은 갈릴리 바다로 가셨고, 그분께 모여든 이방인 무리를 고치고 먹이셨다(마 15:29-39). 이 만남을 통해 사명에 대한 예수님 자신의 이해가 확장되었다(p. 521). 그분은 자신의 메시지의 핵심—편견에 사로잡히지 않은 은총—을 새로운 관점에서 바라보셨다.

'이중적 보기'를 실천해야 할 가장 중요한 신학적 이유는 예수님의 모범 때문이 아니라 십자가 신학의 내적 논리 때문이다. 앞서 주장했듯이(3장), 십자가 위에서 하나님은 하나님의 자아 안에 타자들, 경건하지 않은 타자들을 위한 공간을 마련하셨고, 두 팔을 벌려 그들을 초대하셨다. 내가 여기서 주장하고 싶은 것은, '이중적 보기'의 실천은 **십자가에 달리신 이에 대한 믿음의 인식론적 측면**이라는 것이다. 물론, 예수 그리스도는 (비록 일부 사본에서 그분은 그들이 무슨 일을 하고 있는지 알지 못한다고 말씀하시기는 하셨지만) 십자가에 못 박혔을 때 자신을 십자가에 못 박은 이들의 눈으로 세상을 바라보지 않으셨다. 그분은 가해자가 누구인지, 피해자가 누구인지 아셨다. 마찬가지로, 하나님은 경건하지 않은 이들을 용납하심으로써 관점을 뒤집지 않으셨으며, 오히려 그들의 불경건함을 용서하는 행위를 통해 그들의 불경건함을 드러내셨다. 이것은 나의 주장을 무효화하는가? 그렇지 않다. 하나님의 어린 양은 죄가 없으셨다. 그러나 우리는 그렇지 않다. 혹은 적어도 그렇지 않다고 감히 말할 수 없다. 전능하신 그분은 경건하지 않은 이들의 불경건함을 정확히 아셨다. 사실 기독교 신앙의 가장 기본적인 내용은, 우리가 그리스도를 십자가에 못 박은 가해자이며, 하나님이 그 불경건함을 폭로하신 불경건한 자들이라는 것이다. 죄인이며 유한한 인간인 우리가 십자가에 달리신 이의 발걸음을 따르는 것의 의미는, 자신 안에 다른 이들을 위한 공간을 마련할 뿐만 아니라, 그들을 위한 공간을 마련할 때 우리와 그들 자신에 관한 그들의 관점을 위한 공간까지도 마련하는 것을 의미한다.

만약 우리가 불경건한 가해자들인 우리를 무조건적으로 포용하시는 예수 그리스도를 올바르게 믿는다면 다른 이들, 심지어는 원수까지도 용납하기 위해 우리 마음이 열릴 것이며, 그들의 관점으로 바라보기 위해 우리 눈이 열릴 것이다. 「옥중서신」(Letters and Papers from Prison, 대한기독교서회)에서 디트리히 본회퍼는, 믿음은 우리로 하여금 삶을 "하나의 차원" 안으로 욱여넣는 대신, 자신의 즉각적 반응으로부터 "거리를 두고" 긴장으로 가득한 삶의 다양한 음율을 받아들일 수 있게 한다고 주장했다(Bonhoeffer 1966, p. 209). 본회퍼는 자신이 글을 쓰던 감옥과 같은 극단적인 상황, 즉 사람들이 절박함에 쫓기거나 기쁨을 거의 누리지 못하는, 즉각적 반응에 의해 지배되기 쉬운 상황 속에서 살아갈 때 믿음이 제공하는 자원을 일차적으로 염두에 두고 있었다. 그러나 믿음이 만들어 내는, 자신 안에 하나님과 세상을 받아들일 수 있는 능력은 갈등 상황에서도 마찬가지로 중요하다. 갈등 상황 역시 사람들을 예속시켜 '우리의 대의'만을 위해 헌신하도록 강요하는 경향이 있다. 우리의 대의를 그분의 대의로 만드신 예수 그리스도에 대한 믿음 때문에, 우리는 자신의 관심사만 추구하는 태도로부터 자유로워질 수 있으며, 우리 안에 다른 이들의 관심사를 위한 공간을 마련할 수 있다. 전에는 우리가 불의밖에 볼 수 없었던 곳에서도—만약 다른 이들의 대의가 정말로 정의롭다면—이제는 기꺼이 정의를 볼 준비가 되어 있다.

... 정의를 추구하고 불의와 싸우는 삶

정의들 간의 갈등에 의해 생겨나는 불의를 극복하는 방법으로서 '이중적 보기'의 실천에 대해 크게 세 가지 반론이 존재한다. 이 세 가지를 자세히 살펴보면서 '이중적 보기'의 실천이 필수불가결한 이유를 제시하고자 한다.

첫째, 이 제안이 희망 사항일 뿐이라는 반론이 제기될 수 있다. 그것은 우리가 그것을 가장 필요로 하는 순간에는 효력을 발휘하지 못할 것이다. 서로를 향해 총구를 겨눌 때, 우리는 자신의 대의가 옳다는 생각만 한다. 어떻게 우리의 사고를 확대할 것인가보다는 우리의 힘을 어떻게 확대할 것인가에 관해 더 많이 생각한다. 우리 자신 안에 다른 이들을 위한 공간을 마련하기보다는 우리의 세계로부터 그들을 제거하려고 노력한다. 갈등 상황에서 나타나는 '이중적 보기'에 대한 우리의 저항은 이 개념 자체를 무효화하는가? 나는 그렇게 생각하지 않는다. 그것은 **불의한 이들을 포용하고자 하는 의지가 정의에 관한 합의보다 선행한다**는 점을 강조한다. 앞서 나는 포용하려는 의지가 무조건적이며 무차별적이라고 주장했다(3장). 태양처럼 그것은 악한 사람과 선한 사람 모두를 비추어야 한다. 비처럼 그것은 의로운 사람과 불의한 사람 모두에게 내려야 한다. 포용하려는 의지의 정당화를 위해, 그것이 실제로 적의를 극복할 것이라는 확신이나 사랑할 만하지 않은 누군가를 사랑하는 데서 오는 만족감이라는 내적 보상은 필요 없다. 이것은 그저 "하늘에 계신 아버지"의 자녀이며 그리스도를 따르는 이들이, 그것이 바로 하나님의 자녀로서 그리스도를 따르는 삶이 의미하는 바이기에 행하는 것일 뿐이다(마 5:45). 이것은 포용하려는 의지의 인식론적 측면인 '이중적 보기'에도 그대로 적용된다.

포용하려는 의지―사랑―는 그 속에 담긴 불로 지식의 빛을 비춘다. 다른 이들의 대의와 행동에서 정의를 인식하기 위해서는, 이 불이 발하는 빛이 필요하다. 사실 그곳에는 인식할 만한 정의가 전혀 없을 지도 모른다. 우리 생각대로 그들은 그저 불의한 자들로 밝혀질 수도 있고, 그들이 정의롭다고 주장하는 것이 사실은 정의의 왜곡일 수도 있다. 하지만 만약 그들의 대의와 행동에 불의가 존재한다면, 우리는 그들을 포용하고자 하는 의지를 통해서만 그것을 인식할 수 있다. 왜 냐하면 이 의지가 우리로 하여금 그들과 우리 자신을 그들의 눈으로 바라볼 수 있게 해주기 때문이다. 비슷한 방식으로, 배제하려는 의 지 - 증오 - 는 그 속에 담긴 불로 우리 눈을 멀게 한다(Nietzsche 1996, p. 244).[5] 배제의 불은 그 빛을 오직 다른 이들의 불의로만 향하게 한다. 그들에게 있을지도 모르는 정의는 어두움에 둘러싸이거나 은폐된 불 의 - 오직 그들의 악을 더 치명적인 것으로 만들기 위해 고안된 선 - 로 낙인찍힌다. '꽉 움켜쥔 주먹'과 '활짝 벌린 두 팔'은 모두 **인식론적 입장**이다. 그것은 **도덕적 인식을 위한 도덕적 조건** - 이는 "모든 경험은 도덕적 경험이다. 심지어 인식의 영역에서조차도"라는 일반적인 니체 적 통찰에 기초한 것이다(Nietzsche 1974, pp. 173-174) - 이다. 꽉 움켜쥔 주먹은 다른 이들의 정의를 지각하지 못하게 만들며, 그렇게 함으로써 불의를 강화한다. 활짝 벌린 두 팔은 불의인 것처럼 보이는 거친 표면 아래에서 정의를 발견할 수 있게 해주며, 그렇게 함으로써 정의를 강 화한다. 갈등 상황에서 정의에 관해 합의하고자 한다면 정의 이상의 무언가가 필요하다. 즉, 포용을 원해야 한다. **포용하려는 의지가 없다면 정의도 있을 수 없다**. 하지만 **정의가 없다면 진정한, 그리고 지속하는 포

---

5) 포용하려는 의지와 배제하려는 의지의 인식론적 중요성에 관한 나의 주장은, *Human, All Too Human*에 등장하는 "사랑과 증오는 눈이 멀지 않았다. 다만 그것 이 지닌 불에 의해 눈이 멀었을 뿐이다"라는 니체의 말에서 영감을 얻은 것이다 (Nietzsche 1996, p. 244). 하지만 나는 이에 관해 니체와 달리 진정한 사랑의 불은 눈을 멀게 하지 않으며 오히려 빛을 비춘다고 생각한다. 「인간적인, 너무나 인간적 인」(책세상).

용도 있을 수 없다는 말 역시 진리다(6장과 7장을 보라).

'이중적 보기'라는 관념에 대한 두 번째 반론은, 불의에 맞서는 투쟁과 관계가 있다. 여기서 중요한 질문은, 전투가 한창일 때 우리가 '이중적 보기'를 실천할 수 있는가가 아니라 명백한 불의에 직면했을 때 그것을 실천해야 하는가다. 배제와 폭력에 의해 야기된 아픔과 고통에도 불구하고, 있을지도 모르는 가해자들의 정의에 관해 숙고할 여유가 우리에게 있겠는가? 관점을 역전시키는 과정을 모두 마칠 때까지, 얼마나 많은 눈물을 더 흘려야 하는가? 정의에 대한 합의를 찾아가는 끝없는 과정은, 불의를 은폐하는 수단으로 얼마나 쉽게 악용될 수 있겠는가? 쏟아진 피가 하늘을 향해 울부짖을 때 그것은 예언자적인 분노를 요청하지 않는가? 살인자들의 관점에서 사물을 바라보려고 애쓰기보다는 그들의 악을 멈추어야 하지 않을까? '확대된 사고'라는 것이 한적한 곳에서는 유효하지만, 도심과 서로 싸우며 죽이는 전장에서는 위험한 것이 아닐까? 그것은 압제자로부터는 비웃음을, 그들의 희생자로부터는 한숨을 끌어내지 않을까? 우리가 비틀거리며 합의를 향해 나아갈 때 불의는 미쳐 날뛴다!

이런 반론에 대한 대답은 단순하지만 대단히 중요한 관찰로부터 시작되어야 한다. 즉, 정의에 관해 합의할 수 있는 인간의 능력은 불의를 저지르는 인간의 성향을 결코 따라잡지 못할 것이다. 그러므로 우리는 합의에 도달하기 전에 판단해야—사실 그것은 불가피하다(Nietzsche 1996, p. 32)—할 뿐만 아니라, 그 판단에 따라 **행동**해야 한다. 성경은 한결같이 우리에게 정의에 관해 성찰하기보다는 정의를 **행하라**고 말한다. 예언서는 "정의를 지키고"(호 12:6), "정의를 세우고"(암 5:15), "정의를 행하라"(미 6:8)는 호소로 가득하다. 아모스가 한 이 유명한 말에 관해 생각해 보라.

오직 정의를 물 같이,
공의를 마르지 않는 강 같이 흐르게 할지어다. (5:24)

하나님께 드리는 올바른 예배에 관한 이사야의 관점도 마찬가지로 행동을 강조한다.

내가 기뻐하는 금식은
 흉악의 결박을 풀어 주며
 멍에의 줄을 끌러 주며
 압제당하는 자를 자유하게 하며
 모든 멍에를 꺾는 것이 아니겠느냐? (58:6)

정의를 행할 때 이스라엘은 "공의로운 일을 행하시며 억압당하는 모든 자를 위하여 심판"하시는 그들의 하나님을 모범으로 삼아야 했다(시 103:6, Mott 1982, p. 59 이하). 정의를 행하고 불의에 맞서 싸우는 것은 이스라엘의 신앙에서 선택 사항이 아니었다. 그것은 신앙의 핵심이었다. 하나님을 아는 것은 곧 정의를 행하는 것이다(Gutiérrez 1988, p. 194 이하). 따라서 **정의에 관한 성찰은 정의의 실행을 위해 봉사해야** 한다. 만약 '이중적 보기'가 그리스도인의 삶에서 정당한 위치를 차지한다면, 그것은 불의에 맞선 싸움에 참여하기 **전에** 행하는 것이 아니라 그 투쟁 중에 행하는 실천일 것이다.

 일단 정의에 관한 합의보다 불의에 맞서는 투쟁이 우선한다는 점을 인정하면, 이제 문제는 어떻게 계속해서 관점을 역전시킬 수 있는가가 아니라, 어떻게 그렇게 하지 않을 수 있는가다. 원칙은 부인할 수 없다. 즉 당신을 괴롭히는 불의에 맞서는 투쟁이 더 거세질수록, 당신이 행하는 불의에 대해서는 더 눈이 멀게 된다. 우리는 적의 잘못으로 추정되는 것을 보면 그것을 우리의 옳음에 대한 확신의 근거로 간주하는 경향이 있다. 우리는 정의를 행하고자 하면서 정의를 왜곡하고 그것을 "독"으로 바꿔 버린다(암 6:12).

어떻게 불의에 맞서는 투쟁 중에 불의를 자행하는 것을 막을 수 있는가?「에스페란자를 기억하며」(*Remembering Esperanza*)에 제시된 마크 테일러(Mark Taylor)의 주장과 달리, 나는 그 열쇠가 "투쟁 안에서 다원성을 긍정하는 것"이라고 생각하지 않는다(Taylor 1990, p. 42). 다원성에 대한 감수성이 반드시 필요하지만, 다원성을 **당연시**하는 것은 의심스럽다. "'옳은 것'에 대해 각각 다른 비전"(p. 41)을 지닌 수많은 선택 가능성 중에서 어떤 것을 긍정할지 결정하는 것은 우리 자신의 정의관에 호소할 수밖에 없는 일이다. 단순히 다원성을 긍정하는 대신, 우리는 자신의 **오류 가능성에** 대한 의식을 길러야 한다(Rentsch 1995, pp. 195-196). "불편부당한 관점"이란 존재하지 않기 때문에 무엇이 정의롭고 무엇이 불의한가에 관한 모든 생각은, 더 나아가서 모든 판단은 불공정하며 불의를 내포할 수밖에 없다(Niebuhr 1964, 2:252; Nietzsche 1996, p. 35). 도덕적으로 순수한 투쟁이란 존재하지 않기 때문에, 정의를 위한 모든 노력은, 더 나아가서 "무언가를 위한 싸움이나 무언가에 반대하는 싸움."은 언제나 불의에 연루되기 마련이다(Nietzsche 1996, p. 9).

그러면 우리는, 스스로의 죄성에 대한 의식에 사로잡혀 판단을 내리고 정의를 위해 일하는 자리로부터 물러나야 하는가? 책임의 포기는, 순수한 빛과 완전한 어둠의 영역으로 깔끔하게 나누어진 세계에서만 살 줄 아는 사람들에게 매우 유혹적인 선택 가능성일 것이다. 그런 세계는 실제로 존재하지 않는다. 그것은 스스로를 의롭다고 생각하는 사람들의 상상 속에나 있는 세계다(2장을 보라). 그런 세계를 생각하는 것 자체가 불의한 행위다. 불의에 관통당한 세상에서, 정의를 위한 투쟁은 필연적으로 불의에 오염된 사람들에 의해 수행된다. 그러므로 '이중적 보기'가 중요하다. 우리는 자신의 정의에 대한 판단과 불의에 대항한 싸움을 타자의—심지어 그가 명백히 불의한 타자라 할지라도—눈으로 보며, 기꺼이 우리의 이해를 재조정하고 우리의 불의한 행위를 회개해야 한다.

내가 두 반론에 대해 적절히 대답했다고 가정해 보자. 우리가 타자를 기꺼이 포용하고자 한다면, '이중적 보기'를 실천할 수 있을 것이다. 그리고 정의에 관한 합의에 이르고 정의를 위해 투쟁하는 동안 불의를 저지르지 않고자 한다면, 우리는 '이중적 보기'를 실천해야 한다. 하지만 문제는 여전히 남아 있으며, 이 물음이 바로 세 번째 반론이다. 우리는 관점을 뒤집으려고 노력하는 동안에 **불의에 맞서 싸울 수 있는가?** 여기서 문제는 그 과정이 끝없이 계속될 수 있기 때문에 우리가 정의를 행할 때가 결코 오지 않을 것이라는 점이 아니라, 그것이 심각한 문제점을 내포한 대칭성을 인정하는 것처럼 보인다는 점이다. 즉, 한 관점을 다른 관점과 똑같이 정당한 것으로 보는 태도다. 그것이 사실이라면, 그 결과 우리는 정의를 행하는 데 다시 한 번 실패한다. 이번에는 우리가 사고를 확대하기에 너무 바빠서가 아니라 양쪽이 모두 옳을 가능성이 있는 한 중립을 지키는 것이 적절한 태도이기 때문이다. 중립성은 행동하지 말라고 구슬리는 것보다 훨씬 더 해롭다. 첫째, 그것은 강한 편을 옳고 그름에 상관없이 암묵적으로 지지한다. 둘째, 중립성은 가해자를 가해자라고 부르지 못하기 때문에 그들을 보호해 주고 그들의 손을 자유롭게 해준다. 셋째, 중립성은 가해자와 희생자 모두로 하여금 최악의 행동을 하도록 부추긴다. 만일 한쪽이 중립성의 원칙이 흔들리지 않을 정도의 악행을 저지르고 응징당하지 않는 일이 생기면, 다른 쪽도, 특히 대의를 위해 싸우고 있다고 생각하는 경우에는 악행을 저지르고 싶을 것이다. 발칸 전쟁에서 세르비아 군대는 국제연합측 인사를 인질로 붙잡았지만, 국제연합에서는 원칙적인 중립성의 입장을 계속 고수했다. 그렇다면, 자신들의 목적을 이루는 데 도움이 된다면 무슬림들 역시 인질을 붙잡지 않겠는가?

하지만 중립이 올바른 태도인가? 성경의 예언자적, 사도적 전통에 서 있는 사람들은 사실 어떤 중립성도 받아들일 수가 없다. 이들은 고통당하는 이들의 신음 소리를 듣고, 입장을 취하고, 행동한다. 그런 다음 '이중적 보기'를 실천함으로써 반성하고, 다시 입장을 취하고, 행동한다. 그들의 관점에서, 무엇이 정의로운가에 관해 입장을 취하고 판단을 내리는 근거는 단순히 자신이 선호하는 바가 아니다. 그들은 자신들의 판단 근거를 마음대로 거부할 수도 없고, 이 근거에 대해 다른 사람들이 그들의 입장의 근거에 부여하는 것과 동일한 수준의 정당성을 부여할 수도 없다. 무엇보다도, 그들은 자신의 정의가 아니라 하나님의 정의를 구하고 그것을 위해 싸우라고 부르심을 받았기 때문이다. 그들에게 이 정의는 받아들일 수 있는 수많은 정의관 중 하나가 아니다. 그것은 **유일한** 정의다. 비록 그리스도인들이 자신이 그 정의를 불완전하게 이해하고 부적절하게 실천할 뿐임을 잘 알고 있더라도, 또한 자신들과 다른 의견을 가지고 있지만 전적으로 틀렸다고 할 수는 없는 다른 이들로부터 교정을 받고 배우기를 원하더라도 말이다.

또 다른 의미에서 중립성은 불가능하다. 성경적 전통에 호소하는 이들은, 그렇지 않다는 것이 증명될 때까지는 한 관점이 다른 관점과 똑같이 유효하다고 가정하는 태도를 받아들일 수가 없다. **처음부터 강한 자들의 관점에 대해 의심하는 것**이 필수적이다. 힘없는 자들이 무고하기 때문이 아니라, 강한 자들은 논증과 선전으로 자신의 관점을 강요하고 그들이 가진 '영광'의 매력과 무기의 힘을 통해 그러한 강요를 뒷받침할 수 있기 때문이다. 부분적으로, 그들의 힘은 자신의 권력을 정당화하는 이데올로기를 생산하고 그것에 개연성을 부여하는 능력에 의해 강화된다(Niebuhr 1964, 2:252). 힘없는 이들이 가진 유일한 자원은 필사적인 울부짖음인 경우가 많다. 유대 예언자들은—그리고 사실 성경 전체가— 힘없는 이들 쪽으로 치우친 입장을 취했다. 힘없는 이들을 우대하는 입장은 목소리가 배제된 사람들에게 우선적으로 귀를 기울이겠다는 태도(Taylor 1990, pp. 64-65), 이른바 "억압받는 이들의 인식론적 특권"을 암시한다. 정의를 추구하고자 한다면, 우리는 말솜씨가 좋은 이들의 강력한 수사를 중단시키고 "말 못하는 자"(잠 31:8)의 가냘프고 불안한 목소리를 듣기 위해 모든 노력을 다할 것이다. 가난한 이들의 더듬는 말이 그들의 권리가 침해되었음을 유창하게 증언한다. 넋이 빠지게 만드는 힘 있는 이들의 웅변은 그들의 타락한 양심을 드러내는 증거다. '이중적 보기'를 실천해야 하는 사람들은 무엇보다도 힘 있는 이들이다. 힘없는 이들의 신음소리가, 그들의 이데올로기가 주는 안락함과 평온함을 어지럽혀야 한다.

...정의를 추구하고 타자를 포용하는 삶

앞서 나는 "포용하려는 의지가 없으면 정의도 있을 수 없다"고 말했다. 나의 주장은 간단했다. 정의에 관해 합의하기 위해서는 자신 안에 타자의 관점을 위한 공간을 마련해야 하며, 공간을 만들기 위해서는 타자를 포용할 수 있어야 한다. 다른 이들이 당신에게 속하지 않으며 당신도 그들에게 속하지 않는다고 주장한다면, 그들의 관점이 당신의 관점을 혼란시켜서는 안 된다고 주장한다면, 당신은 당신의 정의를, 그들은 그들의 정의를 갖게 될 것이다. 당신들의 정의는 충돌할 것이고 당신들 **사이에는** 아무런 정의도 존재하지 않을 것이다. 정의에 대한 지식은 포용하려는 의지에 달려 있다. 그러나 정의와 포용 사이의 관계는 그보다 깊다. 포용은 정의의 **정의**(定義) 자체를 이루는 필수 요소다. 나는 정의의 거친 것을 부드럽게 하는 자비를 말하는 게 아니라, 정의 내용 자체를 **형성하는** 사랑에 관해 이야기하고 있다.

정의의 정신을 가장 잘 표현하는 오래된 원칙은 '수움 쿠이케'(*suum cuique*), 즉 각 사람에게 마땅히 받아야 할 것을 준다는 원칙이다. 하지만 각 사람이 마땅히 받아야 할 것이란 무엇인가? 그것을 어떻게 결정해야 하는가? 정의에 대한 일반적인 설명에 따르면, 정의롭다는 것은 불편부당하다는 것이다. 정의는 모든 인간이 공통된 인간성 때문에 평등한 대우를 받을 자격이 있다고 말한다. 이러한 정의관은 정의롭게 행동하기 위해서는 당신이 주어진 관계의 외부로 걸어나와, 심판자로서 정의롭게 판단하는 것 외에는 다른 어떤 **관심**도 추구하지 않으면서, 정의의 규칙을 적용해야 한다고 주장한다. 이렇게 할 때 각 사람은 자신에게 마땅한 것을 받을 것이다. 이렇게 할 때 정의가 이루어진다. 정의에 관한 이런 식의 설명이, 예를 들면 존 롤스의 「정의론」의 기반을 이룬다. 앞서 언급한 것처럼, "심판자들"의 불편부당함과 초연함을 보증하기 위해 롤스는 정의에 관한 결정은 "무지의 베일" 뒤에서 이루어져야 한다고 말한다(Rawls 1971, p. 136 이하). 만약 한 사회 질서가 자신들이 언제, 어디서, 어떤 상황에서 세상 속으로 들어갈지 알지 못하는 행위자들에 의해 설계되었다면, 그것은 정의로울 것이다. 고대 정의의 여신—눈을 가린 채 오른손에는 칼을 왼손에는 저울을 들고 있는—의 모습에서도 비슷한 정의관을 읽어 낼 수 있다. 눈을 가림으로써 그는 어떤 특수한 이익도 추구하지 않는다. 저울은 모든 사람을 평등하게 대할 수 있도록 도와준다. 그의 칼은 그의 심판에 대해 이의를 제기하는 이들을 향해 경고한다. 하지만 우리는 이런 정의관을 이론의 여지가 없는 것으로 받아들여야 하는가?

만약 정의의 여신이 정의롭다면, 야웨는 명백히 불의하다. 첫째, 하나님의 '관심'에 관해 생각해 보라. 이스라엘의 역사에는 다음과 같은 경향이 존재한다. 이스라엘이 고통당한다. 그들은 주님께 울부짖는다. 하나님이 그들의 목소리를 들으신다. 하나님이 그들을 구원하신다. 그리고 이것을 정의라고 부른다(삿 5:11). 이 이야기를 하는 사람에게는 이스라엘 백성이 "또 여호와의 목전에 악을 행했기" 때문에 고통당했든 그렇지 않든 중요하지 않은 것처럼 보인다(삿 4:1). 중요한 것은 하나님이 이스라엘과 맺으신 특별한 관계다. 하나님은 이스라엘 백성이 잘되는 것에 관심이 있으시며, 이 관심은 하나님의 정의의 한 부분이다. 하나님은 절대로 이스라엘을 하나님의 언약 백성이 아닌 것처럼 대하지 않으시며, 절대로 초연한 객관성을 확보하기 위해 그 관계 밖으로 나가시지 않으시고, 절대로 그들의 구원에 대한 관심을 억누르지 않으신다. 만약 하나님이 그렇게 하셨다면, 이를테면 하나님은 자신의 바깥으로 걸어 나가셔서 더 이상 하나님이 아니셨던 셈이다. 따라서 하나님의 정의와 하나님의 자비(시 145:17), 하나님의 공의와 하나님의 구원(사 45:21)은 서로 얽혀 있다. 구원하실 때 하나님은 정의를 행하신다. 정의를 행하실 때—사람들이 구원받기를 거부하지 않는 한—하나님은 구원하신다.

성경적 전통의 하나님과 관련해 심오한 '불의'가 존재한다. 그것은 **은총**이라 불린다. 3장에서 탕자 이야기(눅 15:11-32)를 통해 주장했듯이, 탕자가 유산을 탕진하고 돌아왔을 때 아버지가 그를 아들로 다시 받아들이고 더 나아가 그를 위해 잔치를 베푼 것은 '불의한' 일이었다.

하지만 아버지는 '정의'에 관심이 없었다. 그는 '정의'의 '당위' 보다 더 차원이 높은 '당위'에 따라 행동했다(32절). 그것은 가족으로서의 공동의 소속감에 따른 '당위'였다. 달리 말하면 관계가 정의를 규정했다. 정의의 추상적 원리가 관계를 규정하지 않았다. 만약 예언자들의 하나님과 예수 그리스도의 하나님을 원한다면, 우리는 하나님의 은총이라는 '불의'를 참아 내야 하며 정의라는 관념을 재고해야 한다.

둘째, 하나님의 **편파성**에 관해 생각해 보라. 예를 들어, 성경의 전통에서, 하나님은 과부를 '자유롭고 합리적인 행위자'로 보지 않고 사회에서 아무런 지위도 갖지 못한 여자로 보셨다. 나그네를 그저 한 인간으로 보시 않고 인간관계의 망으로부터 단절되어 편견으로 고통받고 희생양이 되기 쉬운 이방인으로 보셨다. "억눌린 사람들을 위해" 정의를 행하시는 하나님은 과부와 나그네를 향해 어떻게 행동하시는가? 다른 인간을 대하는 것과 똑같은 방식으로 행동하시는가? 아니다. 하나님은 그들을 편애하신다. 하나님은 힘 있는 이들에게는 적용되지 않는 방식으로 "나그네들을 보호하시며 고아와 과부를 붙드신다"(시 146:7-9).

왜 하나님은 과부와 나그네에게 편파적이신가? 어떤 의미에서 하나님은 **모든 이에게**—하나님이 과부와 나그네를 보호하기 위해 맞서는 힘 있는 이들까지 포함해서—편파적이시기 때문이다. 하나님은 각 사람을, 힘없는 이들뿐만 아니라 힘 있는 이들까지도 구체적인 존재로 바라보신다. 하나님은 그들의 공통된 인간성뿐만 아니라 그들의 개별적인 역사와, 구체적 필요를 가진 그들의 심리적이고 사회적이며 몸을 지닌 특수한 자아에 주목하신다. 하나님은 정의를 행하실 때 추상적으로 행하지 않으시며 각 사람의 구체적인 성격에 따라 심판하고 행동하신다. 하지만 성경에서는 하나님의 메시아가 "그의 눈에 보이는 대로 심판하지 아니하며 그의 귀에 들리는 대로 판단하지 아니하며, 공의로 가난한 자를 심판하며 정직으로 세상의 겸손한 자를 판단할 것"이라고 말하지 않는가?(사 11:3-4) 정의를 행하실 때 그분은 눈을 감으실 것이라고 결론내려야 하지 않을까? 그 반대다. 그분은 겉모습과 소문으로 심판하지 않으시기 때문에 진실하게 심판하신다. 하나님은 모두를 의롭게 대하기 위해 각 사람을 다르게 대하신다. 헬렌 오펜하이머(Helen Oppenheimer)는 「행복의 소망」(The Hope of Happiness)에서, "불편부당함이란 하나님의 덕이 아니라, 한편으로는 우리 관심의 한계와 다른 한편으로는 우리 애정의 타락하기 쉬움을 보완하는 인간적인 방편일 뿐이다"라고 했다(Oppenheimer 1983, p. 131).[6]

왜 하나님은 모든 사람을 똑같이 대하지 않고 각 사람의 개별성에 주목하시는가? 왜 하나님은 관계로부터 추상화하시지 않고 관계가 심판과 행동을 규정하게 하시는가? 하나님이 불의하시기 때문인가? 아니다. 그것은 **동등화하고 추상화하는 정의는 불의한 정의**이기 때문이다! 라인홀드 니버는 "어떠한 정의 체계도 인간의 자유가 인간의 역사에 도입한 다양한 변수를 모두 다 공정하게 다룰 수는 없다"고 주장했다. 그는 "내가 동료 인간에게 무엇을 빚지고 있는지를 절대적으로 규정하기란 불가능하다. 지금 그의 모습은 절대로 그의 잠재력을 다 발휘한 모습일 수가 없기 때문이다"라고 주장했다(Niebuhr 1967, pp. 49-50).

---

[6] 사실 사도 바울은 하나님이 편애하지 않으신다고 주장한다(롬 2:11). 하지만 '불편부당함'이라는 하나님의 속성에 주목하라. 바울은, "악을 행하는" 모든 사람 때문에 "환난과 곤고"가 **먼저** 유대인에게 닥칠 것이고 마찬가지로 "선을 행하는" 모든 사람 때문에 "영광과 존귀와 평강"이 **먼저** 유대인에게 찾아올 것이기 때문에 하나님이 불편부당하시다고 주장한다(9-10절). 바울이 이해한 하나님의 '불편부당함'은 유대인들의 우선성을 요구한다. 역설적으로 말하자면, 하나님은 불편부당한 방식으로 편애하신다!

따라서 "고정된 비율 속에서 계산하는" 정의는 결코 정의로울 수가 없다(Tillich 1954, p. 63). 카푸토의 주장처럼, 정의를 묘사하는 가장 적합한 지도는 "그 지도가 나타내는 실제 지역과 같은 크기의 지도"여야만 한다(Caputo 1993, p. 88). 하지만 그 지도는 땅이 변할 때마다 계속 재조정되어야 한다.

그러나 완벽한 복제물조차도 심각하게 불의할 수 있다. 그것은 차이를 공정하게 다룰지라도 정의를 공정하게 다루지 못할 수 있다. 왜냐하면 현재 예측할 수 없는 차이의 작용 자체가 **과거의 불의**와 연관이 있기 때문이다. 현재 전체가 과거의 폭력과 기만 위에 세워졌으며, 니체가 「인간적인, 너무나 인간적인」(*Human, All Too Human*)에서 지적하듯이, "우리는 이 모든 조건의 상속자이며 모든 과거의 수렴이므로, 자신을 물리칠 수 없으며 한 부분이라도 제거하기를 원할 수조차 없다"(Nietzsche 1996, p. 216). 돌이킬 수 없는 불의의 역사가 현재의 어깨를 짓누른다. 그 짐을 벗어던질 수는 없다(Rentsch 1995, p. 193). 복수를 통해서도, 보상을 통해서도, 새로운 불의를 만들어 내지 않은 채 예전의 불의를 바로잡을 수는 없다. 죽은 이들의 불의는 살아 있는 이들 사이에서 계속 불의한 비대칭과 차이를 재생산하고 강화한다. 그리고 살아 있는 이들의 불의는 아직 태어나지 않은 이의 고향을 불의한 세상으로 만든다. 지도의 이미지로 돌아가자면, 완벽하게 들어맞고 스스로 조정하는 지도는 과거와 현재의 불의를 단순히 **복제**할 뿐이다. 정의는 현존하는 세계를 나타내는 완벽한 지도를 요구하지 않고, 과거와 현재의 세상을 폐기하고 새로운 세상을 창조할 것을 요구할 따름이다.

계산하고, 동등하게 만들고, 법을 만들고, 보편화하는 순서로 행동해서는 정의를 이룰 수 없다. 정의를, 오직 정의만을 원한다면, 불의가 다시 나타날 수밖에 없다. 불의가 없는 정의를 원한다면, 사랑을 원해야 한다. 완벽한 정의의 세계는 사랑의 세계다. 그것은 '규칙'이 전혀 없는 세상, 누구나 자신이 좋아하는 것을 행하고 모든 사람의 행동에 대해 모두가 만족하는 세상이다. 권리의 침해가 없기 때문에 '권리'도 없는 세상이다. 모든 것이 주어져 있으며 아무것도 보류되지 않기 때문에 '정당한 자격' 같은 것도 없는 세상이다. 모든 차이를 그에 적합한 방식으로 사랑하기 때문에 '평등'도 존재하지 않는 세상이다. 모든 행동이 차고 넘치는 은총으로부터 시작되기 때문에 '상벌'이 아무런 역할도 하지 않는 세상이다. 한마디로, 완벽한 정의의 세계는 **초월된** 정의의 세계일 것이다. 왜냐하면 그것은 **완벽한 자유와 사랑의** 세계일 것이기 때문이다. 정의의 여신의 눈가리개를 벗겨 낼 것이며, 그는 보이는 모든 것에 대해 기뻐할 것이다. 아무것도 무게를 재거나 비교할 필요가 없으므로 저울을 내려놓을 것이다. 질서 유지가 필요한 것이 아무것도 없으므로 칼을 떨어뜨릴 것이다. 그리하여 정의의 여신은 정의의 세계에 계신 정의의 하나님 — 완벽한 사랑이신 그 하나님(요일 4:8) — 과 같을 것이다.

라인홀드 니버는 "사랑에 이르지 못한 것은 그 무엇도 완벽한 정의일 수가 없다"고 말했다(Niebuhr 1967, p. 50). 그러나 악한 세상에서 우리는, 불완전하고 그래서 본질적으로 불의할 수밖에 없는 정의가 없다면 살아갈 수가 없다. 완벽하지 않은 정의는 필요한 불이다. 그것이 없다면 사람들은 자신의 공간에 폭력적으로 침입해 들어오는 힘으로부터 보호를 받을 수가 없다. 그런 보호는 무엇보다도 약한 자들에게 필요하다. 따라서 아리스토텔레스의 말처럼, 그들은 정의를 요구하는 반면, 힘 있는 자들은 자신들에게 유익이 되는 질서의 정의를 칭송한다 [「정치학」(*The Politics*, 숲), 1318b]. 그러므로 불의한 세계에서 사랑의 요구를 충족하기 위해서는 불의한 정의가 필수적이다. 무엇보다도 억압받는 자들을 위해 그러한 정의를 치열하게 추구해야 한다. 하지만 이러한 정의의 추구가 사랑의 맥락 안에 자리잡게 해야 한다. 구스타보 구티에레즈는 「욥에 관하여」(On Job, 분도)에서, "정의의 실천이라는 요구는 거저 주시는 하나님의 사랑이라는 틀 안에 자리잡아야 한다"고 말했다(Gutiérrez 1987, p. 89). 나의 용어를 사용하자면, 당신이 정의를 추구한다면, 당신은 궁극적으로 포용을 추구해야 한다. 억압의 세계에서 포용은 정의에 어떤 기여를 하는가?

첫째, 포용의 은총은, 끊임없이 변하는 인간 사이의 차이를 적절히 다룰 수 있도록 정의를 도와주어야 한다. 정의의 안정성과 보편성은 자비가 지닌 주어진 상황의 특수성에 대한 민감성의 도움을 통해 유연한 상태로 유지되어야 한다(Welker 1994, p. 120). 이러한 제안에 반대하면서, 한 부류의 것은 그 부류에 걸맞게 다루기를 고집하는 **정의**의 요구가 민감성이라고 주장할 수도 있다(Murphy & Hampton 1990, p. 169 이하). 그리고 어떤 것들이 서로 유사한지 다른지를 구별할 수 있는 것은 바로 정의―각자가 마땅히 얻어야 할 것을 얻는 것―의 추구 때문이라고 덧붙일 수도 있다(Nietzsche 1996, pp. 265-266). 하지만 사람들은 결코 '비슷하지' 않으며, 그들을 정의롭게 대하기 위해서는, 차이점과 유사점을 계산하기보다 그들의 특수한 상황에 적합한 것이 무엇인지를 평가해야 한다. 사랑이 없다면 이런 평가를 제대로 내릴 수가 없다. 포용하려는 의지가 없다면 정의는 불의가 되기 쉽다.

둘째, 과거의 불의 문제를 다루는 데 '정의'는 무력하기 때문에, 화해가 궁극적으로 일어나려면 불의를 용서하고 마침내는 잊어버려야 한다(3장을 보라). 용서의 행위는 불의를 불의라고 명명하며, 그러므로 그 원인을 제거할 것을 요구한다. 잊어버리는 행위는 반복적인 침해의 위협이 사라졌을 때만 가능할 것이다. 그리고 그때도 '정의'의 요구는 충족되지 않은 채로 남을 것이다. 정의의 개념을 재규정하지 않는 한, 포용은 '정의'를 넘어설 때만 가능하다. 그리고 우리는 그러한 재규정을 성경적 전통에서 발견한다. 즉, 포용의 은총은 정의라는 관념의 필수 요소가 되었다. 가장 일반적인 정의관-수움 쿠이케-의 용어로 이야기하자면, 각 사람이 마땅히 받아야 할 바는 그들의 선을 추구하는 것이다(Lovin 1996, p. 203). 그리고 "그들이 원래 속해 있는 그 연합으로 다시 받아들여질" 때에만 궁극적으로 그들의 선을 찾을 수 있다(Tillich 1954, p. 86). 삼위일체 하나님의 포용 안에서 그들이 우리와 화해할 때, 정의는 그들에게 실행될 것이다. '정의'는, 명백하게 불의한 행위(즉, 은혜-편집자주)를 통해 불의한 자를 의롭다 하지 않는 한(롬 3:26; 4:5), 사람들에게 그들이 마땅히 받아야 할 것을 줄 수 없다. 불의에 대한 분노는 옳은 것인가? 그렇다! 가해자는 제어되어야 하는가? 무슨 수를 써서라도! 권리의 침해에 대한 처벌은 필요한가? 아마도. 하지만 불의에 맞서는 이 모든 필수적 행동이 불의한 자들을 포용하려는 의지라는 틀 안에 자리잡게 해야 한다. 왜냐하면 삼위일체 하나님의 포용 안에서 우리가 서로를 포용할 때만 구속을 발견하고 완벽한 정의를 경험할 수 있기 때문이다.

왜 우리는 엄격한 정의를 추구해서는 안 되고, 불완전한 세상에서 엄격한 정의가 불의라고 말하는 것을 견뎌야 하는가? 왜 포용이 말하는 불의보다 정의가 말하는 불의가 더 나쁜 것인가? 왜, 사랑의 지혜에 귀를 기울이는 대신, 단순하게 해야 할 일을 계산하면 안 되는가? 왜 용서하는 대신에 보상을 요구하면 안 되는가? 만약 인간이 단순한 '합리적 행위자' '자율적 존재' '짐을 짊어지지 않은 자아'라면, 물론 우리는 포용이 형성하는 정의를 자기 도구를 사용하는 정의보다 선호해야 할 이유도, 포용이 남겨 둘 불의를 견디는 것을 '정의'가 낳는 불의를 참는 것보다 나은 것으로 여길 이유도 없을 것이다. 하지만 우리가 인간을 한 분 하나님의 자녀로, 모두가 한 사랑의 공동체에 속한 하나님의 피조물로 본다면, 포용—사랑—이 정의가 무엇인지를 규정하게 해야 할 타당한 이유가 있을 것이다.

캐럴 길리건(Carol Gilligan)은 도덕적 발전에 관한 연구를 통해 "돌봄의 윤리"로 "정의의 윤리"를 보충해야 한다고 주장했다. 돌봄의 윤리에 관한 자신의 입장을 요약하면서 그는 이렇게 말한다.

> 도덕적 결정의 틀로서의 돌봄은 자아와 타자가 상호 의존적이라는 가정에 기초한다. 이것은 행동을 자아로부터 발산되는 따라서 '자아에 의해 통제되는' 것으로 보기보다는, 반응적인 것 따라서 관계 속에서 일어나는 것으로 이해하는 관점에 들어 있는 가정이다.…이 틀 안에서 초연함은, 그것이 자아에 대해서든 타자에 대해서든, 도덕적으로 문제가 된다. 그것이 도덕적 맹목성이나 무관심—필요를 보지도 그에 반응하지도 못함—을 초래하기 때문이다.…이러한 맥락에서 정의는 사람들을 그들의 관점으로 보고 존중하는 것으로 이해된다(Gilligan 1987, p. 24).

여기서 길리건의 책을 둘러싸고 벌어진 복잡한 논쟁에 끼어들 필요는 없다(Benhabib 1992; Bloom 1988; Flanagan & Jackson 1987). 우리의 논의와 관련해 중요한 것은, 개인의 정체성에 대한 이해가 바뀔 때 정의에 대한 이해도 바뀐다는 사실이다. 우리의 정체성이 다른 이들과의 상호작용을 통해 형성된다면, 우리가 궁극적으로 함께 어울리도록 부름을 받았다면, 우리는 정의의 개념과 관련해서도 초연한 판단을 내리는 것만 강조하는 태도로부터 지속적인 관계의 방향으로, 맹목적인 불편부당함으로부터 차이에 대한 감수성으로 초점을 이동시킬 필요가 있다.

그리고 만약 공동체적 자아인 우리가 삼위일체 하나님과의 영원한 사귐으로 부르심을 받았다면, **참된 정의는 언제나 포용에 이르는 길 위에 존재할 것이다.** 즉, 우리가 함께 어울리며 타자에 의해 우리의 개인적·문화적 정체성이 보존되는 동시에 변형되고, 더 나아가 풍성해지는 그 자리에 존재할 것이다.

…모국어와 재산의 공유

그렇다면 과연 언제쯤 정의는 포용에 이르고 스스로 뒤로 물러날 수 있을까? "처음 것들이 다 지나가고" "하나님의 장막이 사람들 사이에 세워질 때" 이런 일이 일어날 것이다(계 21:3-4). 그러나 하나님이 "만물을 새롭게 하실" 그날은 아직 먼 미래의 일이다. 이미 일어난 일은 하나님이 그분의 영을 "모든 육체"에 부어 주셨던 오순절 사건이다(행 2:17). 성령 강림 이야기에는 '정의'라는 말이 등장하지 않는다. 하지만 어떤 의미에서 이 이야기의 주제는 바로 정의, 즉 포용에 이른 정의다. 내가 "어떤 의미에서"라고 말한 까닭은, 사도행전 2장 다음에 사도행전 6장이 등장하기 때문이다. 하지만 먼저 2장에 대해 살펴보자.

흔히들 주장하듯이, 오순절 사건은 바벨탑 사건의 역전이다(Dulles 1987, p. 173). 창세기 11장에서 하나님은 언어를 혼란하게 하고 사람들을 흩어 버림으로써 인간의 교만을 벌하셨다. 사도행전 2장에서 하나님은 그 처벌을 무효화하셨고 일치를 회복하셨다. 각 민족에 속한 사람들이 한 곳에 모였고, 모두 믿음의 언어를 말하고 이해했다. 두 본문을 연결시키는 이런 해석은 옳은 것이지만, 어느 본문도 제대로 해석해 내지는 못했다. 시날 땅의 평원에 살던 인류는 아직 한 언어를 말하고 있었지만, 온 땅에 흩어지게 될까 두려워했으며 그들 스스로 "이름을 내려는" 욕망에 사로잡혔다(창 11:4). 해산의 위협에 맞서고 무의미함을 극복하기 위해 그들은 도시와 "꼭대기가 하늘에 닿는" 탑을 건설한다(4절). 단 하나의 '장소', 단 하나의 '언어', 단 하나의 '탑'은 보편적인 야심을 품은 중앙집권적인 정치적, 경제적, 종교적 체제를 위한 대들보를 제공할 것이다. 인류는 확실히 하나가 되고 분명히 위대해질 것이다.

하나님이 보시기에 이런 노력은 실패할 수밖에 없었다. 아이러니하게도 하나님은 자신의 사람들이 천국 마당으로 침입하기 위해 무슨 일을 벌였는지 보려고 "내려오셔야" 했다(Wenham 1987, p. 245). 하나님은 그것을 승인하지 않으셨는데, 그 이유는 그들이 스스로를 정당화하는 정의와 경건의 수사에도 불구하고(Schweiker 1995, p. 216) 제국을 세우려는 모든 기획에는 본질적으로 폭력과 불경건이 내재하기 때문이었다(렘 50-51장; 계 18장). 제국을 건축하는 이들은 단일하고 거대한 구조에 들어맞지 않은 차이를 억압함으로써 일치를 추구한다. 그들은 약한 민족들과 작은 나라들의 이름을 삭제함으로써 자신의 이름을 위대하게 만들려고 한다. 따라서 하나님은 언어를 혼란스럽게 하시고, 제국을 세우려 했던 이들을 사방으로 흩으셨다. 하나님은 "그 하고자 하는 일을 막을 수 없다"(6절)는 전체주의적 사고에 반대하셨고, 집중하고 동질화하고 통제하려는 전체주의적 기획을 중단시키셨다. 차이는 환원 불가능한 것이다. 다수의 정치적, 경제적, 문화적 중심이 존재해야 한다. 일치가 '흩어짐'을 무효화하면 안 된다. 차이를 보존하지 않으면, 다중심성과 분산이 없으면, 오직 동질화하는 '탑'을 그 자리에 계속 머물러 있게 하기 위해 고안된 '정의'가 승인하는 폭력이 지배할 것이다. 월터 브루그만(Walter Brueggemann)의 말이 옳다면, 창세기 11장의 "흩어짐"은 단순히 부정적인 행위, 즉 하나님이 부과하신 처벌이 아니다. 본래 "흩어짐"은 "야웨께서 복을 주고 승인하고 의도하신 바"

로(창 10:18, 32 참고), 인류를 위한 하나님의 계획을 성취하기 위한 수단이다(1:28, Brueggemann 1982, p. 98). 거짓 영광에 대한 욕망이 조장하는 해산에 대한 잘못된 두려움 때문에 사람들은 유익한 '흩어짐'을 거부하고 억압적이고 보편적인 '집합'을 택하고 말았다.

자크 데리다는 하나님이 인류에게 꼭 필요하지만 불가능한 번역의 과제와 더불어 "환원할 수 없는 언어의 다양성"을 부과하심으로써, 탑을 건축한 이들의 "식민주의적 폭력"에 대응하셨다고 주장했다(Derrida 1991, p. 8). 하나님은 "투명성"을 금지하셨고 "일의성"을 불가능하게 만드셨다. 하나님은 인류로 하여금 "전체화의 미완성, 종결 불가능성"이라는 운명에 처하게 하셨다(p. 3). 탑을 세우고자 했던 이들이 마무리하지 못했던 것을 계속하려는 시도가 끊이지 않았음에도 불구하고 바벨탑이 영원히 미완성의 기획으로 남아 있을 것이라는 점에 관해서는 데리다의 말이 옳다. 하지만 바벨탑으로부터 기인한 "혼란"과 잘못된 "흩어짐"(창 11:7)이 제국을 세우려는 인간의 기획에 대한 하나님의 마지막 응답은 아니다. 최초의 죄만큼이나 악한 억압적인 일치의 추구에 대한 하나님의 예방적이며 징벌적인 반응이 요구하는 것은 바로 회복이다.

바벨-혼란-은 최종 상태가 아니다. 하나님은 거짓 일치를 "해체"하실 뿐만 아니라(Derrida 1991, p. 7), 유익한 조화를 "구축"하기도 하신다. 아브라함을 부르심으로 시작되어 오래 계속된, 바벨에 대한 하나님의 긍정적인 응답들 중 하나인 오순절 사건에서, 하나님은 "혼란" 속에 질서를 가져오신다. 예루살렘에서 예수님의 제자들은 시날 땅에 있던 인류처럼 "다 같이 한 곳에 모였다"(행 2:1). 하지만 그들은 흩어지기를 두려워하지 않았고, 그들을 흡수하거나 멸절하려고 했던 중심의 세력에 의해 목숨을 잃을지도 모른다고 두려워했다. 그들 역시 정치적인 꿈을 꾸었다. 그들은 "이스라엘 나라"의 회복을 고대했다(1:6). 하지만 적절한 때가 오면 그런 회복을 이루실 십자가에 달려 죽으신 메시아는, "도시를 세우라고" 그들을 부르기보다 그들의 죄가 용서받을 수 있도록 먼저 "회개하고 세례를 받으라고" 부르셨다(2:38). 스스로 이름을 내기 위해 애쓰는 대신, 그들은 "하나님이 행하신 큰 일"을 선포했다(11절). 모든 것을 중앙으로 집중된 동질성 안으로 끌어올려 하늘을 뚫고자 했던 바벨의 상승 운동이, "다양한 각 생명이 각각 새로운 생명으로 새로워질"(17절) 수 있도록 비처럼 하늘로부터 "쏟아붓는" 오순절의 하강 운동으로 대체되었다(Welker 1994, p. 127). 주위를 사방으로 통제하는 중심의 탑은 "각 사람" 위에 내려오심으로써 "모두를 충만하게 하시는" 성령으로 대체되었다(3-4절).

오순절을 통해 바벨이 시도했던 제국적 일치에 대한 대안이 만들어졌다. 하지만 이것은 바벨 이전 상태로의 회귀가 아니다. 바벨 이전에 온 인류는 하나의 언어를 말했다. 예루살렘에서 새로운 공동체는 다수의 언어를 말한다. 불길이 혀처럼 갈라져 각 사도에게 임할 때, 전 지구적 공동체를 대표하는 "천하 각국"에서 모든 유대인은 "각각 자기의 방언으로 제자들이 말하는 것을 들었다"(3-7절). 오순절 이야기를 (단순히 역사적으로 읽기보다) 신학적으로 읽어 보면, 이 사건은 성령이 오실 때 한 언어가 회복되거나 모든 언어를 아우르는 메타-언어가 고안되어서가 아니라, 각 사람에게 다른 사람의 말이 자신의 언어로 말하는 것으로 들리기 때문에 모두가 서로를 이해한다는 의미를 갖는다. 오순절은 "혼란"과 그에 따른 거짓 "흩어짐"을 극복했다. 하지만 이는 문화적 획일성인 일치로 복귀함으로써 극복한 것이 아니라 문화적 다양성이 조화를 이루는 방향으로 나아감으로써 극복한 것이다.

누가 다른 언어를 말하는가에 주목하라. 이 사건에 대한 누가의 보도에서는 그저 "다"라고 말한다. "모든 사도"라는 뜻이다. "그들이 다 성령의 충만함을 받고 성령이 말하게 하심을 따라 다른 언어들로 말하기를 시작하니라"(4절). 이 사건 이후 베드로의 해석은 이 점을 더 구체화한다. 그는 단절된 의사소통을 초월하는 기적이 일어나 요엘의 예언이 성취되었다고 주장한다.

> 하나님이 말씀하시기를,
> 말세에 내가 내 영을 모든 육체에 부어 주리니
> 너희의 자녀들은 예언할 것이요,
> 너희의 젊은이들은 환상을 보고
> 너희의 늙은이들은 꿈을 꾸리라.
> 그 때에 내가 내 영을
> 내 남종과 여종들에게 부어 주리니
> 그들이 예언할 것이요. (17-18절)

그들이 "다" 말했다는 누가의 주장은 매우 중요한 의미를 담고 있다. 목소리가 전혀 없었던 이들에게도 목소리가 주어졌다. 바벨탑은 중심을 안정시키고 강화하기 위해 사람들이 '보지 못하고 말하지 못하게' 하고 주변으로부터 기운을 빨아들이려 했던 반면, 성령은 주변으로 기운을 쏟아부으시고, 작은 사람들의 눈을 열어 전에는 아무도 보지 못했던 것을 보게 하시고, 그들의 입으로 창조적인 예언의 말을 하게 하시고, 그들에게 권능을 부어 하나님 통치의 대리자가 되게 하신다. 오순절에 모두가 목소리를 받았고, 모두가 자신의 모국어로 들을 수 있게 되었다. 오순절의 기적은, 사회적·문화적 이질성 속에서도 모두가 서로를 이해할 수 있게 되고, 아무 제약 없이 하나님 나라를 일구는 주체가 되었다는 점이다(Welker 1994, p. 230 이하를 보라).

사도행전 2장 중반부에서 딸과 종에 관한 예언은 종말에 일어날 일에 관해 이야기한다. 각자 모국어로 말하면서도 서로를 이해할 수 있는 사람들은 재산도 공유한다. 그들은 "재산과 소유를 팔아 각 사람의 필요를 따라 나눠 주었다"(45절). 초대교회의 기독교 공산주의? 아니다. 만약 '공산주의'가 상명하복의 조직을 가지고 있으며 절대로 패권을 놓치지 않는 중심부를 통해 관리가 이루어지는 안정적인 분배 정의의 구조를 뜻한다면. 공동체에 들어오는 순간 모든 사람에게 자신의 재산을 양도하라고 요구하는 규정 같은 것은 없었다. 모두가 소유를 팔아 나눠 주어야 한다는 규칙도 없었다. 정의의 요구를 구현하는 보편적 법률도 작동하지 않았다. 각 사람에게 내려오셔서 각 사람을 "충만하게 하신" 성령은 각 사람으로 하여금 자신의 재산을 "공동체 전체가 쓸 수 있는 것"으로 보도록 만드셨다(Marshall 1980, p. 108). 초대교회의 기독교 공산주의? 그렇다. 만약 '공산주의'가 마르크스의 기획에 영감을 불어넣은 정의관을 뜻한다면(Volf 1988; Volf 1991). 각 사람은 자신의 능력에 따라 내어놓는다. "밭과 집이 있는" 사람들은 그것을 팔아 그 돈을 공동체에 준다(4:34). 그리고 각 사람은 자신의 필요에 따라 혜택을 받고 물건을 "각 사람의 필요를 따라 나누어 주었다"(35절). 폴 틸리히(Paul Tillich)의 말을 빌리자면, 이것은 "황홀경의 정의"다(Tillich 1954, p. 83). 이 정의를 실천하는 공동체가 성령 안에서 몰아의 "황홀경 속에" 있듯이, 사랑 안에서 무아지경에 이른 정의다. 그렇다면, 이것은 곧 포용과 구별되지 않는 오순절의 "정의"다. 모두가 자신의 필요를 충족시킬 수 있으며, 자기 자신이 되고자 하고 자신의 뜻에 따라 행동하지만, 이해받고 인정받고 싶은 근원적인 욕망이 충족된다.

사도행전 2장의 내용 중 그 어떤 것도—오순절의 '정의'라는 천국은 바벨의 공포와 욕망으로 가득한 이 땅 위에서 오래 지속될 수가 없을 것이라는 우리의 의심을 제외하면—우리로 하여금 6장에 나올 내용을 예견하게 해주지 않는다. 제자들의 수가 늘어남에 따라 무대 뒤에서는 오순절이 해체되고 있었다. 6장에서는 막이 내려지고 우리는 무슨 일이 일어나는지 보게 된다. 헬라파 즉 그리스어를 말하는 디아스포라 유대인들이, 히브리파 즉 팔레스타인 출신으로 아람어를 말하는 유대인들을 향해 불평한다. 헬라파 과부들의 필요가 충족되지 않고 있다는 문제와 관련해 논란이 일어났다. 구제를 맡은 히브리파 유대인들이 날마다 음식을 나눠 주는 일에서 헬라파 과부들을 소홀히 했다(1절). 불의를 행했기 때문에 황홀경으로 고조되었던 정의가 아래로 내려와야만 했다. 제한된 자원, 무한할 수도 있는 욕망, 구제를 담당하는 사람들의 편견을 감안해, 모두의 필요를 충족하려면 각 사람이 얼마나 많이 받아야 하는가에 관한 문제를 의논했다.

하지만 헬라파 과부들이 당한 불의는 공동체의 '경제적' 삶과 관련된 빙산의 일각일 뿐이다. 마르틴 헹엘(Martin Hengel)의 말이 옳다면, 표면 아래서는 기독교 신앙 전반에 대한 두 관념이 충돌했다(Hengel 1983, pp. 1-29, 133-156; Hengel 1991, pp. 68-69; Hill 1992은 이런 해석과 상반된 입장이다). 여기서 그 논쟁의 내용을 들여다볼 필요는 없다. 이 책의 논의와 관련해서는, 이 투쟁의 당사자들이 두 가지 다른 언어를 말하는 사람들, (비록 그 각각이 내부적으로 완전히 통일되지는 않았다 하더라도) 문화적으로 구별되는 두 공동체의 구성원들—히브리파와 헬라파—이었다는 점을 지적하는 것으로 충분하다. 관건은 유대교에 대한 그들의 태도였으며, 따라서 이것은 기독교 공동체의 정체성 자체와 직결된 문제였다. 오순절에 서로를 이해할 수 있었던 '모국어'를 말하는 이들이, 이제는 심각하게 반목하고 있다. 그리고 과부들의 문제는 이 갈등의 경제적인 측면이 표출된 것이다. 필요는 충족되지 못했고, 언어는 이해되지 못했으며, 오순절은 무효화되었다.

거의 그럴 뻔했다. 왜냐하면 해결책을 찾았기 때문이다. 사도들은 공동체 전체를 소집했다. 이 말은 헬라파와 히브리파 모두 아직은 스스로 한 공동체의 일원으로 생각하고 있었다는 뜻이다. 이 모임의 목적은 모두가 마땅히 받아야 할 몫을 받게 하는 추상적인 정의의 원칙을 적용하기 위한 방법을 찾는 것이 아니었고, 공동체 전체가 모여 음식을 나눠 주는 일을 전담할 "칭찬 받는 사람" 일곱을 선출하는 것이었다(3절). 일곱 사람의 이름을 통해 알 수 있듯이 그들은 모두 헬라파였다. 이것은 실패를 암시한다. 헬라파가 헬라파를 돌봐야 한다. 그렇지 않으면 불의가 행해질 것이다. 하지만 사실 이것은 작은 승리였다. 상처를 입은 쪽의 대표자들이 **모든** 과부, 자신들 쪽의 과부들뿐만 아니라 상처 입힌 쪽의 과부들까지 돌보는 자로 임명되었다. 관점을 뒤집고, 권리를 침해당한 이들의 눈으로 문제를 바라봄으로써 정의를 추구했다. 더 나아가 이 일을 맡은 사람들은 "성령이 충만한" 사람이어야 했다(3절). 그들은 오순절에 그들로 하여금 서로의 언어를 이해하고 소유를 나눌 수 있게 하신 바로 그 포용의 영 안에서 옳고 그름을 판단할 것이다. 마지막으로 그들은 "지혜가 충만해야" 했다(3절). 구체적인 갈등 상황과 '사랑이 되어 버린 정의'에 대한 비전을 연결시켜 주는 것은 추상적인 계산이 아니라 실용적인 지혜다. 포용의 의지가 이끄는 '이중적 보기'의 실천을 통해 오순절을 무효화하려고 했던 힘에 맞섰다. 이것은 오순절의 기억, 즉 자신의 정체성을 유지하면서도 서로의 정체성을 이해했던 기억, 자신의 필요가 진정한 필요이기만 하다면 충족되었던 기억에 의해 영감을 얻은 작지만 중요한 저항 행위다.

문화가 문화와 충돌하고 정의가 정의와 충돌하는 오늘의 상황 속에서, 우리는 사도행전 2장과 6장으로부터 영감을 구해야 한다. 우리에게는 하나님의 성령으로 충만한 삶이라는 웅장한 비전이 필요하다. 불가능한 것이 사실은 가능한 것임을 기억해야 한다. 즉, 각각 자신의 모국어를 말해도 서로 소통할 수 있으며 소통할 것이다. 억눌렸던 목소리가 담대하게 예언할 것이며, 닫혔던 눈이 열려 비전을 볼 것이다. 우리 중 그 누구도 우리 것을 우리만의 것이라고 말하지 않을 것이므로 모두의 필요가 충족될 것이다. 하지만 서로의 언어를 잘 이해하지 못할 때도, 서로의 목소리를 억압할 때도, 여전히 자신의 소유에 지나치게 집착하고 다른 이들의 소유를 빼앗으려 할 때도, 이 웅장한 비전뿐만 아니라 더불어 살아가는 법을 배우기 위해 작은 발걸음을 뗄 수 있다는 이야기도 우리에게 필요하다. 웅장한 비전에 작은 발걸음이 동반될 때, 우리는 문화들 사이의 참된 정의를 향해 계속해서 나아갈 수 있다. 이 여정에서 우리 자신 안에 타자의 관점을 위한 공간을 마련할 때, 어떤 의미에서 우리는 모든 육체에 성령을 부어 주셨던 그곳에 이미 다다른 셈이다. 그리고 자신과 십자가에 달리신 메시아에 대해 진실한 태도를 유지한 채 타자를 끌어안고자 할 때, 어떤 의미에서 우리는 죽을 수밖에 없는 인간들 사이에 하나님의 집이 세워질 그때 우리가 있게 될 그곳에 이미 와 있는 셈이다.

6 ● 기만과 진실

...과거를 위한 축배

조지 오웰(George Orwell)의 소설 「1984년」(*Nineteen Eighty-Four*)의 비극적 주인공 윈스턴 스미스는 자신이 오세아니아 체제에 맞서는 형제단의 투쟁에 동참하는 것을 축하하려고 "과거를 위해!"라고 말하며 잔을 들었다. 사상 경찰의 혼란이나, 빅 브라더의 죽음이 아니고, 심지어 인류를 위해서도 아니고, **과거를 위해!** 자신의 공모자라고 믿지만 결국 당의 고위 간부요 장차 그를 고문할 사람인 오브라이언도 진지하게 동의한다. "과거가 더 중요하다." 왜냐하면 "과거를 지배하는 자는 미래를 지배하지만, 현재를 지배하는 자는 과거를 지배할 뿐이기" 때문이다(Orwell 1949, p. 177).

오브라이언을 만나기 얼마 전 윈스턴은 자신의 비밀 일기에 이 건배의 말을 길게 풀어 놓았다.

> 미래를 위해 혹은 과거를 위해, 생각의 자유가 있고 사람들이 서로 다르지만 홀로 살아가지 않는 시대를 위해, **진실이 존재하고 이미 벌어진 일을 없었던 일로 만들 수 없는** 시대를 위해(p. 29, 저자 강조).

윈스턴은 당이 현재로서는 "과거로 손을 뻗어 이 사건이나 저 사건에 관해 **그것이 결코 일어나지 않았다**고 말할 수 있음"을 알고 있었다(p. 35). 당의 손이 그 청소 작업을 마쳤을 때 과거는 "그저 바뀐 것이 아니라 파괴되었다." 그는 "자신의 기억 외부에 아무런 기록도 존재하지 않는다면" 가장 명백한 사실조차도 입증할 수 없기 때문이라고 생각했다(p. 36). 현재와 과거와 미래를 당이 삭제했고, 당이 다시 썼고, 당이 지배했다.[1] 표면적으로, 과거를 위한 건배의 말은 이미 일어난 일에 경의를 표하고 우리가 '사실'이라고 부르는 것을 존중한다는 의미를 지닌다. 더 깊은 차원에서, 이 말은 이미 저지른 자신의 비행을 부인함으로써 그것을 가리려고 하는 힘 있는 자들의 독단성에 맞선다.

물론 "무슨 일이 일어났는가?"라는 물음은 호기심을 자극하는 주제다. 하지만 알고자 하는 우리의 의지를 충동하는 것은, 그저 과거에 관한 "뒤죽박죽인 단서와 암호"를 풀고자 하는 초연한 욕망이 아니다 (Appleby 외 1994, p. 259). 호기심을 품는 것이 별 이익이 되지 않는다면, 우리는 문서를 해독하고 조각을 끼워 맞추는 흥미진진한 게임보다는, "누가 누구에게 무엇을 왜 했는지"를 입증하는 훨씬 더 심각한 문제에 주의를 기울이고자 할 것이다. 라틴 아메리카의 우파 정권에 의해 고문실에서 사라져 간 이들의 가족을 생각해 보라. 그들은 가해자가 누구였는지, 그들이 수많은 희생자에게 무슨 짓을 했는지 알고 싶어 한다. 그들은 기록이 제대로 남기를 바란다. 중유럽과 동유럽의 구 공산국가의 시민들을 생각해 보라. 그들은 누가 밀고자였는지, 그 두꺼운 보고 서류를 작성한 얼굴 없는 비밀 요원이 누구였는지 알고 싶어 한

---

1) Milan Kundera가 *The Book of Laughter and Forgetting*에서 말했듯이, 이 당이 만들어 낸 세계는 "망각의 대통령"들이 운영하는 "기억이 없는 세계"다(Kundera 1986, p. 158). 「웃음과 망각의 책」(문학사상사).

다.[2] 그들은 그저 호기심을 충족하려는 것인가? 여기에는 훨씬 더 많은 것이 걸려 있다. 그들이 '무슨 일이 일어났는지' 알고 싶어 하는 까닭은 억압의 상처에 은폐의 모욕이 더해지지 않기를 원하기 때문이다. 그들은 인간의 존엄성을 회복하며 지키고, 무자비한 이들로부터 약한 이들을 보호하고자 한다. 이 경우 무슨 일이 일어났는지에 관한 진실은 삶과 죽음의 문제인 경우도 많다.

알고 싶어 하는 것과 똑같은 이유로, 우리는 우리가 알게 된 것을 또한 **기억하기**를 원한다. 엘리 비젤은 리옹에서 열린 바르비 재판 (Barbie Trial: 1987년에 열린 나치 군인 클라우스 바르비에 대한 재판-역주)에서 증언을 마무리하며 이렇게 말했다. "이 재판은 정의를 세우기 위해 이루어졌지만 기억에 대해서도 경의를 표해야 합니다"(Wiesel 1990, p. 189). 같은 연설의 앞부분에서 그는 자신이 가장 좋아하는 몇 가지 주제를 되풀이하며 그 이유를 이렇게 설명했다.

기억이 없는 정의는 불완전한 정의, 거짓되고 불의한 정의입니다. 아우슈비츠가 절대적인 범죄인 것과 마찬가지로 망각하는 것은 절대적인 불의일 것입니다. 망각한다는 것은 곧 원수가 최후의 승리를 거둔다는 뜻입니다 (p. 187).

기억을 지우라. 그러면 가해자의 손에서 피를 씻어 주는 셈이다. 이미 벌어진 일을 벌어지지 않은 것으로 만들고, 그것을 역사에서 사라지게

---

2) Lewis Smedes는 역사적으로 볼 때 "국민으로부터 진실을 가장 잘 은폐하는 정부는 국민이 어떤 비밀도 갖지 못하게 하는 정부다"라고 말했다(Smedes 1992, p. 3). 진실을 감추고 특정한 진실을 사적으로 남겨 둘 자유를 존중하지 않는 것은 야만적 권력의 정치를 지탱하는 주요 전략이다.

하는 셈이다. 극악무도한 일에 관한 기억을 지우라. 그러면 미래의 가해자들을 면책으로 유혹하는 셈이다. 역으로, 악행을 기억하라. 그러면 미래의 악행에 대한 방벽을 세우는 셈이다. 비젤의 말처럼, "죽음에 대한 기억은 죽음에 대한 방패 노릇을 할 것이다"(p. 239). 망각은 저주다. 하지만 기억은 구속이다. 그는 자신의 주장을 다소 과장하면서 "구원은 오직 기억 속에서만 찾을 수 있다"고 말한다(p. 201). 우리는 구원이 기억 이상의 무언가를 요구한다고 주장할 것이다. 혹은 더 나아가서 앞서 내가 주장했듯이(3장), 구원은 궁극적으로 일종의 '망각'을 필요로 한다고 주장할 것이다. 하지만 고통을 가하고 당했던 기억이 없으면 희생자나 가해자의 구원도 불가능하다는 것을 어떻게 반박할 수 있겠는가?

기억에 몰두하는 비젤은 기억하라는 성경의 명령을 떠올리게 만든다. 그 자신도 「기억의 나라로부터」의 서문에서 지적했듯이,

> 기억하라.…당신이 이집트에서 노예였던 것을 기억하라. 안식을 거룩히 지켜야 한다는 것을 기억하라.…당신을 진멸하려 했던 아말렉을 기억하라.… 성경의 다른 어떤 명령도 이것만큼 끈질기게 되풀이되지 않는다. 유대인들은 기억의 표지 아래서 살고 자란다(p. 9).

그리스도인들 역시 십자가 그늘 아래서 살기 때문에 기억의 의무를 안고 살아간다. 성찬을 행할 때 그들은 예수 그리스도의 말씀을 되풀이한다. "이것은 너희를 위하는 내 몸이니 이것을 행하여 나를 **기억하라**.…이 잔은 내 피로 세운 새 언약이니 이것을 행하여 마실 때마다 나를 **기억하라**"(고전 11:23 이하). 성찬은 우리 구주의 깨어진 몸과 흘리신 피를 기억하는 예전의 시간이다. 여기에 참여할 때 우리는 '영광의 주

님'이 배반당하고, 치욕당하고, 조롱 속에 재판을 받고, 잔인하게 살해 당하신 그 밤을 기억한다. 우리는 예수 그리스도께서 왜 십자가에 달 리셨으며, 그 결과가 무엇인지를 기억한다. 그 기억이 없다면 기독교 신앙도 있을 수 없다. 기독교 신앙의 **모든 것**이 거기에 달려 있다.

그리스도의 고난을 기억하면서 우리는 그분이 죽음으로 구하신 그 분의 형제와 자매들의 고통을 기억한다. 그리스도께서 당하신 고통을 기억할 때 우리가 가하고 당한 모든 고통의 기억이 거룩해진다.[3] 기독 교 신앙의 핵심을 차지하며 구원 전체를 상징하는 심오한 의식인 성찬 은 기억하기에 바쳐지는 헌사다. 하나님의 축복의 잔을 들 때마다 우 리는 사탄의 저주가 야기한 고통을 기억해야 한다.

우리는 알게 된 것을 기억해야 하고, 기억하는 것을 **말해야** 한다. "너희가 이 떡을 먹으며 이 잔을 마실 때마다 주의 죽으심을 그가 오 실 때까지 **전하는** 것이니라"(고전 11:26). 그리스도께서 우리의 죄를 위 해 죽으셨다는 기억을 선포해야 하는 것처럼, 가하고 당한 인간의 고 통에 대한 기억 역시 공적인 것으로 만들어야 한다. 로자 룩셈부르크 (Rosa Luxembourg)는 이렇게 말했다고 한다. "가장 혁명적인 행동은 지 금 상황이 어떤지 크게 외치는 것이다. 앞으로도 그럴 것이다." '깔개 위에 고양이가 있다'와 같은 평범한 진술을 비롯해 모든 것이 그 상황 이 될 수 있다. 그러나 그런 정도의 말을 크게 외치는 것은 진부한 행 동이고 심지어 조금 어리석은 행동일 수도 있다. 이런 상황에서는 '진 리'가 그다지 중요하지 않기 때문이다. 하지만 '진리의 체제'(regime of truth)가 강요될 때, 문화적 관례와 공적 여론, 전체주의 국가의 법령에 따라, 무슨 말을 해도 되는지 혹은 해서는 안 되는지가 결정될 때, 지

---

3) 여러 글, 특히 가장 최근에는 "The Last Universalists"를 통해 Johann Baptist Metz 는 고통에 대한 기억(*memoria passionis*)의 중요성을 강조했다(Metz 1996).

금 상황이 어떤지를 크게 외치는 것은 정말로 혁명적일 것이다. 만약 지금의 상황에 관해 당신이 알고 있는 바를 너무 크게 외친다면, 당신은 친구나 직장뿐만 아니라 심지어 목숨까지도 잃어버릴지도 모른다(Havel 1986).

성경에서 고통은 예언자들의 기본적인 운명이었다. 그들은 세상의 권세가 그들에게 보아서는 안 된다고 말한 것을 '보았다.' 그들은 다른 이들이 기껏해야 밀실에서 속삭이는 것을 공공의 광장에서 말했다. 그가 본 것, 그리고 사람들이 듣기 원했던 것에 관해 이사야가 했던 말을 생각해 보라.

> 대저 이는 패역한 백성이요,
>   거짓말하는 자식들이요,
> 여호와의 법을 듣기 싫어하는 자식들이라.
>   그들이 선견자들에게 이르기를,
> "선견하지 말라."
> 선지자들에게 이르기를,
>   "우리에게 바른 것을 보이지 말라.
> 우리에게 부드러운 말을 하라.
> 거짓된 것을 보이라." (사 30:9-10)

왜 이스라엘은 "부드러운 말"과 "거짓된 것"을 듣고 싶어 할까? "억압과 기만"을 신뢰했기 때문이다(12절, Aukerman 1993, pp. 59-60). 이 둘은 떼려야 뗄 수 없다. 당신이 억압하는 사람이라면, 당신은 기만을 통해 당신의 죄를 은폐하려 할 것이다. 억압에는 기만이라는 버팀목이 필요하다. 마르크스주의의 용어를 사용하자면, 착취는 이데올로기를 통한 정당화를 추구한다. 기만의 덮개를 제거하라. 그러면 억압이 수치스러운 모습으로 벌거벗고 있을 것이다. 비밀이 없이는 권력이 작동할 수 없다(Foucault 1978, p. 96). 따라서 지금 상황이 어떤지 크게 외치는 것은 위험한 전복 행위다. 압제당하는 이들은 그 위험을 그 누구보다 잘 알고 있다. 억압을 은폐하는 기만의 분위기 속에서 그들은 기만에 대한 직접적인 공격을 회피하는 쪽을 택하는 경우가 많다. 대신 그들은 큰 거짓말과 왜곡에 맞서는 무기로 작은 사기와 거짓을 활용하는 게릴라전을 벌린다. 그런 전략으로 진실에 대한 압제자들의 통제를 전복하는 데 성공할 수는 있지만, 그것은 맞서 싸우고자 했던 바로 그 적ㅡ기만의 권력ㅡ을 다시 왕좌에 앉히는 결과를 초래할 것이다. 예언자들의 위대함은 위선의 전쟁에 말려들기를 거부했다는 데 있다. 전투에서 자신들의 '반대되는 진실'을 무기로 제시하는 대신, 그들은 그저 기만의 베일 뒤에 가려져 있는 것을 보았고, 압제자에 관한 진실을 대담하게 외쳤다. 이러한 보기와 말하기가 본래의 예언자적 혁명이었다고 말할 수 있다. 다른 모든 혁명은 이 혁명에 근거를 둔다.

오웰의 「1984년」에서 윈스턴 스미스는 잔을 들어 "과거를 위해!"라고 말한다. 그와 더불어 나는 "'상황이 어떠했는지'를 알고자 하는 의지를 위해! 그것을 기억하는 능력을 위해! 그것을 크게 선포하는 용기를 위해!"[4]라고 말하고 싶다.

---

4) Tzvetan Todorov는 *The Conquest of America*의 맺음말에서 "'진실을 추구하는 것'이 반드시 필요하며 그것을 알려야 할 의무가 있다"는 신념 때문에 이 책을 썼으며, 이 신념은 "우리가 타자를 발견하는 데 실패한다면 무슨 일이 일어날 수 있는가"에 관한 기억이 대단히 중요하다는 확신에 기초한다고 설명했다(Todorov 1984, p. 247).

...볼프에 대한 반대

내가 건배의 말을 마치고 질 좋은 포도주를 한 모금 맛보고 자리에 앉은 후에 자기 잔에 입을 대기를 거부하는 한 사람이 일어나서 이의를 제기한다.

"신사 숙녀 여러분, 나는 볼프 교수가 제안한 건배의 말이 두 가지 중요한 점에서 잘못되었다고 생각합니다. 첫 번째 반론은 **기억**에 관한 것입니다. '구원은 기억 속에 있다'고 그는 말했습니다. 하지만 모든 기억이 우리를 구원합니까? 그가 인용했던 엘리 비젤은 이런 문제가 제기될 수도 있다는 것을 알았습니다. 기억을 찬양했던 바로 그 책에서 그는 '기억이 증오를 영속화할 위험은 없는가?'라고 물었습니다. 그의 대답을 들어 보시고 그것이 설득력이 있는지 여러분 스스로 판단해 보십시오. '아니다. 그런 위험은 없다. 기억과 증오는 양립할 수 없다. 왜냐하면 증오는 기억을 파괴하기 때문이다. 그 반대가 참이다. 즉, 기억은 증오에 대한 강력한 치료제 역할을 할 수 있다'(Wiesel 1990, p. 201). 증오가 때로는 기억을 왜곡하고 심지어 파괴하기도 한다는 것에 대해 이의를 제기하는 사람은 아무도 없을 것이라고 생각합니다. 하지만 그렇다고 해서 비젤이 주장하는 것처럼 기억과 증오가 양립할 수 없다고 말할 수 있을까요? 결코 그렇지 않습니다. 심지어 비젤조차도 그렇게 확신하지는 않습니다. 비록 기억과 증오의 양립 불가능성을 주장하기는 하지만, 그 스스로도 기억이 증오에 대한 치료제 역할을 **할 것**이라고 말하지 않고 **할 수 있다**고 말했습니다. 역사는 충분히 야만적입니다. 증오할 만한 이유를 찾기 위해 상처를 조작해 낼 필요가 없습니다. 실제로 일어난 범죄로도 충분합니다. 그들이 나나 내 사랑하는 이들에게 고통을 가했음을 알 때에도 기억이 나로 하여금 그들을 미워하지 못하도록 설득할 수 있는지 나는 여러분께 묻고 싶습니다. 여러분은 또한 기억이 증오를 가르친다고, 내일 불의를 당하고 싶지 않다면 오늘 잠재적인 가해자를 공격해야 한다고 주장할 수도 있습니다. 에이머스 엘런(Amos Elon)의 말처럼, '기억은 "일종의 복수"일 수도 있습니다'(Elon 1993, p. 5).

그러므로 그저 기억**한다는 것**뿐만 아니라 **어떻게** 기억하느냐, 즉 사랑하는 마음으로 기억하는지 아니면 미워하는 마음으로 기억하는지, 화해를 추구하는지 아니면 복수를 추구하는지가 중요합니다. 신사 숙녀 여러분, 구원은 단순히 기억 속에 있지 않습니다. 그것은 기억으로 **우리가 무엇을 하는지**에 달려 있습니다.[5] 기억이 우리를 구원하기 전에 먼저 기억 자체가 구속되어야 합니다. 만약 기억의 미덕을 칭송하고자 한다면 무엇이 그 기억을 거룩하게 하는지도 반드시 우리에게 말해 주십시오.

볼프 교수가 제안한 건배의 말에 대한 나의 두 번째 반론은 더 복잡합니다. 하지만 짧게 이야기할 테니 조금만 참아 주십시오. 반론은 이렇게 이야기해 볼 수 있습니다. 우리는 **어떻게** 기억하는가에 관해 신중해야 할 뿐만 아니라 **무엇을** 기억하는가에 관해서도 주의를 기울여야 합니다. 기억의 힘은 그것이 진실이라는 주장 속에, 기억된 것이 실제로 일어났다는 암묵적인 주장 속에 있습니다. 틀림없이 여러분은 나에게 거짓 기억도 엄청난 힘을 가지고 있다고 말할 겁니다. 그리고 사람들이 거짓 기억을 진실이라고 믿는다면, 여러분의 말이 맞습니다. 가짜 진실이라는 가면을 벗기십시오. 그러면 거짓 기억은 무력해집니

---

[5] Herbert Hirsch는 *Genocide and the Politics of Memory*에서 "역사는 재구성된 기억이며, 국가와 개인은 이따금 고귀하지 않은 목적을 이루기 위해 기억을 사용하고 조작하는 경우가 많다"는 이유로, 올바른 기억의 정치가 중요함을 강조했다(Hirsch 1995, p. 34).「제노사이드와 기억의 정치」(책세상).

다. 그러므로 과거를 기억하는 문제는 우리로 하여금 과거를 **아는** 문제로 눈을 돌리게 합니다.

누가 누구에게 무엇을 왜 했는지를 알아야 하고, 그것을 기억해야 한다고 들었습니다. 하지만 무엇이 기억할 가치가 있는지를 어떻게 알 수 있습니까? 틀림없이 여러분은 이렇게 말할 것입니다. '일어난 일을 기억하라!' 옳은 말입니다. 하지만 2 더하기 2처럼 단순하게 무슨 일이 일어났는지 알 수 있다고 감히 말하지 마십시오. 신사 숙녀 여러분, 명백한 사실을 다시 한 번 상기시켜 드리겠습니다. 사람들은 같은 것도 다르게 보고 다르게 기억합니다. 왜 같은 것에 대한 다른 기억들이 존재합니까? 볼프 교수의 모국에서 최근에 일어난 일을 예로 들어 이 물음에 답해 보겠습니다.

표면적으로 논란은 숫자에 관한 것입니다. 즉, 제2차 세계대전 동안 크로아티아의 포로수용소에서 얼마나 많은 세르비아인이 살해당했는가 하는 문제입니다. 모든 것 중에서 숫자는 가장 파악하기 쉬울 것이라고 생각할 수도 있습니다. 하지만 그렇지 않습니다. 세르비아 역사가들은 70만 명이라고 말합니다. 크로아티아 역사가들은 '고작' 3만 명이라고 말하면서 전쟁 중에 그리고 직후에 세르비아인들이 크로아티아인들보다 많이는 아니더라도 그만큼은 살인을 저질렀다고 덧붙입니다. 크로아티아인들은 여러분에게 세르비아인들이 희생자였던 과거가 과거의 지배와 현재의 권리 침해를 도덕적으로 정당화해 주기 때문에 세르비아 역사가들이 그 숫자를 부풀린다고 말할 것입니다. 그들의 지도자 중 하나인 한 사제는 '우리의 권력은 우리의 무덤 속에 있다'라고 말했습니다. 세르비아인들은, 모든 가해자가 그렇듯이 크로아티아인들이 자신들의 범죄를 적당히 덮으려 한다고 대답할 것입니다. 그리고 크로아티아인들은, 모든 정복자가 그렇듯이 세르비아인들이 자기들 마음대로 역사를 쓰고 있다고 응수할 것입니다. 모든 비난을 비난으로 맞받아치는 것을 볼 때 기억이 선택적이라는 사실이 분명해집니다. 크로아티아 태생이신 볼프 교수의 오해를 막기 위해 말씀드리자면, 나의 주장은 모든 것이 다른 모든 기억만큼 타당하다는 것이 아니라, 어떤 기억도 단순히 '상황이 어땠는지'를 말해 주지 않는다는 것입니다. 왜냐하면 모든 구체적인 기억은, 그 자체가 얀 아스만(Jan Assmann)이 '문화적 기억'이라 부른 것에 의해 형성되는, 집단적으로 공유하는 신념뿐만 아니라 개인적, 집단적 욕망으로 가득 차 있기 때문입니다(Assmann 1992, p. 290 이하).

그러므로 숫자에 관한 논란은 단지 숫자의 문제가 아닙니다. 살과 피를 지닌 사람들은 흰 종이 위의 수치가 아닙니다. 이것에 관해 이야기할 때 여러분은 단지 숫자에 관해서만 이야기하는 것이 아닙니다. 같은 시기 유럽의 잔인한 역사로부터 다른 예를 들어 보겠습니다. 설령 전쟁 중에 죽은 사람들의 숫자에 관해 아무런 논란이 없다고 할지라도, 연합국이 몇 백만 명의 독일인을 살해했다고 말하기보다는 나치가 몇 백만 명의 유태인을 살해했다고 거리낌 없이 말하는 사람들이 훨씬 더 많을 것입니다. 여기서 중요한 것은, 개인이 자기 방어를 위해 살인한 것인가 아니면 침략 행위와 인종학살 정책을 통해 살인한 것인가 하는 문제입니다. 그리고 여기에는 해석의 문제가 개입된다는 점에 누구나 분명히 동의할 것입니다. 누가 무엇을 언제 왜 시작했는가? 유태인과 나치의 살해에서처럼 이 문제에 대해 명확히 대답할 수 있는 경우도 있습니다. 하지만 대부분의 경우에는 그렇게 명확하지 않습니다. 이 문제를 조금 더 철학적으로 분석한 다음 결론을 맺겠습니다. 이것 혹은 저것이 일어났다는 진술은 그런 진술이 의미가 통하게 해주는 역사의 재구성으로부터 고립될 수 없습니다. 사실과 사건은 그것을 이해할 수 있게 해주는 더 광범위한 내러티브가 필요합니다. 그리고 더 광범위한 내러티브가 논란의 여지가 있으므로 사실과 사건도 논란의 여지가 있습니다(Grossman 1990, p. 290 이하).

신사 숙녀 여러분, 나의 두 가지 반론을 쉬운 말로 표현하자면 이렇습니다. 첫째, 우리는 우리가 알기로 선택한 것을 알기 때문에 우리가 기억하고 싶은 것을 기억합니다. 둘째, 우리는 기억으로 우리가 하고 싶은 것을 합니다. 기억 자체는 우리가 그 기억으로 무엇을 해야 하는지 말해 주지 않기 때문입니다. 만약 이 두 반론이 조금이라도 중요성을 지닌다면, 알고자 하는 의지를 위해, 기억해야 할 의무를 위해, 상황이 어땠는지 말할 수 있는 용기를 위해 건배하는 것은 비록 좋은 의도를 갖고 있기는 하지만 심각한 오류를 안고 있는 셈입니다. 그 대신 나는 무엇을 위해 건배할까요? **두 가지** 건배의 말을 제시하려고 합니다. 둘 중에 마음에 드는 것을 고르시거나 원하시면 둘 다 취하시기 바랍니다."

그녀는 잔을 높이 들고 좌중을 둘러보며 "각 공동체의 진실을 위해! 각각의 작은 이름의 진실을 위해!"라고 외쳤다(Lévy 1995, pp. 209-210 참고). 나는 속으로 '훌륭한 연설이다. 정말 훌륭했다!'라고 생각했다. 올바로 이해하기만 한다면 그 건배의 말도 그렇게 나쁘지는 않았다. 아마도 나는 예의를 갖춰 우리의 친구가 제기한 반론이 중요하고 많은 점에 옳다고, 하지만 그가 내 말을 오해했다고, 그리고 지금은 친목을 위한 시간이므로 자세히 설명할 수 없지만 어떤 분명한 이유 때문에 나는 여전히 나의 건배의 말을 지지한다고 말할 것이다. 그러고 나서도 시간이 더 있다면 나는 어떻게 대답할까? 모든 사람이 나를 쳐다본다. 그래서 나는 일어서서 미소 지으며 이렇게 덧붙인다. "지금부터 나는 '상황이 어땠는지'를 우리가 어느 정도까지 알 수 있는가, 그리고 갈등 상황 속에서 그것을 어떻게 할 수 있는가 하는 문제에 관한 강연을 시작하겠습니다. 여러분 모두를 강연에 초대합니다…" 아래는 내가 생각하는 강연의 내용이다. 나는 해체적인 태도로 시작한 다음 두 번째 부분에서 방향을 전환해 더 건설적인 주장을 제시할 것이다. 결론으로 나는 예수님과 빌라도의 만남을 검토하고, 그로부터 진실과 자유, 폭력 사이의 관계에 관한 몇 가지 함의를 이끌어 냄으로써, 기만과 진실에 관한 건설적 접근과 해체적 접근을 요약할 것이다.

시작하기 전에 방법론에 관해 한마디 덧붙이고자 한다. 지금까지 '기억'과 '역사'라는 용어의 경계에 크게 주의를 기울이지 않은 채 두 용어가 서로의 의미론적 영역까지 들어갈 수 있도록 내버려두었다. 집단적 기억에 관한 고전적인 저작에서 모리스 알브바슈(Maurice Halbwachs)는 객관적이며 보편적인 '역사'와 주관적이며 집단적인 '기억'을 구별했다(Halbwachs 1985, p. 74). 비록 이 둘을 나누는 날카로운 이분법은 지지할 수 없지만, 과거에 대한 비판적 재구성('역사')과 정체성을 형성하는 과거의 기억('기억') 사이의 구별은 필수적이다. 하지만 그 경계는 유동적이다. 모든 역사적 재구성은 특수한 정체성과 이익에 의해 규정되며, 과거의 기억은 과거에 관한 신화와는 구별되어야 한다. '역사'는 사회적 '기억'의 특수한 사례일 뿐이며(Burke 1991), '역사'만큼이나 '기억'도 그 나름의 방식으로 '실제로 상황이 어떠했는가'를 존중해야만 한다. 아래에서 나는 '기억'보다 '역사'에 더 초점을 맞출 테지만, 탐구할 주제는 우리가 어떤 의미에서 사람들 사이에서 일어난 일을 알고 기억하는가, 그리고 그런 지식과 그런 기억의 사회적 의미와 도덕적 전제는 무엇인가 하는 것이다.

…일어난 일을 그대로 말하기

그리 멀지 않은 과거에 사람들은 역사가란 실제로 일어난 일을 그대로 말하는 사람이라고 생각했다. 그것이 역사가의 일이었다. 젊은 레오폴트 폰 랑케(Leopold von Lanke)는 역사가로서 자신의 일을 설명하면서 이런 기대를 담은 고전적인 표현을 남겼다.

> 사람들은 과거에 대해 판단하고 현 세대를 교훈함으로써 미래를 유익하게 하는 책임을 역사에 맡겨 왔다. 하지만 이제는 그런 고귀한 직무를 넘보지 않는다. **역사는 그저 일어난 일을 그대로 보여 주려 할 뿐이다**(von Ranke 1824, vii, 저자 강조).

과거에 대해 판단하고 현 세대를 교훈하는 고귀한 직무를 넘보지 않는다는 폰 랑케의 확신에도 불구하고 "그저"라는 말은 속임수가 섞인 겸손이다. 스스로를 내세우지 않는 듯한 목표 뒤에는 별로 겸손하지 않은 프로그램이 숨어 있다. 즉, 역사가들은 더도 말고 덜도 말고 실제로 일어난 것을 그대로 재구성해야만 한다. 그들은 진실을 찾아내고 오직 진실만을 말해야 한다. 이러한 목표를 달성하기 위해 역사를 쓰는 사람은,

> 미신과 편견을 넘어서서 과거의 장면들을 조용히 냉정하게 조사함으로써 진실을 기술해야 한다. 그들의 기록은 동일한 증거를 보고 같은 규칙을 적용한 다른 모든 연구자가 받아들일 수 있는 것이어야 한다(Appleby 외 1994, p. 73).

이것이 역사 연구에 대한 근대적 이상이었다.

이러한 이상을 추구하는 역사가들은 스스로를 전지적 화자로 간주한다고 말하기도 한다. 그들은 모든 것을 알고 따라서 과거의 일을 일어난 그대로 이야기할 수 있다고 감히 자부한다. 그러나 지적으로 탁월하지 않았던 역사가들이 정말로 자신의 능력을 그렇게 과대평가했을지도 모르지만, 최고의 역사가들은 자신의 오류 가능성과 주관성을 인식하고 있었다. 물론 폰 랑케도 자신의 지식이 제한적이며 자신의 관점이 상대적이라는 것을 알고 있었다. 그는 마치 제우스가 트로이의 적들 위를 날아다녔던 것처럼 자신도 자신의 연구 대상을 초월할 수 있다고는 결코 생각하지 않았다. 하지만 대부분의 전형적인 근대 역사가들에게는 두 가지 공통점이 있다. 즉, 그들은 객관성과 진실을 열망했으며, 하나의 정확한 방법을 사용함으로써 상대주의를 잘라내고 진실의 빛이 밝게 빛나게 할 수 있다고 믿었다. 그들은 주어진 문제에 관한 단 하나의 정확한 관점이 있고 거기에 도달하기 위한 단 하나의 정확한 방법이 있다고 주장했다. 그 방법을 따르라. 그러면 당신은 과거의 일이 실제로 어떻게 일어났는지를—다소간, 그리고 조만간—보여줄 수 있을 것이다. 근대 역사가들의 특징은 모든 것을 안다고 가정하는 태도가 아니라 객관성에 대한 믿음이었고, 무오성의 주장이 아니라 오류 가능성에 맞서기 위한 방법론이었다. 물론 역사가들은 '합리적' 방법론을 추종하는 다른 학자들과 이러한 신념을 공유했으며, 그들은 모두 서로 다른 관점들을 녹여서 하나의 진리라는 공동의 화폐를 주조해 낼 수 있다고 전제했다(Luntley 1995, p. 33).

우리는 역사와 지식 전반에 대한 근대적 접근은 인간 삶의 주어진 현실로부터 동떨어진 게으른 철학자들, 순수한 사고가 이끄는 대로 엄밀하게 따라가면 의심할 수 없는 지식의 토대와 그것을 성취할 수 있는 무오한 방법론을 발견하리라 믿었던 초연한 사상가들이 만들어 낸 것이라고 오랫동안 믿어 왔다. 자유로운 영혼들의 오랜 고독 속에서 합리적 방법론이 태어났고 그것은 전통과 미신에 의존하던 중세적 태도를 대체했다는 생각이다. 근대적인 합리적 방법론의 출현에 관한 이러한 전통적인 설명은 그 방법론의 특성과도 상관이 있다. 그 방법론에 추구하는 적절성(엄격한 논리는 아니지만)은 순수하게 객관적인 방법론의 발견은 역사의 우연성에 의존하지 않아야 함을 전제한다. 그러나 사실은 그렇지 않다.

「코스모폴리스」(*Cosmopolis*, 경남대학교출판부)에서 스티븐 툴민(Stephen Toulmin)은 합리적 방법론의 출현에 대한 고전적인 설명을 수정할 필요가 있다고 주장했다. 그것은 구체적인 상황과 동떨어진 고요한 성찰로부터 태어났다기보다, 주어진 역사적 상황―종교적 신념의 차이 때문에 벌였던 30년 전쟁의 참화―에 대한 반응으로 생겨났다. 툴민은 이렇게 말한다.

> 그간 불확실성, 모호성, 다원주의의 수용이 종교 전쟁을 강화하는 결과를 낳았다면, 이제 비로소 어떤 **합리적 방법론**을 발견할 시간이 도래했다. 그것은 철학적, 과학적, 신학적 교리들이 본질적으로 옳은지 그른지를 보여 줄 것이다(Toulmin 1990, p. 53).

데카르트를 생각해 보라. 「방법서설」(*Discourse on Method*, 서광사)에서 그는 절대적으로 확실한 지식을 얻기 위한 단 하나의 정확한 방법론을 제안했다. 그의 말처럼, 그가 "난로로 데운 방에 온종일 갇혀서 지내며 자신의 사고에 관한 성찰에만 온전히 시간을 쏟을 수 있었던" 것보다는 30년 전쟁이 그의 제안과 더 큰 관련이 있다(Descartes 1968, p. 35).

데카르트 이래로 근대성은 "확실성과 유일성이라는 주문"에 지배를 당했으며(Toulmin 1990, p. 75), 모든 주어진 질문에 대해 단 하나의 정답을 제공해 줄 수 있는 순수하게 합리적인 방법론과 통일된 학문을 계속해서 꿈꾸었다. 합리적인 방법론이 없다면 우리는 결국 의견이 일치하지 않을 것이고, 의견의 일치가 없으면 결국 싸우게 될 것이다. 평화에 대한 열망은, 우리가 우리의 사회와 역사에 관해, 그리고 사실상 세계 전체의 구조에 관해, 단 하나의 진리를 말할 수 있다는 신념을 탄생시켰다. 만약 그런 진리가 없다면 전쟁은 불가피해 보였다.

중요한 문제에 관해 유일한 진리가 존재하며 그것을 찾기 위해 노력해야 한다는 주장은 그리스도인들에게 그럴듯해 보였을 것이다. 무엇보다도, 우리는 마음의 비밀이 드러나고 하나님이 과거의 일을 있는 그대로—누가 누구에게 무엇을 어떻게 했는지—말씀하실 그날이 올 것이라고 믿지 않는가? 물론, 하나님의 심판에는 기록을 바르게 고치는 것보다 많은 것이 포함된다. 역사의 종말에 심판하시는 분은 역사 가운데에서 '죄인을 의롭다 하시는' 바로 그분이다. 하지만 하나님의 심판이 기록을 바르게 하는 데 미치지 못할 수 있겠는가? 하나님에 관한 고전적 기독교 교리를 고수하는 이들이라면 누구든지 '과거의 일을 일어난 그대로' 알려고 노력할 수밖에 없을 것이다. 리처드 마우(Richard J. Mouw)와 샌더 그리피온(Sander Griffioen)의 주장처럼, 전적으로 지혜롭고 모든 것을 아는 신적 존재가 있고, 지금 일어나는 일에 대해 그의 관점이 영향을 끼친다면, 역사에 관한 "객관적" 진리가 존재하며 그것을 찾으려고 노력하는 것이 중요하다는 것을 그리스도인들이 부인하기는 어려울 것이다(Mouw & Griffioen 1993, p. 101 이하).

하지만 노력하는 것과 성공하는 것은 다르다. 하나님은 과거에 무슨 일이 있었는지 알고 계시며 언젠가 그것을 분명히 말씀하실 테지만, 인간은 부분적으로밖에 알 수 없고 아는 것도 제대로 말하지 못한다. 이를테면, 하나님의 대리자가 되어 하나님 대신 무오한 선언을 하기 위해 하나님의 재판석에 오를 수 있는 길은 없다. 그리스도인은 하나님을 알고 있지만, 하나님이 아시는 모든 것을— 비록 토마스 아퀴나스는 언젠가 알게 될 것이라고 믿었지만(Aquinas 1975, 3/1, pp. 196-197), 적어도 아직까지는— 알지는 못한다. 우리는 하나님이 아시는 것 중에서 일부만— 하나님이 계시하신 것만큼만— 알 수 있을 뿐이다. 또한 하나님은 우리가 구원을 위해 알아야 하는 것은 많이 말씀하시지만, 유럽인들이 도착한 후 북미 원주민의 역사나 지난 몇십 년 동안 스리랑카에서 타밀족과 싱할라족 사이에 무슨 일이 일어났는지에 관해서는 아무것도 말씀하시지 않는다. 전지하신 하나님에 대한 우리의 믿음에도 불구하고, "실제로 무슨 일이 일어났는지"를 알려면 우리의 힘으로 노력할 수밖에 없다. 다만, 우리는 영원하고 보편적인 하나님이 계시기 때문에 특정한 관점에 의해 왜곡되지 않은 영원한 진리가 존재한다는 확신 속에서 그 일을 행할 것이다.

전지하신 하나님에 대한 믿음은 진리를 추구하도록 기운을 불어넣는다. 하지만 인간의 유한성에 대한 자각은 우리가 그것을 발견했다고 말할 때조차 겸손한 태도를 갖게 한다. 우리가 언제나 부분적으로만 아는(고전 13:12) 이유는 첫째, 우리가 유한한 존재이기 때문이다. 토머스 네이글(Thomas Nagel)의 말처럼, "우리 각자가 자아를 초월하여 객관적이 될 수 있는 커다란 잠재력을 소유하고 있을지라도, 세상에 대한 우리의 지식은 아무리 확장해도 언제나 파편적일 것이다"(Nagel 1986, p. 86). 둘째, 우리의 제한된 지식은 우리가 추구하는 관심에 의해 형성되고 우리가 살고 있는 문화와 전통을 통해 걸러진 것이기 때문이다. 알래스데어 매킨타이어는 「도덕적 탐구의 세 가지 경쟁적 입장들」에서 이렇게 주장했다.

단 하나의 중립적이며 당파적이지 않은 역사라는 관념은 백과전서파의 학문적 관점이 만들어 낸 또 하나의 환상에 불과하다. 그것은 발견되기를 기다리는 과거, 있었던 그대로의 과거(wie es eigentlich gewesen), 특정한 관점에 의해 채색되지 않은 과거가 존재한다는 환상이다(MacIntyre 1990, p. 151).

근대성의 의제는 지나치게 도를 넘어섰다. 인간의 능력에 대한 잘못된 낙관론을 품었고, 결국 중립적 입장이 존재한다는 그들의 가정은 틀렸다. 의심할 수 없는 지식의 토대, 해석되지 않은 경험, 세상에 대한 완벽하게 명료한 해석 같은 것은 존재할 리가 없다. '일어난 일을 그대로' 표현하는 우주적 혹은 신적 언어는 우리에게 주어지지 않았다. 우리의 언어는 모두 인간의 언어이며, 다양한 문화적 전통과 사회적 조건의 토양 위에서 자라난 여러 방언들이다(Luntley 1995, pp. 15-17, 137-144). 우리는 '순수한 사실'에 접근할 수 없으며, 실제로 일어난 일을 엄밀하게 객관적으로 재구성해 낼 수 없다. "모방적 사실주의"—우리의 진술이 실재와 정확히 일치할 수 있다는 믿음—의 유혹은 거부해야 한다. 과거를 비추는 거울을 들고 그 안에서 '순수한 사실'을 바라볼 수 있다는 관념을 거부해야 한다. 우리가 재구성해 낸 거울 속에서 보는 것은 현재와 뒤섞인 과거다. 그리고 우리는 타자 위에 자신이 희미하게 포개진 모습을 보게 될 것이다. 따라서 "이론적으로 확실성과 명료성을 바라는 태도와 실제적으로 불확실성과 모호성을 피할 수 없다는 사실 사이에서 균형을 잡아야 한다"(Toulmin 1990, p. 75).

특정한 관점에 영향을 받지 않고 일어난 일 그대로 과거를 재구성하기란 불가능하다. 그렇지 않다고 믿는 것은 순진한 착각일 뿐 아니라 대단히 위험한 일이다. 보편적 진리임을 주장하는 것은 종종 매우 특수한 관심을 정당화하는 데 기여했다. 그 관심은 전쟁으로 분열된 세상에서 보편적 평화를 갈망하는 것 같은 고귀한 관심일 수도 있지만, 자신의 특권과 권력을 보존하고자 하는 욕망 같은 비열한 관심일 수도 있다. 남성과 백인에 의한 억압의 지적 포장 장치에 불과했던 여성과 흑인의 본성에 대한 '객관적' 진리의 경우를 생각해 보라! 그와 비슷하게, 스스로를 '역사의 수수께끼'에 대한 최종적인 해결책이라고 말했던 공산주의의 주장은, 인민의 모든 삶의 영역을 지배하는 공산당의 억압적 권력을 떠받치는 역할을 했을 뿐이다. 이런 객관적 진리가 끔찍한 무기가 되는 것은, 사람들로 하여금 그로부터 벗어날 수 없다는 환상을 가지게 하고, 악의 없는 순진한 얼굴로 그들을 사로잡기 때문이다.

그러므로 우리는 이제 진리에 대한 현대적, 포스트모더니즘적 의심을 살펴보아야 한다.

...진리의 체제들

최근 수십 년 동안 일어났던(혹은 일어나고 있는) 일 그대로를—진리를—말하고자 하는 욕망은 매우 나쁜 평판을 얻게 되었다. 백 년쯤 전에는 '아무것도 진리가 아니다' 이론을 내세우는 것이 엘리트의 특권이었다면, 오늘날에는 "진부한 종결어가 되었으며 사소하게 채용되고 무차별적으로 사용되기에" 이르렀다(Goudsblom 1980, p. 190). 지금 '아무것도 진리가 아니다' 이론을 지지하는 이들은 이 이론의 정당성을 주장하면서 진리에 대한 욕망에는 역행적이며 유해한 무언가가 존재한다고 말한다. 이 욕망은 결코 충족될 수 없기 때문에 역행적이며, '진리'를 말하는 것이 권력 투쟁의 수단에 불과하기 때문에 유해하다는 것이다. 미셸 푸코 사상의 몇 가지 측면을 살펴봄으로써 진리에 대한 이런 냉소적인 관점을 분석하고자 한다.

푸코는 "진리에 대한 의지"를 처음으로 비판한 프리드리히 니체로부터 진리를 불신하는 법을 배웠다(Nietzsche 1956, p. 286 이하). 하지만 오늘날에는 '진리의 체제들'에 맞서는 제자의 정교하고도 심오한 반론이 스승이 제기한 "진리에 대한 의지"의 비판보다 훨씬 영향력이 크다. 푸코는 「권력과 지식」(*Power/Knowledge*, 나남)에서 이 문제를 다음과 같이 간략히 논했다.

진리는 이 세계의 것이다. 즉, 그것은 다양한 형태의 제약에 의존함으로써만 생산된다. 그리고 그것은 일정한 권력 효과를 야기한다. 각 사회는 그 나름의 진리 체제, 진리의 '일반적 정치학'을 가지고 있다. 즉, 그 사회가 용인하고 진리로 기능하도록 만든 담론 유형들, 참인 진술과 거짓인 진술을 구별하게 해주는 기제와 사례들(각 진술을 승인하는 수단), 진리의 습득에 관해 가치가 있다고 인정받은 기술과 절차, 진리를 말하는 역할을 부여받은 이들에게 주어지는 지위가 존재한다(Foucault 1980, p. 131).

위 텍스트에서 의심을 품지 않던 독자는 진리와 **생산**이라는 낯선 조합이 거슬릴 것이다. 유서 깊은 신학적, 철학적 전통은 진리가 계시되거나 발견된다고 가르쳐 왔다. 푸코는 그것이 "생산"된다고 주장한다. 진술은 그 자체로 참이거나 거짓이 아니다. 그것은 **참으로** 혹은 **거짓으로** "기능하도록 만들어진다." 그는 무슨 주장을 하려는 것일까? 그는 그저 자명한 사실, 즉 망상에 사로잡히거나 비양심적인 사람들이 명백한 거짓을 명백한 진실인양 퍼뜨리고, 선동가들이 '잘못된 인식'을 해방하는 진리처럼 도색하는 경우가 많다는 말을 하고 있는가? 그는 거짓말과 이데올로기에 관해 불평하고 있는가? 아니다. 거짓말과 이데올로기는 진리가 **존재하며** 그것은 말해져야 하고 가려져서는 안 된다고 전제한다. 하지만, 푸코는 이데올로기의 가면을 벗기려 하는 공산주의자에 대해서든, 거짓말을 용인하지 않는 상식적인 태도에 대해서든, 거리를 두고 싶어 했다. 진리라는 것이 아예 존재하지 않기 때문이다. 또는, 그것이 존재한다면 그는 적어도 그것에 관심이 없었다. 그는 이렇게 말한다.

문제는 과학이나 진리의 범주에 속하는 담론과 그 외의 다른 범주에 속하는 담론 사이에 선을 긋는 일이 아니다. 그 자체로는 참도 거짓도 아닌 담론 안에서 **진리의 효과**가 어떻게 생산되는지를 역사적으로 관찰하는 것이다 (p. 118, 저자 강조).

만약 진리가 생산되는 것이라면, 중요한 것은 주어진 사회 질서 안에서 참과 거짓을 구분하는 기제들과 무언가를 참 혹은 거짓이라고 선언할 수 있는 힘을 부여받은 권위다. 중요한 문제는 **무엇**이 일어났는가라기보다는 **왜** 그리고 **어떻게** 그런 것이 선언되고 믿어지는가다. 예를 들어, 왜 19세기 의학은 "남성의 몸이 긍정적인 힘을 표현하고 남성적 이해력과 독립심을 강화시키며 남성을 정치와 예술, 과학 분야에서 활동하기에 적합하게 만들어 주는" 반면에, "여성의 널찍한 골반은 모성을 위한 것이며" "약하고 부드러운 손발과 섬세한 피부는 여성의 활동 영역이 집안에 머물면서 평화롭게 가정을 돌보는 일로 국한되어야 함을 보여 준다"고 주장했을까?(Allen 1993, pp. 172-173) 왜 현대 의학은 이런 식의 이야기를 전혀 하지 않는 것일까? 오늘 우리가 우리의 과학을 믿듯이 19세기에 그들이 그들의 과학을 믿었던 이유는 무엇일까? 푸코의 대답은 이렇다. 어떤 진술은 참으로 여겨 **통과시키고** 어떤 진술은 거짓으로 **걸러내는** 진리의 '체제'가 존재하기 때문이다.

둘째, '진리의 체제'라는 구절이 암시하는 **진리와 권력**의 상관관계에 주목하라. 진리를 생산하고 유지하기 위해서는 "여러 가지 형태의 제약"이 필요하다(Foucault 1980, p. 131). 그리고 제약의 수단을 갖기 위해서는 사회적 권력—그 권력이 군주인 개인에게 집중되어 있든 주어진 사회 조직 전체에 분산되어 있든—이 필요하다. 먼저 권력이 있고, 그 다음에 진리가 있다. 권력이 없으면 진리도 없다. 하지만 권력과 진리의 관계는 권력이 진리를 생산하기만 하는 일방통행 관계가 아니다. 진리도 무력하지 않다. 그것은 사람들을 지배한다. 혹은 푸코의 주장처럼 "일정한 권력의 효과를 야기한다"(p. 131). 그러므로 '진리'는 권력을 가진 이들에게 더 많은 권력을 부여한다. 진리는 권력을 행사하기 위해 권력에 의해 생산된다. 그것은 사회적 투쟁을 위한 무기로 쓰인다.

무기로서의 진리 관념을 역사학에 적용해 보라. 그러면 다음과 같은 그림을 얻을 것이다.

겉으로 보기에, 혹은 그것이 쓰고 있는 가면에 따르면, 역사학의 의식은 중립적이며 감정을 배제하고 오직 진실을 찾는 일에만 몰두하는 것 같다. 하지만 그런 태도로 자신을 점검해 본다면, 더 일반적으로는 다양한 형식의 학문적 의식을 역사적으로 조사해 본다면, 이러한 모든 형식과 변형이 지식에 대한 의지의 여러 양상들 즉 본능, 열정, 조사자의 신앙, 잔인한 치밀함과 악의일 뿐임을 발견할 것이다(Foucault 1977, p. 162).

악의? 잔인함? 조사자의 신앙? 역사가의 작업이 그러하다고? 푸코는 '그렇다'고 대답한다. 중립적이고 포괄적이 되기 위해 역사가들은 잘

들어맞지 않는 목소리를 침묵하게 만들고, 차이를 배제한다. 보편적인 것을 이해하고자 하면서 특수한 것들을 왜곡한다.[6] '전체적 지식'을 추구하면서 지나치게 큰 일반화라는 장화를 신고 섬세한 짜임과 차이로 이루어진 사회적 삶을 마구 짓밟는다. 다른 모든 지식의 추구와 마찬가지로 역사적 지식의 추구는 그 대상을 왜곡한다. 왜냐하면 "담론 형성의 모태인 논증 이전의 영역은 결코 담론 안으로 온전히 끌어들일 수가 없기" 때문이다. 혹은 더 간단히 말하자면, "삶에는 지식 이상의 것이 항상 존재하기" 때문이다(Connolly 1985, p. 367). 푸코는 이에 관해 이렇게 주장한다.

> 세계가 우리에게 읽을 수 있는 얼굴을 보여 줄 것이며 우리는 그것을 판독하기만 하면 된다고 생각해서는 안 된다. 세계는 우리의 지식 공모자가 아니다. 우리가 세계에 호의를 가질 수 있게 하는 논증 이전 단계의 섭리 같은 것은 없다. 우리는 담론을 우리가 사물에게 가하는 폭력이라고, 혹은 어떤 식으로든 우리가 사물에 대해 덮어씌우는(impose) 행위라고 생각해야 한다(Foucault 1970, p. 316).

지식은 폭력이고, 진리는 덮어씌운 것이다! 이것은 우리가 흔히 이해하는 지식과 진리와 너무나 다르다. 우리는 지식이 실재를 대표한다

---

6) Jürgen Habermas는, 어떤 관점에서 푸코의 비판은 초연한 태도로 실제로 일어난 일을 말하는 것 외에는 아무것도 원하지 않는 "증류된 상태의 역사가"라는 푸코 자신의 자기 인식을 전제하는 것으로 볼 수도 있다고 주장했다(Habermas 1985, p. 324). 하지만 이것은 푸코 자신의 지식을 권력에 젖어드는 것으로부터 면제해 주거나, 그로 하여금 '참된 지식'과 '올바른 권력의 행사' 사이의 상관관계를 전제하도록 요구한다. 어떤 경우이든, 이런 관점에서 보면 푸코는 이데올로기의 비판자로 나타나며, 이것은 자신이 명시적으로 거부했던 모습이다.

고 생각한다. 만약 그렇다면 그것은 참이고, 그렇지 않다면 그것은 거짓이다. 본능적으로 우리는 틀림없이 푸코가 심각한 착각을 하고 있다고 생각한다. 하지만 가장 순진한 이들조차도 그가 중요한 무언가를 말하려 한다는 것을 감지할 것이다. 우리 모두 복잡하게 뒤얽힌 사회적 관계 속에서 특정한 시간에 무슨 일이 일어났는가에 대해 합의하는 것이 극도로 어렵다는 것을 알고 있다. (이 장의 서두에서 나에게 이의를 제기했던 사람이 지적했듯이) 우리의 욕망과 이익, 우리가 속한 공동체의 욕망과 이익, 공격과 고통의 공통된 역사는 우리로 하여금 우리가 찾을 것이라고 막연히 추측하는 것을 보게 하고, 우리가 믿고 싶어 하는 것을 믿게 만든다.

이런 생각이 자만심과 기억에 관한 니체의 유명한 말에서도 나타난다. "나의 기억은 '내가 그것을 했다'고 말한다. 나의 자만심은 '내가 그것을 했을 리가 없다'고 말하며 굽히지 않는다. 결국 기억이 굴복한다"(Nietzsche 1968, p. 68). 하지만 진리의 문제에는 우리의 자만심뿐 아니라 우리의 권력도 걸려 있다. 과거에 대해 말할 때 우리는 유리한 위치를 차지하려고 싸운다. 싸움이 거칠수록 우리의 권력에 이의를 제기하는 진술을 수용하려 하지 않을 것이다. 우리는 유한한 존재이므로 인간으로서 우리의 지식은 제한적일 수밖에 없을 뿐만 아니라 문화의 영향을 받는다. 우리는 다른 이들을 제압하고 자신을 보호하려는 욕망으로 진리를 억압하기 때문에, 우리가 지닌 작은 지식마저도 왜곡되어 있다. 우리가 알고자 할 때 우리는 시각을 왜곡시키는 권력의 장 안에 갇힌다. 이 점을 우리에게 상기시켜 준 미셸 푸코는 옳았다. 그리고 리처드 로티가 푸코의 지적에 대해 의심하거나 놀라지 말라고 하면서, "데카르트가 우리를 잘못 이끌었기 때문에(그리고 그 결과로 과학적 이론—칸트에 이르러 '주체성의 철학'을 낳은—을 과대평가했기 때문에) 우리가 진리와 권력이 나뉠 수 있다고 생각하게 되었음을 인정하라"고 한 말도 옳았다(Rorty 1984, p. 42). 지식이 권력에, 권력이 지식에 연루되어 있다는 통찰, "진리의 게임은 자유롭게 이루어질" 수 없다는 통찰을 포기해서는 안 된다(Foucault 1988, p. 18).

그러나 푸코는 그저 "지식에 대한 의지 안에 권력의 전략이 내재한다"는 말보다 더 많은 것을 말하고 싶어 한다(Foucault 1978, p. 73). 그가 문제 삼는 것은 단순히, 순수한 진리를 소유했다는 모든 주장의 뻔뻔함도 아니고, 다양한 형태의 "공포를 통해 얻은 합리성"(Blanchot 1987, p. 31)도 아니며, 오히려 진리라는 전통적 관념 자체다. 그는 진리가 생산되고 구성되고 덮어씌워진다고 주장한다. **진리로 통과된** 것이 진리다(Allen 1993). 이런 관점이 초래하는 한 가지 극단적으로 불행한 결과를 생각해 보라. 찰스 테일러의 말처럼, "만약 모든 진리가 덮어씌워진 것이라면, 어떤 변화도 획득이 될 수 없다"(Taylor 1985, pp. 385, 149). 적어도 지식에 관해서는 그렇다. 그렇다면 모든 문화적 체계는 똑같이 참이며, 모든 진리 주장도─희생자의 진리든 가해자의 진리든─똑같이 타당하다. 베르나르-앙리 레비의 말처럼, 이것이 그런 입장이 지닌 위험이다(Lévy 1995, p. 210).[7]

비록 그의 수사는 자기만족적인 상대주의 쪽으로 그를 떠밀지만(Habermas 1985, p. 327),[8] 푸코는 상대주의자를 자처하지 않으며, 심지어 일관성 없는 상대주의를 실천하는 사람도 아니다. 카일 페이즈워크

---

7) 이런 관점은 결국 Alasdair MacIntyre가 *Three Rival Versions of Moral Enquiry*에서 지적했듯, Foucault와 같은 계보학자가 "먼저 자신의 기획을 자기 자신이나 다른 사람들에게 설명하고 나중에 계보학자의 관점에서 자신의 성공이나 실패를 평가할 때, 그들이 논리적 근거를 세울 때 거부하고자 했던 백과전서파나 전문적인 학문적 방식과 구별하기 어려운 비계보학적, 학문적 방식으로 후퇴하는 것을 피할" 수가 없다(MacIntyre 1990, p. 53).

(Kyle Pasewark)는, 푸코의 작업의 마지막 단계에서 "미학적 자유"—이를 통해 각 사람이 자신의 주체성을 형성하는—가 지배와 배제에 대한 푸코의 비판의 근거로 등장한다고 주장한 바 있다(Pasewark 1993, p. 38). 하지만 그런 근거를 제공하기 위해 푸코가 지불한 대가는, 그의 가장 독특하고 가장 중요한 통찰 중 적어도 일부를, 즉 지식이 권력과 연루되어 있다는 통찰을 포기하게 만든다. 푸코의 비판을 떠받치는 자아와 자아의 자유에 대한 지식은, 문제의 대상에서 제외되며 암묵적으로 권력의 무게에 짓눌리지 않는 순수한 것으로 확언된다(pp. 39-51를 보라).

만약 진리가 덮어씌워지는 것이라면 지식에 관해 획득이란 있을 수 없다. 하지만 권력에 관해서는 획득이 있을 수 있다. 푸코가 철학자이자 역사가로서 자신의 책무를 어떻게 이해하는지 생각해 보라. 전통적으로 철학자들은 진리를 '위해' 싸웠다. 그들은 무지를 제거하거나 거짓말을 폭로하거나 이데올로기의 정체를 드러내려고 노력했다. 푸코는 이런 노력을 하지 않을 것이다. 왜냐하면 그는 '진리'가 아니라 진리로 통과되는 것에, 그가 '진리 효과'라고 부른 것에 관심이 있기 때문이다. 그러므로 그는 철학자로서 '진리 효과들'이 서로에 맞서 전쟁

---

8) 많은 사상가들이, Foucault가 지배에 대항하는 자신의 싸움을 합리적으로 정당화할 수 없음을 지적한 바 있다. 예를 들어, Nancy Fraser는 그가 자신이나 다른 누구에게도 왜 자유가 지배보다 나은지, 그리고 투쟁이 굴종보다 나은지에 관해 근거를 제시할 수 없다고 지적한다(Frazer 1981, p. 333). Hubert L. Dreyfus와 Paul Rabinow는 Foucault의 전제에 관해 정곡을 찌르며 이렇게 묻는다. "감금 사회는 무엇이 문제인가? 계보학은, 전통적인 철학적 가정들을 전제하는 자연법이나 인간의 존엄성을 근거로 하여 그런 사회에 반대하는 입장을 허문다. 또한 계보학은 주관적 선호나 직관을 근거로 감금 사회에 반대하는(혹은 특정한 집단이 감금 사회에 반대할 수 있는 인간적 가치를 지녔다고 옹호하는) 근거도 무너뜨린다. 그렇다면 우리로 하여금 비판적인 입장을 유지할 수 있게 해주는 자원은 무엇인가?"(Dreyfus & Rabinow 1983, p. 206)

을 벌이는 전쟁터 안으로 들어가야 한다. 그는 "문제는 사람들의 의식—혹은 그들의 머릿속에 들어 있는 것—을 바꾸는 것이 아니라, 진리를 생산하는 정치적, 경제적, 제도적 체제를 바꾸는 것이다"라고 말한다(Foucault 1980, p. 133). 당신이 철학자라면 당신은 진리의 체제를 어떻게 바꾸겠는가? 당신은 당신이 가진 힘, 삶에 대한 매력적인 비전을 제시하는 잘 다듬어진 논증의 힘을 사용한다. 당신의 반대자보다 언변이 뛰어나거나 목소리가 크다면—말의 힘을 존중하지 않는 더 강한 누군가가 나타나기 전까지는—당신이 이길 것이다. 하지만 지적인 노력은 전쟁에서 전술적 움직임에 불과하므로, 총의 힘으로 말의 힘을 누르는 것이 어째서 용납될 수 없는 것인지가 분명하지 않다. 따라서, 왜 권력에 이르는 가장 빠르지도 가장 확실하지도 않은 방법인 지성의 삶에 대해 굳이 신경을 써야 하는지도 분명하지 않다(Gutmann 1994, pp. 18-19).

푸코의 해법은 잘못된 것이지만 유혹적인 것이기도 하다. 우리는 왜곡과 기만의 바다에서 헤엄치고 있으며, 진리는 우리를 지탱하기에 무력해 보인다. 당신은 진리의 힘을 신뢰하지만 권력의 '진리'가 더 강하다는 것을 깨닫는다. 통계 수치, 연구 결과, 누구도 이의를 제기하지 않는 권위에 의한 발표 내용, 전통과 상식에 대한 호소는 마치 벨벳 장갑을 낀 쇠주먹 같다. 해결책은 받은 대로 돌려주는 것뿐인 듯 보인다. 즉 당신 자신의 진리를 정한 다음, 협박, 선전, 조작을 통해 반대자들의 면전에서 그것을 우기는 것이다. 의견이 충돌할 때, 궁극적으로 결정을 내리는 것은 무기일 수밖에 없다. 논증은 무력하기 때문이다. 폭력의 논리는 매혹적이다. 하지만 과연 우리는 그것을 인정할 수 있을까? 대답은 쉽다. 우리는 그럴 수 없다. 왜냐하면 폭력은 결론이 될 수 없기 때문이다. 하지만 더 어려운 물음이 남아 있다. 어떤 자원이 우리로 하여금 폭력의 유혹에 저항하도록 도와줄 것인가?

지식과 권력의 관계에 대한 푸코의 설명에 대한 대안은, 그것이 '생산'되고 '덮어씌워진' 진리라는 관념을 둘러싼 문제점을 피하면서도 권력이 지식에 관여한다는 통찰을 보존할 수 있으려면, 적어도 인간의 영역에서는 **바르게 알기 위해서는 권력을 바르게 행사하기를 원해야 한다**는 주장이 될 것이다. 이것이 내가 이 장의 나머지 부분에서 전개하고자 하는 주장이다. 그 성격상 이런 주장은 권력으로부터 자유로운 중립적인 공간에서 이루어질 수가 없다. 나는 기독교 전통과 그 실천이라는 특정한 맥락 안에 서 있는 사람으로서 그렇게 주장할 것이다. 하지만 이 전통에 속하지 않는 사람들이라도 이 주장을 받아들일 수 없다고 생각할 만한 선험적 이유는 없다.

...이중적 보기

지금까지의 논의로부터, 진리의 본질과 중요성에 대한 두 가지 설명이 분명한 대조를 이루며, 둘 중 어느 것도 전적으로 만족스럽지 않음이 밝혀졌다. 라이오널 고스먼(Lionel Gossman)이 「역사와 문학 사이에서」(*Between History and Literature*)에서 말했듯이, 근대적인 입장을 취한 우리 선배들의 목표는 "지식을 권력 투쟁으로부터 해방시키고 대결의 폭력을 무장해제하는 것"이었으며, 그들은 그것이 "갈등 당사자들이 휘둘러 대는 선언의 공격성을 흩어 버리는 사실적 진리를 세움"으로써 가능하다고 보았다. 푸코의 예가 보여 주듯이, 우리와 같은 시대를 사는 포스트모더니즘적 입장을 취하는 많은 사람의 목표는 "법률, 의미, 진리라는 관념 배후에 존재하는 권력의 표현들이나 경쟁하는 힘들 간의 대결을 폭로하는 것"이다(Gossman 1990, p. 323). 나는 근대적 접근법에 반대하며, 아무리 노력해도 우리가 자신의 입장과 관점을 버릴 수 없기 때문에 "사실에 입각한 진리"는 세워질 수 없다고 주장했다. 또한 포스트모더니즘적 접근법에 반대하며 진리라는 관념의 배후에 존재하는 "권력의 표현들"을 폭로하는 것은 사실상 폭력을 왕좌에 올리는 것이라고 주장했다. 만약 "사실적 진리"도 "권력의 진리"도 공포의 지배로부터 우리를 구원할 수 없다면, 무엇이 우리를 구원할 수 있을까?

「관점 없이 바라보기」(The View from Nowhere)에서 토머스 네이글은, 세계를 올바로 알기 위해서는 "자신의 외부로 걸어 나가서" "아무런 관점도 취하지 않을 때 세상은 어떤 모습일까"라고 물어야 한다고 주장한다(Nagel 1986, p. 62). 우리가 자신으로부터 거리를 둘 때, "우리 각자는…평범한 한 사람일 뿐만 아니라, 특정한 객관적 자아이며, 관점 없이 실재를 지각하는 주체다"(pp. 63-64). 네이글은 우리가 절대로 "평범한 사람됨"을 벗어 버릴 수 없다는 것을 알고 있다. "아무리 자주 우리 자신의 외부로 걸어 나가려고 노력해도, 렌즈 뒤에는 무언가가 남아 있어야 하며, 우리 안의 무언가가 관찰의 결과로 얻은 그림을 결정할 것이다"(p. 68). 사실 그는 **순수하게** 관점이 없는 견해-무관점으로**부터만** 보는 것-는 심지어 바람직하지도 않다고 주장한다. 나에게 나 자신의 삶은, 나의 객관적인 자아가 외부로부터 관찰하는 세계 속에서 "지각할 수 있는 무수히 많은 깜빡거림 중 하나에 불과할" 리가 없기 때문이다(p. 86). 네이글은 "우리는 무관점(nowhere)으로부터, 그리고 동시에 여기(here)로부터 세계를 바라보고 그에 따라 살아갈 준비를 해야 한다"고 결론내린다(p. 86). 이처럼 "무관점으로부터" 그리고 "여기로부터" 바라보는 것을 그는 "이중적 보기"라고 부른다.

나는 우리가 이중적 보기를 유지해야 하지만, 적어도 사회적 세계에 대한 지식에 관해서는 '**무관점**으로부터의 보기'를 '**거기**로부터의 보기'로 대체해야 한다고 주장한다. 우리는 '거기로부터' 그리고 '여기로부터' 세계를 바라보려고 노력해야 한다(Taylor 1985b, pp. 116-133을 보라). '무관점으로부터' 다른 이들을 바라본다는 것은 우리의 관점과 그들의 관점 모두를 무효화한다는 뜻이다. 앞서 내가 주장했듯이 (그리고 네이글도 동의하듯이) 이것은 불가능하다. 뿐만 아니라 설령 가능하더라도 **그렇게 해서는 안 된다**. 순수하게 객관적인 관점으로는 결코 인간을 올바르게 이해할 수 없다. 우리는 자아와 타자, 혹은 그 두 문화와 그들의 공통된 역사를 아무 관점 없이 바라보기보다 그것을 두 관점으로, 즉 '여기로부터' 그리고 동시에 '거기로부터' 바라보려고 노력해야 한다.

물론 이상적으로 우리는 **모든 곳으로부터** 사물을 바라보아야 한다. 그리고 네이글은 "**모든 관점을 그 세계의 내용 안으로 던져 넣음으로써** 세계에 대한 중심 없는 관념을 구축하는 관점이 없는 주체"에 관해 이야기할 때 적어도 부분적으로 이것을 염두에 두었을 것이다(p. 62, 저자 강조). '여기'와 '거기'에서 일어나는 일은 고립된 사건이 아니며, 사회적 사건이라는 더 큰 물줄기의 일부이기 때문이다. 나는 '모든 곳으로부터' 바라본다는 것은 하나님이 인간을 바라보시는 방식이라고 주장하고 싶다. 하나님은 외부로부터뿐만 아니라 내부로부터도 바라보신다. 개별 역사들의 독특성으로부터 추상화하실 뿐만 아니라 구체적으로 모든 피조물의 선을 추구하신다(Suchocki 1995, pp. 50-51, 59). 하나님의 진리는 영원하지만, 그것이 네이글이 철학의 진리에 대해—영원하고 비지역적이라고—말하듯이(p. 10) "비지역적"인 것이 절대로 아니다. 네이글의 용어를 따르자면, 하나님의 영원한 진리는 **범지역적** (panlocal)이다. 그렇기 때문에 하나님의 진리는 단순히 많은 관점 중의 하나가 아니라 각각의 그리고 모든 관점에 관한 **진리**다.

우리는 하나님의 앎의 방식을 피조물의 방식으로 모방하고자 노력해야 한다. 우리가 하나님의 머릿속으로 기어 들어가 하나님의 범지역적 관점으로 사물을 바라볼 수 있다는 뜻이 아니다. 우리는 추상적으로가 아니라 구체적으로, 단순히 외부로부터만이 아니라 내부로부터도 타자를 바라보려고 노력해야 한다. '모든 곳으로부터' 바라보시는 하나님의 방식에 상응하는 인간적인 보기의 방식은 무엇일까? 그것은 '여기로부터' 그리고 동시에 '거기로부터' 바라보기다. 이런 이중적 보기를 통해서만 다른 사람들의 타자성을 약화시키지 않고 그들이 자신의 입장을 지키도록 허용할 수 있다(Taylor 1990, p. 40 이하).

'여기로부터' 바라보기는 자연스럽게 일어난다. 그것은 우리가 보통 바라보는 방식이다. 우리가 속해 있는 중첩되는 문화와 전통에 의해 형성된, 우리 자신의 가치와 관심에 영향을 받는, 우리 자신의 관점으로 바라보는 방식이다. 하지만 '거기로부터' 즉 다른 이들의 관점으로부터 바라보기 위해서는 무엇이 필요한가? 첫째, 우리는 **자신의 외부로 걸어 나가야 한다**. 그렇게 하기 위해 절대적 자기 초월이라는 환상에 사로잡혀 인간이 피조물이며 특정한 상황 속에 자리잡고 있음을 부인한다는 뜻은 결코 아니다. 오히려 이런 움직임은 "세계—우리가 인간적이라고 부르는—안에 끼어드는 특정한 양식을 이루는 본질적 구성 요소"다(Eagleton 1995, p. 60). 우리는 우리가 다른 이들에 관한 평범한 진리라고 생각하는 것을 검토한다. 그리고 이 '진리'가 수많은 추악한 편견, 즉 우리의 공상적 공포 혹은 지배하거나 배제하고자 하는 우리의 악한 욕망이 만들어 낸 쓰디쓴 열매에 불과할지도 모른다는 생각을 기꺼이 받아들인다. 또한 우리는 스스로 만든 자신의 이미지를 관찰한다. 그리고 우리 자신과 우리의 역사에 관한 고귀한 이야기 속에서 자기기만의 층위를 찾으려고 기꺼이 노력한다. 바깥으로 걸어 나간다는 것은, 놀랄 준비를 한 채 내부에 있는 것으로부터 잠시 스스로 거리를 두는 것을 뜻한다.

'잠시'라는 말로 거리두기를 제한했다. 왜냐하면 곧 살펴보게 되는 것처럼 자신의 외부로 걸어 나간 후에 되돌아와야 하기 때문이다. 우리가 스스로 자신으로부터 거리를 둘 때, 단 한순간조차도 완전히 자신의 외부로 나갈 수는 없다는 것을 명심해야 한다. 이는 우리가 나갈 곳이 없고 자신의 외부로 걸어 나가면 심연이 우리를 삼켜 버린다는 뜻이 아니다. 어쨌든 바깥에는 타자의 세계가 존재한다. 마크 테일러가 주장했듯이, 우리와 타자 사이의 오랜 만남 속에서 태어난 빈약한 "경계 세계"도 존재할 것이다(Taylor 1991, p. 152 이하). 우리가 완전히 자신의 외부로 나갈 수 없는 까닭은 나갈 공간이 없어서가 아니다. 오히려 그것은 '맥락 속에 위치한' 자아와 '거리를 두는' 자아 사이의 구별이 절대로 완벽할 수 없기 때문이다. '거리를 두는' 우리의 자아가 가는 곳 어디에나 **우리는 자신을 데리고 가야 한다**. 이를테면, 우리는 한 발로만 자신의 바깥으로 걸어 나갈 수 있다. 다른 발은 언제나 안에 남아 있다.

둘째, 우리는 **사회적 경계를 가로질러 타자의 세계로 들어가** 잠시 그곳에서 살아야 한다(MacIntyre 1993, p. 78). 우리는 귀를 열어 다른 사람들이 우리를 어떻게 이해하는지, 그리고 그들 자신을 어떻게 이해하는지 들어 보아야 한다. 상상력을 발휘해서 그들, 우리, 그리고 공통의 역사에 관한 그들의 관점이 그들에게는 그토록 설득력이 있는 반면에 우리에게는 그럴듯하지 않으며, 근본적으로 낯설고 심지어 모욕적이기까지 하다는 것을 이해하려고 노력해야 한다. 그 안으로 들어간다는 것은, 다른 이들이 그들 자신에게 가까운 정도로 우리도 그들에게 가까이 다가가려고 노력한다는 뜻이다. 이것은, 클리포드 기어츠(Clifford

Geertz)가 인류학자의 작업에 관해 이야기했듯이, 그들의 입장에 서서 그들과의 "영혼의 내적 소통" 속으로 들어가는 것을 말한다(Geertz 1983, p. 58).

셋째, 우리는 **타자를 우리 자신의 세계로 받아들여야 한다.** 우리는 '거기로부터'의 관점과 '여기로부터'의 관점을 비교하고 대조한다. 반드시 '여기로부터'의 관점을 거부하고 '거기로부터'의 관점을 받아들여야 할 필요는 없다. 심지어 둘 사이에서 어떤 타협을 찾아내야 한다는 말도 아니다. 이것은 비교를 통해 얻을 수 있는 두 가지 가능한 결과다. 하지만 다른 결과도 가능하다. 우리는 '거기로부터'의 관점을 거부해야 할지 결정할 수 있다. 다른 이들을 우리의 세계로 받아들일 때 우리가 해야 할 유일한 일은, 그들의 관점이 우리의 관점과 나란히 서 있게 하고 둘 중 어느 쪽이 옳은지, 혹은 둘 다 부분적으로 옳고 부분적으로 그른지에 관해 생각해 보는 것이다.

넷째, 우리는 **이 과정을 반복해야 한다.** 자아로부터 타자로 갔다가 되돌아오는 움직임이 시작되기 전부터 우리는 '여기로부터'의 관점과 '저기로부터'의 관점이 옳은지 그른지에 관한 명시적 혹은 암시적 판단을 가지고 있을 수밖에 없다. 그런 판단을 억압하는 것은 불가능하고 또 바람직하지도 않다. 하지만 어떤 판단도 최종적이어서는 안 되며, 이 움직임을 중지시켜서도 안 된다. 우리는 다른 이들에 대한 왜곡과 자신에 관한 기만으로부터 완벽히 자유롭다고, 우리가 '진리'를 소유한다고 결코 자부할 수 없다. 우리가 달성한 모든 이해는 제한된 관점으로부터 형성되었다. 그것은 '여기로부터' 그리고 '거기로부터' 사물이 어떻게 보이는가에 관한 **'여기로부터'의 관점**이다. 하지만 우리가 도달할 수 있는 가장 적절한 목표는 "우리와 그들 모두가 서로를 왜곡하지 않은 방식으로 존재할 수 있게 해주는 공통의 언어, 공통의 인간

이해"를 획득하는 것이다(Taylor 1990, p. 42). 그리고 바라건대, 이러한 이해는 모든 곳으로부터 사물을 바라보시는 전지하신 하나님이 우리와 그들을 바라보시는 방식에 근접할 것이다.

하지만 '공통의 언어'를 획득하기 전에는 무슨 일이 일어날까? 우리는 그저 계속해서 1단계에서 2단계, 3단계로, 다시 1단계로 돌아가기를 반복해야 하는가? 성찰을 직업으로 삼은, 특권을 지닌 소수는 완전한 합의에 도달할 때까지 타자를 향해 갔다가 자아로 돌아오는 이중적 움직임을 계속할 수 있는 호사를 누릴 것이다. 그러나 개인적, 사회적 투쟁에 개입된 이들은 그렇지 못하다. 그들은 행동해야만 한다. 랭던 길키(Langdon Gilkey)의 말처럼,

실천은 그 누구도 피할 수 없는 **강요된** 선택을 동반한다. 실천이 요청될 때, 모순 앞에서 당혹하여 멈춰서는 것과 복수의 선택 가능성을 초연하게 수용하는 것은 끝이 난다. 왜냐하면 인간으로 존재하기 위해 우리는 내기를 해야 하며 판돈을 걸어야 한다(Gilkey 1987, p. 46).

모순을 해결하고 여러 선택 가능성 중에서 옳은 것을 가려내기 **전에도** 행동해야 하지만, "우리와 그들 모두가 서로를 왜곡하지 않는 방식으로 존재할 수 있게 해주는 공통의 인간 이해"에 이르기 전에도 우리는 행동해야 한다. 하지만 우리는 행동하기 전과 후에 '이중적 보기'로 자신과 다른 이들을 바라볼 수 있으며 바라보아야 한다. 앞서 우리가 갈등에 참여할 때 왜 '이중적 보기'가 필요한지, 그런 상황에서 우리가 그런 보기를 어떻게 실천해야 하는지 살펴보았다(5장). 여기서는 사람들 사이의 진리를 추구하기 위해 자아로부터 타자로 나아가는 움직임을 시작하고 유지하기 위해서는 무엇이 필요한지를 논하고자 한다.

...진실성과 포용

왜 우리는 '여기로부터' 그리고 '거기로부터' 상황을 바라보려고 노력해야 하는가? 왜 하나님의 관점에서 상황이 어떻게 보이는지에 관심을 기울여야 하는가? 왜 진리에 신경을 써야 하는가? '진리'가 우리 편이라면, 우리는 진리의 도움을 이용할 것이다. 하지만 '진리'가 우리 편이 아니라면, 왜 우리가 진리를 위해 살아야 하는가? 우리의 자기기만과 편견이 우리에게 권력과 특권을 제공한다면, 왜 우리는 그것들과 결별해야 하는가? "진리가 너희를 자유롭게 하기" 때문인가?(요 8:32) 하지만 왜 우리는 약함과 고통이 따르는 '자유'보다 권력과 특권에 사로잡히는 것을 선호해서는 안 되는가? 왜 '진리'와 '비진리'를 정치적 언어, 즉 "권력을 위한 경쟁에서 사용되는 무기"로 취급해서는 안 되는가?(Bailey 1991, p. 128) 이런 물음들에 대해 여러 가지 대답이 존재할 것이다. 다양한 대답을 살펴보고 무엇이 더 올바른지 따져 보고 우리와 의견을 달리하는 이들을 어떻게 설득할 것인가 하는 문제는 다루지 않을 것이다. 내가 이 문제를 제기하는 목적은, 단순하지만 흔히 간과되는 주장, 즉 **진리를 찾기 전에 그것을 찾는 데 관심이 있어야 한다**는 주장을 하기 위함이다.

예언자 에스겔의 다음과 같은 말에 대해 생각해 보라. "인자야, 네가 반역하는 족속 중에 거주하는도다. 그들은 볼 눈이 있어도 보지 아니하고 들을 귀가 있어도 듣지 아니하나니, 그들은 반역하는 족속임이라"(12:2-3; 계 2:7 참고). 이 본문을 감각 지각의 적합성에 관한 근본적인 인식론적 물음을 제기하는 것으로 해석할 수도 있다. 눈이 보기 위해, 귀가 듣기 위해서는 무엇이 필요한가? 행간에 제시된 부분적인 대답은, 감각 기관이 정신의 해석 활동의 도움을 받아 인식하는 사람과 인식하는 대상을 적절하게 연결시켜 줄 수 있으려면, 그것이 올바르게 기능해야 한다는 것이다. 하지만 본문에서는 이러한 앎의 전제조건이 충족되었다고 가정한다. 여기에 언급된 사람들은 '볼 눈이 있고' '들을 귀가 있다.' 여기서는 이런 가정이 순진하게도 감각 지각의 신뢰성이라는 문제를 우회하고 있는지(Alston 1996), 아니면 감각 지각의 신뢰성에 대해 지나치게 많이 이야기하는 것은 다른 앎의 조건—특히 갈등 상황에서 사람들이 똑같은 상황을 다르게 지각하는 이유와 관련해 핵심적인 중요성을 지닌—에 대한 관심을 흩어 놓는 것이라고 바르게 주장하는지에 관한 문제는 다루지 않아도 될 것이다. 어떤 경우이든, 이 본문에서는 '지각 기제'가 적절하게 작동하는 경우에도 아는 데 실패하는 경우가 있음을 강조한다. 예언자가 이해하기에 근본적인 인식론적 문제는 **볼 수 있는 눈이 있는 사람들도 보지 못하고 들을 수 있는 귀가 있는 사람들도 듣지 못한다**는 것이다. 그 이유는 그들이 "반역하는 족속"이기 때문이다. 그들은 개인적이거나 집단적인 '반역'을 상호 강화하는 패턴에 의해 눈이 가려져, 진리가 도전해 오는 것을 볼 수 없으며, 그들의 반역에 어울리는 그들 자신의 '진리'를 만들어 낸다. 토마스 아퀴나스의 용어를 사용하자면, 의지와 지성은 서로를 움직이게 하는데(*Summa Theologia* Ia, 83, pp. 3-4를 보라), 지금 서로를 타락시키는 하향적 나선 운동에 갇혀 있는 것이다. 의지가 잘못된 방향으로 나아가며 지성의 실패를 낳고, 지성의 실패는 다시 의지를 잘못된 방향으로 나아가게 한다. 진리의 추구와 관련해서 가장 중요한 구별은, 진리를 인식하기 위한 '기술적' 요건을 갖춘 이들과 그렇지 않은 이들 사이의 구별이 아니라, '진리 추구를 원하는' 이들과 의지가 진리 추구를 원하지 않기 때문에 '진리로부터 등을 돌리는' 이들 사이의 구별이다(Levy 1995, p. 211).[9] 올바르게 아는 것은 눈과 귀와 지성이 무엇을 하느냐의 문제일 뿐만 아니라 '마음'이 무엇을 하느냐의 문제이기도 하다.

지각의 문제일 뿐만 아니라 습관과 실천의 문제이기도 하다.

　진리를 추구하려는 의지를 지속하기는 결코 쉽지 않다. 니체는 이 점을 잘 알고 있었기 때문에 "진리를 추구하려는 의지" 자체를 비난했던 것만큼 종종 그 의지의 배후에 숨어 있는 지적인 부정직성도 똑같이 질타했다(Nietzsche 1990, p. 179). 진리는 엄격한 여주인이다. "진리를 섬기는 것은 가장 어려운 봉사다"(p. 179). 따라서 철학자들조차도 "실재 앞에서 도망치고"(Nietzsche 1979, p. 98) 진리에 대한 엄격한 봉사에 힘쓰기보다 "사람들의 미신"을 숭고한 진리라고 속여 팔고 다니는 편을 택한다(Nietzsche 1969, p. 126). 물론 결혼 10주년 저녁 식사로 무엇을 먹었는지, 혹은 마틴 루터 킹이 피격 당시 어떤 색의 정장을 입었는지 등 의견의 변화만 요구하는 사소한 진실들도 존재한다. 그러나 당신이 5년 연속으로 결혼기념일을 잊었는지의 여부나 마틴 루터 킹이 암살당한 이유에 관한 진실처럼 전혀 사소하지 않으며 행동의 급진적인 변화를 요구하는 진실도 있다. 이런 진실들은 지적 동의보다 훨씬 많은 것을 요구하며, 그러므로 "자신의 마음에 대해 엄격해지도록" 만든다(Nietzsche 1990, p. 179). 이런 진실들을 적극적으로 추구하려면, 혹은 적어도 그것을 받아들이려면, 우리는 자아를 치켜세우는 자기기만과 권력 유지를 위한 이데올로기와 기꺼이 결별하고자 해야 하며, 우리 정체성의 이야기를 고쳐 쓰고 우리의 실천을 개혁할 준비가 되어 있어야 한다. 안락한 자리에서 일어나 변화되기를 거부한다면, 우리는 진리를 회피하고, 우리가 좋아하던 신념―우리에게 거짓말을 하여 우리가 스스로를 '복 받은' 사람으로 믿게 해주었던―을 고수하게 될 것

---

9) Lévy 자신은 "진리의 초월성"을 거부한다. 하지만 "설령 진리가 존재하더라도"(그렇지 않다는 것이 그의 견해다), 기술적인 인식 능력보다 의지가 우선한다고 말하는 그의 주장은 옳다.

이다. 진리에 **복종하려는 의지**가 없다면 진리에 대한 의지는 유지될 수 없다.

하지만 진리에 복종하려는 의지는 어디에서 생겨나는가? 그것은 진실한 성품의 열매다. 스탠리 하우어워스(Stanley Hauerwas)가 주장했듯이, 진리는 **진실한 삶**을 요구한다. 그는 "기만으로부터 '물러설' 수 있는 우리의 능력은 우리가 성품에 구현해 낸 지배적인 이야기, 주된 이미지에 달려 있다"라고 말한다(Hauerwas 외 1977, p. 95). 하우어워스는 이 점을 예증하기 위해 히틀러의 건축가였으며 나중에는 군수부 장관이었던 알베르트 슈페르(Albert Speer)의 이야기를 들려준다. 어떻게 슈페르처럼 명석한 사람이 히틀러에게 협력할 수 있었을까? 슈페르는 자신의 딸에게 이렇게 설명한다.

너는 내가 서른둘의 나이에 건축가로서의 나의 능력으로 꿈꿀 수 있는 가장 웅장한 임무를 맡았다는 것을 깨달아야 한다. 어느 날 히틀러는 너의 어머니에게 당신 남편이 지난 2천 년 동안 결코 볼 수 없었던 위대한 건물을 설계하게 될 것이라고 말했다. 그런 제안을 거부할 수 있는 사람은 도덕적으로 대단히 금욕적인 사람뿐일 것이다. **하지만 나는 결코 그런 사람이 아니었다**(Hauerwas 외 1977).

슈페르는 "무엇보다도 한 사람의 건축가"였으며 "나로 하여금 가던 길로부터 돌이키게 만들지도 모르는 무언가를 발견할 수도 있다는 두려움" 때문에 알지 않기를 택했다. 그는 "나는 눈을 감았다"고 말했다. 눈을 감은 채 그는 자신이 섬기던 체제의 범죄를 망각했으며, 자신이 "설 수 있는 기반으로 삼았어야 했던 체제 바깥의 모든 도덕적 근거도 볼" 수 없게 되었다(p. 90). 슈페르는 "가던 길로부터 돌이키지" 않기 위해 진리를 억압했다. 그의 성품은 진리가 아니라 야망에 의해 형성되었다. 슈페르의 이야기는 다음과 같은 제임스 매클렌든(James McClendon)의 주장을 예증한다.

우리의 공통된 임무는 상반되는 관점들 사이에 숨어 있는 진리를 발견하는 것이라기보다, 우리를 성가시게 대면해 오는 진리를 더 이상 피하거나 외면하지 않는 자아를 소유하는 것이다(McClendon 1986, p. 352).

신약 성경은 이 점을 이렇게 표현한다. 진리를 찾고 받아들일 수 있기 전에, 기만과 이데올로기의 정체를 폭로할 수 있기 전에, 진리가 "너희 안에" 있어야 한다(요 8:45; 고후 11:10을 보라). 에베소서의 유명한 말씀은 독자들에게 "사람의 속임수와 간사한 유혹에 빠져 온갖 교훈의 풍조에 밀려 요동하지"(4:14) 말라고 경고한다. 어떤 닻이 그들로 하여금 진리의 왜곡에 휩쓸리지 않도록 지켜 줄 수 있을까? 에베소서의 저자는 '알레데우에인 엔 아가페'(aletheuein en agape)라고 말한다(15절). 주석가들은 대개 이 말을 "사랑으로 진리를 말한다"라고 번역한다. 하지만 원문에 사용된 동사는 '말하다'가 아니라 '진리하다'이며, 이 단어는 진리를 말하는 것 외에도 진리를 소중히 여기거나 유지하거나 행하거나 실천한다는 뜻일 수도 있다(요 3:21을 보라). 이 말과 대조되는 "속임수와 간사한 유혹"이라는 개념이 단순히 거짓을 말하는 것 이상의 의미를 담고 있기 때문에, 여기서 '알레데우에인'(aletheuein)은 진리를 말하는 것과 실천하는 것 모두를 아우른다(Bruce 1984, p. 352). 말하는 것은, 진리의 왜곡에 맞서 싸우고자 할 때 우리가 해야 하는 행위의 일부에 불과하다. 진리를 실천하는 것도 똑같이 중요하다. 비진리는 사고와 삶 모두를 사로잡기 때문에 단순히 바른 생각과 바른 말로는 극복할 수 없다. 진리를 추구하기 위해, 진리를 대면했을 때 그것을 볼 수 있기 위해, 두려움 없이 진리를 외치기 위해, **진실한 삶**이 필요하다.

에베소서가 "진리를 살라"는 명령을 "사랑으로"라는 말로 한정하는 점에 주목하라(15절). 만약 진리의 추구가 앎의 주체와 대상 사이의 사적인 문제에 불과하다면, 진실성이라는 덕목으로도 충분할 것이다. 진리를 대면했을 때 그것에 복종하고 그것이 우리를 어디로 이끌든 기꺼이 따르고 그것이 우리에게 무엇을 요구하든 기꺼이 행하게 될 것이다. 하지만, 우리가 **사람들 사이에서** "아는 일에 하나가 됨"을 추구한다면(13절을 보라), 진실성이라는 덕목만으로는 충분하지 않다. 타자에 대한 사랑이 더해져야 한다. 왜냐하면 타자를 정복하고 파괴하기 위해 자신의 힘을 사용하는 엄격한 여주인에 대한 악한 순종이 존재하기 때문이다. 「아메리카 정복」에서 츠베탕 토도로프는 "타자에 대한 전적으로 부정적인 가치 판단"에 의해 유지되며 지배하려는 의지에 근거한 "사람을 죽이는 지식"에 관해 말한다(Todorov 1984, p. 127). 죽이는 것보다 살리는 것에 기여하기 위해서는, 진리에 대한 의지는 **타자를 포용하려는 의지, 공동체를 향한 의지**를 동반해야 한다.

앞서 나는 사람들과 문화적 집단 사이에서 진리를 추구하는 일은, 자아로부터 타자로 그리고 다시 타자로부터 자아로 돌아오는 움직임을 통해 일어나며, 이를 위해서는 '이중적 보기' 즉 '여기로부터' 그리고 동시에 '거기로부터' 볼 수 있어야 한다고 주장했다. 하지만 전쟁―언어나 무기로 치르는 전쟁―이 치열할 때 왜 우리는 자아로부터 타자를 향해 나아가기를 **원해야** 하는가? 우리의 관점에서 볼 때 그들이 옳을 수도 있음을 암시하는 것이 전혀 없을 때에도, 왜 우리는 그들의 관점에서 상황을 바라보려 해야 하는가? 왜 그들의 관점이 우리의 관점과 대결하고 도전하도록 허락해야 하는가? 특히 적에 관한 어떤 진실이 우리의 적의를 지탱하는 편견을 약화시킬 때, 무엇이 우리로 하여금 그 진실에 복종하게 만드는가? 아무것도 없다. 즉 우리가 비인간화하는 이미지를 적에게 투사하기를 거부하고 기꺼이 그들을 친구로 포용하려 하지 않는다면, 아무것도 우리를 진리에 복종하게 만들지 못할 것이다.

폴 리쾨르는 최근에 "신율과 자율"(Theonomy and/or Autonomy)이라는 글에서 위르겐 하버마스의 의사소통 윤리에 반대하며 비슷한 주장을 한 바 있다. 하버마스는 근본적인 문제에 대한 사회적 선택을 양자택일의 관점으로 접근했다. 즉, 합리적 담론이나 비합리적 폭력 중 하나를 택하는 것이다. 양자택일의 상황은 선택을 명확하게 만들어 준다. 즉, 우리는 담론에 찬성하고 폭력에 반대한다. 그러나 갈등 상황에서 문제는 바로 왜 폭력 대신에 담론이라는 가장 근본적인 선택을 해야 하는가다. 담론 자체를 통해서는 이 문제에 답할 수 없다. 왜냐하면 담론에 찬성하거나 반대하는 선택은 곧 "존경과 상호성이 통치하는 유토피아적 삶의 방식"(Benhabib 1992, p. 38; Walzer 1994, pp. 12-13)에 찬성하거나 반대하는 선택이기 때문이다. 일단 당사자들이 담론을 선택한다면—일단 그들이 "갈등에 의존하지 않고 더 나은 주장에 대한 논증에 의존하기로 결정한다면"(Ricoeur 1996, p. 298)—기본적으로 갈등은 해소된다. 하지만 무엇이 그들로 하여금 가장 강력한 무기인 총을 발사하는 대신 더 나은 주장에 귀를 기울이려 하게 만들겠는가? 리쾨르는 "사랑의 순종"이 "담론에 참여하고자 하는 의지의 형성"을 떠받쳐야 한다고 바르게 지적한다.

진리와 사귐에 대한 의지는 '선한 사람들'의 선함과는 정반대인 선함에 근거한다. 니체의 말처럼 '선한 사람들'은 "진실할" 수 있는 능력이 "모든 사람 중에서 가장 작기" 때문에 그들은 "결코 진리를 말하지 않는다"(Nietzsche 1969, p. 218). 맹목적 순종이나 자아도취자의 자기 의와 다름없는 '선함'은 진리에 대한 추구를 방해하지만, 타자를 위해 자아 안에 공간을 마련하는 선함은 진리에 대한 추구를 촉진한다. 사실 **그런** 선함이 없다면, 자아로부터 타자로 나아가고 다시 자아로 되돌아가는 움직임은 시작되지 못할 것이며 아무런 합의에도 이르지 못할 것이다. 갈등 당사자는 자신만의 진리를 가지고, 자신의 옳음을 확신하는 만큼 반대편의 그름을 확신하면서, 홀로 남아 있을 것이다. 그리고 갈등 당사자들이 충돌할 때 그들의 '진리'는 '사람을 죽이는 지식'으로 변할 것이다. 스스로 진실하다고 자부할수록 그들은 더 치명적일 것이다. 타자를 포용하려는 의지가 없다면 사람들 사이에 아무런 진리도 없을 것이며, 사람들 사이에 진리가 없다면 평화도 없을 것이다.

    진리와 사귐에 대한 의지의 특별한 중요성을 강조할 때, 결국 우리는 경쟁하는 의지들의 싸움을 최종적인 것으로 받아들이는가? 부분적으로는 지금까지 내가 제시한 것과 비슷한 이유를 근거로, 스탠리 피시(Stanley Fish)는 "모든 논쟁의 배후에는 합리적으로 해결될 수 없는 신념의 갈등이 자리잡고 있다. 이 갈등은 필연적으로 합리성 사이의 갈등이기도 하며, 합리성 사이에 갈등이 일어난다면 당신은 결국 갈등에 기댈 수밖에 없다. 왜냐하면 대화가 어떤 방향으로 나가야 하는가에 관해 합의할 수 있는 아무런 공통의 기반도 존재하지 않기 때문이다"라고 주장했다(Fish 1996, p. 23). 피시는 문제를 과장하고 있을 뿐만 아니라 오해하고 있다. 나는 피시가 가정하는 그런 식의 강력한 통약 불가능성(incommensurability, 어떤 공통의 기반도 존재하지 않는다는 신념)은 명백히 잘못된 것이라고 생각한다. 앞서 나는 정확히 이 신념에 대한 대안으로 '이중적 보기'를 추구하자고 주장했다. 일부 논쟁에서는(모든 논쟁이 아니라) '갈등'을 선택할 수밖에 없다. 하지만 그런 비합리적 갈등을 피할 수 없는 경우는, 합리성(증거와 논증의 기본적인 규칙) 사이의 충돌이 존재하는 경우라기보다, 진리와 사귐에 대한 의지가 없는 경우다. 그런 의지를 제공하라. 그러면 합리적인 의사소통이 시작되어 비합리적 갈등을 대체할 것이다.

...진리와 공동체

앞서 나는 타자를 포용하려는 의지가 없다면 사람들 사이에 아무런 진리도 존재할 수 없다고 주장했다. 거꾸로 만약 진리가 지배하지 않는다면, 포용하려는 의지도 유지될 수 없고 그것이 실제로 포용으로 귀결되지도 않을 것이다. 포용하려는 의지가 없으면 진리가 있을 수 없고, 진리에 대한 의지가 없으면 포용이 있을 수 없다. 여기서 나는 포용과 진리 관계의 다른 측면, 즉 진리를 위해 포용이 필요하다는 점을 살펴보고자 한다.

진리는 공동체를 지탱하지만 기만은 공동체를 파괴한다는 생각은, 우리가 성경적 전통에서 만나는 진리 관념에 깊이 새겨져 있다. 다른 많은 학자와 더불어 옙센(A. Jepsen)은, 히브리 성경에서 진리는 "신뢰할 수 있다고 판명된 것에 대해 사용되는 말이었다.…영어에서 이런 생각을 담고 있는 최선의 단어는 '신뢰성'(reliability)일 것이다. 진리란 다른 이들이 신뢰할 수 있는 것이다"라고 주장했다(Jepsen 1974, p. 313). 특히 하나님에 대해 사용될 때 진리는 신실함(faithfulness)을 뜻한다. 토머스 토런스(Thomas F. Torrance)의 말처럼, 진리는 "자신에게 진실하신 하나님의 모습, 그분의 신실하심 혹은 일관성이다. 그러므로 하나님의 진리란 그분이 자신의 백성에 대해 진실함과 믿음을 지키시며 그들에게도 자신에 대해 진실함과 믿음을 지킬 것을 요구하신다는 뜻이다"

(Torrance 1957, p. 112). 신실함과 신뢰성은 인격적이며 사회적인 용어다. 이 용어들은 한 사람이 자신에 대해 그리고 타인과의 관계에서 지니는 성품을 기술하는 말이다. 하나님이 타자를 위해 하나님 자신이 되시는 것처럼—이것이 하나님의 이름인 '야웨'의 뜻이다(출 3:13 이하)—사람들도 타자를 위해 그들 자신이 되어야 한다. 즉, 그들에 대해 투명한 동시에 그들이 신뢰할 수 있는 존재가 되어야 한다. 진리는 다른 이들을 향해 뻗은 팔인 반면, 기만은 그들과 거리를 유지하게 하고 때로 그들의 살 속으로 파고드는 칼이다. 공동체가 진실의 기초 위에 세워지지 않는다면, 그 기둥은 금이 가고 무너져 내릴 것이다.[10]

불행히도 "신실함으로서의 진리"를 강조하는 신학자들은 때때로 "'실재'를 따르는 진리" 관념을 폐기해야 한다고 생각하기도 한다. 그들은 전자는 히브리적이며 좋은 것, 후자는 그리스적이며 나쁜 것이라고 말한다. 성경 본문에 대한 주의 깊은 연구가 증명해 주듯이(Barr 1961, pp. 161-205; Thiselton 1986), 이것은 "신뢰에 대한 위반으로서의 거짓말"과 "진리에 대한 위반으로서의 거짓말" 사이의 양자택일과 마찬가지로, 분명히 잘못된 양자택일이다(MacIntyre 1995). 성경에서 '신뢰성'과 '진실한 말'이라는 관념은 서로 환원할 수 없이 구별되지만, 함께 등장하는 경우가 많고 서로 떼어낼 수 없도록 얽혀 있다. 아래의 두 구절을 생각해 보라. 첫 번째는 예레미야서의 말씀이다.

---

10) 물론 진실성이 공동체를 유지시키는 유일한 미덕은 아니다. 이것은 사회 구조가 상당한 규모의 거짓을 견딜 수 있는 이유를 설명해 준다. Harry Frankfurt는 "거짓의 실질적인 양이 엄청나지만 사회적 삶은 지속된다. 사람들이 자주 거짓말을 한다고 해서 그들과 함께 있을 때 혜택을 입지 못하는 것은 아니다. 그것은 우리가 조심할 필요가 있음을 뜻할 뿐이다"라고 말했다(Frankfurt 1992, p. 6). 거짓을 말하거나 진실을 말함으로써 유지되거나 파괴되는 것은 사회적 삶 자체가 아니라 사회적 삶의 질이다. 예를 들어, MacIntyre는 "거짓말이 악한 까닭"은 "그것이 합리적 관계의 온전함을 타락시키고 파괴할 수 있기" 때문이라고 주장했다(MacIntyre 1995, p. 355).

> 너희는 각기 이웃을 조심하며
>> 어떤 형제든지 믿지 말라.
> 형제마다 완전히 속이며
>> 이웃마다 다니며 비방함이라.
> 그들은 각기 이웃을 속이며
>> 진실을 말하지 아니하며
> 그들의 혀로 거짓말하기를 가르치며
>> 악을 행하기에 지치거늘
> 네가 사는 곳이 속이는 일 가운데 있도다.
>> 그들은 속이는 일로 말미암아
> 나를 알기를 싫어하느니라. 여호와의 말씀이니라. (9:4-6)

예레미야는 자신의 혀에 거짓말하도록 가르치는 사람들을 절대로 신뢰해서는 안 된다고 말한다. 사도 바울은 불신과 기만의 관계보다 신뢰와 진실한 말의 관계를 겨냥함으로써 똑같은 생각의 이(裏) 명제(obverse: 가정과 결론을 각각 부정하여 얻어지는 명제—편집자주)를 강조한다. "이에 숨은 부끄러움의 일을 버리고 속임으로 행하지 아니하며 하나님의 말씀을 혼잡하게 하지 아니하고, 오직 진리를 나타냄으로 하나님 앞에서 각 사람의 양심에 대하여 스스로 추천하노라"(고후 4:2).

공동체와의 관계 속에서 진실 말하기와 속이기를 설명하는 예레미야와 바울의 구체성은 전형적인 모더니즘의 인식론적 성찰이 지닌 추상성과 대조를 이룬다. 첫째, 진리는 명백히 드러난다(the obvious). 두 본문에서 '참된' 것이란 어떤 의미에서 **실재를 따르는** 것을 가리킨다. 예레미야는 "진실을 말하기"와 "거짓말하기" "비방하기" "속이기"를 대조한다. 바울은 "드러내기"와 "숨기기", "진리를 말하기"와 "왜곡하기"를 대조한다. 두 사람 모두, 상황을 왜곡하거나 감추지 않고 있는 그대로 말해야 한다고 생각했다. 말은 어떤 명시되지 않은 (그리고 어쩌면 명시될 수 없는) 의미에서 실재에 상응해야만 한다.

둘째, 서양 철학 전통은 앎의 주체와 앎의 대상 사이의 관계를 기술하려는 경향이 있지만, 예레미야와 바울은 '지성'과 '사실' 사이의 관계를 추상적으로 논하지 않는다. 어떤 의미에서 그들에게는 '지성'과 '사실'과 같은 것이 없다. '사실'이나 '지성'과 같은 추상적인 범주를 만들어 내는 대신 그들은 **사람들이 서로에게 행하는 것**에 대해 이야기한다. 예레미야서에서 이웃은 서로 죄를 행하고 억압 위에 억압을 더한다. 바울의 원수들은 부끄러운 일을 행하고 속이는 반면, 그는 정확히 그 반대의 일을 한다. 악하고 억압적이고 부끄럽고 속이는 일을 '사실'이라고 부를 수도 있지만, 그런 '사실'은 인간 상호작용이라는 복잡한 힘들의 장 안에서만 존재한다는 점을 잊어서는 안 된다. 비슷하게, '지성' 대신 예레미야서는 그들의 혀로 거짓말하기를 가르치고 서로를 속이는 '이웃'—예언자는 '모든 사람'이라고 말한다!—의 공동체를 언급한다. 비슷하게, 역경으로 고통당하며 적에게 비방당하는 중에도 그리스도의 이름으로 그리스도의 교회를 향해 이야기하려고 노력하는 바울은 순수한 '지성'이 아니다. 물론 이 모든 사람은 '지성'을 가지고 있지만, 그것은 몸을 지닌 지성, 다양한 욕망과 이익, 갈등에 의해 다양한 방향으로 끌리고 문화적·종교적 신념과 관습에 의해 규정된 지성이다.

예레미야와 바울이 속이는 것에 반대하고 진실을 말해야 하는 목적은, 누구의 '지성'이 실제의 '사실'에 더 잘 부합하는지를 두고 벌이는 경쟁에서 이기기 위함이 아니라, **사람들 사이에 일어나는 일을 적절히 이야기하기** 위해서다. 인식론에 관한 최근의 논의는, 그 이상을 말하는 것은 불가능해 보인다고 주장한다. 모든 경험이 이전의 해석에 의존하며, 모든 해석은 특정한 언어 속에서 제공되고, 특정한 관심에 의해 조종당하기 때문이다. 하지만 특정한 관심과 언어, 해석의 더미 아래에서 '진리'를 돌이킬 수 없을 정도로 상실했다고 생각하는 것은 실수다. 하나님의 진리에 피조물의 방식으로 상응하는 단순하고, 인간적이며, 상황적인 진리라고 할 만한 것이 존재하기 때문이다. 관찰에 따르면, "판단을 내릴 때, 우리는 우리가 어떤 생각을 품고 있는지와 상관없이 우리가 말한 바가 옳거나 그르다는 관념을 가지고 있다"(Luntley 1995, p. 108). 철학적으로는 '단순한' 진리라는 작은 관념 하나를 방어하는 것도 어려울지 모르지만, 우리는 대부분 진실과 거짓말을 볼 때 그 차이를 구별해 낼 수 있다. 만약 우리가 진실하고 다른 이들과 맺는 관계가 우리에게 중요하다면, 그리고 우리가 자아로부터 타자로 다시 자아로 되돌아오는 운동을 하기 원한다면 말이다. 또한 우리는 대부분 어떤 이유이든 스스로를 기만하고 타인을 속이려고 고집하는 사람들은 그 무엇으로도 진리를 이해하고 존중하게 만들 수 없다는 사실을 알고 있다.

셋째, 두 본문 모두 **진실은 공동체를 지탱하고 거짓말은 그것을 파괴한다**고 말한다. 바울은 "진리를 환히 드러냄으로써" 자신이 "예 예 하면서 아니라 아니라 한다고" 비난하는 고린도 교인들 앞에 자신을 떳떳하게 내세운다(고후 1:17). 거꾸로 모든 사람이 거짓말을 하고 비방할 때, 사람들은 자기 이웃을 "조심해야" 한다(렘 9:4). 진실을 말하지 않는 이들을 믿지 말아야 한다(4절). 왜냐하면 기만 위에 기만을 쌓아올리는 이들은 억압 위에 억압을 쌓아올리는 이들이기도 하기 때문이다(6절). 진실은 신뢰를 지탱하지만, 거짓말은 그것을 파괴한다. 만약 진실이 다스리지 않는다면, 우리는 다른 이들을 신뢰하지 않을 것이며 우리 자신도 신뢰한 만한 사람이 될 수 없을 것이다.

하지만 그저 진실을 **말하는** 것으로는 부족하다. 진실을 **행해야** 한다. 사도행전에 등장하는 아나니아와 삽비라 사건에 대해 생각해 보라. 아나니아가 베드로에게 돈을 가져왔을 때 그는 기만을 꿰뚫어 보고 이렇게 물었다. "아나니아야, 어찌하여 사탄이 네 마음에 가득하여 네가 성령을 속이고 땅 값 얼마를 감추었느냐? 땅이 그대로 있을 때에는 네 땅이 아니며 판 후에도 네 마음대로 할 수가 없더냐?"(행 5:3-4) 아나니아는 거짓말을 하지는 않았지만 속였다. 그는 모든 것을 바치는 척하면서 얼마를 감춰 두었다. 행동으로 나타난 거짓도 신뢰를 무너뜨린다. 아나니아와 삽비라는 공동체의 지원을 받기 원하면서도 재산의 일부를 감추어 두었다. 거짓말이 탄로나자마자 그들은 쓰러져 죽었으며, 우리는 그토록 가혹한 처벌이 내려진 것에 대해 당혹스러워한다. 비록 많은 불편한 물음이 그대로 남아 있지만, 한 가지는 분명하다. 그들이 죽은 후 사람들이 시신을 "메고 나갔을" 때, 그들은 기만을 **행함**으로써 스스로를 단절시킨 그 공동체로부터 육체적으로 분리되었다. 중요한 의미에서 기만은 죽음이다. 왜냐하면 고립은 죽음이기 때문이다. 그리고 진실은 생명이다. 왜냐하면 공동체가 생명이기 때문이다.

지금까지 논한 세 가지 논점은 진실에 대한 관심과 신뢰에 대한 관심이 상호보완적임을 보여 준다. "진실성, 거짓말, 도덕철학자" (Truthfulness, Lies, and Moral Philosophers)라는 글에서 알래스데어 매킨타이어는 "무조건적인 진실성이라는 규칙이 관계로부터 단절된 개인이 아니라 관계 자체에 관한 것이라고 이해한다면" 이런 상호보완성은 충분히 납득 가능하다고 주장했다(MacIntyre 1995, p. 359). 진실이라고 믿는 바를 말하는 것은 관계에 충실히 임하는 한 방법이다. 진실이 아니라고 믿는 바를 말하는 것은 관계로부터 이탈하는 한 방법이다.

따라서 "진실성이라는 덕목이 문제가 되는 모든 상황은 정직과 신실이라는 덕목도 문제가 되는 상황이다"(p. 359). 우리가 진실을 말하는 것은 공동체가 우리에게 중요하기 때문이고, 우리에게 중요한 공동체를 유지하는 방법은 진실을 말하는 것이다.[11]

예레미야와 바울은 진실을 말하는 것과 공동체의 관계를 설명하면서 하나님을 그 문제와 관련짓는다. 바울과 예레미야 모두 진실을 말해야 하는 이유로서 **하나님의 성품**을 언급한다. 진실을 말할 때 그는 단순히 "모든 사람" 앞에서뿐만 아니라 "하나님 앞에서" 말한다(고후 4:2). 이 서신의 앞부분에서 그는 하나님의 신실하심을 자신의 진실함의 모형으로 삼았다. "하나님은 미쁘시니라. 우리가 너희에게 한 말은 예 하고 아니라 함이 없노라"(1:18). 비슷하게 예레미야는 기만이 억압과 함께 하나님을 알기를 거부하는 태도라고 생각한다(9:6).

하지만 이처럼 하나님의 성품에 호소하는 것은 어떤 효과를 발휘하는가? 고린도후서에 나타난 바울의 말이 진리(진실)의 보편성("모든 사람")은 초월적 토대("하나님 앞에서")를 요구한다는 의미라고 이해할 수도 있다. 앞서 주장했듯이, 기독교 신학에서는 하나님이 진리라는 관념과 진리를 말해야 할 의무에 관한 초월적 토대를 제공하신다. 하지만 이것은 하나님과 진리 말하기를 언급하는 성경 본문들의 일차적 강조점은 아니다. 여기에는 타당한 이유가 존재한다고 나는 믿는다. 진리에 대한 의지는 하나님에 대한 의존 없이는 **정당화**될 수 없으며, 따라서 하나님 없이는 지적으로 설득력 있는 유일한 원리는 "아무것도

---

11) 에베소서에는 진리와 공동체의 관계의 두 양상을 이와 같은 맥락에서 언급한다. 한편으로 "그 이웃과 더불어 참된 것을 말하라"는 명령은 "우리가 서로 지체가 됨이라"라는 주장에 의해 뒷받침된다(4:25). 다른 한편으로 우리는 "진리를 말함으로써" 한 몸으로 자라날 수 있다(4:15).

진리가 아니다"와 "모든 것이 허용된다" 뿐일 것이다(Nietzsche 1956, p. 287). 하지만 하나님에 대한 의식적 의존 없이도 진리에 대한 의지를 **실천할** 수 있다는 점은 부인할 수 없다. 사람들은 많은 양의 거짓말을 하는 와중에도 훨씬 더 많은 양의 진리를 말하는 일에 계속 참여하기도 하는데, 그것은 다른 이유가 아니고, 진리를 말하는 것을 배경으로 삼아야지만 거짓말을 할 수 있기 때문이다(MacIntyre 1995, p. 311). 이런 종류의 진리 말하기 대부분은 그 철학적 정당성을 한 번도 따져보지 않은 상태로 일어나며, 대부분의 거짓말은 모든 사람이 진리 말하기라는 의무가 하나님의 존재에 뿌리내리고 있음을 생각해 본 후에도 계속될 것이다. 사도들과 예언자들을 따라 **하나님을 진리를 위한 싸움에 참여하는 전사로** 이해하는 것이, 하나님을 진실성 있는 언설을 가능하게 하는 초월적 조건으로 보는 것보다 훨씬 더 중요하다.

예루살렘을 지배하는 "오만한 자"에 맞서는 이사야의 예언을 들어보라.

> 너희가 말하기를, "…우리는 거짓을 우리의 피난처로 삼았고
>   허위 아래에 우리를 숨겼음이라."
> 그러므로 주 여호와께서 이같이 이르시되,
> 보라. 내가 한 돌을 시온에 두어 기초를 삼았노니,
>   곧 시험한 돌이요,
> 귀하고 견고한 기촛돌이라.
>   "그것을 믿는 이는 다급하게 되지 아니하리로다."
> 나는 정의를 측량줄로 삼고,
>   공의를 저울추로 삼으니,
> 우박이 거짓의 피난처를 소탕하며

> 물이 그 숨는 곳에 넘칠 것인즉. (28:15-17)

이 구절은 철저히 논쟁적이다. 거짓말과 허위는 타락한 통치자들의 피난처이자 은신처다. 그들은 그들의 권력을, 그리고 그들의 목숨을 걱정한다. 왜냐하면 그들은 섬겨야 할 사람들을 오히려 억압하기 때문이다. 하지만 통치자들은 거짓말을 진리처럼 유통시킬 수 있는 한 공격을 견뎌 낼 수 있음을 알고 있다. 권력을 얻기 위한 싸움은 진리에 대한 통제권을 얻기 위한 싸움이다. 이사야는 바로 이 점과 관련해 하나님이 개입하신다고 보았다. 하나님은 너무 약해서 '진리의 체제'에 저항할 수 없는 이들의 편에 서신다. 거짓말과 허위는 하나님으로부터 통치자들을 지켜 줄 수 없다. 강력한 홍수처럼 하나님은 그들의 피난처를 쓸어 버리시고 그들의 은신처를 무너뜨리신다. 하나님은 통치자들의 권력 놀음을 폭로하시고 그들의 불의를 낱낱이 드러내신다. 하나님은 그들을 왕좌에서 끌어내리시고 시온에서 한 통치자에게 왕관을 씌우신다. "시험한 돌"이신 그분은 정의와 평화의 새로운 공동체의 "견고한 기초"가 되실 것이다. 왜냐하면 그분은 자신을 믿는 이들을 속이지 않으실 것이기 때문이다. 공동체는 진리에 의존하며, 진리는 진리를 가능하게 하는 초월적 조건의 개연성이 아닌 진리를 위해 싸우는 진실한 전사들의 투쟁에 의존한다.

초대교회는 이사야서의 이 말씀을 예수 그리스도의 오심으로 성취된 메시아 예언으로 이해했다(롬 9:33; 벧전 2:6을 보라). 나는 지금까지 전개해 온 진리에 관한 논의들을 정리하고, 또 한 걸음 더 나아가기 위해, 예수 그리스도께서 자신에게 십자가형을 선고한 당대의 가장 강력한 군사적 권력의 대표자와 만나시는 장면을 성찰해 보고자 한다.

…빌라도 앞의 예수: 권력에 맞선 진리

진리에 관한 신약 성경의 가장 심오한 말씀 중 몇몇은 요한복음, 특히 예수님의 체포, 재판, 처형의 드라마에 등장한다(18-19장). 나는 권력과 진리의 관계에 초점을 맞추면서 이 이야기의 사회적 측면을 살펴보고자 한다. 이것은 이 본문을 해석하는 유일한 방법도 아니며 심지어 유일하게 중요한 방법도 아니다. 어떤 경우이든 요한의 일차적인 의도는 진리이신 예수 그리스도에 대한 믿음을 가지게 하는 것이다(요 20:30-31을 보라). 하지만 진리에 관한 구원론적 관점은 중요한 사회학적, 인식론적 함의를 지닌다. 이 이야기 자체가 우리에게 그런 의미를 이끌어 낼 것을 요구한다. 이야기가 신학적 차원과 사회적 차원에서 진행되기 때문이다. 즉, 예수님과 예수님의 사회적 위치에 대해 제기된 주장들을 판단할 때 우리는 '그 진리'에 찬성할 것인지 아니면 반대할 것인지를 판단하는 셈이다.[12]

재판을 받는 동안 예수님은 종교적, 인종적, 정치적 기반을 지니고 자기 권력을 유지하고 강화하는 데 관심이 있었던 사회적 세력들의 장 안에 갇히셨다. 주요 인물은 유대교 지도자들과 빌라도다. 예수님을 빌라도에게 데려온 유대교 지도자들은 그분의 인기에 대해 두려워한다.[13] 만약 그분이 사역을 계속하신다면 "모든 사람이 그를 믿을 것"이고 "로마인들이 와서 우리 땅과 민족을 빼앗아" 갈 것이라고 그들은 결론을 내린다(11:48).[14] 민족과 그 민족 종교의 수호자로서 자신들의

---

12) 현재의 논의에서는 이 이야기에서 '역사적' 자료와 '비역사적' 자료를 가려낼 필요가 없다. 나는 진실성에 대한 헌신의 본질과 의의에 관한 **이야기**로 이 본문을 읽고 있다. (세심하게 한정된 의미에서) "실제로 일어난 그대로"를 이야기하는 것이 중요하다는 나의 주장은, '역사적으로 일어난 그대로'를 이야기하는 것이 주된 목적이 아닌 이야기를 계속 말할 수 없다는 의미가 아니며, 그런 이야기로부터는 '실제로 일어난 그대로'를 이야기하는 것의 중요성에 관해 배울 점이 없다는 의미도 아니다.

지위를 상실하지 않기 위해 그들은 예수님을 죽이기로 모의하고, 통치자들이 흔히 그러듯 자신들의 권력욕을 사람들의 행복에 대한 관심으로 포장한다(50절). 하지만 이런 자비의 수사로도 그들의 동기를 완벽히 숨길 수는 없었다. "한 사람이 백성을 위하여 죽어서 온 민족이 망하지 않게 되는 것"이 그들을 위해(대제사장 가야바는 "너희에게"라고 말한다) 더 낫다(50절). (그 현명한 지도자들을 포함해) 훌륭한 종교적 전통을 지닌 한 민족 전체와 한 남자 사이에서 선택은 결코 어렵지 않다.

빌라도는 로마의 권력을 상징한다. 대부분의 주석가는 예수님을 석방하려 했지만 실패했던 그를 공정하지만 이해할 수 없을 정도로 무능력한 재판관으로 묘사한다. 레이먼드 브라운(Raymond Brown)의 말처럼, 빌라도는 "결정 내리기를 원하지 않으며, 따라서 갈등하는 세력을 화해시키려고 노력해 보지만 실패하고 마는 중간에 낀 인물"이다(Brown 1994, p. 744). 반면에, 데이비드 렌즈버거(David Rensberger)는 그를 "예수님을 통해 이루고자 했던" 유대인들의 "민족적 소망"을 조롱한 로마 권력의 교활한 대변자로 보아야 한다고 주장했다(Rensberger 1984, p. 402). 나는 렌즈버거가 옳다고 생각하지만, 여기서는 두 해석

---

13) 예수님과 유대의 종교 지도자들, 빌라도 사이의 만남을 통해 진리와 권력의 관계를 분석할 때 나는 너무도 오랫동안 교회의 역사를 특징지워 왔으며 부분적으로는 요한복음에서 영감을 얻은 반유대주의적 태도와 행위를 영속화하기를 원하지 않는다. 예수님 스스로도 유대인이었기 때문에, 본문에 대한 나의 해석에서 '유대의 종교 지도자들'은 '유대인'이라는 일반적 범주를 상징하지 않는다. 예수님과 빌라도의 만남에 대한 이야기는, 우리가 잘못된 방식으로 탈-유대화된 예수의 죽음에 대한 '복수'를 가장해 유대 민족을 희생양으로 만들기보다 진리에 대한 헌신의 이름으로 폭력을 거부함으로써 **유대인 예수님**을 모방해야 한다고 말한다.
14) Beasley-Murray를 따라서(Beasley-Murray 1987, p. 196), 나는 이 구절에 대한 다른 읽기("로마인들이 와서 우리 땅과 민족을 **파괴할** 것이다")보다 이와 같은 읽기를 선호한다.

중 하나를 선택해야 할 필요가 없다. 어떤 경우이든 빌라도의 목적은 자신의 권력—속주에 대한 지배권, 삶과 죽음에 대한 결정을 내릴 수 있는 권리(19:10)—과 가이사의 권력을 보존하는 것이었다. 재판을 진행하는 동안 빌라도가 교활한 로마의 행정 장관으로 행동했다면, 그에게 중요한 문제는 예수님이 실제로 유대의 왕좌를 차지하려는 야심을 품었는가가 아니라, **사람들이** 그를 왕이라고 **믿었는가**였다. 정치 세계에서 지각된 권력은 실제 권력이며 반드시 견제해야 한다. 반면에 빌라도가 나약한 중재자였다면, 그에게 중요한 문제는 권력에 대한 자신의 빈약한 장악력을 유지하는 것이었을 테다. 진리와 정의는 이 목적에 종속되어야 했다. 빌라도는 '나의 권력과 가이사의 영광을 위해 한 남자가 희생해야만 한다'고 생각했다. 가야바는 '우리 민족의 유익과 우리 종교의 생존을 위해 노력하는 우리의 통치 행위에 한 남자가 방해가 되어서는 안 된다'고 주장했다.

재판이 진행되면서 종교 지도자들과 빌라도가 한 말들의 성격에 주목하라. 권력의 언어들이 오간다. 그들은 예수님을 빌라도에게 데려와서 그들이 그가 죽어 마땅하다고 이미 결정했으므로 사형이 선고되기를 바랐다. 그들은 아무런 논거도 제시하지 않는다. 그들은 그저 **요구**할 뿐이다. 예수님의 무죄함 때문에 빌라도가 주저하자 그들은 "십자가에 못 박으소서! 십자가에 못 박으소서!"라고 **외친다**(19:6). 빌라도가 예수님을 석방하려고 하자 그들은 협박 전략을 구사한다. "이 사람을 놓으면 가이사의 충신이 아니니이다"(19:12). 그들은 예수님이 죽는 것을 보고 싶어 하는 '이유'조차 제시하지 않는다. 법정에 적합한 논거와 반론의 교환은 압박의 수사로 대체되었다. 빌라도를 그저 '나약한 중재자'로 본다면 이런 그림이 그려질 것이다. 렌즈버거의 주장처럼, 만약 그가 가이사 통치의 잔인한 옹호자였다면, 그는 교활한 사기극으로 승리를 거둔 셈이다. 즉, 그는 인기 있는 설교자이며 말썽을 일으킬 가능성이 다분한 사람을 처형하는 동시에 그 책임을 유대교 지도자들에게 돌리는 데 성공한 것이다. 그는 유대의 종교 지도자들로 하여금 가이사를 그들의 유일한 왕으로 받들고 충성을 다하겠다고 공개적으로 표현하게 만드는 동시에(19:15) 유대인의 왕이라는 칭호를 노리는 사람은 누구든 예수님과 같은 운명을 맞게 될 것임을 보여 주는 데 성공했다(19:21). 종교 지도자들은 빌라도의 팔을 비틀려 했지만, 그는 오히려 그들로 하여금 자신의 숨겨 둔 목적을 실행에 옮기게 만들었다. 어떤 경우든—종교 지도자들의 압력이든 빌라도의 교활함이든—의사소통은 합리적인 교환의 도구가 아니라 폭력의 수단이다.

재판의 목적은 실제로 무슨 일이 일어났는지 알아내고 정의를 분배하는 것이어야 한다. 예수님의 재판에서는 고소한 사람들도 재판관도 진리에 관심이 없었다. 고소한 사람들은 유죄 판결을 원한다. 그들은 심지어 재판관으로부터 죄목을 대라는 요구를 받고 모욕감을 느낀다. "이 사람이 행악자가 아니었더라면 우리가 당신에게 넘기지 아니하였겠나이다"(18:30). 재판관은 진리라는 관념 자체를 경멸한다. 그는 "진리가 무엇이냐?"라고 묻지만(18:38), 정작 그 대답에 대해서는 아무런 관심이 없으며 세력의 충돌을 통해 결과가 결정되는 장으로 되돌아가기 위해 피고와의 대화를 중단하고 떠나 버린다. 고소한 사람들과 재판관 모두 진리에는 무관심하다. 왜냐하면 진리는 그들이 장악한 권력을 약하게 만드는 효과를 가지고 있을 뿐이기 때문이다. 그들이 인식하는 유일한 진리는 '권력의 진리'다. 재판관에게 진리를 찾으라고 말하고 그에게 가장 고귀한 의무를 상기시킴으로써 진리의 문제를 제기한 것은 바로 피고였다. 그리고 중요한 의미에서 무고하며 무력한 인물인 그분만이 끝까지 진리에 관심을 갖고 계셨다. 예수님은 진리를 추구하는 무고한 희생자로, 자신을 재판하는 사람을 재판하시는 분이다. 요한의 이야기에서 우리는 빌라도에게 판결이 내려질 대항적 재판이 이루어지고 있음을 깨닫는다(Söding 1996, p. 40).

빌라도와의 대화에서 예수님은 '권력의 진리'에 맞서 '진리의 권력'을 주장하신다. 빌라도는 "네가 유대인의 왕이냐?"라고 묻는다. 그는 "너는 종교 지도자들의 권력, 나 자신의 권력, 가이사의 권력과 경쟁하는 권력의 담지자인가?"라는 뜻으로 그렇게 물었다. 예수님은 "왕"이라는 칭호를 거부하지 않으시지만 그 내용을 바꾸신다. 그분의 왕권은 "여기에 속한 것" "이 세상에 속한 것"이 아니다(18:36). 이러한 예수님의 부인의 논점은, 예수님의 왕권이 사회적 실재를 규정하는 힘이 아니라는 데 있지 않다. 결국 그분은 "세상에 오셨고"(18:37), 그분의 제자들은 "세상 속에" 있으며(17:11) 사회적 세력들의 다툼에 개입하고 있다. 하지만 "왕"으로서 그분은, 지배하기 위해 싸움을 벌이는 다른 권력의 경쟁자들과 같은 경기장 안에 서 계시지 않는다. 그분의 권력은 가야바, 빌라도, 가이사의 권력과 종류가 같은 또 하나의 권력이 아니다. 만약 그랬다면 그분의 제자들이 그분이 고소자들에게 "넘겨지고" 다시 그들에 의해 빌라도에게 넘겨지지 않도록 하기 위해 "싸웠을" 것이다(18:36). 그분의 왕권은 "싸움"에 의존하지 않으며, 따라서 사람들을 다른 권력에 "넘겨주는" 것으로 귀결되지 않는다. 다른 권력의 경쟁자들을 제거하거나 그들을 사물로 취급함으로써 그들을 견제하는 폭력은 그분 통치의 일부가 아니다. 심오한 의미에서 예수님이 옹호하신 통치는 싸워서 쟁취하고 폭력으로 유지할 수 있는 것이 아니다. 그것은 주어져야만 하는 통치이며(19:11), 누군가가 그것을 장악하려고 하지 않는 한 계속될 통치다.

예수님은 폭력의 권력을 거부하시면서 **진리의 권력**을 옹호하셨다.

그분은 빌라도에게 "내가 이를 위하여 태어났으며 이를 위하여 세상에 왔나니, 곧 진리에 대하여 증언하려 함이로라"(18:37)라고 말씀하신다. 진리를 증언한다는 것은 모든 권력을 거부한다는 뜻이 아니다. 왜냐하면 진리 자체가 권력이므로 그것을 증언하는 것을 **왕권**이라고 말할 수 있다(Anderson 1991, p. 41). 진리에 대해 증언하시는 분인 예수님은 왕이시다. 그러므로 그분은 가이사에 대한 위협이 되시는가? 직접적으로는 아니다. 왜냐하면 그분은 가이사의 무기로 가이사를 대적하시려 하지 않기 때문이다. 렌즈버거가 지적하듯이, 예수님은 "혁명적 메시아에 대한 계속되는 기대도, 새로이 떠오른 바리새파의 지도력을 가이사의 왕권에 순응하게 하는 것도" 받아들이실 수 없었다(Rensberger 1984, p. 407). 하지만 칼을 거부하심으로써, 예수님은 가이사의 권력에 대해 가장 급진적인 방식으로 이의를 제기하신다. 그러므로 '가이사가 왕이다'와 '예수는 왕이다'라는 말은 서로 경쟁하며 궁극적으로 양립할 수 없는 두 가지 주장이다. 이 둘은 경쟁하는 주장이다. 왜냐하면 예수님의 **다스리심**이 가이사의 것과 똑같이 자아의 충성과 헌신을 요구하기 때문이다. 하지만 이 둘은 닮은 점이 없다. 왜냐하면 예수님의 **통치**는 전적으로 다른 성격을 지니기 때문이다.

진리의 권력은 가이사의 권력과는 다른 권력이다. 푸코의 생각처럼, 심오한 의미에서 진리는 "이 세상의 것"이 **아니다**. 오히려 진리는 **다른** 세계로부터 온 권력이다. 이 권력의 도구는 '폭력'이 아니라 '증언'이다. 증인의 책무는 무엇인가? 자신이 보거나 들은 바를 말하는 것이다. 그의 의무는 상황을 있는 그대로 말하는 것, 진리를 만들어 내지 않고 가리키는 것이다. 고전적 전통에 대한 푸코의 설명에서 기호의 체계로서의 언어와 매우 유사하게, 증인은 "오직 투명하기 위해 존재한다"(Foucault 1970, p. 376). 예수님은 자신에 관해 말씀하시면서 "우리는 아는 것을 말하고 본 것을 증언하노라"(3:11)라고 주장하신다. 그분은 "하나님께 들은 진리를" 말씀하셨다(8:40). 권력의 유혹에 넘어가지 않는 증인은 자신의 것을 말하지 않으려고 노력한다. 그는 "자기의 영광"을 추구하지 않으며(7:18), 자신의 것이 **아닌** 것을 정확히 가리키려고 노력한다. "내 교훈은 내 것이 아니요, 나를 보내신 이의 것이니라"라는 그분의 말씀보다 증인으로서 예수님의 사명을 더 잘 요약해 주는 말은 없다(7:16; 12:49; 14:24 참고).

증인이 된다는 것은 자기가 드러나지 않는, 별로 창조적이지 않은 일 곧 진리를 말하기를 추구한다는 뜻이다. 그것은 증인 스스로를 '무관점' 위에 서게 하고 숭고한 초연함으로 모든 사람이 보거나 들었을 것에 관해 관점이 전혀 없는 의견을 제시해야 한다는 뜻이 아니다. 증인은 어떤 위치에 서서 자신이 보거나 들은 바를 자신의 말로 이야기한다. 그러나 좋은 증인은, 자신이 처한 특정한 상황으로부터 물러날 수 없고 그럴 필요가 없음에도 불구하고, 자신의 인식 안에 타자**로서의** 타자를 위한 공간 마련하기(즉, 타자의 타자됨을 지켜주는 – 편집자주)를 거부하는 자기 폐쇄적인 자아의 비밀스러운 제국주의를 포기하려고 노력할 것이다. 증인이 완벽한 성공을 거두는 경우는 드물고, 때로 노력조차 하지 않는다는 것은 굳이 말할 필요도 없다. 그러므로 우리가 좋은 증인이라고 생각하는 이들의 말을 들을 때도 의심할 준비를 하고 있어야 한다. 하지만 우리가 의심해야 할 필요가 있으며 증인이 자주 실패한다고 해서 타자의 타자성을 존중할 – 진리를 말하려고 노력함으로써 – 증인의 의무와 능력이 변하는 것은 아니다.

증언할 때 '무언가 자신의 것'을 끼워 넣는 행위는 위장된 폭력이다. 작고 중요하지 않을 수도 있지만 그럼에도 불구하고 실질적인 폭력 행위다. 예수님은 그런 폭력을 거부하신다. 왜냐하면 그것을 받아들이는 것은 사회적 상호작용을 권력 놀음으로 규정하는 이들에게 굴복한다는 뜻이기 때문이다. 그분은 자신의 주장이 진리로 통하게 만듦으로써 다른 이들을 조작하여 목숨을 구하기보다 진리를 증언하면서 죽는 편을 택하셨다. 그분은 진리를 짓밟고 '영웅'으로 떠오르기보다 스스로 패배당하심으로써 진리가 승리하게 하는 편을 택하셨다. 왜냐하면 그분의 존재 목적 전체가 진리를 증언하는 것이기 때문이다. 사실상 진리가 그분의 존재 자체를 규정한다. 그분은 "내가 진리다"라고 말씀하신 후에 자신이 "생명"이기도 하다고 덧붙이신다(14:6). 진리의 패배는 생명의 패배다. 진리의 승리는 생명의 승리나. 머리에 가시 면류관을 쓰고 자색 옷을 입은 한 남자, 벌거벗은 채 십자가에 매달린 한 남자는 진리와 생명의 패배가 아니라 진리와 생명의 승리를 상징한다. 요한이 예수님의 십자가 죽음을 **영광을 받는** 행위라고 이해한 것에 대해 우리는 놀라야 할까!?(13:31-32)

"이것은 순진한 생각이다"라고 항의하는 사람도 있을 것이다. "당신은 요한복음의 예수님으로 하여금 철학적으로도 사회적으로도 실현 불가능한 객관성을 옹호하게 만든다! 우리는 증언 행위에 대해서는 말할 것도 없고 우리가 보고 듣는 것에 자신의 관심을 언제나 개입시키지 않는가. 우리가 언제나 일부일 수밖에 없는 사회적 투쟁은 우리의 관점에 불가피하게 영향을 미치지 않는가." 물론 우리는 자신의 관심을 개입시킨다. 그리고 사회적 투쟁은 우리의 관점에 영향을 미친다. 그러나 반론의 방향이 잘못되었다. 이미 나는 증언을 하는 데 추상적 '객관성'이 필수적이지 않다고 주장했다. 더 나아가 요한복음의 예수님은 증인이 진리를 말할 때조차도 듣는 이를 설득할 것이라고 기대할 수 없음을 강조하신다는 점도 주목하라. 증인과 듣는 이들의 상호작용을 통제하는 그 어떤 규칙도 '참된 지식'의 적절한 전달을 보장하기 위한 것일 수 없다. 나는 이것이 바로 예수님이 진리를 증언하러 오셨다고 주장하신 후에 덧붙이신 "무릇 진리에 속한 자는 내 음성을 듣느니라"라는 말씀이 담고 있는 뜻이라고 생각한다(18:37).

"진리에 속한다" 혹은 문자적 의미로 "진리의 사람이다"라는 말은 무슨 뜻일까? 증인은 선택된 소수를 향해 이야기한다는 뜻일까? 진리에 대한 접근이 택함을 입은 사람들에게 한정된다는 뜻일까? 대제사장 앞에서 심문을 받으시면서 예수님은 자신이 "드러내 놓고 세상에 말하였으며" "은밀하게는 아무것도 말하지 않았다고" 주장하신다(18:20; 10:24 참고). 바로 진리를 증언하기 위해 세상에 오신 분이 어떻게 달리 말씀하실 수 있겠는가? 그분은 "모든" 사람이 "모이는" 공적인 장소 – 회당과 성전 – 에서 진리를 말씀하셨다(18:20). 그분의 증언은 공적이었으며 모두에게 열려 있었다(Söding 1996, p. 37). 그분의 진리 주장은 누구나 이해할 수 있는 것이었으며, 모두에게 동의(혹은 거부)를 요구한다. 그분이 오셔서 증언하신 진리는 그분 자신의 공동체에 국한되지 않았다. 그렇지 않았다면 그분이 어떻게 자신을 고소한 이들과 재판관이 자신의 행동을 잘못 해석하고 잘못 판단하는 죄를 범한다고 선언하실 수 있었겠는가? 그분은 빌라도 역시 죄가 있다는 뜻으로 그에게 "나를 네게 넘겨준 자의 죄는 더 크다"고 말씀하신다(19:11).

하지만 모든 사람이 들을 수 있다고 해서 모두가 동의하는 것은 아니다. 사실 예수님은 **모두가 동의할 수는 없다**고 넌지시 말씀하신다. 왜? 예수님은 진리를 받아들이기 위해서는 진리에 대한 증언을 듣는 것 외에 듣는 이가 "진리에 속해야" 한다고 말씀하셨다. 요한복음 8장 – 반유대적 어조를 피하기 위해 주의를 기울여야 하는 본문 – 에서 예수님은 "진리에 속하고" 궁극적으로 "하나님께 속한" 사람들과 "마귀에게서 났고" "거짓말에 속한" 사람들을 대비시키신다. 진리이시며 생명이신 그분 자신과 선명한 대조를 이루는 마귀는 "처음부터 살인한 자"이며 따라서 "거짓말쟁이요 거짓의 아비"다. 마귀는 "거짓을 말할 때마다 제 것으로 말한다"(44절). "마귀에게서 난" 이들은 마귀의 욕망대로 하기를 원한다. 따라서 그들은 진리를 '이해하지 못하고 받아들일 수도 없다.' 거꾸로 진리에 대한 증언을 받아들일 수 있으려면 "진리에 서야" 하며 진리가 그 "속"에 있어야 한다(44절). 진리에 귀를 기울이고자 하는 의지는 그 사람이 살아가는 방식에 의존한다. 즉 "악을 행하는 자마다 빛을 미워하여 빛으로 오지 않는" 것처럼 "진리를 따르는 자는 빛으로 나온다"(3:20-21). 따라서 예수님은 자신의 반대자들에게 자신이 진리를 말하고 있음에도 **불구하고**가 아니라 자신이 그들에게 진리를 말하기 **때문에** 그들이 자신을 믿지 않는다고 말씀하실 수 있다(8:45을 보라).

진리를 알 수 있는 능력은 당신의 지성이 무엇을 하는가 — 그것이 스스로를 현실에 적절하게 적응시키는지 혹은 논리적으로 생각하는지 — 의 문제일 뿐만 아니라 당신의 성품이 어떠한가의 문제이기도 하다. 진리를 알기 위해서는 진리로 '거룩' 해짐으로써 진리와의 친화성을 지녀야 한다(17:17). 미셸 푸코의 용어로는 진리의 지식은 결코 "순수"하지 않고 — 적어도 당신의 할아버지의 전화번호를 아는 것보다 중요한 종류의 지식에 관한 한 순수하지 않다 — 언제나 이미 자아를 형성하는 다양한 권력 관계 속에 잠겨 있기 때문에(Foucault 1978, p. 73), 진리를 알고 받아들일 수 있기 전에 자아는 진실해져야 한다. 자아는 인식이 권력 관계에 의해 방해를 받지 않고 기능할 수 있는 권력으로부터 자유로운 공간으로 들어갈 수 없기 때문에, 권력 관계 안에서 새로워짐으로써 기꺼이 진리를 추구하고 받아들이려 하고 또 받아들일 수 있어야 한다. 그런 의미에서 존재의 진실성은 적합한 앎의 전제 조건이다.

진실하지 않은 사람들-사실 우리 **모두**-은 어떠한가? 나는 인류를 한줌의 진실한 사람들과 진실하지 않음의 노예가 된 나머지 사람들로 나누었는가? 진실하지 않은 사람들은 눈으로 볼 수 없는 것을 발견할 수 없으므로 영원히 어둠 속에서 걸을 수밖에 없는 운명인가? 근원적인 의미에서 진리를 알기 위해 우리는 "진리의 성령"에 의해 "모든 진리 가운데로 이끌려야" 한다(16:13). 그렇다면, 루돌프 불트만(Rudolph Bultmann)의 말처럼, 우리는 진리를 이해하는 것이 "실존의 자유로운 행위가 아니라" "하나님의 현실에 의한 실존의 결단"에 기초한다고 말해야 하는가?(Bultmann 1964, p. 246) 이 둘 사이의 대립은 그릇된 것이다. 적어도 내가 여기서 요한복음을 해석하는 사회적 차원에서는 그릇된 것이다. 진리의 성령은 언제나 우리 모두를 부드럽게 이끄시지만 진리 안에 머무는 사람은 소수에 불과하다. 요한은 정말로 진리 안에 머무는 사람들은 "진리를 알" 것이며 "진리가 그들을 자유롭게 할 것"이라고 말한다(8:32).

니체는 진리의 문제가 왜 중요한지를 대부분의 사람보다 더 잘 알고 있었다. 진리와 자유의 상관관계에 대한 요한복음의 주장에 이의를 제기하면서, 그는 「도덕의 계보」에서 인간이 "아직도 진리를 믿는" 한 **"자유로운** 영혼이 되는 것과는 거리가 멀다"라고, "진리라는 개념 자체를 폐기한 곳"에서만 "진정한 자유"를 얻을 수 있다고 주장했다(Nietzsche 1956, p. 287). 따라서 「안티크리스트」에서 빌라도는 니체의 존경을 받는 유일한 신약 성경 인물이다. 자기 앞에서 "'진리'라는 말을 경솔하게 오용하는 것을 보면서" 이 로마 총독의 "고결한 경멸"이 "가치를 지닌 유일한 표현-진리에 대한 비판, 더 나아가서 그것의 **폐**

기를 뜻하는, "진리가 무엇이냐?"—으로 신약 성경을 풍성하게 만들었다는 것이다(Nietzsche 1990, p. 174) 하지만 진리에 대한 경멸이 기독교의 폐기를 상징하는지 아니면 니체 자신의 사상의 무의식적 자살을 상징하는지는, 진리에 대한 경멸의 이면인 또 다른 종류의 경멸, 즉 인간의 생명에 대한 경멸에 대해 우리가 어떤 행동을 취하는지에 따라 부분적으로 결정될 것이다. 니체는 빌라도가 진리를 진지하게 받아들이지 않음으로써 "유대인들의 문제"를 진지하게 받아들이지 않겠다고 결정했음을 알고 있었다. 그리고 그는 갈릴리 출신의 이 "작은 유대인"에 대한 빌라도의 경멸에 공감했다. "대체 유대인 한 사람이 중요한 문제인가?"(p. 174) 하지만 빌라도나 니체와 달리, 십자가에 달리신 메시아를 따르는 이들은 '모든 작은 유대인'의 자유를 위한 열정을 가지고 있어야 한다. 따라서 그들은 진리를 말하는 동시에 진실한 사람이 되고자 노력할 것이다.

…진리; 자유, 폭력

포스트모더니즘적—후기 니체적—맥락에서 요한복음의 예수님이 '진리'에 관해 하신 말씀 중에서 가장 문제가 되는 두 측면은 아마도 우리가 "진리를 알 수 있으며" "진리가 자유롭게 한다"는 이중적인 주장일 것이다. 진리를 안다고 주장하는 것은 얼마나 대담한 일인가! 진리가 사람들을 자유롭게 할 것이라고 주장하는 것은 얼마나 순진한(또는 나쁜?) 일인가! 진리는 결코 우리를 해방시키지 못한다. 우리의 포스트모더니즘적 감수성은 이렇게 말한다. 그것은 우리를 노예로 만들 뿐이다. 하나의 큰 진리란, 억압적인 권력을 장악한 악한 이들에게 '해방하는 진리의 거룩한 보호자'의 의상을 입혀 주기 위해 진리로 통과시킨 하나의 큰 거짓말일 뿐이다. 진리를 알고 있다는 모든 주장에 대해 근본적으로 의심을 품고 있기 때문에 우리는 다양한 관점을 인정하는 태도에 대해서만 편안함을 느낀다. 포스트모더니즘 시대에 속한 우리는 예수님, 가야바, 빌라도 사이의 대면에서 드러난 '진리'와 '권력'의 전근대적 접촉으로부터 무엇을 배울 수 있을까?

결론적으로, 나는 개인적·공동체적 용인을 위해 투쟁하는 경쟁적 진리 주장들의 문제와 관련해, 이 접촉이 시사하는 두 가지 의미를 살펴보고자 한다. 이 시사점은 우리가 진리를 추구할 때 취해야 하는 입장과 관계가 있다. 본론을 시작하기 전에 잘못된 추론을 막기 위해 사전에 인정하고 들어갈 부분이 있다. 예수 그리스도로부터 무언가를 배우고자 할 때 우리가 기억해야 할 첫 번째 사실은, **우리는 예수 그리스도가 아니라는** 점이다. 진리의 문제에 적용했을 때 이 말은 예수 그리스도와 달리 우리는 진리가 **아니며** 우리는 자기를 내세우지 않은 진리의 증인이 **아니라는** 뜻이다. 그렇기 때문에 우리는 예수 그리스도를 믿는다. 우리가 마땅히 되어야 하는 그런 사람이 아님을 깨닫도록, 우리가 마땅히 되어야 하는 그런 사람이 될 수 있도록, 그분이 우리를 도와주실 것이라고 믿는다. 그러므로 진리이신 예수 그리스도에 대한 우리의 헌신은 우리가 절대적 진리를 소유한다는 주장으로 전환될 수 없다. 만약 우리가 진리를 알고 있다면, 그것은 우리가 자신의 인간적인 방식, 왜곡된 방식으로 진리를 알고 있다는 말이다. 사도 바울의 말처럼, 우리는 "부분적으로 알고" 있으며, "거울로 보는 것같이 희미하게" 보고 있다(고전 13:12). 신적인 것에 관한 우리의 지식에는 제거할 수 없는 불명료함이 존재한다. 그와 똑같이 인간적인 것에 관한 우리의 지식에도 제거할 수 없는 불명료함이 존재한다.

예수님, 가야바, 빌라도의 만남의 첫 번째 함의는, 중요한 의미에서 **나 자신의 자아보다 진리가 중요하다**는 불편한 통찰이다. 예수 그리스도는 진리의 증인으로 십자가에 달려 죽으셨다. 가야바의 권력과 빌라도의 권력 사이에 끼어 있던 이 '유대의 경계인'은 자신의 자아를 진리보다 위에 두기를 거부하셨으며, 그렇게 함으로써 세상의 메시아가 되셨다. 그분과 그분의 계획 모두를 박살내겠다고 위협하는 권력 앞에서, 왜 그분은 자신을 부인하며 이렇게 거부하셨는가? 왜냐하면 자신을 진리 위에 둔다는 것은 폭력의 수문을 열어 약한 사람들에게 치명적인 폭력의 급류를 흘려보낸다는 것을 뜻하기 때문이다. 만약 더 이상 진리가 우리의 개인적·공동체적 이익보다 중요하지 않다면, 폭력이 지배할 것이며, 더듬거리는 혀와 연약한 손을 가진 이들은 부드러운 말과 날카로운 칼을 가진 이들의 먹잇감으로 전락할 것이다.[15]

그러나 진리의 이름으로 약한 사람들을 억압하는 이들의 경우는 어떠한가? 이 점은 언제나 첫 번째 함의를 보충해 주어야 하는, 예수님, 가야바, 빌라도의 만남의 두 번째 함의와 연결된다. 즉, **타자의 자아는 나의 진리보다 중요하다.** 비록 나는 진리를 위해 기꺼이 나 자신을 부인해야 하지만, 나의 진리의 제단에 타자를 희생 제물로 바쳐서는 안 된다. 자신이 진리라고 주장하신 예수님은 자신의 진리를 깨닫지 못하는 이들을 '설득'하기 위해 폭력을 사용하기를 거부하셨다. 그분이 선포하러 오신 진리의 나라는 자유의 나라이기 때문에, 폭력이라는 기둥 위에 놓일 수 없다. 비폭력에 대한 헌신이 진리에 대한 헌신에 동반되어야 한다. 그렇지 않으면 진리에 대한 헌신이 폭력을 초래할 것이다. 앞서 나는 진리가 강한 자들의 폭력으로부터 약한 자들을 지키는 방패라고 주장했다. 나는 여기서 만약 이 방패가 치명적인 무기로 변질되기를 원하지 않는다면, 그 방패는 폭력 행하기를 거부하는 손에 들려

---

15) Stanley Hauerwas는 진리를 붙잡은 손을 놓치는 것은 "폭력의 질서에 굴복하는 것"과 다름없다고 주장했다(Hauerwas 1992).

있어야 한다고 덧붙이고 싶다.

　우리의 포스트모더니즘적 감수성은, 진리를 추구하는 일에 참여하는 것은 은밀하게 폭력을 승인하는 것이라고 우리에게 말한다. 자유를 위해 진리에 대한 추구로부터 물러나야 한다고 말한다. 하지만 우리의 생각과 달리 진리를 추구하는 것이 잘못이 아닐 수도 있다. 오히려 **우리가 폭력을 포기하기를 두려워하기 때문에** 진리에 관해 이야기하기를 포기해야 한다고 느끼는 것일 수도 있다. 하지만 우리가 폭력을 포기하지 않는다면, 우리가 하나의 큰 진리 대신 왕좌에 앉히고 싶어 하는 많은 작은 진리들은 수많은 작은 전쟁―하나의 큰 진리의 이름으로 벌이는 그 어떤 전쟁만큼이나 치명적인 전쟁―을 낳게 될 것이다. 예수님과 가야바, 빌라도의 만남으로부터 우리가 배워야 하는 교훈은, 진정한 자유는 진리와 비폭력에 대한 이중적 헌신의 열매라는 것이다.

　예수님은 "진리가 너희를 자유롭게 하리라"고 말씀하셨다. 무엇을 위한 자유인가? 이 장에서 제시한 나의 더 광범위한 주장에 비추어 나는 이렇게 답할 것이다. 우리 자신을 고립시키고 우리 자신의 관점에서 바라본 절대적 진리를 고집하는 대신 자아로부터 타자로 그리고 다시 자아로 돌아오는 여행을 자유롭게 하기 위해서, 우리의 관점뿐만 아니라 그들의 관점에서 공동의 역사를 자유롭게 바라보기 위해서, 우리 자신의 '진리들'을 만들어 내고 그것을 다른 사람들에게 강요하는 대신 자유롭게 진실한 삶을 살고 그렇게 함으로써 자신을 내세우지 않는 진리의 증인이 되기 위해서, 다른 이들에 대한 공개적인 혹은 은밀한 기만적 폭력 행위에 가담하는 대신 진리 안에서 다른 이들을 자유롭게 끌어안기 위해서, 바로 이 자유를 위해서 나는 내 잔을 들며 진리를 위해 건배한다. 그리고 이 장의 서두에서 나에게 이의를 제기한

가공의 인물이 가지고 있던 나의 입장에 대한 오해를 해소시켰고 그의 반론에 대답했으므로, 이제는 그가 나와 함께 '실제로 일어난 그대로'를 알고자 하는 의지를 위해, 그것을 기억하는 능력을 위해, 그것을 크게 선포하는 용기를 위해 건배할 수 있기를 바란다.

7 ● 폭력과 평화

...십자가에 달리신 메시아, 백마를 타신 이

미하일 불가코프(Mikhail Bulgakov)의 「거장과 마르가리타」(*The Master and Margarita*, 민음사)에서 빌라도는 예수에게 "그렇다면 과연 진리의 나라가 오겠는가?"라고 물었다. "예슈아는 확신에 찬 목소리로 '올 것이오. 총독'이라고 대답했다. 그러자 갑자기 빌라도는 무서운 목소리로 소리를 질렀다, '오지 않을 것이다!' 예슈아는 비틀거리며 뒷걸음쳤다." 수년 전 빌라도의 거인 경호관 쥐잡이가 상처를 입었던 처녀계곡에서 치열한 전투 도중 "빌라도는 같은 목소리로 기병들에게 '그들을 베어 버려라! 그들을 베어 버려라!'라고 외쳤다"(Bulgakov 1967, p. 33). 이제 재판관으로서 그는 똑같이 분노에 찬 목소리로 피고의 운명을 봉인했다. 그는 "범죄자, 범죄자, 범죄자"라고 외치며 사형을 선고했다.

조금 전까지만 해도 빌라도는 예수에게서 모든 범죄 혐의를 벗겨주려고 했다. 그가 사람들에게 성전을 파괴하라고 선동했다는 고발은 터무니없어 보였다. 빌라도가 보기에 예수는 범죄자가 아니라 정신병자였다. 하지만 서기관의 손에 들린 양피지에는 한 건의 고발 내용이 더 있었다. 그 내용을 읽자 그의 목과 얼굴이 붉어졌다. "너는 위대하신 가이사에 관해 무슨 말을 했느냐? 대답해라! 정말 네가 이런 말을 했느냐?" 그는 피고에게 이렇게 소리 질렀다. 예수는 이렇게 대답했다.

> 나는 모든 권력이 사람들에 대한 일종의 폭력이며, 가이사에 의한 지배 혹은 다른 어떤 형태의 지배도 존재하지 않는 때가 올 것이라고 말했소. 인간은 어떤 권력도 필요하지 않을 진리와 정의의 나라로 들어가게 될 것이오 (p. 32).

이제 빌라도는 왜 "예수와 같은 부랑자가 진리에 관해 이야기함으로써 장터에서 군중을 소란하게 만들었는지" 이해했다(p. 26). 빌라도의 세계에서 진리와 정의는 가이사의 칼의 **열매**였다. 예수님의 나라에서 진리와 정의는 가이사의 칼에 대한 **대안**이었다. 빌라도는 진리와 정의에 관해 이야기하면서 예수가 가이사의 통치를 떠받치는 기둥, 그의 진리와 정의의 기초를 겨냥했다는 것을 깨달았다. 정신이 나갔든지 그렇지 않든지 예수는 최악의 범죄자였다. 그는 어떤 한 지점에서가 아니라 원칙적으로 가이사의 지배에 도전했다. 그는 죽어야만 했다. 예수님이 석방을 탄원했을 때 빌라도는 이렇게 말했다. "가련한 인생아, 네가 나에게 한 말을 듣고 로마의 장관이 그 말을 한 사람을 풀어줄 수 있을 거라고 생각하느냐? 오 신들이여, 오 신들이여! 아니면 너는 내가 너의 자리에 설 준비가 되었다고 생각하느냐? 어떻게 그런 생각을 할 수 있는지!"(p. 33).

빌라도는 선하지만 비극적으로 판단을 잘못한 사람이기 때문이 아니라, 우리도 그보다 별로 나을 것이 없기 때문에 우리의 동정을 받을 자격이 있다. 우리는 예수님을 믿고 있을지 모른다. 하지만 그분의 생각, 적어도 폭력과 진리, 정의에 관한 그분의 생각은 믿지 않는다. 매복하고 있다가 곰을 덮치는 개들처럼 쥐잡이를 덮쳤던 야만인들의 세계에서, 자신의 기병들에게 "그들을 베어 버려라! 그들을 베어 버려라! 그들은 거인 쥐잡이를 붙잡았던 이들이다!"라고 외쳤던 빌라도의 세계에서, 채찍으로 예슈아에게 자칭 "미쳐 날뛰는 괴물"인 빌라도를 더 이상 "선한 사람"으로 부르지 말고 "총독"으로 부르라고 가르쳤던 거인 쥐잡이의 세계에서 우리는 살고 있지 않은가? 그렇다면 어떻게 우리는, 누군가 우리의 오른쪽 뺨을 때렸을 때 왼쪽 뺨도 돌려 대야 한다고 진심으로 믿을 수 있겠는가?(마 5:39) 우리는 우리 십자가를 지고 비폭력적인 예수님을 따를 준비가 되어 있지 않다. 불가코프가 해석한 십자가 이야기에 등장하는 세리 마태처럼, 우리는 예수님을 구하기 위해 칼을 훔쳐 십자가에 그분을 묶은 밧줄을 자르려 할지도 모른다. 하지만 또한 불가코프의 마태처럼, 우리는 그분의 끔찍한 운명에 동참하기를 두려워하면서 먼 거리에서 안전하게 그분을 따르려 할 것이다.

폭력에 그 질서의 기초를 둔 세계에서 우리는 하늘과 땅의 모든 권세를 받은 **부활하신** 메시아를 본능적으로 붙잡는다(마 28:20). 십자가에 달리신 이가 쓸모없다고 생각하기 때문이 아니라, 십자가에 달리신 이와 부활하신 이 사이의 명확한 분업을 고집할 뿐이다. 죄책과 버림받음으로 고통당하는 우리 영혼의 내적 세계를 위해서는 십자가에 달리신 메시아가 필요하다. 그분은 우리의 죄를 없애고 우리의 양심을 해방시키기 위해 우리 대신 죽으신 구원자이시다. 그분은 우리가 눈물의 골짜기를 통과할 때 우리 손을 잡고 우리와 함께 고통당하시는 분이다. 반면 우리는, 몸을 지닌 우리 자아의 외부 세계, 이익과 이익이 충돌하고 권력과 권력이 칼을 겨누는 세계를 위해서는 다른 종류의 메시아―우리의 뜻이 굽혀지지 않게 해주시며, 우리 팔을 강하게 하시고, 우리의 칼을 날카롭게 해주시는 '만왕의 왕, 만주의 주'―가 필요하다고 느낀다. 십자가에 달리신 무력한 메시아의 이미지 위에 포개지는 것은 승리하신 후 백마를 타고 돌아오시는 분의 이미지다. 그분의 눈은 "불꽃 같고", "피 뿌린 옷"을 입고 계시며, "친히 하나님, 곧 전능하신 이의 맹렬한 진노의 포도주 틀을 밟으려" 오신다(계 19:11-17). 우리는 십자가에 달리신 이를 믿지만, 백마를 타신 이와 더불어 행진하고 싶어 한다.

우리가 십자가에 달리신 이의 제자가 되기보다 백마를 타신 이의 군대가 되고 싶어 할 만한 많은 이유가 존재한다. 우리는 모두 고통을 보고 뒷걸음친다. 하지만 만약 정의가 이루어지고 진리가 존중되는 세계에서 살고 있다면, 우리는 폭력의 고통을 가하기를 덜 원하고 더 기꺼이 그 고통을 당하고자 할 것이다. 하지만 우리는 그런 세계에서 살지 않는다. 우리는 가이사의 칼이 없으면 진리와 정의가 지배하지 못할 것이라고 생각한다. 토머스 홉스가 「리바이어던」에서 절대 국가의 권력을 통해 상호 전멸이라는 혼돈으로부터 인간을 보호하려 했을 때, 그는 **모든 것**이 잘못되는 상황을 막으려 했던 것일지도 모른다(Hobbes 1967). 하지만 가이사의 칼을 기다릴 때 우리는 진리와 정의가 가이사의 칼과 **더불어** 다스릴 수 있는지 물어야 한다는 것을 잊지 말아야 한다. 폭력을 통해 세상을 바라보는 이들에게 진리와 정의는 기만과 억압이 아니겠는가? 그들은 **자신들의** 진리와 **자신들의** 정의를 세우기 위해 칼에 손을 뻗지 않겠는가? 폭력을 근절하고자 했던 칼이 오히려 폭력을 조장하고 만다. "아래로부터의 혼돈"에 대한 두려움은 "위로부터의 혼돈"을 이끌어 내며, 이것은 다시 "아래로부터의 혼돈"을 영속화한다(Assmann & Assmann 1990, p. 20 참고). 우리는 악순환 속에 갇혀 있다. 경쟁하는 진리들과 정의들은 폭력을 유발하고, 폭력은 가해자들의 진리들과 정의들을 왕좌에 앉힌다. 이런 악순환을 피하기 위해 우리는 불가코프의 예수를 십자가로 이끈 그 생각을 끌어안아야 하지 않겠는가? 만약 진리와 정의의 통치를 바란다면, 우리는 가이사의 권력이 더 이상 존재하지 않을 그날, 칼을 쳐서 보습을 만들 그날을 바라야 하지 않겠는가?

그렇다. 우리는 **바라야** 한다. 하지만 그러는 동안 우리는, 보습을 충분히 만들기보다 칼을 쌓아 두려 하는 세계에서 계속 살아가야 한다. 몇 년 전 통계에 따르면, 이 세계에서는 매시간 1,500명의 아이들이 아사하는 반면, 국가들은 1분마다 180만 달러를 무기에 쏟아붓고 있다. 급속한 인구 성장, 감소하는 자원, 실직, 빈민촌으로의 이주, 교육의 부족 때문에 지구촌의 많은 사회적 부조리의 경계선에 점점 더 큰 압력이 가해지고 있으며, 그로 인해 앞으로 르완다와 보스니아와 같은 지역들이 더 많아질 조건들을 만들어 내고 있다(Kennedy 1994을 보라). 폭력이 발생할 때, 억압과 기만이 지배할 것이며, 권력의 새로운 불균형이 만들어질 것이고, 진리와 정의에 대한 심각한 불일치가 영속화될 것이다. 그리고 이 모든 일을 크고 작은 칼을 휘두르는 크고 작은 가이사들이 저지를 것이다. 그런 세계에서 우리가 지녀야 할 질문은 진리와 정의의 통치―하나님의 다스리심―가 가이사의 통치를 대체해야 하는가일 수 없다. 물론 대체해야 한다. 빠를수록 좋다. 우리의 질문은 **진리와 정의의 통치가 부재한 상황에서, 가이사의 통치 아래에서 어떻게 살아갈 것인가**여야 한다. 반(半)진리들과 왜곡된 정의의 세계에서 십자가에 달리신 메시아가 과연 우리의 삶에 영향을 미칠 수 있는가? 아니면 우리는 그분을 우리 마음속의 방과 교회 안에 가두어 놓고 백마를 타신 이의 이미지 속에서 우리의 행동을 위한 영감을 구해야 하는가? 아니면 두 가지 다 포기하고, 종교를 완전히 버리고 다른 곳에서 평화를 위한 수단을 찾아야 하는가?

나는 먼저, 마지막 선택(종교의 포기)의 길을 간 우리의 계몽주의 선배들로부터 시작해서 폭력에 대처하기 위한 몇 가지 주요 제안을 비판적으로 검토할 것이다. 즉, 갈등을 유발하는 특수한 충성심에 대한 대안으로서의 보편적 이성, 이성에 대한 보완책으로서의 종교 간 대화, '공포 체제'를 조장하는 이성과 종교 모두의 오류를 탈중심화되고 판단하지 않는 자아의 이름으로 폭로하는 태도를 살펴볼 것이다. 두 번째 부분에서 나는 십자가에 달리신 메시아(십자가의 신학)와 백마를 타신 이(심판의 신학)가 폭력을 승인하지 않으며, 폭력적인 세계에서 평화롭게 살기 위한 중요한 수단을 제공하신다고 주장하고자 한다.

... 폭력에 맞서는 이성

계몽주의 사상가들이 그들의 밝은 빛을 비추고자 했던 그 어두운 밤은 무엇이었을까? 전통적인 설명에 따르면 근대성의 주창자들은 과학적, 철학적 이성의 빛으로 전통과 미신이라는 어둠을 물리쳤다. 합리성으로 스스로를 정당화하는 근대적 방법론이 전통에 대한 중세적 의존을 대체했다. 하지만 오늘날 우리는 계몽주의 선배들에 비해 전통을 어둠과 연결시키는 데 덜 적극적이다. 동시에 우리는 근대적인 합리적 방법론이 발전하는 배경 역할을 했던 정말로 사악한 어둠을 인식하게 되었다. 스티븐 툴민이 「코스모폴리스」에서 주장했듯이, 데카르트가 지식을 습득할 단 하나의 올바른 방법을 "발견"한 것은 "대륙의 많은 곳에서...사람들이 단순히 그들의 종교를 싫어하는 이방인에 의해 목이 잘리고 집이 불태워질 위험을 안고 살아가던" 시대(Toulmin 1990, p. 17), "개신교 군대와 가톨릭 군대가 무력으로 자신들의 신학적 우위를 증명하려 했던" 시대(p. 69)였다. "특수한 종교적 신념들로부터 독립적이며 중립적인"(p. 70) 진리를 확립하는 이 새로운 방식은 교조적 주장에 의해 불붙여진 전쟁에 대한 매력적인 대안인 것처럼 보였다. 추상적, 보편적, 무시간적 이성에 대한 근대적 신뢰는 상충하는 종교적 주장에 의해 만들어진 사회적 혼돈에 대한 응답이자 특수한 신념에 대한 충성 때문에 생기는 폭력을 종식시키려는 노력이었다. 물론 종교전쟁이라는 혼돈이 계몽주의 이성이 나타나게 한 유일한 원인은 아니었다. 다른 시대와 다른 장소에서 종교전쟁은 그런 결과를 초래하지 않았다. 하지만 서양의 문화적 모판에서 이런 전쟁들은 합리적 방법론의 발전을 위한 배경, 해결책을 찾아내야 하는 문제점을 제공했다.

폭력에 대한 해독제로서 합리적 방법론은, 인류가 전(前)사회적 야만성으로부터 평화로운 사회적 교양으로 나아가는 이야기로서의 문명화 과정에 대한 계몽주의 낙관적 전망의 필수 요소였다. 그 논리는 이렇다. 역사가 발전함에 따라 모든 비합리적, 반(反)사회적 충동은 점차 억제될 것이며, 사회적 삶으로부터 폭력은 점점 제거될 것이다. "계몽주의란 무엇인가?"(What Is Enlightenment?)라는 글에서 임마누엘 칸트는 "인류를 야만성 안에 묶어 두기 위한 의도적인 계략만 없다면, 인류는 점진적으로 야만성으로부터 벗어나기 위해 스스로 노력하리라는" 것이 인간 본성에 관한 거의 논박할 수 없는 사실인 것처럼 주장했다(Kant 1963, p. 9). 이런 관점에서 볼 때 폭력의 분출은 문명화 과정이 아직도 끝나지 않았다는 신호이며, 우리가 더 발전을 이루어야 함을 상기시켜 주는 현상이다.

칸트는 "인류는 계속해서 진보하는가?"(Is the Human Race Constantly Progressing?)라는 글에서 폭력의 점진적 소멸에 대한 같은 신념을 다시 한 번 역설했다.

권력의 편에서 휘두르는 폭력은 점진적으로 감소할 것이며, 법률에 대한 복종은 증가할 것이다. 아마도 부분적으로는 명예에 대한 사랑 때문에, 부분적으로는 자기 이익에 대한 올바른 이해 때문에, 나라 안에서 동포애가 더 커지고 법정에서는 싸움이 줄어들 것이며 약속을 더 책임감 있게 지키게 될 것이다. 그리고 궁극적으로는 이런 태도가 대외 관계에 임하는 국가의 정책에까지 확장되어 세계시민적(cosmopolitan) 사회를 실현하게 될 것이다(p. 151).

같은 글의 결론부에서 칸트는 조속한 회복을 바라며 날마다 환자들을 위로하는 의사에 관한 이야기를 한다. 그는 "한 사람에게는 그의 맥박이 좋아질 것이라고, 다른 사람에게는 변이 나아질 것이라고, 또 다른 사람에게는 땀이 좋아질 것이라고 약속한다." 어느 날 그 의사에게 한 친구가 찾아왔다. "친구여, 병은 어떤가?" 의사가 던진 첫 번째 질문이었다. "어떨 것 같나? 병이 너무 빨리 호전되어 죽을 것 같네. 정말로!" (p. 153) 이 이야기를 한 후에 칸트는 인류의 근대적 의사가 자기 환자들을 다루는 방식에 관한 비유라며 이 이야기를 폄하한다. 그 대신 그는 고통스러운 전쟁의 결과 위에서 "정치적 예언자들은 더 나은 것을 향한 인류의 전환이 대단히 임박했음을 선포"해야 한다고 주장했다(p. 154). 그로부터 2세기가 지난 오늘날, 두 차례의 세계대전과 홀로코스트, 그 밖의 많은 참상을 겪으면서, 칸트가 자신의 글 첫머리에 이 이야기를 하고 호전으로 인해 죽지 않기 위해 어떻게 살아야 하는지 이야기해 주었으면 좋았으리라는 생각이 든다.

제2차 세계대전 직전에 쓴 「문명화 과정」(The Civilizing Process, 한길사)에서 노베르트 엘리아스(Norbert Elias)는 사회의 근대적 조직화가 본능을 억제하게 만들며, 따라서 공격성과 폭력성이 줄어들 것이라고 주장했다(Elias 1994). 그의 주장은 단순했다. 사람들이 서로에게 더 의존할수록 덜 즉흥적이 될 수밖에 없으며, 덜 즉흥적일수록 덜 공격적이 될 것이다. 왜냐하면 그들의 행동이 수많은 규칙과 규제에 의해 통제될 것이기 때문이다. 전에는 사람들이 사회에서 지위를 차지하기 위해 폭력을 동원해 싸웠지만, 이제는 국가가 그 폭력을 독점할 것이다. "일상의 삶의 현장 이면에 저장된 물리적 폭력이 개인의 삶에 지속적이고 일정하게 압력을 행사하며"(p. 238), 이것은 예측 불가능한 물리적 폭력을 감소시킨다. 그 결과 근대적 사회는 전근대적 사회보다 평화로우며 따라서 더 문명화된 사회라고 그는 주장했다.

엘리아스는, 여러 증상에도 불구하고, 인류가 사실상 전(前)사회적 야만성으로부터 평화로운 공존으로 점진적으로 나아가고 있다는 계몽주의의 약속에 대한 사회학적 설명을 제공했다. 하지만 "문명화 과정"이 폭력의 감소를 가져온다는 관념은 순진한 신화에 불과한 것으로 판명되었다. 다음과 같은 명백한 사실에 주목하라. 국가에 의한 폭력의 독점이 폭력 자체의 **감소**를 필연적으로 수반하지는 않았고, **불규칙한** 폭력만 감소시켰을 뿐이다. 앤서니 기든스(Anthony Giddens)는 근대적 국민국가 안에 존재하는 "내부적 평화"가 어떤 것이든 그것은 사회들 간의 상호 교류의 철저한 군사화와 사회 내부 질서의 생산과 밀접하게 연관되어 있다(Giddens 1985). 학살과 공포의 지배를 수반한 "종족" 전쟁의 "문명화되지 않은" 폭력보다, 국민국가의 "문명화된" 폭력을 선호할 만한 타당한 이유가 있을 수도 있다. 하지만 이것을 비폭력으로 착각해서는 안 된다. 뿐만 아니라, 국가의 권력 독점에 의해 "평화를 이룬" 사회에서는 폭력이 줄어들 것이라는 점 역시 전혀 명백하지 않다.[1] 한스 페터 뒤르(Hans-Peter Dürr)의 『음란과 폭력』(Obszönität und Gewalt, 한길사) - "문명화 과정의 신화"라는 제목의 연작 중 한 권 - 에서, 근대 사회들을 보면 공격과 잔인성, 그리고 이런 것들을 즐기는 태도가 줄어들지 않았다는 무게 있는 주장을 전개한다(Dürr 1993).

엘리아스가 홀로코스트라는 끔찍한 계획이 수입되던 바로 그 시기에 문명화 과정에 대한 자신의 주장을 공식화했다는 점이 반어적인 것처럼, 오늘날에도 여전히 "문명화 과정"이라는 신화를 믿는 사람들이 있다는 점 또한 놀랍다(1939). 폭력의 점진적 제거라는 확고한 신념에 비추어 보면, 지그문트 바우만의 지적처럼 홀로코스트는 "아직 완전히 뿌리 뽑지 못한 전근대적 야만성의 찌꺼기가 비합리적으로 분출한 것"처럼 보일 수도 있다(Bauman 1989, p. 17). 그러나 근대성과 홀로코스트의 해석적 관계를 뒤집어 보면 곧 겉으로 드러난 모습이 환영에 불과함을 알 수 있다. 기존의 진보에 대한 관념들에 홀로코스트를 끼워 맞추려 하는 대신, 우리는 홀로코스트가 이런 관념에 어떤 영향을 미쳐야 하는지를 물어야 한다. 홀로코스트라는 외면할 수 없는 현실에 비추어볼 때, 폭력의 점진적 제거라는 신념은 역사에 관한 진리인양 허세를 부렸던 근대 특유의 미신에 불과해 보인다.

「근대성과 홀로코스트」에서 바우만은 홀로코스트는 근대성이라는 집에 쳐들어 온 낯선 침입자가 아니라 "정당한 거주자,…사실 다른 집에서는 편안하게 지낼 수 없는 거주자"라고 설득력 있게 주장했다(p. 17). 바우만은 근대성이 홀로코스트를 가능하게 만들었으며, 근대성에는 홀로코스트가 일어나지 못하게 막을 만한 효과적인 장치가 전혀 없었다고 주장한다. 바우만이 보기에 문제는 전형적으로 근대적인 "관료주의 문화"였다. 자신의 입장을 설명하면서 그는 이렇게 말한다.

---

1) Hannah Arendt는 "공적 삶의 관료화가 더 심해질수록 폭력의 매력 역시 더 커질 것"이라고 주장했다(Arendt 1970, p. 81).

관료주의 문화는 우리로 하여금 사회를 관리의 대상으로, 해결해야 할 수 많은 '문제'의 모음으로, '통제'하거나 '정복'하거나 '개선'하거나 '개조'해야 할 '자연'으로, '사회 공학'의 정당한 목표물로, 일반적으로는 힘으로 설계하고 계획된 모양을 유지해야 하는 정원(정원에서는 식물을 돌보아야 할 "재배된 식물"과 근절해야 할 잡초로 나눈다)으로 바라보도록 부추긴다. 이런 관료주의 문화가 만들어 놓은 바로 그 분위기 속에서 홀로코스트라는 생각을 품을 수 있었고, 그것을 느리지만 꾸준히 발전시켰고, 그대로 실행에 옮길 수 있었다. 또한 나는 홀로코스트 식의 해법을 가능하게 만들었을 뿐만 아니라 도드라지게 '합리적'으로 만든―그렇게 함으로써 그런 선택의 확률을 높인―것은 바로 도구적 합리성의 정신과 그로부터 나온 근대적, 관료주의적 형태의 제도화였다고 주장한다. 그런 확률의 증가와 근대적 관료주의와는 단순히 우연 이상의 관계가 있다. 관료주의는 수많은 도덕적 개인(비도덕적인 목적을 포함해 다양한 목적을 추구하는)의 행동을 조정하는 능력을 지니고 있기 때문이다(pp. 17-18).

바우만은 근대적인 "문명화" 과정이 사회적 삶에서 폭력을 몰아내는 대신, 똑같이 파괴적이며 살인적인 일을 계속 수행하는 새로운 장소에 재배치했을 뿐이라고 주장한다. "자연스러운 충동을 인간 행동의 인공적이며 가변적인 형식으로 대체함"으로써 근대성은 "자연적 성향이 인간의 행위를 규제하는 동안에는 상상조차 할 수 없었던 규모의 비인간성과 파괴를 가능하게 만들었다"(p. 95). 근대 국가의 관료제와 기술은 야만성의 규모를 유례없는 가공할 수준으로 확대해 놓았다.

"거리가 멀 때는 도덕적 억제가 이뤄지지 않으며" "사회적 거리가 멀수록 비도덕적 행위를 수행하기가 그만큼 쉬워진다"는 이유로 바우만은 "인간이 서로 가까운" 상황에서 "자연적 성향"이 그대로 발현되도록 내버려둔다면 개선이 이루어질 것이라고 예상한다(p. 192). 거리가 멀어질 때— "희생자의 눈을 보지 않아도 될 때", "시체가 아니라 스크린 위의 점을 셀" 때—살인하기도 쉬워진다면 이런 예상은 정당화되는 것처럼 보일 것이다(Bauman 1995, p. 150). 하지만 거리가 도덕적 책임감을 말살하더라도, 가까움이 그 책임감을 회복시켜 준다고 말할 수는 없다. 바우만과 달리 아르네 베틀레센은 「지각, 감정이입, 판단」(Perception, Empathy, and Judgement)에서 "인간 사이의 가까움과 도덕적 행위 사이에는 아무런 필연적 상관관계도 없다.…근접성은 몇 가지 요인과 상호작용을 한다. 그것 자체로는 도덕적 행위나 도덕의 결핍을 야기하지도, 설명하지도 않는다"(Vetlesen 1994, p. 275). 우리가 인정하든 안 하든, 인간은 자기가 미워하는 것을 파괴한다는 것, 그리고 인간이 가장 미워하는 것은 자기 영역에 들어온 경쟁자라는 것은 예외가 아니라 규칙이다(Enzensberger 1993, p. 11). 하지만, 근대성과 홀로코스트 사이의 상관관계에 대한 바우만의 분석은 우리가 "문명화"로부터, 특히 근대적인 합리적·관료적 문명으로부터 평화를 기대해서는 안 된다는 점을 바르게 강조한다. 리처드 루벤스타인(Richard L. Rubenstein)은 문명은 "의료 위생, 숭고한 종교 사상, 아름다운 미술, 세련된 음악"뿐만 아니라 "노예제, 전쟁, 착취, 포로수용소"도 의미한다고 말한다. 그는 "문명과 야만적 잔인성이 반대말이라고" 생각하는 것은 잘못이라고 결론내린다(Rubenstein 1978, p. 91). '문명화'는 대단히 모호한 과정이다(2장을 보라).

…전쟁하는 사람들, 호전적인 신들

근대성은 평화의 약속을 이행하는 데 실패했다. 또한 이성의 이름으로 종교를 대체하지도 못했다. 이런 사실은 우리로 하여금 종교가 현대 사회의 줄어들지 않는 폭력과 어떤 관계가 있는가 하는 물음으로 되돌아가게 한다. 대답은 부분적으로 현대 사회에서 종교의 위치와 관련이 있다.

우리는 비서구 세계에서 종교가 정치 세력으로 다시 등장하는 것을 분명히 지켜보았다. 마크 주어건스마이어(Mark Juergensmeyer)는 「신냉전」(The New Cold War)에서 이렇게 말한다.

구 냉전의 양극 세력을 대체하는 새로운 세계 질서는, 새로운 경제 세력들의 부상, 옛 제국들의 몰락, 공산주의에 대한 불신에 대해 인종과 종교적 충성에 근거한 협소한 정체성의 재등장으로 특징지워진다(Juergensmeyer 1993, pp. 1-2).

비서구 세계의 많은 지역에서 종교가 공적 삶에 다시 개입하기 시작했다. 세속적인 서구 식민주의로부터의 문화적 해방의 과정을 완료하기 위해 종교적 정체성과 정치적 정체성을 융합하려는 시도가 이루어지고 있다. 그리고 종교는 갈등 상황에서 정치적 목적을 위해 폭력을 사용하는 것을 정당화하는 강력한 세력이 되고 있다. 그리스도인들은 목에 큰 십자가를, 이슬람교인들은 쿠란 장식을 걸고 다닌다. 그리고 노골적으로 종교적 확신을 선언함으로써, 그들은 자신이 누구인지, 누구의 이름으로 싸우는지에 관해 명백히 정치적인 주장을 한다.

이른바 선진 산업사회에서는 상황이 좀더 복잡하다. 제임스 벡포드(James A. Beckford)가 「종교와 선진 산업사회」(Religion and Advanced Industrial Society)에서 주장했듯이, 종교와 사회의 관계를 이해하는 지배적인 방식들—계급의 물질적 이익을 가려 주는 이데올로기, 사회 통합의 체계, 행동 규범과 의미의 궁극적 토대 제공—이 선진 산업사회에서는 제대로 작동하지 않는 경향이 있다(Beckford 1989). 여기서는 그가 이런 주장을 하는 이유나, 그가 제시한 이유 중에서 내가 설득력이 없다고 생각하는 것들에 대해서도 논할 필요가 없다. 현재의 논의를 위해서는, 현대 사회에서 종교의 위치를 어떻게 이해해야 하는가에 관한 그의 제안이 그의 비판보다 중요하다.

종교를 현대 세계의 주변부에 위치시키는 사회학자들과 달리, 벡포드는 종교가 사회적 제도로서보다는 **문화적 자원**으로서 지속적인 중요성을 지닌다고 주장한다. 그는 이렇게 말한다.

> 20세기 초의 사회학자들은 제2차 세계대전 이후 산업사회의 변화를 예견하면서 종교의 공동체적, 가족적, 조직적 기반이 약화될 것이라고 생각했다. 하지만 종교적 형태의 정서와 신념, 행동은 상대적으로 자율적인 자원으로 살아남았다. 그런 것들은 궁극적인 의미, 무한한 힘, 극한의 분노, 숭고한 자비 등을 상징하는 능력을 유지하고 있다. 그리고 사실상 모든 이익단체와 이상(理想)을 위해 봉사할 수 있다.…종교는 사실상 모든 종류의 사상이나 가치와 결합할 수 있다. 그리고 공식적인 종교적 조직과 거의 혹은 전혀 관계가 없는 사람들이 종교를 이용할 수 있다는 사실 때문에, 종교로 인한 논쟁이 발생할 가능성이 높아졌다. 종교의 탈규제화는 세속화의 숨겨진 아이러니 중 하나다(pp. 171-172).

종교가 주장하는 진리의 내용에 대한 질문을 무시하고 종교의 사회적 활용에만 초점을 맞추는 것이 적절한가 하는 의문을 제기할 수도 있다. 모든 종교가 아무 사상이나 가치와 결합할 수 있는지 의문을 제기할 수도 있다. 하지만 벡포드가 설령 그의 주장을 과장했더라도—나는 그가 그랬다고 생각한다—현대 사회에서 종교의 다양한 활용 가능성에 대한 그의 강조는 중요하다. 서구에서 강력했던 종교 독점이 사라졌고 종교의 탈규제화가 일어났다고 해서 반드시 사회적 갈등에서 종교의 역할이 감소되었다고 말할 수는 없다. 오히려 다원주의와 상대주의가 사회의 내적 통일성을 잠식해 감에 따라, 다양한 사회 집단 간의 갈등에서 종교적 상징이 계속 활용될 수 있었다. 종교적 상징이 사람들의 상상력을 사로잡는 한, 사회가 갈등에 압도당하는 한, 사람들은 자신들의 갈등에 종교적 상징을 끌어들이고 그것을 자신들의 전쟁에서 무기로 활용하려 할 것이다. 당신의 가족이나 나라의 생명이 걸려 있을 때, 궁극적 의미에 대한 상징인 당신의 신들이 당신을 위해 싸우는 것에 어떻게 반대할 수 있겠는가?

오늘날 세계에서 종교는 살아 있고 잘 지내고 있다. 폭력도 마찬가지다. 뿐만 아니라 오늘날에도 이 둘이 공모하여 인류의 역사 내내 그래 왔듯이 황폐함이라는 씨를 뿌리고 있다. 한스 큉(Hans Küng)은 종교가 공적 삶에서 중요한 요소라는 점과 "가장 광적이며, 가장 잔인한 정치 투쟁은 종교에 의해 채색되고 영감을 입고 정당화된 투쟁"이라는 이중적 가정에 기초해(Küng 1993b, p. 442) "종교에 맞서서는" 결코 평화를 촉진할 수 없으며 "종교와 더불어서만" 평화를 촉진할 수 있다고 주장해 왔다(Küng 1993a, p. 89). 신학계에서는 세계 평화와 종교 평화를 연결시키는 그의 표어가 자명한 이치로 통한다. "종교 간의 평화 없이는 국가 간의 평화도 있을 수 없다"(p. 76). 종교적 평화는 종교 간의 대화를 통해서만 확립될 수 있기 때문에(p. 105), 큉은 사람들 사이의 화해는 종교 간의 대화가 성공하느냐에 달려 있다고 믿는다.

한 가지 수준에서는 큉의 주장을 논박하기 어렵다. 세계 인구의 대다수는 종교가 있으며, 그들이 전쟁을 할 때는 그들의 신들 역시 전쟁에 임한다. 신들을 화해시키면 사람들의 화해가 더 쉬워질 것처럼 보인다. 하지만 문제는, '이 전쟁에서 누가 누구를 위해 싸우는가?' 하는 것이다. 사람들이 권력에 굶주린 신들을 위해 싸우는가? 아니면 신들이 호전적인 그들의 사람들을 위해 싸우는가? 물론 이 두 가지가 서로 배타적이지는 않다. 하지만 내 생각에는 신들이 대체로 손해를 보는 것 같다. 사람들이 신들을 위해 싸우기보다는 신들이 지상에 있는 사람들을 위해 하기 싫은 일을 떠맡게 된다. 그리고 신들이 하기 싫은 그 일을 하지 않겠다고 할 때 갈등에 연루된 대부분의 사람은 그 신들을 버리고 더 고분고분한 신들을 찾거나 그 신들을 재교육하려 한다. 결과는 똑같다. 불쌍한 신들! 비천한 자기의 신자들한테서 이런 취급을 받아야 하다니!

모욕적인 취급을 당하는 신들에 대한 나의 연민이 적절한지 시험하기 위해, 다양한 신들이 서로 싸우지 않는 세계를 상상해 보자. 그것은 다양한 종교들—다양한 신념과 실천들—이 평화롭게 공존하는 세계일 것이다. 비록 각 종교는 다른 종교보다 더 참되다고 주장**할지도 모르지만**, 다른 모든 종교도 존중받을 자격이 있다는 신념을 모두가 공유한다. 모든 종교를 단 하나의 종교로 환원하거나(옛 형식의 배타주의나 새로운 형식의 포괄주의를 옹호함으로써) 각 개별 종교를 단일한 공통의 종교적 헌신이 문화적으로 조건 지워져 나타난 것으로(이를테면 힉 류의 다원주의를 옹호함으로써; Hick 1989) 이해하는 데 관심이 없다면—이것들은 모두 설득력이 없다는 큉의 지적은 옳다(Küng 1993a, p. 78 이하)—종교 사이의 화해에 관해 그 이상을 기대해서는 안 된다. 틀림없이 종교들이 서로 화해를 이룬 세계는 우리가 사는 세계보다 평화로울 것이다. 종교적 불관용은 갈등을 조장하는 한 요인이다. 하지만 종교가 화해한다면 사람들이 정말로 싸움을 멈추고 화해할 수 있을까? 물론 그렇지 않을 것이다. 하나의 동일한 신을 믿는 사람들, 하나의 동일한 종교를 신봉하는 사람들이 저마다 그 신이 자기 편에서 자기들을 위해 싸운다고 믿으면서 서로를 전멸시킬 때까지 싸우는 경우가 너무나도 많다. 자기 신들이 싸워서 사람들이 싸우는 경우도 가끔은 있다. 하지만 일반적으로는 사람들이 전쟁을 벌이기 때문에 그들의 신들도 싸운다. 그들이 **동일한** 신을 믿는지의 여부는 거의 중요하지 않다.

종교 간의 평화 없이 세계의 평화가 있을 수 없다는 주장은 옳지만, 그것은 다소 과장된 의미를 부여하는 경향이 있다. 종교 간의 평화는 사람들 사이의 평화를 이루는 데 기여할 수 있는 바가 거의 없다. 물론, 종교 간의 평화를 종교를 신봉하는 사람들 사이의 평화로 이해하지 않을 경우 그렇다는 말이며, 만일 그렇게 이해한다면 이 주장은 진부한 말이다. 종교 간 평화가 막아 낼 수 있는 것은 종교 전쟁뿐이다. 평화를 촉진하는 문제에 관한 한 신념과 실천의 체계로서의 종교들 간의 평화는 **각 종교의 성격**보다 덜 중요하다. 신들은 자신을 예배하는 이들의 갈등에 어느 정도로 기꺼이 개입하려 하는가? 만약 각 종교가 폭력을 조장하는 종교라면, 종교 간의 화해 노력은 평화를 촉진하는 데 거의 도움이 되지 않을 것이다. 반면에 개별 종교들의 종교적 신념과 실천이 서로 상충하더라도, 각 종교가 비폭력을 장려한다면 종교가 전쟁을 조장한다고 비난하기 어려울 것이다. 만약 우리가 추구하는 것이 평화라면, 종교 간의 화해보다 폭력에 대한 종교적 정당화를 비판하는 일 – 호전적인 신들에 대해 비판하는 일 – 이 훨씬 시급하다.

한스 큉은 종교 간의 대화를 장려할 뿐만 아니라, 비폭력이 많은 종교의 핵심 가르침이라는 것을 강조하기 위해 많은 노력을 기울였다. 큉이 기초한 세계종교회의 선언문(Declaration of the Parliament of the World's Religions, 1993)은 네 가지 "철회할 수 없는 명령" 중 첫 번째로 "비폭력의 문화와 생명 존중에 대한 헌신"을 꼽았다(Küng & Kuschel

1993, p. 24). 하지만 이 헌신을 어떻게 구체적으로 설명했는지에 주목하라. "정치 권력을 지닌 사람들은 정의로운 질서라는 틀 속에서 일해야 하며 가능한 한 가장 비폭력적이며 평화로운 해결책을 찾기 위해 모든 노력을 다해야 한다"(p. 25). **"가능한 한 가장** 비폭력적이며 평화로운 해결책"을 모색하는 것이 중요하기는 하지만, (기독교를 비롯한) 많은 종교가 비폭력에 관해 가지고 있는 모호한 태도는 이런 노력을 가로막는다. 종교는 일반적으로 비폭력을 옹호하지만, 동시에 특정한 상황에서는 폭력을 정당화할 방법을 찾는다. 종교의 대변자들은 전쟁에 반대하는 설교를 하는 동시에, 자기 나라 군대의 무기를 축복한다. 그렇게 해서 비폭력에 관한 심오한 종교적 지혜는 자존심이 있는 장군이라면 누구도 부인하지 않을 원칙, 즉 당신의 목적이 정당하다면(그 목적은 당신의 목적이라는 바로 그 이유 때문에 대개는 정당하다) 비폭력적일 수 없는 상황에서는 언제든 폭력을 사용할 수 있다는 원칙으로 환원되고 만다. 종교 간의 대화가 있든지 없든지, **폭력의 사용을 도덕적으로 승인하기 위해 종교를 사용하는 것은 절대로 옳지 않다**는 원칙을 고수하지 않는 한, 종교적 이미지와 종교 지도자들은 계속해서 폭력에 참여하는 정치인과 군인들에 의해 착취당할 것이다.

...우주적 테러

비폭력이라는 덕목이 자신의 신념 체계의 필수 요소임에도 불구하고 종교인들이 비폭력 원칙을 고수하기가 왜 이렇게 어려운 것일까? 그들이 피로 물든 세상에서 폭력의 논리에 저항하지 못하고, 따라서 자신들의 이익을 위해 필요할 때는 가지고 있던 신념도 저버리기 때문일까? 그들의 종교 자체가 그 핵심에 있어서 폭력적이고(Bloch 1992), 그 표면적인 진술이 금하는 것을 그 심층적인 문법이 부추기는 것은 아닐까? 모든 종교가 우주적 투쟁에 관해 이야기하는 것은 아닐까? (Juergensmeyer 1993) 이 투쟁의 예전적 재연이 정치적 폭력을 재가하는 것을 무엇으로 막을 수 있을까? 신들이 벌이는 우주적 투쟁과 인간들이 자행하는 사회적 폭력이 서로 연관되어 있는 것은 아닐까?

모든 종교를 대변해서 이야기할 수는 없다. 나의 목적은 기독교 신앙의 심층적 문법을 간략히 살펴보고, 그것이 폭력과 어떤 관계가 있는지 묻는 것이다. 먼저, 기독교의 "우주적 테러"를 명명하고 그것에 대해 날카롭게 비판한 사람에게 우선적으로 말할 기회를 주자. 그의 이름은 질 들뢰즈이며, 그의 직접적인 비판 대상은 요한계시록이다. 하지만 그의 비판이 겨냥하는 목표는 틀림없이 기독교 신앙 전체다. 기독교 신앙에 대한 그의 공격은 내용과 전략 모두에 있어서 그나 다른 포스트모던 사상가들이 근대성에 대해 퍼붓는 공격과 유사하다. 근대성의 보편적 이성과 기독교의 절대적인 하나님은 동일한 테러 체제의 두 가지 다른 표현, 즉 성스러운 표현과 세속적인 표현일 뿐이다. 그들은 인간의 자유를 위해 근대적 이성과 고대 종교를 다 해체해야 한다고 주장한다.

들뢰즈는 "니체와 바울, 로렌스와 밧모의 요한"(Nietzsche and Paul, and Lawrence and John of Patmos)이라는 글에서 요한계시록이 가난하고 약한 사람들의 마음에서 나온 메시지를 담고 있다고 주장한다. 그런데 그는 니체를 따라(Nietzsche 1956, p. 258 이하) 이 사람들은 흔히 생각하는 것처럼 겸손하고 불행한 사람들이 아니라고 주장한다. 이들은 분노와 복수심으로 가득 차 있다. 그러나 그들은 새 예루살렘, 빛과 진리와 정의의 도시를 꿈꾸지 않는가? 그렇다. 그리고 그 부분이 바로 문제가 되는 부분이다. 들뢰즈는 이렇게 말한다.

히틀러와 적그리스도 사이에는 약간의 유사성이 있을지도 모른다. 그러나 새 예루살렘과 공상과학 소설의 미래 사이에는 큰 유사성이 존재하며, 새 예루살렘과 절대적인 세계 정부의 군사적, 산업적 계획 사이에는 더 큰 유사성이 존재한다. 요한계시록은 포로수용소(적그리스도)가 아니라, 새로운 국가(천상의 예루살렘)의 거대한 군대, 경찰, 사설 보안업체다. 요한계시록의 근대성은 그것이 선언하는 대재앙 속에 존재하지 않고, 스스로에게 영광을 돌리는 계획, 영광스러운 새 예루살렘의 수립, 최종적인 사법적, 도덕적 통치의 광적인 구축 속에 존재한다.…그렇게 할 의도는 없었지만 요한계시록은 우리로 하여금 최악의 것은 적그리스도가 아니라 하늘에서 내려오는 새로운 도시, 거룩한 도시라고 확신하게 만든다.…지능이 보통 정도만 되는 사람이라면 누구나 요한계시록을 읽으면서 벌써 불과 유황으로 타는 못에 들어와 있는 것처럼 느낄 것이다(Deleuze 1980, p. 114).[2]

왜 들뢰즈는 빛의 도시의 황금길을 걷는 것이 불과 유황으로 타는 못에서 고통당하는 것보다 나을 것이 없다고 생각할까? 왜 그는 짐승의 군대와 거짓 예언자가 하나님과 어린양과 교제하는 것보다 나쁠 것이 없다고 주장할까?

들뢰즈는 연관된 두 가지 이유를 제시한다. 간단히 말하자면, 첫 번째 이유는 새 예루살렘이 전체주의적이기 때문이다. 그것은 절대적인 사법적, 도덕적 통치를 상징한다. 새 예루살렘의 전체주의는 철저한 일원론과 국가에 의한 사회의 전면적인 통제라는 특징을 지닌 노골적인 독재 체제보다 사악하다. 그 신민은, 온 우주를 가득 채울 때까지 현실의 모든 구멍에 파고들고 모든 구석과 모든 어두운 틈 속으로 들

---

[2] Deleuze는 요한계시록에 대한 D. H. Lawrence의 해설을 분석하면서 요한계시록에 대해 이렇게 말한다. 나는 이 본문이 Deleuze의 견해를 표현한다고 본다.

어가려는 권력에 의해 **내부로부터** 지배를 당한다. 뿐만 아니라 그 누구도 더 높은 신들에게 항소할 수가 없다. 한 분이신 하나님이 다른 모든 권력을 재판하시는 최종적인 심판자다(p. 102). 새 예루살렘에는 숨을 곳이 없으며 항소할 상위의 법정도 없다. 하나님이 모든 것을 보고 모든 것을 심판하신다. 사람들은 "모든 것이 속속들이 드러나는 경기장에" 갇혀 최종적이며 절대적인 심판자의 판결을 내면화할 수밖에 없다. 이것을 천국이라고 부른다면, 이것을 지옥과 구별할 수 있을까? 들뢰즈의 가까운 친구였던 미셸 푸코도 바로 이런 말들을 사용하여 궁극의 감옥인 벤담(Bentham)의 '판옵티콘'(panoptikon)을 묘사했다(Foucault 1980, p. 153 이하).

들뢰즈가 거룩한 도시를 혐오하는 두 번째 이유는, 온 우주가 사망의 어두움 속에 둘러싸인 후에야 예루살렘의 밝은 빛이 비칠 수 있기 때문이다. "거룩한 무정부주의자"인 초기 그리스도인들이 "'세상'을 파괴하는 것을 '경건한 행위'로 만들었다"는 니체의 주장을 되풀이하면서(Nietzsche 1990, p. 192), 들뢰즈는 천상의 새 예루살렘에 대한 이상이 가난하고 약한 사람들이 그토록 꿈꾸는 우주적 테러의 이면일 뿐이라고 해석한다. 그들은 적에게 복수하기 위해 온 세상이 파괴될 것이라며 저주를 퍼붓는다. 그런 다음에 그들은 이 치명적인 의지를 "정의"와 "거룩함"이라고 부르겠다고 고집할 것이다!(Deleuze 1980, p. 113) 새 예루살렘에 대한 들뢰즈의 두 가지 반론을 한데 묶어 보면, 기독교의 천국은 지옥과 구별될 수 없을 뿐만 아니라 최종적 진리와 정의의 실행을 가장한 우주적 테러로부터 나타난다.

이상하게도, 자신의 뜻에 따라 세상을 파괴하고 재창조하는 우주적 테러의 실행자는 **어린양**이다. 그러나 우리가 요한계시록에서 만나는 이상한 어린양은 "사자처럼 으르렁거리는 뿔이 있는 양"(p. 101), "육식을 하는 양"(p. 102)이다. 그것이 "죽임당한" 것처럼 보여도 신경 쓰지 말라. 그것은 교수형 집행인의 손을 자유롭게 하기 위해 그의 얼굴을 감추고 희생자의 가면을 쓰고 있을 뿐이다. 요한계시록의 마지막 장에서는 이 가면이 벗겨지고 무고한 양은 "피 뿌린 옷을 입고" "친히 하나님 곧 전능하신 이의 맹렬한 진노의 포도주 틀을 밟는" 백마 탄 자로 나타난다(계 19:13, p. 15). 그리고 어린양은 의로운 심판을 집행한다고 말한다. 하지만 이 심판의 내용은 무엇인가? 들뢰즈는, "파괴하려는 의지, 사방을 장악하려는 의지, 최종적인 심판을 내리려는 의지, 결국은 단일한 의지인 성부, 성자, 성령의 삼중적 의지"일 뿐이라고 대답한다(p. 103). 그리고 가난하고 약한 사람들, 그들의 어린양, 그들의 하나님은 "치아로 칼을 물고 있는 남자"의 이미지로 가장 잘 묘사할 수 있다고 주장한다(p. 121).

하지만 복음서에서는 다른 그림을 그리지 않는가? 얼핏 보기에 밧모의 요한과 나사렛 예수는 양립할 수 없을 정도로 대조를 이룬다. 들뢰즈에 따르면, 예수님은 사랑으로 가득하시며 그분의 메시지는 개인을 향해 있다. 요한은 우주적 테러를 꿈꾸고 수많은 사람의 집단적인 영혼에 관해 이야기한다. 사랑의 종교는 폭력의 종교와 대립한다. 그러나 이 대조는 양립불가능성이 아니다. 반대편에 서 있는 복음서의 그리스도와 요한계시록의 그리스도는 "하나의 동일한 위격인 경우보다 더 강력하게" 서로에게 속한다(p. 121). 그들은 동전의 양면이다. 요한계시록의 그리스도께서 잔인하게 세상을 파괴하고 자신의 뜻에 따라 새로운 세상을 재건하실 때, 그분은 주기를 원치 않으면서 받으신다. 복음서의 예수님이 자기를 아끼지 않으시고 사랑하실 때, 그분은 받기를 원치 않으면서 주신다. 요한계시록에서는 수많은 사람들이 멸절당한다. 복음서에서는 나사렛 예수가 자신을 죽음으로 몰아넣는 사명을 감당하신다. 두 경우 모두 폭력과 죽음이 지배한다. 요한계시록에서 이야기하는 세상의 멸망은 복음서에 나타난 예수님의 자기 희생에 의해 예비된 토양에서 자라난다. 미셸 푸코의 말처럼, 인종 청소와 전적인 자기 희생은 결코 서로 멀지 않다(Foucault 1978, pp. 149-150).

들뢰즈에 따르면, '나' 즉 '주체'는 자아와 타자 모두를 희생시키려는 피에 굶주린 범죄자다. 안정적인 자아는 가는 곳마다 죽음의 씨앗을 뿌린다. 왜? 들뢰즈는 두 가지 이유로 답한다. 첫째, 안정적 주체 ('나')는 언제나 상징적 재현의 기호를 사용해 판단한다. 물리적 관계가 논리적 관계로 번역될 때마다, 흐름은 마디마디로 절단되고 살아 있는 것은 죽임을 당한다(p. 125). 생각하는 것과 목표를 세우는 것은 그 본질상 억압적이다. 그러므로 들뢰즈는 "흐름으로서, 자아의 안과 밖에서 다른 흐름들과 관계를 맺는 흐름의 다발로서 살아가기 위해서는, 자신을 '나'로 여기기를 멈추라고" 권한다(p. 124). 둘째, 합리적 자아의 통일성은 세계의 통일성에 상응하며, 세계의 통일성은 다양성의 억압을 통해서만 성취될 수 있다. 그러므로 들뢰즈는 다양성에 우선순위를 부여해야 한다고 주장한다. 통일성은 용인할 수 없는 다양성의 축소일 따름이다.

우주적 테러에 대한 들뢰즈의 해법은 세 가지 명확한 단계를 밟는다. (1) 주체 없음 (2) 판단하기에 의한 경계 설정 없음 (3) 테러 없음. 그러나 이 해법은 두 번째 단계로 넘어가기 전에 실패하고 만다. "나"를 긍정하지 않으면 "나"를 부인할 수도 없다. 누가 부인하는 그 일을 할 것인가? 약간 다르게 말하면, 들뢰즈는 알래스데어 매킨타이어가 주장했듯이, 자신의 철학적 이야기에 "자신에 관해 설명할 때 주체가 되어 있는 그 자아를 포함시킬 수 없다"(MacIntyre 1990, p. 210). 설령 들뢰즈가 첫 단계를 밟았더라도, 두 번째 단계를 이행하는 데는 실패할 것이다. 내가 앞서 주장했듯이(2장), 경계가 없다면 혼돈만 남게 된다. 흐름은 없어질 것이고 사방으로 흘러가는 미분화된 바다만 남을 것이며, 흐름 자체가 존재하지 않게 된다(Frank 1984, p. 431). 모든 판단을 피하려 한다면, 어떻게 들뢰즈 스스로 말했던 "모든 것이 아무런 한계 없이 다른 모든 것과 뒤섞여 버리고 마는" "치명적인 상황"에 이르는 것을 피할 수 있겠는가?(Deleuze 1980, p. 117)

하지만 논증을 위해 들뢰즈가 첫 두 단계를 성공적으로 이행했다고 가정해 보자. 두 단계를 밟은 후에는 결정적인 세 번째 단계를 밟을 수 있는 위치로 나아갈 수 있는가? 테러로부터의 자유가 뒤따르는가? 결코 그렇지 않다. 상징적 기호를 사용하지 않는다면, 판단을 하지 않는다면, 우리에게는 욕망의 거친 흐름밖에 남지 않을 것이다. 반성적이지 않은 이 즉각성을 폭력의 부재로 착각해서는 안 된다. 오히려 그 반대다. 장 폴 사르트르(Jean Paul Sartre)의 주장처럼, 즉각성의 선택과 의사소통의 부재는 폭력의 원천이 된다(Frank 1984, p. 412 참고). 만약 한 사람이 "나"를 부인했다고 **생각**한다면, 그는 판단을 피할 수 있겠지만 테러는 그대로 남아 있을 것이다. 판단의 체계로부터 기인한 테러보다 나쁜 것은 아무런 판단이 존재하지 않을 때의 테러다. 끔찍한 일이 벌어지지만, 당신은 언제인지도, 어디서인지도, 왜인지도 알 수 없다. 뿐만 아니라 판단의 체계가 없이는 억압과 기만에 맞서 싸울 수 있는 방법도 없을 것이다. 왜냐하면 리옹의 도살자(약 4천 명을 학살한 나치 지도자 클라우스 바르비의 별명-역주)와 테레사 수녀를 구별할 수 없을 것이기 때문이다. 비판적 반성의 "주체"를 욕망의 "흐름"으로 대체하기 원하는 이들은 누구나, 소름 끼치는 그 모든 폭력과 더불어 자신이 보는 그대로의 세상을 긍정해야 한다. 판단을 초월하려는 시도-그것이 이성적 판단이든 종교적 판단이든-는 폭력을 제거하기는커녕 그것을 왕좌에 앉힌다. (판단하는) 양심의 성으로부터 도피한 후에 이르게 되는 곳은 살인자들의 성일 뿐이다(Miller 1993, p. 115).[3]

폭력의 문제에 대한 들뢰즈의 해법이 잘못되었으며 그의 대안이 그가 거부하는 해법보다 나쁘다는 것을 보여 주는 것은 상대적으로 쉬울지도 모른다. 하지만 들뢰즈를 해체했다고 해서 그가 기독교 신앙에 대해 제기한 통렬한 비판으로부터 기독교 신앙을 지켜 냈다고 말할 수는 없다. 기독교 신앙이 폭력을 조장하는 데 연루된 것은 그저 개별적이며 부수적인 몇 가지 신념의 차원에서인가, 아니면 그 핵심적 차원에서인가? 하나님의 새로운 세상이라는 기독교의 이미지는 근원적으로 억압적이지 않은가? 그것은 전례 없는 폭력의 행위로 도래하지 않는가? 들뢰즈가 제기하는 진지한 물음은, **판단의 테러 없이 테러에 대한 궁극적 심판을 내릴 수 있는가** 하는 것이다. 기독교 신앙은 진리와 정의에 관한 판단을 긍정하면서 폭력을 부인할 수 있는가? 앞서 이야기했듯이, 이것이 바로 불가코프의 「거장과 마르가리타」에서 예수가 행했던 일이다. 그는 진리와 정의의 나라를 폭력의 나라와 **대조**시킨다. 요한계시록과 복음서를 면밀히 검토함으로써 불가코프의 해석을 실증할 수 있을까?

…폭력의 악순환 끊기

신약 성경에서 폭력은 핵심 주제는 아니지만 신약 성경 이야기의 많은 부분에 대한 배경을 제공한다. 구원의 드라마는 폭력으로 시작해 폭력

---

3) Zygmunt Bauman은 *Life in Fragments*에서 전형적으로 포스트모더니즘적인(사회학적 의미에서) "감각을 수집하는 소비자들"의 "불개입과 헌신에 대한 기피" 때문에 폭력은 "'문명화 과정'에서 그것을 영원히 추방하겠다고 약속했던 바로 그 자리, 즉 이웃으로, 가정으로, 애인들 사이로—도덕적 거리가 가까우며 얼굴을 마주하는 전통적인 자리—되돌아올지도 모른다"(Bauman 1995, pp. 124, 156)고 주장한다.

으로 끝난다. 그리고 폭력이 없다면 그 중심이 되는 막은 상상조차 할 수 없다. 신약 성경 첫머리에서 예수 그리스도께서 역사의 무대에 들어서셨을 때 자기 왕위를 빼앗길까 봐 두려웠던 헤롯 왕은 잠재적인 경쟁자를 제거하기 위해 무고한 사람들을 살육했다(마 2장). 역사가 마침내 끝을 맺는 신약 성경 마지막 부분에서는 예수 그리스도께서 짐승과 거짓 예언자를 불타는 못에 던지시고 그분의 입에서 나온 예리한 검으로 그 추종자들을 죽이신다(계 19장). 그리고 신약 성경 드라마의 중심이 되는 막에서 이 시대의 통치자들은, 정치적 정당성을 확보하기 위해 엉터리 재판을 활용하면서, 예수 그리스도를 잔인하게 살인할 계획을 세우고 실행에 옮긴다.

폭력에 대한 기독교적 관점은, 예수 그리스도께서 세상에 오셔서 세상에서 사시고 세상을 심판하시는 이 드라마 전체의 폭력에 대한 태도를 성찰함으로써 얻어야 한다. 그것은 단순히 제자들에게 검을 취하되(눅 22:36) 사용하지 말라고(마 26:52) 하신 것 등 예수님의 몇 가지 말씀을 골라내거나, 칼을 가진 국가는 하나님의 일꾼이지만(롬 13:1-5) 그리스도인들은 "친히 원수를 갚지 말고 하나님의 진노하심에 맡겨야" 한다는(롬 12:19) 바울의 가르침이나 세례 요한이 군인들에게 그들의 직업을 포기해야 한다고 말하지 않았던 것(눅 3:14)만을 성찰해서는 폭력에 대한 기독교적 관점을 얻을 수 없다. 이 본문들은 각각 그 자체로 중요하다. 하지만 이 본문들 중 어떤 것도 예수 그리스도의 드라마 속의 가장 중요한 국면, 즉 십자가와 재림에 새겨진 내용과는 중요도의 측면에서 비교가 되지 않는다. 그러므로 나는 십자가에 달리신 메시아로서 예수 그리스도께서 겪으신 폭력과 백마를 탄 자로서 예수 그리스도께서 실행하시는 폭력에 관해 간략히 살펴보고자 한다.

들뢰즈에 따르면, 지상의 예수님이 행한 자아를 포기하는 사랑은 천상의 주님이 행할 테러를 위한 길을 예비한다. 왜냐하면 자아의 부인은 자아, 즉 자신의 자아와 다른 이들의 자아 모두를 파괴하는 첫 번째 단계이기 때문이다. 이 둘은 테러의 체제인 심판 체제를 강화한다. 하지만 이 이야기에 대한 들뢰즈의 읽기는 납득할 만한가? 아니다. 십자가는 폭력을 승인하기 위한 자기 부인이 낳은 비극적 결과가 아니라, 폭력의 세계에서 하나님의 평화를 위해 싸우는 삶에 일어날 수 있는 예견된 종말이었다. 십자가에 달리신 메시아는 네 가지 방식으로 폭력에 도전하셨다.

첫째, 십자가는 **폭력의 악순환을 끊는다**. 예수님은 십자가에 달리심으로써 복수의 원리("눈은 눈으로, 이는 이로")를 무저항의 원리("누구든지 네 오른편 뺨을 치거든 왼편도 돌려 대며", 마 5:38-42)로 바꾸라는 자신의 명령에 대한 궁극적인 모범이 되셨다. 무고한 희생자로서 폭력을 견디심으로써 가해자들의 공격을 몸으로 받으셨다. 그분은 폭력을 받아 흡수함으로써 폭력의 악순환을 깨뜨리셨다.[4] 그분은 복수의 자동적 반복에 빨려 들어가기를 거부하셨으며, 자신의 생명을 내놓기까지 선을 행하심으로써 악을 극복하고자 하셨다. 예수님이 선택하신 무저항은, 나 자신을 다른 이들의 처분에 내맡기는 전적인 자기포기와는 아무 관계가 없다. 그것은 오히려 적들의 폭력을 어리석게 반복함으로써 그들의 거울 이미지로 전락하지 않겠다는 자기 결단에 가까운 것이다. 십자가에 달리신 메시아는 테러 체제에 대한 은밀한 정당화가 아니라, 그에 대한 근본적 비판이다. 희생자이신 그분을 신성하게 받드는 것은 폭력을 왕좌에 앉히는 것이 아니라 폭력을 전복하는 행위다.

둘째, 십자가는 **희생양 기제를 폭로한다**. 예수님의 죽음에 대한 모든

---

4) 정치적 입장으로서의 무력함에 관한 Michael Welker의 논의를 보라(Welker 1994, p. 128 이하).

설명은 그분이 겪으신 폭력이 **불의한** 폭력이었다는 것에 동의한다. 그분을 박해한 이들은 자신들의 행동이 지극히 정당했다고 믿었지만, 사실 그들은 아무런 이유 없이 그분을 미워했을 뿐이다. 예수님은 희생양이었다. 하지만 예수님이 이유 없이 미움을 받으셨다는 - 그분이 무고한 희생자였다는 - 말이, 희생양 이론을 제시한 르네 지라르가 주장하듯이, 그분이 임의적으로 선택된 희생자였다는 뜻은 아니다 (Dumouchel 1988, pp. 13-14). 기만과 억압의 세상에서 그분의 무죄함 - 그분의 진실성과 그분의 정의 - 은 미움을 받기에 충분한 이유였다. 예수님은 위협적인 존재이셨으며, 바로 자신의 위협적인 죄 없음 때문에 그분은 희생양이 되셨다. 하지만 지라르가 「희생양」에서, 복음서 이야기의 기능 중 하나는 희생양 기제의 가면을 벗기는 것이라고 역설했던 주장은 옳았다(Girard 1986, p. 100 이하). 복음서는 가해자의 관점 대신 희생자의 관점을 취한다. 복음서는 "역사적 가해자들, 그리고 특히 신화적 가해자들의 본문이 우리에게 감추고 있는 것을 끊임없이 폭로한다. 즉, 그들에게 희생당한 이가 희생양이었다는 지식이다"(p. 117).

지라르에게 희생자를 희생양과 동일시하는 것은 계시적 중요성을 지닌다.

사람들이 그 기제를 이해하면 그것은 더 이상 작동할 수 없다. 우리는 그 기제가 요구하는 희생자에게 책임이 있다는 생각을 점점 덜 믿게 된다. 그 기제의 생명을 유지시켜 주는 식량을 빼앗겼을 때 거기에서 파생된 제도 역시 우리 주변에서 차례로 무너져 간다. 우리가 알든지 모르든지 이런 붕괴가 일어나는 것은 복음서 때문이다(p. 101).

희생양 기제의 가면을 벗기는 것이 물론 중요하지만, 지라르는 그것으로부터 너무 많은 것을 기대한다. 설령 우리가 희생양 기제에 대한 오인이 그것이 제대로 기능하게 하는 데 필수적인 요소라는 미심쩍은 가정을 받아들인다 하더라도(Atlan 1988), 지라르는 자신들의 이익에 부합한다면 이미 폭로된 것도 다시 은폐하려는 사람들의 성향을 너무 가볍게 여긴다. 뿐만 아니라 예수님은 죄가 없으시지만 폭력을 당하는 모든 사람이 무고하지는 않다. 가해자들이 희생자에게 책임을 돌리는 경향은 희생자들의 실제적인 죄에 의해—실제로는 그 죄가 극소한 것이며 애초에 그들에게 가해진 폭력에 대한 반응이었다 할지라도—강화된다. 희생양 기제의 가면을 벗기는 것만으로는 충분하지 않다.

'흡수'와 '가면 벗기기'의 전략이 예수님이 폭력과 싸우신 방식의 전부인가? 역설적으로, 폭력을 당하는 것이 폭력에 대한 유일한 치료책인가? 물론 그렇지 않다. 셋째로, 십자가는 하나님의 진리와 정의를 위한 예수님의 **싸움**의 일부다. 예수님의 사명은 그저 수동적으로 폭력을 받아들이는 것만이 아니었다. 하나님의 부재에 대한 비통한 부르짖음이 예수님의 유일한 말씀이 아니었다. 형장으로 가는 길 위에서 십자가의 무게로 쓰러지는 것이 그분의 유일한 성취가 아니었다. 만약 예수님이 폭력을 당하시는 것 말고는 아무것도 하지 않으셨다면, 우리는 수많은 다른 무고한 희생자들과 함께 그분도 잊어버렸을 것이다. 그분의 고통에 의해서는 희생양 기제의 가면이 벗겨지지 않았을 것이며, 그분의 무저항으로는 폭력이 줄어들지 않았을 것이다. 비폭력에 대한 순수한 부정만으로는 아무 결실도 맺지 못한다. 왜냐하면 그것은 테러 체제가 지배하는 영토를 침범하지 않기 때문이다. 가해자들은 그것을 간단히 무시해 버릴 수 있다. 최악의 경우에는 그들이 그것을 자신들의 정당함을 말해 주는 간접적인 증거라고 생각할 수도 있다. 중요한 점은, 비폭력이 테러 체제와의 전투에서 더 큰 전략의 일부여야 한다는 것이다.

하지만 '싸움'과 '전투'라는 언어는 부적합하지 않은가? 그런 언어는 비폭력과 목적상 충돌하지 않는가? 예수님의 공적 사역―하나님의 진리와 하나님의 정의의 통치로서의 하나님 나라를 선포하고 실행함―이 다른 배우들과 목소리는 떠나 버린 텅 빈 무대에서 공연된 드라마가 아니었음을 생각해 보라. 우리에게 텅 빈 무대가 주어지지 않는 것처럼, 그분에게도 빈 무대는 주어지지 않았다. 텅 빈 무대는 태초에만, 창조의 여명이 오기 전에만 존재했다. 아무것도 없던 텅 빈 무대에서 하나님은 창조의 드라마를 시작하셨고, 그 결과 세상이 나타났다. 그 후의 모든 드라마는 무언가가 존재하는 무대 위에서 공연되었다. 모든 관객이 배우로 참여하는 무대였다. 특히 죄가 들끓는 창조세계에서 진리와 정의의 나라를 선포하고 실행하는 것은 그저 빈 자리에 무언가를 가져다 놓는 행위가 아니었으며, 언제나 이미 다른 이들이 점유한 공간을 침범하는 행위였다. 그러므로 사탄의 나라, 기만과 억압의 나라에 대한 적극적인 반대와 하나님 나라의 선포는 결코 분리될 수 없다. 예수 그리스도를 십자가로 이끈 것은 바로 이러한 반대였다. 그분의 비폭력에 의미를 부여한 것은 바로 이러한 반대였다. 비폭력을 열매를 맺지 못하는 부정으로부터 창조적인 가능성으로, 모든 것을 삼키는 수렁으로부터 새로운 세상의 토대로 변화시키기 위해서는 기만과 억압에 맞서는 싸움이 필요하다.

넷째로, 십자가는 **기만과 불의의 사람들을 끌어안는 하나님의 포용**이다. 존 밀뱅크(John Milbank)가 「신학과 사회 이론」(*Theology and Social Theory*)에서 주장했듯이, 악을 행하는 이들을 포용하는 방식 중 하나는 그저 "마치 그들의 죄가 존재하지 않는 것처럼 행동하는 것"이다

(Milbank 1990, p. 411). 그렇다면 십자가 위의 예수님이 우리의 모범이시다. 그분처럼 우리는 가해자들에 대해 "아버지, 저들을 사하여 주옵소서. 자기들이 하는 것을 알지 못함이니이다"라고 말하려 할 것이다(눅 23:34). 순전한 은총의 행위 속에서 정의와 진리는 보류되고 화해의 포용이 일어날 것이다. 하지만 용서를 "마치 그들의 죄가 존재하지 않는 것처럼" 행동하는 것으로 이해한다면, 이는 용서를 심각하게 오해한 것이다.[5] 용서의 행위 속에서 진리와 정의를 보류하는 것은 새로운 세상을 창조하는 것을 돕기 위한 의도이지만, 이런 보류는 사실 새로운 세계, 즉 **기만과 불의가 없는 세상을 전제한다**. 정의와 진리를 보류하라. 그러면 당신은 세상을 구속할 수 없을 것이며, 세상은 지금 모습 그대로 남을 것이다. 밀뱅크의 주장처럼, 죄 앞에서 "마치 그것이 없는 것처럼" 행동하는 것은 아무 죄가 없는 미래의 천국을 기대하는 행위일 것이다. 하지만, 그런 기대의 대가는 세상을 지옥의 어두움에 내맡기는 것이다. 세상은 영원히 뒤틀린 채로 남아 있을 것이며, 무고한 이들의 피는 영원히 천국을 향해 울부짖을 것이다. 세상에 관한 진리를 선포하고 정의를 행하기 전까지는 어떤 구속도 있을 수 없다. 죄가 존재하는데 마치 존재하지 않는 것처럼 취급하는 것은, 세상이 구속받지 않았는데 마치 구속받은 것처럼 사는 것과 다름없다. 그렇게 되면 구속에 대한 주장은 공허한 이데올로기로 퇴행하고, 더 나아가 위험한 것이 되고 만다.[6]

"그리스도께서 우리 죄를 위하여 죽으시고"라는 초대교회의 단순한 신앙고백에는 우리가 사는 세상에 관한 심오한 지혜가 담겨 있다

---

5) Gregory Jones는 *Embodying Forgiveness*에서 Milbank에 반대하며 "그들이 죄가 존재함을 인식하면서도 그것을 은총의 심판을 통해 다룰" 때만 진정한 화해를 이룰 수 있다고 주장했다(Jones 1995, p. 146, 주 4).

(고전 15:3). 기독교 신앙의 핵심에는 하나님이 역사 안으로 들어오셔서 불의하고 기만적인 세상을 위해 예수 그리스도의 위격 안에서 십자가에 못 박혀 죽으셨다는 주장이 자리잡고 있다. 하나님은 세상의 죄를 스스로 지심으로써 기만적인 세상에 관한 진리를 말씀하셨고, 불의한 세상에서 정의를 왕좌에 앉히셨다. 하나님이 그리스도 안에서 죄가 되실 때(고후 5:21), 기만과 불의의 세상이 바로잡혔다. 죄가 속해졌다. 무고한 피의 울부짖음은 신원되었다. 십자가에 달리고 부활하신 그리스도 안에서 새로운 세상이 현실이 되었을 때(고후 5:17), 진리와 정의에 대한 싸움을 포기하지 않고도 거저 베푸는 용서의 행위를 통해 옛 세상에서도 새 세상을 살 수 있게 되었다. 하나님이 속죄를 통해 우리를 포용하셨기 때문에 이제 우리는 가해자들을 용서하고 포용할 수 있다. 지라르가 희생양 이론을 제시한 직후 제임스 윌리엄스(James G. Williams)는 「성경, 폭력, 성스러움」(*The Bible, Violence, and the Sacred*)에서, 성경에서 "희생의 언어는 희생의 관점에서 세상을 바라보는 태도를 탈피하기 위해 꼭 필요했다"라고 주장했다(Williams 1991, p. 224). 나는 그렇게 말하는 대신, 성경은 하나님이 세상을 다른 이들을 희생시켜야 할 필요가 없는 곳—자기를 내어 주는 은총의 새 세상, 포용의 세상—으로 개조하기 위해서는 **희생 기제가 꼭 필요했다고** 말한다고 믿는다.

계몽주의는 우리에게 이성이나 폭력 중 양자택일을 요구했다. 니체

---

6) 죄 앞에서 "마치 그것이 존재하지 않는 것처럼" 행동하는 것—'무시를 통한 구속'이라고 부를 수도 있다—은 Nietzsche가 *The Anti-Christ*에서 재구성한 '구속자의 심리학'과 지나치게 가깝다. 이 경우에도 사람들은 "'천국에' 있는 것처럼 느끼기 위해" 산다. 아무런 싸움이 없지만, 그것은 악을 극복해 냈기 때문이 아니라 "죄라는 개념"이 폐기되었기 때문이다. "'좋은 소식'은 더 이상 대립이 존재하지 않는다는 것이다" (Nietzsche 1990, pp. 152-158).

와 그의 포스트모던 추종자들은 이성 자체가 폭력적이라는 점을 공교하게 입증했으며(Nietzsche 1990, p. 43), 때로 솔직한 순간에는 비이성의 폭력 안에서만 폭력적인 이성을 초월할 수 있다는 끔찍한 생각도 덧붙였다(Foucault 1988, p. 285). 그리스도의 십자가는, 폭력에 대한 유일한 대안은 자기를 내어 주는 사랑, 즉 하나님이 진리와 정의를 붙들어 오셨고 앞으로도 그러실 것이라는 지식 속에서 타자를 포용하기 위해 폭력을 기꺼이 흡수하려는 태도임을 우리에게 가르쳐 준다. 십자가는 우리에게 폭력과 더불어 이성을 포기하라고 가르치는가? 십자가의 메시지는 자기 내어줌의 즉각성이 폭력의 즉각성에 대한 유일한 해독제라는 것일까? 물론 그렇지 않다. 우리에게는 폭력에 맞서기 위한 무기로서 이성과 담론이 없어서는 안 된다. 하지만 십자가는 "이성의 책임"이 "죄에 대한 자각"도(Apel 1988, pp. 17-18), 죄인인 타자를 포용하려는 의지도 대체할 수 없다고 말한다. 이성과 담론 자체도 호전적이고 죄로 물든 권력 관계에 연루되어 있는 한 구속받을 필요가 있다. 그리스도께서 십자가에서 그렇게 하셨듯이, 속이는 이들과 불의한 이들을 기꺼이 포용하려는 사람들만이 이성과 담론을 폭력이 아니라 평화의 도구로 활용할 수 있을 것이다.

…백마를 탄 자

적을 포용할 생각을 전혀 하지 않고 폭력을 행사하는 것처럼 보이는 백마를 탄 자의 경우는 어떠한가? 그는 고통을 당하는 내내 은밀하게 복수를 꿈꾸었고 마침내 분노에 차 복수를 실행하기 위해 찾아온 메시아와 같은 자인가? 그는 "전능하신 이의 맹렬한 진노"를 쏟아붓기 위해 오지 않았는가?(계 19:15) 천국은 바빌로니아의 멸망을 보며 기뻐하지 않는가?(계 18:20) 성도들은 사방에서 즐거워하며 "그가 준 그대로 그에게 주고, 그의 행위대로 갑절을 갚아 주고, 그가 섞은 잔에도 갑절이나 섞어 그에게 주라"고 외치지 않는가?(계 18:6) 이것이야말로 자신이 흰옷 입은 자라고 생각하고 싶어 하는 이들이 벌이는 증오와 분노, 복수의 잔치이며, 결국 복수가 사랑을 이기고 폭력이 비폭력을 최종적으로 이길 것임을 보여 주지 않는가?(Jung 1957, p. 125) "이미 죽임을 당한 것 같이 서 있는 어린양"(계 5:6)을 보았던 밧모의 요한이 예수 그리스도를 더 자세히 보았다면 피에 굶주린 짐승을 보지 않았을까?

그러나 이 말탄 자의 폭력의 손에 괴로움을 당하는 이들은 누구인가? 그들은 무고한 이들의 피에 취해(계 17:6) 어린양과 의로운 행실로 자신을 꾸민 이들(계 19:8)에 맞서 전쟁을 벌이는 이들이다. 그 뛰어난 정치적 질서와 경제적 호화로움에도 불구하고 로마의 제국 권력은, 선견자 요한이 보기에 "정복"에 기초하고 "폭력과 억압에 의해 유지되는" "전제 정치와 경제적 수탈"의 체제일 뿐이다(Bauckam 1993, p. 35). 말탄 자의 폭력은 이 체제에 대한 "신실함과 진리"라고 불리시는 분의 공의로운 심판이다(계 19:11). 이런 심판이 없다면 평화와 진리, 공의의 세상은 존재할 수 없다. 테러(모든 것을 집어삼키는 "짐승")와 선전(모두를 속이는 "거짓 예언자")은 극복되어야 하며, 악을 선으로부터, 어둠을 빛으로부터 분리시켜야 한다. 이것들은 폭력의 원인이며, 평화의 세상을 세우기 위해서는 이것들을 제거해야 한다.

불의와 기만, 폭력의 세상에 대한 하나님의 가차없는 부정은 왜 이렇게 **폭력적인** 방식으로 드러나야 할까? 왜 그 부정은 갑자기 나타나 세상을 피와 재로 뒤덮는 테러의 이미지로 상징적으로 기호화되어야 할까? 비폭력은 무기력한가? 하나의 전략만으로는 이런 물음에 답하기 어려울 것이다. 말 탄 자의 승리는 "문자 그대로 무기로 싸워서" 거둔 승리가 아니라 "그분의 입에서 나오는" 검, 즉 "하나님의 말씀"으로 싸워서 거둔 승리라고 주장함으로써 요한계시록이 신적 폭력을 긍정한다는 비판을 벗어나려는 시도(Klassen 1966, p. 308)는 설득력이 없다. 하나님 말씀의 폭력은 문자적인 칼의 폭력만큼이나 치명적이다. 우리는 말 탄 자의 폭력을 거부하거나 그것을 납득할 수 있는 방법을 찾아야 한다. 우리는 그것을 부인할 수 없다. 요한계시록에 나타난 하나님의 '정복'이라는 언어뿐만 아니라 하나님의 '폭력'이라는 현상까지도 납득할 수 있는 방법이 존재하는가?

비폭력의 전염성을 신뢰하는 사람들이 있다. 조만간 비폭력이 영광의 관을 쓸 것이다. 하지만 이런 신념에서는 자신들의 거실 한가운데서 발생하는 테러조차도 직면할 용기와 솔직함이 없는 사람들이 흔히 품고 있는 중산층 이데올로기의 달콤한 향기가 너무 많이 묻어난다! 폭력의 세상에서 비폭력의 길을 걸을 때, 그 길은 고난으로 이어지는 경우가 많다. 예수님의 사례가 예증하듯이, 자신의 생명을 대가로 치러야만 폭력의 순환을 끊을 수 있는 경우도 있다. 역사의 안내를 돌아본다면, 비폭력은 폭력을 몰아내는 데 실패할 확률이 높다.

하지만 끈질기게 이성에 호소한다면 사람들로 하여금 폭력이라는 비이성을 포기하도록 만들 수 있지 않을까? 우리 자신과 다른 이들이 합리적인 추론을 통해 올바른 선택—특히 폭력을 삼가는 값비싼 선택—을 할 수 있을 것이라고 생각한다면, '이성'과 '자유'가 결코 순수하지 않다는 것, 그것이 결코 신중하게 판단하고 편견 없이 선택하는 어떤 중립적인 영역에 자리잡고 있지 않다는 것을 망각하는 것이다. 이성과 자유는 언제나 권력 관계 안에 연루되어 있다. 이 관계는 이성을 무디게 하고 선택을 잘못된 방향으로 이끈다(6장을 보라). 평화롭게 살아야겠다고 확신하기 위해서는 평화를 **원해야** 한다. 추론을 통해 타자를 포용하겠다는 생각에 이르기 위해서는 타자 포용하기를 **원해야**

한다. 폭력적인 사람들이 타자의 행복을 그리고 평화를 원하는 방향으로 변화되기를 원할 것이라고 단순히 전제할 수 있을까? 많은 사람이 그런 변화를 원할지도 모른다. 하지만 모두가 그럴까?

요한계시록에 나타난 심판 신학의 기저에는 짐승과 거짓 예언자로 남기를 고집하는 이들을 바꿀 수 있을 정도로 강력한 것은 **아무것도 없다**는 가정이 자리잡고 있다. 물론 우리 안에서 짐승이 너무나 쉽게 깨어날 수도 있지만, 우리는 대부분 짐승이 아니다. 우리가 선전의 마력에 너무나 쉽게 먹잇감으로 전락하지만, 우리는 대부분 거짓 예언자가 아니다. 하지만 우리는 하나님의 형상으로 창조되었지만 악을 행하다가 결국 자신을 구속하려는 모든 노력을 무력하게 만들 지경에 이르는 사람들이 존재**할지도 모른다는**, 불쾌하며 대단히 비극적인 **가능성**을 회피해서는 안 된다. 그들은 자신의 '이성'과 '선함'을 정당화하는 폭력의 혼돈에 갇힌 채, 하나님의 진리와 선함이 지닌 아름다움으로부터 심각하게 멀어지고 말았다.

이 부분이 바로 하나님의 분노가 개입하는 지점이다. 얀 아스만이 이집트와 이스라엘의 정치 신학에 관한 연구에서 지적하듯이, 불의에 대한 분노는 너무나 정치적인 감정이어서 "불의에 대해 분노하지 못하는 것은 무-정치적(a political) 태도의 확실한 징후"라고 말할 수 있을 정도다(Assmann 1992a, p. 93). 성경 전체의 하나님과 마찬가지로 요한계시록의 하나님은 대단히 정치적인 신이시다. 그분은 개인과 가족의 하나님일 뿐만 아니라, 이 세상 나라들의 하나님이기도 하다(계 11:15). 만약 "이 세상의 도성은…지배를 목표로 하고 민족을 포로로 잡고 있으며" "그 자체가 바로 그 지배욕에 의해 지배당한다"(Augustine, *The City of God*, I, 서문)는 아우구스티누스의 말이 맞다면, 하나님은 분노**하셔야만 한다**. 분노하지 않는 하나님은 불의, 기만, 폭력의 공범이 되고 말 것이다.

여기서는 하나님의 분노 '기제'에 크게 신경 쓰지 않아도 된다. 「어린양의 진노」(The Wrath of the Lamb)에서 앤서니 핸슨(Anthony T. Hanson)은 요한계시록에서의 하나님의 진노는 "역사 속에서 인간의 죄의 결과가 실행되는 것"의 일부라고 주장했다(Hanson 1957, p. 160). 하지만 종말론적 차원 없이 하나님의 진노를 이야기하는 것은, 악의 자기 몰락이라는 순진하고 비참할 정도로 부적합한 이데올로기로 변질된다. 우리가 희망하는 세계 바깥에서는 악을 행하는 이들이 번성하는 경우가 너무나 많으며, 그들이 전복되었을 때 승리한 자들도 패배한 이들보다 별로 나을 것이 없다. 스스로 증식하는 악의 기제에 사로잡힌 악인들은 강력한 면역력을 키워 나가며, 그들에게는 하나님의 사랑도 무력하다. 그런 악인들을 처벌할 능력이 있는 유일한 수단이 하나님의 종말론적 분노다. '친절한' 하나님은 자유주의적 상상력이 만들어 낸 허구이며 사회적 행위자가 선하고 자유롭고 합리적이라는 달콤한 환상을 포기하지 못하고 그것을 하늘에 투사한 것에 불과하다.

기독 교회의 역사에서 평화주의적 전통을 가장 강력하게, 지속적으로 고수해 온 재세례파 전통은 하나님의 진노와 심판에 관해 말하기를 주저하지 않았으며(Klaasen 1981, pp. 316-344), 그럴 만한 타당한 이유가 있다. 구약이든 신약이든 나사렛 예수든 밧모의 요한이든, 성경 본문에는 진노하지 않으시는 하나님을 이야기하는 흔적을 전혀 찾아볼 수가 없다. 시편 기자는 하나님의 이름으로 "떡 먹듯이 내 백성을 먹는" 행악자들이 "두려워하고 두려워할 것"이라고 말한다(시 14:4-5). 왜 두려워하는가? 왜 그저 책망만 하지 않으시는가? 왜 그들과 함께 합리적으로 생각하지 않으시는가? 왜 그저 고통당하는 사랑만을 보여 주지 않으시는가? 왜냐하면 악을 행하는 이들은 "부패하고 그 행실이 가

중하기" 때문이다(1절). 그들은 "다른 길로 벗나갔으며 하나같이 썩었기" 때문이다(3절, 새번역). 하나님이 심판하실 것이다. 하나님이 사람들에게 그들이 마땅히 받아야 할 것을 주시기 때문이 아니라, 어떤 이들은 그 누구도 받을 자격이 없는 것을 받기를 거부하기 때문이다. 악을 행하는 이들이 하나님의 테러를 경험한다면, 그것은 그들이 악을 행하기 때문이 아니라, 그들이 두 팔을 벌리신 십자가에 달리신 메시아의 강력한 끌어당김을 끝까지 거부했기 때문이다.

만약 어떤 사람들이 끝까지 고집을 부리며 구속받기를 거부한다는 점을 받아들인다면, 그것은 기독교 신앙의 핵심에 양립할 수 없는 모순이 존재한다는 결론으로 귀결되지 않겠는가? 여기에서는 '십자가에 달리신 메시아'가 두 팔을 벌리고 '가장 추악한 죄인'까지도 포용하신다고 말하고, 저기에서는 백마를 탄 자가 자기 입에서 나오는 날카로운 칼로 구제할 수 없을 정도로 사악한 이들을 내려친다고 말하는 셈이 아닐까? 끝까지 참으시는 하나님의 사랑과 맹렬한 하나님의 진노 사이의 모순? 왜 이런 양극성이 존재하는가? 그 이유는 십자가의 하나님이 재림의 하나님과 달라서가 아니다. 결국 십자가는 순수하고 단순한 용서가 아니라 **하나님이 불의와 기만의 세상을 바로잡으시는** 방법이다. 양극성이 존재하는 까닭은 일부 인간들이 '바로잡히기'를 거부하기 때문이다. 신적인 수난(십자가)을 폭력을 눈감아 주는 신적 약함의 표현―죄를 범한 이들을 회복시키시는 하나님의 은총이 아니라―으로 받아들이는 이들은 그들의 폭력을 종식시키시는 하나님의 진노(칼)를 자초할 뿐이다.[7] 나는 백마를 탄 자의 폭력은 **고통당하시는 하나님의 사랑에 의해 구속되기를 거부하는 모든 것에 대한 최종적인 배제를 상징적으로 묘사한 것**이라고 주장한다. 하나님의 선한 창조와 그 피조물의 평화를 위해서, 우리는 **이러한** 신적 분노와 **이러한** 신적 폭력을 긍정할 수 있고 긍정해야 하며, 그와 동시에, 마지막에는 어린양에 맞서 전쟁을 하려는 군대의 기수조차도 그 군대를 버릴 것이라는 소망을 굳게 붙잡아야 한다.[8]

사랑의 하나님은 끝까지 참으시면서 가해자를 선함으로 이끌려고 노력하셔야 하지 않을까? 사실 하나님은 계속 그렇게 해 오셨다. 즉,

---

7) 최근에 Jürgen Moltmann은 만물의 회복에 관한 강력한 글을 통해 역사의 종말에 이루어질 하나님의 심판을 역사 한가운데에서 이루어지는 죄인의 칭의와 병행되는 바로잡는 정의의 실행으로 이해해야 한다고 주장했다(Moltmann 1996b, pp. 235-255). 그렇게 보면 하나님의 심판의 결과는 하나님의 사랑의 최종적인 승리에 대한 우리의 바람과 잘 들어맞는다. 하지만 우리는 신적 '폭력'이 없다면 아무것도 이런 결과를 보장해 줄 수 없음을 명심해야 한다. 완벽한 자기 면역성을 지닌 악의 화신 같은 사람이 하나님이 보시기에 선한 일을 기쁘게 행하는 사람으로 변화되는 데는 폭력이 (그 사람의 관점에서 본 폭력) 개입할 것이라는 명제가 개연성을 가지게 하기 위해 그런 악의 화신이 존재한다고 전제할 필요는 없다. Deleuze와 같은 사상가의 주장만 살펴보아도, 특정한 가치 체계와 인간의 조건에 대한 특정한 해석의 틀 안에서는, 새 예루살렘의 시민이 된다는 것이 불타는 유황 못에 빠지는 것만큼 고통스러운 것처럼 보일 수도 있음을 충분히 이해할 수 있다(Deleuze 1980, p. 114). 그러므로 하나님이 한 사람을 그 사람의 의지와 상관없이 새 예루살렘의 거룩한 시민으로 변화시키시는 것이, 그 사람의 관점에서는 폭력의 행위처럼 보일 것이다. 우리는 이렇게 사람을 변화시키는 행위를 용인할 수 있는 것이라고 생각하고, 그것을 '폭력적'이라고 말하지 않는다. 왜냐하면 그리스도인으로서 우리는 우리를 변화시키시는 하나님의 관점을 공유하며, 그 변화를 통해 하나님이 바라시는 결과에 공감하기 때문이다. 비폭력적으로 변화시키시는 하나님의 사랑을 거부하는 이들에 대한 신적 폭력에 관해 말하지 않는 유일한 방법은, 하나님의 사랑의 끌어당김에 의해 변화되는 것을 아무도 거부하지 않을 것이라고 전제하는 것뿐이다. 물론 하나님의 사랑에 의해 감화된 이들은, 그 사랑을 아무도 거부하지 않기를 바라야겠지만, 인간의 조건에 대해 무지하지 않다면 정말로 그렇게 될 것이라고 믿기는 어려울 것이다. 따라서 마지막 저주의 가능성을 받아들일 수밖에 없다.

8) Moltmann은 하나님의 진노에 관한 나의 성찰의 전제가 되는 종말론적 입장을 그다운 정확하고 우아한 문체로 이렇게 요약한다. "원칙적인 특수주의는 존재하지 않는다. 그리고 자동적인 보편주의 또한 존재하지 않는다"(Moltmann 1996b, p. 249). 같은 주장을 다르게 표현하자면, 그에게 내가 들은 표현인데, "나는 보편구원론자가 아니지만, 하나님은 그러실지도 모른다"라고 말할 수 있을 것이다.

악을 행하는 이들 때문에 십자가 위에서 고통을 당하셨듯이 역사 전체를 통해 그들로 인해 고통을 당하신다. 하지만 하나님이 얼마나 참으셔야 할까? 결산의 날이 반드시 와야 한다. 하나님이 방아쇠를 당기기를 갈망하시기 때문이 아니라, 폭력의 세상에서 날마다 참기만 할 때 더 많은 폭력이 일어날 뿐이며, 신원(伸寃)을 연기할 때마다 더 많은 모욕을 당할 뿐이기 때문이다. 우리 영혼은 대주재의 제단 아래에서 "심판하여 우리 피를 갚아 주지 아니하시기를 어느 때까지 하시려 하나이까?"라고 부르짖는다(계 6:10). 우리는 "아직 잠시 동안 쉬되, 그들의 동무 종들과 형제들도 자기처럼 죽임을 당하여 그 수가 차기까지 하라"는 그분의 대답에 대해 불편하게 생각한다(11절). 하지만 이 대답은 하나님의 참으심은 단지 하나님만이 아니라 무고한 이들에게도 큰 희생을 요구한다는 점을 강조한다. 악을 행하는 이들이 변하기를 기다린다는 것은 고통이 지속되도록 내버려둔다는 뜻이다.

세계의 창조에는 아무런 폭력도 개입되지 않았다. 르네 지라르의 말처럼, "세계 창조의 이야기에서 기초를 놓는 처음 순간이 찾아왔지만, 희생양을 만드는 일은 일어나지 않았다"(Girard 1987, p. 143). 극복해야 할 혼돈의 세력도 전혀 없었다. 그저 무언가를 그 자리에 두는 행위를 통해 세계가 나타났다(Milbank 1990). 혼돈은 평화로운 창조를 왜곡함으로써 시작된다. 그러므로 구속은 그저 무언가를 그 자리에 두는 행위일 수가 없으며, 부정과 투쟁, 심지어는 폭력을 수반한다. 먼저 하나님이 세계를 구원하기 위해 십자가 위에서 폭력을 당하신다. 그런 다음 십자가에 의해 구속되기를 거부하는 혼돈의 세력에 대한 하나님의 오래 참으심이 끝난 후에, 하나님은 피조물의 본래적 평화를 회복하기 위해 끝까지 고집을 피우는 폭력적인 이들에게 폭력을 가하신다. 따라서 요한계시록에서는, 창조의 여명에서 창조의 주역이었던 그 말

씀이 창조의 새로운 영원한 날이 오기 전의 황혼에는 양날의 검이 된다(계 19:15).[9]

그렇다면 인간 역사의 결론은 폭력인가? 힘으로 압도하기가 처음 창조에서 하나님의 마지막 행위인가? 아니다. 짐승과 거짓 예언자에 대한 심판은 그들의 손에 고통당하는 이들에 대한 구원을 의미하기도 한다. 하나님은 기만과 불의, 폭력을 종식시킴으로써만 정의와 진리, 평화의 세상을 창조하실 수 있다. 심판의 목적은 죽은 듯이 고요한 최종적 폐쇄가 아니라, 차이들이 서로에게 자신을 내어 주며 평화롭게 끌어안는 영원한 춤이다. **세상의 종말은 폭력이 아니라 끝없는 비폭력적 포용이다.**

요한계시록은 종말에 대한 다른 그림, 말탄 자에 의한 정복이라는 폭력적인 이미지에 더 잘 들어맞는 그림을 그리지 않는가? "번개와 음성과 우렛소리"(계 4:5)가 나왔던 "보좌"에 의해 지배당하는 것이 그 마지막 이상(異象)이 아닌가? 이름이 없는 "보좌에 앉으신 이"(4:9; 5:1)는 아무도 대항할 수 없는 궁극적인 전사-군주의 완벽한 투사가 아닌가? 만약 그렇다면, 요한계시록은 그것이 전복하고자 했던 로마 제국의 폭력을 그저 충실히 반영한 것에 불과할 것이다. 이 책에 관해 가장 놀라운 점은, 보좌와 그 보좌가 다스리는 온 우주를 하나로 묶는 보좌의 한가운데에 희생당한 **어린양**이 앉아 있다는 것이다(5:6; 7:17; 22:1 참고). "보좌에 앉으신 이"의 마음속에는 십자가가 있다. 장차 올 세상은 적의를 정복하고 원수를 끌어안기 위해 십자가 위에서 스스로

---

9) Catherine Keller는 요한계시록의 "날카로운 칼"이 "첫 창조의 창조하는 말씀에 대한 멜로드라마틱한 남근적 패러디"처럼 보인다며 반론을 제기했다(Keller 1992, p. 191). 하지만 그는 해방의 기획을 고수하고 싶어 하기 때문에 '전사' 모티프를 전적으로 포기하려 하지는 않는다. 그는 칼을 그대로 가지고 싶어 하지만, 그 날을 무디게 한다. 그렇다면 그 칼은 남근적인가?

폭력을 감당하신 그분에 의해 통치될 것이다. 어린양의 통치는 "칼"이 아니라 그분의 "상처"에 의해 정당화된다. 그 통치의 목적은 사람들을 복종시키는 것이 아니라 그들이 "세세토록 왕 노릇하게" 하는 것이다(22:5). 보좌 한가운데 계신 어린양과 함께, "보좌"와 "백성" 사이의 거리는 삼위일체 하나님의 끌어안으심 안에서 사라졌다.

…십자가인가? 칼인가?

핵심적인 물음은 빛으로부터 어둠을 떼어 내는 일에 **누가** 개입하는가다. 누가 "짐승"과 "거짓 예언자"에 맞서 폭력을 행사해야 하는가? 신약 성경 전체를 반향하면서, 요한계시록은 오직 하나님만 그 일을 하신다고 말한다. 하지만 종말론적 폭력에서 인간이 어떤 역할을 하는가에 관해 요한계시록이 침묵한다는 것은 무엇을 뜻하는가? 이 침묵은 역사적 폭력에 대한 책망인가, 아니면 암묵적 승인으로서의 침묵, 더 나아가 공모로서의 침묵인가?

이런 물음을 순진한 물음이라고 기각하려는 신학자들도 상당히 많다. 그들은 하나님의 행위와 인간의 태도 사이의 직접적인 일치를 주장한다. 종교의 일차적인 동기가 "신성을 닮는 것"이므로 하나님을 예배하는 이들은 하나님이 하시는 모든 것을 행해야 한다. 당신의 하나님이 전쟁에 임하신다면 당신도 전사가 될 것이다(Griffin 1993, p. 3 이하). 하나님의 행동과 인간의 행동 사이의 일치를 주장하는 이 논제는 폭력과 관련된 신학의 근본적인 물음이 결국은 하나님에 관한 물음임을 올바르게 강조한다. "하나님은 어떤 분인가?" 그분은 "원수를 사랑하시며 본래적인 평화를 이루시는 분"(Yoder 1985, p. 104)인가? 아니면 복종하지 않는 이들을 벌하시는 복수의 하나님인가? 하지만 이 논제는 한 가지 작지만 치명적인 결함을 지닌다. 인간은 하나님이 아니다.

하나님을 모방할 의무보다 더 앞서는 의무가 존재하며, 그것은 **하나님이 되려고 하지 않을** 의무, 하나님으로 하여금 하나님 되시게 하고 인간으로 하여금 인간 되게 할 의무다. 하나님의 신성에 범접하지 않을 의무가 없다면 하나님을 모방하는 의무는 공허할 수밖에 없다. 왜냐하면 하나님에 대한 우리의 개념이 우리 자신의 거울 이미지에 불과할 것이기 때문이다.

성경적 전통은 하나님과 하나님 아닌 것 사이의 근본적인 차이를 보존하면서, 오직 하나님만 하실 수 있는 것들이 존재한다고 주장한다. 그중의 하나가 폭력의 사용이다. 많은 고대 문화와 달리, 이스라엘의 정치 신학은 하나님의 모든 속성이 왕의 속성이기도 하다는 '대표의 모델'로 작동하지 않는다. 이 모델에서는, 특별히 정치적인 감정을 예로 들자면, 왕의 분노는 하나님의 분노를 표출한 것이다. 뒤집어서 말하면, 하나님의 분노는 왕의 분노를 정당화하는 기능을 한다. 얀 아스만이 주장했듯이, 이스라엘에서는 하나님의 분노를 왕에게로 이전함으로써 그것을 세속화하는 대신 왕의 분노를 "땅으로부터 하늘로 이전시킴"으로써 그것을 '신학화' 했다. 그 결과, 하나님의 정의의 성취가 왕의 손에 맡겨지지 않고, 역사와 운명이 **하나님**의 정의의 직접적인 심판을 받게 된다(Assmann 1992a, pp. 98, 105).

신약 성경은 이러한 신적 분노의 신학화 과정을 철저히 고수함으로써 적어도 그리스도인에 관해서는 **하나님**이 폭력을 독점하신다는 담대한 주장을 펼친다. 하나님에 의한 폭력의 독점과 국가에 의한 폭력의 독점 사이에 어떤 관계가 존재하든지 ─ 로마서 13장과 요한계시록 13장은 이 물음에 대해 근본적으로 다른 대답을 제시한다 ─ 그리스도인은 칼을 들고 백마 탄 자의 깃발 아래 모여서는 안 되며, 십자가를 지고 십자가에 달리신 메시아를 따라가야 한다. 베드로전서는 "그리스도도 너희를 위하여 고난을 받으사 너희에게 본을 끼쳐 그 자취를 따라오게 하려 하셨느니라.…욕을 당하시되 맞대어 욕하지 아니하시고 고난을 당하시되 위협하지 아니하시고 오직 공의로 심판하시는 이에게 부탁하시며…"라고 말한다(벧전 2:21, 23; 롬 12:18-21 참고).

신약 성경에서 인간의 비폭력과 하나님의 복수를 밀접하게 연결시킨 것은 시사하는 바가 크다. 고통당하시는 메시아와 백마를 탄 자는 정말로 서로 하나다. 하지만 들뢰즈가 주장하는 방식대로는 아니다. 그 둘은 피를 흘리게 하는 폭력의 공모자가 아니라, 비폭력을 촉진함에 있어서 협력자다. 공의롭게 심판하시는 하나님께 자신을 의탁하지 않는다면, 십자가에 달리신 메시아를 따라가고 학대받을 때 복수하기를 거부하기란 거의 불가능할 것이다. 역사의 종말에 있을 하나님의 의로운 심판에 대한 확신은 역사 가운데서 벌어지는 폭력을 거부하는 전제조건이다. 하나님의 심판은 테러에 의한 인간 통치의 이면이 아니라 인간의 비폭력과 필연적으로 연관되어 있다. 진리의 추구와 정의의 실천을 결코 포기할 수 없기 때문에, 폭력의 세상에서 비폭력과 용서를 이룰 수 있는 유일한 방법은, 폭력을 전적으로 포기하는 것이 아니라 폭력을 **대체**하거나 **이전**하는 것뿐이다.

비슷한 추론에 기초해 유대교 학자 앙리 아틀랑(Henri Atlan)은 폭력에 맞서 싸우시는 하나님을 지칭하는 한 "사랑의 하나님보다는 폭력의 하나님을 이야기하는 것이 아마도 더 경제적일—더 효과적이며 덜 위험할—것이다"라는 급진적인 주장을 했다(Altan 1988, p. 206). "폭력의 하나님"과 "사랑의 하나님"이 날카로운 대조를 이루는 것처럼 보이기는 하지만, 아틀랑은 이 둘을 대립시키기보다 "폭력의 하나님"은 "토대가 되는(founding) 폭력을 독점하시는 하나님"을 의미하기 때문에 하나님이 세상에 대해 "전적인 사랑은" 아니시라고 말한다(p. 206).

기독교 신학자로서는 하나님이 "전적인 사랑이 아니다"라는 말을 도저히 받아들일 수가 없을 것이다. 그래서 하나님의 폭력이 "사랑이신" 하나님(요일 4:8)에게 합당한 것이 되려면 하나님의 사랑의 한 양상이어야 한다고 주장할 것이다. 하지만 하나님의 폭력과 인간의 비폭력에 관한 아틀랑의 주장은 설득력이 있다. 폭력의 세상에서는 폭력이 꼭 필요하고 정당화되는 경우가 있기 때문에, 그는 "세상에서 신성화된 폭력을 제거하는 최선의 방법은 그것을 거부하고 초월의 영역으로 넘기는 것이다. 폭력을 초월화하는 것은…결국 폭력을 사물의 일반적 지평으로부터 추방할 것이다"라고 주장했다(p. 207). "우리 스스로 폭력에 대한 의존을 전적으로 금지할 수 있는 유일한 방법"은 폭력이 "하나님으로부터 올 때만" 정당하다고 주장하는 것이다(p. 206).[10] 폭력의 신학화는 비폭력 정치의 전제조건이다.

칼을 휘두르는 것은 하나님께 합당한 일이 아니라고 이의를 제기할 수도 있다. 하나님은 사랑이 아니신가? 오래 참고 전능한 사랑이 아니신가? 이에 대해 이렇게 반문할 수 있다. 무엇이 하나님의 사랑과 조화를 이루는지에 관한 우리의 현대적인 감수성이 유대교와 기독교의 역사 전체에서 하나님의 사람들이 가지고 있던 감수성보다 훨씬 더 건전하다고 가정하는 태도는 다소 오만하지 않은가? 악을 행하는 이들은 스스로 면역성을 갖추는 경향이 있다는 나의 주장을 떠올려 본다

---

10) 요한계시록이 분노, 증오, 시기의 표현이라는 D. H. Lawrence의 주장을 부분적으로 따르면서, Adela Yarbro Collins는 요한계시록이 "복수와 시기를 상상으로 제한하고 폭력적 행위를 명백히 제거한다"고 주장했다(Collins 1983, p. 747). 하지만 상상의 폭력과 행위의 폭력을 구별하는 그의 태도는 지나치게 단순하며 오해를 불러일으킨다. 요한계시록이 실제로 진리와 정의에 대한 추구 대신 시기를 표현하는지의 여부에 관한 물음은 제쳐두고라도, 요한계시록이 폭력을 그저 상상으로 제한하지 않고 "상상" 속에서 폭력을 명백히 하나님께 제한하고 있음을 강조하는 것은 대단히 중요하다.

면, 폭력의 세상에서 하나님이 칼을 휘두르시지 않는 것이 하나님께 합당하지 않을 것이라는 주장까지도 가능하다. 만약 하나님이 불의와 기만에 대해 **분노하지 않고** 폭력을 최종적으로 종식시키지 **않으신다면**, 하나님은 우리가 예배하기에 합당한 분이 아니실지도 모른다. 하지만 나는 여기서, 하나님의 폭력이 하나님께 부당한 것이 아니라고 주장하는 것보다는, 하나님의 폭력이 우리에게 유익함을 보여 주는 것에 더 관심이 많다. 아틀랑은 폭력의 세상에서 우리가 피할 수 없는 양자택일, 즉 하나님의 폭력과 인간의 폭력 사이의 양자택일에 직면해 있다는 사실을 지적했다. 하나님의 '비폭력'을 주장하는 이들은 대부분 그들 스스로 폭력을 사용하는 것(혹은 다른 이들이 사용하는 폭력을 암묵적으로 승인하는 것)에 대해 저항할 수가 없다. 그들은 하나님의 심판을 이야기하는 것이 불경하다고 생각하지만, 심판을 인간의 손에 맡기는 것은 개념치 않는다. 아마도 심판하시는 하나님을 믿는 것보다는 그것이 덜 위험하고 더 인간적이라고 확신하기 때문일 것이다! **우리가** "권세 있는 자를 그 위에서 내리치는"(눅 1:51-52) 것이 더 책임감 있는 태도처럼 보인다. 그 혁명적인 마리아의 노래가 명시적으로 주장하는 것처럼 **하나님이** 하신다는 말은 세련되지 않은 것처럼 보인다. 그러므로 칼을 휘두르기를 거부하시는 하나님에 대한 신념은 은밀하게 폭력을 조장하고 번성하게 한다.

비폭력을 실천하기 위해 하나님의 복수에 대한 믿음이 반드시 필요하다는 나의 주장은 많은 그리스도인, 특히 서구 신학자들에게 인기가 없을 것이다. 이 주장을 거부하려는 이들에게, 나는 자신이 전쟁 지역에서 강의를 한다고(실제로 이 장의 기초가 된 논문은 처음에 전쟁 지역에서 발표되었다) 상상해 보라고 제안한다. 강연을 듣는 이들 중에는 자신의 도시와 마을이 약탈을 당하고 불에 탄 사람들이 있다. 딸과 자매들이 강간을 당하고 아버지와 형제들이 목을 베인 사람들도 있다. 강연의 주제는 폭력에 대한 그리스도인의 태도이며, 논제는 '하나님은 강압적이지 않은 완전한 사랑이시므로 우리는 복수해서는 안 된다'이다. 얼마 지나지 않아 당신은, 인간의 비폭력이 심판하시기를 거부하는 하나님의 태도에 상응한다는 논제는 오직 조용한 교외의 가정에서만 태어난다는 것을 깨닫게 될 것이다. 불에 그을리고 무고한 이들의 피로 물든 땅에서 그런 논제는 반드시 죽어 없어질 것이다. 그리고 그것이 죽는 것을 바라보면서 자유주의적인 사고에 사로잡힌 다른 많은 포로에 관해서도 반성해 보는 것이 좋을 것이다.

...전쟁의 가능성, 평화의 가능성

「내전의 가능성」(Aussichten auf den Bürgerkrieg)에서 한스 엔첸스베르거(Hans M. Enzensberger)는 무거운 돌을 언덕 위로 밀어올리기를 반복하는 형벌을 받은 그리스 신화의 비극적 인물 시시포스를 상기시킨다. 엔첸스베르거의 이 비관적인 책의 마지막 문장은 "이 돌은 평화다"이다(Enzensberger 1993, p. 93). 이 책의 첫머리에서는 왜 전쟁의 가능성이 평화의 가능성보다 훨씬 높은지를 설명한다.

동물들은 그저 싸울 뿐 전쟁을 하지 않는다. 인간은 계획을 세워서 같은 종족을 대량으로 죽이기 위해 열광적으로 노력하는 유일한 영장류다. 전쟁은 인간의 가장 중요한 발명품 중 하나다. 평화를 이루는 능력은 아마도 나중에 가서야 획득할 수 있을 것이다. 인류의 가장 오랜 전통, 신화와 서사시는 주로 사람들을 죽이는 것에 관해 이야기한다(p. 9).

엔첸스베르거에 따르면, 인간의 본성에 새겨진 파괴하고 죽이는 추악한 습성은 디스토피아—"만인 대 만인의 투쟁이라는 홉스적인 신화"—의 여지밖에 남기지 않는다(p. 36). 평화는 상존하고 피할 수 없는 전쟁 사이에 놓인 짧고 불안정한 휴지기에 불과하다. 역사의 첫 단어는 폭력이었다. 또한 마지막 단어이기도 할 것이다. 그리고 그 사이에 가장 많이 등장하는 단어이기도 하다.

전쟁에 맞선 시시포스의 투쟁 이미지와 우리가 성경에서 보는 평화의 비전을 대조해 보라. 예언자 이사야는 이렇게 말한다(11:1-9).

이새의 줄기에서 한 싹이 나며
　그 뿌리에서 한 가지가 나서 결실할 것이요
그의 위에 여호와의 영
　곧 지혜와 총명의 영이요
　모략과 재능의 영이요
　지식과 여호와를 경외하는 영이 강림하시리니,
그가 여호와를 경외함으로 즐거움을 삼을 것이며
그의 눈에 보이는 대로 심판하지 아니하며
　그의 귀에 들리는 대로 판단하지 아니하며
공의로 가난한 자를 심판하며
　정직으로 세상의 겸손한 자를 판단할 것이며
그의 입의 막대기로 세상을 치며
　그의 입술의 기운으로 악인을 죽일 것이며
공의로 그의 허리띠를 삼으며
　성실로 그의 몸의 띠를 삼으리라.
그때에 이리가 어린양과 함께 살며
　표범이 어린 염소와 함께 누우며

송아지와 어린 사자와 살진 짐승이 함께 있어

어린아이에게 끌리며

암소와 곰이 함께 먹으며

그것들의 새끼가 함께 엎드리며

사자가 소처럼 풀을 먹을 것이며

젖 먹는 아이가 독사의 구멍에서 장난하며

젖 뗀 어린아이가 독사의 굴에 손을 넣을 것이라.

내 거룩한 산 모든 곳에서

해 됨도 없고 상함도 없을 것이니

이는 물이 바다를 덮음 같이

여호와를 아는 지식이 세상에 충만할 것임이니라.

이 본문이 이리와 어린양, 가난한 자와 악한 자, 어린아이와 독사를 언급하지 않았다면, 우리는 이것이 우리가 사는 세상과 전혀 무관한 말씀이라고 생각하려 했을 것이다. 하지만 이것은 우리가 사는 세상에 대한 비전이다. 불의와 파괴로부터 해방된 우리의 세상, 공포가 아니라 평화가 마지막 말이 되는 우리의 세상에 대한 비전이다.

성경적 비전 - 이것을 유토피아라고 부를 수 있다면 - 은 엔첸스베르거의 비전보다 훨씬 희망적이다. 평화의 하나님이 인류 역사의 처음과 끝이시므로 폭력은 인간의 운명이 아니다. 하지만 평화에 대한 성경적 비전은 시시포스의 것보다 더 어려운 과업으로 우리를 초대한다. 물론 폭력이라는 가파른 언덕 위로 평화라는 돌을 밀어 올리는 일 - 살인자가 다음 날, 다음 주, 다음 해에 돌아올 수도 있다는 것을 알고 있지만 이웃에게 작은 도움을 주는 행위 - 은 어렵다. 하지만 자기 십자가를 지고 십자가에 달리신 메시아의 발걸음을 따라가는 것보다는 쉽다. 이것이 바로 예수 그리스도께서 그리스도인들에게 하라고 당부하신 일이다. 하나님의 정의를 확신하고 하나님의 임재로 마음을 굳게 하며 복수의 충동에 사로잡히기를 거부함으로써 폭력의 순환을 끊어야 한다. 원수를 사랑하려고 노력하면 결국 십자가에 달릴 가능성이 크다는 점을 부인할 수는 없다. 하지만 보복하지 않는 값비싼 행동들은 오순절의 평화―서로 다른 문화적 공간에서 온 사람들이 한 곳에 모여 서로의 언어를 이해하고 서로의 물건을 공유하는 평화―라는 연약한 열매가 자랄 수 있는 씨앗이 된다.

폭력의 세상에서 언제나 보복하지 않고 비폭력을 고수하는 것은 불가능할지도 모른다. 폭군을 왕좌에서 끌어내리고 광인이 파멸의 씨앗을 뿌리는 것을 막아야 할지도 모른다. 히틀러 암살 시도에 가담하기로 한 디트리히 본회퍼의 결단은 유명하고 설득력 있는 사례다. 또한 먼저 폭군과 광인이 권력에 오르지 못하게 막거나, 거리를 활보하는 평범한 가해자들이 폭력적인 행위를 하지 못하도록 막기 위해, 폭력적인 수단을 사용할 준비를 해야 할 경우가 있을지도 모른다. 폭력으로 가득한 세상에서, 문제는 단순히 "폭력 대 평화"가 아니라, "묵인된 불의한 폭력을 통해 강압적으로 유지되는 사회적 '평화'를 무너뜨리기 위해 어떤 폭력을 용인할 수 있는가"일지도 모른다(Suchocki 1995, p. 117). 그러나 십자가를 지는 대신 군인의 장비를 들기로 결정한다면, 십자가에 달리신 메시아를 예배하는 종교에서 그 결정의 정당성을 찾으려 해서는 안 된다. 왜냐하면 이 종교에서는 폭력적인 사람이 아니라 온유한 사람이 복이 있다고 말하기 때문이다(마 5:5).

어떤 그리스도인들은 칼을 들어야 하는 충분한 이유가 있어서 그것을 종교적으로 정당화하고자 하는 유혹을 뿌리치기 어려울 수도 있다. 이 유혹에 굴복한다면, 그들 식의 기독교 신앙이 폭력을 조장하는 데 공모했다는 비난을 면하려는 모든 시도를 포기해야 한다. 물론 그들은, 종교적 상징이 사용되어야 하는 경우는 **정당한** 전쟁을 정당화하고 촉진하는 경우뿐이라고 말할 수 있다. 그러나 전쟁을 하는 사람들 중에 자신의 전쟁이 정당하지 않다고 생각하는 사람이 한 명이라도 있다면 내게 보여 달라! 단순한 논리로만 생각해도, 그들 중 절반은 **반드시** 틀렸다. 물론, 전쟁과 혼돈의 세계에서 단순한 논리는 통하지 않을 수도 있다. 그렇다면 모두가 옳을까? 그것은 모두가 틀렸다는 말이기도 하다. 그리고 또한 테러가 지배한다는 말이기도 하다. 신들의 이름으로. 더 이상 악마들과 구별되지 않는 그런 신들의 이름으로.

해설
타인의 포용을 통한 정체성 만들기

강영안

서강대학교 철학과 교수

이 책 「배제와 포용」은 쉽지 않다. 읽기가 쉽지 않은 만큼 천천히, 조금씩, 마음을 집중해서 오랫동안 숙고하면서 읽어야 할 책이다. 천천히 읽어보면 이 책은 신학의 문제, 굳이 분류하자면 '정치 신학'에 해당하는 문제를 다루되, 끈질기게 묻고 또 물으면서 온전한 신학적 사고의 길을 열어가는 탁월한 책임을 알 수 있다. 이 책은 신학자가 편안한 서재에 앉아 한가하게 쓴 책이 아니라, 전쟁으로 폐허가 된 고향 땅을 오가며 십자가에 달린 그리스도를 따르는 이의 가슴으로 현실에 대한 한탄과 하나님 나라의 미래를 꿈꾸면서 희망을 자기고 쓴 책이다. 저자는, 한편으로는 근대 사상가들과 그리고 다른 한편으로는 포스트모던 이론가들과 쉬지 않고 대화를 나누면서 문제를 철저하게 파고든다. 그러면서 신학의 현장인 삶과 이 현장을 이해하고 해석하는 활동에 잣대가 되고 등불이 되는 성경 텍스트에 깊이 개입한다.

볼프가 이 책에서 다루는 문제는 사람이 사는 곳이면 어느 곳에나, 어떤 집단에나 두루 발견되는 갈등의 문제이다. 나와 남 사이에, 우리와 그들 사이에, 남자와 여자 사이에, 한 세대와 뒤따라오는 세대 사이에,

한 지역과 다른 지역 사이에, 한 종족과 다른 종족 사이에, 한 문명과 다른 문명 사이에 있어 왔던 갈등과 투쟁이 문제 상황으로 등장한다. 갈등이 있는 곳에 싸움이 있고 싸움이 심하면 죽이게 되고, 죽임 뒤에는 복수가 따르고, 복수는 다시 복수를 불러온다. 삶은 이리하여 '갈등의 악순환'으로 신음한다. 홉스 방식으로 말하자면, 이 땅의 삶은 '문명 상태'라 하지만 상호 갈등과 전쟁의 '자연 상태'로 돌아갈 준비가 언제나 되어 있다.

볼프가 직접 경험하고 목도한 갈등은 지난 세기 말 발칸 반도에서 있었던 전쟁이다. 그는 자신의 책에 대하여 "나는 내 고향 크로아티아뿐만 아니라 세계 전역에서 갈등의 악순환에 사로잡힌 이들의 고통에 들쑤심을 받아 여행을 떠났고 이 책은 바로 그 여행에 대한 보고"라고 말한다. 이 책에서 볼프가 하고 있는 제안은 매우 급진적이다. 그렇지 않았다면 서문에서 언급하듯이 몰트만으로부터 "하지만 체트닉(크로아티아 사람들을 죽인 세르비아 전사들)을 끌어안을 수 있겠는가?"라는 질문을 받지 않았을 것이다. 어떤 의미에서 이 책은 스승 몰트만의 질문에 대한 답변이다.

볼프의 답변을 알아보기 전에 잠시 인간 사회에서 갈등을 해결하는 방식이 무엇인지 물어보자. 사람들이 서로 양보하고 용납할 때는 갈등이 발생하지 않는다. 양보하지 않고 상대편이 행동할 수 있는 공간을 허용하지 않을 때 갈등이 발생한다. 갈등이 발생하면 사람들은 나와 남, 우리와 그들을 먼저 구별하고 이 구별을 토대로 나에게 또는 내가 속한 그룹에게 유리한 방향으로 문제를 해결하려 한다. 그렇게 문제가 해결되면 갈등은 심각한 상황으로 발전되지 않고 소멸된다. 그러나 그렇게 해결되지 않을 경우, 언쟁이 생기고 무력이 사용된다. 홉스의 '자연 상태'는 이런 상태를 일컫는다. 곧, 누구나 자신의 생존권 유지를 위해서 어떤 수단이라도 동원할 수 있는 상태이다. 이 상황에서는 필연적으로 "만인에 대한 만인의 투쟁"이 발생하고 "인간은 인간에게 늑대"가 된다. 이러한 삶은 홉스가 "고독하고 빈곤하며 불쾌하고 잔인하고 짧다"고 말한 삶이다. 홉스와 같은 근대 사상가는 이러한 삶을 벗어날 수 있는 유일한 길로 법을 생각한다. 법이 세워질 때 국가 권력이 개입하여 갈등과 투쟁을 종식시킨다. 따라서 해야 할 일은 법을 견고하게 하는 일이다. 이러한 국가의 이념, 곧 법이 통치하는 근대 국가의 이념은 서구를 지배했고, 이제는 서구의 확장으로 전 세계로 퍼져나갔다. 아마도 이슬람권을 제외한 모든 나라는, 적어도 이념으로는, 근대 국가를 세우려고 애썼을 것이다. 법의 통치 아래 갈등과 전쟁이 없어지고 정의와 평화가 수립되리라는 기대가 확산되었다.

홉스 외에도 법과 도덕을 통한 평화 수립의 꿈을 꾸었던 철학자로 칸트를 들 수 있다. 자연 속에 활동하는 힘에 관한 초기 논문에서부터 말년에 쓴 「영원한 평화를 위해서」(*Zum ewigen Frieden*)에 이르기까지 칸트 철학 전체가 평화를 세우고자 하는 철학적 의도를 드러낸다. 칸트의 대안은 무엇보다도 나라와 나라 사이에 구속력을 갖는 국제법을 제대로 수립하는 것이었다. 국제법을 통한 평화 수립은 르네상스 시대의 에라스무스와 교회 개혁 운동 이후 네덜란드의 신학자요 법학자인 휴고 그로티우스에까지 소급된다. 칸트는 여기서 한걸음 더 나아가 국제 연합 기구를 구상한다. 평화 수립은 무기나 억압이 아니라 법과 도덕을 통해서 가능하다는 것이 이들의 공통된 믿음이었다. 여기에는 네 것과 내 것, 나의 영토와 너의 영토, 나의 민족과 너의 민족, 나의 종교와 너의 종교를 분명히 구별하고, 나의 권리를 주장하는 만큼 너의 권리도 존중해야 한다는 도덕적 의무를 심각하게 수용하는 태도가 전제되어 있다. 이러한 해결 방식은 개신교와 가톨릭의 충돌과 갈등 문제를 해결하기 위해 '그의 영역에, 그의 종교'(cuius regio, eius religio), 즉 한 주권 국가의 수장의 종교가 그에게 귀속된 백성들이 믿는 종교가 되어야 한다는 구호를 외치는 것과 비슷하다. 각각의 영역을 분리하고 서로 존중하자는 것이다.

그럼에도 근대의 제안은, 그것은 홉스의 국가론이든, 에라스무스나 그로티우스 또는 칸트의 평화론이든, 타자를 배척하고 제거할 수 있는 가능성을 안고 있다. 20세기 유럽 상황을 보면 법을 말하기가 너무나 부끄럽다. 1차 대전과 2차 대전이 유럽에서 일어났고 1990년대에는 볼프가 어린 시절을 보냈고 신학 교육을 받은 발칸 반도의 구 유고슬라비아 지역이 전화(戰火)에 휩싸였다. 가톨릭과 정교회, 그리고 이슬람 사이의 종교 갈등과 민족 갈등은 이른바 '인종 청소'라는 새 단어를 만들어 낼 정도의 처참한 결과를 낳았다. 가까운 곳 우리 한반도의 상황도 마찬가지였다. 한반도는 19세기 말에 중국과 일본의 전쟁을, 20세기 초에는 러시아와 일본의 전쟁을 경험했다. 일본 제국주의는 35년간 한반도를 강점했고, 곧이어 한국 전쟁이 일어나 참혹한 동족 간의 살상을 지켜보았다. 과연 나라와 나라 사이에 법과 도덕이 통용될 수 있을까? 개인은 도덕적일 수 있지만 나라와 나라, 집단과 집단 사이에는 도덕이 있을 수 없다는 라이홀드 니버의 주장이야말로 진실이 아닐까?

현실 속에서 우리는 법과 도덕에 관한 냉소주의자가 되기 십상인 그런 사회에 살고 있다. 철학자가 아니더라도 "우리가 도덕에 속고 있는 것은 아닌가"(레비나스) 알아보는 일이 중요하다고 느낄 것이다. 왜냐하면 이성의 토대 위에 법과 도덕을 굳게 세웠다는 근대라는 시대에도, 여전히 도덕은 연약하고 법은 불의의 시녀 노릇을 하는 것처럼 보이기 때문이다. 이런 상황에서 정치란 '갈등과 싸움을 예측하고 수단을 다해 이기는 기술'처럼 보인다. 만일 정치를 이런 기술로 여기는 한, 진실이나 정의, 평화를 기대할 근거가 없다. 레비나스를 따라 좀 과장해서 말해보면, 법과 도덕을 근간으로 한 근대 정치는 정치를 일종의 '전쟁 기술'로 보게 됨으로써 결국 평화를 불가능하게 만들었다.

내가 보기에 볼프의 신학적 생각은 이 지점에서 출발한다. 눈앞에 전쟁은 계속 된다. 근대의 철학적, 정치적 프로그램은 실패했다. 포스트모던 정치 철학도 대안이 아니다. 그렇다면 십자가에 달리신 예수의 제자로서 그를 닮고 따라 살아야 할 그리스도인은 무엇을 해야 하는가? 라인홀드 니버처럼 현실주의를 선택할 것인가? 아니면 재세례파 신학자 존 요더처럼 평화주의를 선택할 것인가? 예수의 십자가의 관점과 만물의 회복을 기대하는 종말론적 관점은 이 물음에 어떤 전망을 열어주는가? 볼프는 매우 현실적인 이 물음을, 매우 이론적이면서도 실천적 함의를 가득 담는 방식으로, 성경 내러티브를 통해 풀어간다.

볼프의 책은 두 부분으로 되어 있다. 첫 부분은 배제와 포용, 성 정체성 문제를 다루고, 두 번째 부분은 좀더 근본적인 가치에 대한 물음으로서, 정의, 진실, 평화의 문제를 다룬다. 어느 부분이나 볼프 특유의 신학적 이해의 탁월함이 드러난다. 첫 부분이 볼프의 정치 신학의 근본적 지향을 명료하게 보여 준다고 한다면, 두 번째 부분은 첫 부분에서 말한 '포용하고자 하는 의지'라는 관점에서 정의와 진실, 그리고 삶의 궁극적 지향점이요 목표인 평화를 소상하게 그려낸다. 먼저 논의의 전개 방식에서 드러나는 볼프의 신학함의 태도와 방법을 주목해 보자.

첫째로, 볼프의 논의는 다루는 주제인 배제, 포용, 성 정체성, 정의, 진실, 평화에 관한 근대적 관점을 먼저 보여 주고 이것을 포스트모던 관점을 통해 비판하고 극복하려 한다. 그럼에도 포스트모던 관점을 고

스란히 따르지는 않고 오히려 성경으로 돌아간다. 이 점에서 볼프는 현존하는 신학자 가운데 누구보다도 포스트모던 사상에 우호적이다. 그럼에도 볼프는 포스트모던 사상이 문제의 해결책이라고 보지는 않는다. 그들로부터 사물과 현실을 보는 눈을 배우지만 그들의 사상을 따르지 않고 언제나 성경 내러티브로 돌아가서 매우 급진적으로 들리는 사고를 펼쳐 나간다. 그의 신학함의 방법은 현 시대 사상과의 '대화'와 '대결'을 통해서 '대안'을 제시한다는 점에서 대화론적이며, 문제 해결에 대한 근본적인 통찰을 성경 내러티브의 새로운 해석을 통해서 얻어낸다는 점에서 성경신학적이다.

둘째, 볼프의 논의의 핵심에는 항상 십자가에 달리신 그리스도가 있다. 그리스도는 십자가 위에서 자신을 온전히 내어 주셨다. 그의 내어 주심은 희생자뿐만 아니라 가해자의 죄책까지도 짊어지신 사건이다. 그리스도의 십자가는 피해자뿐만 아니라 가해자도 받아주시고 품으시고 안으시는 하나님의 사랑을 나타낸다. 여기서 볼프는 폭력에 대한 십자가의 도전을 읽는다. 십자가 위에서 그리스도는, 르네 지라르가 주장하듯이 인간 문화에서 보편적으로 찾아볼 수 있는, '희생양 메커니즘'을 폭로한다. 예수의 죽음도 이런 의미에서는 인간의 모방 욕망을 통한 희생양 만들기의 한 본보기가 된다. 그런데 십자가는 이에 그치지 않고 지라르 역시 주장하듯이 예수 자신이 직접 폭력을 수동적으로 당함으로 폭력의 악순환을 끊어낸 사건이다. 볼프는 여기서 한걸음 더 나아가, 십자가는 단순히 예수께서 폭력을 수동적으로 당할 뿐 아니라 사탄의 세력을 쳐서 이긴 사건이며, 피해자뿐 아니라 기만과 불의의 사람들까지도 안으시고 받아들인 사건이라고 본다. 십자가의 예수는 구세주일 뿐 아니라 동시에 우리가 본받아야 할 모범이다. "이제는 내가 사는 것이 아니요 오직 내 안에 그리스도께서 사는 것이라"

는 바울의 말은 예수가 삶의 중심이 됨으로써 변화된 자아로 살게 되었다는 고백으로 이해된다. 다시 말해, 중심의 재설정을 통해, 타자를 향해 자아를 개방하고 타자를 위해 기꺼이 자신을 내어 주고 자신 안에 타자를 받아들일 수 있게 되었다는 것이다. 이로부터 볼프는 악인과 원수를 포함해서 '타자를 포용하고자 하는 의지'가 진실과 정의와 평화의 선결 조건이라고 강조한다.

셋째, 볼프의 관점은 종말론적이다. 그는 자신이 말하는 것이 현실 정치에 곧장 적용될 수 있다고 보지 않는다. 이 점에서 그의 태도는 예언자를 닮았다. 현실 적용 가능성보다 먼저, 그것이 예수 그리스도의 삶과 가르침, 그리고 그를 따르던 사도들의 가르침이기 때문에 그렇게 주장할 수밖에 없다. 그의 주장이 현실 정치에 곧장 적용되지 않더라도, 예수를 따르는 제자들, 곧 그리스도의 교회에서는 그것이 현실적이고, 현실적이어야 한다고 생각한다. 왜냐하면 교회는 세상 속에서 세상의 일원으로 편안한 삶을 누리는 공동체가 아니라 세상과 전혀 다른 새로운 대안적 삶을 보여 주는 종말론적 공동체이기 때문이다. 이런 관점은 진실과 정의, 평화를 다룰 때뿐 아니라 배제와 포용, 그리고 성 정체성 문제를 다룰 때도 드러난다. 종말론적 공동체인 교회를 통해 사회와 문화에 접근하기 때문에 볼프는 사회 제도나 구조 변혁을 목표로 삼지 않고 사회적 행위자, 곧 사회 속에서 생각하고 판단하고 행동하는 주체들의 변화를 겨냥한다. 정체성의 문제에 줄곧 관심을 두는 이유가 바로 이 때문이다. 나와 타인과의 관계에서 나의 정체성 형성과 변화 없이는 여기서 다루는 주제인 배제와 포용의 문제가 해결되지 않는다. 행위자의 태도, 행위자의 생각, 행위자의 욕망의 방향이 바뀌고 내용이 혁신되어 근본적인 삶의 지향의 변화가 일어나지 않는다면 진실과 정의가 함께하는 평화의 공동체가 이루어질 수 없다. 그런 확신 때문에 볼프는 사회 제도와 구조보다 먼저 행위자에 집중한다.

이제「배제와 포용」속에 담긴 볼프의 핵심 사상을 몇 가지로 정리해 보자. 무엇보다도 볼프는 '배제'(exclusion)의 문제를 근대성의 특징이라 볼 수 있는 '포함'(inclusion)과 관련해서 접근한다. 이 때 포함은 배제되었던 것들을 동일자의 영역으로 포섭, 흡수하는 과정이다. 일례로 서유럽이 아메리카 대륙으로, 아프리카로 점점 세력을 확장하면서 그곳을 자신의 관리 영역으로 흡수, 통합했던 것을 들 수 있다. 이 과정에서는 타자로 배제되었던 것들을 만날 때, 그들을 타자로 인정하기보다는 오히려 적대적 타자의 관계에 놓게 되고, 동일자의 한 부분으로 흡수한 뒤에도 여전히 타자로서 배제를 하게 된다. 과거 일본과 조선의 관계를 보면, 일본에 대해 타자이던 조선이 일본의 속국이 되어 일본의 동일자 영역에 포섭되기는 했지만 그 안에서 언제나 배제의 경험을 하게 되었다. 일본의 내선일체(內鮮一體) 정책은 일본을 '안'으로 보고 '밖'에 있는 타자 조선을 그들과 하나가 되게 한다는 정책이다. 이 정책에 의해 일본과 조선의 경계가 없어졌지만, 흡수된 타자는 타자로서 고통을 당했다. 볼프는 이런 근대적 방식의 '포함' 또는 '포섭'에 대해 "포함을 향한 일관된 충동은 분리하는 모든 경계를 무너뜨리고 자아를 형성하고 규정하는 모든 외부의 권력을 중성화하고자 한다"고 말한다.

유럽 최근세사에서는 동일자로 흡수하는 것과 반대로 극단적 배제의 전략을 택한 사례를 볼 수 있다. 발칸 반도의 전쟁과 독일의 국가사회주의자들의 유대인 학살이 그러한 예다. 앞의 경우에는 세르비아인들에 의해 크로아티아인들이 배제되었고, 뒤의 경우에는 독일 민족에 의해 유대 민족이 배제되었다. 볼프에 따르면 이러한 배제는 두 가지 의미를 갖는다. 첫째, 서로 연결된 이음새를 잘라냄으로써 상호 의존적인 형식을 벗어나 극단적 독립의 위치를 차지하려는 태도이고(연결의 부정), 둘째 타자와 나 사이에서 정당하게 존중받아야 할 분리를 지워버리고 타자의 타자성을 인정하지 않는 것이다(분리의 부정). 이것이 종족과 종족 사이에서는 종족 살상으로 치닫고, 종교와 종교 사이에서는 타종교 배격으로 귀결되고, 개인과 개인 사이에서는 타인의 배제 또는 살인으로 종결된다.

그런데 배제를 극복하는 방식은 무엇인가? 볼프는 매우 호흡이 긴 논의를 하고 있지만, 그의 논의의 요점은 나와 타인 사이의 관계를 제대로 이해하는 것이다. 여기서 볼프 특유의 정체성에 대한 견해가 등장한다. 근대적 모형을 따르면 나와 타자의 관계에서 나는 언제나 중심에 있다. 타자는 비록 나와 동등한 존재라 할지라도 나의 맞은편에 서서 나의 주위에 위치한다. 모든 개체들이 이런 방식으로 각자 자기를 중심에 두고 타인을 주변화한다. 이 문제에 대한, 포스트모던 사상가 가운데 예를 들면, 리처드 로티의 대안은 나와 타인을 분리하는 것이다. 내가 나 자신을 만드는 작업, 곧 자기 창조(self-creation)는 타인과의 연대(solidarity)와는 전혀 별개의 문제라고 로티는 못 박는다. 그는 나와 타인의 관계를 설명하면서, 타인에 대해서 관심을 갖는 이유는 사회 속에서 나도 억울함을 당할 수 있고 폭력을 경험할 수 있기 때문이라는 정도로 말한다. 볼프는 나와 타인 사이의 관계를 따로 떨어진 것이 아니라 나의 정체성 형성의 계기로 본다. 여기서 중요한 것이 분리와 연결이다. 나와 타인은 다른 살갗, 다른 몸을 가진 개체로서 타인과 분리된다. 그럼에도 나와 타인은 공동의 삶을 살아가야할 존재로서 연결된다. 그러므로 타인을 나에게 동화, 흡수하여 분리를 철폐하는 것이나, 타인을 무시하거나 포기하거나 방치하여 연결을 없애는 것은 죄를 범하는 것이다. 볼프의 관점에서 볼 때 나와 타인은 구별되지만 흡수, 동화되거나 분리, 배척되어서는 안 될 존재들이다.

그런데 현실적으로는 나와 타인 사이에 가해자와 피해자 관계가 발생한다. 가해자는 악하고 피해자는 선하다는 도식도 생겨난다. 니체처럼 피해자가 된 약자를 비난할 수도 있겠지만, 볼프의 논의에서 중요한 점은 가해자나 피해자가 모두 죄인이라는 것이다. 가해자는 피해자를 배제한 점에서 죄를 범한 것이지만 피해자 또한 무죄할 수 없다고 본다. 왜냐하면 피해자 속에는 미움과 복수심이 자리 잡고 그로 인해 피해자는 기회가 오면 언제든지 가해자가 될 수 있기 때문이다. 이를 통해 피해자는 다시 가해자가 되고 가해자는 피해자가 된다. 이런 식으로 개인과 개인 사이, 집단과 집단 사이에서 포함과 배제의 도식이 계속 작용하여 폭력은 끝나지 않고 악순환이 반복된다. 따라서 볼프는 피해자뿐만 아니라 가해자까지도 수용될 수 있는 사고 틀을 마련한다. 그의 대안을 압축하여 말하면 "어느 누구도 포용하고자 하는 의지로부터 배제되는 일이 없도록" 하는 것이다. 심지어 악인마저도, 도무지 포용될 수 없는 사람도 포용하는 것이 십자가에서 악인까지도 포용하고 안아주신 그리스도를 따라가는 사람들이 해야 할 일이라고 볼프는 강조한다. 십자가 사건 이전에 볼프가 드는 한 예는 아벨을 죽인 가인을 하나님께서 보호하신 일이다. 볼프는 이렇게 말한다. "하나님은 가인 자신이 시작한 배제의 순환에 가인을 내어 주시지 않으셨다." 그러나 하나님께서 가해자인 가인을 보호해 주셨지만, 가인은 자신을 받아주는 하나님께 안겨서 자신이 걸었던 길과 반대 길을 걸어가지 않고서는 온전히 치유될 수 없었다.

볼프의 이러한 사상은 포용을 논의한 장(3장)에서는 훨씬 심화된 형태로 나타난다. 모더니즘의 해결책과 포스트모더니즘이 제시하는 대안을 논의한 다음, 볼프의 논의의 핵심적인 부분은 역시 용서의 실천을 다루는 데서 시작한다. 볼프는 필요한 단계를 언급한다. 첫째로 죄 아닌 것을 죄로 만들어 소외된 사람들을 배제하는 지배층뿐만 아니라 '죄인'이라 낙인찍힌 소외된 사람들도 반드시 거쳐야 할 단계로서, 볼프는 무엇보다도 회개를 든다. 여기서 말하는 회개는 잘못을 인정한 뒤, 자신을 정당화하고 남을 공격할 준비를 하는 회개가 아니다. 참된 회개는 정말로 어려운 일인데, "죄책의 억압과 운명에 대한 완고한 신념"으로부터의 해방, "자신을 가두어 놓은 무감각함과 반항이라는 방어 장치"로부터의 해방이 되는 회개이다. 이런 회개를 할 때 화해와 평화를 위한 두 번째 단계인 용서로 들어갈 수 있다.

그런데 볼프는 묻는다. 용서는 쉬운가? 용서가 쉽지 않은 까닭은 상대방으로부터 해를 입을 때, 해를 입었다고 생각하는 사람은 자기 자신의 편에 설 수 밖에 없기 때문이다. 상대방은 여기서 대적해야 할 대상이 된다. 그리고 한 번 일어난 일은, 엎질러진 물을 대야에 다시 담을 수 없듯이 일어나지 않은 것처럼 되돌릴 수 없다. 볼프는 한나 아렌트의 말을 빌려 이것을 '편파성의 곤경'과 '불가역성의 곤경'이라 이름 붙인다. 그런데 이 곤경을 뒤집은 이가 바로 나사렛 예수이다. 가해자에게 복수하지 않고, 무엇보다도 아버지 하나님께 그들을 용서해 달라고 빌면서 예수는 가해자들을 용서하셨다. 이것이 그가 말하는 '창조적 불의'이다. 해를 끼친 사람에게 그가 끼친 해만큼 되돌려 주는 행위, 곧 복수와는 달리 해를 끼친 사람에게 해를 돌려주지 않고 오히려 그를 용서해 주는 것이다. 해를 입은 만큼 갚아주는 것이 정의롭지만, 그렇게 갚지 않고 용서함으로써 불의를 행하는 일은 정의를 전제한다. 정의 없이 용서는 성립되지 않기 때문이다. 그러나 용서는 정의를 전제하면서도 그대로 갚지 않음으로써 불의를 저지르지만, 이를 통해서만 회복이 일어나므로 회복을 위해서는 불가결한 행위이다. 예수의 십자가는 이러한 '창조적 불의'의 예가 된다.

용서할 때 나는, 내가 입은 해에 대해 되갚음을 요구할 수 있는 나의 권리를 침해당하는 고통을 받을 뿐 아니라, 엄격한 보상적 정의에 따라 정당한 요구를 할 권리를 억누른다. 그러나 이러한 능동적인 고통을 통해 악인까지도 받아줄 수 있는 포용이 생긴다. 그럼에도 용서만으로는 화해와 평화가 발생하지 않는다. 용서를 한 후 각자 자신들의 길을 갈 수 있다. 화해와 평화가 가능하려면 그 다음 세 번째 단계로서 포용이 있어야 한다. 볼프는 그리스도의 십자가야말로 원수와 악인의 포용을 보여주는 전형적인 상징이라고 본다. 볼프는 다시 십자가 사건을 하나님의 삼위일체성을 통해 이해한다. 볼프의 설명을 들어보자. 그리스도의 수난은 두 차원을 보여준다. 하나는 인간의 적대감을 극복하는 자신을 내어 주는 사랑이며, 다른 하나는 소외된 인류를 받아들이기 위해 자신 안에 공간을 만드신 것이다. 자신을 내어 주는 것과 타자를 받아들이는 것은 볼프에 따르면 삼위일체의 내적 삶에서 가장 중요한 요소다. 교부들이 말한 하나님의 '페리코레시스'(perichoresis)가 바로 이것이다. 이것이 세상에 대해 드러나는 방식은 이레나이우스가 사용한 이미지처럼 세상을 향해 하나님이 두 팔을 벌리는 모습이다. 하나님은, 자신의 위격 안에서 서로에게 자신을 내어 주며 동시에 타자를 받아들이듯이, 원수가 된 세상에게 자신을 내어놓으시고 동시에 자신 안에 이 타자를 받아들이신다. 원수를 끌어안으신 결과가 십자가로 나타났다. 볼프는 성만찬도 자신을 내어 주고 타자를 자기 안으로 받아들이시는 삼위일체 하나님의 행위로 이해한다.

완전한 화해와 평화를 위한 마지막 네 번째 단계로 볼프는 '잊어버리기'를 제안한다. 그런데 이 망각은 "창조의 완성과 함께 일어날 수 있는 망각"이란 의미에서 역시 종말론적이다. 그럼에도 볼프가 망각을 강조하는 까닭은 망각하지 않는 한, 지나간 고통과 당한 악을 기억 속에서 완전히 지우지 않는 한, 진정한 화해와 평화가 가능하지 않다고 보기 때문이다. 다시 말하자면 볼프는 니체를 따라 "과거에 대한 구속 없이는 최종적 구속이 가능하지 않다"고 본다. 그런데 과거에 대한 구속은 모종의 망각 없이는 불가능하다. 이렇게 보는 까닭은 만물이 새롭게 창조될 때, 옛것이 다 지나가고 그것에 대한 기억까지도 폐기될 때에야 비로소 구속이 완성될 것이기 때문이다. 볼프는 하나님의 경우도 마찬가지라고 말한다. 하나님은 기억하시는 분이지만 우리의 죄악을 잊기 위해서만 기억하시는 분이다. 그러면, 가해자의 악을 하나님이 잊으신다면, 희생자의 호소는 어떻게 되는가? 기억하지 않기를 최종적 구속의 비전으로 삼는 것은 칼과 방패가 반드시 필요한 이 세상에서 살아가는 사람들에게 어떤 의미가 있는가? 이렇게 묻는 사람에게 볼프는 답한다. "그렇다. 아직 메시아가 영광 중에 오시지 않았기에 희생자들을 위해 우리는 그들의 고난의 기억을 계속해서 살아있게 해야 한다. 우리는 알고 있어야 한다. 우리는 기억해야 한다. 그리고 우리 모두가 들을 수 있도록 크게 외쳐야 한다. 하지만 이처럼 중요한 기억하기는, 언젠가 우리가 받은 상처와 당한 악행에 대한 기억을 잊게 할 바로 그 구속의 소망에 의해 통제되어야 한다. 궁극적으로 고통을 잊는 것이 기억하는 것보다 더 낫고, 온전함이 깨어짐보다 더 나으며, 의심으로 거리를 두는 것보다 사랑의 교제가, 부조화보다는 조화가 더 낫기 때문이다.…" 포용의 한 예로서 볼프는 돌아온 탕자 이야기를 매우 세밀하게 소개한다.

배제와 포용, 그리고 하나님의 삼위일체성과 관련하여 성 정체성의 문제를 논의한 다음, 볼프는 2부에서 우리의 문화와 사회가 지향해야 할 세 가지 중요한 가치, 곧 정의, 진리(진실), 평화의 문제를 그것들을 교란하는 억압, 기만, 폭력의 문제와 함께 다룬다. 여기서도 1부에서와 마찬가지로 모더니즘 사상가들과 포스트모더니즘 사상가들과 끊임없이 대화하면서 기독교 신학의 정의, 진실, 평화 이해를 정교하고 치밀하게 다듬어 간다. 1부와 마찬가지로 2부도 매우 풍성한 논의를 담고 있지만, 그 가운데서 관심을 끄는 몇 가지 문제들만 짚어 보자.

먼저 정의의 문제와 관련해서 볼프는 근대의 철학자들과 달리 정의가 역사적, 문화적 조건들 속에서 형성된다는 사실을 인정한다. 그러므로 '누구의 정의냐' 하는 물음이 중요하다. 그러나 포스트모던 철학자들이 주장하듯, 정의에 대한 설명이 특수하다는 주장이나 모든 정의론이 본질적으로 억압적이라는 말에는 동의하지 않는다. 이런 맥락에서 볼프는, 한편으로는 해체주의를 내세우는 데리다와 카푸토를, 다른 한편으로는 전통과 공동체를 중시하는 알래스데어 매킨타이어의 정의론을 논의하면서 그들의 주장 속에 내재된 문제를 노출시킨다. 그런 뒤에 볼프는 자신의 대안으로 두 가지 주장을 내세운다. 첫째는 어디에도 서 있지 않은 사람은 없으며, 모든 사람은 주어진 역사와 문화적 상황에 처해있다는 주장이고, 둘째는 우리는 대부분 하나 이상의 지점에 서 있다는 주장이다. 이를 통해 볼프는 매킨타이어의 주장에 부분적으로 동의하면서, 1장 '거리두기와 소속되기'에서 보여 준 것처럼, 그리스도인들은 여러 세계(성경의 세계, 문화적 세계)에 중첩해서 살고 있으면서도 세상 속에 살고 있는 사람들과 다른 근본적인 헌신을 가지고 있다는 사실을 일깨워준다. 그 결과는 "타자의 눈으로 바라보고, 그들의 관점을 받아들이고, 자신의 기본적 헌신들이 가지고 있는 새로운 의미를 발견하는 '이중적 보기'"를 실천하는 것이다.

그런데 이런 방식으로 보는 것이 정의의 문제를 제대로 이해하는 것과 무슨 상관이 있는가? 정의가 문제되는 상황에는 언제나 이편과 저편이 개입한다. 그런데 누구나 각자 자기편에 유리한 것을 생각한다. 따라서 '누구의 정의냐?'라는 질문이 당연히 제출된다. 이런 상황에서는 합의에 도달할 수 없다. 그러므로 볼프는 이런 상황을 타개할 수 있는 방법과 태도를 성경의 관점, 그가 말하는 십자가 중심성을 통해 새롭게 사고해 보고자 한다. 그래서 나온 것이 '이중적 보기'이다. 그러면 '이중적 보기'의 관점으로 정의를 볼 때 어떤 변화, 어떤 태도가 형성되는가? 볼프는 이렇게 말한다. "우리는 우리 자신의 정의에 대한 판단과 불의에 대항한 싸움을 타자의 눈으로 보며, 기꺼이 우리의 이해를 재조정하고 우리의 불의의 행위를 회개할 태도를 가져야 한다." 그런데 이런 태도를 가지고 어떻게 불의에 대항해서 싸울 수 있는가 하는 물음이 제기된다. 볼프의 제안은 이렇다. 중립성의 원칙을 배제하고 처음부터 강한 자들의 관점에 대해서 의심해야 한다. 힘없는 자들이 무고하기 때문이 아니라, 강한 자들은 논증과 선전으로 자신의 관점을 강요하기 때문이다. 따라서 말하지 못하는 자의 가냘프고 불안한 목소리를 더 잘 듣기 위해 최선을 다해야 한다.

이와 더불어 볼프는 정의를 위해서는 무엇보다도 '포용하고자 하는 의지'가 우선해야 함을 강조한다. 왜냐하면 정의 개념의 핵심에는 사랑이 담겨 있기 때문이다. 이 점에서 볼프는 불편부당을 강조한 전통적 정의 개념의 맹점을 지적한다. 하나님의 정의는 하나님의 관심과 은총이 개입하기 때문에 불편부당의 관점에서 보면 하나님의 정의는 불의하게 보일 것이다. 하나님은 고아와 과부, 가난한 사람과 외국인, 억눌린 자들을 편애하시는 분이다. 그런데 하나님의 정의의 관점에서 보면 동등화되고 추상화된 정의가 오히려 불의한 정의가 된다. 여기서 중요한 것은 사랑 없이 정의가 있을 수 없다는 것과 정의와 정체성 규정의 밀접한 관련됨이다. 만일 우리의 정체성이 타인과의 상호작용을 통해 형성된다면, 정의 개념과 관련해서도 유사한 태도를 취해야 한다. 초연한 판단만 강조하던 것에서 관계의 지속을 추구함으로, 맹목적인 불편부당함을 고집함에서 차이에 대한 감수성을 기르는 것으로 태도 변화가 있어야 한다. 이러한 변화의 한 예로서 볼프는 오순절 성령 강림 후 예루살렘 교회 안에서 헬라파와 히브리파 사이에 발생했던 부당함에 대한 호소와 그 해결을 든다. 헬라파 사람들의 부당함에 대한 호소를 해결하기 위해 (이름으로 드러나듯이) 헬라파 출신 일곱 명이 뽑혔다. 상처받은 헬라파 사람들이 나서서 자신들의 과부들뿐만 아니라 모든 과부를 돌보게 함으로써 부당함을 없애는 조치를 한 것이다.

정의 다음으로 볼프가 다루는 근본 가치는 진실이다. 과거에 대한 기억의 문제를 거론한 다음, 볼프는 사실을 강조하는 근대의 실증주의를 다룬다. '역사가의 임무는 과거에 일어난 일을 일어난 그대로 보여 주는 것'이라는 말 속에 실증주의의 태도가 잘 드러난다. 실증주의는 사실에 입각한 객관적 지식의 추구와 관련이 있다. 이런 태도는 잘 알려진 대로 지식의 확실성을 추구한 데카르트까지 소급된다. 사실/진리/객관성 문제와 관련해서 볼프는 한편으로는 지식의 상황성과 지역성을 강조하는 매킨타이어의 입장과, 진리와 지식을 권력과 곧장 연결시키는 푸코의 입장을 길게 소개한다. 매킨타이어와 푸코의 주장을 요약하는 것은 생략하고 볼프의 대안이 무엇인지 곧장 들여다보자.

지식에 대한 모더니즘의 목표는 "지식을 권력 투쟁으로부터 해방시키고 대결의 폭력을 무장해제하는 것"이고 그 방법이 '사실적 진리를 세우는 것'이었다면, 포스트모더니즘의 목표는 "법률, 의미, 진리라는 관념 배후에 존재하는 권력의 표현들이나 경쟁하는 힘들 간의 대결을 폭로하는 것"이다. 이 두 가지 태도에 대해서 볼프는 '사실에 입각한 진리'는 세울 수 없다고 보며, '권력의 표현들'을 폭로하는 것은 폭력을 왕좌에 올리는 것이라고 본다. 볼프의 대안은 앞에서도 언급한 '이중적 보기'이다. 우리는 '거기로부터'와 '여기로부터' 세계를 바라보려고 노력해야 한다. '거기로부터' 보자면 첫째, 우리는 우리 자신 바깥으로 나가야 한다. 그리하면 우리가 평범한 진리로 알고 있는 것들이 사실은 추악한 편견의 산물이었음을 보게 될 수도 있다. 두 번째는 타자의 세계 속에 잠시 머물러야 한다. 그래야 타자를 이해하고 그들의 경험을 공유할 수 있다. 세 번째는 타자를 우리 자신의 세계로 받아들이는 것이다. 그렇게 함으로써 '거기로부터'의 관점과 '여기로부터'의 관점을 비교하고 대조한다. 그리고 넷째로는 이 과정을 반복한다. 자아로부터 타자로 갔다가 되돌아오는 움직임을 반복하는 것이다. 그런데 왜 이렇게 해야 하는가? 왜 타인의 관점이 무엇인지, 나의 관점이 무엇인지, 오가면서 바라보아야 하는가? 진실을 보고 들어야 하기 때문이다.

진실(진리)을 보고 들으려면 진리에 순종하고자 하는 마음이 있어야 한다고 볼프는 말한다. 그런데 어떻게 진리에 순종하고자 하는 마음, 진리를 따르고자 하는 마음이 생기는가? 볼프는 그것이 진실한 성품의 열매라고 본다. 하우어워스가 말했듯이 진리는 진실한 삶을 요구한다. 기만적인 삶 속에는 진리가 깃들지 않는다. 진실한 삶은 동시에 사랑을 요구한다. 진실은 사랑으로 행할 수 있는 것이며, 이러한 진실에 대한 의지는 볼프에 따르면 타자를 포용하려는 의지, 공동체를 향한 의지를 동반해야 한다. 따라서 볼프는 진실과 공동체의 연관성을 매우 소중하게 생각한다. 진실 없이, 신뢰 없이 공동체가 유지될 수 없기 때문이다. 진실은 성경적인 의미로는 '신뢰할 수 있다', '믿을 수 있다'는 인격적, 사회적 의미가 있는데 이러한 진실 없이는 공동체가 성립되지 않는다. 이와 관련해서 볼프는 예레미야서 9장 4절에서 6절과 고린도후서 4장 2절을 논의하면서 성경적인 의미에서 진실은 (1) 명백하게 드러난 것이며 (2) 추상적인 범주에 속하기 보다는 사람들이 서로에게 행하는 일과 관계있으며 (3) 공동체를 지탱하는 것임을 지적한다. 논의가 거의 끝날 무렵 볼프는 빌라도 앞에 선 예수를 그리면서 정치권력에 맞선 진실의 모습을 보여준다.

2부의 세 번째 부분에서 볼프는 마지막으로 폭력과 평화의 문제를 거론한다. 여기서도 본론에 들어가며 볼프는 근대 사상가와 포스트모던 사상가들의 논의를 먼저 청취하면서, 특별히 현대 세계에서 종교가 차지한 위치에 주목한다. 그 가운데서도 기독교가 '우주적 테러'를 조장한다고 주장한 들뢰즈의 해석을 비판적으로 검토한다. 논의의 분량을 줄이기 위해서 볼프의 대안이 무엇인지 곧장 살펴보자. 볼프는 들뢰즈를 비판한 다음 그럼에도 그의 질문의 중요성을 환기시키며 이렇게 묻는다. 기독교 신앙이 폭력을 조장하는 데 연루된 것은 그저 몇 개의 개별적이며 부수적인 신념의 차원에서인가, 아니면 그 핵심적 차원에서인가? 하나님의 새로운 세상이라는 기독교의 이미지는 근원적으로 억압적이지 않은가? 그것은 전례 없는 폭력의 행위로 도래하지 않는가?

볼프는 그리스도의 십자가는 (위에서 언급했듯이) (1) 폭력의 악순환을 끊고, (2)희생양 기제를 폭로하고, (3) 하나님의 진리와 정의를 위한 예수님의 싸움의 일부이며 (4) 기만과 불의의 사람들을 끌어안는 하나님의 포용이라고 이해한다. 폭력에 대한 예수님의 유일한 대안은 자기를 내어 주는 사랑이었다. 그런데 볼프는 예수님의 다른 면, 곧 요한계시록에 나타나는 백마를 타고 와서 진멸하는 모습에서 폭력과 예수님의 관계의 다른 면을 보게 된다. 말탄 자의 폭력에 괴로움을 당할 자들은 무고한 이들의 피에 취해(계 17:6) 어린 양과 의로운 행실로 자신을 꾸민 이들(계 19:8)과 맞서 전쟁을 벌이는 이들이다. 이들에게 말 탄 이는 공의로운 심판을 실행한다(계 19:11). 그런데 물음은, '왜 이런 사람들을 심판하는 것이 그렇게 폭력적으로 나타날까?' 하는 것이다. 볼프는 불의에 대한 하나님의 진노에서 답을 찾는다. 하나님은 불의에 대해 분노하신다. 만일 하나님이 불의에 대해 분노하지 않는다면 하나님은 불의, 기만, 폭력의 공범이 되고 만다.

그런데 불의에 대해 하나님이 심판하시는 이유를 볼프는 이렇게 표현한다. "[심판하는 이유는] 하나님이 사람들에게 그들이 마땅히 받아야 할 것을 주시기 때문이 아니라, 어떤 이들은 그 누구도 받을 자격이 없는 것을 받기를 거부하기 때문이다. 만약 악을 행하는 이들이 하나님의 테러를 경험한다면 그것은 그들이 악을 행하기 때문이 아니라, 그들이 두 팔을 벌리신 십자가에 달리신 메시아의 강력한 끌어당김을 끝까지 거부했기 때문이다." 볼프에 따르면 십자가는 결국 순수하고 단순한 용서가 아니라, 하나님이 불의와 기만의 세상을 바로잡으시는 방법이다. 이를 바탕으로 볼프는 "백마 탄 자의 폭력은 고통당하시는 하나님의 사랑에 의해 구속되기를 거부하는 모든 것에 대한 최종적인 배제를 상징으로 묘사한 것"이라 본다. 세상 종말은 이런 관점에서 보면 하나님께서 기만과 불의, 폭력을 종식시키고 정의와 진리와 평화의 세상을 창조하는 것이다. 그러나 최종적 폭력에 대해서 볼프는 한 마디 덧붙인다. 그것은 우리가 행하는 것이 아니라 하나님께서 행하는 폭력이라고. 하나님을 하나님 되게 하는 것은 오직 폭력을 하나님만이 행하도록 하는 것이다. 인간은 결코 이점에서 하나님을 모방하지 않아야 한다. 하나님이 되려고 하지 않을 의무, 곧 하나님으로 하나님 되게 하고 인간이 인간 되게 할 의무, 이것이 하나님을 닮아 가려는 의무보다 앞서는 의무임을 볼프는 상기시킨다. 하나님만이 폭력을 독점하신다. 그러므로 인간은 폭력을 행사하려고 해서는 안 된다. 이것을 볼프는 이렇게 표현한다. "그리스도인은 칼을 들고 백마 탄 자의 깃발 아래 모여서는 안 되며, 십자가를 지고 십자가에 달리신 메시아를 따라가야 한다." 이 말에 이어 볼프는 논의를 계속 이어가지만, 아마도 이 한 문장 속에 오늘의 그리스도인들에게 그가 하고 싶은 말이 담겨 있는 것 같다.

마지막으로 볼프가 어떤 사람이며 지금까지 무슨 작품을 썼는지 덧붙여 두자. 미로슬라브 볼프는 1956년 구 유고슬라비아, 지금은 크로아티아로 독립한 지역에서 오순절 교회 목사의 아들로 태어났다. 어릴 때에는 공산 국가에서 목사 아들이란 사실이 그를 매우 수치스럽게 만들었고 자신은 그런 치욕을 자신의 아이들에게는 물려주지 않겠다는 결심까지 하였다. 지금은 미국 고든-콘웰 신학교에서 선교 신학 교수로 있는 그의 누나의 남편 피터 쿠즈미치의 영향으로 자기 고향에 있던 개신교 신학교에 입학하여 신학을 공부한다. 1977년 신학사를 마치고 미국 패서디나의 풀러 신학교로 옮겨가서 1979년 신학석사 학위를 받는다. 그리고는 조국으로 돌아가서 신학을 가르치다가 독일 튀빙겐 대학으로 가서 몰트만의 지도로 칼 마르크스의 노동 개념에 관한 논문을 써서 1986년에 신학박사 학위를 받는다. 학위를 끝낸 후에는 다시 고향으로 돌아가서 신학을 가르치다가 1991년 미국 풀러 신학교로 옮겨 부교수와 정교수가 된다. 1994년에는 다시 몰트만의 지도로 가톨릭 신학자 칼 라너와 정교회 신학자 요하네스 제지울라스의 교회론을 비교하는 논문을 튀빙겐 대학교에 제출하여 독일 대학의 신학 교수 자격을 얻는다. 1998년부터는 미국 예일 대학교 신학대학원의 헨리 B. 라이트 석좌교수가 되어 신학을 가르친다. 2003년부터는 예일 신학과문화연구소(the Yale Center for Faith and Culture)를 세워 소장으로 활동하고 있다. 볼프는 이 연구소 활동을 통해서 신앙이 삶과 동떨어진 것이 아니며, 신앙이란 일상의 삶에서 살아가야 할 '삶의 길', '삶의 방식'(a way of life)임을 드러내고자 한다.

볼프는 현재까지 20종의 책을 편집하거나 저술하였으며, 80여 편의 학술 논문을 발표하였다. 박사학위 논문으로 쓴 "노동의 미래와 미래의 노동: 칼 마르크스의 노동 개념과 그것의 신학적 평가"(Zukunft der Arbeit-Arbeit der Zukunft: Der Arbeitsbegriff bei Karl Marx und seine theologische Wertung)를 1988년 독일어로 출판한다. 이 책은 1993년 한국신학연구소를 통해서 번역 출판되었다. 볼프는 1991년에 이 책을 좀 더 발전시켜 「성령 안에서의 일: 일의 신학을 위하여」(Work in the Spirit: Towards a Theology of Work)를 낸다. 이 책에서 볼프는 일을 하나님의 '소명'의 관점에서 보려고 했던 개혁자들의 관점에 대한 대안으로서, 일을 하나님의 영으로부터 받은 '은사' 개념으로 보려고 시도한다. 1996년에는 「배제와 포용」을 출판하는데, 이 책은 "크리스채너티 투데이" 1996년 올해의 책으로 뽑히고, 나중에는 "크리스채너티 투데이"가 선정한 오늘의 종교 사상을 형성한 20세기의 고전 100권 중 하나로 선정되며, 이 책으로 2002년에는 루이빌 대학이 수여하는 그로마이어 상을 받게 된다. 또 1996년에는 볼프의 교수 취임 논문인 「삼위일체와 공동체: 에큐메니컬 교회론」(Trinitat und Gemeinschaft: Eine oekumenische Ekklesiologie)이 독일에서 출판된다. 이 책은 2년 뒤 1998년 미국의 어드만사를 통해서 「우리의 형상을 따라: 삼위일체 하나님의 형상으로서의 교회」(After Our Likeness: The Church as an Image of

Triune God)로 번역 출판된다. 2002년과 2006년에는 「배제와 포용」에서 다루었던 내용들을 좀더 대중화하여 「베풂과 용서」(Free of Charge: Giving and Forgiving in a Culture Stripped of Grace, 김순현 역, 복있는사람), 「기억의 끝: 폭력적인 세상에서 바르게 기억하기」(The End of Memory: Remembering Rightly in a Violent World)를 출판했다. 2010년에는 「사회를 섬기는 신앙: 그리스도를 따르는 사람들은 어떻게 공동선에 기여해야 하는가」(A Public Faith: How Followers of Christ Should Serve the Common Good)와 「하나님의 말씀에 사로잡혀: 현 시대의 신학적 성찰을 위하여 성경에 푹 빠지기」(Captive to the Word of God: Engaging the Scriptures for Contemporary Theological Reflection)를, 그리고 2012년에는 많은 논란과 관심을 일으킨 「알라: 기독교적 응답」(Allah: A Christian Response)을 출판했다. 이런 작품들을 통해 우리는 그가 「배제와 포용」에서 다룬 주제들이 계속 확장되고 심화되는 것을 보게 된다.

참고문헌

Allen, Barry. *Truth in Philosophy*. Cambridge: Harvard University Press, 1993.
Alston, William P. *The Reliability of Sense Perception*. Ithaca: Cornell University Press, 1996.
Anderson, Paul. "Was the Fourth Evangelist a Quaker?" *Quaker Religious Thought* 76 (2 1991): 27-43.
Apel, Hans-Otto. *Diskurs and Verantwortung*. Frankfurt: Suhrkamp, 1988.
Appiah, K. Anthony. "Identity, Authenticity, Survival: Multicultural Societies and Social Reproduction. In *Multiculturalism: Examining the Politics of Recognition*, edited by Amy Gutmann, pp. 149-163. Princeton: Princeton University Press, 1994.
Appleby, Joice, Lynn Hunt, and Margaret Jacob. *Telling the Truth About History*. New York: Norton, 1994.
Aptowitzer, V. *Kain und Abel in der Agada, den Apokryphen, der hellenistischen, christlichen und muhammedanischen Literatur*. Verö offentlichungen der Alexander Kohut Memorial Foundation 1. Wien: R. Löowit, 1922.
Aquinas, Thomas. *Summa Contra Gentiles*. Notre Dame: University of Notre Dame Press, 1975.
____. *Summa Theologica*. Translated by Fathers of the English Dominican Province. New York: Benzinger, 1948.

Arendt, Hanah. *Between Past and Future: Eight Exercises in Political Thought*. New York: Viking, 1968.

_____. *The Human Condition: A Study of the Central Dilemmas Facing Modern Man*. Garden City: Doubleday, 1959.

_____. *On Violence*. New York: Harcourt, Brace & World, 1970.

Aronowitz, Stanley. "My Masculinity." In *Constructing Masculinity*, edited by Maurice Berger et al., pp. 307-320. New York: Routledge, 1995.

Assmann, Aleida and Jan Assmann. "Aspekte einer Theorie des unkommunikativen Handelns." In *Kultur and Konflikt*, edited by Jan Assmann and Dietrich Harth, pp. 11-48. Frankfurt: Suhrkamp, 1990.

Assmann, Jan. *Das kulturelle Gedäachtnis: Schrift, Erinnerung und politische Identitäat in früuhen Hochkulturen*. München: C. H. Beck, 1992.

_____. *Politische Theologie zwischen Ägypten and Israel*. Themen LII, edited by Heinrich Meier. München: Carl Friedrich von Siemens Stiftung, 1992a.

Atlan, Henry. "Founding Violence and Divine Referent." In *Violence and Truth: On the Work of Renee Girard*, edited by Paul Dumouchel, pp. 198-208. Stanford: Stanford University Press, 1988.

Augustine. *Concerning the City of God Against the Pagans*. Translated by Henry Bettenson. Harmondsworth: Penguin, 1976.

Aukerman, Dale. *Reckoning with Apocalypse: Terminal Politics and Christian Hope*. New York: Crossroad, 1993.

Bailey, F. G. *The Prevalence of Deceit*. Ithaca: Cornell University Press, 1991.

Bailey, Kenneth E. *Finding the Lost: Cultural Keys to Luke 15*. St. Louis: Concordia, 1992.

Balslev, Anindita Niyogi. *Cultural Otherness: Correspondence with Richard Rorty*. Shimla: Indian Institute of Advanced Study, 1991.

Bam, Brigalia Hlophe, ed. *Rite of Reconciliation*. Johannesburg: South African Council of Churches, 1996.

Barr, James. *The Semantics of Biblical Language*. Oxford: Oxford

University Press, 1961.
Barth, Christoph. *Introduction to the Psalms*. New York: Scribners, 1966.
Barth, Karl. *Church Dogmatics*. Vol. 1/1. Translated by G. W. Bromiley and T. F. Torrance. Edinburgh: T. & T. Clark, 1975.
____. *Church Dogmatics*. Vol. III/1. Translated by J. W Edwards et al. Edinburgh: T. & T. Clark, 1958.
____. *Church Dogmatics*. Vol. III/2. Translated by Harold Knight et al. Edinburgh: T. & T. Clark, 1960b.
____. *Church Dogmatics*. Vol. III/3. Translated by G. W Bromiley and J. Ehrlich. Edinburgh: T. & T. Clark, 1960a.
Bauckam, Richard. *The Theology of the Book of Revelation*. New Testament Theology, edited by James D. G. Dunn. Cambridge: Cambridge University Press, 1993. 「요한계시록 신학」(한들출판사).
Bauman, Zygmunt. *Intimations of Postmodernity*. London: Routledge, 1992.
____. *Life in Fragments: Essays in Postmodern Morality*. Oxford: Blackwell, 1995.
____. *Modernity and the Holocaust*. Ithaca: Cornel University Press, 1989.
____. *Postmodern Ethics*. Oxford: Blackwell, 1993.
Beasley-Murray, George R. *John*. Word Biblical Commentary, Vol. 36. Edited by David A. Hubbard et al. Waco: Word, 1987. 「요한복음」(솔로몬).
Beckford, James A. *Religion and Advanced Industrial Society*. London: Unwin Hyman, 1989.
Bellah, Robert. *The Broken Covenant: American Civil Religion in Time of Trial*. New York: Seabury, 1975.
____. Richard Madsen, William M. Sullivan, Ann Swidler, and Steven M. Tiptop. *Habits of the Heart: Individualism and Commitment in American Life*. New York: Harper, 1985.
Benhabib, Seyla. *Situating the Self: Gender, Community, and Postmodernism in Contemporary Ethics*. New York: Routledge, 1992.
Benjamin, Walter. *Illuminations: Essays and Reflections*. Translated by

Harry Zohn. New York: Schocken, 1968.

Berger, Peter. *A Far Glory. The Quest for Faith in an Age of Credulity*. New York: Free Press, 1992.

Berger, Theresa. "Ecumenism: Postconfessional? Consciously Contextual?" *Theology Today* 53 (2 1996): 213-219.

Berlin, Isaiah. *Four Essays on Liberty*. London: Oxford University Press, 1969. 「자유론」(아카넷).

Bird, Phyllis. "Male and Female He Created Them: Gen. 1:27b in the Context of the Priestly Account of Creation." Harvard Theological Review 74 (1981): 129-159.

_____. "Sexual Differentiation and Divine Image in the Genesis Creation Texts." In *Image of God and Gender Models in Judaeo-Christian Tradition*, edited by Kari Elisabeth Børresen, pp. 11-34. Oslo: Solum, 1991.

Bittner, Christian, and Anne Ostermann. "Bruder, Gast oder Feind? Sozialpsychologische Aspekte der Fremdenbeziehung." In *Die Fremden*, edited by O. Fuchs, pp. 104-119. Duseldorf: Patmos, 1988.

Blanchot, Maurice. *Michel Foucault*. Translated by Barbara Wahlster. Tuingen: Edition Diskord, 1987.

Bloch, Maurice. *Prey into Hunter: The Politics of Religious Experience*. Cambridge: Cambridge University Press, 1992.

Bloom, Lawrence A. "Gilligan and Kohlberg: Implications for Moral Theory." Ethics 98 (21988): 472-491.

Bock, Darrell. *Luke 9:51-24:53*. Baker Exegetical Commentary on the New Testament. Grand Rapids: Baker, 1996.

Bollinger, Dwight. *Language-The Loaded Weapon*. White Plains: Longman, 1980.

Bondi, Roberta C. *To Pray and to Love*. Minneapolis: Fortress, 1991. 「사랑과 기도」(컨콜디아사).

Bonhoeffer, Dietrich. *The Cost of Discipleship*. Translated by R. H. Fuller. New York: The Macmillan Co., 1963.

_____. *Widerstand and Ergebung, Briefe und Aufzeichnungen aus der*

Haft. Müchen: Christian Kaiser, 1966.

Borg, Marcus J. *Meeting Jesus Again for the First Time: The Historical Jesus and the Heart of Contemporary Faith*. San Francisco: HarperSanFrancisco, 1994.

Boyarin, Daniel. *A Radical Jew: Paul and the Politics of Identity*. Contraversions, edited by Daniel Boyarin and Chana Kronfeld. Berkeley: University of California Press, 1994.

Brettschneider, Werner. *Die Parabel vom verlorenen Sohn: Das biblische Gleichnis in der Entwicklung der europäischen Literatur*. Berlin: Erich Schmidt, 1978.

Brock, Rita Nakashima. *Journeys by Heart. A Christology of Erotic Power*. New York: Crossroad, 1988.

Brown, Raymond E. *The Death of the Messiah. From Gethsemane to the Grave*. A Commentary on the Passion Narrative in the Four Gospels. Vol. 1. New York: Doubleday, 1994.

Brown, Robert McAfee, ed. Kairos: *Three Prophetic Challenges to the Church*. Grand Rapids: Eedmans, 1990.

Bruce, F. F. *The Epistles to the Colossians, to Philemon, and to the Ephesians*. NICNT, edited by F. F. Bruce. Grand Rapids: Eerdmans, 1984.

Brueggemann, Walter. *Genesis*. Interpretation: A Bible Commentary for Teaching and Preaching, Vol. 1. Edited by James Luther Mays. Atlanta: John Knox Press, 1982.

_____. *The Land: Place as Gift, Promise, and Challenge in Biblical Faith*. Overtures to Biblical Theology, edited by W Brueggemann and J. R. Donahue. Philadelphia: Fortress, 1977.

Bulgakov, Michael. *The Master and Margarita*. Translated by Michael Glenny. Ontario: Signet, 1967.

Bultmann, Rudolph. *"Aletheia." In Theological Dictionary of the New Testament*, edited by G. Kittel, 1:232-251. Grand Rapids: Eerdmans, 1964.

Burke, P "Geschichte als soziales Gedächtnis." In *Mnemosyne*, edited by

A. Assmann and D. Harth, pp. 289-304. Frankfurt: Suhrkamp, 1991.

Butler, Judith. *Gender Trouble: Feminism and the Subversion of Identity*. New York: Routledge, 1990. 「젠더 트러블」(문학동네).

Campbell, William S. *Paul's Gospel in an Intercultural Context: Jew and Gentile in the Letter to the Romans*. Studies in the Intercultural History of Christianity, edited by Richard Friedli, et al. Frankfurt: Peter Lang, 1991.

Caputo, John D. *Against Ethics. Contributions to a Poetics of Obligation with Constant Reference to Deconstruction*. Bloomington: Indiana University Press, 1993.

Charry, Ellen T "Christian Jews and the Law." *Modern Theology* 11 (21995): 185-193.

_____. "Literature as Scripture: Privileged Reading in Current Religious Reflection." *Soundings* 74 (1-2 1991): 65-99.

Chilton, Bruce and J. I. H. McDonald. *Jesus and the Ethics of the Kingdom*. Grand Rapids: Eerdmans, 1987.

Chodorow, Nancy. *The Reproduction of Mothering: Psychoanalysis and the Sociology of Gender*. Berkeley: University of California Press, 1978.

Cioran, E. M. *A Short History of Decay*. Translated by Richard Howard. London: Quartet Books, 1990.

Coakley, Sarah. "*Kenosis* and Subversion: On the Repression of 'Vulnerability' in Christian Feminist Writing." In *Swallowing a Fishbone? Feminist Theologians Debate Christianity*, edited by Daphne Hampson. London: SPCK, 1996(forthcoming at time of publication).

Collins, Adela Yarbro. "Persecution and Vengeance in the Book of Revelation." In *Apocalypticism in the Mediterranean World and the Near East*, edited by David Hellholm, 7299. Tubingen: J. C. B. Mohr (Paul Siebeck), 1983.

Connolly, William E. 'I. Taylor, Foucault, and Otherness." *Political Theory* 13 (31985): 365-376.

Crossan, John Dominic. *The Historical Jesus: The Life of a Mediterranean*

Jewish Peasant. San Francisco: HarperSanFrancisco, 1991.
「역사적 예수」(한국기독교연구소).
____. *Jesus: A Revolutionary Biography*. San Francisco: HarperSanFrancisco, 1994. 「예수」(한국기독교연구소).
Daly, Mary. *Beyond God the Father*. Boston: Beacon, 1973.
de Beauvoir, Simone. *The Second Sex*. Translated by H. M. Parshley. New York: Vintage Books, 1952.
de Unamuno, Miguel. *Abel Sanchez and Other Stories*. Translated by Anthony Kerrigan. Chicago: Henry Refinery Company, 1956.
Delbanco, Andrew. *The Death of Satan: How Americans Have Lost the Sense of Evil*. New York: Farrar, Straus and Giroux, 1995.
Deleuze, Gilles. *Kleine Schriften*. Translated by K. D. Schacht. Berlin: Minerva, 1980.
____. *Nietzsche und die Philosophie*. Translated by Bernd Schwibs. Hamburg: Europäsche Verlagsanstalt, 1991. 「니체와 철학」(민음사).
____, and Claire Parnet. *Dialoge*. Translated by Bernard Schwibs. Frankfurt a. M.: Suhrkamp Verlag, 1980.
Demmerling, Christoph. "Differenz und Gleichheit. Zur Anatomie eines Argumentes." In *Die Gegenwart der Gerechtigkeit. Diskurse zwischen Recht, praktischer Philosophic and Politik*, edited by Christoph Demmerling and Thomas Rentsch, pp. 122-131. Berlin: Akademie, 1995.
Derrida, Jacques. "Des Tours de Babel." *Semeia* 54 (1991): 3-34.
____. "Force of Law: The Mystical Foundation of Authority." *Cordoza Law Review* 11 (1990): 950-955.
____. *The Other Heading: Reflections on Today's Europe*. Translated by P-A. Brault and M. B. Naas. Bloomington: Indiana University Press, 1992.
Descartes, René. *Discourse on Method and the Meditations*. Translated by F. E. Sutcliffe. Harmondsworth: Penguin, 1968.
Dietrich, Walter. "'Wo ist dein Bruder?' Zu Tradition and Intention von Genesis 4." In *Beiträge zur Alttestamentlichen Theologies Festschrift für*

Walter Zimmerli zum 70. Geburtstag, edited by Herbert Dormer et al., pp. 94-111. Göttingen: Vandenhoeck & Ruprecht, 1977.

Diköter, Frank. *The Discourse of Race in Modern China*. Stanford: Stanford University Press, 1992.

____. "Throw-Away Babies." *Times Literary Supplement* (January 12, 1996): 4-5.

Dostoevsky Fyodor. *The Brothers Karamazov*. Translated by R. Pevear and L. Volokhonsky. San Francisco: North Point, 1990.

Douglas, Mary. *Purity and Danger: An Analysis of the Concepts of Pollution and Taboo*. London: Routlege, 1966.

Dreyfus, Hebert L. and Paul Rabinow. *Michel Foucault: Beyond Structuralism and Hermeneutics*. 2nd ed. Chicago: University of Chicago Press, 1983.

Duerr, Hans Peter. *Obszönität und Gewalt: Der Mythos vom Zivilisationsprozeß*. Frankfurt: Suhrkamp, 1993.

Dulles, Avery. *The Catholicity of the Church*. Oxford: Oxford University Press, 1987.

Dumitrescu, Soriu, ed. *7 Dimineti cu Staniloae*. Bucuresti: Anastasi, 1992.

Dumouchel, Paul. "Introduction." In *Violence and Truth: On the Work of René Girard*, edited by Paul Dumouchel, pp. 1-21. Stanford: Stanford University Press, 1988.

Dunn, James D. G. *Jesus' Call to Discipleship*. Understanding Jesus Today, edited by Howard Clark Kee. Cambridge: Cambridge University Press, 1992.

____. "Pharisees, Sinners, and Jesus." In *The Social World of Formative Christianity: In Tribute to Howard Clark Kee*, edited by Jacob Neusner et al., pp. 264-289. Philadelphia: Fortress, 1988.

Dussel, Enrique. *The Invention of the Americas: Eclipse of "the Other" and the Myth of Modernity*. Translated by M. D. Barber. New York: Continuum, 1995.

Eagelton, Terry. "The Death of Self-Criticism." *Times Literary Supplement* (November 24, 1995): 6-7.

Eckstein, Hans-Joachim. *Verheißung und Gesetz: Eine exegetische Untersuchung zu Galater 2,15-4,7*. WUNT 86, edited by Martin Hengel and Otfried Hofius. Tübingen: J. C. B. Mohr (Paul Siebeck), 1996.

Ehrenreich, Barbara. "The Decline of Patriarchy." In *Constructing Masculinity*, edited by Maurice Berger et al., pp. 284-290. New York: Routledge, 1995.

Elias, Norbert. *The Civilizing Process: The History of Manners and State Formation and Civilization*. Translated by Edmund Jephcott. Oxford: Blackwell, 1994.

Elon, Amos. "The Politics of Memory." *The New York Review of Books* 40 (October 7, 1993): 3-5.

Elshtain, Jean Bethke. *Democracy on Trial*. New York: BasicBooks, 1995.

Enzensberger, Hans Magnus. *Aussichten auf den Burgerkrieg*. Frankfurt: Suhrkamp, 1993.

Epstein, A. L. *Ethos and Identity: Three Studies in Ethnicity*. London: Travistock, 1978.

Erickson, John and Paul Laraz, eds. *The Paschal Service*. Wayne: Orthodox Christian Publications Center, 1990.

Fanon, Frantz. *The Wretched of the Earth*. Translated by Constance Farrington. New York: Grove Weidenfeld, 1963.

Faulkner, William. Intruder in the Dust. New York: Random House, 1948.

Fausto-Sterling, Anne. "How to Build a Man." In *Constructing Masculinity*, edited by Maurice Berger et al., pp. 127-134. New York: Routledge, 1995.

Fish, Stanley. "Why We Can't All Just Get Along." *First Things* 60 (21996): 18-26.

Fitzmyer, Joseph A. *The Gospel According to Luke (X-XXIV): Introduction, Translation, and Notes*. The Anchor Bible 28A, edited by W.F. Albright and D. N. Feedman. New York: Doubleday, 1985.

Flanagan, Owen and Kathryn Jackson. "Justice, Care, and Gender: The Kohlberg-Gilligan Debate Revisited." *Ethics* 97 (21987): 622-637.

Foucault, Michel. *Discipline and Punish: The Birth of the Prison*.

Translated by Alan Sheridan. New York: Vintage Books, 1979.

_____. "The Ethic of Care of the Self as a Practice of Freedom." In *The Final Foucault*, edited by James Bernauer and David Rasmussen. Cambridge: MIT Press, 1988.

_____. *History of Sexuality. Volume I: Introduction.* Translated by Robert Hurley. New York: Random House, 1978.

_____. *Language, Counter-Memory, Practice: Selected Essays and Interviews.* Translated by Donald E Bouchard and Sherry Simon. Ithaca: Cornell University Press, 1977.

_____. *Madness and Civilization: A History of Insanity in the Age of Reason.* Translated by Richard Howard. New York: Random House, 1988a.

_____. *The Order of Things.* London: Travistock Publications, 1970.

_____. "The Political Technology of Individuals." In *Technologies of the Self*, edited by Luther H. Martin et al., pp. 145-462. Amherst: The University of Massachusetts Press, 1988b.

_____. *Power/Knowledge: Selected Interviews and Other Writings 1972-1977.* Translated by Colin Gordon et al. New York: Pantheon Books, 1980.

Frank, Manfred. *Was ist Neostrukturalismus?* Frankfurt: Suhrkamp, 1984. 「신구조주의란 무엇인가」(인간사랑).

Frankfurt, Harry. "The Faintest Passion." *Proceedings and Addresses of the A. P. A.* 66 (3 1992): 5-21.

Fraser, Nancy. "Foucault on Modern Power: Empirical Insights and Normative Confusions." *Praxis International 1* (1981): 272-287.

Frischer, Fritz. "Zum Problem der Kontinuität in der deutschen Geschichte von Bismark zu Hitler." In *Nationalsozialistische Diktatur 1933-1945*, edited by K. D. Bracher, M. Funke, and H.-A. Jacobsen, pp. 770-782. Bonn: Bundeszentrale für politische Bildung, 1986.

Fung, Raymond. "Good News to the Poor-A Case for a Missionary Movement." In *Your Kingdom Come: Mission Perspectives*, pp. 83-92. Geneva: World Council of Churches, 1980.

Gatens, Moira. *Imaginary Bodies: Ethics, Power and Corporeality.*

London: Routledge, 1996.
Gates, Henry L. *Loose Canons: Notes on the Culture Wars*. New York: Oxford University Press, 1992.
Geertz, Clifford. "'From the Native's Point of View': On the Nature of Anthropological Understanding." In *Local Knowledge: Further Essays in Interpretative Anthropology*, pp. 55-70. New York: Basic Books, 1983.
Gestrich, Christof. *Die Wiederkehr des Glanzes in der Welt: Die christliche Lehre von der Sünde and ihrer Vergebung in gegenwütiger Verantwortung*. Tübingen: J. C. B. Mohr (Paul Siebeck), 1989.
Giddens, Anthony. *The Nation-State and Violence*. Berkeley: University of California Press, 1985.
Gilkey, Langdon. "Plurality and Its Theological Implications." In *The Myth of Christian Uniqueness: Toward a Pluralistic Theology of Religions*, edited by John Hick and Paul Knitter, pp. 37-50. Maryknoll: Orbis, 1987.
Gilligan, Carol. "Moral Orientation and Moral Development." In *Women and Moral Theory*, edited by E. F. Kittay and D. T Meyers, pp. 19-33. Totowa: Rowman & Littlefield, 1987.
Guard, René *Things Hidden Since the Foundation of the World*. Translated by S. Bann and M. Metteer. Stanford: Stanford University Press, 1987.
____. *The Scapegoat*. Translated by Yvonne Freccero. Baltimore: The Johns Hopkins University Press, 1986.
Gnilka, Joachim. *Jesus von Nazaret: Botschaft und Geschichte*. Freiburg: Herder, 1993. 「나사렛 예수」(분도출판사).
González, Justo L. *Out of Every Tribe and Nation: Christian Theology at the Ethnic Roundtable*. Nashville: Abingdon, 1992.
Gossman, Lionel. *Between History and Literature*. Cambridge: Harvard University Press, 1990.
Goudsblom, Johan. Nihilism and Culture. Oxford: Blackwell, 1980.
Graham, Elaine L. "Gender, Personhood, and Theology." *Scottish Journal of Theology 48* (31995): 341-358.

Griffin, David Ray. "The War-System and Religion: Toward a Post-Anarchist Hermeneutic." Unpublished paper, 1993.

Griffioen, Sander. "The Metaphor of the Covenant in Habermas." *Faith and Philosophy* 8 (4 1991): 524-540.

Grosz, Elizabeth. "Irigaray and the Divine." In *Transfigurations: Theology and the French Feminists*, edited by C. W Maggie Kim et al., pp. 199-214. Minneapolis: Fortress, 1993.

Gundry-Volf, Judith M. "Gender and Creation in 1 Corinthians 11:2-16: A Study of Paul's Theological Method." In S*chriftauslegung-Evangelium-Kirche*, edited by Otfried Hofius et al., pp. 151-171 Göttingen: Vandenhoeck & Ruprecht, 1997.

_____. "Male and Female in Creation and New Creation: Interpretations of Galatians 3:28c in 1 Corinthians 7." In *To Tell the Mystery: Essays on New Testament Eschatology. FS R. H. Gundry*, edited by Moses Silva and Thomas E. Schmidt, pp. 95-121. Sheffield: JSOT, 1994.

_____. "Spirit, Mercy, and the Other." *Theology Today* 52 (1 1995): 508-523.

Gunton, Colin. *The One, the Three and the Many: God, Creation and the Culture of Modernity*. Cambridge: Cambridge University Press, 1993.

Gurevitch, Z. D. "The Embrace: On the Element of Non-Distance in Human Relations." *The Sociological Quarterly* 31 (2 1990): 187-201.

_____. "The Power of Not Understanding: The Meeting of Conflicting Identities." *The Journal of Applied Behavioral Science* 25 (2 1989): 161-73.

Gutiérrez, Gustavo. *On Job: God-Talk and the Suffering of the Innocent*. Translated by Matthew J. O'Connell. Maryknoll: Orbis, 1987.

_____. *A Theology of Liberation: History, Politics, and Salvation*. 2nd ed. Translated by Caridad Inch and John Eagleson. Maryknoll: Orbis, 1988.

Gutmann, Amy. "Introduction." In *Multiculturalism: Examining the Politics of Recognition*, edited by Amy Gutmann, pp. 3-24. Princeton: Princeton University Press, 1994.

Habermas, Jürgen. "The Entwinement of Myth and Enlightenment: Re-

reading *Dialectic of Enlightenment.*" *New German Critique* 26 (1982): 29.

_____. *Der Philosophische Diskurs der Moderne: Zwölf Vorlesungen.* Frankfurt: Suhrkamp, 1985. 「현대성의 철학적 담론」(문예출판사).

Halbwachs, Maurice. *Das Kollektive Gedachtnis.* Frankfurt: Suhrkamp, 1985.

Hall, Douglas John and Rosemary Radford Ruether. *God and the Nations.* Minneapolis: Fortress, 1995.

Hamilton, V. *The Book of Genesis: Chapters* 1-17. NICOT, Grand Rapids: Eerdmans, 1990.

Hampson, Daphine. "Reinhold Niebuhr on Sin: A Critique." In *Reinhold Niebuhr and the Issues of Our Time,* edited by R. Harries, p. 460. Grand Rapids: Eerdmans, 1986.

Hanson, Anthony Tyrrel. *The Wrath of the Lamb.* London: SPCK, 1957.

Härle, Wilfried. *Dogmatik.* Berlin: Walter de Gruyter, 1995.

Harris, Thomas. *The Silence of the Lambs.* New York: St. Martin's, 1988.

Hauerwas, Stanley. *After Christendom? How the Church is to Behave if Freedom, Justice, and a Christian Nation are Bad Ideas.* Nashville: Abingdon, 1991.

_____. "In Praise of Centesimus Anus." *Theology* 95 (1992): 416-32.

Richard Bondi, and David B. Burrell. *Truthfulness and Tragedy: Further Investigations in Christian Ethics.* Notre Dame: University of Notre Dame Press, 1977.

Havel, Václav. *Living in Truth.* London: Faber and Faber, 1986.

Hays, Richard. *New Testament Ethics: Community, Cross, New Creation.* San Francisco: Harper, 1996.

Hegel, Georg Wilhelm Friedrich. *Phenomenology of the Spirit.* Translated by A. V Miller Oxford: Oxford University Press, 1977. 「정신현상학」(한길사).

Hengel, Martin. *Between Jesus and Paul: Studies in the Earliest History of Christianity.* Translated by John Bowden. London: SCM, 1983.

_____. *Judaism and Hellenism: Studies in Their Encounter in Palestine*

During the Early Hellenistic Period. Translated by John Bowden. London: SCM, 1974. 「유대교와 헬레니즘」(나남).

___. The Pre-Christian Paul. Translated by John Bowden. London: SCM, 1991.

Herman, Claire. "The Widow's Gesture." Times Literary Supplement (July 12, 1996): 28-29.

Hick, John. An Interpretation of Religion. Human Responses to the Transcendent. New Haven: Yale University Press, 1989.

Hiebert, Paul G. "The Category 'Christian' in the Mission Task." International Review of Mission 72 (July 1983): 421-427.

Hill, Craig C. Hellenists and Hebrews: Reappraising Division within Earliest Christianity. Minneapolis: Fortress, 1992.

Hirsch, Herbert. Genocide and the Politics of Memory: Studying Death to Preserve Life. Chapel Hill: The University of North Carolina Press, 1995.

Hobbes, Thomas. Leviathan. The Library of Liberal Arts, edited by Oskar Piest. Indianapolis: The Bobbs-Merrill, 1967.

Horowitz, Donald L. Ethnic Groups in Conflict. Berkeley: University of California Press, 1985.

Ignatieff, Michael. "Homage to Bosnia." The New York Review 41 (8 1994): 3-5.

___. "Is Nothing Sacred? The Ethics of Television." Daedalus 114 (41985): 57-78.

Irigaray, Luce. Divine Women. Translated by Stephen Muecke. Sydney: Local Consumption Publications, 1986.

___. "Equal to Whom?" differences 1 (1989): 59-76.

___. I Love to You. Sketch for a Felicity Within History. Translated by Alison Martin. New York: Routledge, 1996.

___. This Sex Which is Not One. Translated by Catherine Porter with Carolyn Burke. Ithaca: Cornell University Press, 1985.

Jacoby, Susan. Wild Justice: The Evolution of Revenge. New York: Harper & Row, 1983. Janowski, Bernd. "Dem Löwen gleich, gierig nach

Raub: Zum Feindbild in den Psalmen." *Evangelische Theologie* 55 (2 1995): 155-173.

Janowski, J. Christine. "Zur paradigmatischen Bedeutung der Geschlechterdifferenz in K. Barths 'Kirchlicher Dogmatik.'" *Marburger Jahrbuch Theologie* 7 (1995): 13-60.

Jepsen, Alfred. "Arran." In *Theological Dictionary of the Old Testament*, edited by G. J. and H. Ringgren Botterweck, 1:292-323. Grand Rapids: Eerdmans, 1974.

Jeremias, Joachim. *New Testament Theology: The Proclamation of Jesus*. Translated by John Bowden. New York: Scribners, 1971.

Jewett, Paul K. and Marguerite Shuster. *God, Creation, and Revelation: A Neo-Evangelical Theology*. Grand Rapids: Eerdmans, 1991.

Johnson, Elizabeth A. *She Who Is: The Mystery of God in Feminist Theological Discourse*. New York: Crossroad, 1993.

Johnson, Luke Timothy. *The Real Jesus: The Misguided Quest for the Historical Jesus and the Truth of the Traditional Gospels*. San Francisco: HarperSan Franscisco, 1996.

Jones, L. Gregory. *Embodying Forgiveness: A Theological Analysis*. Grand Rapids: Eerdmans, 1995.

Jones, Serene. "This God Which Is Not One: Irigaray and Barth on the Divine." In *Transfigurations: Theology and the French Feminists*, edited by C. W Maggie Kim et al., pp. 109-141. Minneapolis: Fortress, 1993.

Juergensmeyer, Mark. *The New Cold War? Religious Nationalism Confronts the Secular State*. Berkeley: University of California Press, 1993.

Jung, Carl Gustav. "After the Catastrophe." In *Collected Works of C. G. Jung*, edited by H. Read et al., 20:194-217. New York: Pantheon Books, 1964a.

_____. *Answer to Job*. Translated by R. F. C. Hull. London: Routledge, 1954.

_____. "Epilogue to 'Essay on Contemporary Events.'" In *Collected Works of C. G. Jung*, edited by H. Read et al., 20:2273. New York:

Pantheon, 1964.

_____. "Wotan." In *Collected Works of C. G. Jung*, edited by H. Read et al., 20:179-93. New York: Pantheon Books, 1964b.

Kant, Immanuel. *On History*. Translated by Lewis White Beck et al. Indianapolis: Bobbs-Merrill, 1963.

_____. *The Metaphysical Elements of Justice. Part 1 of The Metaphysics of Morals*. Translated by J. Ladd. Indianapolis: Bobbs-Merrill, 1965.

Kaplan, Robert D. *The Ends of the Earth: A Journey at the Dawn of the 21st Century*. New York: Random House, 1996.

Keillor, Garrison. *The Book of Guys*. New York: Penguin, 1994.

Keller, Catherine. *From a Broken Web. Separation, Sexism, and Self*. Boston: Beacon, 1986.

_____. "Why Apocalypse, Now?" *Theology Today* 49 (1992): 183-195.

Kennedy, Paul. *Preparing for the Twenty-First Century*. New York: Vintage Books, 1994.

Klaassen, Walter, ed. *Anabaptism in Outline*. Scottdale: Herald Press, 1981.

Klaassen, William. "Vengeance in the Apocalypse of John." *Catholic Biblical Quarterly 28* (1966): 300-311.

Kohut, Heinz. *The Restoration of the Self*. New York: International University Press, 1977.

Kristeva, Julia. *Fremde sind wir uns selbst*. Translated by Xenia Rajewsky. Frankfurt: Suhrkamp, 1990.

_____. "A New Type of Intellectual: the Dissident." In *The Kristeva Reader*, edited by Toril Moi, pp. 289-301. Oxford: Blackwell, 1986.

_____. *Powers of Horror: An Essay on Abjection*. Translated by Leon S. Roudiez. New York: Columbia University Press, 1982.

Kundera, Milan. *The Book of Laughter and Forgetting*. Translated by Michael Henry Heim. New York: Penguin, 1986.

Küng, Hans et al. *Christianity and World Religions. Paths of Dialogue with Islam, Hinduism, and Buddhism*. Translated by Peter Heinegg. Maryknoll: Orbis Books, 1993b.

____, and Karl-Josef Kuschel, eds. *A Global Ethic. The Declaration of the Parliament of the World's Religions*. New York: Continuum, 1993.

____. *Global Responsibility. In Search for a New World Ethic*. Translated by John Bowden. New York: Continuum, 1993a.

Kürzinger, Josef. "Frau and Man nach 1 Kor 11, 11f." *Biblische Zeitschrift* 22 (2 1978): 270-275.

Kuschel, Karl-Josef. *Abraham: Sign of Hope for Jews, Christians, and Muslims*. Translated by John Bowden. New York: Continuum, 1995.

LaCugna, Catherine Mowry. "God in Communion with Us. The Trinity." In *Freeing Theology: The Essentials of Theology in Feminist Perspective*, edited by Catherine Mowry LaCugna, pp. 83-114. San Francisco: HarperSanFrancisco, 1993.

Lamb, Sharon. *The Trouble with Blame: Victims, Perpetrators, and Responsibility*. Cambridge: Harvard University Press, 1996.

Lapide, Pinchas. *Von Kain bis Judas: Ungewohnte Einsichten zu Sünde and Schuld*. GTB 1439. Gütersloh: Gütersloher Verlagshaus, 1994.

Lebacqz, Karen. *Six Theories of Justice. Perspectives from Philosophical and Theological Ethics*. Minneapolis: Augsburg, 1986.

Levenson, Jon. "Why Jews Are Not Interested in Biblical Theology." In *Judaic Perspectives on Ancient Israel*, edited by Jacob Neusner et al., pp. 281-307. Philadelphia: Fortress, 1987.

Lévi-Strauss, Claude. *Tristes Tropiques*. Paris: Libraire Plon, 1955.

Lévinas, Emmanuel. *Entre nous: Essais sur le penser-á-l'autre*. Paris: Grasset & Fasquelle, 1991.

____. *Ethics and Infinity*. Translated by Richard A. Cohen. Pittsburg: Duquesne University Press, 1985.

____. *Otherwise Than Being, or Beyond Essence*. Translated by A. Lingis. The Hague: Martinus Nijhoff, 1981.

____. "The Trace of the Other." In *Deconstruction in Context: Literature and Philosophy*, edited by Mark C. Taylor, 345-359. Chicago: The University of Chicago Press, 1986.

Lévy, Bernard-Henri. *Gefährliche Reinheit*. Translated by Maribel Köiger.

Wien: Passagen Verlag, 1995.

Long, Burke O. "Ambitions of Dissent: Biblical Theology in a Postmodern Future." *Journal of Religion* 76 (2 1996): 276-289.

Lovin, Robin W *Reinhold Niebuhr and Christian Realism*. Cambridge: Cambridge University Press, 1996.

Luhmann, Niklas. *Funktion der Religion*. Frankfurt: Suhrkamp, 1977.

Lukes, Steven. *The Curious Enlightenment of Professor Caritat: A Comedy of Ideas*. London: Verso, 1995.

____. "Multikulturalismus and Gerechtigkeit: 'Politik der gleichen Würde' und 'Politik der Anerkennung.' Überlegungen im Anschlu β an Charles Taylor." In *Die Gegenwart der Gerechtigkeit: Diskurse zwischen Recht, praktischer Philosophie und Politik*, edited by Christoph Demmerling and Thomas Rentsch, 99-111. Berlin: Akademie, 1995a.

Luntley, Michael. *Reason, Truth and Self: The Postmodern Reconditioned*. London: Routledge, 1995.

Lyotard, Jean-Francis and Eberhard Gruber. *Ein Bindestrich: Zwischen "Jüdischem" and "Christlichem."* Düsseldorf: Parerga, 1995.

Lyotard, Jean-Francis. *The Postmodern Condition: A Report on Knowledge*. Translated by Geoff Bennington and Brian Massumi. Minneapolis: University of Minnesota Press, 1984.

____. *The Postmodern Explained: Correspondence 1982-1985*. Translated by Don Barry et al. Minneapolis: University of Minnesota Press, 1993.

____. *Das postmoderne Wissen*. Bremen: 1982.

MacIntyre, Alasdair. *After Virtue. A Study in Moral Theory*. 2nd ed. Notre Dame: University of Notre Dame Press, 1984.

____. "Are Philosophical Problems Insoluble? The Relevance of Systems and History." In *Philosophical Imagination and Cultural Memory: Appropriating Historical Traditions*, edited by Patricia Cook, 65-82. Durham: Duke University Press, 1993.

____. *Three Rival Versions of Moral Enquiry: Encyclopaedia, Genealogy, and Tradition*. Notre Dame: University of Notre Dame Press, 1990.

_____. "Truthfulness, Lies, and Moral Philosophers: What Can We Learn from Mill and Kant?" In *The Tanner Lectures on Human Nature*, edited by Grete B. Peterson, 16:309-361. Salt Lake City: University of Utah Press, 1995.

_____. *Whose Justice? Which Rationality?* Notre Dame: University of Notre Dame, 1988.

Maffesoli, Michel. "Jeux De Masques: Postmodern Tribalism." *Design Issues* 4 (1-2 1988): 141-151.

Marshall, I. Howard. *The Acts of the Apostles. An Introduction and Commentary*. Grand Rapids: Eerdmans, 1980.

Martin, Rex. "Truth, Power, Self: An Interview with Michel Foucault" In *Technologies of the Self*, edited by Luther H. Martin et al., 5-12. Amherst: The University of Massachusetts Press, 1988.

Marx, Karl. *Werke: Ergazungsband*, Vol. 1. Berlin: Diez Verlag, 1968.

McClendon, James Wm. Jr. *Ethics: Systematic Theology*, Vol. I. Nashville: Abingdon, 1986.

McCoy, Charles and J. Wayne Baker. *Fountainhead of Federalism: Heinrich Bullinger and the Covenantal Tradtition*. Louisville: Westminster/John Knox, 1991.

Meeks, Wayne A. "The Image of the Androgyne: Some Uses of a Symbol in Earliest Christianity." *Journal of the History of Religions* 13 (1 1973): 165-208.

Menand, Louis. "The Culture Wars." *The New York Review of Books* 41 (1994): 18.

Metz, Johann Baptist. "The Last Universalists." In *The Future of Theology: A Festschrift for Jugen Moltmann*, edited by Mirolsav Volf, 47-51. Grand Rapids: Eerdmans, 1996.

Milbank, John. *Theology and Social Theory: Beyond Secular Reason*. Oxford: Blackwell, 1990.

Miller, James E. *Passion of Michel Foucault*. New York: Simon & Shuster, 1993.

Miller, Patrick D. *They Cried to the Lord: The Form and Theology of Biblical Prayer*. Minneapolis: Fortress Press, 1994.

Moltmann, Jürgen. "Christianity and the Values of Modernity and of the Western World." Unpublished paper, 1996a.

___. "Christus oder Konstantin." *Publik-Forum* 24 (171995a): 18-29.

___. *The Coming of God: Christian Eschatology*. Translated by Margaret Kohl. Minneapolis: Fortress, 1996b.

___. "Covenant or Leviathan? Political Theology for Modern Times." *Scottish Journal of Theology* 47 (1 1994): 19-40.

___. "Forty Years After the Stuttgart Declaration." In *Case Study 2: The Forgiveness and Politics Study Project*, edited by Brian Frost. London: New World Publications, 1987.

___. *In der Geschichte des dreieinigen Gottes: Beiträge zur trinitarischen Theologie*. Müchen: Kaiser, 1991.

___. *Das Kommen Gottes: Christliche Eschatologie*. Güersloh: Christian Kaiser, 1995a.

___. *Public Theology and the Future of the Modern World*. Pittsburgh: ATS, 1995b.

___. *The Spirit of Life: A Universal Affirmation*. Translated by Margaret Kohl. Minneapolis: Fortress, 1992.

___. *The Trinity and the Kingdom: The Doctrine of God*. Translated by Margaret Kohl. San Fransisco: HarperCollins, 1981.

Moltmann-Wendel, Elisabeth, ed. *Die Weiblichkeit des Heiligen Geistes: Studien zur Feministischen Theologie*. Gütersloh: Kaiser, 1995.

___. "Zur Kreuzestheologie heute: Gibt es eine feministische Kreuzestheologie?" *Evangelische Theologie* 50 (6 1990): 546-157.

Morrison, Toni. *Beloved*. New York: Signet, 1987.

Mott, Stephen C. *Biblical Ethics and Social Change*. New York: Oxford University Press, 1982.

Mouffe, Chantal. "Das Paradoxon des politischen Liberalismus." In *Die Gegenwart der Gerechtigkeit: Diskurse zwischen Recht, praktischer Philosophie und Politik*, edited by Christoph Demmerling and Thomas

Rentsch, 181-87. Berlin: Akademie, 1995.

Mouw, Richard J. "Christian Philosophy and Cultural Diversity." *Christian Scholar's Review* 17 (1987): 109-121.

___, and Sander Griftioen. *Pluralism and Horizons. An Essay in Christian Public Philosophy*. Grand Rapids: Eerdmans, 1993.

Müller-Fahrenholz, Geiko. *Vergebung macht frei: Vorschläge für eine Theologie der Versöhnung*. Frankfurt: Otto Lembeck, 1996.

Murphy Jeffrie G. and Jean Hampton. *Forgiveness and Mercy*. Cambridge Studies in Philosophy and Law, edited by Jules Coleman. Cambridge: Cambridge University Press, 1990.

Nagel, Thomas. *The View from Nowhere*. New York: Oxford University Press, 1986.

Neudeck, Rupert. "Europa am Ende? Das gute Beispiel: Albanien." *Orientierung* 57 (101993): 117-20.

Neuer, Werner. *Man and Woman in Christian Perspective*. Translated by Gordon Wenham. London: Hodder & Stoughton, 1990.

Neusner, Jacob. *Children of the Flesh, Children of the Promise: A Rabbi Talks with Paul*. Cleveland: Pilgrim, 1995.

___. "Christmas and Israel: How Secularism Turns Religion into Culture." In *Christianity and Culture in the Crossfire*, edited by David Hoekema et al. Grand Rapids: Eerdmans, 1997 (forthcoming at time of publication).

Neyrey, Jerome H. "Unclean, Common, Polluted, and Taboo: A Short Reading Guide." *Foundations & Facets Forum* 45 (4 1988): 72-82.

Niebuhr, H. Richard. *The Social Sources of Denominationalism*. Hamden: The Shoe String Press, 1954.

Niebuhr, Reinhold. "Christian Faith and Natural Law." In *Love and Justice. Selection from the Shorter Writings of Reinhold Niebuhr*, edited by D. B. Robertson, 46-54. Cleveland: The World Publishing Company, 1967.

___. *Moral Man and Immoral Society: A Study in Ethics and Politics*. New York: Scribner's, 1960.

_____. *The Nature and Destiny of Man.* New York: Scribner's, 1964.

Nietzsche, Friedrich. *The Birth of Tragedy and The Genealogy of Morals.* Translated by Francis Golffing. Garden City: Doubleday, 1956.

_____. *Ecce Homo: How One Becomes What One is.* Translated by R. J. Hollingdale. London: Penguin, 1979.

_____. *The Gay Science with a Prelude in Rhymes and an Appendix of Songs.* Translated by Walter Kaufmann. New York: Vintage Books, 1974.

_____. *Human, All Too Human. A Book for Free Spirits.* Translated by Marion Faber. Lincoln: University of Nebraska Press, 1996.

_____. *Jenseits von Gut and Böse.* Vol. 6/2. Nietzche Werke, edited by G. Colli and M. Montinari. Berlin: Walter de Gruyter, 1968.

_____. *Thus Spoke Zarathustra: A Book for Everyone and No One.* Translated by R. J. Hollingdale. London: Penguin, 1969.

_____. *Twilight of the Idols and The Anti-Christ.* Translated by R. J. Hollingdale. London: Penguin Books, 1990.

Nolland, John. *Luke 9:21-18:34.* Word Biblical Commentary, Vol. 35B, edited by Ralph P Martin. Dallas: Word Books, 1993.

Okin, Susan Moller. "Reason and Feeling in Thinking about Justice." *Ethics* 99 (1 1989): 229-249.

Oppenheimer, Helen. *The Hope of Happiness.* London: SCM, 1983.

Orwell, George. *Nineteen Eighty-Four.* New York: Harcourt, Brace and Co., 1949.

Pagels, Elaine. *The Origin of Satan.* New York: Random House, 1995.

Pannenberg, Wolfhart. *Anthropology in Theological Perspective.* Translated by Michael J. O'Connell. Philadelphia: Westminster, 1985.

_____. *Systematic Theology.* Translated by Geoffrey W. Bromiley. Grand Rapids: Eerdmans, 1991.

Pasewark, Kyle A. "Remembering to Forget: A Politics of Forgiveness." *Christian Century* 112 (July 5-12, 1995): 683-685.

_____. *A Theology of Power: Being Beyond Domination.* Minneapolis: Fortress, 1993.

Pederson, Paul. "Ambiguities of Tradition: Widow Burning in Bengal in the Early Nineteenth Century." In *Religion, Tradition, and Renewal*, edited by A. W Geertz and J. S. Jensen, 67-78. Aarhus: Aarhus University Press, 1991.

Pfaff, Peter. "Einspruch gegen Landwirtschaft: Kafkas 'Heimkehr': Die Parabel zu Parabel." In *Die Sprache der Bilder: Gleichnis und Metapher in Literatur und Theologie*, edited by Hans Weder, 76-91. Gütersloh: Gütersloher Verlagshaus Gerd Mohn, 1989.

Plantinga, Cornelius. *Not the Way It's Supposed to Be: A Breviary of Sin*. Grand Rapids: Eerdmans, 1995.

Plantinga Pauw, Amy. "Personhood, Divine and Human." *Perspectives* 8 (2 1993): 12-14.

_____. "Who or What Is the Holy Spirit?" *The Christian Century* 113 (January 17, 1996): 48-51.

Plaskow, Judith. *Sex, Sin and Grace: Women's Experience and the Theologies of Reinhold Niebuhr and Paul Tillich*. Washington: University Press of America, 1980.

Pölmann, Wolfgang. *Der verlorene Sohn und das Haus: Studien zu Lukas 15, 11-32 im Horizont der antiken Lehre von Haus, Erziehung and Ackerbau*. WUNT 68, edited by Martin Hengel and Otfried Hotius. Tübingen: J. C. B. Mohr (Paul Siebeck), 1993.

Premdas, Ralph. "The Church and Ethnic Conflicts in the Third World." *The Ecumenist* 1 (41994): 53-56.

Prestige, G. L. *God in Patristic Thought*. London: S.P.C.K., 1956.

Rabinowitz, J. J. "The Susa Tablets, the Bible, and the Aramaic Papyri." *Vetus Testamentum* 11 (1961): 56-76.

Radford Ruether, Rosemary. "Christian Anthropology and Gender: A Tribute to Jürgen Moltmann." In *The Future of Theology: Essays in Honor of Jürgen Moltmann*, edited by Miroslav Volf et al., 241-252. Grand Rapids: Eerdmans, 1996.

Ratzinger, Joseph. *Introduction to Christianity*. Translated by J. R. Foster. New York: Herder and Herder, 1970.

____. "Der Neue Bund: Zur Theologie des Bundes im Neuen Testament." *Internationale Katholische Zeitschrift Communio* 24 (31995): 193-208.

Rawls, John. *A Theory of Justice*. Cambridge: Harvard University Press, 1971.

____. *Political Liberalism*. The John Dewey Essays in Philosophy. New York: Columbia University Press, 1993.

Reese-Schäfer, Walter. *Lyotard zur Einführung*. Wien: Junius Verlag, 1989.

Rensberger, David. "The Politics of John: The Trial of Jesus in the Fourth Gospel." JBL 103 (31984): 39511.

Rentsch, Thomas. "Unmölichkeit and Selbsttranszendenz der Gerechtigkeit." In *Die Gegenwart der Gerechtigkeit: Diskurse zwischen Recht, praktischer Philosophie und Politik*, edited by Christoph Demmerling and Thomas Rentsch, 191-196. Berlin: Akademie, 1995.

Ricoeur, Paul. "Evil, A Challenge to Philosophy and Theology." *Journal of the American Academy of Religion* 53 (31985): 635-648.

____. "The Hermeneutics of Symbols and Philosophical Reflection: I." In *The Conflict of Interpretations*, edited by Don Ihde. Evanston: Northwestern University, 1974.

____. *Oneself as Another*. Chicago: The University of Chicago Press, 1992.

____. "Theonomy and/or Autonomy" In *The Future of Theology: Essays in Honor of Jürgen Moltmann*, edited by Miroslav Volf 284-298. Grand Rapids: Eerdmans, 1996.

Rilke, Rainer Maria. *The Notebooks of Malte Laurids Brigge*. Translated by Stephen Mitchell. New York: Random House, 1982.

Ritschl, Dietrich. *Zur Logik der Theologie. Kurze Darstellung der Zusammenhänge theologischer Grundgedanken*. Müchen: Christian Kaiser, 1984.

Bobbins, Jill. *Prodigal Son/Elder Brother*. Religion and Postmodernism, edited by Mark C. Taylor. Chicago: The University of Chicago Press,

1991.

Rorty, Richard. "Habermas and Lyotard on Post-modernity." *Praxis International* 4 (1 1984): 32-44.

_____. *Contingency, Irony, and Solidarity*. Cambridge: Cambridge University Press, 1989.

Rose, Gillian. *Love's Work: A Reckoning with Life*. New York: Schocken, 1996.

Rosenzweig, Franz. *The Star of Redemption*. Translated by William W Hallo. New York: Holt, Rinehart, Winston, 1971.

Rubenstein, Richard L. *The Cunning of History*. New York: Harper, 1978.

Said, Edward W. *Culture and Imperialism*. New York: Alfred A. Knopf, 1993.

_____. *Representations of the Intellectuals. The 1993 Reith Lectures*. New York: Pantheon, 1994.

Saiving, Valerie. "The Human Situation: A Feminine View." In *Womanspirit Rising: A Feminist Reader in Religion*, edited by Carol A. Christ and Judith Plaskow, 25-42. San Francisco: Harper, 1979.

Sandel, Michael. *Liberalism and the Limits of Justice*. Cambridge: Cambridge University Press, 1982.

Sanders, E. P. *The Historical Figure of Jesus*. London: The Penguin Press, 1993.

_____. *Jesus and Judaism*. Philadelphia: Fortress, 1985.

Sanneh, Lamin. "Christian Missions and the Western Guilt Complex." *The Christian Century* (1987): 330-334.

Schaar, John. *Legitimacy and the Modern State*. New Brunswick: Transaction Books, 1981.

Schlenke, Manfred. "Der groβe Fritz als erster Nazi. Erinnerung an den Un-Geist non Potsdam." *Evangelische Kommentare 26* (1993): 330-333.

Schüssler Fiorenza, Elisabeth. "The Twelve." In *Women Priests: a Catholic Commentary on the Vatican Declaration*, edited by Leonard Swidler and Arlene Swidler, 114-122. New York: Paulist, 1977.

Schweiker, William. "Power and Agency of God." *Theology Today 52* (21995): 204-224.

Selznick, Philip. *The Moral Commonwealth: Social Theory and the Promise of Community.* Berkeley: University of California Press, 1992.

Sennett, Richard. *The Conscience of the Eye: The Design and Social Life of Cities.* London: Faber and Faber, 1993.

____. "Christian Cosmopolitanism." *Boston Review 19* (5 1994): 13.

Sheppard, Gerald T " 'Enemies' and the Politics of Prayer in the Book of Psalms." In *The Bible and the Politics of Exegesis*, edited by D. Jobling et. al., 61-82. Cleveland: Pilgrim, 1992.

Shriver, Donald W Jr. *An Ethic for Enemies: Forgiveness in Politics.* New York: Oxford University Press, 1995.

Smedes, Lewis B. *Forgive and Forget: Healing the Hurts We Don't Deserve.* San Francisco: Harper & Row, 1984.

____. "Telling the Truth." *Discernment 1* (1 1992): 2-3.

Sobrino, Jon. *Jesus the Liberator: A Historical-Theological Reading of Jesus of Nazareth.* Translated by P Burns and F McDonagh. Maryknoll: Orbis, 1993.

Söding, Thomas. "Die Macht der Wahrheit and das Reich der Freiheit. Zur Johanneischen Deutung des Pilatus-Prozesses (Joh 18,28-19,6):" *Zeitschrift für Theologie und Kirche 93* (1 1996): 35-58.

Soelle, Dorothee. *Suffering.* Translated by Evert R. Kalin. Philadelphia: Fortress, 1975. 「고난」(한국신학연구소).

Song, Choan-Seng. *Third-Eye Theology* Rev. ed. Maryknoll: Orbis, 1991.

Stierlin, Helm. *Das Tun des Einen ist das Tun des Anderen: Eine Dynamik menschlicher Beziehungen.* Suhrkamp Taschenbuch 313. Frankfurt: Suhrkamp, 1976.

Stoller, Robert J. *Sex and Gender.* London: Hogarth Press, 1968.

Stout, Jeffrey. *Ethics After Babel. The Language of Morals and Their Discontents.* Boston: Beacon, 1988.

____. "Homeward Bound: MacIntyre on Liberal Society and the History of Ethics." *Journal of Religion* 69 (21989): 220-232.

Stuhlmacher, Peter. *Biblische Theologie des Neuen Testaments. Grundlegung: Von Jesus zu Paulus*. Vol. 1. Götingen: Vandenhoeck & Ruprecht, 1992.

Suchocki, Marjorie Hewitt. *The Fall to Violence: Original Sin in Relational Theology*. New York: Continuum, 1995.

Sullivan, William M. *Reconstructing Public Philosophy*. Berkeley: University of California Press, 1982.

Surin, Kenneth. *Theology and the Problem of Evil*. Oxford: Basil Blackwell, 1986.

Takaki, Ronald. *A Different Mirror: A History of Multicultural America*. Boston: Little, Brown and Company, 1993.

Tamez, Elsa. *The Amnesty of Grace: Justification by Faith from a Latin American Perspective*. Translated by Sharon H. Ringe. Nashville: Abingdon, 1993.

Taylor, Charles. "II. Connolly, Foucault, and Truth." *Political Theory* 13 (3 1985a): 377-385.

____. "Comparison, History, Truth." In *Myth and Philosophy*, edited by Frank Reynolds and David Tracy 37-55. New York: State University of New York Press, 1990.

____. *Hegel*. Cambridge: Cambridge University Press, 1975.

____. "Justice After Virtue." In *After MacIntyre. Critical Perspectives on the Work of Alasdair MacIntyre*, edited by John Horton and Susan Mendus, 16-43. Notre Dame: University of Notre Dame Press, 1994a.

____. *Philosophy and the Human Sciences: Philosophical Papers*. Vol. 2. Cambridge: Cambridge University Press, 1985b.

____. "The Politics of Recognition." In *Multiculturalism: Examining the Politics of Recognition*, edited by Amy Gutmann, 25-73. Princeton: Princeton University Press, 1994b.

____. *Sources of the Self. The Making of the Modern Identity*. Cambridge: Harvard University Press, 1989.

Taylor, Mark Kline. "Religion, Cultural Plurality, and Liberating Praxis: In

Conversation with the Work of Langdon Gilkey." *The Journal of Religion* 72 (2 1991): 145-166.

____. *Remembering Esperanza: A Cultural-Political Theology for North American Praxis.* Maryknoll: Orbis, 1990.

Theissen, Gerd. "'Geben is seliger als nehmen' (Apg 20:35): Zur Demokratisierung antiker Wohltätermentalität im Urchristentum." In *Kirche, Recht und Wissenschaft: Festschrift für Oberkirchenrat i. R. Prof. Dr. Dr. Albert Stein zum siebzigsten Geburtstag*, edited by Andrea Boluminski, 197-215. Neuwied: Luchterhand Verlag, 1995.

____. *Lokalkolorit and Zeitgeschichte in den Evangelien: Ein Beitrag zur Gesehichte der synoptischen Tradition.* Göttingen: Vandenhoeck & Ruprecht, 1989.

____. *The Shadow of the Galilean: The Quest for the Historical Jesus in Narrative Form.* Translated by John Bowden. London: SCM Press, 1987.

____. *Sociology of Early Palestinian Christianity.* Translated by John Bowden. Philadelphia: Fortress Press, 1978.

Thiselton, Anthony C. *Interpreting God and the Postmodern Self. On Meaning, Manipulation and Promise.* Grand Rapids: Eerdmans, 1995.

____. "Truth." In *The New International Dictionary of New Testament Theology*, edited by Colin Brown, 3:874-902. Grand Rapids: Zondervan, 1986.

Tiersma, Judith. "Beauty for Ashes." *Theology, News and Notes* 38 (4 1992): 17.

Tilley, Terrence. *The Evils of Theodicy.* Washington: Georgetown University Press, 1991.

Tillich, Paul. *Love, Power, and Justice. Ontological Analyses and Ethical Applications.* London: Oxford University Press, 1954.

Todorov Tzvetan. "The Abuses of Memory." *Common Knowledge* 5 (1 1996):6-26.

____. *The Conquest of America: The Question of the Other.* Translated by

Richard Howard. New York: HarperCollins, 1984.

Torrance, Thomas E. "One Aspect of the Biblical Conception of Faith." *Expository Times 67* (41957): 111-114.

Toulmin, Stephen. *Cosmopolis. The Hidden Agenda of Modernity.* New York: The Free Press, 1990.

Trible, Phyllis. *God and the Rhetoric of Sexuality.* Philadelphia: Fortress, 1978.

Van den Bosch, Lourens P. "A Burning Question. Asti and Sati Temples as the Focus of Political Interest." *Numen 37* (2 1990): 174-194.

Van Leeuwen, Mary Stewart. *Gender and Grace: Love, Work, and Parenting in a Changing World.* Downers Grove: InterVarsity Press, 1991.

Van Wolde, Ellen. "The Story of Cain and Abel: A Narrative Study." *Journal for the Study of the Old Testament* 52 (1991): 25-41.

Vance, Caroline S. "Social Construction Theory and Sexuality." In *Constructing Masculinity*, edited by Maurice Berger et al., 37-48. New York: Routledge, 1995.

Vetlesen, Arne Johan. *Perception, Empathy, and Judgment: An Inquiry into the Preconditions of Moral Performance.* University Park: The Pennsylvania State University Press, 1994.

Volf, Miroslav. "Catholicity of 'Two or Three': Free Church Reflections on the Catholicity of the Local Church." *The Jurist 52* (1 1992a): 525-546.

_____. "Christliche Identität and Differenz: Zur Eigenart der christlichen Präsenz in den modernen Gesellschaften." *Zeitschrift für Theologie und Kirche* (3 1995): 356-374.

_____. "Exclusion and Embrace. Theological Reflections in the Wake of 'Ethnic Cleansing.'" *Journal of Ecumenical Studies 29* (2 1992): 2308.

_____. "Soft Difference. Theological Reflections on the Relation Between Church and Culture in 1 Peter." *Ex Auditu 10* (1994): 15-30.

_____. "Theology, Meaning, and Power." In *The Future of Theology: Essays in Honor of Jürgen Moltmann*, edited by Miroslav Volf et al., 98-113. Grand Rapids: Eerdmans, 1996.

_____. *Trinity and Community: An Ecumenical Ecclesiology*. Grand Rapids: Eerdmans, 1997.

_____. *Work in the Spirit. Toward a Theology of Work*. New York: Oxford University Press, 1991.

_____. *Zukunft der Arbeit-Arbeit der Zukunft: Der Arbeitsbegriff bei Karl Marx und seine theologische Wertung*. Fundamentaltheologische Studien 10. München: Christian Kaiser, 1988.

Volkan, Vamik. *The Need to Have Enemies and Allies: From Clinical Practice to International Relationships*. Northvale: Jason Aronson, 1988.

von Balthasar, Hans Urs. *Katholisch: Aspekte des Mysteriums*. Kriterien 36. Einsiedeln: Johannes, 1975.

von Ranke, Leopold. *Geschichte der romanischen and germanischen Völker*, 1494-1535. Berlin: Reimer, 1824.

Vukovic, Zeljko. *Ubijanje Sarajeva (The Killing of Sarajevo)*. Beograd: Kron, 1993.

Walzer, Michael. *Interpretation and Social Criticism*. Cambridge: Harvard University Press, 1987.

_____. *Thick and Thin: Moral Arguments at Home and Abroad*. Notre Dame: University of Notre Dame Press, 1994.

Webb, Stephen H. *The Gifting God: A Trinitarian Ethics of Excess*. New York: Oxford University Press, 1996.

Wegner, Judith Romney. *Chattel or Person? The Status of Women in the Mishnah*. New York: Oxford U niversity Press, 1988.

Weir, Allison. *Sacrificial Logics: Feminist Theory and the Critique of Identity*. New York: Routledge, 1996.

Welker, Michael. "Gewaltverzicht und Feindesliebe." In *Einfach von Gott reden: Ein theologischer Diskurs. Festschrift für Friedrich Mildenberger zum 65. Gebttrtstag*, edited by Jügen Roloff and Hans G. Ulrich, 243-247. Stuttgart: W Kohlhammer, 1994a.

_____. *God the Spirit*. Translated by John E Hoffmeyer. Minneapolis: Fortress, 1994.

_____. *Kirche im Pluralismus*. Kaiser Taschenbuch 136. Güersloh: Christian Kaiser, 1995a.

_____. *Schöpfung und Wirklichkeit*. Neukirchen-Vluyn: Neukirchener Verlag, 1995.

Wellmer, Albrecht. "On the Dialectic of Modernism and Postmodernism." *Praxis International* 4 (4 1984): 337-362.

Wenham, Gordon J. *Genesis 1-15*. Word Biblical Commentary, Vol. 1. Waco: Word Books, 1987.

West, Cornel. "The New Cultural Politics of Difference." In *The Identity in Question*, edited by John Rajchman. 147-171. New York: Routledge, 1995.

Westermann, Claus. *Genesis 1-11: A Commentary*. Translated by John J. Scullion. Minneapolis: Augsburg, 1984.

_____. *Genesis 12-36: A Commentary*. Translated by John J. Scullion. Minneapolis: Augsburg, 1985.

Westphal, Merold. *Suspicion and Faith: The Religious Uses of Modern Atheism*. Grand Rapids: Eerdmans, 1993.

Wie Weibliche Freiheit Entsteht: Eine Politische Praxis. Translated by Trandel Sattler. Berlin: Orlanda Fraenverlag, 1989.

Wiesel, Elie. *From the Kingdom of Memory: Reminiscences*. New York: Summit Books, 1990.

Willi, Thomas. "Der Ort von Genesis 4:1-16 innerhalb der althebräischen Geschichtschreibung." In *Isaac Leo Seeligmann Volume: Essays on the Bible and the Ancient World*, edited by Alexander Rofé and Yair Zakovitch, 3:99-113. Jerusalem: E. Rubensteiri's, 1983.

Williams, James G. *The Bible, Violence, and the Sacred: Liberation from the Myth of Sanctioned Violence*. Valley Forge: Trinity Press International, 1991.

Williams, Jane. "The Doctrine of the Trinity: A Way Forward for Feminists?" In *Women's Voices: Essays in Contemporary Feminist*

Theology, edited by Teresa Elwes, 31-43. London: Marshall Pickering, 1992.

Williams, Rowan. "Barth on the Triune God." In *Karl Barth: Studies of His Theological Method*, edited by S. W Sykes, 147-193. Oxford: Clarendon, 1979.

_____. *Resurrection: Interpreting the Easter Gospel*. London: Darton, Longman & Todd, 1982.

Wink, Walter. "All Will be Redeemed." *The Other Side 28* (Nov.-Dec. 1992a): 17-23.

_____. *Engaging the Powers*. Minneapolis: Fortress Press, 1992b.

Wolf, William John. "Reinhold Niebuhr's Doctrine of Man." In *Reinhold Niebuhr: His Religious, Social, and Political Thought*, edited by C. W Kegley and R. W Bretall, 2299. New York: Macmillan, 1956.

Wolfe, Alan. "Democracy versus Sociology: Boundaries and Their Political Consequences." In *Cultivating Differences: Symbolic Boundaries and the Making of Inequality*, edited by Michele Lamont and Marcel Fournier, 309-325. Chicago: The University of Chicago Press, 1992.

Wolterstorff, Nicholas. "Public Theology or Christian Learning." Unpublished paper, 1996.

_____. *Until Justice and Peace Embrace*. Grand Rapids: Eerdmans, 1983.

_____. *What New Haven and Grand Rapids Have to Say to Each Other*. Grand Rapids: Calvin College, 1993.

Wood, Michael. *America in the Movies*. New York: Columbia University Press, 1989.

Wright, N. T. *The Climax of the Covenant. Christ and the Law in Pauline Theology*. Minneapolis: Fortress, 1992.

Wright, Robin. "The New Tribalism." *Los Angeles Times*, June 8, 1992, H1-2

Yoder, John Howard. *He Came Preaching Peace*. Scottdale: Herald, 1985.

_____. *The Politics of Jesus. Vicit Agnus Noster*. Grand Rapids: Eerdmans, 1972.

Young, Iris Marion. *Justice and the Politics of Difference*. Princeton: Princeton University Press, 1990.

Zaret, David. *The Heavenly Contract: Ideology and Organization in Pre-Revolutionary Puritanism*. Chicago: The University of Chicago Press, 1985.

Zenger, Erich. "'Das Blut deines Bruders schreit zu mir' (Gen 4:10): Gestalt and Aussageabsicht der Erzählung von Kain and Abel." In *Kain und Abel-Rivalität und Brudermord in der Gesehichte des Menschen*, edited by Dietmar Bader, 9-28. Müchen: Schnell & Steiner, 1983.

Zizioulas, John. *Being as Communion: Studies in Personhood and the Church*. Crestwood: St. Vladimir's Seminary Press, 1985.

_____. "Die pneumatologische Dimension der Kirche." *Communio* 2 (1973): 133-147.

_____. "L'eucharistie: quelques aspects bibliques." In *L'eucharistie*, edited by J. Zizioulas et al., 11-74. Paris: Mame, 1970.

참고문헌 543

인명 찾아보기

Andric, Ivo 19
Aquinas, Saint Thomas 202, 386
Arendt, Hannah 190-191, 233, 336, 446 주1
Aristides 51
Aristotle 225
Assmann, Jan 54, 209, 244, 246, 310, 379, 440, 473, 480
Atlan, Henri 465, 481
Augustine of Hippo, St. 70, 202, 211, 280, 473

Balslev, Anindita 26
Barth, Karl 195, 269, 270, 279,
Bauman, Zygmunt 31, 42, 46, 116, 117, 119, 160, 164, 182, 225, 228, 235, 332, 446, 448, 28 주3
Beasley-Murray, George 267, 422 주16
Beckford, Selyla 449
Benhabib, Seyla 335-336, 359, 410
Benjamin, Walter 42
Bird, Phyllis 274
Bonhoeffer, Dietrich 194, 198, 341

Boyarin, Daniel 62- 63, 67 주10
Brown, Raymond 423
Brueggemann, Walter 361
Bulgakov, Mikhail 437
Bultmann, Rudolph 431
Butler, Judith 99

Caputo, John 319-322, 324, 354
Charry, Ellen 71
Chilton, Bruce 177 주6
Chodorow, Nancy 99
Cioran, E. M. 163
Clayton, Philip 221 주27
Coakley, Sarah 201 주18
Collins, Adela Yarbro 482 주10

Daly, Mary 268
de Beayvoir, Simone 61, 294
de Unamuno, Migyel 147, 153
Delbanco, Andrew 116, 96 주2
Deleuze, Gilles 59-60, 60 주4, 455, 456 주2
Derrida, Jacques 23, 321, 361
Descartes, Ren 329, 384, 393, 442

Dietrich, Walter 143
Dostoevsky, Fyodor 193, 213 주23, 218
Dreyfus, Hubert 395 주8
Duerr, Hans Peter 446
Dussel, Enrique 89

Eckstein, Hans-Joachim 67 주7
Ehrenreich, Barbara 293
Elias, Norbert 445-446
Elon, Amos 377

Fanon, Frantz 52
Faulkner, William 114
Feuerbach, Ludwig 266
Fiorenza, Elisabeth Schüssler 41
Fish, Stanley 315
Foucault, Michel 45, 93, 375, 389, 391, 427, 431, 457, 459, 469
Frank, Manfred 95
Fraser, Nancy 395 주8

Gatens, Moira 265, 275
Gates, Henry Louis Jr. 324
Geertz, Clifford 402
Gese, Hartmut 145 주11
Giddens, Anthony 445
Gilkey, Langdon 403
Gilligan, Carol 358-359
Girard, René 143, 152, 186, 464, 477
González, Justo 74
Gossman, Lionel 397
Graham, Elaine 277
Griffioen, Sander 314
Grosz, Elizabeth 272
Gundry-Volf, Judith 100, 294, 339

Gunton, Colin 237 주33
Gurevitch, Z. D. 152, 223, 223 주29
Gutiérrez, Gustavo 164

Habermas, Jürgen 170, 392 주6
Halbwachs, Maurice 381
Hall, Douglas 69 주9
Hanson, Anthony 473
Harris, Thomas 148
Hauerwas, Stanley 164, 407, 434 주15
Hegel, Georg Wilhelm Griedrich 224-228
Hengel, Martin 66, 331
Hick, John 66
Hiebert, Paul 108 주3
Hirsch, Herbert 115, 377 주5
Hobbs, Thomas 241, 440
Homer 63
Horowitz, Donald 21-22

Ignatieff, Michael 86, 308
Irigaray, Luce 99, 263, 265, 267, 273, 276, 288, 293, 298

Jacoby, Susan 195
Janowski, Bernd 196 주14, 270, 280
Jepsen, A 412
John of Damascus 285
Johnson, Elizabeth 263, 267
Johnson, Luke Timothy 36
Jones, L. Gregory 189 주13, 197 주22, 210 주5
Jones, Serene 278-279
Juergensmeyer, Mark 449
Jung, Carl Gustav 133, 188, 470

인명 찾아보기 545

Kafka, Franz 248
Kant, Immanuel 315-317, 393, 443
Keillor, Garrison 292
Keller, Catherine 62, 477 주9
Kogan, Michael 58 주3
Kristeva, Julia 80
Küng, Hans 451-452
Kundera, Milan 370 주1

Lamb, Sharon 121, 127, 148, 185 주9
Lawrence, D. H. 456 주2, 482 주10
Lévi-Strauss, Claude 113
Lévias, Emmanuel 149, 230
Lévy, Henri-bernard 112, 129
Lukes, Steven 42, 137, 332
Luntley, Michael 235
Luxembourg, Rosa 373
Lyotard, Jean-Francois 166-169

McClendon, James Wm 408
McDonald, J. I. H. 177 주6
MacIntyre, Alasdair 310, 325-333, 387, 394 주7, 401, 413 주10
Marx, Karl 166
Meeks, Wayne 289
Metz, Johann Baptist 373 주3
Milbank, John 326, 467 주3, 477
Moltmann, Jürgen 13, 33, 37, 88, 109, 138, 165, 173, 189, 192, 239, 279, 475 주7
Moltmann-Wendel, Elisabeth 41, 267
Morrison, Toni 210
Mouffe, Chantel 317-318
Mouw, Richard 385
Müller-fahrenholz, Geiko 187 주12

Nagel, Thomas 386, 398
Neusner, Jacob 55-58, 65 주6, 67 주7
Niebuhr, H. Richard 53
Niebuhr, Reinhold 106, 109 주4, 126, 354-355
Nietzsche, Friedrich 38, 45, 51, 61, 63, 79, 91, 93, 123-125, 128, 171, 179, 193, 200, 211, 218-220, 264-266, 299, 300-301, 321-322, 344, 354, 389, 393, 406, 411, 431, 432, 455, 469
Nolland, John 250 주42

Oppenheimer, Helen 353
Orwell, George 369, 375

Pagels, Elaine 130
Pannenberg, Wolfhart 129 주7, 139
Parnet, Claire 60
Pasewark, Kyle 189 주13, 394-395
Plantinga, Cornelius 98-100
Plotinus 73
Pölmann, Wolfgang 261 주44
Premdas, Ralph 54

Rabinow, Paul 395 주8
Ratzinger, Joseph 202-203, 245, 280
Rawls, John 315-318, 351
Rensberger, David 423-426
Ricoeur, Paul 100, 212-214, 220, 410
Rilke, Rainer Maria 254
Robbins, Jill 255 주41, 257 주43
Rorty, Richard 43, 102, 168 주4, 170
Rose, Gillian 139
Rosenzweig, Franz 58
Ross, Kenneth 21

Rubenstein, Richard 448
Ruether, Rosemary Radford 69 주9, 291
Said, Edward 51, 79, 230, 335
Sandel, Michael 318 주1
Sanders, E. P. 109, 177 주6
Sanneh, Lamin 52
Sartre, Jean Paul 460
Sati 305-309
Schaar, John 239, 240 주35
Selznick, Phillip 234-238, 246
Sennett, Richard 59, 80
Sheppard, Gerald 195
Smedes, Lewis 190, 208 주21, 371 주2
Sobrino, Jon 35
Song, Choan-Seng 58
Staniloae, Dumitru 37
Suchocki, Marjorie 109, 123, 134, 138, 225, 399, 487

Takaki, Ronald 103
Taylor, Charles 26, 159 주1
Taylor, Mark 346,
Theissen, Gerd 175, 177 주8, 192, 339
Thiselton, Anthony 232 주31
Tillich, Paul 354, 357, 365
Todorov, Tzvetan 24, 80 주11, 115, 209, 228
Torrance, Thomas 413
Toulmin, Stephen 442, 315, 384

Van Leeuwen, Mary Stewart 263, 268, 277
van Wolde, Ellen 144, 151 주13
Vance, Carole 296 주2
Vetlesen, Arne 117, 448
von Balthasar, Hans Urs 205
von Ranke, Leopold 382
Vukovic, Zeljko 131, 175

Walzer, Michael 28 주3, 228, 317
Webb, Stephen 35 주5
Weir, Allison 95, 99, 248, 294
Welker, Michael 47, 98, 130 주8, 136-137, 194, 464 주4
Westermann, Claus 143
Westphal, Merold 91, 124 주6
Wiesel, Elie 101, 371, 376
Williams, James 469
Williams, Jane 298
Williams, Rowan 200-201, 208
Wink, Walter 129
Wittgenstien, Ludwig 167
Wolfe, Alan 87-88, 94
Wolterstorff, Nicholas 31
Wood, Michael 96 주2
Wright, N. T. 67 주7
Wright, Robin 20

Yoder, John Howard 32
Young, Iris 315

Zaret, David 237 주34
Zizioulas, John 284

주제 찾아보기

가인과 아벨(Cain and Abel) 142-153
가해자(Perpetrators) 121-123, 156-165, 182-186
경계(Boundaries) 94-97, 100-101, 110-112
계몽주의(Enlightenment) '근대성'을 보라
계보, 계보학(Genealogy) 66-67
계약(Contract) 233-238
교회(Church) 53-54, 76-82
구별(Differentiation) 97-100
근대성(Modernity) 30, 41-43, 86-95, 158-165, 314-318, 381-388, 442-448
기억(Memory) 207-222, 369-281

내재론(인간의)[Immanence(human)] 61-64, 74

떠남(Departure) 56-76

무죄함(Innocence) 121-131
문화(Culture)
  로부터 거리두기(distance from) 56-76
  문화들 사이의 갈등(conflict of cultures) 17-28
  문화적 정체성(cultural identity) 28 주3
  에 대한 수용(capacity to) 53-55
  에 소속되기(belonging to) 73-76
  와 보편성(and catholicity) 76-79
  와 통합(and ecumenicity) 80-83
  의 혼종성(hybridity of) 77-79, 229

바벨(Babel) 361-364
배제(Exclusion) 45-47, 85-153
  구별, 차별로서의(as indifference) 117
  동화, 흡수로서의(as assimilation) 114
  버려짐에 의한(as abandonment) 39-40
  상징적(symbolic) 114-115
  순수성으로서의(as purity) 23-24, 27 주3, 113
  와 무죄함(and noninnocence) 121-131

와 체제(and system) 133-137
의 역동성(dynamics of) 117-120
의 해부학(anatomy of) 109-118
의 힘(power of) 131-142
정서적(emotional) 115-118
제거에 의한(as elimination) 113-114
증오에 의한(as hatred) 117-118
지배에 의한(as domination) 114
보편성(Catholicity) 77-79, 205-207
보편성(Universality) 64-76
복수(Revenge) 174, 189-196

선(Good) 91-93, 129-131
성령(Spirit) 72, 77, 142, 359-368
성찬(Eucharist) 36-37, 205-207
세례(Baptism) 36-37, 72, 106
신정론(Theodicy) 210-216
심판(Judgment) 79, 101-103, 153, 455, 483
십자가(Cross) '예수 그리스도'를 보라

아브라함(Abraham) 56-68
악(Evil) 40, 79-84, 211-222
억압(Oppression) 158-165, 174-186, 291, 305-368
언약(Covenant) 238-247
연대(Solidarity) 32-36
예수 그리스도(Jesus Christ)
　백마를 탄 자로서(as Rider on the White Horse) 437-487
　부활(resurrection) 41, 70-72, 205-207
　선포(proclamation) 174-187
　성육신(incarnation) 38, 70-72
　어린양으로서(as Lamb) 81-83, 222, 231-231, 456-458, 477-478

　의 몸(the body of) 72, 76
　의 생애(life of) 35, 36
　의 심문(the trial of) 421-432
　의 십자가(the cross of) 13-16, 32-43, 71-72, 104-108, 153, 197-205, 242-247, 339-341, 434-436, 462-469
오순절(Pentecost) 359-368
용서(Forgiveness) 187-199
율법(Law) 255-261
은혜(Grace) 35, 67, 130-131, 252-254, 258-262, 352
이방인(Stranger)　57-60
이중적 보기(Double vision) 336-342, 397-403
인정(Recognition) 25-28, 230-231
잊어버림(Forgetting) 207-222

자기 내어줌(Self-donation) 34-41, 71, 108, 200-202, 231-233, 244-246, 297-299
자아(Self) 27 주3, 29-32, 79-81, 104-108, 137-142, 248-252
자유(Freedom) '해방'을 보라
전통(Tradition) 324-341
정의(Justice) 190-195, 305-368
　간의 충돌(clash of justices) 305-312
　경제적(economic) 364-367
　와 관심, 이익(and interest) 352
　와 사랑(and love) 353-359
　와 전통(and tradition) 324-328
　와 차이(and difference) 320-324, 363
　와 편파성(and partiality) 352-353
　와 포용(and embrace) 339-359
　의 다수성(plurality of justices) 320-

주제 찾아보기　549

324
의 보편성(universality of) 312-320
의 왜곡(perversion of) 345-347
추상적(abstract) 353-356
행동하는(doing) 345-347
제국주의(Imperialism) 51-53, 89-90
젠더(Gender)
   다른~의 내재(internality of the other) 290-298
   와 성(and sex) 274-277
   와 하나님(and God) 264-275, 286-299
   의 구성(construction of) 264, 275-278, 288-290
   의 차이(difference) 288-290
   의 평등(equality) 268-269
죄(Sin) 109-153 '배제'를 보라
   의 보편성(universality of) 125-131
   의 이데올로기(ideology of) 151
   의 장소(geography of) 148-151
   적대감으로서(as enmity) 182
   죄의 동등성(equality of sins) 125-128
   질투로서(as envy) 181-182
주의 만찬(Lord's supper) '성찬'을 보라
증오, 적대감(Enmity) 38, 71, 182, 198-202
진리, 진실(Truth) 369-436
   신뢰성으로(as reliability) 413-418
   에 대한 의지(will to) 422-407
   에 대한 증거(witnessing to) 426-428
   와 객관성(and objectivity) 381-388
   와 공동체(and community) 412-421
   와 기억(and memory) 369-381
   와 이중적 보기(and double vision) 397-403
   와 인격(and character) 406-412, 429-432
   와 자유(and freedom) 432-436
   와 포용(and embrace) 403-412
   와 폭력(and violence) 432-436
   와 힘(and power) 388-397, 421-432
진보(Progress) 41-43, 444-447

초월성(인간의)[Transcendence (human)] 62-64, 70, 74

탕자(Prodigal Son) 246-247
토라(Torah) 64-67

평화(Peace) 168-170, 437-487
   와 십자가(and the cross) 462-470
   와 이성(and reason) 442-448
   와 종교(and religion) 449-462
   와 칼(and the sword) 437-442
   와 포용(and embrace) 468-470
   진리와 정의에 대한 관계에서의(in relation to truth and justice) 439-441
포스트모더니티(Postmodernity) 29-30, 45, 59-62, 92-97, 165-172, 320-324, 388-397, 455-462
포용(Embrace) 151-153, 155-263, 467-470
   과 언약(and covenant) 233-247
   과 용서(and forgiveness) 187-197
   과 잊어버림(and forgetting) 178-222
   과 정의(and justice) 339-359
   과 진리(and truth) 404-412
   과 평화(and peace) 468-470

과 회개(and repentance) 174-189
의 비대칭성(non-symmetricity of) 229-233
의 요소들(elements of) 222-229
의 위험(risk of) 38-50, 233

포함(Inclusion) 86-97
폭력(Violence) 168-170, 437-487

하나님(God)
  과 젠더(and gender) 264-275, 286, 299
  삼위일체로서의(as Trinity) 34-38, 77-78, 164-165, 200-205, 278-286
  아버지로서의(as Father) 247-261, 269-272
  어머니로서의(as Mother) 269-272

에 대한 모방(imitation of) 478-481
  여성으로서의(as feminine) 271-274
  의 계시(revelation of) 64-67
  의 분노(anger of) 480-483
  의 유일성(oneness of) 58, 64-76
  의 초월성(transcendence of) 56-59, 70-72
해방(Liberation) 159-173, 248-251
화해(Reconciliation) 53-54, 172-174, 198-200, '평화'를 보라
확장된 사고(Enlarged thinking) '이중적 보기'를 보라
회개(Repentance) 53, 110, 174-189
희생양(Scapegoating) 186-188, 465-466
희생자, 피해자(Victims) 123-124, 143, 157-165, 174-187

주제 찾아보기 551

성구 찾아보기

창세기
1장 *95, 289*
1:2 *95, 98*
1:28 *361*
2장 *264*
3:24 *146*
4:1-16 *142, 144-145*
4:23-24 *123*
11:1-9 *360-361*
12:1 *76*
12:1-3 *40, 56*
12:2 *63*
12:4 *56*
15:6 *56*
15:17 *245*
41:51 *220*
42-46 *220-221*

출애굽기
3:13 이하 *413*

여호수아
24:2 *57*

사사기
4:1 *351*
5:11 *351*

욥기
41:4 *241*

시편
14:1-5 *474*
46:9 *309*
103:6 *345*
145:17 *352*
146:7-9 *352*

잠언
31:8 *349*

이사야
5:8 *120*
11:1-9 *484-486*
11:3-4 *353*
28:15-17 *420*
30:9-12 *374*
43:18-25 *215-216*

45:21 *352*
49:15-16 *217*
58:6 *345*
65:17 *215-216*

예레미야
9:4-6 *417-418*
31:31 이하 *242*

에스겔
12:2-3 *404*

호세아
11:8 *246*
12:6 *345*

아모스
5:15 *345*
5:24 *345*
6:12 *346*

미가
4:1-5 *309-312*
6:8 *345*

스가랴
8:16 *45*

마태복음
5:3 *187*
5:5 *487*
5:8 *187*
5:13 *55*
5:38-42 *463*
5:44 *181*
5:45 *343*

6:12 *193*
6:24 *181*
6:33 *313*
9:36 *35*
15:24 *340*
15:29-39 *340*
18:21 *192*
26:52 *462*
28:20 *439*

마가복음
1:16-20 *59*
2:5 *178*
2:7 *197*
2:15-17 *110-111*
2:17 *137, 178*
5:1-20 55, 111
5:25-34 *111*
7:1-23 *179*
7:14-23 *110-111*
9:50 *55*
10:41-45 *232*
10:45 *40*
14:26-31 *40-41*
15:34 *39-40*
15:40-41 *41*

누가복음
1:51-52 *483*
3:14 *463*
4:18-19 *176*
10:31 *114*
15:11-32 *157, 352*
19:8 *185*
22:36 *462*
23:34 *192, 197, 467*

성구 찾아보기 553

요한복음
1:29 *222*
3:11 *427*
3:20 *430*
3:21 *430*
5:19 *281-282*
7:16 *203*
7:18 *427*
8:32 *404, 431*
8:40 *427*
8:44-45 *430*
8:45 *408*
10:38 *202-203*
11:48 *422*
11:50 *422*
13:1 이하 *284*
13:31-32 *428*
14:6 *428*
14:9 *203*
16:13 *431*
17:1 *284*
17:11 *425*
17:17 *431*
17:21 주*19 204*
18-19장 *421-426*
20:30-31 *421*

사도행전
1:6 *362*
2장 *362-367*
4:34-35 *365*
5:1-11 *417*
10:15 *111*

로마서
2:11 주*6, 353*

3:9-21 *83-84, 125*
3:23-24 *131*
3:26 *357*
4:5 *357*
4:11 *357*
4:13 *76*
4:16 이하 *56*
5:6 *35*
5:10 *199*
6:3 *37*
6:5 *106*
7:14-20 *137*
8:18 *219*
8:28 주*26 220*
9:33 *421*
11:17 *73*
12:18-21 *480*
12:19 *463*
13장 *480*
13:1-5 *462-463*
15:7 *44*

고린도전서
1:18 이하 *200*
2:2 *38*
9:5 *64*
10:17 *71*
11:11-12 *288*
11:21 *38*
11:23 이하 *372*
11:26 *373*
12:13 *72*
13:12 *434*
15:3 *468*

554 배제와 포용

고린도후서
1:17-18 *417-418*
4:2 *415-418*
5:10 *314*
5:17 *77, 142, 468*
5:21 *468*
11:10 *408*

갈라디아서
2:19-20 *104*
2:20 *37*
3:1-4:11 *67*
3:8 *64*
3:16 *64*
3:26-28 *82*
3:28 주9 *68, 82, 288-289, 293*
4:8 *66*

에베소서
2:13-17 *72*
4:13-15 *408-409*
4:25 *264*
주11 *418*
5:25-29 *288, 297-298*
6:2 *134*
6:14-16 *45*

히브리서
11:8 *57*

베드로전서
2:6 *421*

2:21-23 *480*
4:17 *79*

요한일서
1:8 *125*
3:11-17 *153*
4:8 *32, 355, 481*

요한계시록
4:5 *478*
4:9 *478*
5:1 *478*
5:6 *470*
5:9 *81-82*
6:10-11 *476*
7:9 *81*
7:17 *230, 478*
11:15 *473*
17:6 *470*
18:5 *217*
18:20 *470*
19:11 *470*
19:11-17 *440, 477*
19:13 *458*
19:15 *470, 477*
20:10 *79*
21:4 *77*
21:3 *359*
21:4 *215*
22:1-5 *79, 222, 231*
22:5 *478*

저자 연보

1956 동유럽의 구 유고슬라비아에 속하였던, 크로아티아 오시예크(Osijek)에서 출생하였고(9월 25일), 소년 시절 크로아티아와 인종 갈등을 겪게 될 세르비아에서 성장하다.

1977 오시예크에서 오순절 계통의 신학교인 복음주의 신학대학(Evangelical&Theological Faculty)을 졸업하다(B.A. summa cum laude).

1979 미국 풀러 신학교(Fuller Theological Seminary)를 졸업하다(M.A. summa cum laude).

1986 독일 튀빙겐 대학(University of Tübingen)에서 위르겐 몰트만(Jürgen Moltmann) 교수의 지도로 박사 학위(Dr. theol., summa cum laude)를 취득하였다. 이후 그의 박사 학위 논문 "노동의 미래와 미래의 노동 칼 마르크스의 노동 개념과 그것의 신학적 평가"(Zukunft der Arbeit-Arbeit der Zukunft Der Arbeitsbegriff bei Karl Marx und seine theologische Wertung)는 우리말로도 번역 출간된다. 「노동의 미래, 미래의 노동」(이정배 역, 한국신학연구소, 1993).

1991~98 미국 풀러 신학교(Fuller Theological Seminary)에서 조교수와 정교수로 조직신학을 가르치다.

1994 독일 튀빙겐 대학에서 몰트만 교수의 지도로 "삼위일체와 공동체 에큐메니컬 교회론"(Trinitat und Gemeinschaft: Eine oekumenische Ekklesiologie)을 제출하여 교수 자격(Dr. theol. habil.)을 취득하다. 이 논문은 1998년 *After Our Likeness: The Church as an Image of the Triune God*이라는 책으로 영역되었고 우리말로는 「삼위일체와 교회」(황은영 역, 새물결플러스, 2012)라는 제목으로 번역되었다.

1996 「배제와 포용」을 출판하여, 크리스채너티투데이 올해의 도서상을 수상하다. 이 책은 "크리스채너티 투데이"(*Christianity Today*)에 의해 "오늘의 종교 사상을 형성한 20세기의 고전 100권 중 하나"로 선정되었고, "크리스천센추리"(*Christian Century*)는 이 책을 지난 25년간 나온 책 중 가장 중요한 신학 도서로 소개했다.

1998~현재 미국 예일 대학교 신학대학원(Yale University Divinity School)의 헨리 B. 라이트 신학 교수(Henry B. Wright Professor of Theology)로 청빙되어 신학과 윤리학을 가르치고 있다.

2002 「배제와 포용」으로 당시 최고 금액의 상금을 수여하던 루이빌 대학의 그로마이어 상(The Grawmeyer Award, 종교 분야)을 수상하다.

2003~현재 미국 예일 대학교 내에 예일 신앙과문화연구소(Yale Center for Faith and Culture)를 설립하여 소장으로 일하고 있으며, 종교와 인류 공영(Human Flourishing)의 문제, 세계화, 직업과 영성, 화해 문제 등을 연구하고 있다.

2005 「베풂과 용서」(*Free of Charge: Giving and Forgiving in a Culture Stripped of Grace*)(김순현 역, 복있는사람, 2008)를 출판하다. 이 책은 이듬해 성공회 캔터베리 대주교의 사순절 도서로 선정되었다.

2006 「기억의 끝」(*The End of Memory: Remembering Rightly in a Violent World*)을 출판하다. 이 책은 2007년 크리스채너티투데이 '문화' 부문 올해의 도서 상을 수상하였다.

2009 「공동의 말씀」(*A Common Word: Muslims and Christians on Loving God and Neighbor*)을 출판하다.

2010 「하나님의 말씀에 사로잡혀」(*Captive to the Word of God: Engaging the Scriptures for Contemporary Theological Reflection*)를 출판하다.

2011 「사회를 섬기는 신앙」(*A Public Faith: How Followers of Christ Should Serve the Common Good*)을 출판하다.

2012 「알라: 기독교적 응답」(*Allah: A Christian Response*)을 출판하다.

옮긴이 박세혁은 서울대학교 서양사학과를 졸업하고, 연세대학교(Th.M.)와 에모리 대학교(M.Div., Th.M.)에서 신학을 전공했다. 현재 Graduate Theological Union에서 박사 과정중이며(미국종교사 전공), 옮긴 책으로는 「복음주의자의 불편한 양심」, 「복음주의 지성의 스캔들」, 「가치란 무엇인가」, 「소비사회를 사는 그리스도인」, 「과학신학」, 「하나님 편에 서라」, 「하나님 나라의 모략」(이상 IVP), 「오두막에서 만난 하나님」, 「십자가를 아는 지식」(이상 살림), 「이렇게 답하라」(새물결플러스) 등이 있다.

배제와 포용

초판 발행 2012년 7월 30일
초판 9쇄 2025년 3월 20일

지은이 미로슬라브 볼프
옮긴이 박세혁
펴낸이 정모세

편집 이종연 이성민 이혜영 심혜인 설요한 양지영 박예찬
디자인 한현아 서린나 | 마케팅 오인표 | 영업·제작 정성운 이은주 조수영
경영지원 이혜선 이은희 | 물류 박세율 김대훈 정용탁

펴낸곳 한국기독학생회출판부 | 등록번호 제2001-000198호.(1978.6.1)
주소 04031 서울시 마포구 동교로 156-10
대표 전화 (02) 337-2257 | 팩스 (02) 337-2258
영업 전화 (02) 338-2282 | 팩스 080-915-1515
홈페이지 http://www.ivp.co.kr | 이메일 ivp@ivp.co.kr
ISBN 978-89-328-1798-9
ISBN 978-89-328-4044-4(세트)

ⓒ 한국기독학생회출판부 2012

책값은 뒤표지에 있습니다.
무단 전재와 복제를 금합니다.